Manfred Lurker
Die Botschaft der Symbole

Manfred Lurker

Die Botschaft der Symbole

In Mythen, Kulturen und Religionen

Kösel

Mit 124 schwarz-weißen Abbildungen

ISBN 3-466-20319-8
© 1990 by Kösel-Verlag GmbH & Co., München
Printed in Germany. Alle Rechte vorbehalten
Druck und Bindung: Kösel, Kempten
Umschlag: Elisabeth Petersen, Glonn, unter Verwendung
einer Miniatur »Das Weltall«, aus: Hildegard von Bingen,
Wisse die Wege. Scivias, 1987, Tafel 4

1 2 3 4 5 · 94 93 92 91 90

Inhalt

Vorwort *7*
Die Hintergründigkeit unserer Welt *9*
Wesen und Bedeutung der Symbole *18*
Zeugnisse aus vorgeschichtlicher Zeit *27*
Mythen, Märchen und Träume *40*
Keine Religion ohne Symbole *55*
Bild, Wort und Klang weisen über sich hinaus *72*
Aus dem Dunkel kam das Licht hervor *88*
Sterne, Mond und Sonne *100*
Der Kreis als Bild der Welt *117*
Die andere Bedeutung der Zahlen *129*
Am farbigen Abglanz haben wir das Leben *141*
Von der Universalität des Baumsymbols *152*
Die Sprache der Blumen *166*
Adler und Schlange als Pole des Seins *179*
Der Mensch auf der Weltbühne *192*
Vom Sinn der Maske *203*
Das Leben als Pilgerfahrt *215*
Die Begegnung mit dem Tod *230*
Der Tanz in den Himmel hinein *247*
Wasser und Taufe *258*
Das heilige Mahl *269*
Mysterium des Kreuzes *279*
Gott ist groß und unbekannt *290*
Anmerkungen *303*
Ausgewählte Literatur *318*
Sachregister *323*
Personenregister *337*
Bildnachweis *340*

Vorwort

Denn wir leben wahrhaft in Figuren.
Und mit kleinen Schritten gehn die Uhren
neben unserm eigentlichen Tag.

Rainer Maria Rilke

In einer Zeit visueller Überfütterung durch Illustrierte, Film und Fernsehen hat der moderne Mensch den Zugang zur Symbolsprache früherer Epochen großenteils verloren. Die unbestreitbaren Erfolge auf den Gebieten des Erforschbaren, in Technik, Naturwissenschaften und Medizin, haben viele vergessen lassen, daß es noch etwas gibt, das hinter der Oberfläche unserer Erscheinungswelt liegt, etwas, das sich unserem intellektuellen Erfassen und Begreifen entzieht und das letztlich unerforschlich ist. Erfreulicherweise ist in den letzten Jahrzehnten die Erkenntnis gewachsen, daß das begrifflich-analytische Denken nicht das einzige Medium der Vernunft ist, ja daß es durch das bildhaft-synthetische Denken einer Ergänzung und eines Korrektivs bedarf. Es mehren sich die Stimmen, daß der Sinn der Phänomene nicht in sich selbst liegt, sondern darin, daß sie über sich hinausweisen. Alles sinnlich Erfaßbare, Erforschbare ist eingebunden in eine größere Welt, die unseren Sinnen verborgen bleibt. Baum, Fels und Quelle, Wind, Sand und Sterne, Tier und Mensch können zu Symbolen werden und so von Höherem, Unvergänglichem künden.

Die Hintergründigkeit unserer Welt

Kein denkender Mensch wird bezweifeln, daß unsere Welt sich in einer echten Krise befindet, deren Bewältigung über Sein oder Nichtsein der Menschheit entscheidet. Dabei sind es nicht allein wirtschaftliche und politische Schwierigkeiten, dahinter steht eine geistige Krise, die in einem veränderten Welt- und Selbstverständnis wurzelt. Unser Denken und Handeln ist utilitaristisch und hedonistisch – auf Zweck und Lust – ausgerichtet; unser Un- und Unterbewußtes wird von suggestiven, nicht verantworteten Bildern motiviert. Nicht nur unser Verhältnis zur Umwelt, zur Natur, zur Erde ist gestört, sondern auch zu unserer eigenen Leiblichkeit, indem diese entweder als nicht eigentlich wir selbst verstanden wird oder aber unser Selbstverständnis sich in der Leiblichkeit erschöpft. Der moderne Mensch weiß zwar um sein Dasein und Sosein, aber in vielen Fällen nicht mehr um seinen Sinn. Wir haben in zahlreichen Gegebenheiten nicht nur den Boden unter den Füßen verloren, uns ist überhaupt das Gespür für die gegenseitige Abhängigkeit alles Seienden, für das Verankertsein in einem Urgrund abhanden gekommen[1].

Die unbestreitbaren Errungenschaften der modernen Wissenschaften, der Technik, der Medizin machen uns das Leben bequemer, aber nicht humaner; sie bringen die Menschen vieler Kontinente einander näher und lassen den einzelnen trotz Vermassung in der Einsamkeit zurück; sie können Atome spalten, Gene manipulieren und – die allem Geschöpflichen gesetzte Grenze überschreitend – unseren eigenen Untergang herbeiführen. In seinen kühnsten Träumen versucht der Mensch, an die Grenze des Universums vorzustoßen; dabei hat er das Paradies verloren und mit ihm Gott: den Sinn des Seins. Unser von der Naturwissenschaft geprägtes Weltbild fragt nicht nach dem Sinn, der sich ohnehin nicht mit naturwissenschaftlichen Methoden erschließen läßt. Für viele Menschen, die die Mitte verloren haben, in der sie sicher verankert waren, ist ihr Leben, unser Leben, sinnlos geworden. Sie sind – um ein Bild von Platon zu gebrauchen – in der Höhle ihres auf der Vernunft aufgebauten Weltbildes gefangen und nehmen nur das Echo und die wandernden Schatten der Dinge wahr, aber nicht das, was das Echo und die Schatten hervorruft. Unser Intellekt kann nur das »Hier und Jetzt« erforschen, eben die Welt, die wir mit unseren Sinnesorganen (und ihren über die Technik ausgespannten Hilfsmitteln) wahrnehmen. Was aber liegt dahinter? Was ist die wahre, die ganze Wirklichkeit? Fragen, die kein Forscher aus seinem Wissen heraus beantworten kann.

Doch es ist ein hoffnungsvolles Zeichen unserer an einem Scheidewege stehenden Zeit, daß Philosophen und Theologen nicht mehr die einzigen sind, die ihre warnende Stimme erheben, sondern daß in den Diskussionen auch anderer Wissenschaftler die Fragwürdigkeit und Unzulänglichkeit einer nur-rationalen Weltbetrachtung und Lebensausrichtung immer mehr zur Sprache kommt[2]. Nach den aufklärerischen und positivistischen Strömungen der letzten zwei Jahrhunderte besinnt man sich wieder, daß es Wissensbereiche gibt, die sich nicht nur auf zweckdienliche Tätigkeiten und auf konkrete Gegenstände beziehen, also auf Tatsachenwissen, sondern daß es auch abstrakte und rational nicht immer auslotbare Fakten gibt, die einem Bedeutungswissen einzuordnen sind. Wer nur das als wahr anerkennt, was er sieht und hört, was er berechnen und in seine Denkkategorien einordnen kann, der verkennt die Wahrheit, die hinter den Dingen ist und die ihnen erst ihren Sinn gibt. Mythos, Symbol und Ritus versuchen, uns diese andere, übergeordnete, heile und heilige Welt zu erschließen[3]. Wenn diese drei Begriffe auch oft mißverstanden, mißbraucht oder lächerlich gemacht wurden, so sind sie doch nicht aus einem sinnerfüllten Leben wegzudenken. Religion, bildende Kunst, Dichtung und Musik, Volksbrauchtum, ja selbst die Politik und die Repräsentation des Staates kommen nicht ohne sie aus, auch wenn sie in ihrem Bedeutungsgehalt öfters degradiert oder entleert erscheinen.

Der an der Zivilisation noch nicht erkrankte Mensch fühlt sich in den Kosmos eingebettet, hat noch stärkeren Kontakt zu Erde und Himmel. Während der moderne Mensch entweder in der Masse untergeht oder aber sich über sie erhaben fühlt, weiß der »unverbildete«, in gewisser Hinsicht primitive, d.h. dem Ursprung nahe Mensch um sein Eingebettetsein in die Gemeinschaft alles Seienden, er weiß um seine Relativität und erkennt und anerkennt damit das Absolute. Der Mensch erfährt sich und die Dinge seiner Umwelt als Gebilde eines höheren Bildners oder als Bild, das für sich allein sinnlos ist und nur in der Bezogenheit auf das Urbild einen Sinn hat.

Jedes Bild und Gebilde weist auf eine Idee; alles Dasein und Sosein ist zugeordnet auf ein höheres Sein. Und wie jedes Bild in sich ein Ordnungsgefüge trägt, so liegt jedem Seienden ein Sinn zugrunde. Spüren wir einmal der sprachlichen Herkunft des Wortes »Bild« nach, so stoßen wir auf das althochdeutsche *bilidi*, welches wurzelverwandt ist mit »billig«, ursprünglich in der Bedeutung von »ebenmäßig«, »gleich«. Das altnordische *billingr* bedeutet »Zwilling«. Das Bild ist der unvollkommene, sterbliche Zwillingsbruder des vollkommenen Vor-Bildes, das aus seinem Unerschaffensein, aus seiner Vor-Bildlichkeit heraus unsterblich ist. Edgar Dacqué, der feinsinnige Naturphilosoph, schreibt: »Die Wahrheit über die Dinge ist zugleich das Ewige in den Dingen; aber das Ewige ist nicht unmittelbar auszusprechen. Wenn wir es aussprechen, so nehmen wir dafür die Formen der Dinge her«[3].

Kein Bild hat für sich allein einen Sinn, denn jedes Bild ist eigentlich nur ein Abbild und weist über sich hinaus auf das Urbild. Schon bei dem griechischen Philosophen Heraklit findet sich der Gedanke, daß alle Erscheinungen Abbilder des unsichtbaren Urbildes sind. Nach Thomas von Aquin, einem der größten Denker des Abendlandes, sind alle Wesen aus Gott hervorgetreten, aus ihm ist das Licht »rückspiegelnd« entsprungen[4]. Mit dem Wort Gott bezeichnet der Mensch das höchste Sein, das Urbild par excellence, aus dem alle Bilder kommen, in dem alle Bilder zusammenfallen, das selbst bildlos ist.

Alles Gewordene, Erschaffene ist vergänglich, sein Eintritt durch die Pforte von Raum und Zeit entspricht einem Sichtbarwerden der mit unseren Sinnesorganen nicht wahrnehmbaren Welt. Bevor die Bilder sichtbar wurden, waren sie schon vorhanden. Die Dinge sind nichts anderes als die vergänglichen Abbilder des ewigen Urbildes. Sollte es eines Tages keine Bäume mehr geben, so blieben sie doch in ihrer Urbildlichkeit erhalten. Das Urbild ist mehr als alle seine »irdischen« Abbilder zusammen. Wir können einen einzelnen Baum zeichnen, aber nie »den« Baum an sich. Wir können nur das greifen und be-greifen, was in und von unserer Welt ist. Wie sagt doch Nietzsches Zarathustra in seinem »Trunkenen Lied«? »Die Welt ist tief, und tiefer als der Tag gedacht«. Wer glaubt, mit seinem Intellekt allein alles aufhellen, aufklären, ans Licht ziehen zu können, der wird die im Verborgenen wirkenden Mächte nicht erkennen.

Nichts, was wir mit unserem Verstand und mit unseren Sinnesorganen wahrnehmen, ruht in sich selbst, sondern verweist auf etwas anderes – und darin liegt sein Sinn. Letztlich kann es nichts Sinnloses geben; denn alles, was es gibt, ist ja »gegeben« und jede Gabe weist auf einen Geber zurück und ist damit sinnhaltig. »Sinnlos ist etwas nur verhältnismäßig, also gemessen an größerer Sinndichte anderer Wesen oder aber an den Möglichkeiten der Sinnverwirklichung, die gradweise in dem befragten Wesen selbst angelegt sind.«[5] Wie Sein und Sinn untrennbar miteinander verbunden sind, so auch Wirklichkeit und Wahrheit. Indem die Dinge wirklich sind, sind sie auch wahr. Und zu dieser Wirklichkeit und Wahrheit gehört auch, daß nichts Dingliches für sich allein denkbar ist. Eines ist vom anderen abhängig, weist auf ein anderes hin, ist eingebaut in ein Netz von Bezügen, Entsprechungen, Analogien. Jedes Ding in dieser Welt trägt das Signum des Ganzen und repräsentiert es auf seine ihm gemäße Art. Der Anfangsbuchstabe steht für das ganze Wort, das Blut für Leben, der Kreis für Unendlichkeit. Nur weil das Auge sonnenhaft ist, können wir das Licht erblicken, sagt Goethe in Übereinstimmung mit dem griechischen Philosophen Plotin.

Die Grundwahrheit der Wirklichkeit ist, daß kein Ding es selbst ist: »Die Wahrheit einer Sache enthält mehr als die Sache« (Heinrich Rombach)[6]. In der Tiefe solcher Wirklichkeitserfahrung wurzeln Mythen und Symbole, die deshalb der Urschicht der historischen und psychischen Entwicklung des Menschen angehören. In symbolischer Weltschau erschließt sich die höhere (und zugleich tiefere) Bedeutung, die ein Einzelnes über sein Dasein als sinnliche Erscheinung hinaus besitzt. Wir müssen versuchen, durch die Außenhaut unserer Erscheinungswelt hindurchzudringen, um das Wunder zu gewahren im Alltäglichen, in das die Überwelt hineinragt, und das Wunder des Überweltlichen, das den Alltag durchdringt. Alles Kleine bekommt einen Sinn, wenn einem bewußt wird, daß es auf Größeres hinweist und an ihm partizipiert.. Nur wer sich öffnet, dem kann Offenbarung zuteil werden. Nur wer über die Grenzpfähle unseres Daseins und Soseins hinausblickt, vermag in allen Geschöpfen das Werk des Schöpfers zu erkennen, in allem Seienden die Fußspuren Gottes (*vestigia dei*). Immer wenn der Mensch sich ehrlich und in Selbstbescheidenheit bemüht, hinter die Dinge zu schauen, erfährt er, daß »unsere« Welt in eine andere, größere, unwahrnehmbare eingebettet ist. Es geht ihm wie dem wißbegierigen oder auch nur neugierigen Wanderer auf dem Holzschnitt eines unbekannten Künstlers, der mit Kopf und Hand die Krümmungslinie des kosmischen Globus durchbricht und dem Unendlichen und Unerforschlichen gegenübersteht (s. Abb. S. 12).

Dem vom Wunderbaren der Welt ergriffenen, ehrfürchtig staunenden Menschen ist es, »als hätt' der Himmel die Erde still geküßt« (Mörike). Fels und Quelle, das kleine Maiglöckchen hinterm Gartenzaun und das im Walde verschwindende Reh erscheinen in einem anderen Licht; sie stehen nicht für sich allein, sondern sind eingeordnet in eine unendlich große, sinnerfüllte Symbiose. Der Kuß ist das Symbol, in dem Himmel und Erde einander berühren. Aber auch Fels und Quelle, Blume und Tier können zu Symbolen werden, die in ihrer Transparenz das Urbild ahnen lassen. Ernst Jünger schreibt: »Zum Symbol wird uns das Vergängliche, wenn das Sein durchleuchtet. Dieses Durchleuch-

ten nennen wir Sinn. Es bleibt immer ein Wunder, wenn so dem Menschen die Schuppen von den Augen fallen und er Mitmenschen, Pflanzen, Tiere und Dinge in diesem Glanze sieht«[7].

Sicher gibt es Menschen, die sich für zu klug halten, um Wunder anzuerkennen; ihre Schulweisheit hat zwischen Himmel und Erde alle Welträtsel ausgeräumt. Sie sind blind gegenüber einer Wirklichkeit, die gar nicht so real ist, wie wir sie uns vorstellen. Manchmal aber müssen auch sie die Erfahrung machen, daß das Leben nicht immer nach den Gesetzen unserer Logik abläuft, wie die über uns hinwegrollenden Räder des Schicksals nur zu oft beweisen. Es gibt für keinen auch noch so intelligenten Menschen erkenntnismäßig den richtigen Standort im Seinsgefüge, von dem aus er einen Alleinseligmachungsanspruch verkünden kann. Jeder Punkt im Raum-Zeit-Kontinuum ist relativ; was dem einen »oben«, das ist dem anderen »unten«. Antipoden gibt es nicht nur auf dem Globus, sondern auch auf den Seifenblasen wissenschaftlicher Lehrgebäude. Wenn auch das »Oben« und das »Unten« durch die Schwerkraft bestimmt und von daher objektiv gegeben sind, so deuten die beiden Begriffe (als Bilder) doch mehr an, gehen über das naturwissenschaftliche Raumverständnis hinaus, können Symbolbedeutung erlangen für menschliche Lebenssituationen und religiöse Vorstellungen.

Der mit dem Oben, mit der Höhe verbundene Himmel ist umfassender als das scheinbare Gewölbe, das sich über der Ebene des irdischen Betrachters erhebt und an dem die Gestirne sichtbar werden. Für den schauenden, erlebenden, empfindenden und nicht nur denkenden, sondern nachdenkenden Menschen kann das sichtbare Firmament zum Symbol für die dahinter liegende unsichtbare Wirklichkeit werden. Und wenn unsere Astronauten in undenklichen Zeiten den ganzen Kosmos durcheilen könnten, ganz abgesehen davon, wo dessen Grenzen sind, so wäre ihnen doch die dahinter liegende Welt verschlossen. Hier ist die Grenze wissenschaftlichen Forschens erreicht! Hier beginnt die Sphäre, wo Träumer und Dichter, einsame Philosophen und die Masse der Gläubigen eine andere Welt erahnen, erhoffen und von Ehrfurcht vor dem Unerforschlichen ergriffen werden. »Das Schaudern ist der Menschheit bestes Teil. Wie auch die Welt ihm das Gefühl verteure: ergriffen fühlt er tief das Ungeheure« (Goethe).

In Mythos und Symbol wird diese andere Welt als transzendente Wirklichkeit erkannt, in der die an Raum und Zeit gebundene Wirklichkeit ihren Grund hat[8]. Die Dinge, die wir alltäglich sehen, können zum Hinweis auf das Unsichtbare werden, ja – noch richtiger ausgedrückt – in ihnen kann das, was sich unseren Sinnen entzieht, transparent werden. Zwar wird es den mit Baedeker und Fotoapparat ausgerüsteten Touristen auf ihrer meist eiligen Fahrt durch Hellas wohl kaum möglich sein, im Rauschen einer Eiche die Stimme des Zeus (oder eines anderen Gottes) zu hören, genausowenig wie der von abendlicher Schaufensterreklame und gleißenden Neonlichtern geblendete Großstadtbewohner noch etwas von den »Geheimnissen« des Mondes zu erspüren vermag. Und doch können auch heute noch dem zur Ruhe kommenden, »in sich nach außen« gekehrten Menschen Stein und Stern, Baum und Tier zu Symbolen werden für Größeres, Höheres und damit Brücken schlagen zur Welt des Unerforschlichen.

Von dem französischen Bildhauer Auguste Rodin ist der Ausspruch überliefert: »Es gibt vor allem das, was die meisten nicht zu sehen wissen: die unbekannten Tiefen, die Hintergründe des Lebens«. Diese Hintergründigkeit des Lebens, ja des ganzen Seins, läßt den Menschen immer wieder nach einem Anker suchen, den er – der ja in der Welt des Relativen lebt – im Glauben an das Absolute findet. Dabei können ihm die Symbole zur Botschaft werden aus einer anderen Welt. Den unbegreiflichen, unserem Verstand nicht zugänglichen Bereichen des Seins können wir uns nur in uneigentlicher, übertragener, bildlich vergleichender Weise nähern. Alles, was *ineffabilis* ist, in Begriffen nicht aussprechbar, kann nur in sinnträchtigen Bildern vermittelt werden. Symbole sind aus dem Bedürfnis heraus zu erklären, das Unsichtbare als Anschaubares zu besitzen. Zwar haben nicht alle Symbole die gleiche Sinntiefe; aber die wahren Symbole, die im Wesen der Dinge und Erscheinungen selbst ihren Grund haben, weisen über die rationalistisch aufgeklärte Tagwelt hinaus auf das den Sinnen verborgene Geheimnis und machen es – auf ihre Art – offenbar. Das unvergänglich Wahre in den vergänglichen Phänomenen läßt sich niemals direkt erkennen »wir schauen es nur im Abglanz, im Beispiel, im Symbol« (Goethe).

Wenn wir von »unserer« Welt sprechen und diese von der »anderen« Welt unterscheiden, dann dürfen wir doch nicht außer acht lassen, daß es nur eine Welt gibt, die eben einen (immanenten) Vordergrund und einen (transzendenten) Hintergrund hat. Raum und Zeit bilden die uns zugängliche Weltbühne, deren Regisseur uns verborgen bleibt. Der vielen nur noch aus der Literaturgeschichte bekannte Jean Paul schreibt (in »Gesammelte Aufsätze«) den trefflichen Gedanken: »Die Zeit ist die Larve der Ewigkeit«. Das heißt, daß das Vergängliche das Überzeitliche verbirgt. Erst wenn wir Raum und Zeit abgestreift haben, können wir das Urbild sehen, können wir Gott ins Antlitz schauen. Indem wir die Larve als Symbol erkennen, ist sie uns mehr als nur Verhüllung, sie kann zur Offenbarung werden.

Enthüllung und Verbergung sind untrennbar mit dem Symbol verbunden. Das innerste Sein ist strahlendstes Licht und doch zugleich undurchdringbares Dunkel. Im Neuplatonismus konnte das Symbol sowohl zur Schau der göttlichen Wahrheit hinführen als auch die Wahrheit verhüllen; in Sonne, Baum und Quelle spiegelt sich das Verhältnis zwischen Lebens- und Weltgrund (*hen kai pan*, »Ein und Alles«) und seinen hierarchisch gegliederten Teilen. In der islamischen Esoterik gilt das Weltall als eine vielfach abgestufte »Selbstenthüllung« Gottes, andererseits aber auch als deren Verschleierung; die ganze Natur ist von Allahs Wunderzeichen (*aya*) erfüllt. Alles heilige Tun steht in Beziehung zum Außerirdischen; wer die Kaaba siebenmal umschreitet, ist eingeordnet in das Kreisen der Planeten um die Erde und in den Tanz der Engel um Gottes Thron[9]. Auch nach indischer Vorstellung besteht das Weltall aus einem Gewebe von Symbolen, es sind die unzähligen und sich ständig ändernden Erscheinungen und Formen der Maya, die ein unerleuchteter Geist als einzige Wirklichkeit ansieht; Maya (das »Zauberwerk«, die »Illusion«) verschleiert die Sicht des Menschen, kann aber durch Erkenntnis (*vidiya*) zur Einswerdung mit dem Absoluten (mit Brahman) führen.

Nach christlichem Verständnis ist die ganze Schöpfung Gottes »Bild«, da er sie gebildet hat. So betrachtet sind alle Bilder »Sinn-Bilder« – und dies in einer doppelten Bedeutung: erstens Bilder, die durch ihr Ausgestrahltsein vom Urgrund her sinnvoll sind; zweitens, weil sie über sich hinaus wieder auf den Sinn des Seins zurückweisen. Ihre reichste, manchmal auch auswuchernde Entfaltung hat die christliche Symbolik im Mittelalter zur Zeit der Scholastik erfahren. In einer Welt symbolischer Zusammenhänge erscheint das vergängliche Sein der Schöpfung als Gleichnis des ewigen Seins Gottes, wobei jedoch Gott über diesem Gleichnis steht. Die *analogia entis* läßt in dem Sichtbaren (*visibilia*) das Unsichtbare (*invisibilia*) erkennen. »Kein Ding ist zu niedrig, als daß es nicht das Höchste bedeuten und zu seiner Verherrlichung dienen könnte. Die Walnuß bedeutet Christus: der süße Kern ist die göttliche Natur, die fleischliche äußere Schale die menschliche, und die holzige Schale dazwischen ist das Kreuz. Alle Dinge bieten dem Emporsteigen des Gedankens zum Ewigen Stütze und Halt; alle heben einander von Stufe zu Stufe empor«[10].

Aus unserer heutigen Sicht mögen wir bemängeln, daß die Ebenen des Geistigen und des Physischen unreflektiert vermengt wurden, aber wir können nicht leugnen, daß unserer Zeit mit ihrem kausalanalytischen Denken das Wissen und das Gefühl einer Mensch und All durchdringenden Harmonie abhanden gekommen sind. Als erkennendes Subjekt – bahnbrechend war hier René Descartes: »Cogito, ergo sum« – trat der Mensch aus der Einheit des Kosmos heraus, um später erkennen zu müssen, daß sein neues Weltbild nur noch aus den Trümmern des verloren gegangenen Ganzen besteht. Mit der Säkularisierung der Welt wurde auch die Natur entzaubert und zu einem Arsenal, das der nur auf seinen Nutzen bedachte Mensch ausbeuten kann. Die Ökumene, die bewohnte Erde, der Kulturraum der Menschheit wurde zum ökonomischen Treibhaus herabgewürdigt. Doch langsam besinnt man sich wieder und erkennt, daß Wasser und Luft, Baum und Tier mehr sind als nur Ausbeutungsobjekte. Der auf seine Wissenschaft und auf seinen Fortschritt so stolze, moderne Mensch muß sich von einem indianischen Medizinmann sagen lassen:

*Ihr achtet euch selbst nicht.
Ihr glaubt nur, was ihr in einem Buch nachlesen könnt.
Ihr müßt lernen, eure Augen zu benutzen.
Ihr müßt lernen, mit geschlossenen Augen zu sehen*[11].

Das heißt, wir müssen lernen, wieder mit dem inneren Auge zu sehen, um hinter die Dinge schauen zu können, um »in allen Dingen unsere Verwandten« zu erkennen, wie es der Sioux-Indianer Schwarzer Hirsch ausdrückt. Ähnlich konnte der Heilige Franziskus von Assisi in allen Geschöpfen seine Brüder erblicken; aus dieser Einstellung heraus predigte er den Fischen und den Vögeln und sagte zum Feuer »Bruder«. Dieses Gefühl der Brüderlichkeit entsprang dem Bewußtsein, daß alle Geschöpfe einen gemeinsamen Ursprung, einen »Vater« haben. Alle Dinge dieser Welt sind so auf wunderbare Weise miteinander verbunden, ja sie sind die Wundertaten Gottes, die *mirabilia dei*.

Der *homo religiosus* kann an jedem Ort und in jedem Augenblick die Nähe Gottes spüren. Eine bis zur Antike zurückreichende Vorstellung ist es, daß das ganze Weltall das Gewand der Gottheit ist. In der islamischen Mystik sind die kosmischen und die irdischen Erscheinungen »Symbole, die bedeuten, daß jene Welt herab in diese Welt kommt« (Dschelaleddin Rumi). Hier sei auch ein Gedanke aus dem koptischen Philippusevangelium, einer apokryphen Schrift, angeführt, nach der die Wahrheit nicht nackt in die Welt kam, sondern in Sinnbildern und Abbildern. Alles Irdische ist nur Teil des Überirdischen, wie alles Zeitliche nur eine Ende des in den Raum eingetauchten Überzeitlichen ist.

Die Symbole in Kunst und Religion, in Mythos und Traum sind keine einfachen Abbilder der objektiven Wirklichkeit, sondern offenbaren eine Seinsweise, die sich der unmittelbaren Erfahrung entzieht. Manchmal braucht man jedoch nur durch die hauchdünne Außenhaut der Erscheinungen zu dringen und kann schon etwas von den Strukturgesetzen der Welt erkennen. Hierher gehört zum Beispiel das distributive Sich-Verästeln, wie es beim Baum charakteristisch ist (s. Abb. S. 16). Dahinter steht ein Naturgesetz, das auch im Anorganischen zu finden ist. Die Baumfigur mit ihren Verästelungen zeigt sich deutlich bei Mensch und Tier im Ader- und Nervensystem, im Mineralbereich bei den moosähnlichen Einschlüssen von Mangan und Eisenoxyden (man nennt sie bezeichnenderweise Dendriten, von griechisch *dendron*, »Baum«), beim Flußsystem mit seinen Nebenflüssen und Bächen, bei an Lichtbäume erinnernden Blitzerscheinungen. Dem in Relationen denkenden Menschen offenbart sich in der Baumfigur ein alle kosmischen Bereiche umfassendes Strukturgesetz für Wachstum und Entfaltung, für Lebendiges, Seiendes in allen seinen Stadien bis hin zu Vergänglichkeit und Tod.

Ein anderes Strukturgesetz des Seins ist das Zyklische. Das Kreisförmige, Runde zeigt sich nicht nur in Nabel und Pupille, Schneekristall und Wellenring, in Blüte und Frucht, in Sonne, Mond und ihren Himmelsbewegungen, sondern auch in den visuell nicht mehr als *circulus* wahrzunehmenden Kreisläufen der Nahrung, des Wassers, der Jahreszeiten. Die geometrische Figur »ohne Ecken« ist das beste Bild für gesetzmäßige Abläufe, deren Phasen sich dauernd wiederholen, ist aber auch ein Bild von Ordnung und Geborgenheit. Bei dem Versuch der Orientierung wird die Welt als ein Umschließendes, Ein- und Abgrenzendes erfahren; der Rundhorizont wird zum Weltbild.

Wie sehr unser alltägliches Verständnis von »Wirklichkeit« eingeengt ist, zeigt sich schon bei der etymologischen Ableitung des Wortes. Es ist verwandt mit »Wirken« und »Werk« (griechisch *ergon*). Alles Tun des Menschen ist Wirken und Bewirken, und in diesem Wirkkreis erkennt er – seine – Wirklichkeit. Alle menschlichen Grundtätigkeiten waren und sind ein Wirken, ein Zusam-

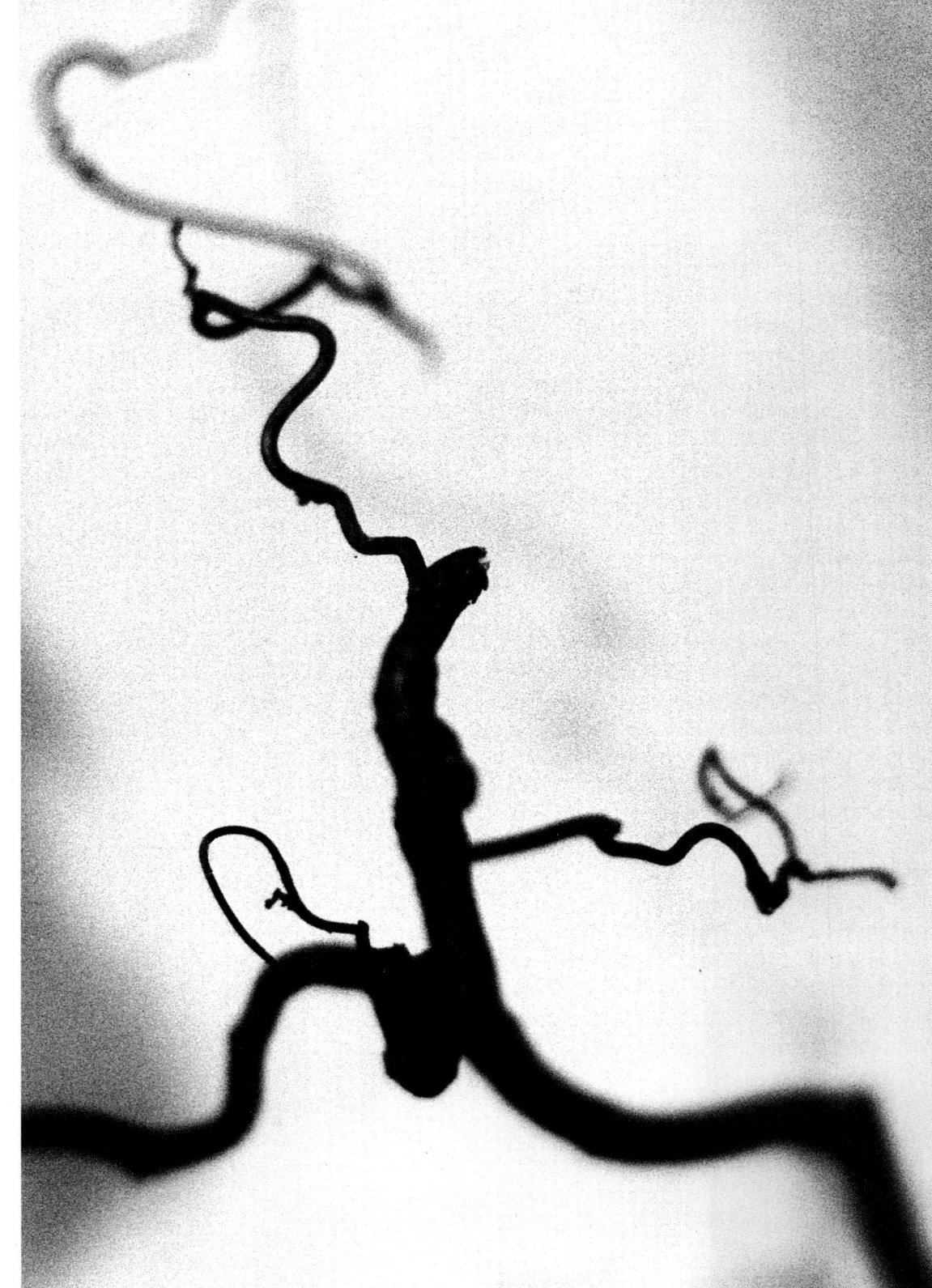

menfügen, ein Verflechten der Dinge [13]. Der ursprünglich geflochtene Zaun hieß im Indogermanischen *uerg* (verwandt mit »Werk«). Der vom Zaun umgebene Bereich war die vor dem Fremden und Gefahrvollen abgesicherte Welt. Wie Baum und Kreis so gehört auch das Gewirkte, Geflochtene, Gewebte, Gestrickte zu den Grundstrukturen des Seins. Das grobe Geflecht und das feine Gewebe haben kosmische Bedeutung. Das ganze Universum ist ein Gewebe astronomischer Bewegungen, ist »der Gottheit lebendiges Kleid« (Goethe, »Faust«). In vielen mythologischen Überlieferungen wird der die irdische Welt umhüllende Himmel mit Zelt, Schleier oder Mantel verglichen. Und gerade hier kann man erkennen, wie im Bilde, im Symbol des Gewirkten unser wahrhaft naives Realitätsverständnis gesprengt wird. Nicht nur, was der Mensch wirkt und bewirkt, ist Wirklichkeit; sie reicht weiter, umspannt Diesseits und Jenseits, wie eine islamische Überlieferung zeigt, nach der das ganze Sein einem Teppich entspricht, dessen Grund die Ewigkeit und Unendlichkeit andeutet; in ihm sind die einzelnen Muster gleich den in Raum und Zeit sichtbaren Erscheinungen eingestreut.

Alles ist miteinander verwoben, verflochten, verbunden. Anfang und Ende, das Hier und das Dort, das Ich und das Du sind nur Glieder einer endlosen, ewigen Kette, in der Himmlisches und Irdisches eins sind. Für den wahrhaft Wissenden sind oben und unten keine Gegensätze, denn im einen spiegelt sich das andere: Wie im Himmel so auch auf Erden! Dieser Gedanke, der dem altorientalischen Menschen selbstverständlich war, findet sich immer wieder auch in der Sprache der Poesie, so etwa bei Werner Bergengruen in dem Gedichtband »Die heile Welt«:

Gleichwie oben, also unten.
Alles kreist auf gleicher Spur.
Sonne, Sterne, Lichter, Lunten,
Räume, Zeiten, Geist, Natur

Eins dem andern zugesiegelt,
eins dem andern eingetraut,
eins vom andern abgespiegelt,
Geister, Tiere, Kraft und Kraut.

Gleichwie unten, also oben.
Goldne Kette allen Seins!
Alles ist in eins verwoben.
Nichts verwoben: es ist Eins.

Sicher zeigt sich die Welt nicht allen gleich. Schon ein Baum kann unter verschiedenen Gesichtspunkten betrachtet werden. Der Maler wird ihn mit andern Augen wahrnehmen als der Förster. Und so verschieden die beiden Betrachtungsweisen auch sein mögen, so hat doch jede ihre Berechtigung. Nachdenklich stimmen muß allerdings, wenn zehn Förster einen Baum gleich einschätzen (nach Alter, Laubwuchs, Insektenbefall usw.), zehn Maler ihn aber jeweils verschieden darstellen. Sehen und Schauen sind nicht dasselbe; ersteres haftet an der Oberfläche, das zweite geht in die Tiefe. Wer die Kunst des Schauens, die *ars videndi*, beherrscht, findet sich im Mittelpunkt einer Welt, die größer ist als wir selbst. Der Kenner und Deuter des antiken Mythos Walter F. Otto schreibt; »Unser eigenes Sein muß sich erhöhen, wenn wir seiner Wahrheit begegnen sollen. Je größer der Mensch zu sein vermag, um so mehr zeigt die Welt ihm von ihrer Größe«[13]. Alles Seiende kann in seiner Durchsichtigkeit auf den Urgrund hin zum Symbol werden, und es kommt nur auf uns selbst an, ob wir noch das Gespür haben für das Wunderbare, Geheimnisvolle, Verborgene, für die Hintergründigkeit dieser Welt; dann können alle »Geschöpfe wieder leuchtende Botschaften« für uns werden (Paul Claudel, »Figures et Paraboles«).

Wesen und Bedeutung der Symbole

Zum Gebrauch des Wortes »Symbol« sind zunächst einmal zwei Vorbemerkungen angebracht. Einerseits ist dieses Wort zu einem Allerweltsbegriff abgewertet worden, häufig mißverstanden, ja mißbraucht; alles, was irgendwie geheimnisvoll über sich hinausweist oder was irgendwie beispielhaft ist, kann im alltäglichen Sprachgebrauch – Zeitung und Fernsehen miteingeschlossen – als symbolisch gelten. Andererseits stößt das Wort »Symbol« auch auf gewisse Vorbehalte bis hin zur Ablehnung; das Symbol wird als ein nichtssagender, verschwommener, unwissenschaftlicher Begriff aufgefaßt, der Welt der Träumer, Phantasten und religiösen Eiferer entstammend. Es läßt sich auch nicht leugnen, daß unkontrollierbare Spekulation, phantasievolle Ausdeutung oder politische Ideologie nur zu oft die Symbole ihres eigentlichen Sinns entleerten. So ist es verständlich, daß ein sozialistischer Dramatiker und Gesellschaftskritiker wie Bert Brecht freimütig bekennt, daß er mit Symbolik nicht viel anfangen kann[14]. Dies gilt sicher auch für manch andere namhafte Vertreter unseres Geisteslebens, die mit Mißtrauen auf die Autoritäten blicken, die die Hüter der überlieferten Symbole sind. Wo das Erbe der Väter nicht mehr geachtet wird, wo das Verhältnis zur Tradition gebrochen ist, da verlieren auch die althergebrachten Symbole ihren Sinn, sie erscheinen nur noch als Abziehbilder einer überholten Zeit.

Und doch ist unsere Welt nicht bilderfeindlich. Im Gegenteil! Tagtäglich strömt eine Flut visueller Reize auf uns ein, die viele Menschen gar nicht verarbeiten können. Aber die meisten Bilder sind nicht mehr wie in früheren Zeiten Bedeutungsträger, sondern haben nur noch zweckdienliche Funktion, indem sie der Information, der Unterhaltung oder der Werbung dienen. In den »Bildern« der Natur, in den Mineralien, Pflanzen und Tieren erblicken wir lediglich Materiallieferanten für kommerzielle Zwecke oder naturwissenschaftliche Forschungsobjekte. Und wenn wir voller Neugier das sternenübersäte Firmament betrachten, dann sehen wir darin nicht mehr den Saum vom Kleid des uralten heiligen Vaters, »kindliche Schauer treu in der Brust« (Goethe, »Grenzen der Menschheit«), sondern haben das hochmütig-stolze Bewußtsein, das Weltall erforschen, erobern zu können. Die Sterne sind nur noch astronomische Größen, die einem naturwissenschaftlichen Zeichensystem eingeordnet sind.

Doch nun taucht die Frage auf: Was sind Symbole und was sind Zeichen? Leider läßt sich auch im wissenschaftlichen Sprachgebrauch ein Durcheinanderwerfen der beiden Begriffe feststellen. Manche sprechen nur von Zeichen und meinen damit auch Symbole, andere umschließen mit dem Symbolbegriff auch die Zeichen. So gibt es bei Alois Halder das »religiöse und künstlerische Symbol«, das »mit einer bestimmten Bedeutung zugleich einen Überschuß über diese hinaus in eben dieser Bedeutungsszene« vorweist im Gegensatz zum »technischen Symbol«, das in seiner Bedeutung eindeutig definiert ist[15]. Für dieses sogenannte technische Symbol, das ja eng mit dem der Naturwissenschaften verbunden ist, hätten wir lieber den Begriff »Zeichen« eingesetzt.

Demgegenüber unterscheidet der Philosoph Ernst Cassirer zwischen dem Zeichen (*signal*) als »part of the physical world of being« und dem Symbol als »part of the human world of meaning«; dies steht in Übereinstimmung mit der schon früher von ihm geäußerten Auffassung, nach der alle Formen des menschlichen Kulturlebens – neben Mythos, Religion und Kunst auch Sprache und Wissenschaft – als symbolisch bezeichnet werden[16]. Damit gehören aber auch die reinen Begriffszeichen und die »profanen« Zahlen zu den symbolischen Formen. Ohne die wegweisenden Arbeiten Cassirers herabsetzen zu wollen, muß doch festgestellt werden, daß sein Symbolbegriff zu umfassend ist; der Unterschied zwischen dem, was die Mathematiker Symbol nennen, und dem, was die Kunsthistoriker oder die Religionswissenschaftler darunter verstehen, wird nicht genügend aufgehellt.

Auf keinen Fall kann es hingenommen werden, wenn der von den Naturwissenschaften einseitig festgelegte Symbolbegriff verschiedentlich als der wissenschaftlich alleingültige ausgegeben und »die andere Auffassung« von Symbol als esoterisch, mystisch, suspekt abgetan wird – und dies aus »dem eigensinnigen Glauben an die logische Durchsichtigkeit dieser Welt, an die Vormacht und Vollmacht des Rationalen«[17]. Schließlich läßt sich nicht leugnen, daß die Fundamentalbegriffe aller Wissenschaft und Philosophie – wie Seele, Leben, Sein, Welt – mit dem Intellekt allein gar nicht zu begreifen und damit transintelligibel, irrational sind. Zwar soll nicht verschwiegen werden, daß gerade in neuerer Zeit wieder Stimmen laut werden, die den Unterschied zwischen Zeichen und Symbol einebnen wollen und die alle Zeichen, die »für etwas stehen«, Symbol nennen, auch wenn es sich nur um Verkehrsschilder oder Rauchsignale der Indianer handelt. Von hier aus ist leicht die Gefahr gegeben, allen Symbolen nur einen Zeichencharakter zuzuerkennen; dann ist z.B. das christliche Kreuz nicht mehr als eine Hausnummer, beide dienen nur zur äußeren Kennzeichnung.

In Anlehnung an die Mehrzahl der Symbolforscher kann man festhalten, daß zwar alle Symbole Zeichen sind, aber nicht alle Zeichen Symbole. Es sind demnach grundsätzlich zwei Arten von Zeichen zu unterscheiden: solche, die einfach nur Zeichen sind, und solche, die darüber hinaus noch symbolische Bedeutung haben. Die Abgrenzung ist gar nicht so schwierig, wie es zunächst den Anschein hat[18]. Das Zeichen ist ganz allgemein etwas mit den Sinnen Wahrnehmbares, das für ein anderes steht; es dient der Kommunikation, hat Mitteilungsfunktion. Das an Fahrzeugen angebrachte Zeichen CH besagt nicht mehr, als daß die Zulassung in der Schweiz erfolgte; die Anfangsbuchstaben des lateinischen Landesnamens (*Confoederatio Helvetica*) wurden bewußt ausgesucht, um keine der vier Landessprachen auf Kosten anderer zu bevorzugen. Das einfache Zeichen weist auf etwas hin (gibt etwas zu erkennen), ist eindeutig und läßt sich durch einen Begriff ausdrücken. Symbole repräsentieren etwas, sind mehrdeutig und sind erst dann notwendig, wenn Begriffe nicht mehr greifen (Jakob Amstutz)[19]. Das Symbol hat nicht nur Mitteilungs- sondern auch Bedeutungsfunktion. Es bedeutet etwas, indem es nicht nur auf die Bedeutung eines anderen hinweist, sondern dessen Bedeutung vergegenwärtigt, repräsentiert, in einem gewissen Sinne an ihr teilhat. Daraus ergibt sich, daß man Symbole auch nicht einfach erfinden oder entwerfen kann; sie sind gegeben und wurzeln in dem Urgrund menschlicher Kollektiverfahrung. Die rein hinweisenden, der Bezeichnung dienenden

Zeichen dagegen beruhen auf Übereinkunft, Konvention und Organisation.

Um das an einem Beispiel zu veranschaulichen, denken wir an zehn verschiedene Farbtöne. Mit ihnen kann man zehn gleiche Gegenstände kennzeichnen: zehn Autos, zehn Häuser usw. In diesem Fall dienen die Farben zur Unterscheidung, sie sind nur Zeichen. Jede Farbe könnte ich beliebig mit jedem Auto oder Haus austauschen, ohne daß das Auto oder das Haus etwas von seiner Bedeutung einbüßt. Ganz anders verhält es sich, wenn ich die zehn Farben zehn verschiedenen Eigenschaften oder Sachbereichen zuordne. Wenn man durch die rote Farbe Leben, Liebe und Leidenschaft, aber auch Haß, Kampf und Tod zum Ausdruck bringt, dann haben wir bereits eine symbolische Bedeutung. Das kann man leicht daran erkennen, daß bei diesen Zuordnungen Rot nicht einfach durch eine andere Farbe ersetzt werden kann.

Das Symbol ist zwar auch ein Zeichen, aber nicht irgendein Zeichen wie etwa die Hausnummer oder ein Verkehrsschild, sondern streng genommen ein sichtbares (wahrnehmbares) Zeichen für eine unsichtbare (nicht wahrnehmbare) Wirklichkeit, so wie in der Antike die als *symbolon* bezeichneten konkreten Teile eines Ringes, Täfelchens oder Geldstücks die abstrakt begriffliche Freundschaft ihrer Besitzer hat erkennen lassen. Den alten Griechen waren die an sich unbedeutenden Einzelteile (Bruchstücke, Scherben) im Hinblick auf das zusammenzufügende Ganze Bedeutungsträger. Das Wesen des Symbols beruht auf dem Zusammentreffen, Zusammenfügen (*symballein*) von Bild und dem im Bilde Vergegenwärtigten; zwischen beiden besteht ein innerer Zusammenhang.

Als Zusammengesetztes steht das Symbol im Schnittpunkt zweier Seinsebenen. Gerade durch seinen Schnittpunktcharakter ist es aber nicht nur ein (von einer Ebene auf die andere) hinweisendes Zeichen, sondern hat auch an beiden teil; im Äußeren offenbart es ein Inneres, im Körperlichen ein Geistiges, im Sichtbaren das Unsichtbare. Durch das Transzendieren, durch das Übersteigen auf eine andere Seinsebene entzieht sich das Symbol einem nur begrifflichen Denken, es läßt sich mit der *ratio* allein in seiner Tiefe nicht ausloten, genausowenig wie es vom Intellekt allein hervorgebracht wurde; Inspiration, Intuition und Imagination sind nicht zu unterschätzende Entstehungsfaktoren[20]. Wo es um Erfahrungen, Erkenntnisse geht, die unsere sinnlich wahrnehmbare Welt übersteigen, zeigt sich die Begrenztheit, ja die Ohnmacht sprachlich-begrifflicher Möglichkeiten, während das sinngeladene Bild, das Sinnbild, ganze Gedankenreihen in einer sonst unerreichten Dichte andeuten kann.

Zwischen dem Symbol und dem von ihm Repräsentierten besteht ein innerer Zusammenhang, der auf eine Wesenseinheit hinausläuft. Das Bezeichnende (Signifikant) und das Bezeichnete (Signifikat) sind – im Gegensatz zum willkürlich gesetzten Zeichen – nicht austauschbar. Darüber hinaus erkennt Matthias Vereno das Wesen echter symbolischer Beziehungen darin, daß sie auch nicht umkehrbar sind, weil sie in der Transzendenz gründen[21]. Das Bild wird immer abhängig bleiben vom Abgebildeten, während der (oder das) Abgebildete unabhängig von der bildlichen Darstellung ist. So ist die Fahne zwar ein Symbol des Staates, aber der Staat ist nicht auf die Fahne angewiesen; selbst wenn die Fahne diffamiert und in den Schmutz gezogen wird, die Souveränität des Staates bleibt dadurch unangetastet.

Die Erscheinung des Symbols ist nichts Zufälliges, sondern gehört letztlich zum Wesen der sich darstellenden Wirklichkeit; es partizipiert an der Wirklichkeit dessen, für das es Symbol ist. Symbole sind damit Zeichen, die mit ihrer Bedeutung zu einer inneren Einheit verschmolzen sind. Nach dem Religionswissenschaftler Gustav Mensching kann alles Symbol sein, »was zu einer von sich selbst verschiedenen Wirklichkeit in einem sachlich notwendigen Verhältnis der Repräsentation steht, wobei das Repräsentierte je nach Art des Symbols in eine verschiedene Nähe zum Symbol tritt«[22]. Zu beachten ist, daß Zeichen und Symbol trotz der vorgenommenen Unterscheidung nicht als starre Kategorien zu gebrauchen sind; das hinweisende Zeichen kann die Bedeutung eines Symbols annehmen wie auch umgekehrt. So können z.B. Zahlen rein quantitativ aufgefaßt werden oder aber als heilige Zahl, Unglückszahl usw. Die in der Fabrik zunächst als signifikatives Zeichen hergestellte Fahne wird emotional »aufgeladen« und schließlich zu einem Symbol der Nation. Das Kreuzzeichen kann sowohl numinoses Symbol als auch rationales Zeichen sein. Die Übergänge zwischen Zeichen und Symbol sind fließend, wie schon aus der Begriffsreihe Anzeichen, Vorzeichen, Kennzeichen, Wahrzeichen, Sinnzeichen, Heilszeichen ersichtlich ist, nicht weniger deutlich bei den vom lateinischen *signum* gebildeten Begriffen: Signal, Signet, Signatur, Insignium. Während das Signal als Warn- und Hinweiszeichen (z.B. Trommelzeichen bei Naturvölkern, Eisenbahnsignale) vom Symbol weit entfernt ist, kann man den Insignien als Würde- und Machtzeichen bereits Symbolbedeutung zuerkennen.

Genau genommen läßt sich das Symbol nicht ohne weiteres in Begriffen erklären. Das ist gut verständlich, da das begriffliche Denken ja der *ratio* entspringt, das bildliche, insbesondere symbolische Denken aber gerade dort seine Berechtigung erhält, wo die rational-begriffliche Erkenntnis keinen Zutritt mehr hat. Bei den im Schrifttum anzutreffenden, manchmal einander geradezu widersprechenden Definitionen betonen die einen Autoren mehr den (vordergründigen) wahrnehmbaren Gestaltcharakter, die anderen weisen auf den (hintergründigen) transzendenten Bezug hin. Es braucht wohl nicht eigens hervorgehoben zu werden, daß der Symbolbegriff im weltanschaulich-religiösen Umfeld derjenigen angesiedelt ist, die ihn benützen. Das kann kein Grund sein, das Symbol zu ignorieren, erweist es sich doch seit Jahrtausenden als ein »Katalysator geistiger Strömungen«. Rainer Volp schreibt zu Recht: »So schwierig seine Definition ist, so gefährlich ist es, an dem gemeinten Phänomen als dem Hinweis auf die unverwechselbare Gestalt vorbeizusehen. Denn es markiert anthropologische Einsichten, die nicht durch kategoriale Gesetzmäßigkeiten allein erschlossen werden können«[23]. Auf der Suche nach einer gültigen Umreißung des Symbols konnten wir die Feststellung treffen, daß trotz verschiedener ideologischer und methodologischer Ansatzpunkte die Mehrzahl der Autoren das Wesen in einem sinnbildähnlichen Charakter erkennen, d.h. daß durch die äußere Gestalt die unsichtbare Idee ins Bewußtsein gerufen wird.

Öfters wird für »Symbol« ein anderes Wort eingesetzt, das dann als Synonym zu gelten hat. So findet sich in der deutschen Romantik (bei Novalis und Hamann) die Chiffre, später von Karl Jaspers wieder aufgegriffen; in seiner Philosophie wird das Transzendente (das absolute Sein) durch die Chiffre der Existenz (dem menschlichen) zugänglich; Chiffren sind nur »existenziell« zu entziffern, für das »allgemeine Wissen« aber unlesbar. Bereits im Mittellateinischen konnte das Wort *figura* anstelle von *symbolum/symbolus* (Kennzeichen, Sinnbild) stehen. In Zahlen und Figuren hat man den »Schlüssel aller Kreaturen« (Novalis), d.h. in ihnen kann man die Gesetzmäßigkeit alles Erschaffenen erkennen. Die Figuren offenbaren die innere Struktur, die den Dingen und Geschehnissen eignet; bei Rilke und Ernst Jünger haben sie symbolische Funktion. Andere Ausdrücke für Symbol können sein: Bedeutungsträger, Bildvokabel, Gleichnis, Inbild, Paradigma, Sinnbild, Typos, aber auch Archetyp, Metapher und Allegorie, obwohl die letzteren zwar eine Nähe zum Symbol aufweisen, aber eben doch nicht identisch mit ihm sind. Charles Baudelaire, der Wegbereiter der modernen Lyrik schreibt von den »Gleichnissen, Metaphern und

Epitheta«, die dem unerschöpflichen Grunde der universellen Analogie entnommen sind – »tout est hiéroglyphique«, d.h. alles ist von geheimnisvollen (hieroglyphischen) Zeichen erfüllt[24]. Ohne uns mit den einzelnen Substituten auseinanderzusetzen, sei festgehalten, daß das Symbol und die ihm gleichgestellten bzw. nahestehenden Termini eine Begriffsreihe bilden, bei der die Einzelbegriffe nebeneinanderstehen und ineinander übergehen, wobei jedoch, infolge verschiedener Wertigkeit, nicht alle Begriffe gleich viel »Raum« einnehmen und auch in ihrem »Standort« nicht genau festzulegen sind. Ein Merkmal aller echten Symbole ist ihre Doppelwertigkeit; sie können von einem Bedeutungspol zum andern überwechseln. Für das Symbol gilt wahrhaft der Ausspruch von Louis Sebastien Mercier »Les extrêmes se touchent« (»die Extreme berühren sich«). Das innerste Sein ist strahlendstes Licht und doch zugleich auch undurchdringbares Dunkel. Nach kirchlicher Überlieferung ist Sieben die Zahl der Todsünden, aber auch der Sakramente. In einer Schlange kann »die nicht weiter zurückführbare Wirklichkeit« zum Ausdruck kommen, »daß ein Gift sowohl den Tod wie das Leben jederzeit bewirken kann, so daß das, was im rationalen Bereich unverständlich, im mythischen nur andeutbar ist, im Symbol vor Augen liegt.«[25] Die Farbe Rot steht in einem Bedeutungszusammenhang mit Blut und dieses mit Leben, andererseits aber auch mit Blutvergießen und mit dem Tod; Lebenssteigerung und Lebensbedrohung, glühende Liebe und zerstörendes Feuer sind die wichtigsten Sinngehalte der roten Farbe. In der Ambivalenz der Symbole drückt sich der polare Charakter der Welt aus, in gewisser Hinsicht fallen im Symbol selbst Himmel und Erde zusammen.

*In einem Senfkörnlein, so du's verstehen willst,
Ist aller oberen und unteren Dinge Bild.*

Angelus Silesius

Symbolisches Denken ist ein Denken in Analogien, Relationen, Synthesen, ist auf die Ganzheit gerichtet. Durch den Zusammenfall rationaler und irrationaler Momente, durch das Offenbarwerden des Sinnes im Sinnlichen erhält das Symbol seine ihm eigene Spannung, die Goethe in seinen »Maximen« (633) treffend umschreibt: »Die Symbolik verwandelt die Erscheinung in Idee, die Idee in ein Bild, und so, daß die Idee im Bild immer unendlich wirksam und unerreichbar bleibt und, selbst in allen Sprachen ausgesprochen, doch unaussprechlich bliebe«.

Wie die vordergründige Erscheinung und die hintergründige Idee sich durchdringen können, wird im Symbol des Spiegels besonders deutlich. Schon der Antike war die Vorstellung vertraut, daß die sichtbare Schöpfung ein Spiegel Gottes sei. Wie die Sonne bringt der Spiegel die Wahrheit an den Tag (Märchen von Schneewittchen). Das Erkennen der Wahrheit, das über die Erfahrung hinausgreifende, metaphysische Denken wird zur *speculatio*, zur »Spiegelschau«; die Spekulation (von lateinisch *speculatio*, »Ausspähen«) gehört etymologisch zu *speculum*, »Spiegel«. Ernst Jünger betont in seinem Tagebuch »Strahlungen« den ewigen Zusammenhang alles Seienden und schreibt: »Unser Leben gleicht einem Spiegel, auf dem sich, wenn auch verwischt und neblig, höchst sinnvolle Dinge abzeichnen. Eines Tages treten wir in dieses sich Spiegelnde hinein.« Tiefenpsychologisch bedeutet der Spiegel die ernsthafte Selbstbetrachtung, die den Zugang zum Unbewußten öffnet und damit unser wahres Gesicht zeigt. In jedem Fall wird im Spiegel das sichtbar, was hinter der Erscheinung liegt; und indem in ihm Vordergrund und Hintergrund zusammenfallen, scheinbare Wirklichkeit und wirkliches Sein, wird er geradezu zu einem Symbol für das Symbol.

Wir können nur das in der Welt erkennen, was wir in uns tragen; »er-kennen« bedeutet eigentlich vom Ursprung her kennen (sprachgeschichtlich ist »ur«

die ältere Form der Vorsilbe »er«), es ist ein Wiedererkennen einer äußeren Erscheinung, um deren Existenz man im Inneren bereits gewußt hat oder die einem (vorher im Unbewußten gebildet) durch den Akt des Erkennens bewußt wird. Dem Bild innen entspricht das Bild außen; und wer den Sinn im Bild erkennt, für den wird es zum Symbol. Dieses »wirkt gleichsam als die Klammer, die das, was dem Menschen von außen zugeführt wird, mit dem verbindet, was ihm an innerlich präformierten Gestalten und Möglichkeiten zugehört«[26]. Symbolisches Denken stellt den Zusammenhang her zwischen den beiden Welthälften des Innen und des Außen; das eigene Ich wird zum Spiegelbild des Alls (zu einem Mikrokosmos) und dieses wiederum zum vergrößerten Abbild seiner selbst (zu einem Makrokosmos).

Das auf die Bilder des Ursprungs zurückgreifende Er-kennen ist nicht gleich dem rationalen Erkennen. Schon William Blake wußte: »A fool sees not the same tree that a wise man sees« (»Ein Narr sieht einen Baum nicht mit denselben Augen wie ein weiser Mann ihn sieht«), wobei wir offen lassen, wer der wirklich Weise ist und wer der Narr. Aber es läßt sich nicht leugnen, daß ein Baum wie auch jede andere Erscheinung, unter verschiedenen geistigen Blickwinkeln betrachtet werden kann. Der eine bleibt am Äußeren einer Erscheinung haften, der andere versucht, durch die Oberfläche hindurchzudringen. Das Symbol ist ein ganz wesentlicher Punkt, wo die Koordinaten des Seins sich treffen, ein Punkt, wo – bildlich gesprochen – die mit dem Irdischen gleichlaufende Waagrechte mit der in der Transzendenz sich verlierenden Senkrechten zusammenfällt. Es ist die Stelle, aus der und durch die das Höhere in Erscheinung tritt. An dieser Stelle werden sich allerdings die Geister scheiden. Während »primitives« Denken zu einer naiv-realistischen Auffassung des Symbols an sich tendiert, neigt der sich »aufgeklärt« dünkende Mensch dazu, das Symbol als Allegorie oder Abstraktion abzuwerten. Wie so oft liegt die Wahrheit in der Mitte. Was dem im Aberglauben Befangenen als Tiefsinn, dem nur rational Denkenden als Unsinn erscheint, das ist dem »Einsichtigen«: Symbol. Das bedeutet, daß ein Symbol nicht für jeden Symbol sein muß, daß es andererseits aber in seinem Aussagewert auch nicht von der Einsicht einzelner Menschen abhängt.

*Wer seines Lebens viele Widersinne
versöhnt und dankbar in ein Sinnbild faßt,
der drängt
die Lärmenden aus dem Palast.*

Rilke »Stundenbuch«

Die Narren, die Geschwätzigen und die im Elfenbeinturm ihres Wissens Gefangenen ahnen nicht die einende Kraft des Symbols, genausowenig wie sie die Wahrheit des Ausspruchs erfassen können, daß das Große nur in der Stille laut wird. Sie stolpern über die vielen Widersinne ihres Lebens und können die Botschaft der Symbole nicht verstehen.

Wie die Welt ihrem Urgrund gleicht und ihm doch nicht gleich ist, so repräsentiert sich im Symbol das Urbild, ohne es doch selbst zu sein. Darin liegt das Paradoxon aller Symbolik. Dionysius Areopagita schrieb im »Buch über die göttlichen Namen«, daß die göttlichen Dinge nur in Sinnbildern erscheinen, die unserer gebrechlichen Natur angepaßt sind; Gott selbst ist in der Welt und über der Welt; er ist Sonne, Stern, Feuer und Wasser, Wind und Fels; »er ist alles, was ist, und doch nichts von all dem, was da ist«. Die mit den allgemein anerkannten Grundsätzen nicht übereinstimmende, paradoxe Aussage ist gar nicht widersinnig, sondern kann eine höhere Wahrheit aufdecken. Daß der Tod das Tor zum Leben ist, können viele nicht ganz glauben, obwohl es nicht paradoxer ist, als daß das Licht aus der Dunkelheit hervorbricht. Bei Sören Kierkegaard gehört die Paradoxie zum Wesen des religiö-

sen Verhältnisses, das er darin erkennt, daß sich Gott in begrenzten menschlichen Erscheinungen offenbaren muß, die seiner Wirklichkeit nie entsprechen können.

Es gehört zu den paradoxen Wahrheiten, daß jeder Mensch (von sich aus betrachtet) in der Mitte der Welt steht; an jedem irdischen Standort ist er dem Überirdischen gleich nahe. Überall kann sich das Heilige, Heile, Unversehrte, Absolute manifestieren. »Wir stehen immer demselben geheimisvollen Vorgang gegenüber: das ›ganz andere‹, eine Realität, die nicht von unserer Welt ist, manifestiert sich in Gegenständen, die integrierende Bestandteile unserer ›natürlichen‹, ›profanen‹ Welt sind« (Mircea Eliade)[27]. Ursprung und Ende fallen in der heiligen Mitte zusammen. Golgotha ist Höhle und Berg, es ist die Kreuzigungsstätte Christi und – nach einer weniger bekannten Überlieferung – der Ausgangspunkt der Schöpfung (daher auch der Ort, wo des Urmenschen Adam Schädel ruht). Als Opferstätte ist jeder Altar ein Nabel der Erde (*umbilicus terrae*). Die meditative Betrachtung des eigenen Nabels dient im indischen Yoga und bei der orthodox-mystischen Mönchsbewegung des Hesychasmus der Rückbesinnung auf das letztlich in Gott ruhende Lebenszentrum.

Fragen wir nach der Bedeutung der Symbole für den Menschen, so erweisen sie sich in einer mehrtausendjährigen Geistes- und Kulturgeschichte als »Medien zu den Ufern des schöpferischen Erfassens und der Erfahrung einer größeren und tieferen Wirklichkeit, die im symbolischen Bilde immer wieder neue Aspekte zeigt«[28]. Die echten Symbole gehören zu einem in langen Zeiten gewachsenen Erfahrungsgut, das auch heute nicht überholt, höchstens überdeckt werden kann. Ja, gerade in unserer modernen Industriegesellschaft mit ihren zum Teil fragwürdigen Errungenschaften wächst wieder das Gespür und die Einsicht, daß die Dinge um uns über ihre Nützlichkeit hinaus noch einen anderen, tieferen Sinn haben.

Nichts in der Welt ist selbstverständlich; denn nichts versteht sich aus sich selbst heraus. Während für die alten Kulturen, aber auch für die schriftlosen Völker Atem, Wind und Luft lebenspendende, gottnahe Naturerscheinungen waren bzw. sind, hat unsere moderne Zeit vor den Mächten der Natur alle Ehrfurcht verloren, indem wir »glauben«, alles über sie zu wissen und sie manipulieren zu können. Aber erst wenn die Luft, die wir atmen, und das Wasser, das den Durst stillt, »als Symbole einer tragenden Ordnung erfahren werden, wecken sie Ehrfurcht. ... Erst im Symbol wandelt sich die animalische, gleichsam larval- ethische Wertung zur imaginalen des Menschen«[29]. Während die alten Ägypter vom »Hauch des Lebens für alle« sprachen und dies auf den Gott Amun bezogen, ist in unserer oberflächlichen Weltbetrachtung die Luft etwas so Selbstverständliches geworden, daß wir fast vergessen haben, in ihr das Medium, den Vermittler von Sprache und Musik zu erkennen und daß sie für Pflanze, Tier und Mensch im wahrsten Sinn des Wortes *spiritus vitalis*, der Lebenshauch, ist. Erst die Problemkette der Abgase, der Luftverschmutzung, der Smoggefahren, des Waldsterbens usw. machen uns nachdenklicher. Verbunden mit einer Rückbesinnung auf traditionelle Werte (aus Angst vor der Zukunft erinnern wir uns der Vergangenheit!) wächst wieder ein Verständnis für die Zusammenhänge der Natur und für das Eingebettetsein von Wasser und Luft, von Erde und Feuer in eine dem Menschen nicht immer durchschaubare Ordnung.

Die von Menschen aller Völker, Kulturen und Religionen erfahrenen Symbole wie Licht und Dunkel, Wasser und Feuer, Baum und Berg, auch Weg und Höhle, werden von einigen Autoren »Ursymbole« genannt; sie bilden die »Tiefenschicht jeder Weltanschauung«; in ihnen verweist eine dingliche, sinnenhaft erfahrbare Wirklichkeit auf eine numinose, transzendente Macht[30]. Die meisten der anderen Symbole jedoch sind von ihrer geschichtlichen und gesellschaftlichen Konstellation her zu beurteilen. Wie ein Mensch in eine Kultur hineinwächst, so übernimmt er auch deren Symbole. Das den Menschen vor den Unbilden der Witterung schützende Zelt konnte nur bei Nomaden symbolische Signifikanz erlangen. Bei asiatischen Steppenvölkern erhielt es makrokosmische Bedeutung, wurde zu einem Bild des die Erde überspannenden Himmels; Altaier und Burjäten erblicken in dem Zeltpflock die Weltachse (*axis mundi*). Und nach biblischem Bericht läßt der im Himmelszelt thronende Gott sich auf Erden aus Zeltdecken eine Wohnstätte anfertigen; dieses von Menschen verfertigte heilige Zelt (auch Stiftshütte genannt) ist nur »Sinnbild und Schatten der himmlischen Dinge« (2.Petrusbrief), das wahre Zelt, das Urbild also, hat der Herr selbst errichtet.

Der große Verbreitungsraum der Symbole in oft überraschend gleicher oder ähnlicher Bedeutung läßt die Frage aufkommen, ob sie ontologisch vorgegeben und damit übergeschichtlich sind oder ob sie einem geschichtlichen Wandel unterliegen. Für Otto Friedrich Bollnow liegt der Gedanke nahe, »daß Symbole selber einem ungeschichtlichen Dasein angehören, das in einer rätselhaften Weise in unser geschichtliches Dasein hineinreicht, und daß dieses ungeschichtliche Dasein als Untergrund der Seele in uns, sofern wir mit Symbolen umgehen, noch gegenwärtig ist«[31]. Dies ist eine Auffassung, die im wesentlichen auch von der Tiefenpsychologie geteilt wird.

Der Gang durch die Kulturgeschichte von den steinzeitlichen Höhlenmalereien und Idolen bis zum New Age mit seinem wiedererwachenden Interesse für alte Kulturen und Religionen, für Mythen und Märchen, für Meditation und Mystik zeigt deutlich, daß der Mensch nicht nur in einer Welt von Begriffen lebt, sondern daß er auch der Bilder bedarf. Der Dialog mit dem sinngeladenen Bild trägt zur Selbstfindung bei, indem es den Menschen seinen Standort in der Welt erkennen läßt. Die Symbole können (und sollen) von einer peripheren Seinsbefangenheit auf die Seinsmitte hinweisen, ja, in einem gewissen Sinn die Seinsmitte »vergegenwärtigen«, zu ihr zurückführen. Aus der zentripetalen Kraft heraus ist es zu verstehen, daß die unübersehbare Fülle symbolischer Erscheinungen in wenigen typischen, in fast allen Kulturen und Religionen verbreiteten Symbolgruppen zusammenfällt. Alle Symbolik kristallisiert sich um die Pole des Seins; um Werden und Vergehen, um Licht und Finsternis, um das Gute und das Böse. Im Symbol wird die polare Struktur unserer an Zeit und Raum gebundenen Welt und unseres eigenen Lebens erkennbar; andererseits fallen in ihm aber auch die Extreme wieder zusammen. Aufgrund seines Eigenwertes und seiner Mittlerrolle zwischen Rationalem und Irrationalem wird es auch in Zukunft »ein Schlüssel zur menschlichen Existenz« sein (so der Psychoanalytiker Igor Caruso), mit dem sich der Sinn des Lebens erschließen läßt[32]. Im religiös-weltanschaulichen und im künstlerischen Bereich können die Symbole zur Botschaft werden von der Ganzheit des Seins, von einer umfassenden, heilen Welt.

Wisse, wenn in Schmerzensstunden
dir das Blut vom Herzen spritzt:
Niemand kann die Welt verwunden,
nur die Schale wird geritzt.

Tief im innersten der Ringe
ruht ihr Kern getrost und heil.
Und mit jedem Schöpfungsdinge
hast du immer an ihm teil.

Werner Bergengruen

Zeugnisse aus vorgeschichtlicher Zeit

Feuer, Werkzeug und Sprache gehören zum ältesten Kulturbesitz des Menschen, und alles, was er mit seinen Händen greifen konnte, verstand er – auf seine Art – auch zu begreifen. Leider lassen die Funde aus der älteren prähistorischen Zeit kaum Rückschlüsse auf den Menschen selbst zu, sie sind »undurchsichtig«, nicht aussagekräftig. Doch dürfen wir deshalb nicht annehmen, daß die Aktivitäten des menschlichen Geistes sich nur auf Nahrungsgewinnung, Werkzeugherstellung und Lebenssicherung in einem umfassenden Sinne beschränkten. Sicher hatten die in der Urzeit lebenden Sammler, Jäger und Fischer auch schon eine menschliche Bewußtseinsstruktur; sie konnten Licht und Finsternis, Leben und Tod nicht nur erfahren, sondern auch über sie und ihre Verursachung nachdenken; sie erlebten das Gefühl der Abhängigkeit von anderen, höheren Mächten und kamen damit zu gewissen religiösen Vorstellungen.

Es wäre falsch, die Gedanken und Glaubensvorstellungen späterer geschichtlicher Religionen auf die Urzeit zurückzuprojizieren, aber gewisse Rekonstruktionen im Vergleich mit heute noch auf der Steinzeitstufe lebenden Jägervölkern sind durchaus möglich. Gerade die ethnologische Forschung hat gezeigt, daß die Völker »mit dem dürftigsten materiellen Besitz, nämlich die Urkulturvölker, zwar nicht die mannigfaltigen Kultformen, das reiche Zeremoniell und die Kunstbetätigungen der höheren Kulturen kennen, dafür aber in ihren religiösen Anschauungen viel reiner, und geistiger dastehen.«[33] Dem Urmenschen als vollmenschliches, geistbegabtes Wesen können wir religiöse Vorstellungen und den Vollzug religiöser Handlungen nicht absprechen.

Zu den völlig »undurchsichtigen« Funden, die bis in das Mousterien, eine Kulturstufe des mittleren Paläolithikums, zurückreichen, gehören Anhäufungen von Steinkugeln, die mit Absicht durch Abschlagen auf den gleichen Durchmesser gebracht wurden (häufig in der Größe eines Tennisballs). Man hat sie als Wurfsteine oder Spielsteine gedeutet, auch als Opfergabe und schließlich als eine Art Symbol für das in der Urzeit aufgekommene Weltbild. Marie König spricht von Sphäroiden und erblickt in ihnen die Grunderfahrung der Welt, wie sie sich im allseits gerundeten Kosmos späterer Kulturen wiederfindet. Von den manchmal spekulativen Überlegungen einzelner Prähistoriker noch unbelastet, kam Karl Jaspers zu der Feststellung, daß das primäre Weltbild in doppelter Sicht denkbar war: Erstens konnte man sich das All in objektiver Sicht vorstellen, das heißt von außen her gesehen; zweitens in subjektiver Sicht, also von innen her gesehen[34]. Damit sind Kugel und Höhle die beiden ältesten Weltbilder; wie weit diese aber wirklich zurückreichen und ob bzw. ab welcher

Zeit sie mit den Sphäroiden gedanklich verknüpft wurden, läßt sich nicht nachweisen.

Ebenfalls im Mousterien tauchen die ersten Schalen und Näpfchen auf; es sind ebenmäßig runde Vertiefungen, die in den Fels hineingebohrt wurden; S. Giedion übernimmt eine bereits früher geäußerte Hypothese vom symbolischen Charakter der Schalen (*cupules*) von La Ferrassie, Südwestfrankreich[35]. Schalen und Näpfchen lassen sich über das Jungpaläolithikum, das Neolithikum und die Bronzezeit bis in die geschichtliche Zeit hinein nachweisen. Möglicherweise dienten sie bei Trankopfern (Libationen) zur Aufnahme der Flüssigkeit; wenn sie jedoch an schrägen oder vertikalen Flächen angebracht waren, mußten sie eine andere Bedeutung haben – u.a. dachte man an Fruchtbarkeitssymbolik (so in Verbindung mit Tierbildern), an Wiedergeburtssymbolik, wenn sie zusammen mit Kreisen und Spiralen vorkommen, ja sogar an die Wiedergabe von Sternbildern. Bei den im Ostseeraum gefundenen Schalensteinen aus dem Neolithikum wollte man eine solare Symbolik erkennen, zumal neben den Schalen das vierspeichige Rad und Hände mit gespreizten Fingern (Sonnenstrahlen?) dargestellt sind[36]. So verschieden die Deutungsversuche im einzelnen auch sein mögen, so wird doch überwiegend eine kultische Bedeutung angenommen. Bekannt ist ein noch in unserem Jahrhundert in Schweden vorkommender »heidnischer Brauch«, bei dem in die Schälchen Fett gegeben wird, um die Feen günstig zu stimmen.

Mit größerer Sicherheit zu interpretieren sind die Funde aus dem Jungpaläolithikum, die den Brauch der Bestattung belegen. Die Toten wurden mit Ocker bestreut und zusammen mit Schmuckgegenständen (aus Knochenscheiben, Hirschgrandeln, Fischwirbeln) in sorgfältig ausgehobenen Vertiefungen begraben. Der Ocker, der die Farbe des Blutes hat, sollte den Verstorbenen ein Weiterleben ermöglichen. Zu den Schmuckstücken gehören bestimmte Schneckenschalen wie die Kaurischnecke »mit ihrer Form eines Tores, durch das das Kind in die Welt tritt«; eine damit verbundene Wiedergeburtssymbolik ist wahrscheinlich. Das Vorhandensein von Grabbeigaben, darunter Waffen aus Stein und Speisen, »impliziert nicht nur den Glauben an ein persönliches Weiterleben nach dem Tode, sondern auch die Gewißheit, daß der Tote im Jenseits seine spezifische Aktivität fortsetzt«[37]. Die Hoffnung auf ein Weiterleben könnte sich auch in der nach Osten ausgerichteten Position des Toten ausdrücken, ähnlich wie viel später die alten Ägypter das Geschick der Seele mit dem Lauf der Sonne verknüpften. Bei den häufig um die Grabstätten herum gefundenen Tierknochen, die zerbrochen waren, läßt sich nicht feststellen, ob sie die Überreste eines Totenmahls sind oder Opfergaben darstellen. Die zusammengebogene Stellung der Skelette (z.B. in den Grimaldi-Grotten bei Mentone) könnte von einer Fesselung der Toten herrühren, um seine Wiederkehr zu verhindern; man dachte auch an die Nachahmung der embryonalen Haltung und damit an eine Wiedergeburtssymbolik, was aber fragwürdig ist, da die Kenntnis über das embryonale Leben dem Altsteinzeitmenschen wohl doch noch nicht bekannt war.

Lange bevor der Mensch seine Gedanken in Schriftzeichen festlegen konnte, bediente er sich der Bilder. Die ältesten bekannten Werke einer bildenden Kunst reichen bis in das vor etwa 30000 Jahren beginnende Aurignacien zurück, das ist jene Kulturstufe des Jungpaläolithikums, in der in Europa klimatisch die letzte Eiszeit beginnt und in der die ersten Rassengruppen der heutigen Menschheit (*Homo sapiens*) auftreten. Als ältestes Zeugnis kunstgewerblicher Art könnte man die Lochstäbe (französisch *batôns de commandement*, »Kommandostäbe«) bezeichnen. Sie sind aus Ren- oder Hirschgeweih gefertigt und haben in späterer Zeit auch Gravierungen (Tierbilder, vor allem Hirsch); der Name kommt von dem eingebohrten Loch, manchmal sind es auch mehrere Perforationen. Die Bedeutung ist nicht gesichert, ob praktischen Zwecken dienend – wegen der häufig grazilen Ausführung als Waffe oder Werkzeug nur bedingt geeignet – oder als eine Art Zauberstab. Vielleicht hatte schon das Material an sich symbolische Bedeutung; Geweih und Horn sind aus späterer Zeit ja in vielfältigen Symbolzusammenhängen bekannt, zu denken ist vor allem an eine Fruchtbarkeitssymbolik im weiteren Sinne[38].

Als älteste Werke der bildenden Kunst sind neben einfachen Ritzzeichnungen von Tieren vor allem Kleinplastiken zu nennen. Es handelt sich um die sogenannten Venusfiguren, entweder als Vollplastik wie die berühmte »Venus von Willendorf« (Niederösterreich, s. Abb. S. 30) oder auch als Relief wie z.B. die »Frau mit dem Bisonhorn« von Laussel (Dordogne); ihre Interpretation reicht von der Personifizierung des Fruchtbarkeitsverlangens über die Darstellung der *Magna Mater* als einer Erdmutter bis zum Idol eines Ahnmütterkultes. In der Kulturstufe des Magdalien entstanden in südfranzösischen und nordspanischen Höhlen die Felsbilder der sogenannten frankokantabrischen Kunst, am bekanntesten Altamira bei Santander und Lascaux in der Dordogne. Die Frage nach dem Sinngehalt dieser Kunstwerke ist eng mit der Erklärung ihrer Entstehung verbunden. Heute wird fast allgemein anerkannt, daß die altsteinzeitliche Kunst nicht einfach nur eine aus dem Spiel- oder Nachahmungstrieb des Menschen entsprungene spontane Erfindung ist, genausowenig wie ein Schmuckbedürfnis zu einer »Kunst an sich« (*l'art pour l'art*) führte. Sicher hängen Bildwelt und Weltbild zusammen; dabei werden die Vorstellungen über die Welt von verschiedenen Faktoren gebildet, genauso wie das Entstehen der Kunst nicht auf eine einzige Triebfeder zurückzuführen ist. Fest steht, daß in den Lochstäben, in den weiblichen Plastiken und in den Felsmalereien sich die tragenden Grundgedanken der Eiszeitjäger widerspiegeln müssen.

In den letzten Jahrzehnten neigen die meisten Forscher zu der Auffassung eines magisch-religiösen Charakters der diluvialen Höhlenkunst, bei deren Interpretation[39] gerade auch Symbole eine wichtige Rolle spielen. Aber schon hier sei ganz klar festgestellt, daß zu deren eindeutigem Verständnis der Kontext schriftlicher oder auch mündlicher Überlieferung notwendig wäre, und da ein solcher fehlt, bleiben alle Deutungen mehr oder weniger im Bereich des Hypothetischen. Als Beispiel sei eines der ältesten und am wenigsten komplizierten Symbole angeführt: die Hand. Zunächst wurde sie vielleicht einfach in den Höhlenlehm gedrückt; dann wurde die mit rotem Ocker oder blauschwarzem Manganoxyd gefärbte Handfläche stempelartig auf die nackte Felswand aufgedrückt (Positiv-Verfahren), oder das Bild entstand durch farbige Umrahmung der Hand mit den gespreizten Fingern (Negativ-Verfahren). Bei dem Versuch einer Deutung kann man an verschiedene Möglichkeiten denken: an magische Beschwörung, Abwehr von Gefahren, Bitte an die unsichtbaren Mächte. Oder ist das Bild der Hand nur Ausdruck eines Urerlebnisses der Selbstdarstellung, oder ist es – in Verbindung mit Tierbildern – eine symbolische Besitzergreifung zukünftiger Beute? In der Gargas-Höhle (französi-

sche Pyrenäen) fand man auffallend viele schwarze und rote Hände, bei denen einzelne Fingerglieder fehlen; bei dieser Selbstverstümmelung denkt man an rituelle Bräuche heute noch lebender Naturvölker; der damit verbundene Opfergedanke läßt die Hand als *pars pro toto* erscheinen, d.h. sie steht symbolisch für den ganzen Menschen.

Wenn schon ein verhältnismäßig einfaches Symbol solche Interpretationsschwierigkeiten bereitet, um wieviel fragwürdiger sind dann die Deutungsversuche ganzer Bildzusammenhänge. Für die bei Felsbilddarstellungen auch heute noch divergierenden Auffassungen innerhalb der Forschung sei eine aus zahlreichen Veröffentlichungen her bekannte Bildkomposition im Höhlensystem zu Lascaux angeführt; dargestellt sind ein vom Speer getroffener Bison, ein nackter, umfallender Mann mit Vogel-

kopf und ein Vogel auf einer Stange. Zunächst wollte man darin die dokumentarische Wiedergabe eines Jagdunfalles erkennen. Davon ausgehend spricht Johannes Maringer von einem »Totengedächtnisbild«; der Vogel auf der Stange »läßt an einen Totenvogel denken«, könnte aber auch – im Hinblick auf den vogelförmigen Kopf des Mannes – das Totemtier des Stammes darstellen. Nach Max Raphael hat das Bildganze die Bedeutung eines Sexualzaubers, wofür der erigierte Phallus des liegenden Mannes und der hypertrophe Hodensack des Bisons angeführt werden; »der Vogel auf der Stange verstärkt diesen Prozeß«[40]. Demgegenüber erscheint uns die These einer schamanistischen Beschwörungsszene, wie sie Herbert Kühn für möglich hält, als wahrscheinlicher; der Bison könnte als Opfertier gegolten haben, vor dem der Schamane mit der Vogelkopfmaske in Trance niedersinkt; der Vogel auf der Stange wäre dann sein Hilfsgeist. Auch Hans Biedermann meint, daß die Deutung des Vogels auf der Stange als vogelgestaltige Seele oder tierischer Hilfsgeist »in religionsgeschichtlicher Sicht viel Wahrscheinlichkeit für sich« hat; dabei wird nicht zu Unrecht auf das im Schamanismus so wichtige Ritual der Seelenreise hingewiesen und dieses wiederum mit offenbar halluzinatorischen Flugerlebnissen in Verbindung gebracht[41]. S. Giedion will den nackten Mann nicht fallend oder liegend, sondern aufrecht stehend sehen und zwar »im Augenblick höchster Beschwörung,..., ithyphallisch, mit Anzeichen höchster Erregung«. Giedion beweist durch eine Photographie, daß je nach dem Standort der Betrachtung der Mann tatsächlich auch aufrecht gesehen werden kann[42].

Wenn man die westeuropäischen Felsbilder mit denen aus Sibirien vergleicht, sofern sie beide aus dem Jungpaläolithikum stammen, dann fällt die Übereinstimmung der Motive und ihrer Gestaltung auf. Dies beruht auf der Einheitlichkeit des Weltbildes jener weit zurückliegenden kulturhistorischen Entwicklungsstufe; man dachte aber auch schon an große Wanderbewegungen der Jäger, die den Herden der Bisons, Wildpferde und Rentiere folgten. In der sibirischen Fundstätte zu Schischkino fand man fast die gleichen Zickzackmuster und Ovale wie in der frankokantabrischen Kunst. Allgemein wird angenommen, daß es sich um Sinnzeichen, um Symbole handelt; bei ersterem Motiv könnte Wasser gemeint sein, wie später in der ägyptischen Hieroglyphenschrift drei übereinanderliegende Zickzacklinien das Determinativ für Wasser sind. Das mandelförmige ovale Zeichen wird überwiegend als Symbol des weiblichen Geschlechts (Vulva) und der Fruchtbarkeit gedeutet. Der russische Forscher Okladnikow schreibt: »Der Mensch der Vorzeit zeichnete den für ihn zentralen Akt des realen Lebens auf seine Weise, indem er das Symbol für das weibliche Geschlecht mit der realistisch gesehenen Gestalt des männlichen Tieres verband.«[43] Auch dreieckige Zeichen mit einem Mittelstrich werden als Vulva interpretiert; tatsächlich erscheint im Magdalenien die Schamgegend der Frau als scharfes Dreieck – eine Darstellungsart, die noch in den Statuetten des fünften und vierten Jahrtausends im Balkan und in Mesopotamien anzutreffen ist. Diese Bilder wie auch phallische Darstellungen (z.B. im Symbol der Feder oder des stabähnlichen Zeichens) dürfen nicht einfach nur im Rahmen abendländischer sexualpsychologischer Vorstellungen gesehen werden, sondern sie sind eingebettet in eine Vorstellungswelt, in der das Tier eine dominierende Rolle spielt und in der die Schicksale (wie Leben und Tod, Geburt und Wiedergeburt) von Mensch und Tier austauschbar sind. Sicher kann man bei den Jägern des Jungpaläolithikums davon ausgehen, daß das Tier nicht nur im Mittelpunkt ihres materiellen Interesses, sondern auch ihrer Weltanschauung stand; beide bildeten ja eine Schicksalsgemeinschaft. Das Tier wurde nicht nur gejagt, sondern auch verehrt, indem es als eine Art Offenbarungsträger eines Wild- oder Buschgeistes oder einer Gottheit galt, auch als Stammvater oder Totemtier. Der ständige Umgang mit dem Tier und die Abhängigkeit von ihm führten »zum Glauben an die Einheitlichkeit allen animalischen Lebens und die Austauschbarkeit menschlicher und tierischer Seinsformen«; hierin erblickt Karl J. Narr »die geistige Grundlage einer Fülle von Erscheinungsformen«, die sich unter der Bezeichnung Animalismus zusammenfassen lassen. Den Höhlenbildern selbst kann symbolische Bedeutung zuerkannt werden, indem man sie als »Zeichen« versteht, »mit denen dem Bewußtsein ein jenseitiges Objekt durch Darstellungswerte sinnlicher Gestalten vergegenwärtigt wird, oder auch selbst Gestaltwerdung eines Übernatürlichen, in denen ein Jenseitiges irdische Gegenwart gewinnt oder das Sichtbare übernatürliche Wirkkraft erlangt.«[44]

Mit dem Übergang vom Eiszeitalter zur geologischen Gegenwart (etwa 9000 vor der Zeitenwende) fällt der Beginn der mittleren Steinzeit (Mesolithikum) zusammen. Die ökologischen Umwälzungen der Eisschmelze (wie Abzug der Rentierherden nach Norden, Ausdehnung der Waldgebiete) wirkten sich auch auf die Lebensweise der Menschen und ihr Kulturgüter aus. Die Zeugnisse künstlerischer Gestaltung werden – abgesehen von den Felsmalereien Ostspaniens und Skandinaviens – seltener, und damit entschwinden auch die bildhaften Symbole unserem Blickfeld. Von einschlägigem Interesse sind eigentlich nur die bemalten Kiesel aus der Flußgrotte von Mas d'Azil am Fuß der französischen Pyrenäen. Mit roter Farbe wurden einfache Zeichen auf die flachen, rundlichen und

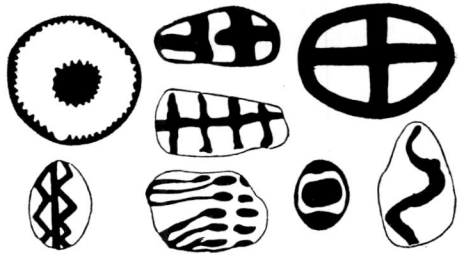

oval-länglichen Kieselsteine gemalt; am häufigsten sind breite, parallel angeordnete Streifen, Punkte und Kreismuster. Zunächst wollte man in den Kieselmalereien eine Vorstufe der Schrift erkennen oder auch extrem schematisierte Bilder menschlicher Figuren. Die neuere Forschung nimmt eine kultisch-symbolische Bedeutung an; unter Heranziehung völkerkundlicher Analogien sucht man eine Erklärung in Gedankengängen des Totemismus. Als Vergleichsmaterial bieten sich besonders die Schwirrhölzer (Tschuringas) australischer Stämme an, von denen geglaubt wird, daß sie die Seelen der verstorbenen Ahnen enthalten. Die bemalten Kiesel könnten damit die Funktion gehabt haben, den Bestand und das weitere Gedeihen des Stammes wie auch seiner einzelnen Glieder zu sichern.

Die Jungsteinzeit (Neolithikum) ist durch eine neue Wirtschafts- und Lebensweise gekennzeichnet. Die Früchte werden nicht mehr nur gesammelt, sondern die aufgelesenen Körner in eigens zugerichtetem Boden ausgesät; das Tier wird nicht mehr nur gejagt, sondern gezähmt und zum Haustier gemacht. Die alt- und mittelsteinzeitlichen Sammler und Jäger werden von Bauern- und Hirtenvölkern abgelöst, wobei der zeitliche Übergang im Süden (Vorderasien) früher erfolgte als im Norden (Skandinavien). Im nordeurasischen Raum fand die alte Jägerkunst ein Nachleben in Felsmalereien, bei denen der oft auftretende sogenannte Röntgenstil bemerkenswert ist; die darin dargestellten Tierbilder lassen nicht nur den äußerlich sichtbaren Körper erkennen, sondern auch dessen innere Organe, die als Lebenszentrum galten. Gewöhnlich

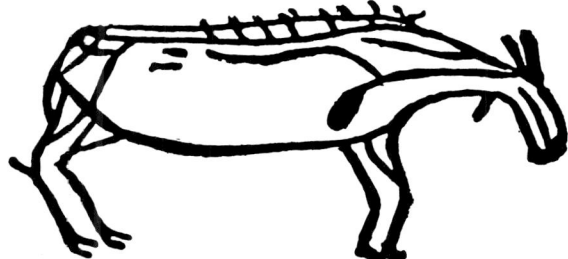

läßt sich eine Linie, die symbolische »Lebenslinie«, beobachten, die vom Maul des Tieres durch den Hals in den Leib führt. Die Darstellung der Lebenslinie, die Ausdruck der magischen Vorstellung von der Wiederbelebung aus lebenswichtigen Teilen des Tieres ist (eine schamanistische Vorstellung), findet sich nicht nur in skandinavischen und sibirischen Felsbildern, sondern ist bis in die neuere Zeit hinein bei nordamerikanischen Indianern bekannt. So zeichnete Ende des letzten Jahrhunderts bei den Odjibwa der Zauberer vor der Jagd die Umrisse des Tieres auf die Erde oder auf ein Stück Birkenrinde und malte mit roter Farbe das Herz und die Lebenslinie hinein[45].

Das Aufkommen des Ackerbaues führte zu neuen Welt- und Wertvorstellungen. War bei den eiszeitlichen Jägern der Mann der Ernährer, Zauberer, Künstler, so spielt nun die Frau durch die Züchtung der Pflanzen eine entscheidende Rolle. Sie bearbeitet die Erde, deren Fruchtbarkeit der ihren gleichgesetzt wird, und sie stellt die mit Ornamenten verzierten Tongefäße her, die geradezu Leitformen der einzelnen neolithischen Kulturen wurden (besonders bekannt in der Bandkeramik). Stand am Anfang der Kunst im Paläolithikum der Naturalismus, so setzt sich nun die geometrische Abstraktion durch. Nach Herbert Kühn schafft die Denkweise des Neolithikums »die Entwicklung der Bilder, die Entrealisierung, die Loslösung des Bildvorganges von dem Gegebenen und die Hinwendung zu dem inneren Wert… Durch das Einzelne hindurch wird der Kern erschaut, das Innere, der Sinn… Im Symbol, im Gleichnis erlebt er (– der Mensch –) das große Geschehen des Daseins: Werden und Vergehen, Wachstum und Untergang«[46].

Die mit der Erde und mit der Frau verbundene Fruchtbarkeit, als abstrakter Begriff nicht darstellbar, wurde im Symbol geschaut und in Gestalt der Mutter Erde oder in einem weiteren Sinne der Großen Mutter verehrt. So sind die zahlreichen weiblichen Plastiken aus dem fünften bis zweiten

vorchristlichen Jahrtausend zu verstehen als bildhafter Ausdruck des weiblichen Elementargedankens; die lebenspendenden Körperbereiche des Gebärens und Ernährens sind oft ganz besonders betont, die Genitalzone erscheint dabei als Dreieck. Eine neolithische Statue aus Thrazien läßt in dem Dreieck zusätzlich noch eine Spirale erkennen, deren eines Ende nach oben und deren anderes Ende nach unten eingerollt ist; möglicherweise soll diese Vorform der Doppelspirale andeuten, daß die Große Mutter nicht nur das Leben spendet, sondern daß sie den Menschen auch im Tod wieder zu sich nimmt. Eine symbolische Andeutung der mit der Erde verbundenen Fruchtbarkeit ist darin zu sehen, wenn in die Tonmasse Körner eingeknetet wurden. Alle diese Plastiken werden auch (mit dem für sie vielleicht nicht ganz korrekten Ausdruck) als Idole bezeichnet. An verschiedenen Fundorten zu bestimmten Zeiten erscheinen sie oft stark stilisiert, an kubistische Formen erinnernd, die Arme sind manchmal nur angedeutet oder fehlen ganz, der Rumpf kann zum Viereck, Dreieck oder zur Ovalform verkürzt sein. Hier wurde das Geheimnis des Weiblichen, das Mysterium des Lebens zum Symbol. Dies gilt auch, wenn man nicht genau sagen kann, ob es sich im einzelnen um die Darstellung der Großen Göttin selbst handelt, oder ob diese Figuren als Sitz von deren irdischer Gegenwart aufgefaßt wurden, oder ob sie als Weihegaben (Exvota) höheren Wesen gewidmet wurden.

Es ist verständlich, daß eine vom modernen Denken mit seinen naturwissenschaftlichen Erkenntnissen weit zurückliegende Zeit zu vielen uns selbstverständlich erscheinenden Erscheinungen eine andere Einstellung hatte. Manches galt als Symbol, was uns »nur« als Ornament erscheinen mag; andererseits können wir heute viele prähistorische Motive nicht mehr einwandfrei ihrer Bedeutung nach dechiffrieren. Dazu gehört auch die erstmals in der späteiszeitlichen Kunst auftauchende Spirale. Ob sie nun in ihrem häufigen Vorkommen im Neolithikum mehr Ornament oder mehr Symbol war, ist nicht immer klar zu entscheiden. So halten wir es für fraglich, ob die Bandkeramiker des Donauländischen Kulturkreises sie wirklich als Sinnbild für die Wasserwelle in ihre Tongefäße geritzt haben; hier scheint uns die dekorative Bedeutung naheliegender. Doch ist zu beachten, daß auch in noch späteren Kulturen selbst ausgesprochene Schmuckelemente in einem inneren Zusammenhang mit dem Denken und Fühlen der Menschen stehen, die sie hervorbringen. Im einfachen Ornament kann sich das Bild von der Weltordnung, das Weltbild, offenbaren. Heinrich Lützeler bezeichnet das Ornament als »Prägeform allwaltender Ordnung und welthafter Gesetzlichkeit«; in Kreis und Spirale erkennt er »Abbreviaturen kosmischer Lebensbewegung«[47]. Für die archaischen Kulturen, die ja noch gar kein Schmuckbedürfnis in unserem Sinn kannten und deren Kunstäußerungen weniger einem ästhetischen Verlangen als vielmehr magisch-religiösen Vorstellungen entsprungen sind,

trifft dies sicher zu. Ganz allgemein kann die Spirale gedeutet werden als Symbol für »die Wiederkehr, das Kommen und Gehen, Geburt und Tod, Aufgang und Untergang, Entstehen und Vergehen«[48], also in einem Bedeutungszusammenhang mit der Vorstellung einer zyklischen Bewegung bzw. Entwicklung.

Zusammen mit verschiedenen Kreisfiguren gehört die Spirale zu den wichtigsten Motiven der prähistorischen Megalithkultur, die – selbst wiederum verschiedenen Kulturen zugehörend – von der Jungsteinzeit bis in die Bronzezeit hineinreicht und durch die großen Denkmäler aus Einzelsteinen charakterisiert wird; man denke an die Dolmen (in Norddeutschland auch Hünengräber genannt), an die Menhire von Carnac in der Bretagne, an Stonehenge in England oder an die Megalithtempel auf Malta, deren Wände mit Spiralen geschmückt sind. An den Dolmen und Menhiren finden sich auch andere Bildmotive wie Schlange und Hirsch, Axt, Sonne und konzentrische Kreise. Hier sei auf die Ausführungen von Hans Biedermann verwiesen, der die »Wellenkreise« in Ritzbildern megalithischer Totenhäuser, aber auch ost- und südafrikanischer Petroglyphen, in Zusammenhang mit Mysterien von Tod und Wiedergeburt bringt. Der in die Ringwellen des Wassers eintauchende Mensch steigt in die Tiefe der Unterwelt, von wo er in kreisenden Wirbeln zu neuem Leben wiederkehren wird; es ist durchaus denkbar, daß diese religiöse Vorstellung an vergessene Initiationsrituale anknüpft[49].

Zweifellos dienten die megalithischen Denkmäler keinem profanen Zweck, sondern waren Kultobjekte mit dem geistigen Hintergrund der Ahnenverehrung. Für die Toten wurde ein großer Aufwand von Arbeitskraft und künstlerischem Geschick getrieben, wie er für die Lebenden nicht bestand. Manche Megalithgräber haben ein sogenanntes »Seelenloch«, d.h. eine runde oder ovale Öffnung, die offenbar der Seele den Aus- und Eintritt ermöglichen sollte. Die Menhire konnten als Symbol oder Sitz von Ahnen dienen; dabei erhielt das Material des Steines im Hinblick auf Festigkeit und Dauer symbolische Bedeutung: der steinerne »Ersatzleib« war unsterblich; nicht geklärt ist, ob die aufrecht stehende, längliche Form mit phallischen Gedanken assoziiert wurde (Fruchtbarkeits- und Wiedergeburtssymbolik)[50]. Die kreisförmigen Anlagen großer Steine, die sogenannten Henge-Denkmäler, dürften als Kult- und Versammlungsstätten zu interpretieren sein; in Stonehenge scheint ein Zusammenhang mit Astralsymbolik, mit Sonnenwenden und bestimmten Mondaufgängen wahrscheinlich. Auf Malta lassen die Grabungsergebnisse einen ausgeprägten Kult erkennen, der sowohl den Toten als auch den chthonischen Mächten gegolten hat; daneben gewann, wahrscheinlich unter dem Einfluß ostmediterran-orientalischer Magna-Mater- Vorstellungen, der Kult einer weiblichen Gottheit an Einfluß (s. Abb. S. 35).

Die im frühen dritten Jahrtausend einsetzende Bronzezeit ist eine Errungenschaft der geschichtlichen Kulturepoche des Vorderen Orients und strahlt von dort etappenweise in das noch vorgeschichtliche Europa aus. die Wanderung des Kulturgutes Bronze läßt sich etymologisch an dem Wort Axt nachweisen; dieses lautete sumerisch *cha-zi*, wurde über Kleinasien von den Griechen als *axiné* übernommen, von den Römern als *ascia* und gelangte von da in die germanischen Sprachen (gotische *aqizi*). Im alten Orient war die Axt ein Zeichen von Macht und Würde und die den Blitz verkörpernde Waffe des Wettergottes, als Instrument bei der Schlachtung der Opfertiere auch Kultsymbol. Das Orthostatenrelief aus Sendschirli zeigt den hethitischen Wettergott Teschub mit der Doppelaxt. In minoischen Kulthöhlen traten Doppeläxte als häufigste Votivgaben auf, die meisten zum Gebrauch völlig ungeeignet. Die mit der Axt verbundenen religiösen Vorstellungen trafen in Mittel-, West- und Nordeuropa auf eine steinzeitliche

Überlieferung: durchbohrte Äxte aus Bernstein und steinerne Miniaturäxte führen zu der Annahme, daß sie als Symbol des blitzeschleudernden Wetter- oder Himmelsgottes und als Amulett getragen wurden, ähnlich wie später germanische Frauen Thorshammer an ihre Halskette hefteten; bei den Schnurkeramikern diente die steinerne Streitaxt oft als Grabbeigabe[51].

In der Bronzezeit erreicht die europäische Felsbildkunst noch einmal zwei Höhepunkte. In Oberitalien liegt die Fundstätte Valcamonica mit zahlreichen Bildern, geometrischen Zeichen und Symbolen wie konzentrische Kreise, Labyrinthe, Hände und Füße und unter den Tieren vor allem der Hirsch, der ja später in der keltischen und germanischen Religion als heiliges Tier mit Sonnen- und Fruchtbarkeitssymbolik in Verbindung steht. Doch hier soll vor allem das Labyrinth herausgegriffen werden. Die frühesten einigermaßen sicheren Datierungen fallen auf bronzezeitliche Felsritzungen aus dem Mittelmeerraum und auf den britischen Inseln; Ausgangspunkt für die Verbreitung war wahrscheinlich das minoische Kreta. Das Wort Labyrinth kommt von dem vorgriechischen *labrys*, das ist die im altägäischen Raum sakrale Doppelaxt. Ein heute großenteils nicht mehr anerkannter Erklärungsversuch läuft darauf hinaus, daß die auf Kreta einwandernden Griechen das Wort auf den Palast von Knossos (als »Haus der Doppelaxt«) übertrugen. Manches spricht dafür, daß die mythische Kultanlage des menschenfressenden Minotauros ursprünglich als magische oder sakrale Prozessions- und Tanzform »erlebt« wurde; das Labyrinth wäre demnach der Tanzplatz Ariadnes gewesen; von der Königstochter Reigen (*choros*) berichtet schon Homer. Der Mythos von Theseus, der dank Ariadnes Faden dem Tod entrinnt, läßt an eine Initiationssymbolik denken. Die frühgeschichtlichen Labyrinthbilder waren noch keine Irrgärten (diese Vorstellung gibt es erst seit der hellenistischen Zeit), sondern zeigen eine Pendelbewegung zwischen lin-

ker, dem vermeintlichen Sonnenlauf entgegengesetzter (todbringender) und rechter, mit der Sonne übereinstimmender (lebensspendender) Bewegungsrichtung. Interessant in diesem Zusammenhang sind Felsritzungen in Nordwestspanien und Cornwall, bei denen man einen Zusammenhang mit dem Zinn-Bergbau vermutet; dabei wird dem Labyrinth die Funktion eines Wegweisers in die Eingeweide der Mutter Erde zugeschrieben, dank dessen der Bergmann auf glückliche Wiederkehr hoffen kann[52]. Sicher eine von verschiedenen Interpretationsmöglichkeiten.

Auch die bronzezeitlichen Felsbilder Skandinaviens lassen die verschiedensten Symbole erkennen, vor allem Rad, Axt, Waffen, Schuhsohlen und am meisten Schiffe. Es sind keine gewöhnlichen, der Seefahrt dienenden Schiffe; manchmal tragen sie Bäume, die kultische Axt oder solare Symbole. Schiffe können Eigentum der Götter sein (wie in der Edda Freyr ein solches besaß), sie können mit Vorstellungen von der Ausfahrt im Frühling und

mit Fruchtbarkeit verbunden sein, sie können aber auch den Toten als Bestattungsplatz dienen; noch in der Wikingerzeit belegen steinerne Schiffssetzungen (mehrere Grabsteine in Schiffsform) den Glauben, daß der Tote über das Wasser fährt. Die nordischen Felsbilder zeigen auch immer wieder Göttergestalten, von denen zwei durch ihre Attribute mit einiger Wahrscheinlichkeit zu deuten sind. Da ist die Gestalt mit dem oft übergroßen Hammer; in einem Felsbild zu Bohuslän (Südschweden) besteht sein Körper aus dem Radkreuz – es ist der mit seinem Wagen über den Himmel fahrende, hammerschwingende Thor. Die andere Gestalt trägt einen Speer und dürfte damit Odin kennzeichnen.

Auch Menschen werden gezeigt: als Reiter, (kultische) Tänzer und ithyphallische Pflüger, letzteres doch wohl in fruchtbarkeitssymbolischer Bedeutung.

Bei den west-, mittel- und nordeuropäischen Völkern dauerte die vorgeschichtliche Zeit bis zu ihrer Berührung mit der römischen Kultur bzw. der Christianisierung. Dabei läßt sich bei verschiedenen Motiven eine Kontinuität vom Neolithikum über die Bronzezeit zur eisenzeitlichen Hallstatt- und Laténe-Kultur feststellen; dazu gehören Kreis, Rad und Hakenkreuz. Johannes Maringer erblickt in ihnen »Sinnbilder für Himmel, Sonne Erde und andere Naturerscheinungen…, die im älteren Bauernglauben eine bedeutende Rolle spielten, konventionelle Ausdrucksformen religiöser Vorstellungskomplexe, die für uns heute vielfach nicht mehr durchschaubar sind«[53]. Hier sind auch die Radträger skandinavischer, aber auch alpiner Felsbilder einzuordnen. Bisherige Deutungen erblickten in dem Rad überwiegend die Sonne. Doch ist zu beachten, daß das Rad ja eine Bewegung andeutet; auf die Sonne übertragen handelt es um den scheinbaren Lauf des Gestirns während eines Jahres durch das Weltall; das solare Rad selbst kann damit zu einer Art Kosmogramm werden, in dem die Vorstellungen von Raum und Zeit zusammenfallen. Der Bewegungsablauf der Sonne kann dadurch angedeutet werden, daß Rad oder Scheibe von einem Wagen gezogen werden. In der Donauländischen Kultur fand man zu Duplaja (Banat) in den Boden eines Wagenkorbes ein Speichenrad eingeritzt, vor dem ein Vogel sitzt; die Deichselenden laufen in Vogelköpfe aus. Das Motiv des Vogelwagens und einer auf ihm stehenden Gottheit war weit bis nach Südosteuropa verbreitet; in Ungarn findet sich sehr oft die heraldische Gruppierung von Vögeln oder Vogelköpfen und ihre Kombination mit Kreisscheiben oder Rädern[54]. Bekannter ist der von einer schematischen Pferdefigur gezogene bronzene Wagen von Trundholm (jetzt Nationalmuseum Kopenhagen) mit einer großen, reich verzierten goldenen Scheibe, dem Symbol der Sonne.

Der Gang durch die bildergeschmückten Kulthöhlen der Altsteinzeit bis zu den Idolen, Megalithen

und Felsbildern der Bronze- und Eisenzeit dürfte gezeigt haben, daß dem Menschen, seit man ihn als *Homo sapiens* kennt, ein bildhaftes Denken und Gestalten angeboren ist. Immer schon hat er die unser Dasein regulierenden Beziehungen auch auf andere Seinsbereiche übertragen; Geburt, Hochzeit und Tod hat er in den Kosmos hineinprojiziert und an Hand dieser großen Muster die ihm zugängliche Wirklichkeit gedeutet. Lange bevor es Schriftzeichen gab, ritzten unsere Vorfahren sinnträchtige Bilder in Stein und Fels. Wenn dabei neben den fremd anmutenden, »archaischen« Motiven auch ein aus geschichtlichen Kulturen und Religionen bekanntes Bildvokabular zu finden ist, so darf man doch nie vergessen, daß trotz äußerer Formähnlichkeit oder gar Gestaltgleichheit ein ganz anderer geistiger Inhalt vorliegen kann. Die Verschiebung wirtschaftlicher, sozialer und geschichtlicher Konstellationen bleibt nicht ohne Einfluß auf die Aussagekraft und Aussagerichtung der Symbole.

Mythen, Märchen und Träume

Was Mythen, Märchen und Träume gemeinsam haben, das ist, daß sie – mehr oder weniger – außerhalb des Logos stehen und außerhalb der von uns erfahrbaren und erfaßbaren Wirklichkeit. Sie künden von einer Welt des Wunderbaren, Rätselhaften, Unheimlichen, von Dingen und Regionen, die unserem Wissen entzogen sind. Berg und Höhle, Wald und Meer erscheinen als magische Orte; die Gesetze von Raum und Zeit verlieren ihre Gültigkeit. Die Bilder und Symbole haben ihre Wurzeln jenseits unseres Tagesbewußtseins; für sich einzeln betrachtet erscheinen sie unverständlich, sinnlos. Wo die Auseinandersetzung mit dem tiefer liegenden Symbolgehalt unterbleibt und die Einsicht in den Zusammenhang der Symbolstruktur fehlt, wird der Mythos als der Wahrheit widersprechend abqualifiziert, das Märchen erscheint als kleine Kinder unterhaltendes Phantasieprodukt, und die Träume sind eben nichts weiter als Schäume. Dabei sind alle drei zutiefst im Menschlich-Allzumenschlichen verankert; sie offenbaren und/oder verbergen Triebe und Leidenschaften, Ängste und Hoffnungen, alltägliche Grenzsituationen und urtümliche Konstellationen von zentraler Bedeutung. Das Wort von Lévy-Buhl, daß »es genügt, den Mythos zu kennen, um das Leben zu verstehen«, gilt *mutatis mutandis* auch für das Märchen und den Traum. Es war erst die Tiefenpsychologie, die Mythos, Märchen und Traum zusammenstellte und bei dem Versuch ihrer Erforschung die gleichen psychologischen Methoden anwandte. Sigmund Freud, der Begründer der Psychoanalyse, erkannte im Traum ein universales menschliches Phänomen, in dessen aus dem Unbewußten aufsteigender, bildhafter Sprache eine Regression auf frühere Stufen der menschlichen Entwicklung zum Ausdruck kommt, Stufen, wo bestimmte Tätigkeiten wie das Entfachen des Feuers oder das Pflügen noch mit sexueller Libido, der seelisch nicht bewußten Triebkraft erfüllt waren. In der Überzeugung von der dominierenden Rolle des Libidoprinzips, in dem Glauben an die Triebhaftigkeit der menschlichen Psyche in allen Lebensäußerungen liegt die Schwäche der Deutungen von Freud. Auch wenn die Traumanalyse primär von Assoziationen des Träumers ausgeht und Freud selbst die Symboldeutung nur als sekundäre Hilfsmethode anerkannte[55], so werden die einzelnen Motive eben doch durchwegs sexuell interpretiert. Und diese Art von Traumsymbolik gehört nach Freud nicht nur dem Traum allein an, »sondern beherrscht in gleicher Weise die Darstellung in den Märchen, Mythen und Sagen, in den Witzen und im Folklore« (»Die Traumdeutung«). Auch wenn er später den anderen Bereichen eine weit über die Sexualsymbolik hinausreichende Bedeutung zubilligt, so bleibt er doch selbst bei der Interpretation des Mythos seiner Schablone treu.

Das Motiv des Labyrinths zum Beispiel soll die Darstellung einer analen Geburt erkennen lassen; die verschlungenen Gänge sind die Darmwindungen, der Ariadnefaden ist die Nabelschnur. Bekannter ist Freuds »Aufdeckung« des Ödipus-Komplexes: Wegen der sexuellen Anziehungskraft seiner Mutter erblickt der Knabe in seinem Vater den Konkurrenten und haßt ihn. Ödipus ist die mythische Gestalt für einen Komplex, der durch Verdrängung oder unzureichende Bewältigung der libidinösen Bindung des Kindes zum gegengeschlechtlichen Elternteil entsteht. Der Rätselfrage der Sphinx soll die kindliche Neugier zugrunde liegen, hinter der die eigentliche Frage nach der Herkunft der Kinder versteckt ist.

Für Freud und mehrere seiner Schüler ist das Symbol ein Ausdrucksmittel des Unbewußten, das wegen seiner besonderen Eignung zur verhüllenden Darstellung des Verdrängten Eingang in Traum, Mythos und Märchen findet. Daher werden die meisten Symbole als Verschlüsselung, Tarnung des Sexuellen gesehen: Schwert, Stock, Regenschirm, Baum usw. gelten als Phallussymbole; Loch, Gefäß, Höhle, Teich usw. werden als weibliches Genitale interpretiert; das Ausfallen von Haaren oder Zähnen gilt als symbolische Darstellung der Kastration. Nach Franz Riklin lieben es die Märchen geradezu, »zum Pathologischen neigende sexuelle Motive zu behandeln«. Und so wird bedenkenlos darauf losgedeutet und nahezu jedes Märchen dem Prokrustesbett der Psychoanalyse angepaßt. Als Beispiel sei das Grimmsche Märchen »Die zwölf Brüder« genannt; in ihm soll das infantile Konkurrenzdenken seinen Ausdruck finden: Wenn das 13. Kind, das jüngste, ein Mädchen wird, sollen die zwölf älteren, die Brüder, alle umgebracht werden; der Vater ist der gleichgeschlechtliche Konkurrent und hat als solcher die zwölf Särge schon bereit[56].

Aus der Psychoanalyse ist auch Erich Fromm hervorgegangen, schlug aber dann einen eigenen Weg ein. Nach ihm gibt es eine Völker und Kulturen überbrückende Symbolsprache, »in der die Außenwelt ein Symbol der Innenwelt, ein Symbol unserer Seele und unseres Geistes ist«. Während dem Menschen vergangener Zeiten diese Sprache allgemein zugänglich war, können wir sie heute nicht mehr verstehen; sie ist zur »Fremdsprache« geworden, »die jeder von uns lernen sollte. Wenn wir sie verstehen, kommen wir mit dem Mythos in Berührung, der eine der bedeutsamsten Quellen der Weisheit ist, wir lernen die tieferen Schichten unserer Persönlichkeit kennen«[57]. Fromm unterscheidet drei Arten von Symbol: das konventionelle, auf Übereinkunft beruhende Symbol entspricht dem einfachen, hinweisenden Zeichen; so steht das Wort »Tisch« stellvertretend für den Gegenstand Tisch, zwischen beiden besteht keine innere Beziehung, was schon daraus ersichtlich ist, daß »Tisch« in anderen Sprachen ganz anders lautet. Das zufällige, akzidentielle Symbol ist nur für den Menschen von Bedeutung, der damit bestimmte Erlebnisse, Erinnerungen verbindet; ein im Traum auftauchendes Bild kann stellvertretend, symbolisierend für eine frühere Begegnung oder Situation stehen; das Traumbild hat nur für den Träumer Symbolbedeutung. Bei dem universalen Symbol schließlich besteht eine innere Beziehung zwischen ihm und dem, was es repräsentiert. Durch den Unterschied in den Naturgegebenheiten kann es auch zu »Dialekten« innerhalb der universalen Symbolsprache kommen, so z.B. wenn die Sonne in nördlichen Ländern mehr als lebensspendende, liebende Macht erfahren wird, im Nahen Osten aber als gefährlich, ja bedrohlich.

Weitaus bedeutender und auch von größerer Ausstrahlungskraft auf andere Wissenschaften wurde die in der analytischen Psychologie von Carl Gustav Jung vertretene Auffassung von Archetyp und Symbol. Danach stehen im Mittelpunkt aller allgemeinmenschlichen Komplexe bestimmte Archetypen, das sind arttypisch angeborene psychische

Verhaltensweisen, die selbst unanschaulich sind, aber in Geste und sprachlichem Bild manifest werden können und dann in Träumen, Mythen und Märchen zu finden sind. So ist z.B. die Anima die archetypische Form des Seelenbildes beim Mann, in dem sich der komplementär-geschlechtliche Anteil (also das Weibliche) seiner Psyche spiegelt; die Anima kann als eigene Mutter oder Geliebte erscheinen, als Engel oder Hexe, als Amazone oder Dämonin usw. Aber auch das Mütterliche an sich kann Archetypus sein, als dessen symbolische Aspekte die nährende Mutterbrust, die bergende Höhle, der verschlingende Walfisch oder der Schoß der Kirche zu finden sind. Denn wenn der unanschauliche Archetyp sich in anschauliche Formen kleidet, bedient er sich der Symbole. Die Seele »schafft Symbole, deren Grundlage der unbewußte Archetypus ist, und deren erscheinende Gestalt aus den Vorstellungen, welche das Bewußtsein erworben hat, hervorgeht.... Das Unbewußte liefert sozusagen die archetypische Form, die an sich leer und daher unvorstellbar ist. Vom Bewußten her wird sie aber sofort durch verwandtes oder ähnliches Vorstellungsmaterial aufgefüllt und wahrnehmbar gemacht«[58].

Auf ein paar kurze kritische Anmerkungen zu den tiefenpsychologischen Richtungen kann nicht verzichtet werden. Bei Freud selbst ist es neben der bereits hervorgehobenen Überbewertung der Sexualität unter Nichtbeachtung der anderen Trieb- und Wertvorstellungen die Vermengung der Begriffe »Symbol« und »Symptom«; die aus der Lebensgeschichte des Individuums (Analysanden, Patienten) stammenden Bilder (Assoziationen) stehen symptomatisch für Verdrängtes, Unterdrücktes und sind mehr eine Art »Deckfigur« als ein echtes Symbol. Erich Fromms Konzeption einer für alle Kulturen und Epochen gültigen, universalen Symbolsprache kann von den betroffenen Wissenschaften (wie Ethnologie, Religions- und Kulturgeschichte, Volkskunde) nicht akzeptiert werden. Zwar gibt es Symbole, die bei der Mehrzahl der Kulturen zu finden sind, aber doch oft in verschiedener Bedeutung; um nur ein Beispiel zu nennen, ist in europäischen Mythen und Märchen, aber auch im Traum, der Drache von negativer, bedrohlicher, todbringender Signifikanz, in China dagegen ist er ein heiliges, glückbringendes, früher dem Kaiser zugeordnetes Tier. C.G. Jung wird von seinen Kritikern die ausschließlich psychologische Betrachtung als »ein gravierender methodischer Mangel« vorgeworfen, »der die interdisziplinären, multikausalen Erklärungsmöglichkeiten und die kulturellen Eigenheiten bei der Deutung dieser Phänomene übersieht und daher zu monokausalen Verzerrungen führen kann«[59]. Auch machte man Jung den Vorwurf einer unscharfen Begriffsabgrenzung, so wenn Archetypus, Komplex und Symbol in ihrer wesenhaften Bedeutung alternierend füreinander gebraucht werden; andererseits gehört Jung aber zu den Forschern, die sehr genau zwischen dem bloß hinweisenden Zeichen und dem bedeutungsschwangeren Symbol zu unterscheiden wissen.

Im folgenden wollen wir uns zunächst dem Mythos näher zuwenden. für seine verschiedene Beurteilung ist nicht nur der wissenschaftliche Ansatzpunkt (anthropologisch, soziologisch, philosophisch, theologisch, psychologisch), sondern auch der geistige Standort des einzelnen Interpreten ausschlaggebend. Um nur zwei Extreme herauszugreifen: Einerseits kann der Mythos als rein fiktive Erzählung einer primitiven Menschheitsstufe gelten, ohne Bezug zur Wahrheit und Wirklichkeit; andererseits wird er als zeitlos gültige, wenn auch bildhafte (symbolische) Aussage aufgefaßt, der nicht nur Wahrheitsanspruch eigen ist, sondern die selbst wahr ist, weil sie mit der erfahrbaren Wirklichkeit übereinstimmt. Durch ein rationalistisches Selbstverständnis werden die Mythen verächtlich gemacht und die Bilder ihres tieferen, eigentlichen Sinnes entkleidet. Wer aber Baum und Quelle nur noch unter utilitaristischem, vielleicht auch ästhetischem Aspekt betrachten kann, dem können sie keine mythischen Lebensspender mehr sein.

Wie diffizil das Problem des Verhältnisses zwischen Mythos und Symbol ist, zeigt sich bei Karl-Heinz Volkmann-Schluck, der einerseits den Begriff des Symbols als möglichen Schlüssel für das Verständnis der Mythen anerkennt, andererseits aber die Auffassung vertritt, daß die auf das Symbol gestellte Mythendeutung, »ihres möglichen Tiefsinns ungeachtet«, den Mythos nicht zu erreichen vermag. Die symbolische Deutung ist nichts anderes als »die Weise der Aneignung des Mythos durch den Logos, beruhend auf der metaphysischen Trennung von Sinnlichem und Übersinnlichem, eine Trennung, welche die Einkehr des Übersinnlichen ins Sinnliche in der Gestalt des Symbols allererst möglich macht«[60]. Daß die im nachhinein erfolgte Deutung der Symbole schon öfters zu Umdeutungen und Fehldeutungen geführt hat, kann nicht geleugnet werden. Andererseits darf dies kein Grund sein, die in den Mythen enthaltenen Bilder und Symbole zu übersehen oder zu übergehen.

Mythos und Symbol können geradezu eine Einheit bilden, indem der mythische Inhalt symbolisch ausgedrückt wird. Von dieser Erkenntnis aus konnte Johann Jakob Bachofen den Mythos als »die Exegese des Symbols« auffassen; » er entrollt in einer Reihe äußerlich verbundener Handlungen, was jenes einheitlich in sich trägt.... Zu arm ist die Sprache, um die Fülle der Ahnungen, welche der Wechsel von Tod und Leben wachruft, und jene höheren Hoffnungen, die der Eingeweihte besitzt, in Worte zu kleiden.... Nur das Symbol und der sich ihm erschließende Mythos können diesen edleren Bedürfnissen genügen«[61]. Als Beispiel kann der Mythos von Oknos dienen, dem seilflechtenden Greis, dessen Arbeit vergeblich bleibt, weil eine Eselin immer wieder das beim Flechten entstehende Seil frißt; das Flechten des Seils ist eine symbolische Handlung und soll die ewig schaffende und formende Naturkraft darstellen, während die Eselin die zerstörende weibliche Naturkraft repräsentiert.

Dem Mythos als »Wort« der autoritativen Aussage steht der Logos gegenüber; letzterer ist das verstandesmäßig bewiesene »Wort«, das Wort als das richtig Gedachte. Und wenn auch schon bei griechischen Philosophen die Frage nach dem Wahrheitsgehalt der Mythen auftauchte, so war es doch kein geringerer als Platon, der den Mythos wieder rehabilitierte. In seinen Dialogen führte er die Logik bis an den Punkt heran, wo sie vom Zeugnis des Mythos abgelöst wird, ja durch ihn erst ihre Bestätigung erfährt. Die Logik verfügt über ihre Worte; der Mythos bezeugt das, über was der Mensch letztlich nicht verfügen kann. Platon wußte, daß die seins- und erkenntnismäßige Kluft (*chorismos*) zwischen den Abbildern und den Ideen diskursiv nicht überbrückbar ist, wohl aber vermögen sich Mythos und Traum in ihrer symbolischen Sprache der Wahrheit zu nähern. Zu seinem Mythos des Totengerichtes – die Seele steht nackt vor ihren Richtern – (»Gorgias«) fügt Platon hinzu, daß manche Menschen solche Erzählungen für Märchen halten mögen, für ihn enthalten sie tiefe Wahrheit. Welche Art von Wahrheit der Mythos zu offenbaren vermag, zeigt sich in Platons »Symposion«. Danach hatten die ersten Menschen eine runde, kugelförmige Gestalt, wie sie auch dem Kosmos eigen ist. Als die stolzen Urmenschen sich gegen die Götter empörten, spaltete sie Zeus mitten durch; seither leben sie getrennt in Mann und Frau; geblieben ist ihnen der Eros (s. Abb. S. 44), das Streben nach harmonischer Vereinigung[62]. Die Kugel ist das Symbol der Ganzheit, ihre Teilung versinnbildlicht die existentielle Gespaltenheit des Menschen. Jeder Mensch ist nur »Halbstück eines Menschen« und strebt – angetrieben vom Eros – nach Wiederherstellung der im Ursprung begründeten Ganzheit.

Während sich der Logos mit dem Begriff verbindet,

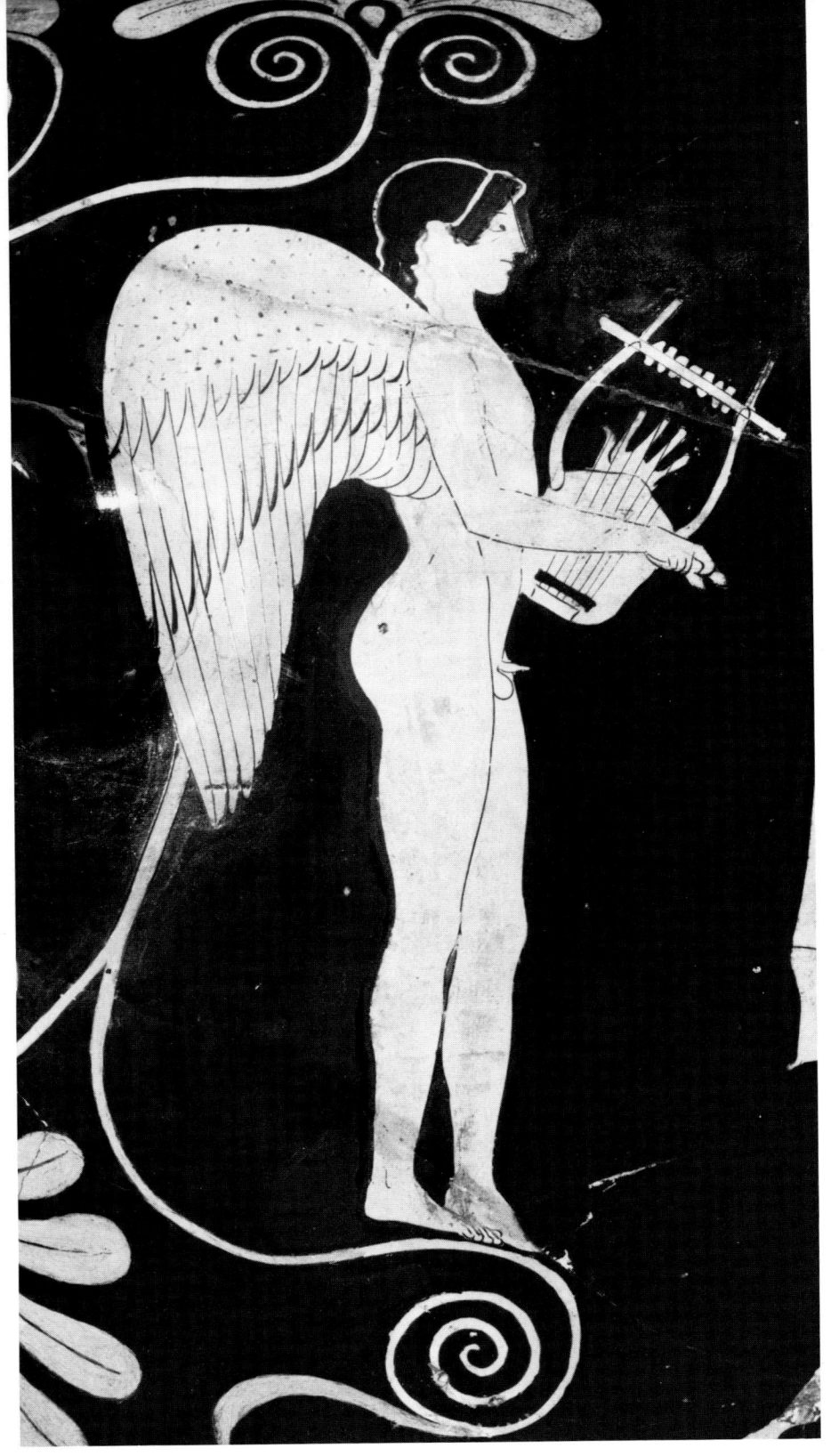

mit dem, was er be-greifen kann, äußert sich das mythische Denken in Bildern und Gleichnissen. Wenn wir ehrlich sind, so wissen wir mit unserem logischen Denken über Leben und Tod, über Weltentstehung und Weltende nicht wesentlich mehr als im Mythos schon gesagt ist. Alle zentralen, nicht ohne weiteres »durchschaubaren« Phänomene unseres Daseins uns Soseins sind dem rationalen Begreifen entzogen. Der Sinngrund bleibt in der Verborgenheit, und was wir an die Oberfläche unseres Verstehens ziehen, sind die durch die Lupe wissenschaftlicher Methoden zwar vergrößerten, aber um ihre Tiefendimension gebrachten Phänomene.

Der Logos entstammt der Vorstellung, der Mythos der Erfahrung. »Der mythische Mensch berichtet, wie und als was das Unbekannte der Welt sich seinen Augen enthüllt. Das heißt der Mythos ist die Offenbarung der Welt in ihrer ersten Gestalt«. Der Modus des »Wie und als was«-Sich-Enthüllens ist die Sprache des Symbols, in dem der Sinn des Seins in Bildern offenbar wird. Das mythisch-bildhafte Denken will nicht das Phänomen an sich erklären, sondern es sucht die Wahrheit des Phänomens, den Sinn des Seins, es ist offen für das Verborgene, Nächtige, für das, was in den Dingen west. Unser aus der Aufklärung hervorgegangenes, auf dem Logos aufgebautes Weltbild vergißt allzu leicht, daß das Wesentliche oft in der Verborgenheit wirkt, und es ist blind für alles, was nicht sinnlich-materieller Art ist. So betrachtet steht der Mythos der Wahrheit näher; »er ist die Schilderung einer Wirklichkeit, die Anfang und Ende, Zeugnis und Horizont, Herzpunkt und Intention der Erfahrung sein muß«[63].

In Mythos und Symbol wird die empirische Welt transparent auf ihren Existenzgrund hin, in beiden scheint das wahre Sein durch, die »andere«, Raum und Zeit überschreitende, allumfassende Wirklichkeit. Die »wahren« Mythen erzählen nicht nur, die »echten« Symbole weisen nicht nur hin, sondern sie aktualisieren, vergegenwärtigen und lassen die mit ihnen Vertrauten teilhaben. Mythen und Symbole haben nicht einfach nur die Funktion der Mitteilung oder der Bezeichnung, viel mehr eignet ihnen eine Bedeutungsfunktion. Die beiden zugrundeliegenden Erscheinungen sind mit der ratio allein unerfahrbar und unbegreiflich. Werner Müller meint treffend, daß für Mythos und Symbol das rationalistische »Kausalitätenkorsett« nicht paßt; »die Anwendung der engbegrenzten modernen Begriffe … auf Epochen und Kulturzustände, die weit von diesen Begriffen und ihrer Entstehung liegen, gestattet lediglich eine Ordnung nach Kategorien und verhindert jede tiefere Erkenntnis«[64]. An die mythischen Berichte und ihre Bildersprache läßt sich nicht ohne weiteres der Maßstab der uns zugänglichen Realität anlegen.

Trotz der unübersehbaren Gefahr, daß in die Mythen manches hineingeheimnist wird, was ursprünglich nicht darin war, trotz nicht unerheblicher Fehlinterpretationen dürfte nicht zu leugnen sein, daß die Mythen erstens etwas aussagen, zweitens daß die Aussagen Bedeutung haben, drittens daß die Bedeutung nicht ohne weiteres offen liegt, sondern in Bildern/Symbolen eingekleidet ist. Die Mythen enthalten eine zeitüberdauernde Wahrheit, weil ihren Inhalten und Geschehnissen die Möglichkeit dauernder Wiederkehr innewohnt. So wird Prometheus, der den Göttern das Feuer als Symbol des Lichtes und der Erleuchtung geraubt hat, in jedem nachfolgenden und sich gegen die Götter empörenden Menschen immer wieder an den Felsen der Qual angeschmiedet. Und gerade hier zeigt sich, daß die Sprache des Mythos keine andere ist als die des Symbols. »Immer sind es sinnbildliche Taten und Ereignisse, kraft welcher der Mythos die ›verités éternelles‹ des menschlich gelebten Lebens ergreift, anschaubar macht, sie als ›heimlich öffentlich Geheimnis‹ vor unsere Augen stellt.«[65]

In archaischen und traditionsgebundenen Gemeinschaften bilden die Mythen die Basis für das soziale, religiöse und kulturelle Leben. In dem Mythos erkennt sich der Mensch in all seiner Widersprüchlichkeit, er erblickt in ihm einen »prototypischen Fall« in bezug auf seine eigene »Kondition«, ja geradezu »ein Modellbeispiel für die Seinsweisen des Wirklichen im allgemeinen«. In mehreren Werken hat Mircea Eliade darauf hingewiesen, daß der Mensch mit Hilfe der Imagination und der von ihr getragenen Mythen und Symbole die Welt in ihrer Ganzheit zu erkennen vermag; »es ist nämlich das Vermögen, es ist die ›Sendung‹ der Bilder, all das zu veranschaulichen, was der begrifflichen Fassung andauernd widerstrebt«[66]. Der Mythos ist immer irgendwie der Bericht eines ursprünglichen beispielhaften Geschehens. In mythischer Zeit wurde der Kosmos geschaffen, wurden die dämonischen Mächte besiegt, die archetypischen Tätigkeiten der Götter und der Kulturbringer wurden vollzogen, der Tod kam in die Welt. Im Ritus, in der religiösen Handlung, wiederholt sich das, was im »Anbeginn« stattgefunden hat; die periodische Aktualisierung der mythischen Zeit (religiöse Feste, Neujahrsfeier) dient der Erneuerung der Zeit an sich und damit einer ständigen Regeneration.

Vom alten Mesopotamien wissen wir sehr genau, welche Bedeutung der kosmogonische Mythos für die Menschen hatte. In Babylonien gehörte die feierliche Rezitation des Schöpfungsmythos (Enuma elisch) zu den zentralen kultischen Handlungen während des Neujahrsfestes (*akitu*). Durch die Wiedervergegenwärtigung des kosmogonischen Aktes, in dem der Gott Marduk das Chaosungeheuer Tiamat besiegte und aus dem zerstückelten Körper Himmel und Erde formte, durch die Rückführung der Zeit in ihren Ursprung, sollte eine neue Schöpfung und ein neues Zeitalter ermöglicht werden. Dem dienten auch die das akitu-Fest beglei-

tenden rituellen Handlungen wie Reinigungen, das Opfer eines Schafes (eine Art Sündenbock) und die Zeremonie zur »Bestimmung des Schicksals«. Bei dem im Kultdrama aktualisierten Mythos spielte der König die Rolle des Gottes[67].

Nicht wenige Elemente der mythischen Bildersprache und Weisheit fand in Märchen ihren Niederschlag. Die Symbole der Mythen wie auch der Märchen sind nicht einfach nur aus der Natur entnommen, sondern sie wurzeln auch in der archetypischen Bildwelt des Unbewußten. Wilhelm Grimm schrieb am Ende des dritten Buches der »Kinder- und Hausmärchen«: »Gemeinsam allen Märchen sind die Überreste eines in die älteste Zeit hinaufreichenden Glaubens, der sich in bildlicher Auffassung übersinnlicher Dinge ausspricht. Dies Mythische gleicht kleinen Stückchen eines zersprungenen Edelsteines, die auf dem von Gras und Blumen überwachsenen Boden zerstreut liegen und nur von dem schärfer blickenden Auge entdeckt werden«. Das heißt bei einem oberflächlichen Betrachten (Lesen) wird man nichts oder nicht viel von dem Edelstein gewahren und nichts von dem tieferen Sinn, der in die alte Zeit zurückreicht.

Wie weit die Märchen nun wirklich zurückreichen, läßt sich bei den meisten nicht genau feststellen, zumal sie ja im Laufe der Überlieferung, oft über Sprachgrenzen hinweg, vielfältig abgewandelt wurden. Das Märchen vom Wettlauf zwischen Hase und Igel findet sich bereits auf frühen griechischen Vasen dargestellt. Im Alten Testament kann man auf das auch bei anderen Völkern vorkommende Märchenmotiv von der Aussetzung eines Kindes (Moses) hinweisen. Im 13. Jahrhundert v.Chr. wurde in Ägypten das Märchen von zwei Brüdern aufgeschrieben. Ein altes Erbe dürften die häufig aus Zauberformeln hervorgegangenen Verse in den Märchen sein. Otto Huth weist auf Beziehungen zwischen Märcheninhalt und der Gnosis mit ihrem Erlösungsstreben. Hier ist an die dem Märchen eigene Schwarz-Weiß-Zeichnung (böse und gut, häßlich und schön) zu denken entsprechend dem gnostischen Dualismus; an das Fragen nach dem Weg, der ja ein Weg ins Jenseits ist – über Teich, Fluß, Brücke; an die Märchenhochzeit, die ja immer den Charakter einer heiligen Hochzeit (*hieros gamos*) hat. Vielleicht reichen manche Märchenmotive bis in die Megalithzeit zurück; so etwa der Glasberg, wobei natürlich nicht an Glas zu denken ist, sondern an die ursprüngliche Bedeutung, wie sie noch dem mittelhochdeutschen *glanst* (»glänzend, gleißend«) anhaftet. Der Glas- oder der Dreistufenberg ist Totenberg und Weltberg in einem[68]. Das Ersteigen des dreistufigen Berges (Kupfer, Silber, Gold) symbolisiert den Weg durch die Himmelssphären (Venus, Mond, Sonne); der Jenseitsweg kann auch direkt angedeutet werden, wenn im Märchen »Die sieben Raben« das Mädchen Sonne, Mond und Sterne aufsucht, bevor es den Glasberg aufschließen kann.

Die Märchen (wie auch die Mythen) entspringen einem bildhaften Denken, wie es den Frühstufen der Völker entspricht. Bei einer Interpretation der Symbole ist also mit ähnlichen Schwierigkeiten zu rechnen. Die an sich schon ambivalenten Symbole sind in ihrem Bedeutungsgehalt veränderlich; sie dürfen nicht isoliert untersucht werden, sondern immer aus ihrem Kontext heraus. Da das Märchen in der Behandlung seiner Bildsprache sehr großzügig ist (ein Vogel wie auch ein Pferd können vielerlei bedeuten) und »aller dogmatischen oder schulmeisterlichen Engen« spottet, darf man »eigene Deutungen nicht für die einzig möglichen halten« (Justus Obenauer). Es ist durchaus berechtigt, das eine Märchen aus der Sicht der Literaturwissenschaft und der Volkskunde zu interpretieren und ein anderes unter psychologischem Aspekt; auch Religionsgeschichte und Soziologie sind an der Märchenforschung interessiert. Selbstverständlich ergeben die verschiedenen Ansätze verschiedene Deutungen. Wie die Meinungen der Forscher auseinandergehen können, zeigt schon die unterschiedliche Stellungnahme zum Verhältnis zwischen Märchen und Traum. Da gibt es solche, die einen dicken Trennungsstrich zwischen beiden ziehen; nach ihnen kann man das wirre Durcheinander der Traumbilder nicht mit den sich sinnvoll ergänzenden Bildern des Märchens vergleichen; deshalb hat der Märchendeuter eine andere Aufgabe als der Traumdeuter[69]. Die Tiefenpsychologen dagegen betonen die große Ähnlichkeit; für sie sind Märchen »Überreste aus den Kindertagen der Menschheit.... Ihre Sprache ist die Sprache der Träume,... und so bedarf es einer Art kindlichen Nachträumens, einer neuen Unmittelbarkeit der Einfühlung und des Erlebens, um als Erwachsener die Märchen zu verstehen.« (Eugen Drewermann)[70].

Wie verschieden ein Märchen gedeutet werden kann, dafür diene »Rumpelstilzchen« als Beispiel. Das Grimmsche Märchen findet sich auch in anderen europäischen Sprachen, so im Tschechischen, wo der Kobold Tingl Tangl heißt, oder im Englischen unter dem Namen Tom Tit Tot. Dieses dämonenhafte Wesen hilft einer jungen Königin Stroh zu Gold zu spinnen und verlangt dafür als Lohn ihr Kind, falls sie seinen Namen nicht erraten kann. Für Sigmund Freud ist das in der Nacht erscheinende kleine Männlein, dessen Namen man nicht weiß (nicht nennt), nichts anderes als eine sprachlich verhüllte Form des Phallus. In Jungscher Interpretation ist Rumpelstilzchen eine archetypische Figur, deren verlockende Hilfe der jungen Frau Verderben bringt; durch Nennung seines Namens wird die bedrohliche Macht unschädlich gemacht. Nach Hedwig von Beit ist es die destruktive Seite des Unbewußten, die unergründliche seelische Natur im einzelnen Menschen, die in Gestalt des undurchschaubaren Dämons erscheint, erkannt werden will und muß, um zu sich selbst zu finden[71]. Im Denken früherer Zeiten war der Name ein echtes Symbol des Gemeinten; Name und die zugehörige Person galten als Einheit. Man denke hier auch an die schicksalhafte Bedeutung des Namens in der Sage von Lohengrin. Beim Exorzismus sprach der Priester: »Dicas mihi nomen tuum!« (»Sage mir deinen Namen!«) und hoffte dadurch, Macht über den Dämon zu gewinnen. Max Lüthi untersucht mehr die Märchenstruktur als die Symbolik; in seiner abschließenden Feststellung erkennt er, daß »das Märchen nicht nur bloßes Gegenbild zur Wirklichkeit ist, daß es nicht nur Menschheitswünsche, sondern auch Menschheitserfahrungen spiegelt«[72]. Unter anderem wollte man in Rumpelstilzchen schon den (geprellten) Teufel erkennen, zumal er in einigen Erzählvarianten als schwarzer Mann oder als grüner Jäger erscheint, manchmal auch unter Gestank verschwindet.

Die Vieldeutigkeit des Symbolgehaltes bei Märchen läßt sich gut bei »Rotkäppchen« nachweisen. Das Grimmsche Märchen mit seiner wahrscheinlich romanischen Herkunft hat eine unübersehbare Ähnlichkeit mit den weltweit verbreiteten Verschlingermythen. In Anlehnung an die naturmythologischen Deutungen des 19. Jahrhunderts wollte man in Rotkäppchen eine solare Gestalt (rote Kappe = Sonne) erkennen, die vom Dunkelheitsdämon (Wolf) verschlungen wird. Eine psychologisierende Deutung kann die rote Farbe in Beziehung zur Sexualität sehen: das rote Käppchen ist ein Bild sexueller Reifung, der Wolf repräsentiert die tierische Triebhaftigkeit, der Jäger den moralischen Ordnungssinn. Für die Anthroposophen und die ihr nahestehenden Interpretationen offenbart sich in den Märchen die bildhafte Entwicklungsgeschichte der Menschheit und somit auch des einzelnen durch alle Wahrnehmungsstufen hindurch. Die Märchenhandlung »nimmt zwar ihre Bilder aus der gegenständlichen Außenwelt, ist aber als absolutes Innengeschehen zu verstehen. Jede Landschaft ist jeweils innerer Schauplatz« (Friedel Lenz). Mit dem roten Käppchen ist nicht eine äußerer Kopfbedeckung gemeint, sondern die ichhaft denkende Seele; vergleichsweise sei an die Redensart erinnert: Etwas auf seine Kappe nehmen, d.h. man bürgt mit seinem Kopf, mit seinem Ich dafür. Der Wolf ist die Macht der Täuschung und der Lüge, die nach Rotkäppchen (seiner Seele) greift, sie verschlingt und damit der Verfinsterung preisgibt, bis der helfende Jäger erscheint, der »zielsicher wilde Triebe aufs Korn nimmt und sie vernichtet«[73].

Doch nun wollen wir uns nicht weiter märchendeutenden Hypothesen und Phantasien überlassen, sondern einigermaßen gesicherten Boden aufsuchen, indem wir uns einem bestimmten Märchensymbol zuwenden: dem Brunnen. Zwischen dem Licht des Tages und dem Dunkel der Tiefe ist er Übergang und Grenze. In diesem Grenzbereich hausen die Geister und Feen; in einem Mythos aus dem keltischen Irland ist es der Ort einer schicksalhaften Begegnung zwischen einer alten, häßlichen Hexe und dem künftigen König. Der Brunnen ist Eingang in das Innere der Erde, in die Unterwelt, in das Reich der Noch-nicht-Geborenen wie auch der Toten. Beim Märchen »Die sieben Raben« sollen die Brüder das Taufwasser für das neugeborene Schwesterchen holen, lassen aber den Krug in den Brunnen fallen; dieser sollte das Wasser des Lebens spenden, führte aber die Brüder durch ihr eigenes Ungeschick in den Tod, angedeutet durch die Verwandlung in Raben (Schwarz als Todesfarbe) und die Versetzung in den Glasberg.

Im Märchen von »Frau Holle« (der Name bedeutet eigentlich »die Verborgene«) gelangen zwei Töchter einer Witwe durch einen Sprung in den Brunnen auf eine schöne Wiese, wo die Sonne scheint und viel tausend Blumen stehen; je nach Verdienst werden sie mit Gold oder Pech überschüttet und wieder auf die obere Welt entlassen. Nach einer hessischen Sage werden Frauen, die zu Frau Holle in den Brunnen steigen, gesund und fruchtbar; die neugeborenen Kinder kommen aus dem Brunnen heraus. Dem Volksglauben ist der Brunnen, aus dem der Klapperstorch die Kindlein holt, eine vertraute Vorstellung[74]. Der Brunnen kann ganz einfach ein Symbol des Mütterlichen sein, so etwa bei »Hans im Glück«, der seinen letzten Besitz, den Stein, versehentlich in einen Brunnen fallen läßt, bevor er zu seiner Mutter heimfindet. Der Abstieg in den Brunnen kann auch die Bedeutung einer Fahrt ins Jenseits aller bisherigen Erfahrungen haben; psychologisch betrachtet verläßt Goldmarie (in »Frau Holle«) ihr altes Selbst, um auf einer höheren Bewußtseinsstufe wiedergeboren zu werden. Gleich wie man den Brunnen im »Froschkönig« deutet – in ihn fällt der Königstochter liebstes Spielzeug, die goldene Kugel; da steckt ein Frosch seinen Kopf aus dem Wasser und bringt ihr die Kugel unter der Bedingung zurück, daß sie ihn zum Gesellen nimmt. Der Fall der Kugel in den Brunnen ist gleichbedeutend mit dem Verlust der unschuldig-paradiesischen Kindheit; der aus dem Brunnen hervorkommende Frosch, der sich am Ende als junger, schöner Prinz entpuppt, ermöglicht in dem Mädchen das Aufbrechen des Eros und die Wandlung zur reifen Frau.

Bei all diesen Interpretationen müssen wir uns bewußt sein, daß es nur Versuche einer Entschlüsselung sind. Leider treten nicht wenige Interpreten mit dem Anspruch auf, den objektiven Gehalt der Märchen auszudeuten, während sie doch nur die vorgefundenen Märcheninhalte einem ihnen passenden (ideologischen oder wissenschaftsmethodologischen) Bezugssystem einordnen. Zu Recht weist August Nitschke darauf hin, daß die Symbole, auf die Märchen – nach Interpretation der Wissenschaftler des 20. Jahrhunderts – hinweisen, zwar typisch für die Epoche sind, in der diese Wissenschaftler leben, aber nicht unbedingt für die Epoche, in der die Märchen entstanden. Zwar ermöglicht die heute verbreitete, mit den Begriffen von Freud und Jung arbeitende symbolische Interpretation dem modernen Leser das Märchen von seinen eigenen Erfahrungen her verständlich zu machen; es scheint, daß er die Aussagen auf Grund seiner eigenen Erfahrungen überprüfen kann, aber es sind eben doch nur Erfahrungen aus einer Zeit, deren Geisteskinder wir sind[75]. Wie die Märchen »tausend Tore in die Welt« eröffnen, so gibt es tausend Tore zum Verständnis der Märchen; deren pädagogischer Wert – auch in unserer Zeit – liegt darin, daß in ihren Sinnbildern viel Trost »geweckt« wird, denn »die Hoffnung auf eine Wende des Geschicks ist unüberhörbar«. Gegen eine starre, festlegende Bedeutung aber sperren sich die Märchen, »sie wollen nicht analysiert und interpretiert werden, wir sollen auf sie hinhorchen und darauf achten, was sie alles in Schwingungen versetzen« (Otto Betz)[76]. Dann vermögen wir zu erkennen, daß die Märchen Muster für die Bewältigung des Lebens bieten, die – mehr oder weniger bewußt – in die Existenz des Lesers bzw. Zuhörers transponiert werden können.

Daß man über das Verhältnis zwischen Märchen und Traum geteilter Meinung sein kann, haben wir schon angedeutet. Wenn auch Märchenwelt und Traumwelt nicht identisch sind, so stehen sie auf einer frühen Entwicklungsstufe doch einander nahe. Das »Märchen von einem, der auszog das Fürchten zu lernen« – mit der Gespenstergesellschaft, schwarzen Katzen, Hunden an glühenden Ketten, Kegelspiel mit Totengebein usw. – erinnert geradezu an Alptraumerlebnisse.. Die unlösbare Aufgabe, ein bekanntes Traummotiv, im Märchen kann es gelöst werden, so etwa wenn »Hänsel und Gretel« mit Hilfe von Brotkrumen, Erbsen und Steinchen aus dem Wald herausfinden. Während der Erwachsene dem Traum und dem Märchen oft verständnislos gegenübersteht, können dem Kind beide noch als fraglose Wirklichkeit erscheinen, als eine Wirklichkeit, in der Wunder noch möglich sind. In den in der Nacht (aus dem Unbewußten) aufsteigenden Bildern kann der Mensch dessen gewahr werden, wofür seine sinnlichen Augen blind sind. Friedrich Hebbel hat selbst die Erfahrung gemacht: »Der Traum ist der beste Beweis dafür, daß wir nicht so fest in unserer Haut eingeschlossen sind, als es scheint.« Das Reich des Unbewußten ist größer als die von unserer Vernunft erhellte Welt. Und noch ein Wort von dem großen Träumer unter den Dichtern: »Die menschliche Seele ist doch ein wunderbares Wesen, und der Zentralpunkt aller ihrer Geheinmisse ist der Traum«[77].

Auch bei der Deutung der Träume müssen wir auf der Hut sein, müssen in die Tiefe schauen, in uns hineinhorchen und darauf achten, »was sie alles in Schwingungen versetzen«. Nicht alle Geheimnisse lassen sich an die Oberfläche unserer Tagwelt heraufholen, und so manche Bilder und Bildzusammenhänge, die aus dem Unbewußten stammen, können wir nicht mit den Maßstäben unseres Bewußtseins messen. Träume gibt man sich nicht selbst, sie werden einem gegeben. Im alten Orient galten sie als eine Offenbarungsform der Götter; nach einem ägyptischen Papyrus hat die Gottheit den Traum geschaffen, um dem Träumer, der »blind« ist, den Weg zu weisen. Die Traumdeutung der Ägypter war großenteils auf Analogien aufgebaut: Wer in einem sonnigen Garten sitzt, wird Freude haben; wer Blut trinkt, hat den Kampf zu erwarten. In der Bibel wird der nichtssagende, oft aus Fühlen und Wollen entstandene Traum von der göttlichen Offenbarung (z.B. die Nachtgesichte des Propheten Sacharja) unterschieden. Die Auslegung der von Gott gesandten Träume ist meist nur begnadeten Menschen möglich, so Joseph, der Pharaos Träume deutet (1.Moses 41). Für Hippokrates, aber auch für andere griechische Ärzte waren Träume während des Tempelschlafs (Inkubation) ein wertvolles Hilfsmittel für Diagnose und Therapie; sie glaubten, in den Traumbildern sowohl Krankheitsursachen erfassen als auch Botschaften vom Heilgott Asklepios empfangen zu können.

Zu Beginn des 20. Jahrhunderts war es Sigmund Freud, der in der Traumsymbolik die Widerspiegelung und Verschleierung krankmachender Konflikte zu erkennen glaubte, die ihrerseits auf verschiedene durchlaufene Entwicklungsphasen der Libido (d.i. die psychische Repräsentanz des Sexualtriebes) hinweisen. In der Traumanalyse hoffte Freud, die *via regia*, den »königlichen Weg«, zum Unbewußten zu finden; in den Träumen erblickte er nur Fassade, die den wirklichen Sinn verdeckt. Carl Gustav Jung dagegen nimmt »den Traum als das, was er ist«. Um Träume zu verstehen, muß man mit ihrer spezifischen Ausdrucksweise, mit ihrer Symbolsprache, vertraut sein. Während Freud in seiner Traumsymbolik mit einseitig auf den Sexualbereich festgelegten Bedeutungen arbeitet, weist Jung auf die Vieldeutigkeit der Symbole. »Der Traumsinn ist dann richtig verstanden, wenn der Träumer etwas mit seinem Inhalt anfangen kann, wenn er ihn für sein eigenes Leben nutzbar machen kann, oder wenn sich, im Falle des neurotisch gestörten seelischen Lebens, der Traumsinn in den therapeutischen Prozeß einfügt.«[78] Die Träume haben nicht die Funktion des Verdeckens, sondern das Ausgleichs, sie kompensieren die Mängel des Träumers; so soll z.B. das Traummotiv des Fliegens oder Fallens häufig bei Menschen vorkommen, die eine zu hohe Meinung von sich selbst haben oder die allzu hoch hinaus wollen.

Wie Träume zur Botschaft aus unserem Bewußtsein nicht ohne weiteres zugänglichen Regionen werden können, sei am Beispiel des Baumsymbols aufgezeigt. Bekannt ist der Traum des babylonischen Königs Nebukadnezar von einem in der Mit-

te der Erde stehenden Baum, dessen Gipfel an den Himmel reichte und der am äußersten Rand der Erde noch zu sehen war; seine Früchte reichten allen zur Nahrung. Doch dann stieg ein heiliger Wächter vom Himmel herab und gab den Befehl, den Baum zu fällen und seine Äste abzuschlagen, nur der Wurzelstock sollte stehen bleiben. Der jüdische Prophet Daniel deutet den Traum: »Der Baum…das bist du, oh König,…man wird dich aus der menschlichen Gemeinschaft vertreiben…Daß man befahl, vom Baum nur einen Wurzelstock zu lassen, bedeutet: Dein Königtum bleibt dir erhalten, sobald du erkennst, daß dem Himmel die Herrschaft gebührt« (Dan 4,16-23).

Träume sind nicht nur Botschaft aus dem Unbewußten, sie können auch Wegweiser zum Unbewußten sein. Der Baum, der im Traum vor uns aufsteigt, wurzelt im Grund der Seele. Helmut Hark bringt aus seiner psychotherapeutischen Arbeit verschiedene Beispiele, »wie Menschen mit Bäumen für sie wichtige persönliche Erfahrungen gemacht haben«. Wie sich in der Bildgestalt eines gezeichneten oder gemalten Baumes die Eigenart des individuellen Selbst eines Menschen widerspiegeln kann (nach dem Baumtest von Karl Koch), so vermag auch der Traum wichtige diagnostische Hinweise zu vermitteln. Die Bäume sind symbolischer Ausdruck für seelische Entwicklung und persönliches Wachstum; in ihrer Symbolik »wird das bewußte Leben auf noch unbewußte Lebensmöglichkeiten hingewiesen. Bäume weisen den Menschen über sich selbst hinaus auf das ›Selbst‹ als eine umfassende Ganzheit, zu der wir ein Leben lang unterwegs sind«[79].

Bei der Deutung des Traumbilder können die von Religions- und Kulturgeschichte, von Ethnologie und Volkskunde beigesteuerten Erkenntnisse hilfreich sein. Das Traumbild des Verbrennens zum Beispiel ist zunächst ganz allgemein unter dem Aspekt der Symbolik des Feuers zu betrachten, das zerstörend, aber auch läuternd wirken kann, auf Vergänglichkeit wie auch auf Überwindung aller irdischen, an Raum und Zeit haftenden Schlacken hinweist, Höllen-, Fegefeuer- (also Reinigungs-) und Phönixmotiv zum Ausdruck bringt, für Krieg und Liebe steht. In verschiedenen Mythen ist das Feuer göttlichen (himmlischen) Ursprungs. Manchen Fingerzeig geben auch alltägliche Redewendungen wie: »Feuer und Flamme sein«; »mit dem Feuer spielen«; »einer hat Feuer gefangen«, d.h. er ist in Liebe entbrannt; wer »Feuer unterm Dach« hat, ist besonders heißblütig, leidenschaftlich. Der Mystiker wurde von »brennender Liebe« zu Gott erfüllt. Auch an den Lichtaspekt des Feuers ist zu denken (in den Traumbildern von Kerze, Fackel, Leuchtturm).

All das, was dem Träumer »auf der Seele brennt«, kann in den Bildern der Nacht Gestalt annehmen. So kann ein Vulkanausbruch im Traum eine drohende Explosion von angestauten Affekten andeuten oder den Durchbruch übermächtiger sexueller Energien oder den Ausbruch einer psychischen Erkrankung[80]. Im Bild des Feuerofens wird die Glut des Leidens, aber auch der Läuterung und Wandlung symbolisiert, ähnlich wie bereits nach alttestamentlichem Bericht die drei Männer neu geboren aus dem glühenden Ofen hervorkamen (Daniel 3,11-97). In der Alchemie galt der Schmelzofen als hermetisches Gefäß, als Mutterleib (*matrix*), aus dem man die geläuterte, verwandelte Materie zu gewinnen hoffte. Das Traumbild des brennenden Hauses kann einen schwelenden oder offenen Familienkonflikt andeuten, wie überhaupt der Ausbruch eines Brandes eine drohende Gefahr signalisiert.

Einen eigenen Weg zur Erfassung des Traumes beschreibt James Hillman in der von ihm begründeten archetypischen Psychologie. Seine These beruht nicht wie bei Freud auf der Idee der Verdrängung oder wie bei Jung auf der der Kompensation, sondern »betrachtet Träume im Zusammenhang mit der Seele und die Seele wiederum im Zusam-

menhang mit dem Tod.« Sein Weg führt von der Tagseite unseres bewußten Lebens zur Nachtseite der Schatten und Bilder; dabei sind die Träume eine Brücke zur Unterwelt und zu ihrer Mythologie. Hades, der Gott der Tiefe und des Unsichtbaren, ist die beherrschende Gestalt. Das außerhalb der Zeit stehende Haus des Hades – auch der Inhalt der Träume steht außerhalb den Gesetzen der Zeit – kommt nicht erst nach unserem Leben, sondern ist gleichzeitig, ja identisch mit ihm. Die uns vertraute Oberwelt und die außerhalb unseres Bewußtseins liegende Unterwelt sind dasselbe, nur aus verschiedenen Blickwinkeln betrachtet. Im Mythos sind Hades und Zeus Brüder; Zeus ist nicht nur der Olympier, sondern hat als Zeus chthonios geradezu einen Unterweltsaspekt. Hades ist das Ende und das Ziel aller seelischen Entwicklung; »alles entwickelt sich in die Tiefe, bewegt sich von den sichtbaren auf die unsichtbaren Verbindungen zu, aus dem Leben hinaus«, auf den Tod hin im Sinne der »Erfüllung aller Dinge«. Hades ist nicht das Nichts, nicht die Leere; bezeichnenderweise hat er auch noch den Namen Pluto(s), d.h. »Fülle, Reichtum«. Die Unterwelt ist das Reich der Träume; in Homers »Odyssee« gehören sie zum Haus des Hades, ähnlich heißt es im indischen Atharvaveda, daß der Traum aus der Welt des Totengottes Yama aufsteige. Der Abstieg in die Unterwelt entspricht einem Übergang von der materiellen zur psychischen Sichtweise, ja: »Unterwelt ist Psyche«,[81] es ist die Welt der immateriellen, unsichtbaren Bilder (*eidola*). Nach Hillman sind Träume der Prozeß, in dem die Materie aus dem Leben auf ihren bildhaften Grund zurückgeführt wird.

Jeder Traum führt in eine letztlich unergründliche Tiefe, eine Tiefe, die unserem Leben erst Sinn gibt. Ja mancher Denker und Dichter hat sich schon die Frage gestellt, ob nicht unser ganzes Leben im Wachsein ein Traum ist, die Welt des Traumes aber das wahre wirkliche Leben. Der spanische Dichter Calderon de la Barca zeigt in einem Drama, wie aus der Perspektive des Ewigen (*sub specie aeternitatis*) das Leben zum Traum wird. Wenn wir wach sind, bei Bewußtsein, erleben wir uns in einer begrenzten Welt, die von den Gesetzen der Kausalität bestimmt ist. In der hebräischen Sprache hängt das Wort für Wachsein etymologisch mit »Haut« zusammen, der Wache ist eingeengt in seinen Lebenskreis; das Wort für Schlaf steht in sprachlichem Zusammenhang mit »Licht«, das den Menschen frei macht; im Traum sind ihm keine Grenzen gesetzt[82]. Nach ostasiatischer Überlieferung kann im Traum die »Goldblume« sichtbar werden, d.i. das Symbol für den »höheren Menschen«, für das transzendente große Eine (s. Abb. S. 53). In tiefenpsychologischer Sicht vermag der Mensch im Traum zu seinem wahren Selbst zu finden. Die alten Völker glaubten, daß in Traum, Vision und Meditation die Grenzen von Raum und Zeit aufgehoben werden können, so daß auch Zukünftiges sich andeuten kann. Buddhas Mutter träumte, daß sie frisch gebadet und mit Blumen bedeckt in einem goldenen Palast auf silbernem Bett liegt; da kommt ein weißer Elefant mit einer Lotosblume im Rüssel, durchschlägt ihre rechte Seite und legt sich in ihren Schoß. Die Traumdeuter sagten ihr daraufhin die Geburt eines Sohnes voraus, der als »Erleuchteter« die Menschheit aus ihrer Unwissenheit erlösen werde.

Keine Religion ohne Symbole

Das Wesen der Religion besteht – ganz einfach formuliert – im Umgang des Menschen mit der transzendenten Macht, die jenseits aller sinnlichen Wahrnehmung liegt und die wir Gott nennen. Der Umgang mit dieser übersinnlichen Macht vollzieht sich normalerweise in sinnlichen Formen, auch wenn das noch so paradox klingen mag. Der im 18. Jahrhundert lebende schwäbische Theologe Oetinger meinte in seiner tiefsinnigen Art: »Leiblichkeit ist das Ende der Wege Gottes«. Der gläubige Mensch vermag in der Schöpfung den Schöpfer zu erkennen, in allem Kreatürlichen den Creator. Mit anderen Worten: Alles, was wir mit unseren Sinnesorganen wahrnehmen, kann uns von der übersinnlichen Wirklichkeit Kunde geben, kann zum Symbol werden. Für den *homo religiosus* haftet jedem Symbol etwas Religiöses an, da es über die geschöpfliche Dimension hinausweist und gewisse Strukturen einer übergeordneten, einer letzten Realität andeutet[83]. Kein Bild kann seine Herkunft verleugnen! Die Religion bedient sich der sinnlichen Formen in Wort, Bild und Handlung. Für alle Mitglieder einer Religionsgemeinschaft ist der Kult verbindlich; die durch die Tradition überlieferten Mittel, derer er sich bedient, sind zum großen Teil symbolhaft. Auch wenn kein Kult und keine Religion ohne Symbol auskommt, so darf doch nicht vergessen werden, daß das Symbol nie alles zum Ausdruck bringen kann. Gerade derjenige, der alles Äußerliche abstreifen möchte, wird das Symbol in einer Dürftigkeit, Einförmigkeit und Ungenauigkeit erkennen, »die oft über den Reichtum und die Vielfalt des geistigen Lebens der Menschen auf jeder Kulturstufe hinwegtäuschen«[84]. Es läßt sich nicht leugnen, daß das Vollkommene in jedem Symbol unzulänglich bleibt; aber andererseits kommt es auf den Menschen selbst an, ob es ihm mehr Offenbarung oder mehr Verhüllung ist, ob er zur Tiefenschau fähig ist oder ob er an der Oberfläche der Erscheinungen haften bleibt. Symbole gehören zu den Formen des Umgangs mit dem Göttlichen, die einerseits der Verehrung der Gottheit dienen, andererseits der Förderung und Heilung des menschlichen Lebens, der Erfahrung von Segen und Gnade sowie der Abwehr schadenbringender Mächte.

Die alten Völker haben, wie auch heute noch die sogenannten Naturvölker, allen menschlichen Handlungen über ihren profanen Zweck hinaus eine tiefere Bedeutung zugemessen; damit war ihr Tun nicht mehr nur ich-bezogen, sondern eingebettet in die gottegegebene Ordnung des Kosmos. Sicher gibt es – besonders bei primitiven Völkern – Riten, die vom Willen zur Beherrschung der Natur bestimmt sind, die also magischen Praktiken gleichen wie etwa bei der Erzeugung der Regenwolken oder der Heilung von Krankheiten. Doch sind auch unsere Gebete und unsere Teilnahme am liturgischen Geschehen nicht ganz frei von einem Egoismus, können es auch gar nicht sein, weil wir immer als Ich dem großen Anderen gegenüberstehen. Und doch geht es bei den echten Riten um mehr, soll ja gerade die Ichhaftigkeit überwunden werden, der Mensch will vom Menschsein erlöst werden; in der Sprache der Religion kann man sagen, in das Reich Gottes eingehen.

Im folgenden sei ein menschliches Tun aufgezeigt, hinter dem man zunächst keine rituelle Handlung vermutet, nämlich das Spiel. Die biologisch-physiologische Motivation können wir außer acht lassen – auch Tiere können spielen! –; vom Spiel des Menschen kann man sagen, daß es zwar zweckfrei ist, aber nicht sinnlos. Gerade die Menschen früherer Zeiten haben sich bei ihrem Tun und Handeln oft mehr gedacht als wir heute. So war das Ballspiel nicht einfach nur ein lustiger Zeitvertreib, sondern die Nachahmung kosmischer Vorgänge. Der griechische Mythos weiß von dem göttlichen Kinde Zeus, der in der idäischen Grotte mit dem Weltball (*sphaira*) spielt. Am bekanntesten ist das Ballspiel im alten Mexiko: Der aztekische Ballspielplatz war das Abbild des Weltalls, das Ballspiel selbst ein von tiefer religiöser Symbolik umgebener Kultakt; der mit der Hüfte oder dem Gesäß fortgestoßene Kautschukball versinnbildlichte die Sonne, und die mit dem Ball spielenden Priester und Adeligen ahmten das Spiel der Götter am Himmel nach. Ebenso sind aus dem hinterindischen Raum zeremonielle Ballspiele bekannt. Interessant ist nun, daß man auch in Frankreich bis in das letzte Jahrhundert hinein ein ursprünglich rituelles Ballspiel kannte, es hatte den Namen *soule picarde*; der erste Teil des Namens weist auf den von bretonischen Bauern verehrten St. Soul, eine Personifizierung der Sonne. Das Spiel geht ins christliche Mittelalter zurück, wo in zahlreichen Kirchen am Ostersonntag die Kleriker sich den Ball zuwarfen; in der Kathedrale von Auxerre geschah dies über dem in dem Fußboden dargestellten Labyrinth[85]. Nach christlicher Auffassung ist Christus die Sonne, *sol salutis*, die am Osterfest ihre leuchtende Bahn zieht über dem Labyrinth der Erde. Somit ist das sakrale Spiel eine imitatio dei, eine Nachahmung Gottes, um selbst das Irdische zu überwinden.

Eine andere Nachahmung göttlichen Tuns spiegelt sich in den Riten des Neujahrsfestes wider. Gleich ob dieses im Herbst gefeiert wird (bei den Juden im September), im Winter (bei den Germanen fällt es mit dem Julfest zusammen) oder im Frühjahr (in Rom bis zum zweiten vorchristlichen Jahrhundert), es war den alten Völkern das Fest der totalen Erneuerung, der Wiedergeburt der Zeit, die Wiederholung der Kosmogonie. Die letzten Tage des alten Jahres entsprachen der alt gewordenen, verbrauchten Zeit, in der die Mächte des Chaos überhandnehmen, in der die Geister umherschweifen und die Toten wiederkehren. Bei manchen Völkern wurden alle Feuer gelöscht, um dann am Neujahrstag in einem rituellen Akt neu entfacht zu werden; in Rom war dies am 1. März die Aufgabe des obersten Priesters, des Pontifex maximus. In den letzten Tagen des alten Jahres wurde der babylonische König in einer Art Symboldrama erniedrigt, er mußte seine Würdezeichen abgeben und wurde ins Gesicht geschlagen – dies alles analog zum Schicksal des Gottes Marduk, der in dieser Zeit »im Gebirge eingeschlossen« war, d.h. im Reiche des Todes weilte. Mit dem neuen Jahr kehrt Marduk zurück und stellt die kosmische Ordnung wieder her, genau so waltet der König wieder seines Amtes.

Der Kampf zwischen den alten und den neuen Mächten, zwischen Finsternis und Licht, den Ungeheuern des Chaos und den Göttern wurde im Alten Orient (u.a. bei den Babyloniern und bei den Hethitern) durch zwei Gruppen von Spielern zeremoniell dargestellt. Mit dem alten Jahr sollten auch die begangenen Sünden vernichtet und alle Unreinheit hinweggenommen werden; durch die Neuschöpfung der Zeit hoffte der Mensch auf eine neue Existenz. Nach altpersischer Überlieferung machte Mithra am Neujahrstag (nauroz) den Vertrag zwischen Licht und Finsternis; im Mittelpunkt des Festes stand die rituelle Tötung des Drachen durch den König; schließlich erhoffte man sich an diesem Tage ein endgültiges Freiwerden von Alter und Tod[86]. Das jüdische Neujahrsfest (rosch ha-schana) ging aus dem alttestamentlichen »Tag des Posaunenschalls«, auch »Tag des Lärmblasens« genannt (4. Moses 29,1) hervor; es ist der Tag der Erinnerung an die Weltschöpfung, vor allem aber der himmlische Gerichtstag, an dem Gott alle Weltbewohner vor seinem Antlitz vorbeiziehen läßt[87]. Das christliche Kirchenjahr beginnt mit dem Osterfest, welches nach den Kirchenvätern dem Weltschöpfungstag entspricht, an dem das Licht erschaffen wurde. Angeregt durch kultisch-germanische Frühjahrsbräuche wurden im frühen Mittelalter in den Häusern alle Herdfeuer und Lichter gelöscht und aus der Kirche das geweihte Feuer des Ostertages mit nach Hause gebracht. Die Überwindung der alten, sündhaften Zeit und der Anbruch der neuen, heilbringenden Zeit findet ihren besten Ausdruck in der Weihe und Entzündung der Osterkerze (Symbol Christi), die in die noch dunkle Kirche hereingetragen wird. Der erniedrigte, geschlagene, gekreuzigte und zu den Toten abgestiegene Gottessohn ist zugleich der schöpferische Logos, durch den die Welt erschaffen wurde und ist auch derjenige, der von den Toten auferstanden ist und der am Ende der Zeiten alles neu gestalten wird[88]. Die Auferstehung Christi zu Ostern ist ein Bild für die zweite Schöpfung, in die alle Gläubigen (in Nachfolge Christi) miteinbezogen sind.

Das Verlangen des Menschen, über das Sinnlich-Wahrnehmbare hinauszuschreiten, das Transempirische in das Empirische hereinzuholen, läßt sich besonders deutlich in den Mysterien nachweisen. Das griechische Wort *mysterion* bedeutet in seinem Wortstamm »die Augen schließen« oder »den Mund schließen« und wird für »Geheimnis« gebraucht. Mysterien sind Geheimkulte im Gegensatz zu den öffentlichen Staatskulten. Zentraler Gedanke fast aller Mysterien ist der Mythos vom sterbenden und auferstehenden Gott, dessen Schicksal der Eingeweihte (Myste) im Vollzug symbolischer Handlungen teilen wollte; in dramatischen Riten sollte das urzeitliche Geschehen zur kultischen Gegenwart werden. Durch die Einweihung in die Mysterien hoffte der Myste auf Ekstase und Enthusiasmus, d.h. daß er aus sich selbst heraustreten kann und daß das Göttliche in ihm Einzug hält; das Ziel war die Wandlung, Erlösung, Auferstehung, Neugeburt. Dabei spielten die Symbole eine wichtige Rolle; sie haben dem Mythos das voraus, »daß sie unmittelbar wirken, daß ihre Ausdruckskraft weder einer gedanklichen Interpretation noch einer gefühlsmäßigen Verarbeitung bedürfen, sondern daß sie unmittelbar an den Menschen herantreten, sich sozusagen auf gar keine Diskussion mit ihm einlassen, sondern in ihrer zwingenden Kraft die von den Mysterien als letztes Ziel gewollte Umschaffung des Menschen bewirken.«[89]

Schon im alten Ägypten gab es neben dem öffentlichen Kult eine Geheimhaltung, so bei der täglichen, durch die Priester vorgenommenen Pflege des Götterbildes. In Ritualtexten wird von »Geheimnissen« gesprochen, »die niemand kennt«. Eine gewisse Ähnlichkeit mit Mysterien hatten die Festriten im Osiriskult zu Abydos, die um Tod und Wiederbelebung des Vegetationsgottes kreisten. Allerdings ist nichts von einer für wirkliche Mysterien erforderlichen Einweihung bekannt. In den späten Ritualtexten der sogenannten Osiris-Mysterien wird auch das aus dem Totenkult bekannte Erdhacken erwähnt. Bei diesem Ritus wird der Gott in der Symbolgestalt des Kornes in die Erde gesenkt; die über das Feld getriebenen, das Korn einstampfenden Ziegen versinnbildlichen die bösen Mächte (den Gott Seth); die keimende Frucht ist Hinweis auf die Auferstehung.

Die ältesten eigentlichen Mysterien finden sich in der griechischen Welt ab dem siebten vorchristlichen Jahrhundert zu Eleusis. Im Mittelpunkt des zugehörigen Mythos stehen die alte Erdmutter Demeter, die die Früchte gedeihen läßt, und ihre Tochter Persephone, die mit der jungfräulichen athenischen Kore (d.h. »Mädchen«) gleichgesetzt ist. Kore wird beim Blumenpflücken von dem Todesgott Pluton (= Hades) geraubt und in die Unterwelt gebracht; die verzweifelte Mutter läßt alles Leben auf der Erde verdorren. Auf der Suche nach ihrer Tochter kommt Demeter nach Eleusis, wo sie zum Dank für die freundliche Aufnahme zwei Geschenke hinterläßt: die erste Weizenähre und die Mysterien. Schließlich muß Pluton die entführte Kore freigeben; da diese jedoch von einem Granatapfel, der Speise des Totenreiches, gegessen hat, kann sie nur eine Jahreshälfte bei ihrer Mutter verweilen und muß dann wieder in die Unterwelt zurückkehren – Symbol für den ständigen Wechsel von Blühen und Verwelken, von Leben und Tod.

Während der Mythos allgemein bekannt war, wurde das *mysterion* so gut gehütet, daß wir heute noch über manche Einzelheiten und deren Bedeutung im unklaren sind. Dazu gehört die Öffnung eines Korbes (oder einer Kiste), aus der der Myste einen Gegenstand herausnehmen, befühlen und in einen anderen Behälter legen mußte. Alle Deutungen über den Inhalt des Korbes (Nachbildung von Gebärmutter oder weiblichem Schoß, Phallus oder Schlange) sind hypothetisch. Wahrscheinlich sollte das Öffnen des Korbes durch den Mysten den Abstieg in die Unterwelt andeuten, das Berühren des heiligen Gegenstandes sollte zu einem Weiterleben nach dem Tode verhelfen. Zur Initiationssymbolik gehörte auch das Emporheben einer (goldenen oder reifen?) Ähre, diese versinnbildlichte den Erntesegen wie auch das den Tod überwindende Leben. Unsicher ist die Bedeutung des zum Weihetempel gehörenden Opaions, vielleicht war dieses eine Dachöffnung, durch die der Glanz des Morgenlichtes auf den Leiter der Mysterien (Hierophant) fiel. Nach einem von dem neuplatonischen Philosophen Proklos mitgeteilten Ritual schauten die Mysten zum Himmel und riefen: »Regne!« Dann schauten sie zur Erde und riefen: »Empfange!« Diese Worte dürften sich auf die in Vegetationskulten vertraute Vorstellung der heiligen Hochzeit zwischen Himmel und Erde beziehen[90].

Das kosmisch bedeutsame Geschehen der heiligen Hochzeit (*hieros gamos*) findet sich in verschiedenen Mythen und von da in die Mysterienhandlung übernommen. Möglicherweise ist das Berühren des geheimnisvollen Gegenstandes im Korbe zu Eleusis die symbolisch angedeutete Vereinigung, durch die der Myste der Gotteskindschaft teilhaftig werden wollte. Das vom Mythos erzählte Brautlager des Gottes Dionysos mit der Königstochter Ariadne wurde in den Dionysosmysterien zu einem exemplarischen Modell der Vereinigung von Gott und Mensch, vollzogen wurde es von der Königin, die auch nach der Abschaffung des Königtums als Kultperson agierte, und dem *archon basileus*. Die »unaussprechliche heilige Zeremonie« ist auch Symbol für die Erlösung der menschlichen Seele durch den Gott, dessen Name Lyaios soviel wie »Löser«, »Befreier« bedeutet; Ariadne galt seit den Anfängen des Platonismus als Bild für die menschliche Seele[91]. Die Vereinigung des Mysten bzw. der Mystin mit der Gottheit gehört zu den wesentlichen Riten der aus dem Orient stammenden Mysterien in hellenistischer Zeit. Im heiligen Brautgemach wurde der Mensch in mystischer Angleichung an Gott (Attis, Adonis) zum Bräutigam der Göttin (Kybele, Aphrodite). Auch hier also eine *imitatio dei*.

Wenn das Christentum sich auch in der nächsten Umgebung der antiken Heilsmysterien entfaltet hat und mit ihnen unübersehbare Ähnlichkeiten aufweist (Tod und Auferstehung der Gottheit, Taufe, Kultmahl, Gedanke einer mystischen Vereinigung von Mensch und Gott), so muß doch auf einen grundlegenden Unterschied hingewiesen werden; nur das Christentum kennt das Heilsdogma vom Sühnetod des Herrn für die Menschheit, in keiner (anderen) Mysterienreligion ist der Tod der Gottheit auf die Erlösung der Menschen hin ausgerichtet. Über die Taufe und das heilige Mahl verdichtet sich das Mysterium im Kreuz und wird in Christus offenbar. Das große Geheimnis selbst aber ist das Reich Gottes (Lukas 8,10). Die Bedeutung des Symbols für die Mysterien, ja darüber hinaus für jede Religion, hat in trefflicher Weise Hugo Rahner erfaßt; nach ihm behält das nie auszuschöpfende Symbol »immer noch seine geheimen Hintergründe; es ist wie ein Kleid, das die Körperform anzeigt und zugleich verhüllt. Ja, dieses sinnenhafte Wesen des Symbols ist geradezu notwendig, um den Glanz des Jenseitigen zu verbergen und nur denen zu öffnen, die dafür die Augen erhielten.«[91]

Die Riten, durch die man Mitglied einer Mysterienreligion wurde, nennt man Initiation (lateinisch *initio* »Einweihung«). In den Attis-, Isis- und Mithrasmysterien bildete das Fasten eine Vorstufe zur Initiation. In den Mithrasmysterien diente die Wassertaufe der symbolischen Reinigung von allem Bösen; nach den Wandmalereien im Mithräum von S. Maria Capua Vetere war der Initiand nackt, das bedeutet, daß er mit seinen Kleidern den alten Menschen abgestreift hat. Nach dem römischen Schriftsteller Apuleius gehörte zu den (vorbereitenden) Einweihungsriten die Handauflegung; der Mystagoge der Isis verkündete dem neuen Mysten: »Der Tag ist herangerückt, an dem du durch diese meine Hände in die heiligen Geheimnisse eingeweiht werden sollst.« Bei der Aufnahme in die frühchristliche Kirche war die Handauflegung Teil des sakramentalen Gesamtgeschehens – mit der äußeren symbolhaften Handlung war die innere Geistmitteilung und damit die volle Eingliederung in die kirchliche Gemeinschaft verbunden.

Unter Initiation versteht man ganz allgemein den rituellen Eintritt in ein neues Lebensstadium. Bei den sogenannten Naturvölkern ist dies vor allem die Reifefeier, durch die die Knaben, bei einigen Stämmen auch die Mädchen, in ihre neue Lebenssphäre eingeführt werden. Um zur Aufnahme unter die Erwachsenen berechtigt zu werden, muß der junge Mensch eine Reihe von Initiationsprüfungen bestehen. Er wird nicht nur in das sexuelle und soziale Leben eingeführt, sondern lernt auch die Mythen und geheiligten Überlieferungen seines Stammes kennen; in den Reifefeiern wird er in das Verständnis seines Lebens und der Welt eingeführt. Meistens durchläuft der Einzuweihende (Novize) in symbolischer Form drei Phasen: Tod, Trennung von den anderen Stammesangehörigen in Busch oder Initiationshütte, Wiederkehr in das Leben. Das Kind muß zuerst als solches sterben, bevor es ein Anderer, ein Wissender, ein in seinem Tun mit den Ahnen oder den Göttern Übereinstimmender werden kann. Insbesondere der Knabe muß sich von der mütterlichen Welt lösen, um nunmehr in dem Kreis der Männer Aufnahme zu finden.

Der Verlauf der Initiation ist je nach Stamm verschieden. Im Kongogebiet, aber auch in anderen Gegenden werden die Knaben mit weißer Farbe bestrichen – eine Andeutung, daß sie Gespenster geworden und damit aus der Welt der Lebenden ausgeschieden sind. Auf West-Ceram (Indonesien) zeigt man den Frauen die blutigen Lanzen, mit denen ein Geist die Knaben getötet haben soll; wenn diese in ihr Dorf zurückkehren, benehmen sie sich wie ganz kleine (neugeborene) Kinder, die erst wieder sprechen lernen müssen. Meistens denkt man sich mythische Wesen – Ahnen, Geister, Götter – an den Riten mitwirkend; bei australischen Völkern werden sie durch das Schwirrholz repräsentiert; die kalifornischen Pomo erkennen im Tönen des Schwirrholzes die Stimme der Toten, die während der Jugendweihe periodisch auf die Erde zurückkehren. Einige afrikanische Stämme nennen das Schwirrholz »Löwe« oder »Leopard«, es sind die mythischen

Wesen in tierischer Gestalt, die die Beschneidung vornehmen; bei den Riten werden diese Wesen durch Männer in Löwen- oder Leopardenfellen dargestellt; wenn einige Zeit nachher die Novizen selbst mit diesen Tierfellen bekleidet werden, dann bedeutet das, »daß sie sich dem göttlichen Wesen des Initiationstieres angeglichen haben und folglich in ihm wieder auferstehen«[92].

Die Initianden werden bestimmten Prüfungen, oft auch Quälereien unterzogen. Bei dem Negerstamm der Pangwe (Südkamerun, Nordgabun) werden sie unter den Rufen »Jetzt müßt ihr sterben!« in eine Hütte geleitet, in die man vorher zahlreiche Nester mit einer besonders stechenden Ameisenart gebracht hat; nachdem die Knaben jämmerlich zerbissen (= symbolisch gestorben) sind, werden sie in Buschhütten gebracht und auf das Erwachsenenleben vorbereitet. Auf Neuguinea müssen die Knaben in eine dunkle Hütte in der Form eines tierähnlichen Ungeheuers, teils als Krokodil, teils als Schwein gedacht; der Eingang in die Hütte entspricht einem Verschlungenwerden, der Ausgang bedeutet die Rückkehr ins Leben. Einige Forscher weisen auf Ähnlichkeiten des naturvölkischen Initiationsgeschehens mit europäischen Märchen, deren Anfänge danach in der pflanzerischen Welt zu suchen sind. Im Grund wird »mit den Knaben all das vorgenommen, was in den Märchen durch die Helden vorgenommen wurde«. Busch, Wald, Hütte, Hexenhaus und Finsternis erscheinen als Bilder, die »das immer wiederkehrende Psychodrama« von Tod und Wiedergeburt zum Ausdruck bringen[93]. In einem weiteren Sinne kann man die Initiationshütte wie auch das Hexenhaus, aus dem »Hänsel und Gretel« wieder heil zurückkommen, einfach als eine Stätte der Wandlung und der Verwandlung auffassen.

Mit fast allen Reifezeremonien der Naturvölker ist die Vorstellung verbunden, daß die Einzuweihenden sterben müssen, bevor sie als zeugungsfähige Mitglieder ihres Stammes selbst das Leben weitergeben können. Der Ethnologe Adolf E. Jensen weist auf die bei den Pflanzervölkern weitverbreitete Idee eines untrennbaren Zusammenhanges zwischen Zeugung und Sterben. Die Reifezeremonien bedeuten »eine Besinnung darauf, daß die Zeugungsfähigkeit der Menschen in Verbindung mit dem ersten mythischen Tötungsakt entstand, aber auch darauf, daß die Sterblichkeit damit verbunden ist«. Bei dem in Südäthiopien lebenden Volk der Konso werden die einzuweihenden Jünglinge ohne jegliche Nahrung in den Busch geschickt, um einen Hasen zu töten; sie wiederholen damit das urzeitliche Geschehen, indem sie an sich selbst den Urhunger erleben und durch die Erlegung des Hasen (Symboltier der Mondgottheit) die erste Nahrung gewinnen[94]. Mythos und Kult stehen in enger Korrespondenz zueinander.

Bei der Erforschung der religiösen Symbole und ihrer Bedeutung darf man nie den sozialen und wirtschaftlichen Hintergrund außer acht lassen. Bei der folgenden äußerst knappen Skizzierung kann nur auf die wichtigsten kulturgeschichtlichen Grundstrukturen hingewiesen werden unter Außerachtlassung gegenseitiger Beeinflussungen und ethnischer Überschichtungen. Da im Kult aller Völker die Nahrungsbeschaffung einen wichtigen Platz einnimmt – man denke an die Bitte um das tägliche Brot –, werden Mythos, Kult und Kultur von der Wirtschaftsform geprägt. Die Völker, die sich nur von dem ernähren und kleiden, was die Natur von selbst darbietet, die Sammler und Jäger also, kennen ein höchstes Wesen, das als Vater und Schöpfer gilt, das aber nie im Bild dargestellt wird; Opfer, rituelles Spiel und Tanz sind symbolhafte oder von Symbolen begleitete Handlungen. Bei den höheren Jägervölkern gibt es einen Kult für den »Herrn der Tiere« oder für Wild- und Buschgeister; zu den Jägerritualen gehören nach dem Töten des Tieres Riten der Reinigung und der Versöhnung; Inbegriff göttlicher Lebenskraft ist die Sonne. Die patriarchalen Hirtenvölker verehren überwiegend den Himmelsgott, dem Tieropfer, aber nie Menschenopfer dargebracht werden; in ihren Symbolen »äußert sich die stärkere Rationalität der Religion und die zunehmende Abstraktionsfähigkeit«[25].

Die kulturgeschichtlich bedeutsamen Schritte des Seßhaftwerdens und des Pflanzenanbaues werden der Initiative der Frauen zugeschrieben; in den großenteils matriarchalen Pflanzerkulturen wird die Erde als Spenderin der Pflanzennahrung und als Mutter alles Lebens verehrt; das Gedeihen und Absterben der Vegetation und die Menstruation der Frau werden mit dem zu- und abnehmenden Mond in Verbindung gebracht. Die eigentlichen Bauernkulturen (mit dem Rind als Zugtier des Pfluges) führen zu einem Gleichgewicht zwischen Mann und Frau im sozialen und wirtschaftlichen Leben und mythologisch zu Vorstellungen eines Welternpaares, der heiligen Hochzeit und des Denkens in Polaritäten, wie sie in der Symbolik reichen Niederschlag fanden. In den aufkommenden Hochkulturen entfaltet sich ein ganzes Pantheon, deren einzelnen Gottheiten jeweils bestimmte Funktionen zugedacht werden; der Himmelsgott (oder auch der Sonnengott) wird nicht nur durch den Herrscher auf Erden repräsentiert, sondern in der Verehrung oft zurückgedrängt – in verschiedener Ausprägung zeigt sich dies bei den Pharaonen Ägyptens, den chinesischen Kaisern und den römischen Cäsaren.

Ein Kernstück aller Religionen ist das Opfer; in den altindischen Brahmanas wird es als »die höchste Handlung« bezeichnet; das lateinische sacrificium bedeutet »Heiliges tun« (*sacrum facere*). Unter Opfer versteht man die Darbringung einer Gabe an die Gottheit; im Glauben des einfachen Volkes entspringt es meist aus dem Wunsch des *do ut des* (»ich gebe, damit du gibst«), ist darüber hinaus aber auch die symbolische Hingabe der eigenen Person mittels der machthaltig gedachten Opfergabe, begleitet von der Hoffnung auf Erschließung eines Segensstromes zwischen Gott und Mensch[96]. Die ältesten Opfer sind Speise- und Trankopfer; ein babylonisches Wort für Opfer heißt deshalb sinngemäß *naptunu*, »Mahlzeit«. Im 3. Buch Moses (21,6) wird von der »Speise Gottes« gesprochen. Verständlicherweise spielt auch beim Opfer die Wirtschaftsform des betreffenden Volkes eine Rolle: bei den Sammlern werden die ersten Beeren und Früchte dargebracht, bei den Jägern sind es die Erstlinge der Jagd, bei den Hirten die neugeborenen Tiere und bei Pflanzern die Erstlinge der Ernte. Das Primitial (Erstlings-) opfer findet sich auch in Hochkulturen; in Ägypten wurde die erste, vom König selbst geschnittene Ähre dem Fruchtbarkeitsgott Min geweiht; in Israel durfte vom neuen Getreide erst dann gegessen werden, nachdem Jahwe sein Teil erhalten hatte (3. Moses 23,14). Die Gott dargebrachten Erstlinge – gleich ob Pflanze oder Tier – sind symbolischer Ausdruck für die Anerkennung der göttlichen Souveränität; alle Geschöpfe sind eigentlich sein Eigentum.

Eine besondere Sinngebung verknüpft das Opfer mit der Erneuerung und Erlösung der Welt, man denke hier an die Bedeutung des Opfertodes Christi. Die Völker, die im Altertum durch rituellen Königsmord ihr höchstes Gut opferten, so in Südindien und in Meroe am Nil, erhofften sich dadurch neue Lebenskraft. Die zuckenden Herzen der aztekischen Menschenopfer sollten den weiteren Lauf der Sonne gewährleisten. In zahlreichen Mythen entsteht die Welt erst aus der Zerstückelung eines Urwesens. Der indische Urmensch Purusha wurde von den Göttern rituell getötet, geopfert; aus den Füßen bildeten sie die Erde, aus dem Nabel den Luftraum, aus seinem Kopf den Himmel. Der persische Gott Mithra (von den Römern als Mithras übernommen) tötet den Urstier, was mit der Entstehung der Welt bzw. der Vegetation in Verbindung gebracht wird (s. Abb.

S. 62). Nach einem Mythos der Insel Ceram (Indonesien) kamen aus den zerschnittenen und vergrabenen Leichenteilen des göttlichen Mädchens Hainuwele die ersten Feldfrüchte hervor. Manche Frage wirft die Selbstopferung des germanischen Gottes Odin auf; von einem Speer durchstochen hing er neun Nächte lang in dem windumsausten Baum, von dem niemand weiß, aus welcher Wurzel er wächst, d.h. er reicht in verborgene Tiefen, steht mit chthonischen Mächten in Verbindung; es dürfte der Weltbaum, die Yggdrasil sein; man dachte auch schon an den Lebensbaum, indem man die neun Nächte mit den neun Schwangerschaftsmonaten zusammenstellte. Während Odin am Baume hing, bekam er weder Speise noch Trank, nur etwas von dem heiligen Met, der ihn mit neuem Geiste erfüllte; stöhnend nahm er die Runen auf, d.h. er wurde in die Geheimnisse eingeweiht. Danach begann der Baum zu wachsen und Früchte zu tragen, »Wort fügte sich an Wort und Tat an Tat«. Ist Odins Opfer wirklich nur auf sich selbst bezogen, um Weisheit zu erlangen (so wie er nach anderer Überlieferung ein Auge hergab), oder ist es ein Opfer für den Weiterbestand der Welt? Gewisse Züge erinnern an Christi Opfertod am Kreuz (auch als Weltbaum oder als Lebensbaum interpretiert), doch denkt man heute weniger an eine diesbezügliche Beeinflussung als vielmehr an eine Art Initiationsritus ähnlich wie in archaischen Kulturen[97]. Odins Beiname Hangatyr (»Hängegott«) bezieht sich sowohl auf sein mythisches Selbstopfer als auch auf die ihm dargebrachten Menschenopfer wie etwa bei der neuntägigen Feier zu Uppsala in Schweden, wo neben Hunden und Pferden auch Menschen an den Bäumen des heiligen Waldes aufgehängt wurden.

Für die Symbolgeschichte besonders interessant sind die Ersatzopfer. An Stelle der Menschen wurden einfache Strohpuppen geopfert (z.B. in China) oder menschenförmiges Backwerk; der römische Schriftsteller Macrobius erwähnt Teigfigürchen (*maniae* genannt), die zur Erinnerung an die Menschenopfer unter König Tarquinius Superbus gebacken wurden. Im Tempel der Artemis zu Tauropolis ritzten sich die frommen Männer zum Zeichen ihrer Opferbereitschaft mit dem Schwert am Halse ein Zeichen ein; im ägyptischen Dionysoskult der Ptolemäerzeit wurde die Weihe an den Gott durch das Einbrennen (Tätowieren) eines Efeublatt-Musters vollzogen. Im Kult der phrygischen Götter Attis und Kybele entsprach die Kastration der Priester einem Selbstopfer. Auch mit der Beschneidung kann der Opfergedanke verbunden sein; bei den Israeliten sollte als Zeichen des mit Gott geschlossenen Bundes »alles Männliche beschnitten werden« (1. Moses 17,9-12). Von Herodot ist überliefert, daß in der babylonischen Spätzeit jedes Mädchen im Tempel der Ischtar seine Reinheit zum Opfer bringen mußte; die sakrale Prostitution ist auch aus Phönizien, Kleinasien und Griechenland bekannt; die Tempelmädchen der Aphrodite hatten den Namen Hierodulen (»heilige Mägde«). Oft war mit der Selbsthingabe an die Gottheit – repräsentiert durch den Priester oder einen Fremden – der Glaube an Förderung von Fruchtbarkeit und Heil für die Stadt bzw. das Volk verbunden. Ein symbolisches Selbstopfer ist das Abschneiden der Haare; griechische Jünglinge opferten ihr Haar an Herakles, der das seine dem Apollon geopfert hatte. Auch der aus vorchristlicher Zeit übernommene Brauch der Tonsur bei der Aufnahme in den geistlichen Stand hatte ursprünglich die Bedeutung eines Haaropfers, zumal das Haupthaar als Sitz der Kraft galt.

Auch das Tier kann stellvertretend für den Menschen geopfert werden. In einem babylonischen Text heißt es, daß der Priester den Menschen gegen ein Lamm austauscht; »den Kopf des Lammes gibt er für den Kopf des Menschen.« Dem Opferblut wird reinigende, sühnende Kraft zugeschrieben. Am israelitischen Versöhnungstag besprengte der Hohepriester die heilige Lade mit dem Blut eines geopferten Bockes: »So schaffe er dem Heiligtum Sühne wegen der Unreinigkeiten der Söhne Israels und ihrer Übertretungen, mit denen sie sich versündigt haben« (3. Moses 16, 15f.) Da alle Erstgeburt dem Herrn geweiht werden mußte, so auch der erstgeborene Sohn; er konnte nur durch eine Auslösung – in der Regel durch ein Lamm – seinem Volk erhalten bleiben. Von hier aus ist die von Abraham geforderte Glaubensprobe bei der Opferung Isaaks zu verstehen (s. Abb. S. 64); Gott selbst schickte den Widder als Ersatz (1. Moses 22)[98]. Ähnlich tritt im griechischen Mythos an die Stelle der Iphigenie, die der Artemis geopfert werden soll, eine Hirschkuh.

An Stelle der für die Gemeinschaft wertvollen Tiere konnten in Teig geformte Abbilder treten[99]. Im Kult der Artemis finden sich hirschförmige Opferkuchen. Von Herodot wissen wir, daß arme Ägypter zu Ehren von Isis und Osiris Schweine aus Brotteig opferten. Ein allerletzter Nachhall solch alter Glaubensvorstellungen und Opferbräuche ist (wenn nunmehr auch aus der sakral-kirchlichen Sphäre herausgelöst) das aus Biskuit gebackene Osterlamm; es ist das an das geopferte Passahlamm erinnernde Symbol Christi, »das Lamm, das hinwegnimmt die Sünden der Welt«. Paulus spricht den Opfergedanken unmißverständlich aus: »Es wurde ja unser Osterlamm geschlachtet: Christus« (1. Korinther 5,7). Überhaupt hat man in verschiedenen Gebildbroten Relikte eines alten Opferbrau-

ches vermutet, z.B. in Tiergebäcken wie Hase, Lamm und Hahn; das zopfförmige Gebäck soll danach aus dem Haaropfer hervorgegangen sein.
Eine besondere Opfergabe ist der Weihrauch[100]. Der geweihte Rauch vertreibt die Dämonen und ist den Göttern wohlgefällig. Im ägyptischen Kult diente die Verbrennung von Räucherwerk der Reinigung und der Zufuhr belebender Kräfte; der Weihrauch galt als wohlriechender »Gottesschweiß, der auf die Erde fiel«; er sollte nicht nur Ewigkeitskräfte vermitteln, sondern darüber hinaus den Weg bahnen zu den Göttern in ihr himmlisches Reich. Die römischen Tempel hatten in der Nähe des Götterbildes eine Weihrauchopferpfanne (*foculus*). In buddhistischen Tempeln werden Weihrauchkörner in ein Becken mit glühender Asche gelegt oder Räucherstäbe hineingesteckt; der sich ausbreitende Duft steht symbolisch für die alldurchdringende Dharmawelt der absoluten Wirklichkeit. Bei den Maya wurde der vom Copalbaum gewonnene Weihrauch verbrannt und den Göttern geopfert; man glaubte, daß der Duft bis in das Zentrum des Himmels gelangt. Bei den nordamerikanischen Indianern hatte der Tabakrauch eine ähnliche Bedeutung; die Irokesen schickten dem Schöpfergott das Brandopfer des weißen Hundes und den Rauch des verbrennenden Tabaks. Bei den Pomo-Indianern wurde die Erschaffung der Welt auf das Tabakrauchen des Schöpfers zurückgeführt.

Das im Alten Testament erwähnte Räucherwerk und sein Wohlgeruch waren dem Herrn heilig. Rauchopfer und Gebet sind austauschbar, sie sind beide Opfer vor Gott (Psalm 141,2); in der Apokalypse werden die goldenen Schalen von Rauchwerk in den Händen der vierundzwanzig Ältesten als die

Gebete der Heiligen gedeutet (Offenbarung 5,8). Die liturgische Räucherung in der Kirche kam erst ab dem 4./5. Jahrhundert auf; durch die dem Weihrauch vor der Inzensation erteilte Segnung wird er zum Sakramentale mit kultisch reinigender Wirkung; das kreuzförmige Schwingen des Rauchfasses (Thuribulum) ist Hinweis auf die Beziehung zum Kreuzesopfer. Die vielfältigen Beräucherungen von Kreuz und Altar, Evangelienbuch und Opfergaben, Klerus und Kirchenbesucher, ja selbst des Leichnams, werden in ihrer sublimen Symbolbedeutung von Romano Guardini gekennzeichnet als »Geheimnis der Schönheit, die von keinem Zweck weiß, sondern frei aufsteigt. Der Liebe, die brennt, und durch den Tod geht.«[101]

Das Opfer als zentrale kultische Handlung ist in ein Netz von Symbolbezügen eingebaut. Als Beispiel diene das betreffende Ritual im Parsismus und das zugehörige liturgische Buch Yasna (»Gottesdienst«, »Opfer«). Gewöhnlich wird das Opfer zugunsten der Toten vollzogen; bei der Darbringung von Brot und Butterschmalz wird auch der Seelenführer Srosh miteinbezogen; dieser entspricht dem altiranischen Sraosha, dem personifizierten »Gehör« des Gottes Ahura Mazda; wenn die Gläubigen sich an Srosh wenden, so hört sie Gott. Die wichtigste Opfergabe ist die heilige Flüssigkeit Haoma, der Unsterblichkeitstrank; seine Gewinnung (durch Zerstampfen eines Ephedra-Gewächses in einem Mörser) und Weihung wird vor dem heiligen Feuer vollzogen. Der Haoma ist reich an dem leuchtenden, belebenden *xvarnah*, dessen eigentlicher Besitzer Ahura Mazda ist. Der heilige Trank gilt aber auch als Personifikation des göttlichen Haoma, des Herrn aller Heilpflanzen und der Unsterblichkeit. Wenn Priester und Gläubige nach dem Opferritual mit der Flüssigkeit den Gott in sich aufnehmen, dann überschreiten sie ihre menschliche Seinsform und nähern sich Gott an. Bis in unser Jahrhundert hinein wurde der Haomatrank (neuere Sprachform *hom*) den Sterbenden als Wegzehrung gereicht[102]. Der das Opfer vollziehende Priester nimmt vor einem quadratischen Tisch Platz (als Symbol der Erde), das Feuer in dem kreisrunden Gefäß vertritt die Sonne, und der Mond wird durch zwei metallische Halbmonde angedeutet, in die man das *barsom* als Symbol vegetativer Fruchtbarkeit legt.

Wenn wir bei der Betrachtung der religiösen Symbole bisher das Schwergewicht auf die Handlungen gelegt haben (zu Neujahr, in der Initiation, beim Opfer), so muß doch darauf hingewiesen werden, daß dies nur ein Ausschnitt aus der Fülle der religiösen Erscheinungswelt ist. Gestirne und Elemente, Pflanzen und Tiere, Kultpersonen und Kultgerät, das heilige Wort und das heilige Schweigen können Symbolbedeutung annehmen. In jedem Bild und Gebilde, in allem, was erscheint (Phänomen ist), erlangt die vorgegebene, unveränderliche Idee eine mit den Sinnen wahrnehmbare, an die Materie gebundene Gestalt. Damit werden alle Bilder zu Sinnbildern, indem sie in ihrer äußeren Erscheinung auf eine Wirklichkeit hinweisen, die jenseits von Raum und Zeit liegt.

Beim gesprochenen Wort ist vor allem an das Gebet zu denken, das den Menschen aus seiner Alltagswelt herauslöst und ihn in seinem Denken und Fühlen auf den Sinn des Ganzen lenkt. Sehr oft sind Gebet und Opfer miteinander verbunden, dies schon bei Naturvölkern wie bei den Selk'nam auf Feuerland, wo bei einem Unwetter die Frau der Hütte mit der Feuerzange eine Holzkohle ins Freie wirft und spricht: »Das ist für dich, dort oben; sei uns gütig und gib uns schönes Wetter!«[103]. Das Gebet ist symbolischer Ausdruck für das menschliche Gefühl der Verbundenheit mit Gott; in babylonischen Beschwörungen und Gebeten um Heilung oder Reinigung von Sünden wird der Mensch Sohn oder Kind seines Gottes genannt. Gebete oder einzelne seiner Teile können formelhaft, erstarrt sein. Aus Tibet bekannt ist die magische Formel *om mani padme hum* (»oh du Träger des Lotos«), von

der man sich – auf Papierstreifen geschrieben und in Gebetsmühlen aktiviert – eine magisch-heilsame Wirkung erhofft. Die Silbe Om (a-u-m) stammt aus dem Indischen und versinnbildlicht im Hinduglauben das höchste Weltprinzip, das Brahman. Das biblische Amen (hebräisch »Ja, gewiß«) war die Zustimmung der Gemeinde zu Rede, Gebet und Segen; von den christlichen Konfessionen wurde es – meist unübersetzt – als liturgische Abschlußformel übernommen. In altchristlicher Zeit galten das Glaubensbekenntnis und das Vaterunser als *arcana*, als geheimzuhaltende Dinge, die dem Taufbewerber erst nach einer Probezeit mitgeteilt wurden.

Dem Beten wird eine seinsverändernde Kraft zugeschrieben, auch wenn dies vom Menschen nicht »hier und jetzt« wahrgenommen wird. Der Kirchenlehrer Origenes schreibt: »Von der Seele des Beters geht gleichsam ein Geschoß aus, geschärft durch die Erkenntnis und Vernunft oder durch den Glauben des Frommen, um die Gott feindlichen Geister, die uns mit den Fesseln der Sünde umschlingen wollen, durch die geschlagenen Wunden niederzuwerfen und zu vernichten«[104]. Das Böse und das Falsche können mit Hilfe des Gebetes überwunden werden, deshalb soll man nach Mohammed sprechen: »Die Wahrheit ist gekommen, und das Nichtige verschwindet; sicherlich vergeht das Nichtige« (Koran XVII,80-83). Das Gebet besteht nicht nur aus dem Wort an sich, sondern ist mit verschiedenen Symbolmotiven verbunden. Ehrfurcht und Schauer vor dem Göttlichen finden in Gebärden ihren Ausdruck, diese sind Symbol der seelischen Hinwendung zu Gott. Besondere Gesten der Anbetung sind Niederwerfen, Knien und Stehen. Die alten Ägypter warfen sich zu Boden und berührten mit Nase und Stirn die Erde; ähnlich war das Gebot bei den Israeliten: »Zollt dem Herrn seines Namens Ehre, fallt vor ihm nieder in heiligem Schmuck« (Psalm 29,2). Der Alttestamentler Othmar Keel meint: »Vor dem übermächtigen Erlebnis des Heiligen flieht der Mensch in den Tod. Das Niederfallen entspricht, so betrachtet, dem aus der Verhaltensforschung bekannten Totstellreflex.«[105] Das Wiederaufstehen, die Rückkehr ins Leben, ist Gottes Gnade zu verdanken.

Das Erheben der Arme ist ein Bild für des Menschen Verlangen, Licht und Leben der Gottheit in sich aufzunehmen, es ist ganz einfach ein Symbol für die Öffnung nach oben; in der Antike und im frühchristlichen Mittelalter war dies die übliche Gebetshaltung, wie sie als Orantenstellung auch in die Ikonographie eingegangen ist. Später wurde das aus dem fränkischen Lehensrecht übernommene Zueinanderfügen der Hände gebräuchlich; die gefalteten Hände sind als symbolische Fesselung Ausdruck der Unterwerfung und des Treueversprechens. Außer den Gebärden gehören zur Gebetssymbolik auch der Ort (sakraler Raum oder stilles Kämmerlein), die Gebetsrichtung (im Islam nach dem heiligen Zentrum Mekka), eine besondere Kleidung (bei den Juden der Gebetsmantel) die Berührung des Gottesbildes (z.B. im Hinduismus) und das Gebet unterstützende Gegenstände. Im Hinduismus werden mit Hilfe des Gebetskranzes (*japamala*) die Götter Shiva und Vishnu angerufen, als Attribut der Gottheiten ist er ein Sinnbild der Entsagung und des spirituellen Weges der frommen Hingabe; von den Mohammedanern übernommen, dient er zur Anrufung der 99 »schönen Namen« Allahs. Im Christentum wurde der Gebetskranz zum Rosenkranz (*rosarium*), da die Gebete der Gläubigen mit aufblühenden Rosen verglichen wurden; der kleine Rosenkranz hat nach den 33 Lebensjahren Christi 33 kleine Glasperlen, nach den fünf Wunden fünf große Perlen.

Nicht nur das gesprochene Wort kann heilig sein, sondern auch das geschriebene. Den lichten, göttlichen Mächten zugehörig, ist es ein sicherer Schutz gegen die Finsternis und das Böse. Für die Ägypter waren die Hieroglyphen »Gottesworte«. Bei den Germanen war das Ritzen der Runen (gotisch *runa*, »Geheimnis«, verwandt mit »raunen«) mit besonderen magischen Handlungen verbunden; in der Tyr-Rune glaubte man die ganze Macht des Kriegsgottes Tyr immanent. Nach hellenischem Volksglauben sollten die sieben Vokale (des griechischen Alphabets) den einzelnen Himmelssphären und den sieben Planeten zugeordnet sein und damit alle Kräfte des Kosmos zum Ausdruck bringen; das griechische Wort *stocheion* hat die doppelte Bedeutung von Buchstabe und Element. Der erste und der letzte Buchstabe sind symbolischer Ausdruck für Anfang und Ende wie auch für die allumfassende Einheit; in der Offenbarung (1,8) bezeichnet sich Gott selbst als das Alpha und das Omega – das Ende der Zeiten wird in einen neuen Anfang übergehen, der zugleich Voll-endung ist.

Voller Gleichnisse, bildhafter Ausdrücke und Symbole sind die heiligen Schriften der einzelnen Religionen. Zu den ältesten gehören die vier Veden (altindisch *veda*, »Wissen«), und hiervon reicht am weitesten zurück der Rigveda, der vor allem Gedichte an die Götter enthält. Was Herman Lommel über die Gedichte an den Feuergott Agni sagt, gilt auch für die an den Mondgott Soma, an den Königsgott Varuna oder an den Donnergott Indra, »indem sie Eines nennen und das Andere mitmeinen, Symbole verschränkend und ineinander schlingend, mit andeutenden Bezugnahmen auf die mannigfachen, vielfach schwierigen Einzelheiten des kultischen Rituals, oft mit gewollter Rätselhaftigkeit;«[106] so ist Soma der Mond, das Wasser des Lebens, die Pflanze der Unsterblichkeit und der Same des Himmelsstieres.

Das chinesische Weisheits- und Orakelbuch I Ging (»Buch der Wandlungen«) enthält die Anschauung, daß die ganze Welt der Erscheinungen auf einem polaren Gegensatz von Kräften beruht: dem Schöpferischen steht das Empfangende gegenüber, dem Himmel die Erde, dem Männlichen das Weibliche. Zwischen diesen Polen geht alles – fern von jedem Dualismus – seinen sinnvollen Weg (*tao*). Zwischen den Bildern, die der Himmel herabsendet, und den Kulturgedanken, die die Heiligen in ihrer Nachbildung gestalten, besteht eine allgemeine Beziehung und Harmonie. Die Grundgedanken des I Ging werden in den 64 Hexagrammen ausgedrückt, das sind Kombinationen aus den Acht Trigrammen, die ihrerseits aus drei übereinandergesetzten ganzen und gebrochenen Linien bestehen.

Die ganze Linie entspricht dem festen, lichten, männlichen, schöpferischen *Yang*, die gebrochene Linie dem weichen, dunklen, weiblichen, empfangenden *Yin*. Die 64 Hexagramme galten als von den »Weisen der Vorzeit« erdachte »Bilder«, in denen die ganze Welt magisch oder symbolisch enthalten ist[107]. Der Urgrund des Seins, das Allererste, Eine ist Tai-yi (früher T'ai-chi transskribiert, »der große Balken«), aus dem sich die Zweiheit Yin-Yang entfaltet. Symbol ist der durch eine S-Linie geteilte Kreis; die schwarze Hälfte mit dem weißen Punkt ist *yin*, die weiße Hälfte mit dem dunklen Punkt ist *yang*; die beiden Punkte deuten an, daß jede der beiden Potenzen (Grundkräfte) den Keim des anderen in sich trägt.

Die wichtigsten Symbole des Buddhismus sind eng mit der Lebensgeschichte Buddhas verbunden, wie sie im Lalitavistara und in den Jataka-Erzählungen enthalten sind, dazu kommen noch die dem Buddha zugeschriebenen Lehrreden (Sutras). Die heilsgeschichtlich entscheidenden Ereignisse und ihre Symbole sind: die Erleuchtung unter dem Bodhi-Baum (oft auch mit Thron); die Predigt, die das Rad der Lehre (*dharma cakra*) in Bewegung setzt; das Eingehen in das Nirvana, angedeutet durch das Reliquienmonument des Stupa. Aus dem biographischen Kontext und den entsprechenden ikonographischen Darstellungen herausgelöst, dienen die Symbole als Hinweis auf die religiösen Grundideen der Erleuchtung, der Lehre und des Erlöschens in Nirvana, »eine Stätte, wo nicht Erde noch Wasser, nicht Licht noch Luft, nicht Raumunendlichkeit noch Vernunftunendlichkeit,…, nicht diese Welt noch jene Welt« ist (nach einem älteren buddhistischen Text). Hinter oder unter der den Texten zugrundeliegenden Sinnschicht findet sich noch eine in altindische Zeit zurückreichende, kosmologisch-universalistische Bedeutungsebene, in der der Buddha-Leib mit dem Welt-Leib, dem Universum, identifiziert wird: der Baum wird zum Weltbaum und zur Weltachse; das Rad erscheint

als den Weltlauf bestimmendes Sonnenrad; der Stupa wird mit der Vorstellung vom Weltberg und vom Kosmos insgesamt verbunden[108]. Buddha selbst ist damit mehr als nur Religionsstifter oder als »der Erleuchtete«, er ist Cakravartin (»Der das Rad dreht«), was soviel bedeutet wie Weltherrscher.

Nach traditioneller jüdischer Auffassung ist jedes Wort der fünf Bücher Moses göttlich inspiriert; auf eine Pergamentrolle handgeschrieben, werden sie zusammenfassend Thora (auch in der Form Tora) genannt, d.h. »Gesetz«, »Unterweisung«. Die Thorarolle wird in der heiligen Lade (Thoraschrein) aufbewahrt, dem kultischen Zentrum der Synagoge. Gerade weil im Judentum das Verbot der bildlichen Darstellung Gottes zu allen Zeiten streng beachtet wurde, erlangten Symbole eine besondere Bedeutung, so daß Leo Baeck, einer der angesehensten Vertreter des jüdischen Geisteslebens, schreiben konnte: »Vom Unendlichen und Ewigen, vom Göttlichen kann der Mensch nur im Gleichnis reden … auch wenn die Wissenschaft zu ihren letzten Gründen herniedersteigt, bleibt ihr nur dieses Symbolische.«[109] Eines der ehrwürdigsten jüdischen Symbole und heute Hoheitszeichen des Staates Israel ist der siebenarmige Leuchter (Menora), der sich bis auf den Propheten Sacharja (42-5,10) zurückführen läßt; die Siebenzahl der Lampen und ihre Gleichsetzung mit den die ganze Erde durchschweifenden Augen Jahwes gehen auf die Planeten des babylonischen Weltbildes zurück; das Öl für den Leuchter wird als Symbol für das Leben aufgefaßt.

In der Bibel ist die dem alten Orient vertraute Bild- und Symbolsprache unübersehbar, wenn auch mit manchen Bedeutungsverschiebungen. In der Genesis sind die verschiedensten mythischen Motive und Symbole dem monotheistischen Weltbild und Heilsglauben dienstbar gemacht wie Gottesgarten, Lebensbaum, Frucht, Schlange, Urflut, Turm (zu Babel) und Leiter (in Jakobs Traum). Weitere Höhepunkte alttestamentlicher Symbolsprache finden sich in den Gottesbegegnungen des Moses (am Berg Sinai, beim brennenden Dornstrauch), in den Psalmen, im Hohenlied und in den Büchern der Propheten. Heilsgeschichtlich ist das Symbol Ausdruck für die nicht abgebrochene Verbindung zwischen dem Schöpfer und seiner Schöpfung. Wenn Jahwe im Erbeben der Berge, in Sturm, Feuer und Donner erscheint, dann ist zu beachten, daß diese Bilder nicht nur Gott offenbaren, sondern ihn auch verhüllen; die natürlichen Phänomene lassen zwar auf seine unsichtbare Macht schließen, stellen aber nicht sein unsichtbares Wesen dar. Heute erkennt man immer mehr, daß nur philologische, historische und theologische Studien den biblischen Schriften nicht ganz gerecht werden, weil »der Text nicht in jener Tiefe geweckt wird, in der er anfangen könnte mit der Mächtigkeit seiner symbolischen Bilder sich an die Seele des Menschen zu wenden«. Nur durch das Symbol gelingt es, »die Belanglosigkeit des lediglich Vorhandenen und Registrierten zu brechen, um Gestalt und Idee, Erscheinung und Verborgenes, Vordergründiges und Hintergründiges, Weltliches und Göttliches miteinander zu verbinden. Darum ist das Symbol die eigentliche Sprache der Religionen, also auch der Bibel« (Hubertus Halbfas)[110].

Die christliche Symbolik geht auf die an Bildern und Gleichnissen reiche Sprache der Bibel zurück[111]. Die alttestamentliche Relation Schöpfer – Schöpfung (bzw. Jahwe – Israel) wurd durch das neutestamentliche Verhältnis Christus – Kirche erweitert. Die Typologie der Sakramente ist gleichbedeutend mit der *concordia veteris et novi Testamenti*, der Übereinstimmung des Alten und des Neuen Testamentes; so etwa wird der Durchgang durch das Rote Meer als Vorausdarstellung der Taufe angesehen, und das von Melchisedech dargebrachte Opfer von Brot und Wein gilt als Hinweis auf die Eucharistie. Die Weiterführung biblischer Symbolik zur christlichen zeigt sich sehr schön bei den Evangelistensymbolen. Als der Prophet Ezechiel (1, 5 ff.; 10, 14 ff.) Gottes Herrlichkeit schaute, waren mitten im Lichtglanz »Gestalten, die vier lebendigen Wesen glichen«, menschlich gebildet, mit vier Flügeln und einem jeweils vierfachen Antlitz: dem eines Menschen, eines Löwen, eines Stieres und eines Adlers; es sind die Kerubim, die Gottes Thron tragen. Auch der Apokalyptiker Johannes erschaute die vier Lebewesen, jetzt mit sechs Flügeln und nicht mehr als Mischgestalt, sondern klar getrennt als Löwe, Stier, Mensch und Adler; in ihrer Mitte steht ein Lamm »wie geschlachtet« (Offenbarung 4,6 f; 5,6); diese fünf Wesen wurden schon früh zu Symbolen Christi und der vier Evangelisten; die später geläufige Zuordnung der Tiere geht auf den Kirchenlehrer Hieronymus zurück und wird vom Inhalt der Evangelien bestimmt: Matthäus beginnt mit der Darlegung der menschlichen Abkunft des Herrn, weshalb sein Symbol das »Antlitz wie ein Mensch« hat. Das Markus-Evangelium fängt mit Johannes dem Täufer, dem »Rufer aus der Wüste« an, daher erhielt Markus den Löwen als Attribut. Lukas spricht

gleich vom Opfer des Zacharias, welches durch das Opferrind versinnbildlicht wird; eine andere Deutung bezieht das Attribut des Lukas auf den von Gott geschenkten Sohn Johannes, obwohl Zacharias und seine Frau hochbetagt waren (hier ist der Stier Symbol der Fruchtbarkeit). Aus dem Evangelisten Johannes sprach der Geist am mächtigsten, seine Worte erhoben sich zu der Höhe, aus welcher das ewige Wort herniederstieg, was am besten durch den Adler symbolisiert wird. Christus ist als der »Erstgeborene aller Schöpfung« (Kolosser 1,15) das Ursymbol, in dem alle Pole des Seins zusammenfallen; er ist Anfang und Ende und die zeitlose Mitte. Dem gläubigen Christen sind alle geschöpflichen Bilder nur Sinnbilder dieses Ursymbols; so sind auch die Selbstbezeugungen Jesu zu verstehen, daß er das Brot des Lebens, das Licht der Welt, Tür und Weg, der gute Hirte und der wahre Weinstock sei.

Eine der Grundideen des Koran ist die Zeichenhaftigkeit der Schöpfung; die ganze Natur ist erfüllt von Gottes Wunderzeichen[112]. Mit dem Wort *matal* werden Gleichnisse und Vergleiche bezeichnet, die durchaus Symbolcharakter haben können. In der Sure 24,35 erscheint das Licht als Gleichnis, als Symbol Gottes; ein anderes Mal heißt es: »Gott schämt sich nicht, eine Mücke als Beispiel (*matal*) zu verwenden« (Sure 2,26), d.h. er kann im Kleinen etwas Größeres andeuten. Im bilderfeindlichen islamischen Kult gewinnt die Kalligraphie mit ihren formvollendeten Schriftzügen immer mehr Bedeutung als Symbol der »Gegenwart des göttlichen Wortes und seiner Erhabenheit über alle menschliche Vorstellung«; Kalligraphien finden sich nicht nur an den Wänden der Moscheen, sondern auch auf den verschiedenen Geräten, auf Amuletten und auf Fahnen. Das wichtigste Symbol des Islam ist die Kaaba in Mekka, an deren östlicher Ecke sich der heilige schwarze Stein befindet, der wahrscheinlich schon in vorislamischer Zeit verehrt worden ist. Nach späterer Auslegung gilt die Kaaba als Mittelpunkt des Kosmos, nach dem die Gebetsnische (*mihrab*) einer jeden Moschee ausgerichtet ist. Die symbolische Koranexegese der islamischen Mystik (Sufismus) geht von der Annahme aus, daß der Wortlaut der Texte zunächst nur den äußeren Sinn preisgibt, hinter dem das Geheimnis des Göttlichen verborgen ist. Alle physischen Dinge der Welt deuten auf das Metaphysische; die irdische Welt ist nichts anderes als ein Spiegel, der die göttliche Schönheit, wenn auch schwach und ver-

zerrt, reflektiert. Über Himmel und Erde reicht Allahs Thron. In ihm (d.h. in Gott) fallen alle Gegensätze zusammen, das Höchste und das Tiefste, das Entfernteste und das Nächstliegende; Gott selbst ist dem Menschen »näher als die Halsschlagader« (Koran 50,16). Die Vielheit in der Einheit ist nur im Symbol sichtbar.

Bild, Wort und Klang weisen über sich hinaus

Die schöpferisch-gestaltende Tätigkeit des Menschen in der Auseinandersetzung mit der Welt findet ihren Niederschlag in der Kunst, die sich des Bildes, des Wortes und des Klanges bedient. Kunstwerke sind Bedeutungsträger, ja sie können zur Botschaft werden, wenn in ihrem sinnlich-wahrnehmbaren Ausdruck der Sinn durchscheint. Kunst ist Ausdruck der in Worten, Tönen, Formen und Farben auftretenden Intuition des Künstlers, also Ausdruck des unmittelbaren Gewahrwerdens der Dinge, ohne daß bewußte Reflexion darauf hingeführt hat. Im Kunstwerk tritt das zutage, was Goethe »eine aus dem inneren Menschen sich entwickelnde Offenbarung« genannt hat. Durch die Intuition kann im Unscheinbaren das Wesentliche erkannt werden; »sie nimmt die Vergeistigung vor, die aus dem Beliebigen das Symbol schafft«[113].

Zum künstlerischen Wirken gehört auch die Phantasie, das Vermögen bildhaft anschaulichen Vorstellens (Imagination), das nicht mit der verworrenen Phantastik verwechselt werden darf. Es ist das Verdienst der Romantik, die schöpferische Phantasie, die eine Steigerung und Ausweitung des gesamten Erlebnisraumes bedeutet, in die Theorie der Kunst und der Symbolik eingeführt zu haben. Der Philosoph Johannes Volkelt spricht von der sich aufschwingenden, von der Wirklichkeit loslösenden Phantasie und sieht in ihr die Bedingung der ästhetischen Einfühlung. Wenn Edmund Husserl in seiner Phänomenologie der anschaulichen Vergegenwärtigungen von Phantasie, Phantasma und Imagination spricht, dann bezieht er auch das Symbol als »analogische Repräsentation« mit ein; das Symbol erinnert durch Ähnlichkeit »im einen einen Nachklang, ein Analogon des anderen zu finden«[114]. Intuition, Imagination und schließlich die Inspiration, die unerwartet eintretende Eingebung, machen das Sinnliche für das Seelisch-Geistige transparent, ermöglichen die Gestaltwerdung. Hier ist der Nährboden der künstlerischen Symbole.

Verschiedene Symbolforscher und auch Künstler vertreten die Auffassung, daß alle Kunstwerke an sich schon symbolisch sind, ja daß die ganze Kunst eine symbolische Repräsentation ist und daß in Bildern, Worten und Klängen immer eine tiefere und allgemeine Wahrheit zum Ausdruck kommt. Für Ernst Cassirer trägt »die Kunst als Ganzes den allgemeinen Charakter symbolischer Gestaltung in sich«; nach ihm ist die Kunst wie der Mythos oder die Sprache »eine symbolische Form«, in der sich das Grundphänomen ausprägt, »daß das Bewußtsein sich nicht damit begnügt, den Eindruck des Äußeren zu empfangen, sondern daß es jeden Eindruck mit einer freien Tätigkeit des Ausdrucks verknüpft und durchdringt«[115]. Der von Cassirer vertretene Symbolbegriff ist – wie auch andere schon angemerkt haben – zu weit gefaßt und nähert sich mehr dem Begriff des allgemeinen Zeichens. Entscheidend für die »Etikettierung« eines Kunstwerkes als symbolisch ist zunächst einmal, was der Künstler selbst damit darstellen, ausdrücken will. Ist es einfach ein jedermann sichtbarer Baum in seinem Sosein, dann wird man nicht von einer symbolischen Bedeutung sprechen können. Dies wird auch für ein Porträt gelten, welches nichts anderes sein will als die Darstellung eines ganz bestimmten Menschen. Doch gibt es keine starre Abgrenzung zwischen abbildender und sinnbildlicher Kunst. Denken wir an Dürers bekanntes Selbstbildnis mit den christomorphen Zügen, die aus einer Forderung nach der *imitatio dei* heraus entstanden sind[116]. Manch nur vordergründig erscheinendes Kunstwerk läßt den Tieferschauenden doch etwas von der Hintergründigkeit der Phänomene erahnen.

Zahlreiche Werke der Malerei, der Bildhauerei und der Dichtkunst haben zwei (oder drei) Bedeutungsebenen ähnlich wie ja auch beim Märchen, welches in seinem Handlungsablauf und seinen Personen vom Kind voll verstanden wird, dessen tiefere Bedeutung aber sich erst dem erschließt, der um den Symbolgehalt weiß. Als Beispiel aus der Poesie sei das bekannte »Heidenröslein« von Goethe angeführt; hinter dem jungen und morgenschönen Röslein steht eigentlich ein Mägdelein, das den stürmischen Knaben vergeblich abzuwehren versucht. In der mittelhochdeutschen Literatur denke man an den Falken (»valken«) des Ritters von Kürenberg, »der im sin gevidere mit golde wol bewant« – doch der Falke flog »in anderiu lant«, das bedeutet zu einem anderen Liebhaber.

Auch in der Malerei kann man nicht einfach nur von der äußeren Gestaltung her eine symbolische Bedeutung ausschließen, mag das Gemälde auch noch so realistisch bzw. naturalistisch anmuten und inhaltlich gegenstandsbezogen sein. Bereits in spätgotischen Bildern finden sich stillebenartige Arrangements, die jedoch nicht isoliert zu betrachten sind, da ihre Funktion darin besteht, die symbolische Bedeutung des Gesamtwerkes (z.B. eines Marienbildes) noch zu unterstreichen. Das im 16./17. Jahrhundert als selbständige Bildgattung aufgekommene Stilleben läßt ohne Zweifel die Freude an der Wiedergabe von Dingen um ihrer selbst willen erkennen, verbunden mit einer dem Mittelalter noch nicht gemäßen Wirklichkeitsbeobachtung. Andererseits ist nicht von der Hand zu weisen, daß z.B. Blumen oder Schmuck über ihren Eigenwert hinaus auch andere Bedeutungen unterlegt werden können, so etwa Schönheit und Reichtum; geradezu evident wird dies, wenn eine Uhr oder ein Totenkopf mit auf dem Stilleben auftauchen – sie weisen auf Zeit, Vergänglichkeit und Nichtigkeit, sind also ausgesprochene Vanitassymbole. Bei den Malern des 19. Jahrhunderts zeigt sich das starke Interesse an den formalen Möglichkeiten der Wiedergabe frei gewählter Gegenstände, z.B. bei Gustave Courbet »Stilleben mit Äpfeln«. Paul Cézannes Stilleben, die Franzosen sprechen von *nature morte*, entstanden aus der vollen Kenntnis des Gegenstandes (der Maler selbst sagte: »La pleine connaissance de l'objet«); sie sollen der Natur den Schein der Dauer verleihen. Im 20. Jahrhundert rücken die Maler großenteils wieder von der reinen Dingwertung, von dem aus eigenem Erleben gesteigerten Realitätsbewußtsein ab. In Picassos »Stilleben mit rotem Stierschädel« (1938) wird ein Motiv des großartigen Bildes »Guernica« weitergeführt: der Stierkopf mit Anklängen an den mythischen Minotauros kann einerseits als Bildvokabel für eine menschenverschlingende Macht, andererseits als Opfergabe eines uralten Rituals aufgefaßt werden.

In der Geschichte der Künste finden sich Zeitalter, in denen der Mensch mehr dem offen vor ihm liegenden Abbild huldigte, und andere, in denen er das Hintergründige, den Sinn der Bilder, zu erfassen versuchte[117]. Gerade bei den großen Künstlern gehen Abbild und Sinnbild, Realismus und Symbolismus, ineinander über, ja bilden eine Einheit. Beispielhaft genannt seien hier das Kreuzigungsbild des Isenheimer Altars von Matthias Grünewald und die Traumdichtung »Hanneles Himmelfahrt« von Gerhart Hauptmann. Von einer symbolischen Bedeutung des Kunstwerkes kann man auf jeden Fall dann sprechen, wenn der Künstler die Phänomene »hinterfragt« und in ein außer den Sinnen liegendes Bezugssystem integriert hat. Das muß nicht unbedingt auf das Überzeitliche, Absolute, Göttliche zielen, sondern kann auch in das eigene Innere des Künstlers, in sein seelisches Erleben zurückweisen. Von hier aus ist das Wort von Paul Klee zu verstehen: »Kunst gibt nicht das Sichtbare wieder, sondern macht sichtbar«. Das gleiche gilt auch für die Musik. Sie gibt nicht (nur) das Hörbare wieder, sondern läßt das mitschwingen, was jenseits des akustisch Hörbaren liegt. Wenn wir auch nicht von vornherein jedes Bild, jede Dichtung und jede Komposition als symbolisch bezeichnen können, so müssen wir doch zugeben, daß in ihnen die Möglichkeit liegt, über sich hinauszuweisen und andere Seinsdimensionen erahnen zu lassen.

Je mehr ein Kunstwerk dem Religiösen verbunden ist, desto wahrscheinlicher ist sein Symbolgehalt. Denn das, was im Zentrum aller Religionen steht, ist mit den Sinnesorganen nicht wahrnehmbar. Wenn auch das Heilige und das Schöne in der Erfahrungswelt des Menschen nicht immer übereinstimmen, so können sie sich im letzten doch nicht widersprechen, ja, sie ergänzen sich. Die Religion wird – trotz zeitweiser, aus ihrem Totalitätsanspruch stammender Ablehnung – immer wieder die Kunst suchen, weil sie der wahrnehmbaren Form und Gestalt bedarf. Und die größten Künstler fühlten sich zutiefst der Religion verbunden, in der sie den Mutterboden ihres Schaffens erblickten. Nach Alfred Stange geht auch alle weltliche Kunst von Werken der religiösen Kunst aus. Nicht daß letztere immer die zeitlich früheren sein müßten, aber sie sind in jedem Fall »die gestaltlich schöpfungsstärkeren«. So sei Rembrandts Selbstbildnis mit Saskia auf dem Schoß von Darstellungen des verlorenen Sohnes abgeleitet, und Jacques Davids ermordeter Marat berge noch die Erinnerung an eine Pietà[118]. Auch die Kunst des 20. Jahrhunderts kann sich nicht völlig von den religiösen Wurzeln entfernen; man denke an die »Große Pietà« von Alfred Manessier, der – bei Auflösung aller Formen – bewußt an die mittelalterliche Farbsymbolik anknüpft. Mit Hilfe von Farbharmonien möchte Manessier, der seine entscheidende künstlerische Offenbarung während eines nächtlichen Gottesdienstes in einem Trappistenkloster erhielt, Brücken herstellen zwischen Mensch und Welt; er selbst sagt über sich als Maler: »Ich wünsche auszudrücken des Menschen inneres Gebet«. Das ist eine symbolische Weltschau, die sich nicht mit der äußeren Wirklichkeit begnügt, sondern welche die hinter den Erscheinungen liegenden geistigen Wesenheiten der transzendenten und transsensualistischen Wirklichkeit zu erfassen versucht.

Wie nah, ja ineinandergreifend die abbildende und die sinnbildliche (versinnbildlichende) Darstellung sein können, soll anhand der Landschaftsmalerei aufgezeigt werden. In der mittelalterlichen Kunst kann man noch nicht von einer solchen sprechen; sie findet sich lediglich als formelhafte Andeutung des heilsgeschichtlichen Ereignisortes. Erst in den Stundenbüchern der Brüder von Limburg wurden Landschaften als Ganzes gesehen und Menschen in ein annähernd richtiges Verhältnis zu ihr gesetzt. Im 15. Jahrhundert wird die Landschaft als Sinnbild der Wirklichkeit dargestellt, in der das menschliche Leben als erzählbare historische Begebenheit aufgefaßt ist; die einzelnen Details in der Natur haben symbolische Bedeutung: der heilige

Berg, der paradiesische Garten, der Rasengrund als Standfläche für die Heiligen, Baum als *arbor vitae*, Blumen als Mariensymbole usw. An Stelle des mittelalterlichen Goldgrundes tritt nun der atmosphärisch gemalte Lichtraum des Himmels; er »markiert eine sich von der Symbolfunktion der Landschaft befreiende Weltsicht«, deren Vorbild die real erlebte Umwelt war. Zahlreiche Bilder dieser Zeit zeigen eine sinnlich faßbare Landschaft sowohl als »Abbild eines realen Lebensraumes als auch die ideale Raumverkörperung eines großen geistigen Themas«[119]. Eine große Rolle um ihrer selbst willen spielt die Landschaft bei Albrecht Altdorfer. Charakteristisch für die niederländische Landschaftsmalerei des Barock ist der tiefliegende Horizont; trotz der raum-zeitlich naturgetreuen Wiedergabe kann man in ihren Werken eine Versinnbildlichung des düster schicksalhaften Waltens der Natur erblicken. Die Werke der Romantik sind Gleichnisse und »Schlüssel«, die den äußeren, naturgetreuen Rahmen zu einem Verständnis der inneren Welt bieten; dabei gehören Fels, Wald und Quelle, Nacht und Mond zu den symbolträchtigen Bildelementen. Bei Arnold Böcklin und Anselm Feuerbach kann die Landschaft zum Ausdruck menschlicher Seelenstimmung werden.

In der ostasiatischen Malerei ist die Landschaft das Hauptthema und findet sich bereits ab dem 11. Jahrhundert. Das chinesische Wort für Landschaft heißt *shan shui*, das ist Berg und Wasser; beide müssen – und wenn auch nur in verkürzter Form als Fels und Nebel – vorhanden sein, um die Landschaft als Symbol des Kosmos erscheinen zu lassen. Die beiden Elemente versinnbildlichen das Hohe und das Niedere, das Harte und das Weiche und bedeuten in ihrer Vereinigung das Tao; so wird die sichtbare Landschaft zur Offenbarung des unsichtbaren Weltgesetzes. Das Schaffen des Malers wie auch des Dichters wurde dem des vollendeten Meditationsjüngers gleichgesetzt »als ein aus unerlernbaren und unbegreifbaren Urgründen, der reinen Natur, dem Tao entspringendes Spiel, nicht im Sinn eines interesselosen, zweckfreien Schaffens als viel mehr im Sinn eines Handelns, das durch tiefe Einsichten in die Notwendigkeiten und Gebundenheiten des Dinglichen sich darüber erhebt.«[120]

Wie alle Erscheinungen in Welt und Menschenleben symbolisch signifikant sein können, aber nicht unbedingt sein müssen, so auch die verschiedenen Kunstwerke. Bei der Beantwortung der Frage, ob einem Gemälde oder einer Plastik, einem Gedicht oder einem Musikstück Symbolcharakter zuzuerkennen ist, spielt neben der Absicht des Künstlers auch die Erkenntnishaltung des Betrachters bzw. des Hörers eine Rolle. Es ist durchaus möglich, daß ein Maler einfach nur Sonnenblumen malen wollte, die in Europa ja erst nach der Entdeckung Amerikas bekannt wurden und die außerhalb des abendländisch-christlichen Symbolkanons stehen; das ist kein Hinderungsgrund, daß sie einem Betrachter des Bildes als Symbol für Leben und Schönheit oder in solarer Bedeutung erscheinen. Vincent van Gogh hat wiederholt den strahlenden Glanz dieser Blumen gemalt; in seinen Briefen bezeichnet er das Gelb als »das reine Licht und die Liebe«. Es ist denkbar, daß der eine Betrachter in dem Bild »Sonnenblumen« (1888, National Gallery London) nur ein Stilleben sieht, für einen anderen kann darin ein Stück Sonne eingefangen sein. Wenn van Gogh in einem Brief an Emile Bernard schreibt: »Ich suche in der Zeichnung das Wesentliche festzuhalten«, so ist das Wesentliche der über das Akzidentielle hinausreichende Sinn; trotz eindringlicher Beobachtung der Blumen, der Bäume, der Wolken haben viele von van Goghs Bildern »eine Nähe und Wahrscheinlichkeit, die die der Natur überbieten«[121].

Für van Gogh gilt wie auch für andere Wegbereiter der modernen Kunst (vor allem Cézanne und Gauguin), daß der Maler zwar die äußeren Erscheinungen der Dinge beibehält, sich aber nicht mit ihnen begnügt; »er will veranschaulichen, was hinter in ihnen steht, was sich in ihrem Innern verbirgt«. Die vorhandenen Wahrnehmungsdaten liefern dem Künstler das Repertoire seiner Sachinhalte, doch aus den Farben und Linien formt er »sein« Bild. Für den Kunsthistoriker Werner Hofmann ist jeder Sachinhalt und jeder Forminhalt bedeutungsgeladen, also vieldeutig. »Und da sich in jedem Äußeren ein Inneres niederschlägt, wird auch die gesamte gegenständliche Erscheinungswelt vieldeutig und verfügbar, d.h. symbolhaltig.«[122] Wichtig ist die nicht zuletzt durch die Kunstströmungen des 20. Jahrhunderts gewonnene Erkenntnis, daß Symbole nicht immer einem traditionellen Kanon eingeordnet sein müssen, daß sie nicht in jedem Fall generalisierbar sind. Ja, es gibt Künstler, denen zwar ihre Mit- und Nachwelt ein an Symbolen reiches Oeuvre zuerkennt, die aber selbst anderer Meinung sind. So ist von Marc Chagall der Ausspruch überliefert, daß er keine Romantik und keinen Symbolismus will; »wenn man schließlich ein Symbol in meinen Bildern entdeckt, so habe ich das nicht gewollt. Es ist ein Ergebnis, das ich nicht gesucht habe«. Dabei ist gerade Chagall derjenige, der immer wieder mythische Motive aufgreift: der durch die Lüfte fliegende Fisch, Baum mit der Wurzel nach oben, der übergroße Hahnenkopf, die auf dem Dach stehende Kuh. Dieser Maler hat – wie Lionello Venturi schreibt – sich »in die gefährlichsten Abenteuer der Imagination gestürzt, um das Unsichtbare sichtbar, wirklich zu machen. Ihm ist es gelungen, seine eigene Transzendenz zu schaffen, seine eigene Religion, die seine irdischen Gefühle mit der kosmischen Welt verbindet«[123].

Alle Bilder, auch die von Kindern, ja sogar von Geisteskranken, sind der Versuch, Seiendes einzufangen, in einem besonderen Aspekt verständlich zu machen, sich selbst oder anderen nahezubringen. Jedes Bild ist eigentlich ein Abbild, sei es der äußeren, sei es der inneren Welt. Dort, wo in ihm über seinen Eigen-Sinn hinaus ein höherer (oder auch ein tieferer) Sinn anschaubar wird, kann man vom Symbol sprechen. Während man bei Chagalls Kühen sogleich das Magisch-Irreale wahrnimmt und geradezu zu einer wenn auch manchmal schwierigen Interpretation gedrängt wird, stellt sich bei den impressionistisch gemalten, vom Sonnenlicht umspielten Kühen Heinrich von Zügels nicht die Frage nach einem hintergründigen Sinn. Die beiden Maler, deren Lebenszeit nur knapp ein halbes Jahrhundert auseinanderliegt, sind für uns typische Repräsentanten für die beiden Darstellungsarten, die man kurz als die abbildende und die symbolische bezeichnen kann.

Neben einzelnen Bildgegenständen und neben dem Bildinhalt als Ganzem kann auch die Bildfläche, der Bildraum symbolbezogen sein. Schon die Graphologie geht von einer eigenen Symbolik des Schriftbildes aus; in dem dabei zugrundegelegten Dreiteilungsschema entspricht die Oberlänge dem Geistigen, die Kleinbuchstabenhöhe dem Seelischen, die Unterlänge dem Leiblichen. Die Tiefenpsychologie weist auf eine symbolische Beziehung zwischen Bild und Raum und betrachtet die Raumsymbolik als wesentlich für das Verständnis der aus dem Unbewußten stammenden Bilder; eine besondere Bedeutung wird der Rechts- Links-Symbolik beigemessen; so soll eine links stehende Baumgruppe oder ein Haus den Blick nach rechts hin freigeben und das Gefühl eines ins Unendliche sich ausdehnenden Raumes vermitteln; steht die gleiche Baumgruppe oder das Haus rechts, so erscheint der Weg in die Umwelt versperrt. Unter Berücksichtigung auch psychodiagnostischer Methoden (wie der Baum-Test von Karl Koch) bemüht sich Ingrid Riedel um eine Aufhellung der mit der Bildfläche verbundenen Raumsymbolik; sie spricht von der »Lebenslinie«, die im Bild von links unten nach rechts oben führt. An zahlreichen Beispielen wird erkennbar, daß die linke Seite mit überwiegend negativen Daten verbunden wird, mit Introversion, Ichbefangenheit, Erkrankung, Vergangenheit; die rechte Seite wird mit Extraversion, Erlebnisdrang,

Gesundung, Zukunft gleichgesetzt. Beachtenswert sind die Beispiele aus der mittelalterlichen Buchmalerei; beim Verkündigungsthema z.B. erfolgt »die Botschaft an Maria, die der Inkarnation Christi den Weg weist, fast immer von links oben nach rechts unten«[124].

Bei der Aufteilung der Bildfläche wird der Linksobenquadrant dem Geistigen, Himmlischen zugeordnet, der Rechtsuntenquadrant dem Materiellen, Irdischen. Eine Bewegungsrichtung von links oben nach rechts unten findet sich auffallend oft bei dem Thema »Johannes schaut die geheime Offenbarung«, u.a. bei Memling, Dürer, Hieronymus Bosch. Allerdings wollen wir darauf hinweisen, daß diese schematisierte Rechts-Links-Symbolik – wie auch jede andere Symbolgebung – nicht in jedem Fall so ohne weiteres zutrifft. Oft kommt es auf den Standort an, von dem aus die Seitenbezeichnung zu gelten hat[125]. Was für den außerhalb des Bildes stehenden Betrachter links ist, wird vom zentralen Bildmotiv aus (vom Paradiesbaum etwa oder vom Kreuz oder Weltenrichter) rechts sein, also eine Seitenverkehrung, die aber damit die vorgezeichnete Symbolbedeutung nur wiederum bestätigt.

Doch kommen wir nun vom Bild zum Wort, indem wir uns einer künstlerischen Gattung zuwenden, der beide angehören und mit der sich folglich Kunsthistoriker wie auch Literaturwissenschaftler befassen, nämlich das Emblem (griechisch *émblema* »das Eingesetzte, das Angesetzte«), dessen Blütezeit in das 16. und 17. Jahrhundert fällt. Die Emblematik wurde angeregt durch das Interesse der Humanisten für Hieroglyphik und antike Epigrammatik und durch die aufgekommene Mode, sich eine aus Motto und Bild zusammengesetzte Devise zu geben; dazu kommt das Nachwirken des mittelalterlich-allegorischen Weltverständnisses, das allen Erscheinungen aufgrund ihres Erschaffenseins durch Gott über ihre materielle Existenz hinaus auch eine spirituelle Qualität zuerkennt. Als Erfinder des Emblems kann Andreas Alciati gelten, dessen Werk »Emblematum libellus« 1531 erschien. Streng genommen besteht ein Emblem aus drei Teilen: 1. Lemma, das ist ein kurzer, höchstens fünf Wörter umfassender Spruch, auch Motto genannt. 2. Icon (griechisch *eikón*), es ist das Bild, das in verschlüsselter Form auf das Lemma Bezug nimmt. 3. Epigramm, d.i. der aus Versen oder Prosa bestehende Text als Hilfe zum Verständnis von Bild und Motto. Alle Teile des Emblems müssen also inhaltlich aufeinander bezogen sein und übernehmen zusammen eine Doppelfunktion: Darstellung und Deutung. Dabei ist die Deutung keineswegs einseitig festgelegt – wie beim Symbol –; ja, es galt bis in die Barockzeit hinein geradezu als geistreiches Spiel (*ludus intellectualis*), bereits bekannte Embleme neu zu deuten und Einzelmotive durch geistreiche Auslegungen neu zu verknüpfen. Die Emblematik wurde im zeitgenössischen Deutsch »Sinnbildkunst« genannt. Der christliche Gedanke, daß alles von Gott Erschaffene etwas bedeutet (»omnis creatura significans«) trifft sich mit der Forderung barocker Poetik nach *imitatio naturae*. Zahlreiche Wand- und Deckenfresken in Kirchen und Schlössern enthalten Embleme, so etwa St. Peter in Salzburg und Schloß Eggenberg bei Graz. Vor allem aber ist an die Sammlungen von Emblemen in den Emblembüchern zu denken. Unter den geistlichen Autoren sei vor allem Hermann Hugo mit seinem Werk »Pia Desideria« genannt, in deutscher Ausgabe »Gottselige Begirde«, 1627; es gehört zur sogenannten Erbauungsliteratur und hat das Verhältnis Gott-Mensch zum Inhalt[126]. Die menschliche Seele (*anima humana*) erscheint als barfüßiges Mädchen, das in einem Knaben mit Heiligenschein die göttliche Liebe (*amor divinus*) kennenlernt und von ihr in den Himmel geführt wird. Die dabei vorkommenden Bildelemente sind alle von symbolischer Bedeutung: die Narrenkappe für die Torheit der Welt, das Schwert des Geistes und der Dolch des Glaubens,

Numquid non paucitas dierum meorum finietur brevi? Dimitte ergo me, ut plangam paullulum dolorem meum! Iob 10. v. 20.

der von oben kommende Wasserstrahl für das Lebenswasser, die Sonnenuhr für die Kürze der Zeit (des Lebens) und das Labyrinth für den verschlungenen, mühevollen Lebensweg.

Wie alle Bilder in einem Sinngefüge verankert sind, so auch alle Worte, ja sogar jeder einzelne Laut. Wir erinnern uns eines Gedankens von Arthur Rimbaud, daß das A schwarz sei; sicher eine treffliche Charakterisierung, steht es doch am Anfang, im dunklen, geheimnisvollen Ursprung (griechisch *arche* »Anfang«), wo die Ahnen herkommen, der Vater und die Mutter. Im A ist der Muttergrund (lateinisch *matrix*) mit den irdischen Elementen (Materie), aus denen der Mensch gebildet ist. Das A ist der Urlaut, mit dem das Kleinkind die erste Beziehung zur Mutter und zum Vater aufnimmt; das Wort Mama findet sich nicht nur im Französischen (von da auch in andere Sprachen aufgenommen), sondern auch bei negriden Völkern (z.B. bei den Luba am Kongo), bei den Chinook-Indianern am Columbiastrom und im Chinesischen. Anzuschließen ist hier auch der Name Mama (oder Mami) für die altmesopotamische Muttergöttin, die maßgeblich bei der Erschaffung des Menschen aus Lehm und Blut beteiligt war; die kappadokische (altkleinasiatische) Erd- und Muttergöttin hieß Ma, und die drawidasprachigen Völker Vorderindiens kennen Mari als Muttergottheit. Sprachphysiologisch ist das A zwar ein Lallaut, doch ist auch hierbei nicht zu übersehen, daß zwischen dem sprachlichen Zeichen und dem Bezeichneten eine wesensnotwendige Entsprechung besteht, daß das erstere das letztere repräsentiert.

Die Sprache ist ein Medium, in dem die sichtbare und die verborgene Fülle der Welt aufleuchtet. Das wahre Wort, die mit der Wirklichkeit übereinstimmende Sprache ist die Widerspiegelung der von Gott gewollten Ordnung. Die Bibel wie auch der Koran berichten, wie durch Gottes Wort die Welt entstand; ähnlich rief der ägyptische Urgott Ptah die Dinge durch sein Wort in das Sein. Die heute kaum noch bewußte Hintergründigkeit der Sprache kann in verschiedenen Fällen durch die Etymologie aufgedeckt werden. Man denke an die Doppelbedeutung von »zeugen« im geistigen und im körperlichen Sinn: Zeugnis und Zeugung; ähnlich bedeutet lateinisch *testis* sowohl »Zeuge« als auch »Hode«. Nun wird die Eidessymbolik der Israeliten verständlich, die Hand unter die Geschlechtsregion (mit »Hüfte« oder »Lende« umschrieben) desjenigen zu legen, dem man etwas verspricht, zumal das damit umschriebene Zeugungsglied durch seine Beschneidung Gott als höchsten Zeugen miteinbezieht (1. Moses 24,2; 47,29).

Die Namen haben nicht nur die Aufgabe der Unterscheidung von Personen, sondern auch ihrer Kennzeichnung[127]. Das hebräische Wort *schem* drückt nicht nur den Namen aus, sondern bedeutet auch das hervorstechende Kennzeichen, Merkmal. Im Namen ist das Wesen seines Trägers enthalten. Nach altägyptischer Vorstellung wird das Leben eines jeden Menschen von den geheimen Kräften seines Namens getragen; »wessen Name ausgesprochen wird, der lebt«. Die schlimmste Strafe war daher die Namenstilgung durch Verfluchung oder Auskratzen auf den Denkmälern; der »Ketzerkönig« Echnaton sollte nach seinem Tod durch Namensverlust an einem Weiterleben gehindert werden. Bei den alten Germanen hatte das Neugeborene erst nach der Namengebung ein Lebensrecht; der Rufname hatte magisch-symbolische Bedeutung. Die antike Anschauung, daß der Name irgendwie mit dem Schicksal seines Trägers zusammenhängt (*nomen est omen*), wirkte auch in christlicher Zeit nach. Mit der Zuteilung des Namens versuchten die Eltern, bestimmte Charaktereigenschaften auf das Kind zu übertragen bzw. es unter den Schutz höherer Wesen (Gott, Engel, Heilige) zu stellen.

Nach der Sprachphilosophie des Neuplatonismus sind alle Benennungen »Standbilder der Dinge«. Wie Himmel und Erde nach den Regeln der kosmischen Sympathie miteinander verbunden werden, so ist die irdische Welt »Standbild« der unanschaulichen, geistigen Welt – oder in verkürzter Form: Wörter, die ja alle Erscheinungen repräsentieren, sind »Statuen der Ideen«[128]. Aber auch in unserem Jahrhundert wird die Sprache wieder – über ihren reinen Kommunikationswert hinaus – in ihrer tieferen Bedeutung erkannt. Nach Ernst Cassirer ist die Sprache als »geistige Schöpfung« geradezu eine »symbolische Form«. Im Sprechen überwindet der Mensch das Chaos der Laute. Bei aller Polarität zwischen dem analytischen, begrifflichen Denken einerseits und dem synthetischen, symbolischen Denken andererseits – beide bilden Sprache, in beiden enthüllt sich die Wirklichkeit. Für Martin Heidegger ist die Sprache »das Haus des Seins«, der Ort, wo Sein ankommt und »west«; und wenn dieser Philosoph sowohl den Begriff als auch das Symbol durch ein »dichtendes Denken« überwinden will, so kann er doch auf keines der beiden verzichten. Eine Schlüsselrolle in Heideggers Spätwerk spielen so bedeutungsträchtige Worte wie »Hirt des Seins« für den Verantwortung tragenden Menschen oder das »Geviert« für den Gesamtbereich der Göttlichen, der Sterblichen, des Himmels und der Erde[129].

In einem gewissen Sinne sind Himmel und Erde inhaltlich gereimt, d.h. sie passen zusammen, sie ergänzen einander, genau so wie Tag und Nacht, Mann und Frau, aber auch wie Leben und Tod. Das Wort Reim kommt vom althochdeutschen *rim* (»Reihe, Reihenfolge, Zahl«) und war zunächst bedeutungsverwandt mit dem griechisch-lateinischen *rhythmos/rhythmus* (»Gleichmaß«); die Bedeutung von Endreim kam erst im 18. Jahrhundert auf. Wenn man sich auf etwas keinen Reim machen kann, dann weiß man nicht, wie die Dinge zusammengehören. Das Gereimtsein im Sinne des Zusammenfügens und Zusammenpassens ist so alt wie die Phänomene selbst; der Dichter kann sich der Reime nur bedienen, weil er diese bereits in der Gereimtheit der Welt vorfindet[130]. Gott redete nichts Ungereimtes daher, als er die Welt durch sein Wort erschuf. Wenn der antike Philosoph Plotin in seinen Enneaden (III 2,17) die Welt ein wahrhaftes *poiema* (»Gedicht«) nennt, dann liegt der Gedanke nicht fern, daß Gott der erste Poet ist; durch seine Reimkunst liegt alles im Gleichklang, in Harmonie. Allem Seienden liegt das mächtige, im besten Sinne zauberhafte Wort des Schöpfers zugrunde.

Schläft ein Lied in allen Dingen,
die da träumen fort und fort,

*und die Welt hebt an zu singen,
triffst du nur das Zauberwort.*

Joseph von Eichendorff

Dem begnadeten Dichter ist es möglich, die verborgene Harmonie der Dinge zum Klingen zu bringen. Im Reim und Vergleich, in der Metapher und im Symbol kann der Schein der Gegensätze dieser Welt überbrückt werden. Bei Ernst Jünger findet sich oft das Bild des Schlüssels, der den Weg freigibt sowohl zur innersten Gestalt als auch zu einer ganzen Landschaft; »durch wenige Schlüssel erschließt sich so die Fülle der Welt« (in »Blätter und Steine«)[131]. Wer den Schlüssel besitzt, der hat den Durchgang, den Übergang vom einen zum andern. Das vom Atem Gottes durchdrungene Universum schweigt nicht, alles lebt, und Steine und Sterne können uns Verborgenes mitteilen. Überall kann der Mensch die Zusammenhänge und die Übereinstimmungen erkennen, die »Correspondances«, wie Baudelaire es in seinem gleichnamigen Sonett nennt:

*Ein Tempel ist Natur, lebendge Pfeiler stehn,
Aus denen dann und wann verschlungne Worte hallen,
Ein Wald von hohen Zeichen ist's, durch den wir wallen,
Aus dem geheim vertraute Blicke nach uns sehn.*

Wenn wir heute vom literarischen Symbol sprechen, dann stoßen wir immer wieder auf das Werk Goethes, der die Welt der Erscheinungen voll anerkannte, in ihr jedoch eine höhere Wirklichkeit abgespiegelt sah. Die wahre Symbolik erblickt er dort, »wo das Besondere das Allgemeine repräsentiert, nicht als Traum und Schatten, sondern als lebendig-augenblickliche Offenbarung des Unerforschlichen« (»Maximen und Reflexionen«). Im Symbol offenbart sich die Idee, in der Goethe das höchste, der natürlichen Existenz zugrundeliegende Gesetz erkennt. Daraus ergibt sich, daß die Kunst nur einer Aufgabe zu dienen hat: der sinnlichen Wahrnehmung eines geistigen Sinnes[132]. Zu Goethes bildhaft-analogischem Denken trugen nicht nur seine Kenntnis antiker Mythologie und mittelalterlicher Mystik bei, sein Verständnis von Magie und Pansophie, sondern auch seine Naturstudien, in denen Typus, Metamorphose und Polarität immer wiederkehrende Begriffe sind. Von hier aus können auch die Worte verstanden werden: »Müsset im Naturbetrachten immer eins wie alles achten«. Des Dichters reifstes Werk »Faust« ist ein ganzes Symbolgeflecht; der Geschehensablauf ist die auf der menschlichen Lebensbühne vollzogene Auseinandersetzung zwischen den Mächten des Lichtes und denen der Finsternis: »Es wechselt Paradieseshelle mit tiefer, schauervoller Nacht« (Prolog im Himmel); schließlich erfährt, erlebt, erkennt der erblindete Faust: »Die Nacht scheint tiefer, tief hereinzudringen, allein im Innern leuchtet helles Licht« (s. Abb. S. 81).

Das zum Symbol gesteigerte Wort des Dichters greift Sinnliches auf und gibt es zunächst als Abbild wieder – als das, was es ist –, um dann in ihm den Sinn, die Idee durchscheinen zu lassen; so kann in Conrad Ferdinand Meyers »Römischem Brunnen« das Gesetz der Welt und in Rilkes Gedicht »Der Panther« die Ruhelosigkeit der Seele erkannt werden. In Jeremias Gotthelfs Novelle »Die schwarze Spinne« wächst diese über sich hinaus zum Symbol der Pest und in einem noch höheren Sinne zu einem Symbol des vom Menschen verursachten Bösen. Die einfachsten Dinge können zu Symbolen werden. In dieser Bedeutung verwendet Goethe etliche Male ein Kästchen, dessen Geheimnis sich nur dem erschließt, »der glücklich geboren ist« und nur dann, »wo er es am wenigsten erwartet« (in »Wilhelm Meisters Lehrjahre«), oder das von Mephistopheles stammt und von dessen Inhalt Margarete sagt, daß sie so etwas noch nie gesehen habe (»Faust«). Der Dichter vermag es, mit dem Wort in

die Tiefe zu dringen, indem er »Bilder der sinnlichen Welt« benützt, »in denen wir von Wirklichkeiten sprechen können, die einer Ordnung angehören, die nur mittels symbolischer Aussage beschrieben hervorgerufen werden kann«[133]. Ausgerechnet einer der größten Dichter des Naturalismus erweist sich auch als Symboliker. Im Zentrum von Gerhart Hauptmanns Werken steht die Auffassung des Lebens als Leiden und als Sehnsucht nach Erlösung. Bei der Traumdichtung »Hanneles Himmelfahrt« laufen zwei Handlungsstränge nebeneinander her: der naturalistische im Armenhausmilieu und zum Teil sogar in Mundart und der symbolistische, in dem die Schwester Martha in die Gestalt der verstorbenen Mutter und der Lehrer Gottwald in die des lieben Herrn Jesus bzw. des Fremden überwechselt. »Die Kinder des Himmels sind eins in Gott«. Das von dem (teuflischen) Stiefvater mißhandelte Hannele sehnt den erlösenden Tod herbei und hört aus dem Teich (wie der Brunnen ein Jenseitssymbol) die göttliche Stimme. Ergreifend ist die kindliche Traumphantasie von der (mystischen) Hochzeit in einem schneeweißen Federbett in einer dunklen Kammer. Schließlich liegt Hannele in einem gläsernen Sarg, und der Fremde, dessen grauer Mantel von der Schulter geglitten ist und der nun in weißgoldenem Gewande dasteht, ruft Hannele beim Namen und beschenkt seine Augen »mit ewigem Licht«.

»Die Seligkeit ist eine wunderschöne Stadt, wo Friede und Freude kein Ende mehr hat«.

Es gibt gewichtige Stimmen, die alles Dichten als sinnbildhaft bezeichnen; August Wilhelm Schlegel nennt es »ein ewiges Symbolisieren«. Dichten ist ein Ver-dichten der Wirklichkeit, ein Ins-Bild-Setzen dessen, was dem Alltagsbetrachter oft in keinem Bild erscheint. Dem Dichter ist das »strömende Wort« (Hölderlin) zueigen, das ihn begabt, eine Welt, ja die Welt, im Wort erstehen zu lassen. In gewisser Hinsicht ist keine Poesie ohne Bilder, Vergleiche, Metaphern, Symbole denkbar. Trotzdem, ja gerade deshalb wollen wir zurückhaltend sein mit der Behauptung, daß jedes Dichterwort bereits von Anfang an symbolische Bedeutung habe. Es kann ein Dichter durchaus die Schönheit einer vor ihm sich dem Sonnenlicht zuneigenden Blume besingen, ohne gleich an irgendeine Hintergründigkeit zu denken. Aber andererseits müssen wir zugeben, daß Dichter eben auch Denker sind, nämlich Nachdenkende, die Natur und Menschenleben nicht nur mit ihrem äußeren Auge sehen, sondern auch mit den Augen des Geistes erschauen. So kann für Josef Weinheber die »Sonnenblume« zum »Abbild, Gleichnis, Glanz« vom Weltenfeuer werden und »Gott zum Ruhme... hier auf schmaler Krume« ihr Liebeslos tragen. Wie jedes echte Symbol ist auch das des Dichters mehr als nur Hinweis, es hat Eigenwert. »Im Symbol ist das, worauf verwiesen wird, auch da; nicht derart freilich, daß es gänzlich in das Symbol hineingeht und sich mit ihm unaufhörlich vereint, sondern derart, daß es in ihm erscheint, durch es hindurch scheint, in ihm für Augenblicke aufleuchtet« (Johannes Kleinstück)[134].

Inwieweit ein Kunstwerk als symbolisch bezeichnet werden kann, hängt von den beim Künstler liegenden Voraussetzungen ab (bewußter Schaffensprozeß, aber auch unbewußte Symbolgenese); daneben spielt der Erkenntnishorizont des Betrachters, Lesers, Hörers eine Rolle, indem er in der künstlerisch dargebotenen Realitätsebene nur die Außenhaut der zugrundeliegenden Sinnebene erkennt. Grundsätzlich dürfte dies auch für die Musik gelten, obgleich hier der Symbolbegriff noch diffiziler in der Anwendung ist als bei den anderen Künsten. Schon die Frage der mit der Musik verbundenen Gemütsbewegung ruft verschiedene Antworten hervor, sei es, daß man sie als Ursache, als Wirkung oder als Inhalt erkennt. Nach Richard Wagner ist das, was die Musik ausspricht, »ewig, unendlich und ideal; sie spricht nicht die Leidenschaft, die Liebe, die Sehnsucht dieses oder jenes Individuums in dieser oder jener Lage aus, sondern die Leidenschaft, die Liebe, die Sehnsucht selbst, und zwar in den unendlich mannigfaltigen Motivierungen, die in der ausschließlichen Eigentümlichkeit der Musik begründet liegen«[135]. Doch Musik ist mehr als nur Symptom emotionaler Verfassung; sie dient nicht nur der Erbauung und dem Amüsement oder einem rein ästhetischen Genuß, sie hat auch einen Sinngehalt.

Fragen wir zunächst einmal nach der Herkunft der Musik, nach ihrem Ursprung, dann müssen wir feststellen, daß der akustische Vorgang des Gewahrwerdens der Töne und das damit verbundene Erlebnis lediglich die Endstation eines Handlungsablaufs ist, der in dem Zustandekommen von Kunstwerken besteht. Wie in des Malers Kopf und Hand das Bild zur Gestaltung drängt, so will in dem und durch den Komponisten die »Sprache der Musik« hörbar werden. Es geht in dem künstlerischen Prozeß weniger darum, daß der Künstler sich ausdrückt, sondern vielmehr daß er sich selbst seiner Idee hingibt, sie in sich reifen läßt und sie freigibt in Bild, Wort und Ton. Dem Einbruch einer geschauten oder gehörten Welt in sein Inneres begegnet der Künstler durch eine Transponierung in das Kunstwerk, das er dann wieder in die äußere Welt entläßt. Das Erstaunliche, was der Künstler fertigbringt und was dem Durchschnittsmenschen versagt bleibt, ist, daß er seine Erlebnisse und Erfahrungen auseinanderspiegeln kann in immer neue Brechungen und Reflexionen und daß er das einzufangen und festzuhalten vermag, was im Alltag über das Alltägliche hinausreicht und hinausweist. Der Künstler kann das Tor aufstoßen in eine »andere« Welt!

Die Überlieferungen zahlreicher Völker wissen vom himmlisch-göttlichen Ursprung der Musik[136]. Bei den alten Ägyptern war Hathor die Göttin der Musik und des Tanzes; in Liedertexten wird beschrieben, wie sie über das ihr zugehörige Musikinstrument, das Sistrum, Segnungen austeilt. Die Griechen erblickten in Apollon nicht nur den Gott des Lichtes und den Garanten der sittlichen Ordnung, sondern auch den Anführer der Musen (Musagetes), der beim Göttermahl die Leier schlägt. Der keltische (irische) Gott Dagda galt als Meister des Harfenspieles; auf seinem Instrument konnte er drei Melodien erklingen lassen, die des Schlafes, der Fröhlichkeit und des Jammers. Nach einem Mythos der Azteken entsprang die Musik der Sonne, von wo sie Tezcatlipoca auf einer Brücke von Walfischen und Schildkröten auf die Erde bringen ließ. Das hohe Ansehen der Musik zeigt sich in einer Überlieferung aus dem westafrikanischen Dahomey; danach wurde der geringste unter den Göttern, Legba, zum Häuptling gewählt, nachdem er in einem musikalischen Wettstreit als Erster hervorging; als einziger konnte er eine Eisenglocke, einen Gong, eine Trommel und eine Flöte auf einmal spielen und dazu noch tanzen.

Nach Auffassung der Pythagoräer erzeugen die in ihren Bahnen kreisenden Planeten Klänge; diese himmlischen Klänge können wir allerdings nicht vernehmen, da unser Gehör nicht darauf eingestellt ist, genauso wie unsere Augen nicht in die Sonne blicken können, ohne geblendet zu werden. Die Bedeutung der Tonkunst für das Wohl der Menschen erkannte bereits der Philosoph Konfuzius; gute Musik drückt die Harmonie von Himmel und Erde aus; die chinesische Fünf-Ton-Musik steht im Einklang mit den fünf Himmelsrichtungen (unsere vier und die Mitte) und mit den fünf Elementen (Holz, Feuer, Erde, Metall und Wasser). Die mittelalterliche Musik des Abendlandes übernahm pythagoräisches und neuplatonisches Gedankengut und verknüpfte es mit christlichen Vorstellungen, wobei Zahlen, Tonarten und Musikinstrumente Symbolbedeutung hatten. Die Kirchengesänge wurden zur göttlichen Offenbarung; nach Augustinus zieht »mit dem lieblichen Gesang das Wort

Gottes ins Herz, die Seele erhebt sich und empfindet Wahrheit und Leben«[137]; die weltliche Musik dagegen galt als Werk Satans.

Die alte Vorstellung vom tönenden Kosmos und der Harmonie seiner Klangsphären (*harmonia mundi*) lebte in der Sphärenmusik der himmlischen Heerscharen weiter und fand im Bilde singender und musizierender Engel ihren Niederschlag in der christlichen Ikonographie, so auf den Innenflügeln des Genter Altars der Brüder van Eyck. Die liturgische Musik galt schließlich als ein Hörbarmachen der unhörbaren himmlischen Sphärenklänge, das bedeutet aber doch, daß in den irdischen Tönen Überirdisches vergegenwärtigt, symbolisiert wird. Die Geschichte der Mystik weiß von zahlreichen Auditionen zu berichten, d.h. von akustisch vollzogenen Formen der Begegnung mit dem Göttlichen; so soll Heinrich Seuse beim Hören der himmlischen Musik sein irdisches Leiden vergessen haben[138]. Der englische Theosoph Robert Fludd (um 1600) vertrat die Auffassung, daß die ganze Welt nach den Verhältnissen der musikalischen Intervalle gebaut sei und einem von Gott gestimmten Instrument gleiche. Musik als Harmonie und Harmonie als Geheimnis des Universums – ein Nachhall davon findet sich noch bei Goethe: »Die Sonne tönt in alter Weise in Brudersphären Wettgesang« (»Faust«, Prolog im Himmel).

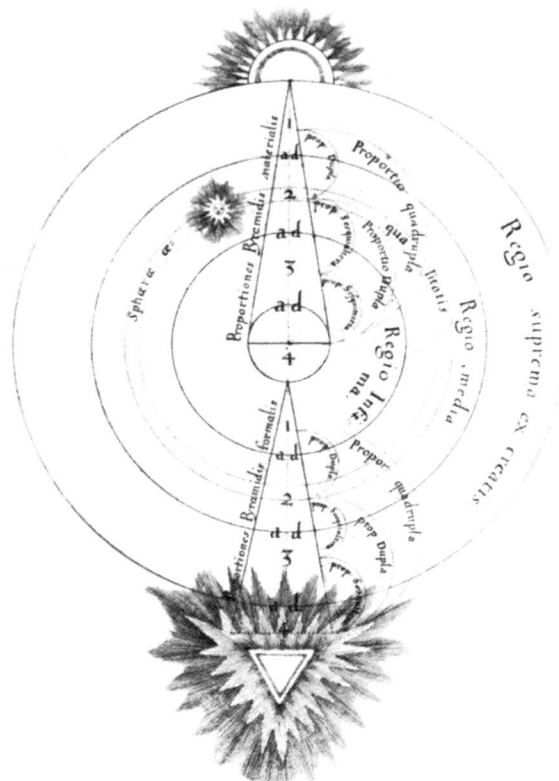

Bei welchen Kriterien kann man von symbolischer Signifikanz sprechen? Eine einfache Antwort wäre: Wenn ihre Melodien über Zeit und Raum hinausführen. Etwas differenzierter könnte man sagen: Wenn die Musik als »Glied eines übergreifenden Sinngefüges ästhetischer Verhaltensformen« erkannt werden kann, die den Menschen »einer Kommunikation mit dem Numinosen teilhaftig« werden läßt[139]. Dies gilt sicher für jede Art sakraler Musik, aber auch weltliche Musik kann über sich hinaus Bedeutung haben und einen außermusikalischen Sachverhalt repräsentieren. Als Beispiel sei Dvoráks letzte Symphonie (Nr. 9 e-moll) mit dem authentischen Untertitel »Aus der neuen Welt« angeführt. Im ersten Jahr seines Amerikaaufenthaltes entstanden, bringen die musikalischen Themen mit ihrer teilweise negroamerikanischen Charakteristik des Komponisten Empfindungen über dieses ihm fremde Land zum Ausdruck. Deshalb schon von einer Symbolisierung zu sprechen, wäre voreilig. Und doch ist eine symbolische Deutung bei der Rezeption durch den Konzertbesucher möglich, ja berechtigt, wenn das zahlreichen verfremdenden Abwandlungen unterworfene Hauptthema im letzten Satz seinen Höhepunkt erreicht und – während die Blechbläser in ihrem Fortissimo an das Jüngste Gericht zu gemahnen scheinen – einer Apotheose gleich eine neue, andere, jenseitige Welt erklingen läßt.

Wie in anderen Wissenschaften so gibt es auch innerhalb der Musikwissenschaft verschiedene Auffassungen zu Symbol und Symbolbegriff[140].

Während man einerseits mit kritischer Distanz jeder Art von musikalischer Symbolik gegenübersteht oder diese einfach unter dem Begriff der Zeichenhaftigkeit subsumiert, sprechen andere Forscher von Klangsymbolik, Tonsymbolik, Affekt- und Stimmungssymbolik, ja von einem sich über Epochen hinweg zusammenschließenden »Symbolgewebe« (so Arnold Schering)[141]. Am wenigsten umstritten ist das Symbol in der Barockmusik. Der Entwicklungsweg von Heinrich Schütz führt von einer fast mystischen Inbrunst der Wortinterpretation zu einer individuellen Tonsymbolik. Das Werk von Johann Sebastian Bach wurde zu einer Predigt und Bibelauslegung in Tönen, wobei bestimmte Zahlen und Zahlenproportionen eine wichtige Rolle spielen; so etwa wenn in der Matthäuspassion im Chor »Herr, bin ich's« die elf guten Jünger durch elf Stimmeinsätze angedeutet werden; nach Art der Zahlenkabbalistik hat Bach seinen eigenen Namen durch bewußte Zusammenstellung von 14 Tönen wiedergegeben, z.B. in der ersten Zeile seiner letzten Choralbearbeitung »Vor deinen Thron tret ich hiermit«. Klangsymbolische Bedeutung hat die chromatisch absteigende Linie (Lamentobaß) für den Kreuzestod Christi in der h-moll Messe. Der Kanon dient als Symbol der Nachfolge Christi[142]. Wie die Musik von Bach außerhalb wissenschaftlicher Interpretationsmethoden auf den Hörer wirken kann, lassen folgende Zeilen über »Die Kunst der Fuge« erkennen, nach der Bach »einer anderen Welt angehört, zu der wir den Zugang nicht finden können. ... Das Thema gleicht einer magischen Zauberformel. Es ist uns, als erlebten wir die ganze Schöpfungsgeschichte. Ein Chaos ordnet sich zum Kosmos. ... Die Kunst der Fuge übersteigt alles Stoffliche, auch Zeit und Stil. Sie gehört jener geheimnisvollen Atmosphäre an, wo das Physische sich ins Metaphysische verwandelt. Sie ist Symbol«[143].

Von den Klassikern wissen wir, daß sie sich bewußt der Klangsymbolik und der Charakteristik von Instrumenten und Tonarten bedient haben. Wenn auch das alles überragende seelische Erleben in den Vordergrund tritt, so glaubt man doch Beethoven, wenn er im Hinblick auf die Pastoralsymphonie notiert: »Die Goldammern oben, die Wachteln, die Nachtigallen und Kuckucke ringsum haben mitkomponiert«. An anderer Stelle (Skizzen zur Egmont-Musik) meint er: »Der Tod könnte ausgedrückt werden durch die Pause«. Die Tonarten erscheinen symbolbezogen, so hat Es-dur einen heroischen Charakter (3. Symphonie Eroica), c-moll einen schicksalhaften (5. Symphonie) und F-dur einen heiter-idyllischen (6. Symphonie Pastorale). In der Leonoren-Ouvertüre erklingt die Trompete solo, um den Hörer auf die Ankunft des mächtigen Gouverneurs aufmerksam zu machen.

Die Meinungen über Richard Wagner klaffen auseinander und reichen vom »Pseudosymboliker« bis zum begnadeten Meister, der durch das Zusammenwirken von Musik und Mythos verborgene Wahrheiten symbolisch wiedergibt[144]. Das Substantielle in Wagners Musik und auch mit einer gewissen Symbolbedeutung ist die Verwendung der Leitmotive, das sind »ahnungs- oder erinnerungsvolle melodische Momente«, durch die der Hörer imstande sein soll, das Geflecht des Geschehens und der handelnden Personen ständig zu überschauen. Daneben bedient sich Wagner auch der Charakteristik bestimmter Tonarten und verschiedener Instrumente, so etwa wenn im »Ring der Nibelungen« Blechbläser für den Gott Wotan und in den »Meistersingern« das Fagott für den lächerlichen Beckmesser eingesetzt werden.

Die Musikinstrumente hatten schon im Altertum eine über die Tonwiedergabe hinausgehende Bedeutung. Die sieben Saiten der Apollon zugehörigen Lyra (Leier) sollten nach pythagoräischer Lehre die sieben Planeten und ihre Sphärenklänge nachahmen. Der Aulos, die altgriechische Doppeloboe aus zwei Einzelrohren, wurde wegen seines orgiastischen Charakters dem Dionysoskult zuge-

ordnet. Das älteste melodiefähige Holzblasinstrument ist die Flöte, der man magische Wirkungen zutraute, man denke an orientalische Schlangenbeschwörer, aber auch an die Sage vom Rattenfänger zu Hameln. Im Hinduismus ist die Flöte ein Symbol für den Menschen, der durch den Hauch des Schöpfers belebt wird und dann in Harmonie mit ihm erklingt; der flötespielende Krishna, eine Erscheinungsform Vishnus, ist ein beliebtes Motiv in der indischen Kunst (s. Abb. S. 86). In der islamischen Mystik erklärt man den klagenden Ton der Flöte damit, daß das Flötenrohr Sehnsucht nach jenem Röhricht hat, aus dem es geschnitten wurde, d.h. nach dem Urgrund in Gott. Der Trommel wurde kosmische Bedeutung zugemessen; in Schwarzafrika, aber auch in China wurde ihr dumpfer Klang mit Blitz und Donner in Verbindung gebracht. Bei den sibirischen Schamanen soll die Trommel Geister dienstbar machen, Heilung bewirken und das Verborgene verkünden. Bei den Israeliten hatte das Blasen des Widderhorns (*schofar*) kultische Bedeutung und wurde mit der Stimme Jahwes verglichen (2. Moses 19,13). Die im Neuen Testament die Auferstehung symbolisierende Posaune (z.B. Matthäus 24,31) wurde ein beliebtes Motiv spätmittelalterlicher Weltgerichtsdarstellungen. In Anknüpfung an die antike Vorstellung einer *musica mundana*, nach der die Musik auf einer inneren Verwandtschaft mit der kosmischen Harmonie basiert, wird vor allem die Harfe symbolisch gedeutet; während die quadratische Form auf die vier Evangelisten und ihre alle Himmelsrichtungen erreichende Botschaft bezogen wird, gilt die Deltaform als Sinnbild der Trinität; bei Bernhard von Clairvaux repräsentiert das Holz des Instrumentes das Kreuz, der Leib Christi gleicht den Saiten. Die Harfe und die ihr entlockten Klänge werden zum Symbol der Welterlösung.

Aus dem Dunkel kam das Licht hervor

Finsternis und Licht bilden den elementarsten Wechsel, den der Mensch alltäglich erfährt. Mit dem anbrechenden Tag löst sich alles von den unsichtbaren Fesseln, das Leben erwacht. Dies gilt für Zeiten und Völker, die noch nichts von den künstlichen Lichtquellen moderner Zivilisation wissen, in weitaus größerem Maße. Der Gegensatz zwischen Dunkel und Licht hat das Geistesleben aller Kulturen beeinflußt; an dieser naturgegebenen Polarität hat sich die sakrale Weltordnung orientiert. Dabei überwiegen in der Lichtsymbolik die positiven Aspekte. Mit dem beginnenden Morgen ist der Anfang verbunden, der Mensch steht auf und richtet seinen Blick nach oben, zum Himmel, im Licht erkennt er sich selbst und seine Umwelt; die Chimären der Nacht sind verschwunden, mit der aufsteigenden Sonne kommt die Wahrheit an den Tag. Nach der den abgründigen Mächten verschwisterten Nacht erinnert der Morgen an die paradiesische Urzeit, in der noch alles gut war, an den Schöpfungsmorgen. Ein Abglanz davon findet sich in dem Sprichwort: »Morgenstund hat Gold im Mund«. Dieses Gold ist nichts anderes als das Symbol für Sonne, Licht, Leben, Glück und Hoffnung. Übrigens ist das Reimpaar Stund und Mund gar nicht so zufällig oder eben einfach nur vom Lautreim abhängig; dahinter steht eine tiefere Gereimtheit, gilt doch der Mund in nicht wenigen Mythen als Geburtsorgan.

Aus der dunklen Mundhöhle kommt auch das Schöpferwort Gottes: »Es werde Licht!«.

In den Kosmogonien der meisten Völker ist der Prozeß der Weltentstehung mit dem der Lichtwerdung verbunden. Im Ursprung, am Anfang (*in principio*) war die Dunkelheit, die Urnacht. Zu Recht weist Ernst Thomas Reimbold darauf hin, daß der Nacht als der gewohnten Erscheinung des geregelten Naturablaufes »eine präkosmische, primordiale Urnacht« vorausgeht[145]. Diese Urnacht kann geradezu als erstes Seinsprinzip erscheinen, so wenn ein orphischer Hymnos von der Nacht (Nyx) als »aller Wesen Ursprung« spricht, »der Götter und Menschen Gebärerin«, oder wenn nach einer anderen Überlieferung der Orphik der Himmel (Uranos) und die Erde (Gaia) aus der Urmutter Nyx entstehen. Nach dem indischen Rigveda (10,129) war am Anfang weder Seiendes noch Nichtseiendes, »nicht Tod war, nicht Leben damals, nicht in der Nacht, (nicht) des Tages Erscheinung«; nur »Dunkel war, von Dunkel verborgen am Anfang«, und in ihm »das Werdende, das von Leerheit zugedeckt war«. Der Ursprung ist das große Unbekannte, Geheimnisvolle, das von Dunkel umhüllt ist, das noch kein Wesen geschaut hat. Der chinesische Weise Laotse nannte die gemeinsame Wurzel von Himmel und Erde »das Tor des dunklen Weibes«, es ist der Sinn und der Weg des Seins, das Tao, das die Eins erzeugt,

Die Eins erzeugt die Zwei,
Die Zwei erzeugt die Drei,
Die Drei erzeugt alle Dinge.
Alle Dinge haben im Rücken das Dunkle
Und streben nach dem Licht,
Und die strömende Kraft gibt ihnen Harmonie.

Tao-te-king, Kapitel 42

Aus dem alten Ägypten sind verschiedene Schöpfungsmythen bekannt. Nach der Lehre von Hermopolis erhob sich am Anfang aus dem (in Finsternis liegenden) Urmeer ein Hügel, auf dem ein Ei lag, aus dem der Sonnengott hervorging. Als der Sonnengott (Re) zum ersten Mal auf der »Flammeninsel« (einem Bild für die Morgenröte) erschien, unterwarf er die Mächte der Dunkelheit und des Chaos. Eine andere den Ägyptern vertraute Vorstellung war die von der aus dem Urwasser auftauchenden Lotosblume mit dem Sonnenkind; die mit dem Tagesanbruch sich dem Licht öffnende rote Seerose wurde zum Symbol der aus der Nacht

hervorkommenden Sonne. Wieder eine andere Überlieferung spricht von einem urzeitlichen Wesen, das sich als vierfaches Götterpaar und damit als »Achtheit« manifestierte; jedes männlich-weibliche Götterpaar repräsentiert eine Eigenschaft der Urzeit: das Urwasser, die Finsternis, die Leere und die Unendlichkeit. Die acht Elementargötter heißen auch »Väter und Mütter, die das Licht machten«[146]. Mit dem Hervorkommen des Lichtes wird die geordnete, gestaltete Welt sichtbar.

Geradezu philosophisch wirkt ein Schöpfungsmythos der Maori (Polynesien). Danach stand am Anfang aller Dinge das Nichts, in dem bereits die kaum geahnte und kaum erkennbare Möglichkeit des Werdens aller Dinge vorhanden war. Nach unermeßlich langen Zeiträumen wurde diese Möglichkeit der Selbstentfaltung so stark, daß aus dem Nichts die kosmische Urnacht (Po) entstand, aus der zunächst ein wortloses Fragen (Rapunga), aus diesem die Gedanken (Pupuke) und aus diesen wiederum die Tatkraft (Hihiri) hervorgingen; in weiteren Emanationen entstanden schließlich der Lebenshauch und dann erst der geschlechtslose Urgott Atea, der gleichbedeutend ist mit dem im Licht sichtbar werdenden Urraum, der sich in den Himmelsgott Rangi und die Erdmutter Papa aufspaltete[147].

Die kosmogonischen Mythen zeigen eine Fülle einander überlagernder und komplexer Motive. Ein immer wieder anzutreffender Gedanke ist, daß am Anfang Himmel und Erde eine Einheit bildeten. Die westafrikanischen Yoruba kennen als Urgrund des Seins den allwissenden und allsehenden Gott Olodumare; er gilt als »Besitzer des Lebens« und wird verschiedentlich als Hauch gedacht. Als seine Kinder gelten der Himmelsgott Obatala, dem die weiße Farbe zugeordnet ist, und die Erdgöttin Odudua, deren Farbe Schwarz ist. Beide lebten anfangs in der Dunkelheit einer großen geschlossenen Kalebasse, bis der Himmelsgott seiner Frau die Augen (Sonne und Mond) ausriß und Himmel und Erde ihre eigenen Wege gingen. Verschiedene Versionen der Himmel-Erde- Trennung werden aus Indien berichtet. Nach einer von ihnen war die in Dunkelheit versunkene Welt noch ungetrennt; erst (der sprachlich als Neutrum aufgefaßte) Weltgeist Brahman, der sein eigener Erzeuger war, erleuchtet sie mit seinem Licht, erschafft das Wasser, legt seinen Samen hinein, aus dem ein glänzendes Ei (*hiranyagarbha*, »der Goldkeim«) hervorgeht; aus ihm wird der mit dem Weltgeist identische, aber nunmehr persönlich aufgefaßte Schöpfergott Brahma geboren, der aus den Eihälften Himmel und Erde bildet[148]. Altorientalische Mythen berichten vom Kampf des Lichthelden gegen die Mächte der Finsternis und des Urwassers, deren Niederlage die Erschaffung oder Erlösung der Welt ermöglicht. Im babylonischen Schöpfungsepos Enuma Elisch überwindet der Sonnengott Marduk das Chaosungeheuer Tiamat und bildet aus seinem Körper Himmel und Erde.

Das Licht kann auf verschiedene Weise zum ersten Mal erscheinen: durch Geburt, durch Emanation, durch die Handlung oder das Wort einer Gottheit. Nach biblischem Bericht schuf Gott im Anfang den Himmel und die Erde, die wüst und leer (*tohuwabohu*) war, und Finsternis lag über der Urflut, und der Geist Gottes schwebte über den Wassern. Da sprach Gott: »Es werde Licht!« Und es ward Licht. Das *fiat lux* ist die Voraussetzung für die weitere Gestaltwerdung der Welt (s. Abb. S. 91). Bemerkenswert ist Gottes erstes Werturteil, nach dem das Licht gut ist; von der Finsternis wird dies nicht gesagt. Indem im weiteren Verlauf der Schöpfung Licht und Finsternis getrennt werden, entstehen Tag und Nacht, Abend und Morgen. Was hier als zeitliche Folge erscheint, ist räumlich bereits damit angedeutet worden, daß der Geist Gottes über den dunklen Wassern der Urflut schwebte. Dem Geistigen, Lichten, in der Höhe Befindlichen steht das Materielle, Dunkle, in der Tiefe Ruhende gegenüber. Die konsequente Weiterführung dieser Vorstellung läßt Gott zum »Vater des Lichtes« werden, der im Lichte wohnt[149]. Von hier aus sind solche Denkansätze möglich, die – auch im Christentum – zu einem gewissen Dualismus führten, ganz im Gegensatz zum Propheten Jesaia (45,7 f.), bei dem der Herr nicht auf der Seite des einen, sondern über allem steht, indem er Licht und Finsternis bildet, Heil und Unheil schafft und dafür sorgt, daß der Himmel von oben träufelt und die Erde sich öffnet, d.h. daß beide Seinspole gleichberechtigt im göttlichen Ordnungsplan verankert sind.

So wie aus der Nacht der Tag hervorkommt, so denkt sich der naturnahe Mensch die Entstehung der durch das Licht sichtbar gewordenen Welt als ein Erwachen oder Erwachsen aus der präkosmischen Dunkelheit. »Das Tor des dunklen Weibes« liegt im Rücken aller Dinge, die dem Licht zustreben. Der Nacht fallen die charakteristischen Züge der Mutter zu, aus deren dunkler Leibeshöhle der Tag hervorbricht. Hier kann auf die altägyptische Göttin des Nachthimmels, Nut, hingewiesen werden, die jeden Morgen den Sonnengott Re gebiert, aber auch an die altnordische Nott der Edda, die personifizierte Nacht, schwarz und dunkel, deren Sohn der schöne und helle Dagr, der Tag, ist. Die griechische Urgöttin Nyx, die selbst vom Chaos abstammen soll, gebar das Himmelslicht (Aither) und den Tag (Hemera); bezeichnenderweise gelten als ihre Söhne aber auch der Schlaf (Hypnos) und der Tod (Thanatos). Alles, was aus der Dunkelheit hervorkommt, kehr wieder in sie zurück.

Besondere Symbole für den geheimnisvollen, dunklen Mutterleib im allgemeinen und für die Gebärmutter im besonderen ist neben der oben schon erwähnten Kalebasse und dem Ei auch die Muschel, die in China dem weiblichen Seinsprinzip Yin zugeordnet wird und von der es in einem Text aus dem 11. Jahrhundert heißt: »Schwanger von der Perle, gleicht sie der die Frucht im Schoß tragenden Frau«. Die in der Wassertiefe ruhende Muschel wird durch himmlische Kräfte (Blitz,

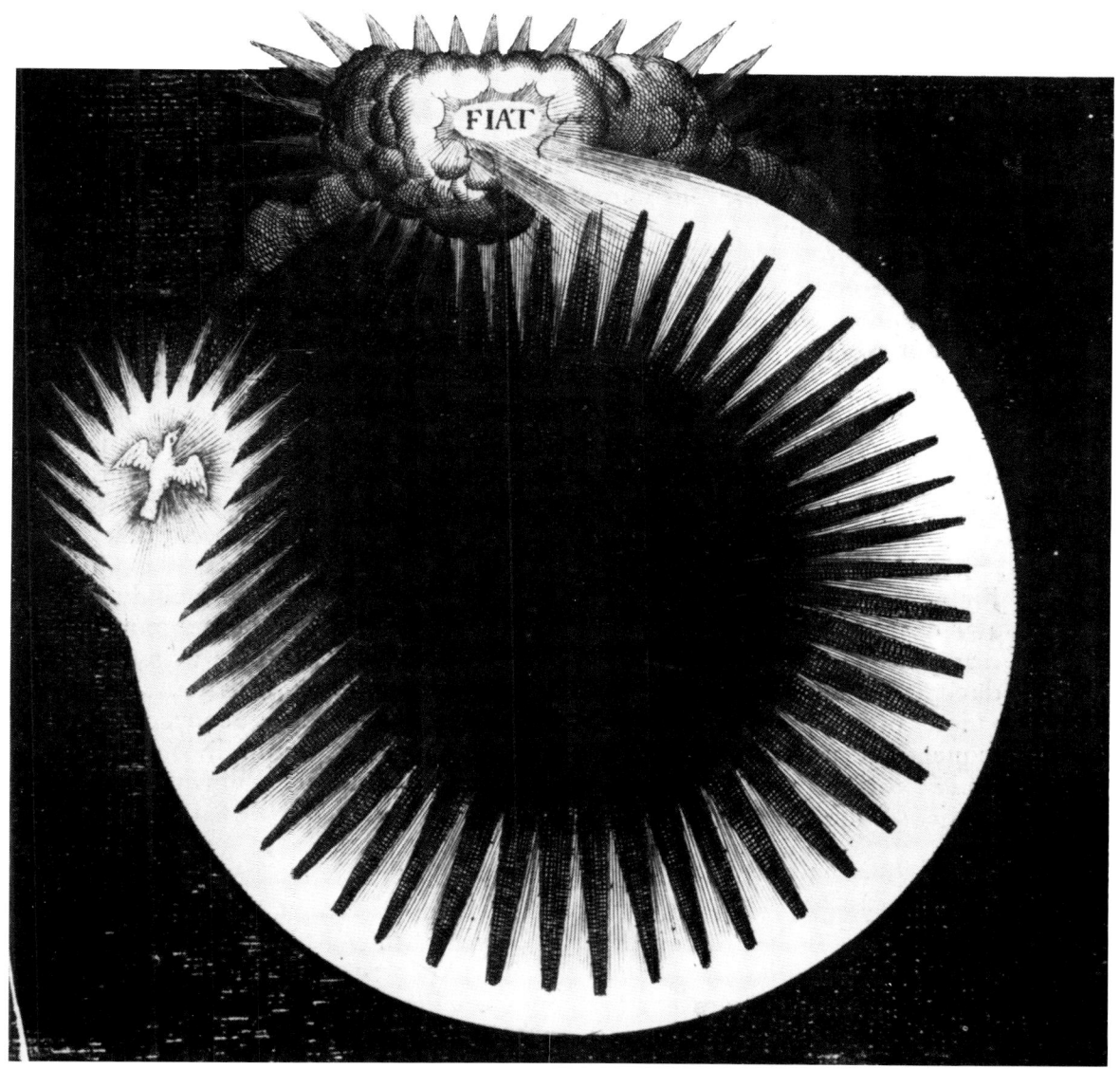

Donnerkeil, Mondstrahlen) schwanger und läßt in sich die Perle wachsen. In christlichen Texten des Mittelalters erscheint »die kostbare himmlische Perle« als ein Abbild »des in Worten nicht faßbaren Lichtes, welches der Herr ist«. Maria selbst kann als »reine Muschel« bezeichnet werden, »die schwanger ward von den Tropfen des göttlichen Regens und wachsen ließ die lichtstrahlende Perle«[150]. In der gnostischen Lehre ist die Perle sowohl ein Bild für die in Materie verstrickte, aber sich nach Licht sehnende menschliche Seele als auch für den himmlischen Erlöser, der in die Finsternis der Welt herabsteigt, um die Seele (den verlorenen Lichtfunken) wieder dem Himmelslicht zurückzugeben. In dem berühmten »Lied von der Perle« (Thomasakten) heißt es, daß diese in einem Brunnenschacht liegt und von einem Drachen bewacht wird,

Kannst du die Perle heben
Und kehrst mit ihr zurück,
Dann findest du zu Hause
Dein altes Kinderglück.

Das Hervorbrechen des Lichtes aus der Dunkelheit wird besonders deutlich in der Geburtsgeschichte des Mithras. Die Epiphanie des Gottes fällt auf den 25. Dezember, also ziemlich genau auf den Wendepunkt der Sonne zum Frühling hin; zahlreiche Darstellungen zeigen, wie der jugendliche Licht- und Sonnengott aus einem Felsen der mütterlichen Erde (*petra genetrix*) hervorkommt. Vor allem die dunkle Höhle ist eine mythische Geburtsstätte der Götter. Rhea, die Mutter von Zeus, brachte ihren Neugeborenen in dunkler Nacht in einer Höhle auf Kreta zur Welt bzw. in Sicherheit; das Kind, dessen Name Zeus von der indogermanischen Sprachwurzel *div* (»leuchten«) abzuleiten ist, wurde der höchste Gott im Himmel. Aus dem Bereich der Neuen Welt könnte Manco Capac angeführt werden, der aus einer Höhle hervorgekommene Kulturbringer und erste Inkakönig, der als Sohn des Sonnengottes Inti galt.

Die gallischen Bewohner in der Gegend von Chartres verehrten in einer Grotte die *virgo paritura*, die Jungfrau, die gebären soll, worin die christlich gewordenen Bewohner einen Hinweis auf die Gottesmutter erkannten und die Grotte in eine Krypta umwandelten. Im Gegensatz zu abendländischen Darstellungen mit dem Stall wird in der orthodox-byzantinischen Kunst in Anlehnung an apokryphe Schriften fast immer eine Grotte oder eine dunkle Felsenhöhle als Geburtsort Christi gezeigt. Das Protevangelium des Jakobus erzählt, wie die Jungfrau Maria, die ihre Stunde nahen fühlt, von Joseph in eine Höhle gebracht wird; über dieser erscheint plötzlich eine Wolke, nach deren Verschwinden ein großes Licht erstrahlt, das die Augen nicht ertragen können. »Und als sich jenes Licht zurückgezogen hatte, ist das Kind erschienen«[151]. Ein typologischer Bezug wurde in dem prophetischen Buch des Habakuk (3,3) erkannt; danach kommt Gott vom Parangebirge, das als Gottesmutter gedeutet wurde, deren Schoß die Geburtshöhle ist. Christus selbst ist der »Lichtstrahl«, nach anderer Übersetzung der »Abglanz« der Herrlichkeit Gottes (Hebräer 1,3), er ist die Sonne des Heils, die in der dunkelsten Zeit des Jahres zu erstrahlen beginnt.

Die längsten Nächte im Winter fallen mit dem ausgehenden Jahr zusammen. Ende und Anfang, Tod und neues Leben lösen sich ab, gehen ineinander über, sind trotz aller (kalendermäßigen) Trennung miteinander verbunden. Das eine keimt im anderen! Dunkelheit und Höhle sind Bilder für Tod und Wiedergeburt und spielen deshalb in verschiedenen Initiationsriten (z.B. in den Mysterien zu Eleusis) eine Rolle als Bilder für die Rückkehr zum Ursprung, in das Reich der Mütter, *regressus ad uterum*, um von da neu geboren zu werden. In späterer Zeit waren es Dichter und Denker, die vom Geheimnis der Nacht Zeugnis ablegten. Friedrich Nietzsche hat in ganz wenigen Worten die kosmische Dimension der in der Mitternacht verankerten Tiefe umrissen: »Die Welt ist tief, und tiefer als der Tag gedacht«. Und Rainer Maria Rilke bekennt in seinem »Stundenbuch«, daß er die Dunkelheit mehr liebt

als die Flamme,
welche die Welt begrenzt,
indem sie glänzt
für irgendeinen Kreis,
aus dem heraus kein Wesen von ihr weiß.
Aber die Dunkelheit hält alles an sich
Gestalten und Flammen, Tiere und mich,
wie sie's errafft,
Menschen und Mächte –
Und es kann sein: eine große Kraft
rührt sich in meiner Nachbarschaft.
Ich glaube an Nächte.

Die Dunkelheit umfaßt alles, in ihr werden die Gegensätze überbrückt, ja sie selbst ist ein Symbol für die *coincidentia oppositorum*. Sehr schön läßt sich dies bei einem Einweihungsritus im Mysterienkult der Isis aufzeigen (nach dem Bericht des Apuleius): Während der Initiand Proserpinas Schwelle, die Grenze zwischen Leben und Tod überschreitet, gewahrt er zur tiefsten Mitternacht die Sonne in ihrem hellsten Licht. Die symbolische Erfahrung, daß aus der Nacht das Heil kommt, findet sich in vielen Religionen. Die entscheidende Wendung im Leben Buddhas vollzog sich im Schweigen der Nacht unter dem Baum, wo er durch meditative Versenkung die Erleuchtung, den Zustand des Wachwerdens (*bodhi*) erlangte. Und die Berufung Mohammeds und die gleichzeitige Herabsendung des Korans durch den Engel Gabriel erfolgte in der Nacht El'Kadr, der »Nacht der göttlichen Vollmacht«. Nach einem Bericht soll der im Schlaf angesprochene Mohammed sich zuerst geweigert haben, eine Sure aus dem Koran zu lesen, worauf der Engel ihn so hart drückte, daß er zu sterben glaubte; dann erst folgt er der Aufforderung und wird symbolisch dem Leben zurückgegeben, indem er erwacht und seine Grotte verläßt[152].

Jesus wurde nach dem Bericht des Lukas in der Nacht geboren. Als der Engel des Herrn den Hirten auf dem Felde die frohe Botschaft verkündete, wurden sie von der Herrlichkeit Gottes umleuchtet. Bei der nachträglichen kalendarischen Festlegung der heiligen Nacht, der Weihnacht, wurde der 25. Dezember als Tag der Wintersonnenwende auf das in Christus angebrochene Weltenlicht (*lux mundi*) gedeutet und so die orientalisch-antike Symbolik des Sol invictus, der unbesiegbaren Sonne, auf Christus übertragen. Sicher ist es mehr als Zufall, daß auch die Auferstehung Christi sich in der Nacht zugetragen hat. Nur im Geheimen, Verborgenen, Dunkeln vollzieht sich der mystische Übergang vom Tod zum Leben.

Erst wenn etwas zutage tritt, wird es sichtbar; und nicht ohne tiefere Bedeutung heißt es vom neugeborenen Kind, daß es »das Licht der Welt« erblickt. Die römische Göttin der Ehe, Juno, war auch Geburtsgöttin und hatte als solche den Beinamen Lucina, d.h. sie hilft den Neugeborenen ans Licht. Die altitalische Geburtsgöttin hieß Mater Matutina, die Mutter der Morgenröte und des Frühlichts. Während der Geburt versuchen die dunklen Mächte, nach Mutter und Kind zu greifen, weshalb bei wohl allen Völkern die Gebärenden unter den Schutz besonderer Gottheiten gestellt werden, die ihrerseits dem Licht verbunden sind. Bei den Germanen wäre Freya zu nennen, deren Halsband Brisingamen etymologisch von *brisa* (»glänzen, leuchten«) abzuleiten ist und (allerdings nicht unumstritten) als Symbol der Sonne oder Morgenröte interpretiert wird[153]. Im alten Ägypten sollte die Nilpferdgöttin Toeris die der Entbindung gefährlichen dämonischen Mächte vertreiben; in ihren Händen hält sie die Sa-Schleife (ein Schutzsymbol) und eine Fackel. In der griechischen Kunst – und von da übernommen auf christlichen Grabsteinen – ist die nach oben gerichtete Fackel ein Sinnbild des Lebens, die nach unten gesenkte weist auf den Tod. Im Volksglauben und im Märchen kann die Kerze das Lebenslicht andeuten. In Grimms Märchen führt der »Gevatter Tod« einen Arzt, der ihn zweimal überlistet hat, in eine unterirdische Höhle, in der unzählige Lichter in verschiedener Größe brennen; und der Tod spricht zum Arzt: »Siehst du, das sind die Lebenslichter der Menschen. Die großen gehören Kindern, die halbgroßen Eheleuten in ihren besten Jahren, die kleinen gehören Greisen. Doch auch Kinder und junge Leute haben oft nur ein kleines Lichtchen«.

Der Gegensatz von Licht und Finsternis bestimmt das dualistische Weltbild der altiranischen Religion. Dem guten Gott Ahura Mazda (Ormazd) steht die Verkörperung des bösen Prinzips Angra Mainyu, der »böse Geist« gegenüber. Auf der hellen Seite stehen Recht, Wahrheit und Ordnung, die durch das an sich schwer übersetzbare persische Wort *asha* wiedergegeben werden können; auf der dunklen Seite steht *drug*, die »Lüge«, etymologisch verwandt mit dem deutschen »Trug«. Die Religion des Manichäismus lehrt die uranfängliche Existenz zweier einander schroff gegenüberstehender Seinsprinzipien, die als Gott und Materie (*hyle*) bezeichnet werden und die sich in den Bereichen des Lichtes und der Finsternis manifestieren. Alles Weltliche und damit auch der Mensch bestehen aus einer Vermischung dieser beiden Prinzipien. Begonnen hat alles damit, daß der »König der Finsternis« in das Reich des »Königs der Lichtparadiese« eindrang und unzählige Lichtelemente raubte. Der Mensch aber kann auf Grund der ihm eigenen Vernunft die Verstrickung durchschauen und durch sein sittliches Tun die in ihm vorhandenen Lichtteile von der befleckenden Materie befreien; die wieder aufsteigenden Lichtteilchen werden von Sonne und Mond zum Lichtparadies zurückgebracht. Das Ziel der manichäischen Religion ist – ganz einfach ausgedrückt – die Befreiung des einzelnen aus der Finsternis zum Licht. Manichäische Gedanken fanden ein Nachleben bei den Bogumilen im Balkan und im 12./13. Jahrhundert bei den Katharern in Oberitalien und Südfrankreich. Nach ihrem Glauben stehen sich zwei Grundwesen von Ewigkeit an gegenüber: der gute Gott des Lichtes als Urheber der unsichtbaren Dinge und der Gott der Finsternis als Urheber der sichtbaren Welt. Der Sohn des bösen Gottes war Luzifer, der die Gestalt eines Lichtengels annahm und zahlreiche gute Geister verführte, die als gefallene Engel irdische Gestalt annahmen und sich vermehrten[154]. Ein gewisser Dualismus läßt sich auch in der tibetischen Bon-Religion erkennen: Im Anfang war das Nichts, aus dem der Herr der Welt auf wunderbare Weise geboren wurde. Plötzlich entstanden ein weißes und ein schwarzes Licht, aus denen ein weißer und ein schwarzer Mann hervorkamen. Der »mit Lichtglanz begabte«, weiße Mann wurde die Ursache alles Guten und lehrte die Menschen den Pfad der Tugend; der schwarze Mann mit dem Namen »Schwarze Qual« wurde Herr der Dämonen, des Unheils und des Todes[155].

Es kann heute als wahrscheinlich angenommen werden, daß der altiranische religiöse Dualismus in abgeschwächter Form auch die christliche Lehre beeinflußte. Schon im Alten Testament findet sich Satan (hebräisch »Widersacher«) als Gegenspieler Gottes, als Ankläger in der himmlischen Ratsversammlung, um Gottes Heilsplan zu durchkreuzen (Sacharja 3,1 ff.), und in der jüdischen Apokalyptik steht geschrieben, daß der Allerhöchste nicht ein, sondern zwei »Reiche« (oder »Zeitalter«) geschaffen hat (4. Esra 7,50). Es sind die beiden Reiche des Guten und des Bösen, der Wahrheit und der Lüge, des Aufbaus und der Zerstörung, des Lichtes und der Finsternis. Im Neuen Testament erscheint Satan als Widerpart von Jesus, als Antichrist, ja als »Fürst« oder sogar als »Gott dieser Welt«, der den Sinn der Ungläubigen geblendet hat, »um nicht erstrahlen zu lassen das Leuchten des Evangeliums der Herrlichkeit Christi« (2. Korinther 4,4).

Wie aber kam der Teufel in die Welt? Am Anfang war er der schönste der Engel, jener Lichtwesen, die Gottes Thron umstehen; sein Name war Luzifer (»Lichtbringer«). Neid und Stolz ließen ihn zum Empörer werden, er wollte sich Gott gleichsetzen, doch dieser stürzte ihn samt seinen Anhängern, den gefallenen Engeln, den Himmel hinunter; seither lebt er im Reich der Finsternis und des Todes[156]. Dieser Engelsturz ist zwar biblisch nicht überliefert, doch hat man später einzelne alt- und neutestamentliche Motive darauf bezogen. So werden die in der Genesis erwähnten »Söhne Gottes«, die sich irdische Frauen nahmen, als sündige Engel gedeutet. In der Höllenfahrt des Königs von Babel, der ursprünglich aus dem »Licht des Morgenrotes« stammte (Jesaia 14,11 f.) erkannte man Luzifers Schicksal. Und schließlich findet sich bei Lukas (10,18) die Stelle, nach der Satan wie ein Blitz aus dem Himmel fällt. Bedeutsam ist die Interpretation des Kirchenlehrers Augustinus (De civitate Dei XI, 9. 32), der in der vom Schöpfer vorgenommenen Trennung zwischen Licht und Finsternis die Scheidung zwischen den guten und den bösen Engeln erkennt.

Trotz mancher Anklänge an dualistische Vorstellungen, wie sie aus der altiranischen Religion bekannt sind, betont die christliche Lehre den alleinigen Primat Gottes; er ist die absolute Totalität der Wirklichkeit, in der alle Gegensätze wieder zusammenfallen. Tag und Nacht, Gut und Böse, Leben und Tod sind nur Aspekte der entfalteten Schöpfung, über der der Schöpfer steht. Zwar versucht Satan gegen Gott zu intrigieren, ihm die Macht streitig zu machen, aber er ist ihm nie ebenbürtig. Auch wenn er hier in Raum und Zeit als der große Versucher und Verführer noch so viele Siege erringt, so sind diese im Angesicht Gottes, *sub specie aeternitatis*, doch alle nichtig. Der Teufel kann nicht das Pendant zu Gott sein, da es zu diesem gar keines gibt. Gott steht über allem! Der Repräsentant des Himmelreiches und Symbolfigur der Gottzugewandtheit ist der Erzengel Michael, *princeps aetherius*. Er ist nicht nur der Hüter der Schwelle zwischen Licht und Finsternis, er ist auch Vollstrecker der im göttlichen Schöpfungs- wie Erlösungswort begründeten Einheit. In dieser Einheit, in der jede Art ideologischer Schwarz-Weiß-Malerei ad absurdum geführt wird, läßt sich Gott in seiner ganzen Tiefe und Höhe erahnen; er, der uns unendlich fern und doch so nah ist, »west« in unergründlicher Dunkelheit und zugleich im strahlendsten Licht.

So wie die Überlieferungen von einer präkosmischen Nacht wissen, so auch von einem uranfänglichen Licht, einem metaphysischen, für den Menschen unwahrnehmbaren (oder auch ihn überwältigenden) Licht, aus dem erst das mit dem Auge wahrnehmbare Licht wie auch die Dunkelheit hervorkamen. Daraus ergibt sich, daß es ein ewiges Reich des Lichtes gibt, aber nur ein vergängliches der Finsternis. Die Götter stehen auf der Seite des Lichtes; im ptolemäischen Ägypten wurden Serapis und Isis als Licht (*phos*) bezeichnet. In der antiken Philosophie findet sich eine ausgesprochene Lichtmetaphysik, d.h. eine Lehre vom außerirdischen (außerkosmischen) Ursprung des Lichtes; die unvergänglichen Ideen strahlen ein Licht aus, und der Vorgang des Erkennens ist ein von diesem Lichte Erleuchtetwerden. Bei Philon von Alexandrien, einem zur Zeit Christi lebenden Philosophen, ist Gott das Urlicht, die geistige Sonne.

In den Psalmen erscheint das Licht als Attribut, aber auch als Wesen der Gottheit. Für ersteres diene Psalm 104,2 als Beispiel: »Licht umhüllt dich einem Mantel gleich«. Darüber hinaus erkennt der Gottesfürchtige: »In deinem Lichte schauen wir das Licht« (Psalm 36,10)[157]. Die aus Gott austretende, alles durchstrahlende Helligkeit ermöglicht dem Menschen, das lichthafte Wesen des absoluten Seins zu erkennen. Bei der Geburt des Messias wird nach Jesaia (9,1) »ein gewaltiges Licht« über den Bewohnern des in Finsternis wandelnden Volkes aufstrahlen. Christus selbst sagt von sich: »Ich bin das Licht der Welt, wer mir nachfolgt, wird nicht in der Finsternis wandeln, sondern das Licht des Lebens haben« (Johannes 8,12). Der Kirchenlehrer und Mailänder Bischof Ambrosius verherrlicht das göttliche Mysterium als

Glanz väterlicher Herrlichkeit,
Vom Licht ausströmend volles Licht.
Des Lichtes Licht, des Leuchtens Quell,
Tag, der den Tag macht so hell.

Für die mittelalterlichen Mystiker war die *lux aeterna* gleichbedeutend mit dem Wesen Gottes. Mechthild von Magdeburg spricht von dem »unbegriffelich lieht«; Gott ist das »lieht« und der Mensch der »liuhter«, der Leuchter – eine auf den Illuminismus des Augustinus zurückgehende Vorstellung, nach der das göttliche Licht in der menschlichen Seele ein Licht anzündet, das Erkenntnis und Liebe zugleich bedeutet[158]. Nach der Theorie der *illuminatio* (»Erleuchtung«) bedarf es zur Erkenntnis durch den Verstand eines geistigen Lichtes (*lumen spirituale*), einer Verbindung des Menschen mit Gott. Der nicht nur als Arzt, sondern auch durch seine tiefschürfenden philosophischen und theologischen Werke bekannte Paracelsus unterschied zwei Lichter, die Gott dem Menschen zum Erkennen gegeben hat: das Licht der Natur und das der Gnade. Der Zusammenhang von Licht und Erkennen bzw. Weisheit zeigt sich in verschiedenen sprachlichen Wendungen. Der Unwissende »tappt im dunkeln«, ihm ist der Sachverhalt »nicht klar«, bis »es ihm dämmert«; dann »geht ihm ein Licht auf«. Ein besonders »zündender« Gedanke kann auch »Geistesblitz« genannt werden. Eine der höchsten Stufen des Erkennens ist die »Erleuchtung«. Die katholische Kirche versteht unter dieser jede gnadenhafte Einwirkung, durch die der Mensch zur Erkenntnis der für ihn notwendigen Heilsakte gelangt.

Der Begriff »Erleuchtung« wird in der westlichen Literatur in nicht korrekter Weise für den im Buddhismus eine wichtige Rolle spielenden Terminus *bodhi* verwendet; das aus dem Sanskrit stammende Wort ist besser mit »Erwachen« zu übersetzen, da es nichts mit einer Lichterfahrung zu tun hat. Davon unberührt gibt es im Buddhismus eine ausgeprägte Lichtsymbolik. Sie läßt sich schon bei der legendenumwobenen Geburt des historischen Buddha aufzeigen, die von verschiedenen Wundern wie Erdbeben und Lichterscheinungen begleitet war. Auch die »heilige Nacht«, in der der meditierende Buddha »erweckt« wurde, ist auf dem Weg vom Dunkel zum Licht von Bedeutung. Gautama Buddha soll von sich selbst gesagt haben: »Ich will in der Dunkelheit dieser Welt die Trommel der Unsterblichkeit schlagen«. Ikonographisch wird der »Erwachte« in den folgenden Lebensstationen durch einen Nimbus ausgezeichnet; dieser Lichtscheibe um das Haupt liegt die Idee und religiöse Erfahrung einer Strahlenemanation zugrunde.

Wenn Buddha seinem Namen nach der »Erwachte« ist, so ist er seinem Wesen nach doch auch der »Erleuchtete«; aus allen seinen Poren, aus seinem »Auge der Weisheit« zwischen den Augenbrauen, aus seinem nach oben strebenden Haarschopf oder Schädelwulst und aus seinem Nabel kommen Strahlen hervor; von dem Meditierenden heißt es ausdrücklich, daß er sämtliche Welten erleuchtet[159]. Im Lalitavistara (I,3 f.), einer Buddhabiographie aus dem 2. Jahrhundert n.Chr. wurden die Menschen aufgefordert, in Buddha die eigentliche Zuflucht zu erblicken: »Klammert euch an den Weisen, den Löwen aus dem Shakyageschlecht, den durch Erkenntnis Leuchtenden, den Lichtbringer, der die Finsternis vernichtet hat, den Hellstrahlenden, hell und rein Glänzenden«. In der buddhistischen Kunst ist der Nimbus außer bei Buddha (neben dem historischen gibt es noch verschiedene andere) auch bei anderen Heilsträgern, die dem Kreislauf der Geburten enthoben sind, ein wichtiges Attribut. Vor allem sind hier die Bodhisattvas zu nennen, das sind Wesen, deren Ziel das Erwachen (*bodhi*) ist; es sind heilstiftende, himmlische Wesen, die aus Mitleid mit den Menschen zeitweise auf die Erlangung der Buddhaschaft verzichten. Unter den Buddhas und Bodhisattvas stehen – nach buddhistischer Lehre – die Götter, auch sie tragen die Lichtscheibe, eine Flammenaureole oder einen Kranz aus blitzenden Strahlen wie die besonders zur Zeit des Sonnenaufganges angerufene Marici, deren Name »Lichtstrahl« bedeutet.

Auch andere Religionen und Völker sind von der Lichtausstrahlung des Heiligen überzeugt. In Persien, besonders zur Sasanidenzeit, wurden die Könige durch einen Strahlenkranz oder eine Lichtscheibe ausgezeichnet. Ernst Diez meint, daß dieser Nimbus das Hvarnah, das »Himmelsfeuer«, darstellen soll, das »unter den feurigen Bestandteilen im Leibe der Krieger und der Herrscher überwiegt.«[160] Hvarnah (auch in der Form Xvarnah) ist der von den Göttern verliehene »Glücksglanz«, mit dem Gedeihen, Sieg und Schönheit des Leibes verbunden sind. In der Urzeit war der erste König Yima im Besitz dieser Gabe, doch als er in seinem Stolz sich den Göttern gleichstellte, verließ ihn das Hvarnah, und auf Erden kehrten Krankheit und Tod ein. Die römischen Kaiser wurden zum Zeichen ihrer Machtstellung nimbiert, während der Sonnengott Sol – wie auch der griechische Helios – mit einem Strahlenkranz versehen wurden. Die Aufnahme des antiken Nimbus in die christliche Kunst (seit dem 4. Jahrhundert) wurde durch die alt- und neutestamentlichen Berichte über Theophanien begünstigt. Ezechiel (1,27) vergleicht den Anblick der Herrlichkeit Jahwes mit einem inwendigen Feuer und »Glanzerz«, die Apokalypse (1,16) mit der Sonne. Wurden zunächst nur Christus und die Engel nimbiert, so werden ab dem 6. Jahrhundert auch Propheten, Apostel, Märtyrer und Heilige auf diese Weise ausgezeichnet. Der Nimbus wird nunmehr zu einem Sinnbild des Auserwähltseins, zum Heiligenschein. Zahlreiche Legenden berichten von übernatürlichen Lichterscheinungen im Leben einzelner Heiliger[161]. Als der ans Kreuz geschlagene Apostel Andreas sein letztes Gebet vollbracht hatte, »da kam ein Licht vom Himmel, des Schein umgab den Heiligen bei einer halben Stunde, daß ihn kein Mensch sehen mochte; und da das Licht verschwand, fuhr sein Geist mit ihm zu Himmel« (Legenda aurea).

Schon auf dieser Erde gibt es Hinweise auf das übernatürliche, himmlische Licht. Zunächst ist an das Feuer zu denken, das die Finsternis vertreibende, reinigende und im Vorgang der Verbrennung erneuernde Element (so beim Vogel Phönix). Der Mensch von heute, der jederzeit ohne Schwierigkeiten mit Streichholz und Feuerzeug eine Flamme entfachen kann, wird in ihr kaum eine Gabe des Himmels erkennen. In früheren Zeiten war die Entzündung des Feuers ein sakraler Akt. Das erste Feuer auf der Erde dachte man sich aus dem Himmel herabgekommen oder dort geraubt wie in der Sage von Prometheus. Ja, das Feuer ist selbst göttlich. Der Name des indischen Feuergottes, Agni, ist etymologisch verwandt mit dem lateinischen *ignis* (»Feuer«); im nach oben züngelnden Opferfeuer gilt er als Mittler zwischen den Menschen und den Göttern. Im Parsismus wird das Feuer als sichtbares Zeichen der Gegenwart des Gottes Ormazd verehrt. Selbstverständlich wußten die Menschen früherer Zeiten um die zwei Aspekte der Feuersymbolik; so kann der sumerische Feuergott Gibil sowohl als Lichtbringer wie auch als Verursacher der Feuersbrunst erscheinen. Der alttestamentliche

Jahwe offenbart sich in einem brennenden Dornbusch und zieht seinem Volk in Gestalt einer Feuersäule voraus. Im Hebräerbrief (12,29) erscheint Gott im Bild eines verzehrenden Feuers. In der katholischen Kirche wird in der Osternacht das heilige Feuer entzündet, dann unter dem dreimaligen Gesang des *Lumen Christi* in das Gotteshaus hereingetragen und an ihm die Osterkerze als Symbol des Auferstandenen entzündet, von der nun alle Gläubigen die neue Flamme empfangen. Der aus Tod und Unterwelt siegreich hervorgegangene Christus ist »der Feuerbringer aller erlösten Kreatur. Er selber ist das Feuer, das vom Himmel gekommen ist« (Photina Rech)[162].

Die Licht- und die Feuersymbolik sind mit dem Brennen von Ampeln und Kerzen verbunden, die vor griechischen und römischen Götterbildern genau so aufgestellt wurden wie heute noch vor den Statuen der Buddhas und Bodhisattvas. Gustav Mensching hat darauf hingewiesen, daß auch im Buddhismus »das geheimnisvoll im Dunklen aufstrahlende Feuer, das verzehrt und leuchtet und wärmt und das für primitives Verständnis selbst ein geheimnisvolles Wesen hat«, ein geeignetes Symbol für das unfaßbare Wesen der Gottheit (bzw. der das Irdische übersteigenden Mächte) ist und zugleich Symbol der Anbetung[163]. In jeder Synagoge brennt ein »ewiges Licht« (*ner tamid*), das einerseits ein Hinweis auf die Gegenwart Gottes ist, dann aber auch an den siebenarmigen Leuchter (die *menora*) erinnert, der in der Stiftshütte und später im Tempel Salomons stand. Ein »ewiges Licht« kennt auch die katholische Kirche; es ist die stets brennende Lampe (*lucerna*), die sich beim Tabernakel befindet und damit auf die geheimnisvolle Anwesenheit Christi im eucharistischen Brot hinweisen soll. Das die Finsternis erhellende und den Tod überwindende Licht begleitet den Christen von der Taufkerze über die Kommunion- und Brautkerze bis schließlich zur Sterbekerze.

Das Licht gibt allen Kraft: Gott selber lebt im Lichte,
Doch wär er nicht das Feuer, so würd es bald zunichte.

Angelus Silesius

Die »Kinder des Lichtes«, die vom Strahl der Erleuchtung Getroffenen, die mit dem »Glücksglanz« Begnadeten, die von der dunklen Materie Unbefleckten oder Reingewaschenen – sie alle werden des Irdischen enthoben und in eine Welt des Lichtes versetzt. Die Überlieferung der nordamerikanischen Lenape-Indianer spricht vom »Lebensland«, das mit dem Begriff *wakanda* (»geheimnisvoll, heilig, mächtig, lebenspendend«) verbunden ist; dort lebt die Seele in einem wahrhaft glücklichen Jagdgrund; es gibt keine Sonne dort, dafür aber ein helleres Licht, das der Schöpfer leuchten läßt[164]. Das Paradies des Mahayana-Buddhismus heißt Sukhavati (»das Glückvolle«) und wird vom Buddha Amitabha (»grenzenloses Licht«) beherrscht; es ist erfüllt von den erlesensten Wohlgerüchen und wird von einem unermeßlichen Lichtglanz erfüllt; Sukhavati ist die letzte Station vor dem Eingang in das Nirvana, in dem alle Bindungen aufgehoben sind und in dem das Einssein mit dem Absoluten erreicht ist. Eine islamische Beschreibung des Paradieses spricht von einem »Tor aus grünem Smaragd«, über dem »Vorhänge aus Licht« sind »von einer solchen Helligkeit, daß sie fast jede Sicht verhindern«; unter fruchtbeladenen Bäumen stehen »Stühle und Bänke aus Licht«, und die Hierhergekommenen werden mit Gewändern bekleidet, »von solchem Glanz und solcher Schönheit, woran sie sich bisher nicht erfreuten«[165].

Die christliche Vorstellung vom endzeitlichen Paradies verbindet sich mit der Vorstellung vom himmlischen Jerusalem, wie es bei Jesaia (60,1-22) vorgedeutet ist; die Stadt, deren Mauern »Heil« und deren Tore »Ruhm« heißen, braucht weder Sonne noch Mond, da Gott selbst ihr ewiges Licht ist. Und bei dem Apokalyptiker Johannes heißt es, daß der Lichtglanz der Stadt »gleich einem ganz kostbaren Stein« ist; »Nacht wird es nicht mehr sein«, und doch braucht man nicht das Licht einer Lampe oder der Sonne, denn »der Herr wird über ihnen leuchten« (Offenbarung 21,11; 22,5). Dante schildert in seiner »Divina Commedia« den Himmel als »reines Licht, intellektuelles Licht, erfüllt mit Liebe«.

Von Licht, Liebe, Leben werden alle erfüllt, die wieder zurückkehren in den göttlichen Ursprung. Und in »Hanneles Himmelfahrt« von Gerhart Hauptmann werden in dieser wunderschönen Stadt, »in der Friede und Freude kein Ende mehr hat«, die Himmelskinder »im frühen Strahl des neugeborenen Lichts« einander goldene Bälle zuwerfen.

Sterne, Mond und Sonne

Zum ältesten Wissen der Menschheit gehört der Gedanke, daß der Mensch an den kosmischen Rhythmen teilhat, daß er in lebendiger Verbindung mit der großen Welt des Makrokosmos steht; und bevor er die Sterne zu zählen versuchte, verband er sie zu Bildern – so wurde das sternenübersäte Firmament zum gewaltigsten Bilderbuch aller Zeiten. Die Sternbilder erhielten ihre Namen und ihre Bedeutung dadurch, daß die alten Völker in den Erscheinungen ihrer Umwelt Offenbarungen oder auch Symbole der Gottheit erblickten, deren Gegenbild sie am Himmel zu finden glaubten. Die alten Ägypter erkannten in dem Sternbild des Großen Bären einen (in der Opfersymbolik so bedeutsamen) Stierschenkel, der in Beziehung zum Gott Seth gesetzt wurde. Die Chinesen erblickten im Großen Bären sieben Sterne und sprachen vom »Nördlichen Scheffel« (*pei tou*), in dem der Sitz des Himmelsgottes Shang-di ist. Andererseits wird als Herr dieses Sternbildes ein rotgesichtiger Gott angegeben, der den Menschen den Tod bestimmt und der Gegenspieler des Gottes vom »Südlichen Scheffel« ist; der jeweilige Ausgang des Schachspiels zwischen beiden entscheidet über der Menschen Schicksal[166]. Hier tritt also bereits deutlich der Glaube zutage an eine Korrespondenz zwischen Himmel und Erde und an die schicksalhafte Verbundenheit zwischen Mensch und astralen Mächten.

Eine besondere Rolle, wenn von der früheren Keilschriftforschung auch überschätzt, spielten die Gestirne im Glauben der alten Mesopotamier. Genaue Beobachtungen des Auf- und Unterganges des Morgen- und Abendsterns (der Planet Venus) finden sich ab dem 17. vorchristlichen Jahrhundert, die älteste Aufzählung der Tierkreisbilder stammt allerdings erst aus dem Jahr 420 v.Chr. Aber sicher reichen astrale Kulte wie auch einzelne Sternmythen in frühere Zeit zurück. Wie die Gottheiten auf Erden ihren Wohnsitz im Tempel hatten, so galten die Sterne bzw. Sternbilder als himmlische »Standorte«. Sicher wäre es falsch, für die babylonisch-assyrische Zeit von einer regelrechten Assoziation Stern – Gott zu sprechen; doch steht fest, daß das Schriftzeichen für »Gott« (*dingir*) wie auch für »Himmel« (*an*) ein achtstrahliger Stern war. Nach dem babylonischen Schöpfungsepos wurden im Himmel die »Standorte« der großen Götter geschaffen und die Sterne als ihr »Abbild« aufgestellt; dann bestimmte der Schöpfergott Marduk je drei Sterne für alle zwölf Monde (Monate); nach den Zeiten des Jahres bestimmte er die Bilder des Tierkreises. Der Wettergott Adad trägt auf seinem Gewand drei große Sterne, die in späterer Zeit vorbildhaft wurden für den Sternenmantel antiker Gottheiten wie auch abendländischer Imperatoren (s. Abb. S. 101). Die großen Götter – repräsentiert vor allem durch Sonne, Mond und die (damals

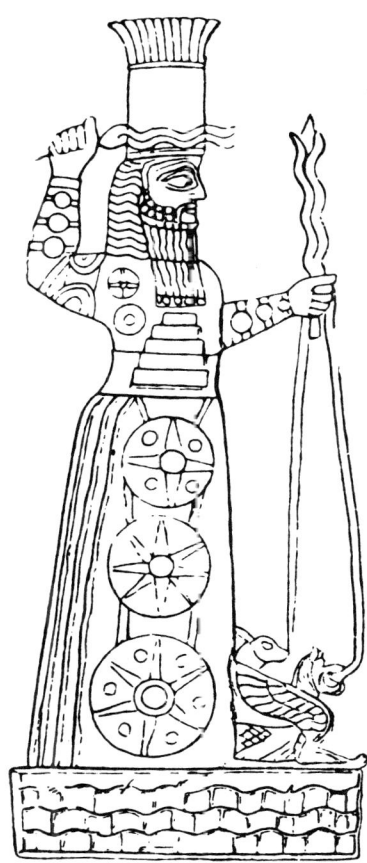

bekannten fünf) Planeten – galten als die Lenker der kosmischen Harmonie, und in der Himmelsschrift der Sterne glaubte man die Widerspiegelung des irdischen Geschehens. Aber erst in hellenistischer Zeit erlangten die Babylonier, nunmehr auch Chaldäer genannt, ihren Ruf als Sternendeuter.

Nicht so ohne weiteres zu beantworten ist die Frage, wie es überhaupt zur Benennung der Sternbilder (griechisch *zodia*) kam, denn die meisten von ihnen lassen keine Notwendigkeit erkennen, gerade diese oder jene Gestalt darin zu sehen, weshalb sich bei verschiedenen Völkern/Kulturen auch verschiedene Namen finden. So erblickten die Römer in den sieben annähernd gleich hellen Sternen des Großen Wagens sieben um den Nordpol kreisende Dreschochsen (*septem triones*), und die alten Mexikaner erkannten darin ein Bild des einbeinigen Gottes Tezcatlipoca[167]. Trotzdem dürfen wir nicht annehmen, daß die Benennung rein zufällig erfolgte. Gerade bei der Namengebung haben die Menschen früherer Zeiten sich mehr gedacht als wir in der Regel heute. Dies sei am Beispiel des »Widders« aufgezeigt.

Der Tierkreis (*zodiakos kyklos*) ist der Jahreskreis der Sonne, und es ist selbstverständlich, daß ursprünglich, d.h. zur Zeit der Namengebung, Jahresbeginn und Tierkreisbeginn zusammenfielen. Ab etwa 2200 vor Christus trat die Sonne zur Zeit des Frühlingsanfangs (21. März) in die Konstellation des Widders, das erste Sternbild des Tierkreises. Daß man in den vielen kleinen Sternen nun gerade einen Widder erblickte, man könnte genau so gut eine andere Gestalt darin sehen, hängt wohl mit der damaligen Wirtschaftsform der vorderasiatisch-ostmediterranen Völker zusammen, die großenteils oder gar ausschließlich von der Viehzucht lebten. Für sie waren die Zeit des Frühlings, die erste Weide, Schaf und Lamm zusammenhängende Begriffe. So etwa bezeichneten die Sumerer den Frühlingsmonat als Lämmermonat, als den der ersten Weide. Aus dieser Vorstellung heraus ist es naheliegend, dem Sternbild des Frühlings den Namen »Widder« oder »Schaf« zu geben. Will-Erich Peuckert weist darauf hin, daß es »ein früher, altbekannter und vielfach belegbarer Schluß gewesen ist, daß gleiche Wirkungen aus den gleichen Ursachen oder Anlässen aufgehen«; so wird man im alten Orient »das Hirtenleben im Frühling mit dem Hirten-Sternbild Widder zusammengebracht und das eine als Folge und als Parallelerscheinung des anderen angenommen haben«[168]. Dies trifft auch dann zu, wenn zwischen der (gedanklichen) Vorstellung und der (bildhaften) Darstellung viele Jahrhunderte liegen. Denn eigenartigerweise ist das Sternbild des Widders erst gegen Ende der Widderzeit als solches benannt worden; an seiner Stelle erblickte man in Babylonien einen Land- oder Lohnarbeiter am Firmament. Erst die Griechen waren es, die den Widder in den von Babylo-

nien übernommenen Tierkreis integrierten, wobei ägyptische Einflüsse (u.a. der Widder als Symbol der Fruchtbarkeit) mitwirkten. Julius Schwabe möchte bereits in dem am Baum hängenden goldenen Vlies der Argonautensage das Widder-Sternbild des in den Zodiak eingespannten Weltenbaumes erkennen[169].

Die alten Mesopotamier dachten sich durch den Himmelsozean eine dammartige Straße mit dem Tierkreis, dessen Hauptpunkte die vier Weltecken bilden. Je nachdem die Sonne auf ihrem Lauf die einzelnen durch Sternbilder gekennzeichneten »Ecken« erreicht, setzt eine bestimmte Jahreszeit ein: in der Zeit vor 2200 vor Christus begann mit dem Sternbild Stier der Frühling, mit dem Löwen der Sommer, mit dem Skorpion der Herbst und mit dem Wassermann der Winter. Daß die Einteilung des Himmels bzw. der Sonnenbahn bereits in diese alte Zeit zurückreicht, ist mehr als wahrscheinlich, zumal die Sumerer nicht nur den Kreis in 360 Grad einteilten, sondern auch den Zeitraum zwischen zwei Sonnenaufgängen auf zwölf Doppelstunden festlegten. Eine Doppelstunde entspricht einem Zwölftel des Sonnenweges, also der Länge eines

Tierkreiszeichens. Das Zifferblatt unserer heutigen Uhren ist in Wirklichkeit nichts anderes als der vom Himmel heruntergeholte und in ein Gehäuse eingesperrte Tierkreis. Durch das Verschieben, Vorangehen, die sogenannte Präzession der Tag- und Nachtgleichen, die in annähernd 25600 Jahren (einem Weltenjahr) den ganzen Zodiak durchlaufen, rückt der Frühlingspunkt etwa alle 2150 Jahre (ein Weltenmonat) in ein anderes Tierkreisbild. Im vierten und dritten Jahrtausend v.Chr. war der Stier das Sternbild der Frühlings-Tag- und Nachtgleiche, um 2200-2100 rückte der Frühlingspunkt in das Sternbild des Widders und in den Jahrzehnten vor und nach der Zeitenwende in das der Fische. Das kommende einundzwanzigste Jahrhundert steht am Beginn des Wassermannzeitalters.

Wir können uns heute in einem von Computer und Atomkraft bestimmten Zeitalter nicht mehr gut vorstellen, welche Bedeutung die früheren Völker den Gestirnen zuerkannten. Für die durch weite Steppen ziehenden Nomaden war die Kenntnis der Sternbilder geradezu lebensnotwendig. Vielleicht ist es doch mehr als nur Zufall, daß die durch Moses neu festgelegte monotheistische Religion als Symbol des mit dem Frühlingsneumond beginnenden jüdischen Jahres den jungen Widder (ein Lamm) gewählt hat; bekanntlich war mit dem jüdischen Frühlingsfest Pascha das Verspeisen eines Lammes verbunden; das geopferte Lamm sollte versöhnend und bindend zwischen dem Gott im Himmel und seinem Volke auf Erden stehen. In dem Jahrhundert, in dem Christus seine neue Lehre verkündete und für sie starb, rückte der Frühlingspunkt des Zodiaks in ein neues Sternbild, in das der Fische. Sicher spielten die Fische in Mythos und Religion schon vorher eine Rolle; aber »die plötzliche Belebung des Symbols und dessen Identifikation mit Christus schon in der Frühzeit der Kirche läßt noch eine andere Quelle vermuten. Es ist dies die astrologische«. Schon bei der Geburt Christi zeigt sich ein astrologischer Aspekt: Die drei Weisen aus dem Morgenland »sahen nämlich seinen Stern im Aufgang und sind gekommen, ihm zu huldigen« (Matthäus 2,2). Da mit Christus ein neues Zeitalter begann, er selbst als neuer Aeon aufgefaßt wurde, konnte es für die der Astrologie Kundigen einsichtig sein, daß er »einerseits als erster Fisch des Fischzeitalters geboren wurde und andererseits als letzter Widder« (Lamm)sterben mußte[170]. In der Zeit der Christenverfolgungen war das Bild des Fisches, oft flüchtig in den Sand oder an eine Mauer gezeichnet, das geheime Erkennungszeichen der Christen. Wohl im nachhinein interpretierte man die Anfangsbuchstaben des griechischen Wortes für Fisch – *ichthys* – als ein Akrostichon, d.h. eine Abkürzung von Anfangslettern der Worte *Iesous Christos Theou Hyios Soter* (Jesus Christus, Gottes Sohn, Erlöser). Der erste Kirchenschriftsteller lateinischer Sprache war Tertullian (um 200), der das Geheimnis der Taufgnade im Fischsymbol veranschaulichte: »Wir aber werden nach der Ähnlichkeit unseres Ichthys Jesus Christus im Wasser geboren, und nur durch das Verharren im Wasser finden wir Heil«.

Wie oben aufgezeigt, waren die zur Stierzeit gültigen Kardinalpunkte des Tierkreises die Sternbilder Stier, Löwe, Skorpion und Wassermann. Da der Skorpion gerade in südlichen Ländern sehr gefürchtet war, wurde er astralmythologisch oft durch das benachbarte Sternbild des Adlers ausgewechselt. Auch nach dem Übergang zur Widderzeit behielten diese (inzwischen ja überholten) Kardinalpunkte ihre Bedeutung und fanden Aufnahme in die Vision des im babylonischen Exil sich befindenden Propheten Ezechiel und schließlich in die Apokalypse des Johannes. Die am Himmel geschauten vier »lebendigen Wesen« entsprechen den vier Zodiakalbildern, die jeweils um 90 Grad voneinander getrennt sind; das »Tier mit dem Antlitz wie ein Mensch« ist der Wassermann. Die gleichen Wesen finden sich als Astralgötter im alten Mesopotamien: Marduk ist der Flügelstier,

Nergal der Flügellöwe, Ninurta der Adler und Nabu, der in einem neuassyrischen Hymnus als »Öffner der Quellen« erscheint, der Mensch[171].

Noch ein Tierkreisbild fand Eingang in die christliche Glaubenswelt und Kunst; es ist das Sternbild der Jungfrau. Vielleicht ist es eines der ältesten benannten Sternbilder, die wir kennen. Daß es höchstwahrscheinlich Hirtenvölker waren, die einen Widder am Himmel erblickten, ist nur zu verständlich, ebenso konnte die Waage erst dann zum Sternbild werden, nachdem mit den Stadtkulturen eine Kaufmannsschicht entstanden ist. Und gar nicht so abwegig ist es, die Benennung des Jungfrau-Sternbildes in eine Zeit des aufkommenden Mutterrechtes und des frühesten Ackerbaues zurückzuverlegen, etwa in die Zeit des Zwillingszeitalters, d.i. der Weltenmonat, in dem der Frühlingspunkt im Sternbild der Zwillinge liegt (ungefähr 6500- 4300). In diesem Zeitalter stand die »Jungfrau« im Scheitelpunkt des Tierkreises, die Sommersonnenwende vollzog sich also in diesem Sternbild. Gleich einer Himmelskönigin hatte die (astrale) Jungfrau-Mutter ihren Platz am höchsten Punkt des Firmaments. Bedeutungsmäßig behielt sie diesen Platz auch dann noch, als durch die Präzession das Sternbild sich verschob. Bei den Sumerern und Babyloniern genoß die Göttin, die Jungfrau und Mutter in einem war, unter verschiedenen Namen die größte Verehrung, auch wenn ihre Fixierung am Himmel mehr und mehr sich auf den Planeten Venus verlagerte. Das Tierkreisbild wurde weiter nach ihr benannt und findet sich auch in einem neubabylonischen Text aus dem Jahre 420 v.Chr., dabei wird die Ähre als ihr Attribut hervorgehoben. Griechen und Römer übernahmen das Sternbild der Jungfrau (Virgo), dessen hellster Stern noch heute Spica, »Ähre«, heißt.

Das Zodiakalbild der Jungfrau, das ursprünglich (in der Zwillingszeit) die Sonne während der Sommersonnenwende in sich barg, galt als kosmischer Mittelpunkt alles Lebens. Die Jungfrau konnte die Bedeutung der *Magna mater* und der *Virgo coelestis* in sich vereinen. Hier können schließlich auch Vorstellungen von der Jungfrau Maria angeführt werden. Nach mittelalterlichen Schriften fanden wichtige Ereignisse ihres Lebens, besonders ihre Himmelfahrt, im Zeichen der Virgo statt, ja Maria selbst konnte als Jungfrau mit Ähren in der Hand im Sternbild dargestellt werden[172]. In der Notre Dame-Kirche zu Paris gibt es eine Tierkreisdarstellung, bei welcher an beherrschender Stelle statt des Sternbildes der Jungfrau die Maria mit dem Christuskinde thront. Biblisch verankert ist die Vorstellung vom »apokalyptischen Weib« (Offenbarung 12,1-18), der am Himmel erscheinenden Frau, die mit der Sonne bekleidet ist, den Mond unter ihren Füßen hat und zwölf Sterne um das Haupt. Sie war gesegneten Leibes und schrie in Wehen und Geburtsschmerzen. Da bedrohte sie ein großer, roter Drache mit sieben Köpfen und zehn Hörnern, und

»sein Schwanz fegte den dritten Teil der Sterne des Himmels hinweg«. Aber die Frau gebar »einen Sohn, der lenken wird alle Völker mit eisernem Stabe. Es wurde jedoch ihr Kind entrückt zu Gott und zu seinem Thron«. Die mittelalterlichen Exegeten verstanden unter dem apokalyptischen Weib teils ein Symbol der Kirche (Ecclesia), teils die Gottesmutter Maria; in dem Drachen wird überwiegend der Satan erkannt, der Fürst der Finsternis, der die Geburt des Lichtes, des Heilbringers, verhindern will; die zwölf Sterne können als Tierkreis, aber auch als die zwölf Stämme Israels oder als die zwölf Apostel ausgelegt werden. Außerkirchliche Deutungen wollen in dem mit der Sonne bekleideten Weib, das gebären sollte, das Sternbild der Jungfrau erkennen, »das ja im Herbst, gegenwärtig im September/Oktober, tatsächlich die Sonne beherbergt, also als mit ihr ›bekleidet‹ genannt werden kann.«[173]

Die hellenistische Einteilung des Tierkreises wurde vom Abendland übernommen zusammen mit der Vorstellung verschiedener Korrespondenzen zwischen den Tierkreiszeichen einerseits und den Elementen, Edelsteinen, menschlichen Körperteilen, ja sogar Charaktertypen andererseits. Damit sind wir natürlich mitten in dem Gedankengebäude der Astrologie, d.h. der Lehre, nach der irdisches Geschehen sein Gegenbild in den Bewegungen der Gestirne hat, eine Lehre, die – wie Goethe am 8.12.1798 in einem Brief an Schiller schrieb – »Auf dem dunklen Gefühl eines ungeheuren Weltganzen« beruht. Immer wieder suchte der von unberechenbaren Schicksalsschlägen hin- und hergeworfene Mensch im Weltenablauf nach einer harmonischen Ganzheit mit ewig unwandelbaren Gesetzen. Mit ihrem »quasi-wissenschaftlichen Aufwand an komplizierten Beobachtungen und Berechnungen« ist die Astrologie »eine Frühkultur-Ideologie, die bis in die Gegenwart ihre Bedeutung nicht verloren hat« und deren Lehre von einer Allverbundenheit ausgeht »mit dem Erlebnis einer machtvollen Analogie zwischen Kosmos und Menschenwelt, wobei jede Ebene Symbol der anderen ist« (Hans Biedermann)[174]. Ja, man kann die gesamte Astrologie als ein komplexes Symbolsystem bezeichnen.

In einem von der Ganzheit des Kosmos ausgehenden Weltbild haben die Gestirne ihren sinnerfüllten Platz, und die Menschen sind überzeugt, daß es eine Verbindung zwischen den oberen und den unteren Mächten gibt, eine kosmische Nabelschnur, ein »Band des Himmels und der Erde« (*dur-an-ki*), wie es die Babylonier nannten. Aus diesem gläubigen Wissen heraus entstand die Astrologie, die keineswegs nur nach ihrem entarteten Kind, dem Horoskop, zu bewerten ist. Allerdings darf man nicht in den Fehler verfallen, sie als Wissenschaft aufzufassen, vielmehr ist sie eine Weltanschauung oder – wie Ernst Cassirer formuliert – »einer der großartigsten Versuche systematisch-konstruktiver Weltbetrachtung, der je vom menschlichen Geiste gewagt wurde«. Auch wenn die Astrologie auf einem von der Astronomie als falsch erkannten Weltbild, nämlich dem geozentrischen, aufgebaut ist, so hat sie doch nicht alle Glaubwürdigkeit verloren. Der wissenschaftliche Maßstab allein wird ihr nicht gerecht. Sicher wissen wir heute alle, daß die Erde nicht im Mittelpunkt des Universums steht, sondern daß sie um die Sonne kreist. Und trotzdem sprechen wir tagtäglich vom »Aufgang der Sonne«. Ja, wir bedienen uns nicht nur dieser Redewendung, sondern wir sehen das Gestirn tatsächlich mit eigenen Augen am Horizont auf- und untergehen. Auch dies ist eine Wahrheit, die jedoch dem Mythos näher als dem Logos steht.

Von den verschiedenen Wegen zu einem Verständnis der Astrologie sei kurz auf den der Tiefenpsychologie hingewiesen. Nach ihr wurden die mit den Tierkreisbildern und den Planeten verbundenen Mythen nicht aus den Sternen abgelesen und dann auf die Dimension des Irdischen übertragen, sondern sie entstanden umgekehrt zuerst »in der Seele des Menschen durch seine Gefühle und Leidenschaften, die auf den Gestirnhimmel projiziert wurden und diesen mit Gestalten, Visionen und Vorstellungen bevölkerten«[75]. Ähnlich sagt ja schon Seni zu Wallenstein (in Schillers Drama »Die Piccolomini«): »In deiner Brust sind deines Schicksals Sterne«. Das, was der Mensch den Gestirnen zugedacht hat, nur das wirkt wieder auf ihn zurück. Von hier aus ist es verständlich, daß Sternbilder ihre »Ausstrahlungskraft« behalten haben, obwohl sie durch die Präzession ihre für das Horoskop des Menschen angeblich so wichtige Stellung am Firmament verändert haben. Auch die Planeten können weniger oder mehr bedeuten als der naive, kritiklose Sterngläubige annimmt. Die Babylonier, die Griechen und die Römer wußten, warum sie den Wandelsternen die Namen von Göttern gaben, hatte doch in ihrem Pantheon jede Gottheit eine bestimmte Funktion und einen kennzeichnenden Charakter.

Die auf eine stark vereinfachte Kurzformel gebrachte Symbolbedeutung der Planeten ist bei der Sonne Licht und Dynamik (psychische Energie), beim Mond Empfängnisbereitschaft und Fruchtbarkeit (reagierende Funktion), beim Mars Krieg und Zerstörung (aggressive Funktion), beim Merkur Verstand und Organisation (beziehende Funktion), beim Jupiter Glück und Überfluß (entwickelnde Funktion), bei der Venus Harmonie und Liebe (kompensierende Funktion) und beim Saturn Unnahbarkeit und Einsamkeit (hemmende Funktion). In den einzelnen Planeten zeigen sich die verschiedenen Möglichkeiten menschlichen Erlebens und Verhaltens. Paracelsus hat es so ausgedrückt: »Ihr sollt wissen, daß im Menschen seind Sonn und Mond und all Planeten«. Selbst die sieben Todsünden der katholischen Kirche lassen sich den Wandelsternen zuordnen: der Mond entspricht dem Neid, der Merkur dem Geiz und der zweckhaften Habgier, der Venus die Unzucht, der Sonne die Hoffart, dem Mars der Zorn, während der Jupiter in diesem Sinne die Völlerei und Saturn die Trägheit bedeutet[176]. Von der Tiefenpsychologie ausgehende Autoren können auf alte Überlieferungen einer *scientia intuitiva* verweisen, wenn sie in den Planetengottheiten Symbole psychologischer Grundfunktionen erkennen oder mit anderen Worten das Spiegelbild der in unserem eigenen Inneren wohnenden göttlichen wie auch dämonischen Mächte.

Besondere Bedeutung unter den Planeten kommt der durch ihre Helligkeit auffallenden Venus zu, die nach Sonnenaufgang am Westhimmel als Abendstern und vor Sonnenaufgang am Osthimmel als Morgenstern gut zu sehen ist. In Babylonien war der Planet der Liebesgöttin Ischtar zugeordnet. Die Griechen erblickten in ihm zunächst zwei getrennte Sterne, die sie Hesperos (»der Abendliche«) und Phosphoros (»der Lichtträger«) nannten; auch gibt es schon früh Beziehungen zur Aphrodite, die ja den Beinamen Urania, »die Himmlische«, hatte; bemerkenswert ist auch, daß Hesperos in Hochzeitsgesängen als Führer des Brautzuges gefeiert wurde. In christlicher Zeit gilt Maria als der unter den Auserwählten leuchtendste Stern, als Morgenstern, der dem Aufgang der Christussonne vorangeht und der in der Lauretanischen Litanei als *Stella matutina* angerufen wird. Vor allem aber ist Christus selbst »der glänzende Morgenstern« (Offenbarung 22,16), der in der Nacht aus einer Jungfrau geboren wurde und in der Nacht vom Tode auferstand. Am Kreuze hängend, glich er dem Abendstern (lateinisch Vesper), aber als die Finsternis Überwindender ist er in seiner Auferstehungsherrlichkeit der wahre Luzifer, »der Lichtbringer«, der den mit dem Engelsturz aus dem Himmel geschleuderten uranfänglichen Luzifer endgültig überwindet. Aus dem einstigen Engel Luzifer wurde ein *noctifer*, ein gottfeindliches Wesen, das die Nacht bringt, die Welt ins Dunkel und Verderben stürzt[177]. Christus dagegen ist der *lucifer*, der – wie es in einem Gedicht des Paulinus von Nola heißt –

»im morgendlichen Aufgang aussät freudigen Glanz«; mit ihm erfüllt sich die alte Prophezeiung, daß ein Stern aufgeht aus dem Stamme Jakob (4. Moses 24,17).

Sterne sind ganz allgemein ein Symbol für das Himmlische, Unerreichbare, Jenseitige. Alter ägyptischer Glaube war es, daß die Verstorbenen in astraler Form weiterleben; und schon zu Lebzeiten hoffte man, durch den Leib der (nächtlichen) Himmelsgöttin Nut als Stern wiedergeboren zu werden. In der christlichen Sarkophagplastik versinnbildlichen Sterne die ewige Seligkeit. Mit Sonne, Mond und Sternen verbindet sich die Hoffnung auf eine andere, bessere Welt, weshalb sie bei zahlreichen Völkern als Heilszeichen anzutreffen sind. Glaube, Aberglaube und Unglaube – sie alle können unter einem astralen Heilszeichen stehen, man denke nur an den Gegensatz zwischen dem Stern von Bethlehem und dem roten Stern auf dem Kreml. Die politischen Machthaber bedienen sich ganz bewußt der Suggestivwirkung alter Symbole. Man braucht nur einen Blick auf eine Flaggentafel zu werfen, um zu erkennen, daß der Stern eines der häufigsten Symbole nationaler Freiheit und völkischen Emanzipationsstrebens ist; als Beispiele seien genannt das Sternenbanner (*Stars and stripes*) der USA, der Davidstern in der israelischen Nationalflagge, der schwarze Stern in Wappen und Flagge von Ghana und der mit dem Halbmond verbundene Stern in den Flaggen islamischer Länder wie Türkei, Pakistan und Marokko. Übrigens stammt der früheste Beleg des Halbmondes als Symbol des Islams erst aus dem 11. Jahrhundert auf der Kuppel einer Moschee in Anatolien; erst im 16. Jahrhundert zeigten türkische Schiffsfahnen den Halbmond, und erst zu Beginn des 19. Jahrhunderts wurde er zusammen mit dem Stern in die nach europäischem Vorbild neu eingeführte türkische Reichsflagge aufgenommen. Das Kuriosum ist, daß im christlichen Abendland der Halbmond schon früher als typisch islamisches Symbol gegolten hat als in den mohammedanischen Ländern selbst. Natürlich ließ sich dem ursprünglich aus dem sasanidischen Persien übernommenen Halbmond auch eine religiös-symbolische Bedeutung zulegen, »zeigt doch die Sichel des neuen Mondes das Ende der Fastenzeit an und verkündet den Anbruch des größten aller muslimischen Feste, das Fest des Fastenbrechens[178].

In alter Zeit dienten die Phasen des Mondes als Zeitmaß, und von seinem Wechsel, seinem sich rhythmisch verändernden Aussehen glaubte man das Gedeihen der gesamten Vegetation abhängig, daher auch der Brauch bei wachsendem Mond zu säen und bei abnehmendem die Früchte zu ernten. Bei den Israeliten mit ihrem Mondkalender wurde das Erscheinen des neuen Mondes feierlich durch Feuer auf den Gipfeln der Hügel angekündigt[179], und im 4. Buch Moses (10,10) heißt es, daß an Freudentagen, an Festen und Neumonden die Trompeten geblasen werden sollen. Auch bei den alten Indogermanen galt der Mond als Zeitmesser, wofür nicht nur die sprachliche Verwandtschaft des Wortes »Monat« (lateinisch *mensis*) spricht, sondern auch die etymologische Wurzel *me*, d.h. »messen«. Der Mond ist der die Zeit Messende. Bei den in Kleinasien lebenden Phrygern hieß der Mondgott Men, seinem Einfluß schrieb man das Gedeihen der Pflanzen und Tiere zu; die alten Letten nannten ihn Meness und erblickten in ihm den Schutzherrn der Reisenden. Hier ist das persische Wort Mah anzuschließen, das sowohl den Mond als auch den Mondgott bezeichnet.

Bei zahlreichen Mondgottheiten ist ihre Beziehung zum Wasser unübersehbar; dabei dürfte u.a. die Beobachtung eine Rolle gespielt haben, daß es bei Mondwechsel häufig regnet. Im Rigveda heißt es: »Der Mond ist im Wasser«. Der indische Mondgott Candra hat den Beinamen Indu, das bedeutet ursprünglich »Tropfen«; der an Auszehrung leidende und dahinsiechende Candra nimmt jeden Monat ein Bad und wird wieder hergestellt. In der Mondschale ist auch der Unsterblichkeitstrank Soma, den die Götter trinken. Die griechische Selene galt als Spenderin des befruchtenden Taus. Altmexikanische Bilderhandschriften zeigen den mit Wasser gefüllten Halbmond; die Götter des berauschenden Getränkes namens Pulque waren lunaren Charakters, sie verkörperten das Absterben und Wiederaufleben der Natur. Die vielschichtige lunare Symbolik zeigt sich sehr gut in einem Gebet an den sumerischen Mondgott Nanna; er ist der »Strahlende«, der »Kräftige Jungstier mit dicken Hörnern«, die »Frucht, aus sich selbst erzeugt«, er ist Vater und Erzeuger und zugleich »Mutterleib, Gebärer des Alls«; sein Wort erzeugt auf Erden das grüne Kraut, es hat aber auch in der Unterwelt (im Reich der Toten) Geltung; schließlich ist er derjenige, »der des Himmels Tür öffnet (und) der Feuer und Wasser hält«[180].

Immer wieder erscheint der Mond mit Wasser, Fruchtbarkeit und Vegetation verbunden. Und dabei fällt auf, daß das Gestirn bei zahlreichen Völkern weiblichen Geschlechts ist, ja daß die Frau überhaupt eine größere Beziehung zu ihm hat als der Mann. Der sumerische Mondgott Nanna galt nicht nur als Vater und Erzeuger, sondern auch als »Mutterleib« und »Gebärer des Alls«. Bei den afrikanischen Pygmäen war das Fest des Neumondes den Frauen vorbehalten, während das der Sonne von den Männern gefeiert wurde; als »Mutter der lebendigen Dinge« wurde das Nachtgestirn gebeten, dem Stamm Kinder und Nahrungsmittel zu geben. Auf der Insel Ceram (Indonesien) wird der Mond als Frau gedacht, die während ihrer Unsichtbarkeitsphase menstruiert. Eine geheimnisvolle

Beziehung zwischen Frau und Mond erkannte man darin, daß der körperliche Rhythmus der ersteren mit dem periodischen Rhythmus des Gestirns übereinstimmt. Nicht zufällig hängt das Wort Menstruation mit lateinisch *menstrualis* (»monatlich«) und einer Wurzel *men/mens* für »Mond« zusammen. In verschiedenen afrikanischen Sprachen wird für Menstruation wie für Mond das gleiche Wort gebraucht; bei den Maori in Polynesien lautet das Wort für die etwa alle 28 Tage auftretende Regel *mata marama*, d.h. »Mondkrankheit«[181]. Der zunehmende, »wachsende« Mond galt als Ursache für Wachstum und Vermehrung; kinderlose Frauen setzten sich dem Licht des neuen Mondes aus, um Nachwuchs zu bekommen. In China gibt es den Volksglauben, daß eine Frau schwanger wird, wenn sie eine vom Himmel fallende »Mondperle« verschluckt.

Als Urbild des Weiblichen, das Leben empfängt und schenkt, kontaminiert die Mondgöttin in ihren Funktionen oft mit der Erdgöttin und mit der Magna Mater. Von ihnen hängt das Schicksal der Menschen ab. Die Moiren der griechischen Mythologie, von denen die erste den Lebensfaden spinnt, die zweite ihn durch alle Zufälligkeiten erhält und die dritte ihn durchschneidet und damit den Tod herbeiführt, haben lunarischen Charakter. Die Tätigkeit des Spinnens und Webens wird in einem mondmythologischen Zusammenhang gesehen. Bei den Maya galt die Mondgöttin als Patronin der Webkunst, und bei den auf Sumatra lebenden Batak werden die Mädchen angeblich von der Mondgöttin im Spinnen und Weben unterrichtet. Der Mond selbst ist es, der die menschlichen Geschicke webt, der am sausenden Webstuhl der Zeit arbeitet. Manchmal weben Sonne und Mond als die beiden kosmischen Grundkräfte gemeinsam an dem Weltengespinst; so heißt es im finnischen Nationalepos Kalevala, daß »des Mondes schöne Jungfrau und der Sonne schöne Tochter … weben an dem Goldgewebe, rauschen mit dem Silberfaden«[182]. Im deutschen Volksglauben dürfte Frau Holle eine lunarische Bedeutung zukommen; häufig wird sie als Spinnerin oder mit einem Spinnrocken in der Hand dargestellt, manchmal auch mit einer an den Mond erinnernden Sichel; sie bringt nicht nur – wie in Grimms Märchen – Glück und Pech, sondern ist auch Herrin über Leben und Tod.

Die babylonische Muttergöttin Ischtar führte den Beinamen »Silberglänzende«; sie galt als Tochter des Mondgottes Sin. In dem ihr zugeordneten Planeten Venus (dem Morgen- und Abendstern) zeigen sich ihre zwei Aspekte als lebenspendende Liebesgöttin und als todbringende Kriegsgöttin. Ihr Sohn ist der Vegetationsgott Tammuz, bei dessen Tod sie selbst in die Unterwelt hinabsteigt, um ihn zurückzuholen; beim Durchschreiten der sieben Tore wurden ihr nacheinander ihre sieben Schmuck- und Gewandstücke abgenommen, was man als eine Symbolisierung des abnehmenden Mondes zu deuten versuchte. In spätägyptisch-hellenistischer Zeit wurden auch auf Isis Züge einer Mondgöttin übertragen; ihre Attribute sind Mondsichel, Ähren und Fackel; im Hinblick auf ihren Sohn, den Sonnengott Horus, erhielt sie die Bezeichnung »Gottesmutter«. Noch manche altorientalische oder antike Mond- und Muttergöttin könnte angeführt werden, die präfigurativ für des Menschen Leben, für sein Schicksal steht.

Das nächtliche Geschehen am Himmel, das Zu- und Abnehmen des Mondes, sein Einfluß auf Gezeiten und Wetter und sein Zusammenspiel mit der Sonne ließ in den Menschen ein Gefühl von Ehrfurcht aufkommen, so daß selbst frühchristliche Theologen von dem *mysterium lunae* sprachen. Der Bischof Ambrosius forderte die Gläubigen auf, das nächtliche Gestirn nicht nur mit dem leiblichen Auge zu betrachten, sondern »mit der lebendig durchdringenden Kraft des Geistes«[183]. Um die antike Mondsymbolik zu verstehen, muß man berücksichtigen, daß der Mond bei Griechen und Römern weiblichen Geschlechts war wie ja auch bei Chinesen, Polynesiern und Maya. Der griechische Geist dachte sich den Sonnengott Helios und die Mondgöttin Selene als bräutliches Geschwisterpaar; in der liebenden Vereinigung (im Dunkel des Neumonds) wird Selene vom Sonnenlicht schwanger und damit zur Mutter alles Lebendigen. In der Ausdeutung der Kirchenväter erscheint der Mond als Kirche, die ihr Licht von der Christussonne empfängt. Das vom Mond kommende Lebenswasser, der indische Somatrank oder der Tau der Selene, wird zum Taufwasser für die Gläubigen. Auch wenn die Kirche in ihrem lunaren Aspekt in der irdischen Nacht sterben muß, so empfängt sie doch mit der zu Ostern auferstehenden Sonne neues Leben. Es ist der verinnerlichte Glaube der Benediktinerin Photina Rech, der in den Erscheinungen am Himmel Symbole erkennt und in diesen gleichsam die Botschaft, daß die Kirche immer wieder neu aus der Umnachtung der Christuspassion zum Vollglanz der Auferstehung heranwächst »und leuchtet in die Erdennächte der Menschenkinder als Bild des österlichen *transitus*, der auch ihnen den Weg und Hinübergang in die jenseitige Lichtwelt weist«[184].

In der Kirche, der Ecclesia, wird die Braut des Hohenliedes (6,10) erkannt, die »schön wie der Mond« ist, ebenso aber auch das apokalyptische Weib (Offenbarung 12,1) und in beiden wiederum die Jungfrau Maria. Schon die Theologen der Karolingerzeit sahen in der Frau mit dem Mond unter den Füßen und mit der Sonne bekleidet sowohl Maria als auch die Kirche. Bilderhandschriften zeigen die Frau mit der Sonnenscheibe oder einer Sonnenmandorla vor der Brust. Mit der seit dem 12. Jahrhundert überhandnehmenden mariologischen Deutung werden Sonne, Mond und der Kranz mit den zwölf Sternen zu kosmischen Gleichnissen für die Schönheit der Jungfrau. Das ikonographische Motiv der Mondsichelmadonna ist seit dem 15. Jahrhundert ausgeprägt, oft als Einzelstatue, in Marienleuchtern oder auf einem Altarbild. Dabei kann auch die Bedeutung der *immaculata conceptio* hinzukommen, d.h. die Vorstellung, daß Maria im Leib ihrer Mutter Anna unbefleckt, ohne Erbsünde, empfangen wurde. Der Bildtyp der Maria Immaculata wurde zum beliebtesten Marienbild des Barock und des Rokoko, hingewiesen sei nur auf die Gemälde von Murillo oder auf die Holzskulpturen von Joseph Anton Feuchtmayr und Ignaz Günther; aber auch an einsamen Gebirgswegen oder in Dorfkirchen findet sich die Jungfrau – triumphierend auf der von der Schlange umwundenen Weltkugel stehend, von Sonnenstrahlen umgeben, den Sichelmond zu Füßen und oft ein Lilienzepter in der Hand.

Von orthodoxen Kirchenvätern wird Maria »der Mond der Kirche« oder einfach »unser Mond« genannt. Papst Innozenz III. schrieb: »Zum Monde sollte derjenige schauen, der im Schatten von Sünde und Verbrechen begraben liegt. Da er die göttliche Gnade verloren hat, ist der Tag verschwunden, keine Sonne scheint ihm mehr, aber der Mond ist noch am Horizont. Möge er sich an Maria wenden; unter ihrem Einfluß finden Tausende täglich den Weg zu Gott«. Noch heute gibt es bei portugiesischen Bauern für den Mond den Ausdruck »Muttergottes«, in Frankreich umschreiben die Bauern den Mond verschiedentlich als »Notre Dame«[185]. An die Geburt und Schicksal bestimmenden Mondgöttinnen erinnert es, wenn die Jungfrau Maria nach einer apokryphen Überlieferung im Tempel mit Spinnen und Weben beschäftigt ist. Der byzantinische Theologe Nikephoros berichtet, daß in einer Kirche zu Konstantinopel die von Maria benützte Spindel als eine Art Reliquie verehrt worden sei, und aus der Kunstgeschichte sind vereinzelt Bilder bekannt, in denen die Jungfrau den roten Purpurfaden für den Tempelvorhang spinnt, wobei das noch ungeborene, sonnenhaft strahlende Kind geradezu als Gespinst in ihrem Leib erscheint (so bei einem oberdeutschen Meister um 1400, Museum zu Berlin-Dahlem). Wenn wir auf Ähnlichkeiten mit den alten Mond- und Muttergöttinnen hingewiesen haben[186], dann weniger in der Annahme einer bewußten Tradierung, sondern weil die mit Bangen und Hoffen am Himmel erschauten Bilder zu allen Zeiten des Menschen Geist und Herz bewegten und von da aus wieder in seinen Glaubenslehren und in seinen Kunstwerken Gestalt annahmen.

Während die Sonne sich selber immer gleich bleibt, verändert der Mond seine Gestalt, er wächst und schwindet und ist während dreier Nächte am Sternenhimmel überhaupt nicht zu sehen. So wird er zum Urbild eines Kreislaufes, in dem werdendes und vergehendes Leben einander ohne Ende ablösen, ein kosmischer Zyklus, in dem der Mensch sein eigenes Schicksal zu erkennen glaubt. Der römische Gelehrte Varro bezeichnete die Göttin Luna als *dux nascentium*, als »Anführerin alles Werdenden«. In dem sichtbaren Gestirn erstrahlt dem Menschen die Botschaft von Leben, Tod und Wiedergeburt. Wenn verschiedene Indianerstämme zur Zeit des Vollmonds ihre heiligen Riten vollziehen, dann geschieht dies in dem Bewußtsein: »Wie der Mond stirbt und wiederkommt, so werden auch wir nach dem Tode wieder leben«[187]. Alte Überlieferungen wissen, daß die Seelen der Verstorbenen zum Mond reisen. Nach der Lehre der Pythagoräer lagen die Gefilde des Elysiums im Mond, und nach altindischem Glauben (Upanishaden) ruhen sich die Seelen der Verstorbenen im Monde aus und erwarten dort eine neue Inkarnation, die Rückkehr in den biokosmischen Kreislauf. Nach Plutarchs trichotomischer Auffassung vom Menschen verbleibt bei dessen Tode der Körper (*soma*) in der Erde, die Seele (*psyche*) geht in den Mond ein, und der Verstand (*nous*) kehrt zur Sonne zurück. Einzelne Mythen erzählen vom Urmenschen, der nach seinem Weggang von der Erde zum Mond(gott) wurde. So sagte Ouiot, der Stammvater der Luiseno-Indianer in Südkalifornien, daß er drei Tage nach seinem Tode wiederkehren werde; mit dem Weggang Ouiots wurden die Menschen sterblich.

Des Mondgottes Botschaft von Tod und Unsterblichkeit kann von Schlange oder Chamäleon überbracht werden; in einer Sage der Hottentotten ist es der Hase, der den Menschen das Weiterleben verkünden sollte, die Nachricht aber falsch ausrichtete, weshalb nun alle Menschen sterben müssen. Die sich häutende Schlange und das die Farbe wechselnde Chamäleon gelten als lunare Tiere, ebenso der im Winter verschwindende und im Frühjahr wieder hervorkommende Bär (z.B. in Sibirien) und die sich aufblähende und mit dem Wasser verbundene Kröte. In China ist die dreibeinige Kröte ein Mondsymbol, ein anderes ist der Hase, der neben dem Kassiabaum sitzt und in einem Mörser das Lebenselexier zubereitet. Eine altmexikanische Bilderhandschrift (Codex Borgia) zeigt den Hasen in der mit Lebenswasser gefüllten Mondsichel. Auch in der christlichen Kunst kann der Hase – neben anderen Bedeutungen – die eines lunaren Symbols annehmen; das Motiv dreier in einem

Kreis angeordneter Hasen (z.B. bei einem Fenster des Paderborner Domes) wurde früher trinitarisch gedeutet, wahrscheinlicher ist die Andeutung der kreisenden Bewegungen des Mondes und seiner drei Phasen[188], die ja auch sonst oft durch dreigliedrige Motive symbolisiert werden, man denke an Dreipaß, Dreibein, Triskeles (heute noch im Stadtwappen zu Füssen) oder an die griechische Göttin Hekate, die in ihrem lunaren Aspekt dreigestaltig (*triformis*) ist.

Es ist gar keine so ausgefallene Idee der alten Völker, wenn sie in den Hörnern von Stier oder Kuh ein Sinnbild der aufleuchtenden und wieder erlöschenden Mondsichel erblickten. Zwischen dem Verschwinden der immer schmaler werdenden Mondsichel und ihrem Wiedererscheinen als »junger« Mond liegt gewöhnlich ein Zeitraum von drei Tagen, in denen der Mond durch das Sonnenlicht unsichtbar gemacht wird. Die Sonne befindet sich also zwischen den beiden »Mondhörnern«. So erblickten antike Autoren in den die Sonnenscheibe tragenden Kuhhörnern der Isis eine Nachbildung der Mondsichel. Von einer Assoziation Hörner – Mondsichel spricht der Indologe Willibald Kirfel im Hinblick auf Shiva; an zahlreichen Stellen der indischen Literatur wird die Mondsichel als des Gottes Scheitelschmuck erwähnt, dahinter aber steht Shiva als alter Stiergott. Gerade am Beispiel des Stieres zeigt sich, wie vielschichtig und komplex ein Symbol sein kann und wie vorsichtig man bei seiner Ausdeutung sein muß[189]. Ganz abgesehen von seinen Symbolbezügen zu Fruchtbarkeit und Leben, zu Stärke und Macht kann der Stier sowohl dem Mond als auch der Sonne zugeordnet erscheinen. Der hurritische Wettergott Teschub wurde auf zwei Stieren stehend dargestellt, die die kennzeichnenden Namen Scheri (»Tag«) und Hurri (»Nacht«) hatten. In Ägypten wurde sowohl die Sonne als auch der Mond »Stier des Himmels« genannt; das Tier war der Herold des Sonnengottes Re, andererseits konnte es als Gebieter des Nachthimmels aber auch als »Stier der Sterne« bezeichnet werden. Im Rigveda wird der Mond »Stier mit tausend Hörnern« genannt, der aus dem Meer emporsteigt und die Leute schlafen macht; vielleicht sind die tausend Hörner nichts anderes als ein Bild für die Tausende von Sternen. Der sumerische Mondgott Nanna galt als »kräftiger Jungstier mit dicken Hörnern«; andererseits war der babylonische Marduk als Lichtbringer das »Jungrind des Sonnengottes«.

Wie die Sonne noch unserer heutigen Zeit als wichtigstes Gestirn des Himmels erscheint (obwohl wir wissen, daß sie nur einer unter zahllosen Fixsternen ist), so bedeutete sie den alten Völkern die Mitte und den Urgrund des Kosmos. Ohne sie gibt es kein Licht und kein Leben. Von einem eigentlichen Sonnenkult kann man genau so wenig sprechen wie von einem Mondkult. Nicht dem betreffenden Gestirn galt die Verehrung, sondern der hinter ihr gedachten Gottheit. Sonne und Mond waren nur deren Offenbarungsträger, Symbole. Den Ägyptern galt die Sonne als sichtbarer »Leib« des Himmelsherrn Re. Nicht weniger trefflich ist die Vorstellung des nordamerikanischen Indianerstammes der Hopi, bei denen der Gott Tawa durch die Sonnenscheibe alles sieht und durch sie alles bewirkt.

Der griechische Helios ist nicht einfach die Sonne, sondern der »zeugende Vater der Sonnenstrahlen«, dargestellt auf einem von vier Rossen gezogenen Wagen, das Haupt von einem Strahlenkranz umgeben; in einem homerischen Hymnus heißt es von ihm: »Aus dem Goldhelm läßt er die Augen schrecklich blitzen«. Unter allen Metallen kann nur das leuchtende Gold die Sonne symbolisieren. Die Ägypter bezeichneten den Sonnengott metaphorisch einfach als »das Gold« oder »der Goldene«. Ein großes goldenes Abbild der Sonne stand im Sonnentempel der Inkahauptstadt zu Cuzco; es war so aufgestellt, daß die Strahlen der aufgehenden Morgensonne sich zur Zeit der Junisonnenwende in ihm spiegelten[190]. Auch in der Astrologie entsprechen sich Metall und Gestirn; schon bei den spiralförmig aufsteigenden Stufentürmen (*zikkurat*) in Babylonien hatte die der Sonne zugeordnete Etage die Farbe Gold.

Wohl bei keinem anderen Volk spielte die Sonne eine wichtigere Rolle als im Glauben der alten Ägypter. Zunächst galt sie als das rechte Auge des Himmelsgottes Horus, der nach alter nomadischer Vorstellung als über die Erde schwebender Falke gedacht wurde, doch bald wurde sie als »Auge des Re« angesprochen. Als Weltenlenker überquert Re in seinem von Gold erstrahlenden Schiffe den Himmelsozean, begleitet von seiner Tochter Maat, der Verkörperung der kosmischen Ordnung. In Gräbern gefundene Modelle von Sonnenschiffen sind Ausdruck für den Wunsch der damals lebenden Niltalbewohner, an der Fahrt des Re teilzunehmen, das heißt die dunkle, gefährliche Unterwelt (das Reich des Todes) zu durchqueren und so eines neuen Tages, eines neuen Lebens sicher zu sein. Ein Sonnensymbol war der Skarabäus, oft als heiliger Pillendreher bezeichnet, in Wirklichkeit ein einfacher Mistkäfer, in dessen sichtbaren Verhaltensweisen man sowohl den Weg der Sonne als auch den des Menschen gleichnishaft zu sehen glaubte: Wie der Käfer eine Mistkugel vor sich herschiebt, so dachte man, daß der Schöpfer- und Sonnengott (namens Chepre) die Sonnenkugel über den Himmel hinwegrollt; und wie der alte Käfer stirbt und aus dem in der Erdtiefe behüteten Ei ein neuer hervorkommt, so glaubte man, daß die Seele des Verstorbenen sich aus der Mumie löst und himmelwärts fliegt[191]. Der Licht und Leben verheißende Skarabäus wurde zu einem beliebten Amulett und den Toten als Symbol neuen Lebens mitgegeben. Die einzelnen Erscheinungsformen

und Eigenschaften der Sonne wurden durch bestimmte Gottheiten ausgedrückt: Chepre entsprach der aufgehenden Sonne, der menschengestaltige Re der Tages- (bzw. Mittags)sonne und Atum als alter Mann mit Widderkopf der Abendsonne. Von besonderer Bedeutung wurde die in Horus vorgenommene Gleichung Himmel – Sonne – König; daneben galt der König aber auch als Sohn des Re und war als solcher des Sonnengottes »lebendes Bild auf Erden«. Der König, der erst seit der 22. Dynastie vor seinem Namen den Titel Pharao führte, trug als Kopfschmuck die Uräusschlange, d.i. das feurige Auge des Sonnengottes.

Der (scheinbare) Lauf der Sonne wurde symbolisch geschaut im Bild der Wagenfahrt wie beim griechischen Helios oder beim römischen Sol, der Schiffsreise (bei Re) oder im Flug eines Vogels (Horus als Falke, der aztekische Tonatiuh als Adler). Auf die

Wagenfahrt weist das Rad als weit verbreitetes Sonnensymbol hin. In Indien schmücken achtspeichige Räder den Tempel des Sonnengottes Surya. Weil der Sonnengott in der Antike als Schutzherr der im Zirkus stattfindenden Wagenrennen galt, wurde den Rennpferden ein Rad (*rota*) als Glückszeichen eingebrannt[192]. Das Radkreuz und das Hakenkreuz können neben einem ganz allgemein die Bewegung zum Ausdruck bringenden Zeichen auch speziell solare Bedeutung annehmen. Das Kreuz mit vier gleichlangen rechts herumlaufenden Haken wird im indischen Raum Swastika genannt, es symbolisiert die aufgehende Sonne, den Tag und das Leben; mit links herumlaufenden Haken heißt das Zeichen Sauwastika und deutet auf die absteigende Sonne, die Nacht und den Tod. Inwieweit das als Schmuckmotiv oder als apotropäisches Zeichen bei den Germanen beliebte Hakenkreuz primär solare Bedeutung hatte, ist nicht einwandfrei gesichert. Während sich die weltanschaulich orientierte Forschung der nationalsozialistischen Epoche einseitig auf eine solche festlegte, ist man in jüngerer Zeit etwas zurückhaltender. Dies gilt auch für das heute noch in Volksbräuchen vorkommende Scheibenschlagen und Räderrollen. Lutz Röhrich weist darauf hin, daß man das auf vielen Frühlingsfeiern von den Bergen hinabgerollte Rad nirgends – außer in gewissen Folklorismuserscheinungen der Gegenwart – »Sonnenrad« nennt und meint dann: »Selbst wenn es seine Richtigkeit haben sollte, daß die Feuerräder im Frühjahr etwas mit der Fruchtbarkeit der Felder zu tun hätten, so muß es doch offen bleiben, ob sie wirklich ›Sonnenräder‹ waren und ob der kühne Bezug zu den vorgeschichtlichen Sonnenwagen oder Felsritzungen nicht zu gewagt ist«[193].

Eine Sonnensymbolik gibt es auch im Christentum, und wenn dabei altorientalische und antike Vorstellungen Aufnahme fanden, dann nicht nur, weil diese als eine Hinführung oder Vorbereitung auf das Evangelium (*praeparatio evangelica*) betrachtet wurden, sondern weil bereits zur Zeit des Alten Testamentes dem Judentum diesbezügliches Gedankengut nicht fremd war. Sicher war ein ausgesprochener Sonnen- oder auch Gestirnkult im Widerspruch zur Jahwe-Religion (vgl. 2. König 23,5.11), aber gewisse solare Elemente lassen sich doch nicht leugnen. Beim Propheten Jesaia (60,20) wird die kosmische Sonne zur Metapher der göttlichen Sonne. Der Psalm 104 erinnert geradezu an ägyptische Sonnenhymnen, so wenn es von Gott heißt: »Licht umhüllt dich einem Mantel gleich ... Du bist es, der die Berge benetzt, von deiner Him-

melsgabe wird satt das Land ... Verhängst du Dunkelheit, dann wird es Nacht, alle wilden Tiere des Waldes regen sich. Die Löwen brüllen nach Raub ... Bei Sonnenaufgang schleichen sie heim ... Dann geht der Mensch hinaus an sein Werk ... Verhüllst du dein Antlitz, so sind sie verwirrt ... Des Herrn lichtvolle Hoheit dauere ewig.« Aber die Sonne bleibt immer nur Gleichnis, Bild, Symbol für die alles überragende Größe Gottes. Hier sind auch die auf Jahwe in seinen Funktionen als Richter, Retter und Garant der kosmischen Ordnung übertragenen solaren Züge anzuschließen[194]. Die für das Christentum bedeutendste Stelle ist bei Maleachi (3,20 bzw. 4,3) zu finden: »Dann strahlt euch, die ihr meinen Namen fürchtet, die Sonne des Heiles auf«.

Wenn die frühchristliche Kirche gewisse Bilder und Worte aus der antiken Glaubenswelt übernommen hat, dann in ganz bewußter Hinführung auf Christus hin; er allein ist die »Sonne des Heils« und »das aufstrahlende Licht aus der Höhe«, wie es im Evangelium des Lukas (1,78) heißt. Aus dieser Einstellung heraus konnte der 25. Dezember als Fest des römischen *Sol invictus*, der unbesiegbaren Sonne, zum Geburtstag Christi angenommen werden. Bei der Verklärung auf dem Berge Tabor glänzte Jesu Antlitz wie die Sonne, und seine Kleider wurden »hell leuchtend wie das Licht« (Matthäus 17,2). Auch der Seher von Patmos erschaut Gottes Sohn, »als ob die Sonne strahlte in ihrer Kraft« (Offenbarung 1,16). Wie die im Westen untergehende Sonne sich am Morgen im Osten neu erhebt, so ersteht Christus von den Toten auf; nach dem Kirchenlehrer Klemens von Alexandrien hat die Sonne der Gerechtigkeit »den Westen zum Osten zurückgebracht und den Tod zum Leben gekreuzigt«. Der aufgehenden Sonne entgegen beteten die Christen der Frühzeit, und immer wieder bis in die Neuzeit hinein wurden die Kirchen nach Osten gerichtet. Bezeichnenderweise ist Christus nicht am jüdischen Sabbat (Samstag, althochdeutsch *sambatstag*) auferstanden, sondern an dem Tag, der zu damaliger Zeit dem Sonnengott Helios geweiht war und der von den Römern *dies Solis* (»Tag der Sonne«) genannt wurde. Während sich in den romanischen Ländern die Bezeichnung »Herrentag« (*dies dominica*, französisch *dimanche*) duchsetzte, haben die germanischen Völker die Bezeichnung Sonntag beibehalten. Der alte Heliostag wurde mit dem Inhalt des christlichen Auferstehungsmysteriums neu erfüllt, ja erhielt jetzt erst seine tiefere Bedeutung.

Der Kreis als Bild der Welt

Das erste Weltbild, das der Mensch sich macht, ist anthropozentrisch. Mitte haben und Mitte sein kann aber nur derjenige, der inmitten der Welt steht, an all ihren Dimensionen teilhat und selbst ein Mikrokosmos ist. Nach etruskischer Vorstellung befindet sich der die Zeichen der Götter Beobachtende immer in der Mitte des Universums, unabhängig von seinem irdischen Standort. Tatsächlich ist jeder beliebige Punkt auf der Erde der Mittelpunkt des unermeßlich großen Himmelsgewölbes. Von der eigenen Wohnstätte, vom eigenen Land aus sieht der Mensch die Welt nach allen Seiten hin ausgebreitet. In einer Zeit, in der es noch keine bequemen und schnellen Verkehrsmittel gab, gewährte die von der unbekannten, ja unheimlichen Fremde ringförmig umgebene Heimat Schutz und Leben. Dem heimischen Innenraum steht die fremde Außenwelt gegenüber; die Peripherie der Oikumene ist von Dämonen, Fabelwesen, Riesen und Zwergen bewohnt.

Wer sich selbst im Zentrum der Welt erlebt, für den muß auch die Erde in der Mitte des Alls stehen. Das anthropozentrische Weltbild ist zugleich ein geozentrisches. Die Erde gilt als ruhender Mittelpunkt, um den alle Gestirne kreisen. Selbst im Zeitalter der Astronautik sprechen wir noch vom Auf- und Untergang der Sonne, so als ob die Erde das Zentrum des Universums wäre. Nur wenn der Mensch einen ihn tragenden Boden, die Erde, unter den Füßen hat, kann er ein Raumerlebnis haben. Die Erde ist der Lebensraum des Menschen; der Himmel dagegen ist das Andere, das Unendliche, Grenzenlose, Transzendente. »Im Raummythos vergegenwärtigen sich also die Grunddimensionen der Existenz, Tiefe und Weite, die zusammengenommen das Ganze, das All im subjektiven und objektiven Sinn ausmachen«[195]. Bei dem Versuch der Orientierung wird die Welt als ein Umschließendes erfahren; der Rundhorizont wird zum Weltbild!

Von zwei Erfahrungsweisen her erschloß sich dem naturverbundenen Menschen der Kreis: einmal über die Gestalt und die Bahn der Gestirne – der Kreis liegt »außerhalb« und ist eine Offenbarung der im Kosmos wirkenden Gesetzmäßigkeit –, und das andere Mal über sich selbst – das eigene Ich ist Mittelpunkt des mit dem Weltall in Korrespondenz stehenden Lebenskreises. Als drittes gesellte sich die Erkenntnis dazu, daß alle in der Materie sichtbare Entwicklung zyklisch verläuft. In den Upanishaden finden sich mehrere Stellen, die das Hineingestelltsein des Menschen in die kosmischen Kreisläufe (z.B. des Wassers oder der Nahrung) religiös interpretieren. Zwar sind diese sogenannten Kreisläufe visuell nicht als Kreis wahrzunehmen, aber die in sich geschlossene geometrische Figur »ohne Enden« ist eben das beste Bild für einen gesetzmäßigen Ablauf, dessen einzelne Phasen sich dauernd wiederholen.

In seiner Undifferenziertheit, in seinem Ungegliedertsein ist der Kreis eins und alles; er bildet eine Einheit und enthält doch alle Möglichkeiten der Entfaltung. Er ist das Tor der Welt, der Schoß des Lebens. Im Atharvaveda hat »das Ungeborene« als Brust die Erde (Prithivi), als Rücken den Himmel (Dyaus); die weibliche und die männliche Weltkomponente gleichen zwei einander zugekehrten Schalen. Hier könnten zahlreiche Welteltermythen angeführt werden, wie etwa in der ägyptischen Kosmogonie die Himmelsgöttin Nut und der Erdgott Geb durch den Luftgott Schu getrennt werden. Psychologisch betrachtet ist die Trennung der Welteltern ein symbolischer Akt für die Bewußtwerdung des Oben und Unten, von Licht und Finsternis, von Frau und Mann. Der Mensch selbst tritt aus seiner Ursprungseinheit heraus, indem er sein Eingespanntsein in die kosmische Polarität erkennt. Mit der Entfaltung des Ich, d.h. seines Bewußtseins, sieht sich der Mensch aus der ursprünglich eingenommenen Mitte (in der Sprache des Mythos das Paradies) hinausgestoßen. Alles Wachstum, alles Bewußtwerden, vollzieht sich von innen nach außen. Der Mensch erlebt sich selbst als Zentrum seines größer werdenden Lebenskreises, aber er erkennt, daß er nicht mehr in der absoluten Mitte verankert ist[196].

Wie nicht anders zu erwarten, stellt das konsequent weitergedachte geozentrische Weltbild das eigene Volk und seine Hauptstadt in die Mitte der Erde. Die alten Ägypter hatten die Vorstellung von der runden Gestalt des Kosmos; ihre Bezeichnung für die Welt war »Das, was die Sonne umkreist«. Die Kartusche, in die der Name des Königs eingeschrieben wurde, war ursprünglich kreisrund und hieß »Großer Ring«, eine Bezeichnung, die auch für den Ozean gebräuchlich war; die Kartusche war Anspielung auf die Weltherrschaft des Pharao, auf die er als Sohn des Sonnengottes ein Anrecht hatte. Noch Horapollon (im 4. nachchristlichen Jahrhundert) war sich dessen bewußt, daß Ägypten die Mitte der bewohnten Erde bildet genau so wie die Pupille die Mitte des Auges[197]. Eine aus spätbabylonischer Zeit stammende Weltkarte zeigt die Erde kreisförmig vom Ozean umgeben; in der Mitte liegt die Hauptstadt Babylon, deren Name bedeutet »Götterpforte« (*bab-ilani*). Wenn die Ringmauer von Babylon – nach dem griechischen Geschichtsschreiber Diodorus Siculus – bewußt auf eine Länge von 365 Stadien gebracht worden sein soll, dann ist hierin eine Nachahmung des Sonnenlaufes in 365 Tagen um die Erde zu erblicken. Dem iranischen Weltbild von der »ausgedehnten, runden, fernbegrenzten Erde« entsprechend wurden die Königsresidenzen nach mathematisch genauem Kreisumriß angelegt. Die ältesten Siedlungen der Römer dürften ringförmig als Abbild der vom Horizont begrenzten *terra* angelegt gewesen sein, wofür u.a. die etymologische Gleichung *urbs* (»Stadt«) – *orbis* (»Kreis«) spricht. Zahlreiche mittelalterliche Landkarten von Palästina zeigen Jerusalem als runde und gewöhnlich viertorige Stadt. Als Papst Urban II. in Clermont zum Kreuzzug aufforderte, rief er zu der begeisterten Menge: »Jerusalem ist der Nabel der Welt, die königliche Stadt, in der Mitte des Erdkreises gelegen«[198].

Jeder heilige Raum (*topos hieros*) ist ein Ort der Mitte, und überall wo in den Mythen das Bild des Erdnabels oder einer Weltachse (Weltberg, Weltbaum) gebraucht wird, liegt der Gedanke an die Kreis- oder Kugelgestalt zugrunde. Noch heute zeigt man in der Grabeskirche zu Jerusalem den Omphalos in Gestalt eines becherförmigen Denkmals; für die Juden war ihre heilige Stadt auch das Zentrum der Welt getreu dem Wort bei Ezechiel (5,5), wonach Jerusalem in die Mitte aller Völker gestellt ist. Nach germanischer Mythologie liegt die Welt im Schatten der Yggdrasil; im Schutz dieses Baumes leben die Menschen in Midgard, ringsum brandet das Weltmeer; dieser ganze Bereich wird zum Abgrund hin von der Midgardschlange zusammengehalten. Nach buddhistischer Vorstellung bildet der Weltberg Meru die Mitte alles Seins, er ragt hinunter in das Reich der Dämonen (Asuras), während sein Gipfel im Götterhimmel endet. Durch das ihn umflutende Ringmeer wird der Meru von den vier Weltinseln getrennt; Weltmeer und Kontinente werden von dem kreisrunden Cakravala-Felsring umschlossen.

Bei näherer Untersuchung vor- und frühgeschichtlicher Ornamente zeigt sich die Kreisfigur sehr oft als ein Bild der Welt (*imago mundi*). Gewöhnlich ist die Umrandung dann stark betont; Punkt-, Zakken-, Wellen- oder Mäanderlinie deuten dabei den Horizont, das um die Erde gedachte Randgebirge oder den Okeanos an, wobei in letzterem Falle nicht ohne weiteres klarzustellen ist, ob es sich um den irdischen oder um den himmlischen handelt. Viele Kreisornamente fallen durch ein viergliedriges Schema auf; es ist die Ausrichtung nach den vier Weltgegenden, wie wir sie ja schon von den vier Flüssen des biblischen Paradieses (1. Moses 2,10-14) her kennen. Von den vier Gestalten der Ezechielvision (1,12) heißt es wörtlich: »Jedes Lebewesen ging nach der Richtung, die sein Gesicht zeigte«. Leo Frobenius wies mit Recht darauf hin, daß zahlreiche altorientalische Metallschalen in ihrem Innendekor Weltbilder darstellen. Vorsichtiger drückt sich André Parrot bei der Deutung der zu Samarra (Altmesopotamien) gefundenen Keramik aus, aber auch er meint: »Die Menschheit drückt mit solchen Formen Hoffnung und Furcht aus, und offensichtlich verkündet sie bereits ein bestimmtes Credo. Der Reigen der Steinböcke oder die aus den Haaren von vier Frauen gebildete Swastika sind Zeichen jenes vitalen Aufschwungs, der die ganze Schöpfung beseelt«[199].

Jeder Altar, jeder Tempel ist ein kosmisches Machtzentrum, in dem die Kommunikation mit allen Seinsebenen möglich ist. Bezeichnenderweise fallen die Sakralbauten immer wieder durch ihre Rundform auf. Hier sei zunächst an die bekannte Menhiranlage Stonehenge (bei Salisbury) erinnert, deren Bedeutung – ob Toten-, Sonnen- oder Fruchtbarkeitskult – immer noch nicht eindeutig geklärt ist; aber sicher wurde der Augenblick, in dem die ersten Strahlen des Sonnengestirns am Tag der größten Erdferne den Altarstein trafen, als die Wiederkehr von Leben, Licht und Vegetation gefeiert. Schon der vorgeschichtliche Mensch trat im heiligen Kreis den kosmosbeherrschenden Mächten gegenüber. Und in geschichtlicher Zeit gehören Rund- und Kuppelbauten zu den bedeutendsten sakralen Stätten, man denke nur an das unter Kaiser Hadrian errichtete Pantheon zu Rom, an den Felsendom zu Jerusalem als den ältesten Sakralbau der Moslems, an die Hagia Sophia in der Stadt Kaiser Konstantins oder an die Hauptkirche der katholischen Christenheit, die Peterskirche zu Rom.

Im Bewußtsein der Sympathie aller Dinge ist der buddhistische Sakralbau der architektonische Ausdruck für das Weltgefüge. Als wichtigstes Heiligtum gilt die Pagode, deren Grundriß ursprünglich stets kreisrund war, später aber polygonal nach den vier Weltgegenden und ihren Unterteilungen ausgerichtet wurde. Die Pagode, deren vornehmliche Bestimmung in dem Aufbewahren von Buddhare-

liquien besteht, ist eigentlich der Weltberg, der in mehrere Stockwerke gegliedert ist. Öfters ist mit dem Bau die Vorstellung der Lotosblume verknüpft, die dem Erleuchteten als Thronsitz dient und ihrerseits wiederum ein Symbol des Weltalls oder seiner Schöpfung ist. In Indien wird der Kosmos mit einer auf dem Weltmeer schwimmenden Lotosblüte verglichen. Der große Tempel Borobudur auf Java ist eine in Stein transponierte magische Formel (*mantra*); mit dem quadratischen Grundbau und den fünf unteren Terrassen deutet er die Erde an, die drei oberen Kreisterrassen sinnbilden den Himmel.

Auch in der christlichen Kirche steht der untere Teil in Entsprechung zum Irdischen, die krönende Kuppel ist analog dem sichtbaren Himmelsgewölbe das Sinnbild der »oberen« Welt, genau das besagt die lateinische Redewendung *caelum pendens sub caelo*. Wenn in der abendländischen Kirche die Konzeption der heiligen Mitte im Rundbau auch zugunsten eines heiligen Weges (*via sacra*) im Langhaus zurückgedrängt wurde – im Gegensatz zu den orthodoxen Kirchen – so läßt sich trotzdem noch eine Angleichung an die runde Gestalt des Alls erkennen. »Denn es läßt sich nachweisen, daß die einzelnen Maße eines Münsters oder Domes in der Fortsetzung eines vorchristlich römischen Brauches aus der harmonischen, d.h. der fünffachen oder zehnfachen Teilung eines Kreises hervorgingen«[200]. Wie das sichtbare Weltall schon bei anderen Völkern als Offenbarung der unsichtbaren Gottheit ausgelegt wurde, so ist der »Tempel« in erweiterter Bedeutung der »Leib« Gottes (vgl. Johannes 2,19-21). Bei zwei Kultstätten hat das abendländische Mittelalter eine von der architektonisch betonten Mitte aus gleichmäßig nach allen Seiten entwickelte Gestaltung verwirklicht: bei den Baptisterien und den Grabkirchen. Wo der Mensch in das Leben tritt (im christlichen Sinne durch die Taufe) und wo er es verläßt, öffnet sich der Urgrund des Seins, hier sind die wahren Radien zwischen der irdischen Peripherie und der absoluten Seinsmitte.

Das Bild des Kreises als Prototyp der Erde, als Anfangs- und Endpunkt alles Irdischen, ist eng mit der Inselmetaphorik verbunden. Nach altägyptischer Überlieferung taucht am Anfang der Welt ein hoher Hügel, einer kreisförmigen Insel gleich, aus dem Urgewässer des Nun auf; hier war die Wirkungsstätte des Schöpfergottes. In späterer Zeit bemächtigte sich der Osirisglaube der Idee des Urhügels, womit dieser nicht nur Stätte des Welt- und Lebensbeginns, sondern auch der Todüberwindung ist. Die indische Allmutter Shakti, aus der die drei Weltsphären (Himmel, Erde und der Raum dazwischen) ins Dasein treten, thront in einem Palast, der in der Mitte eines goldenen und runden Eilandes (Juweleninsel) steht. Der Kenner der mittelalterlichen Literatur weiß, wie der antike Topos der »Insel der Seligen« mit der jüdisch-christlichen Paradiesestradition verschmolz[201]. In der christlichen Kunst erscheint das Mariensymbol des geschlossenen Gartens (*hortus conclusus*) bedeutungs- und oft auch darstellungsgleich mit einer schützenden Insel, so etwa bei dem Bildtypus »Maria mit dem Einhorn« auf französischen und flämischen Tapisserien des 15. und 16. Jahrhunderts.

Als Ort des Ursprungs und der Gottesnähe hat auch das Paradies Kreisform. Die Erschaffung des Menschen, der als »Krone der Schöpfung« das ganze All in sich zusammenfaßt, selbst Mikrokosmos ist, konnte nur in der sakralen Mitte stattfinden. Nach altmesopotamischer Tradition wurde der Mensch im Weltennabel gebildet, dort wo *dur-an-ki* war, das Band zwischen Himmel und Erde, die Weltachse. Die von Gott dem Menschen zugedachte Welt war »ohne Ecken«, vollkommen. Spätmittelalterliche Bilder zeigen Adam und Eva oft in einem kreisrunden Gottesgarten, so bereits in der Deckenmalerei in St. Michael zu Hildesheim, Ende des 12. Jahrhunderts (s. Abb. S. 121). Eine Illustration stellt sie darüber hinaus mitten in den Zodiak (Tier-

kreis), das bedeutet, daß vor dem Sündenfall der ganze von Gott erschaffene Kosmos das Paradies war. In seinem Gemälde von der »Vertreibung aus dem Paradies« zeigt Giovanni di Paolo die mit Sünde und Gottes Fluch beladenen Stammeltern außerhalb der von Gott erschaffenen Welt, in deren Mitte ein Berg aufragt, von dem vier Flüsse ausgehen. Die Paradiesesscheibe, die zugleich die Erde vor dem Sündenfall darstellt, wird von mehreren konzentrischen Kreisen in Blau, Rot, Violett und Weiß umschlossen; die äußerste Zone ist von Sternbildern geschmückt. Des Menschen erster Umkreis war in sich gerundet, heil und heilig[202].

Zum Bild des Kreises gehört immer der Mittelpunkt. Da die Mitte an allen Seinsebenen partizipiert und damit die profane Welt überschreitet, transzendiert, hat sie sakralen Charakter. Weltbaum, Weltberg und Nabel sind solche Symbole der heiligen Mitte; in christlicher Sicht steht an ihrer Stelle das Kreuz oder – in mittelalterlicher Dichtung – der Gral, teils als Kelch bei Christi Abendmahl gedeutet, in dem auch das Blut des Gekreuzigten aufgefangen wurde, teils als vom Himmel stammender Edelstein gedacht. Der französische Dichter Chrétien de Troyes (um 1140-1190) verband die Gralslegende mit der keltischen Artussage. Die Tafelrunde des Königs Artus (Arthur) vereinigt die zwölf hervorragendsten Ritter, die um einen runden Tisch sitzen, in dessen Mitte der heilige, lebenspendende Gral steht. Die zwölf Ritter sind Repräsentanten der ganzen Menschheit; ihre Zahl steht in Übereinstimmung mit der der Apostel, die um den – in der frühchristlichen und orientalischen Kunst – runden Abendmahlstisch sitzen. In der Artusrunde ist eine bewußte »Nachbildung der Welt« zu erblicken, der Tisch selbst ist kosmisches Symbol[203]. Die zwölf Ritter wachsen in die Rolle von Sternmächten hinein, wie ja auch die Apostel nicht nur mit den zwölf Stämmen des Gottesvolkes, sondern auch mit den Tierkreisbildern in Verbindung gebracht wurden; am Elfenbeinreliquiar aus Fulda (10. Jahrhundert) sind die Zodiakalzeichen den Aposteln zugeordnet.

Die Vorstellung vom Himmelskreis fand einen architektonischen Niederschlag zunächst in den spätantiken Kuppelbauten wie dem Pantheon und der frühchristlichen Kirche Santa Constanza zu Rom, vor allem aber in den byzantinischen Kirchen, deren Kuppeln und halbrunde Apsiden den Himmel beziehungsweise das Paradies darstellen und deren beherrschendes Bild der Weltenherrscher (Pantokrator), das Kreuz oder das Lamm als Symbol Christi ist; in den Eckzwickeln sind gewöhnlich die vier Evangelisten als Vertreter der vier Himmelsrichtungen angebracht. Hier ist auch der großartige Mosaikzyklus in der Vorhalle von San Marco zu Venedig zu erwähnen: Aus dem innersten und höchsten Kreis der Kuppel heraus, aus der ursprunglosen Ewigkeit, wird durch Gottes Wort die Welt erschaffen.

In der romanischen und gotischen Architektursymbolik übernehmen die Rad- und die Rosenfenster die Bedeutung des Himmels- oder auch Weltenkreises. So wie der Kreis nur einen Mittelpunkt hat, so ist alles im Weltall dem einen Gott untertan, alles ist »auf eines gerichtet«, ist ein »in eins Gekehrtes«, ein Universum. Um der den Rundfenstern beigelegten Bedeutung näherzukommen, müssen auch die sie am Außenbau umgebende Plastik und das Programm ihrer Glasfenster mit in die Betrachtung einbezogen werden. Eine solare Bedeutung von Rad und Rose läßt sich nicht ausschließen, besonders dann, wenn Christus, die Sonne des Heils (*sol salutis*), im Zentrum steht. Darüber hinaus ist die Fensterrose Symbol der von Gott erschaffenen Welt und ihrer einzelnen Schöpfungskreise, angedeutet durch die Evangelisten, die Elemente, die Jahreszeiten, die Monatsbilder und die Tierkreiszeichen. Vor allem aber sind die Rundfenster Himmelskreise, in deren Mitte Gott thront[204]. Das Zentrum der Fensterrose der Kathedrale zu Lausanne wird von Annus gebildet, das ist das personifizierte Jahr als Inbegriff des ganzen Welten- und Lebenslaufes; der von Sonne und Mond und von den Kardinalpunkten des Zodiaks (Löwe, Skorpion, Wassermann und Stier) umgebene Annus ist in seiner Eigenschaft als Beherrscher der Zeit (*regens temporum*) nichts anderes als eine Widerspiegelung Christi.

Zum Begriff der Welt gehört nicht nur der Raum, sondern auch die Zeit, deren Weitereilen in Verbindung mit der ständigen Wiederkehr von Tag und Nacht, von Sommer und Winter am besten im Bild des Kreises wiedergegeben wird. Das Zusammenspiel von Zeit und Raum zeigt sich bereits in der aus Altmesopotamien stammenden Einteilung des Kreises – und später auch des Erdballs – in 360 Grad, handelt es sich doch um eine 360teilige Gliederung des Gesichtskreises »analog zu einem noch – in der Frühzeit – mit 360 Tagen angenommenen Sonnenjahr, d.h. daß ein Grad definiert wurde als tägliche Wanderungsstrecke der Sonne auf dem Horizontkreis«[205], wie ähnlich der monatliche Weg der Sonne mit einem der zwölf Tierkreiszeichen gleichgestellt wurde. So betrachtet ist Zeit Bewegung im Raum.

Das lateinische Wort für Jahr (*annus*) ist auf einen Wortstamm zurückzuführen, der »laufen« bedeutet, und bei dem deutschen »Jahr« wird (von Ernst Wasserzieher) als mögliche Grundbedeutung »Lauf der Sonne« angenommen. Etymologisch zusammengehörig sind *templum* (Tempel) und *tempus* (Zeit), beide in der Grundbedeutung von schneiden, abtrennen (vgl. griechisch *temno*, »schneide«). Der templum war ursprünglich der am Himmel abgegrenzte Beobachtungskreis der Auguren, d.h. er diente der Vogelschau, später bezeichnete man damit den geweihten Bezirk, den

heiligen Raum oder in der Redewendung *hoc omne templum* das Weltall. Am Beobachtungskreis des Himmels konnte man auch die Zeit einteilen, so daß *templum* der räumlicher, *tempus* der zeitlichen Wendung eines raumzeitlichen Gesichtsbildkreises entspricht. Neuerdings weist Werner Müller darauf hin, daß in verschiedenen alten Sprachen Amerikas »Erde« und »Jahr« mit dem gleichen Wort bezeichnet werden und zieht als Erklärung den jährlichen Sonnenlauf heran, der längs des Erdrandes, d.h. des Horizontes, die wichtigsten Haltepunkte des Gestirns markiert. »Am Erdrand kann der Jahressonnengang abgelesen werden wie die Zeit an der Uhr«. Wahrscheinlich sind die in amerikanischen Felszeichnungen so oft vorkommenden vier-, acht- und zwölffachen Ringteilungen solche Jahresräder[206].

Während das jüdisch-christliche Zeitdenken (von der Schöpfung bis zum apokalyptischen Weltende) wie auch das durch den Evolutionsgedanken bestimmte der modernen Wissenschaft linear ist, ist das der alten Kulturvölker zyklisch. Mit jedem neu anhebenden Kreislauf wiederholt sich Vergangenes, was griechische Denker – z.B. Aristoteles – zu der bekannten These von der »ewigen Wiederkehr des Gleichen« führte. Die Periodizität entspricht einem ständigen Sich-Ablösen und Sich-Wiederholen. Der Kreis der Zeit fließt in sich zurück. Bei Pythagoräern, Stoikern und Platonikern spielt sich das kosmische Geschehen kreisförmig oder in einer unbegrenzten Folge von Zyklen ab[207]. Auch in der indischen Kultur herrscht die zyklische Zeitvorstellung; ein einziger kosmischer Zyklus umfaßt 4320000 Jahre, und eintausend solcher Zyklen bilden ein Kalpa (Weltperiode), was einem Tag in Brahmas Leben entspricht. Am Ende eines jeden Kalpa wird die Welt vollkommen zerstört, und es besteht nach indischem Mythos nichts weiter fort als der Urozean, auf dessen Oberfläche der Große Gott, Vishnu, schläft. Und wieder beginnt der Kreislauf von Schöpfung, Zerstörung und Neuschöpfung.

Im alten China wurden im Kalender die Zeiten des Himmels (sichtbar am Lauf der Gestirne), der Erde (Aufblühen und Absterben der Vegetation) und der Menschen erfaßt und aufeinander abgestimmt. In einem eigenen Haus namens *ming-t'ang* (d.h. »Haus des Lichtes«) »erfüllte« der Kaiser als Himmelssohn den Kalender, indem er alle Zeitperioden feierlich einweihte; durch Abschreiten eines Kreises brachte er den Jahreszyklus zur Erscheinung und sorgte damit für die Übereinstimmung mit dem Tao, der Wurzel des Alls, der Mutter aller Dinge. »Damit nun die Welt in Ordnung bleibt, die Sonne ihren Weg am Himmel zieht und die vier Jahreszeiten in rechter Ordnung aufeinanderfolgen, genügt es, daß der Herrscher in dieser *ming-t'ang* je nach den Zeiten seinen Aufenthalt ändere und dem Himmelsweg der Sonne auf dieser Erde entspreche«[208]. Als Abbild der Welt hatte die *ming-t'ang* ein quadratisches Fundament (Erde), ein rundes Dach (Himmel) und vier Türen als symbolischer Hinweis auf die vier Jahreszeiten.

Wie diffizil die Vorstellungen von Zeit und Ewigkeit sind, zeigt sich schon an dem Wort Äon, das vom griechischen aion kommt; dieses bedeutet zunächst Zeit oder Zeitraum (z.B. im Sinne einer Weltperiode), kann aber auch die unveränderliche Dauer und Ewigkeit ausdrücken. Als Personifikation ist Aion Prinzip der ewigen, unversieglichen Schöpferkraft, Herr der Zeit und der Ewigkeit. Bei den alten Ägyptern manifestierte sich im ununterbrochenen Kreislauf der Zeit die kosmische Ewigkeit. Nach biblisch-christlichem Denken wird die Ewigkeit nicht durch den Ausschluß der Zeit, sondern durch ihre Integration bestimmt. So können im Symbol des Kreises sowohl die Zeit als auch die Ewigkeit zur Darstellung kommen.

Das altägyptische Schriftzeichen für Ewigkeit ist ein Ring, der eine gewisse Ähnlichkeit hat mit einer kreisförmig gelegten Schnur, deren Endteile durch einen Knoten verbunden sind; dieses Ewigkeitssymbol ist ein kennzeichnendes Attribut der Götter.

Eine ähnliche Bedeutung hat die sich in den Schwanz beißende Schlange (griechisch Uroboros); sie wird erstmals auf ägyptischen Särgen des Neuen Reiches dargestellt und findet sich auch im Totenbuch als Andeutung des kosmischen Kreislaufes in unendlicher Zeit[209]. Als Ewigkeitssymbol wurde der Uroboros von der Alchemie und der Freimaurerei übernommen, findet sich aber auch in der christlichen Sepulkralkunst; so hat der italienische Bildhauer Antonio Canova beim Grabmal der Erzherzogin Maria Christina (Wien, Augustinerkirche, 1805) die Büste der Verstorbenen mit einem Uroboros umrahmt.

Im religiösen Glauben ist Ewigkeit eine Kategorie des Göttlichen, des Absoluten, des Vollkommen. Im Buddhismus spielen die Begriffe »Kreis« und »rund« ganz allgemein »eine große Rolle zur Bezeichnung des Zeitlos-Ewigen ohne Anfang und Ende«[210]. So ist das Nirvana, das vom Menschen zu erstrebende Endziel des Erlöschens, »die runde Frucht« oder »die runde Stille«; und chinesische Texte des Mahayana-Buddhismus sprechen von der »runden Erleuchtung«, die durch den Spiegel symbolisiert wird.

Der ganze Kosmos ist nichts anderes als der Kreis göttlichen Wirkens, woraus dann oft schon gefolgert wurde: Gott ist die Welt. Daß dies nicht nur ein spekulativer Gedanke der abendländischen Philosophie, sondern auch bei Naturvölkern zu finden ist, zeigt sich bei bestimmten Zeichenmustern der nordamerikanischen Algonkin; in ihnen wird der unsichtbare, die Welt umspannende Gott namens Kitanitowit durch einen Kreis oder ein Oval dargestellt, der Punkt in der Mitte bedeutet das kosmische Zentrum, während die Himmelsgegenden durch vier Orientierungsmarken an der Peripherie gekennzeichnet sind. Kitanitowit ist ewig und überall. Als William Penn, der bekannte Gründer von Pennsylvania, einmal einen Dolmetscher der Lenape bat, ihm eine Vorstellung des indianischen Gottesbegriffes zu vermitteln, zeichnete dieser mehre-

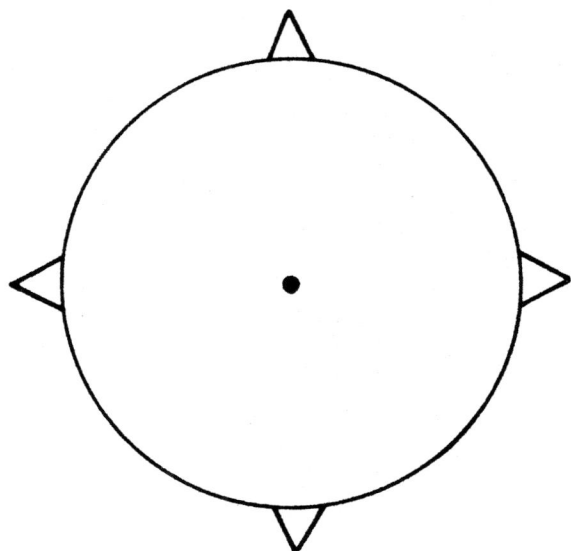

re konzentrische Kreise auf den Boden und meinte vom Mittelpunkt, dort wohne »der große Mann«[211]. Daß Gott die Welt ist und doch noch neben der Welt als Eigenes existiert, kommt in einer indischen Legende zum Ausdruck. Darin wird ein Kindheitserlebnis von Ganesha, dem elefantenköpfigen Gott der Weisheit, erzählt: Eines Tages versprach der Gott Shiva demjenigen seiner Söhne eine goldene Mangofrucht, der am schnellsten um die ganze Welt laufe. Während Subramaman mit Windeseile davonstürmte, um als erster die zahlreichen Hindernisse zu überwinden, umschritt der schlaue Ganesha einmal seinen Vater und sprach: »Mir gehört die goldene Mangofrucht; denn du bist ja die ganze Welt«. Bekannt sind plastische Darstellungen des im kosmischen Flammenkreis tanzenden Gottes Shiva; in der äußersten Rechten hält er eine Trommel, deren Pulsschlag die Schöpfung symbolisiert, in der äußersten Linken trägt er den die Welt zerstörenden Feuerbrand; der Tanz auf dem Leib eines zwergenhaften Dämons (Sinnbild für die Unwissenheit des Menschen) weist auf die kosmischen Akte der Schöpfung, Erhaltung, Vernichtung, Verhüllung und Erlösung.

Das allumfassend Göttliche, in dem Anfang und Ende zusammenfallen, in dem Himmel und Erde verbunden sind, erlangt in einem orphischen Hymnus in Zeus Gestalt:

Zeus war der erste, Zeus ist der letzte mit leuchtendem Blitze,
Zeus ist das Haupt und die Mitt', aus ihm ist alles geworden.
Zeus ist die Tiefe der Erde und des Himmels, des sternenbesäten.
Ein großer Königsleib ist es, in dem dies alles hier kreiset.

Eine antike Scheibe (*clipeus*), jetzt in der Villa Albani zu Rom, zeigt die von Atlas getragene Welt, umringt von den Sternbildern des Zodiakus; in der Mitte sitzt der alles beherrschende Zeus auf seinem Thron; er ist das Zentrum des Kosmos, gibt ihm Sinn und Gestalt.

Das Kreissymbol in seiner Interpretation auf Gott hin reicht von der Orphik über den Neuplatonismus in die christliche Mystik und bis in die Neuzeit hinein. Der Kreis ist ein treffendes Bild für das göttliche Insichsein, so heißt es bei Meister Eckhart: »Got hat ein insitzen, ein instan in sich selber«, und aus diesem In-sich-Ruhen, aus dieser Absolutheit heraus umschließt er auch alle seine Geschöpfe; er ist der »reif aller creaturen«[212]. Für den französischen Renaissancedichter Guy Le Febvre de la Boderie ist Gott ein

Nicht begrenztes Rund, dessen mittlerer Punkt
Sich überall findet, doch nirgends
Der Umfang; aus Mitte und Kontur
Gehen ringsum Strahler hervor oder Kreise.

Der englische Philosoph und Theologe Henry More (1614-1687) greift den alten Satz wieder auf, in dem Gott mit einem Kreis (*circulus*) verglichen wird, dessen Mittelpunkt überall und dessen Peripherie nirgends ist. Für den eineinhalb Jahrhunderte später lebenden, der Romantik nahestehenden Philosophen Franz von Baader ist der Kreis ein Symbol der Ubiquität, der Allgegenwart Gottes; der Kreis ist die wahre Mitte zwischen den Polen des Zentrums und der Peripherie; er vermag sich zum Mittelpunkt zu »kontrahieren« wie auch zu einem beliebigen Umfang zu »expandieren«[213].

Durch viele Jahrhunderte hindurch ist der Zirkel und sein Kreisschlag ein Symbol für die dem Kosmos und dem Menschen gesetzten Grenzen. Es gibt alte chinesische Darstellungen, auf denen die beiden Urkaiser Fu-hsi und Nü-kua Zirkel und Winkelmaß als Zeichen ihrer gottgewollten, Ordnung und Harmonie sichernden Herrschaft in Händen halten. In der Sammlung der sogenannten »salomonischen« Sprüche (8,27-31) wird vom »Umkreis« der Erde gesprochen und von der Wölbung, die der Herr über den Wassertiefen abmaß. In Anlehnung an die antike Vorstellung von Gott als dem Weltenbildner (Demiurg) und an das »Buch der Weisheit« (11,20 bzw. 21), nach dem Gott alles nach Maß, Zahl und Gewicht geordnet hat, findet sich ab dem 12./13. Jahrhundert das ikonographische Motiv vom Schöpfer als Weltarchitekt (*architectus mundi*)[214]. Von dem englischen Maler William Blake (1757-1827) wissen wir, daß er noch drei Tage vor seinem Tode, im Bett sitzend, sich mit der Gestaltung des Themas »Der Alte der Tage« (s. Abb. S.126) beschäftigte. Es ist eine wahrhaft visionäre Schau, wie Gott, über den dunklen Wassern schwebend, aus dem Kreis der Unendlichkeit heraus die Welt des Sichtbaren erschafft. Zwar verläßt er nicht den ihn umhüllenden Kreis, aber seine schöpferische Hand ragt hinunter, scheidet Licht und Finsternis und trennt das Land vom Meer. Er ist der Weltenbaumeister, der mit dem Zirkel der göttlichen Liebe all seinen Geschöpfen einen Maßstab gibt und ihnen Grenzen setzt (s. Abb. S.127). Der Zirkel erscheint als das eigentliche Instrument der Schöpfung, als verlängerte Hand Gottes.

Raum und Zeit können nur vollkommen sein in ihrer Übereinstimmung mit dem Urgrund des

Seins. Auch beim Menschen ist der Begriff der Vollkommenheit, des Unversehrtseins, des Heilseins durch seine Ausrichtung auf Gott bedingt. »Seid vollkommen wie euer Vater im Himmel vollkommen ist« (Matthäus 5,48). So betrachtet fällt die im Lateinischen vollzogene Unterscheidung von *sacer* und *sanctus*, von unpersönlicher und persönlicher Heiligkeit, weniger ins Gewicht. Im Heiligen ist auf jeden Fall das Absolute, das Göttliche präsent. In der Sprache des Mythos war der Urmensch vollkommen, d.h. eine Ganzheit, in sich gerundet, so etwa wenn nach einer Überlieferung von der Insel Nias (Indonesien) die Frau des Himmelsherrschers Lowalani ein Kind gebar, ganz rund und ohne Gliedmaßen; auf Anraten ihres göttlichen Gemahls durchschnitt die Mutter das Kugelkind, aus dessen beiden Teilen das erste Menschenelternpaar hervorging.

Verschiedene christliche Autoren des Mittelalters schrieben von der Seele, daß sie sich »im Grenzkreise (*in orizonte*) unterhalb der Ewigkeit und oberhalb der Zeit« befinde. Meister Eckhart verglich in seinen lateinischen Predigten die menschliche Seele mit einem Kreise, in dem »wie groß er auch sei, eine Mitte ist, in der alles zusammentrifft und die über alles mit einem gewissen Gleichheitsrechte herrscht, bei deren Verlassen aber nach irgendeiner Seite hin man alles in demselben Maße verliert, wie man in die Mehrheit dringt«. Der florentinische Philosoph Marsiglio Ficino bezeichnet in seiner »Theologia Platonica« die menschliche Seele als »*centrum naturae, ... nodus est copulae mundi*«, d.h. als »Zentrum der Natur« und als »Knoten und Band«, das die ganze Welt umschließt – als solches ist der Mensch ein irdisches Gegenbild Gottes[215].

Das Ziel des christlichen Mystikers war es, seinen menschlichen Mittelpunkt (des eigenen Lebenskreises) mit dem göttlichen Zentrum zu vereinen. Das bedeutet, daß die individuelle Menschenseele bei der *unio mystica*, bei dieser im Geheimnis ver-

borgenen Vereinigung mit der absoluten Seinsmitte ihre immanente Endlichkeit zu einer transzendenten Unendlichkeit ausweitet, da Gottes Mittelpunkt ja überall ist. So ist auch der Vers des Angelus Silesius zu verstehen:

Gott ist mein Mittelpunkt, wenn ich in ihn mich schließe,
Mein Umkreis dann, wenn ich aus Lieb in ihn zerfließe.
Wer ihm den Mittelpunkt zum Wohnhaus hat erkiest,
Der sieht mit einem Blick, was in dem Umschweif ist.

Durch seinen Sündenfall, durch die Vertreibung aus dem Paradies und dem damit verbundenen Verlust der Mitte ist der menschliche Lebenskreis auseinandergebrochen; der Mensch vermag nicht mehr die einander bedingenden Pole des Oben und Unten, von Mann und Frau, von Licht und Dunkel in ihrem kosmischen Zusammenklang zu erkennen. Auf der Suche nach Vollkommenheit muß der Mensch erst wieder seine »Ecken« abschleifen, er muß wieder »rund« werden. Aus der symbolischen Schau heraus ist es kein Zufall, daß der Heiligenschein kreisförmig ist, ungeachtet seiner historischen Entwicklung; der Nimbus ist ein Sinnbild des Auserwähltseins; er ist die Ausstrahlung des göttlichen Lichtes, das die heilige Person wie ein Lichtkreis umgibt. Der zwischen Scholastik und Humanismus stehende Nikolaus von Kues meint, daß allerdings kein gewöhnlicher Mensch das göttliche Urbild vollkommen erreichen kann, ähnlich wie ein Vieleck mit beliebig großer Seitenzahl immer noch kein Kreis ist. Nur in dem Gottmenschen Jesus Christus wird der »indivisible (unteilbare) Punkt« des göttlichen Kreises verwirklicht; er ist die »letzte Grenze« und die »Vollendung« der Menschheit und damit des gesamten Weltalls.

Der in sich geschlossene, nach allen Seiten gerundete Kreis ist sichtbarer Ausdruck für die Sehnsucht des Menschen, das Chaotische zu bändigen, Raum und Zeit zu heiligen, um selbst heilig, vollkommen zu werden, und so in Übereinstimmung zu gelangen mit der göttlichen Ordnung, mit der das All durchwaltenden Harmonie. Zum Bild des Kreises gehört der Mittelpunkt, der zur Weltachse sich ausweitend alle Sphären des Seins miteinander verbindet, wie es in der esoterisch dunklen Sprache von Konrad Weiß zum Ausdruck kommt:

Immer steht der Baum in Mitt und Enden,
Vögel singen, und in Gottes Lenden
ruht der Kreis der Schöpfung selig aus.

»In Exitu«

Die andere Bedeutung der Zahlen

Das Entstehen der Vorstellung von den Zahlen hängt mit der Differenzierung des Weltbildes, mit der Einteilung von Raum und Zeit zusammen. Die in sich ruhende, noch unentfaltete Urzeit wurde von den alten Ägyptern mit dem Ausdruck umschrieben: »Ehe noch zwei Dinge in diesem Lande waren«. Für sich allein betrachtet ist die Eins noch gar keine Zahl; aus ihr gehen zwar alle Zahlen hervor, sie selbst schließt aber jede Vielfalt aus. Die Eins ist der Urgrund von allem, sie ist Ausdruck für das höchste Sein (*summum esse*), in der Sprache der Religion für Gott. Die jüdische Mystik, die Kabbala, spricht von dem endlosen und grenzenlosen Ur-Einen (En-Soph), das in den zehn Sephiroth (Emanationen) sich entfaltet und zum Schöpfer wird. Die zehn archetypischen Zahlen (*safar* bedeutet »zählen«) bilden die Grundmächte allen Seins. Während in der ersten Sephira Gott selbst aus der Verborgenheit und Unnennbarkeit seines Wesens heraustritt, treten mit der zweiten und dritten Emanation der Ursame und der Urschoß zutage; die nun folgenden Entfaltungen werden die sieben »Urtage« genannt[2.6]. Hier sei auch an die alte chinesische Philosophie erinnert, nach der das Eine (Tai-yi) der Urgrund des Seins ist, das Allererste, aus dem die zwei Seinspole (*yin* und *yang*) entstehen, aus denen die fünf »Wandelzustände« (Elemente) hervorgehen und aus diesen schließlich die »zehntausend Dinge« (*wan wu*).

Mit der Zwei beginnt die die ganze Schöpfung durchziehende bipolare Spannung, die im Gegensatz wie auch in der Ergänzung erlebt werden kann. Während die Eins die Zahl des Unerschaffenen, Göttlichen ist, weist die Zwei auf alles geschlechtlich Geborene, das dem Gesetz von Leben und Tod unterliegt. Der Zweiheit haftet das Unvollkommene an, oft steht eines dem anderen im Weg, es entsteht Zwiespalt, Zwist, und doch kann keines ohne den anderen sein. Schon den Kirchenvätern fiel auf, daß Gott am zweiten Schöpfungstag nach der Trennung des Oben und Unten nicht sprach, daß es gut war (1. Moses 1,6-10). Der im Paradies in Harmonie mit Gott lebende, noch eine Einheit bildende Urmensch zerfällt – symbolisch – mit dem Sündenfall in Mann und Frau, jetzt erst erkennen sie sich in ihrem Geschlecht. Mit dem Verlust der heiligen Mitte werden sie hineingestellt in die duale Welt, erfahren gut und böse, Leben und Tod. Was in der Schau des mittelalterlichen Menschen sich zwischen Himmel und Hölle abspielt, das begann eigentlich schon mit der Entzweiung der Lichtmächte, mit dem Aufstand und Sturz der von Gott abfallenden und damit aus der uranfänglichen Einheit sich entfernenden Engel. Von nun an beginnt der Weg alles Geschöpflichen »wie Wasser von Klippe zu Klippe geworfen, jahrlang ins Ungewisse hinab« (Hölderlin). Genau das meint auch Clemens Brentano, wenn er schreibt:

*Als das Licht sich hat enzweiet,
stieg, was leicht, und sank, was schwer,
und das eine war gezweiet
zwischen Gott und Luzifer.*

Zur Darstellung der Zahlen bediente sich der Mensch zuerst konkreter Zeichen wie Kieselsteine (das Wort kalkulieren kommt vom lateinischen *calculus*, »Steinchen«), Muscheln, Stäbchen, Kerben in Knochen oder Holz, vor allem aber der eigenen Finger. Mit der Zahl verwandelt der Mensch die von ihm erkannte Realität in einen Gegenstand seines Denkens. Er erlebt sich selbst als Einheit, er erfährt die Bipolarität von Mann und Frau, von Tag und Nacht, von Himmel und Erde, er erkennt die drei sichtbaren Mondphasen (der Dunkelmond ist hier ohne Belang) und die vier Himmelsrichtungen. Schon in frühester Zeit konstruiert er Beziehungen zwischen den kosmischen Gegebenheiten und seinem eigenen Körper. Die wahren Werte der Zahlen wissen, das bedeutete die Welt in ihren innersten Zusammenhängen verstehen. Schließlich hat Gott selbst alles nach Maß, Zahl und Gewicht geordnet. Und wenn heute noch manche Autoren vom Geheimnis der Zahlen sprechen – und dies mit Recht –, dann ist eben damit nicht ihr mathematisch erfaßbarer Wert, sondern ihre »andere«, ihre symbolische Bedeutung gemeint[217].

Die Beobachtung der Gestirne und die Vermessung des fruchtbaren Oasenlandes führten im alten Mesopotamien zu einer besonderen Wertschätzung der Zahlen. Die dem sumerischen Priesterkönig Gudea sich offenbarende Gottheit »kennt die Zahlen«, und nach dem babylonischen Priester Berossos gehören die Zahlen zu den in der Urzeit überlieferten heiligen Dingen. Noch heute zeugen unsere Zeiteinteilung (60 Sekunden, 60 Minuten, 12 Doppelstunden) und unsere Kreisberechnung (360 Grad, Tierkreis mit zwölf Sternbildern) von dem in sumerische Zeit zurückreichenden Sexagesimalsystem und einem vielleicht noch älteren Duodezimalsystem. Wie das Wesen der Götter sich in ihrem Namen kundtat, so auch in den ihnen zuerkannten Zahlen: Der Himmelsgott Anu hatte die Vollzahl 60, der Gott des Luftraumes Enlil die Zahl 50, der Gott des Wassers Ea die 40, und dem Mondgott Sin wurde die Zahl der Monatstage 30 zugedacht. Eine besondere Rolle spielte die Sieben; einerseits war es die Zahl der Planeten, andererseits hängt der Siebenerzyklus bei der Zeiteinteilung der Woche mit den vier tatsächlichen Mondphasen (Neumond, erstes und letztes Viertel, Vollmond) zusammen. Der altbabylonische Stufenturm (*zikkurat*) hatte sieben Stockwerke, Darstellungen des

sakralen Baumes lassen sieben Zweige erkennen, und der Mythos weiß von sieben Toren der Unterwelt und der sieben Tage dauernden großen Flut. Als Grenzzahl kann die Sieben Glück oder Unglück bringen. Der 7., 14., 21. und 28. Tag eines jeden Monats galten als Unglückstage. Das akkadische Wort Sebettu, d.h. »die Sieben«, bezeichnet eine gute wie auch eine böse Dämonengruppe. Die unheilbringenden Sieben »sind voll des Schreckens. Wer sie sieht, wird eingeschüchtert werden, Tod ist ihr Atem«[218]. Die dämonische Bedeutung der Sieben findet sich auch in der Antike (»die Siebenzahl beherrscht die Krankheiten«) und im europäischen Volksglauben; im 16. und 17. Jahrhundert wurde der Teufel oder auch ein in Verruf stehendes Weib als »böse Sieben« bezeichnet.

Das Zahlensystem der alten Ägypter war auf dem Dezimalsystem aufgebaut; die Zahl Tausend (im Ideogramm der Lotosblume) ist Ausdruck für eine große Menge und findet sich in diesem Sinn häufig in Opferlisten; für eine Million dient das Bildzeichen des knienden Gottes Hah, der oft als Symbolfigur für eine unendliche Vielheit von Jahren (= Ewigkeit) an Geräten und Schmuckgegenständen dargestellt wurde. Wenn die mathematischen Kenntnisse der Ägypter auf reine Zweckmäßigkeit abgestimmt waren, so wußten sie doch auch um die andere Bedeutung der Zahlen, eine Bedeutung, die in außermenschlichen Gesetzmäßigkeiten verankert ist. Die Eins weist auf den allumspannenden Universalgott; so kann Amun-Re als Herr des Himmels und der Erde in Hymnen »der Eine« oder »der Einzigartige« genannt werden. Die Zwei wurde weniger als Gegensatz, sondern vielmehr als Ergänzung aufgefaßt; das ägyptische Weltbild war dualistisch. Himmel und Erde, Tag und Nacht, Mann und Frau wurden im kosmischen Zusammenspiel erfaßt, genau so wie »die beiden Länder« Ober- und Unterägypten in ihrer Einheit den Gesamtstaat bildeten. Die natürliche Grundlage der Drei war sowohl die Familie mit Vater, Mutter und Kind (auf religiöser Ebene beispielgebend Osiris, Isis und Horus) als auch die Dreiteilung des Tages in Morgen, Mittag und Abend; die letztere macht es verständlich, daß Opfer und Gebete dreimal vollzogen wurden. Die Vier kennzeichnet das Streben nach Erfassung des Raumes; im Sonnenkult von Heliodopolis waren die vierseitigen Altäre nach den Weltgegenden ausgerichtet; die vier Söhne des Horus wurden mit den Himmelsrichtungen in Verbindung gebracht.

Eine über das rein Rechnerische hinausgehende Bedeutung können Zahlen im Mythos haben. Als der Sonnengott Re von der heimlichen Verbindung der Himmelsgöttin Nut mit dem Erdgott Geb erfuhr, verfluchte er seine untreue Gattin, so daß sie weder unter seinen noch unter des Mondes Strahlen die aus dem Ehebruch hervorkommenden Kinder gebären könne. Da half ihr der kluge Thot, indem er beim Spiel dem Mond von jedem Tag ein Zweiundsiebzigstel abgewann; daraus erschuf Thot, der Gott der Zeitrechnung, fünf ganze Tage, die er dem Jahr von ursprünglich 360 Tagen (zwölf Monate zu je dreißig Tagen) hinzufügte. Nut benützte die fünf Tage, von denen der Sonnengott nichts wußte, um ihre Kinder Osiris, Haroeris, Seth, Isis und Nephthys zu gebären. Von seinem Vater Geb erhielt Osiris die Königswürde, aber der ihm neidische Seth verbündete sich mit 72 Komplizen, ermordete ihn und warf die vierzehn Teile des zerstückelten Leichnams in den Nil; möglicherweise sind mit der Vierzehn die Tage des abnehmenden Mondes gemeint. Isis brachte ihrem Gatten einen nachgeborenen Sohn zur Welt, es war Horus, der später seinen Onkel Seth zum Kampf herausforderte; dabei riß ihm Seth ein Auge aus und zerstückelte es in sechs Teile, die von Thot wieder zusammengefügt wurden. Die einzelnen Teile dieses Auges, das nunmehr »das Heile« (*uzat*) genannt wurde, entsprechen bestimmten Bruchzahlen, die zusammengezählt 63/64 ergeben[219]; das fehlende Vierundsechzigstel hat Thot angeblich verschwinden lassen. Nun findet sich die 64 im asiatischen Raum als Zahl der Vollkommenheit (8 mal 8): die 64 Hexagramme des chinesischen

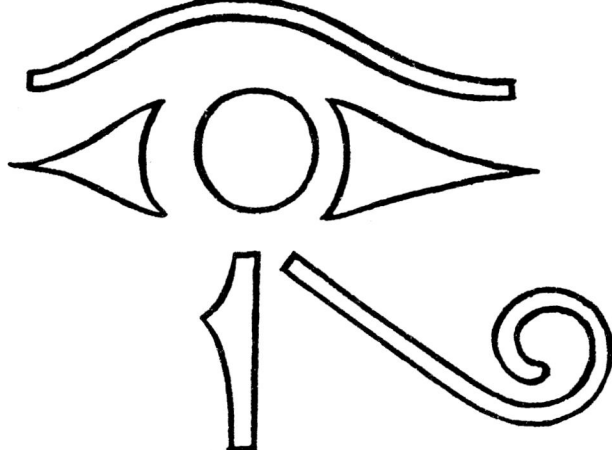

Weisheitsbuches I Ging sind Ausdruck der Welterfahrung wie auch der Vielfalt menschlichen Schicksals; ähnliche Bedeutung dürfte ursprünglich auch das aus Indien stammende Schachspiel mit seinen 64 Feldern gehabt haben.

Zahlen und Figuren können Ausdruck eines Weltbildes sein; durch die Zahlen versucht der Mensch, die komplizierte Wirklichkeit mit ihren zahllosen, einander widersprechenden Einzelerscheinungen zu sortieren und in einem vereinfachten, dem menschlichen Geist zugeschnittenen Ordnungsgefüge sichtbar und denkbar zu machen. In gewisser Hinsicht hat der romantische Dichterphilosoph Novalis recht, wenn er in Zahlen und Figuren »die Schlüssel aller Kreaturen« erblickt. Natürlich haben in einer solchen Sicht die Zahlen weniger einen quantitativen als einen qualitativen Wert. So kann die in der Arithmetik niedere Zahl Drei soviel wie »alles« bedeuten, sie ist die vollkommene Zahl: *tria est numerus perfectus*. Noch heute weiß der Volksmund: »Aller guten Dinge sind drei«. Im Glauben zahlreicher Völker besteht der Kosmos aus Himmel, Erde und Unterwelt. Von dem indischen Gott Vishnu heißt es, daß er mit drei Schritten das ganze All durcheilt. Als Welt im kleinen ist auch der Mensch dreigegliedert in Körper, Geist und Seele, und sein Schicksal ist mit der Dreizahl (Geburt, Hochzeit, Tod) verknüpft. Aber auch die über Mensch und Welt stehende Macht ist dreigestaltig, man denke an die zahlreichen Göttertriaden, wofür an dieser Stelle nur das Beispiel der hinduistischen Trimurti dienen möge mit dem Weltschöpfer Brahma, dem Erhalter Vishnu und dem Zerstörer Shiva. Wie sehr die Drei über ihren numerischen Wert hinaus eine Rolle spielt, zeigt sich bei der Vorstellung von den drei Reichen. Sie erscheint zuerst bei dem italienischen Theologen Joachim von Floris (1132-1202) als Zeitalter (*status*) des Vaters, beginnend mit der Schöpfung, des Sohnes, beginnend mit dem Erlösungsopfer, und des Heiligen Geistes, dem Reich der Vollendung. Die Idee des mit Friede und Glück assoziierten dritten Reiches wurde später in verschiedenen Konzeptionen aufgegriffen, zuletzt wegen seiner propagandistischen Wirkung vom Nationalsozialismus. Genau genommen wäre Hitlers Reich nach dem ersten und zweiten Kaiserreich und der Weimarer Republik das vierte Reich gewesen; der Slogan vom dritten Reich hatte zwar keinen historischen Bezug, war dafür aber symbolkräftig. Auch das spricht für die andere Bedeutung der Zahlen, daß sie im Unterbewußtsein wirken[220]. Während mit der Drei sehr oft ein Nacheinander verbunden ist (drei Schritte, drei Mondphasen, drei Zeitalter, Anfang – Mitte – Ende, im Märchen drei zu erfüllende Aufgaben), überwiegt bei der Vier das Nebeneinander. Der ägyptische König schoß nach seiner Krönung in jede Himmelsrichtung einen Pfeil ab, womit er symbolisch die Herrschaft über die Welt ergriff. Der altmesopotamische (akkadische) König Sargon I. führte den Titel »König der vier Weltgegenden«. In der Bibel ist die Vier Hinweis auf die von Gott erschaffene Welt; der im Garten Eden entspringende Strom teilt sich in vier Arme (Paradiesflüsse), und die vier lebendigen Wesen der Ezechiel-Vision sind ein Bild der sich nach allen Richtungen hin erstreckenden Macht Gottes, dessen in Raum und Zeit geoffenbarter Name – in konsonantischer Schreibweise JHWH –

aus vier Buchstaben besteht, also ein Tetragramm ist. Vier ist die Zahl des Materiellen, des Irdischen; »vier Ränder« hat die Erde (Ezechiel 7,2), und nach einem Sanskritwort ist die Erde *caturanta*, d.h. vierendig. So kann die Erde neben der Kreisform auch als Quadrat erscheinen, z.B. in China[221]. Als naturgegebenes Ordnungsprinzip findet sich die Vierzahl bei vielen Völkern, wofür nur zwei Beispiele aus dem keltischen Raum dienen mögen: nach Caesar war das ganze Volk der Helvetier in vier Gaue eingeteilt; die Insel Irland besteht aus vier historischen Provinzen, die in ihrer innersten Ecke jeweils mit dem sagenberühmten Grenzstein, dem Nabel des Landes, zusammenfallen.

Auffallend ist, daß bei einzelnen Völkern bestimmte Zahlen vorherrschen, andere wiederum in Mythos, Religion und Magie kaum eine Rolle spielen. Der bedeutungslosen Fünf bei den Ägyptern steht die bedeutungsträchtige Fünf der Chinesen gegenüber: im Reich der Mitte ist dies die Zahl der Weltgegenden (unsere vier und das Zentrum), der heiligen Berge, der Kaiser der Urzeit und der Elemente, die in Wechselbeziehung zueinander stehen: Erde saugt Wasser, Wasser löscht Feuer, Feuer schmilzt Metall, Metall schneidet Holz, und Holz pflügt Erde. Fünf gilt als ausgesprochene Glückszahl, die oft mit der gleichen Anzahl von Fledermäusen dargestellt wird; die Fledermaus (*fu*) wird wegen der phonetischen Gleichheit mit dem Glück (*fu*) gekoppelt[222]. Auch im islamischen Glauben spielt die Fünf eine wichtige Rolle, so gibt es fünf Grundsäulen: Glaubensbekenntnis, Pflichtgebet, Fasten im Ramadan, Almosen und Pilgerfahrt nach Mekka; insgesamt werden fünf Propheten anerkannt: Noah, Abraham, Moses, Jesus und Mohammed. Eine amulettartige Bedeutung haben die fünf Finger der ausgestreckten Hand zur Abwehr des bösen Blickes; ihre Darstellung wird als »Hand Fatimas«, der jüngsten Tochter Mohammeds, bezeichnet.

Während die durch die Himmelsrichtungen angedeutete Raumausdehnung der Vierzahl auf die Fläche bezogen ist, kennzeichnen die sechs Richtungen nach den vier Seiten und nach oben und unten den dreidimensionalen Raum. Der von sechs Quadraten begrenzte Würfel ist Symbol des Festen und Unveränderlichen; unter den fünf platonischen Körpern repräsentiert er die Erde. Für Origenes, den bedeutendsten Theologen des 3. Jahrhunderts, war der Kubus ein Bild vollkommener Beständigkeit. In der Apokalypse erscheint das himmlische Jerusalem würfelförmig: »Die Stadt ist im Viereck gebaut, … ihre Länge, Breite und Höhe sind gleich« (Offenbarung 21,16.17). Im Alten Testament von Bedeutung ist vor allem das Sechstagewerk (griechisch *Hexaemeron*), d.h. die Erschaffung der Welt in sechs Tagen; beachtenswert ist, daß eine wohl ältere Überlieferung von acht Schöpfungswerken im Hinblick auf die jüdische Kultwoche mit dem Sabbath als siebtem Tag in ein Sechserschema gepreßt wurde, so daß auf den dritten und den sechsten Tag je zwei Schöpfungswerke fallen. Analog der Zahl der Schöpfungstage sprach das christliche Mittelalter von sechs Weltaltern. Jesus wurde an einem Freitag, das ist der sechste Tag der mit dem Sonntag beginnenden Woche, in der sechsten Stunde an das Kreuz geschlagen. Die Sechs ist die letzte irdische Stufe vor der Vollendung. Wie Gott die Welt in sechs Tagen erschuf, so leiten sechs posaunenblasende Engel den Untergang dieser Welt ein; wenn der siebente Engel zu blasen beginnt, »wird keine Zeit mehr sein, … wird vollendet werden das Geheimnis Gottes, wie er es verkündet« (Offenbarung 10,6 f.).

Für die symbolische Erfassung der Zahlen kennzeichnend ist das von Hrabanus Maurus überlieferte Wort: »Die Sechszahl ist nicht vollkommen, weil Gott die Welt in sechs Tagen erschuf; vielmehr hat Gott die Welt in sechs Tagen vollendet, weil die Zahl vollkommen war«[223]. Die Zahlen bilden das innerste Ordnungsprinzip aller kosmischen Entfaltung. Dabei können sie auch in geometrischen Figuren sichtbare Gestalt annehmen, so wenn in christlicher Deutung das aus zwei Dreiecken gebildete Sechseck Symbol der polaren, in Himmel und Erde zerfallenden Welt sein kann. In der Alchemie

gilt das Hexagramm als Symbol der Vereinigung von Feuer und Wasser. Nach indischer Überlieferung sinnbildet das nach oben weisende Dreieck den schöpferischen, mit Vishnu verbundenen Aspekt, das nach unten gerichtete den Shiva zugehörigen zerstörerischen Aspekt des Weltganzen. Die altiranische Religion kennt sechs Schöpfungsperioden, die den sechs höchsten Engelwesen (Amesha Spentas) entsprechen, die wiederum mit den sechs sogenannten Elementen verknüpft werden: mit dem Rind (Tierwelt), dem Feuer, dem Metall, der Erde, dem Wasser und mit den Pflanzen. Die sechs Engelwesen umgeben den Gott Ahura Mazda; einerseits machen sie die Fülle seines Wesens aus, andererseits ist der sie umfassende Gott in seiner Ganzheit ein eigenes Wesen und damit der Siebente[224].

Schon im 19. Jahrhundert hat Johann Jakob Bachofen auf die den Zahlen beigelegte Sexualbedeutung hingewiesen und dabei besonders auf den altägäischen Raum, in dem die gerade Zahl, vor allem die Zwei, dem Weiblichen entspricht, die ungerade Zahl dem Männlichen. Nach Plutarch wurde den Mädchen der Name am achten Tag, den Knaben am neunten verliehen. Die pythagoräische Zahlenspekulation hat in der Fünf das Zusammentreffen der männlichen Drei mit der weiblichen Zwei und damit ein Symbol der ehelichen Vereinigung erkannt, ja die Fünf wurde regelrecht als »Hochzeit« (*gamos*) bezeichnet. Platon sagt im »Timaios«, daß man bei der Hochzeit fünf Gäste haben solle, keinen mehr und keinen weniger. Apfel, Quitte und Weinstock dienten wegen ihrer fünfblättrigen Blüten als hochzeitliche Symbole, und bei den Römern gehörten fünf Fackeln zum Fest der Eheschließung[225]. Fünf ist die Zahl der babylonischen Liebesgöttin Ischtar, fünfeckig war der Tempel der Liebesgöttin zu Baalbek, der Venus, und noch heute gilt im Englischen das Pentagramm als Liebesknoten (*lovers' knot*). Im Neuen Testament erscheinen im Hochzeitsgleichnis (Matthäus 25,1) fünf kluge und fünf törichte Jungfrauen.

Im chinesischen Denken entsprechen die ungeraden Zahlen dem männlichen, lichten Prinzip (*yang*), die geraden Zahlen dem weiblichen, dunklen Prinzip (*yin*). Wie bei anderen negriden Völkern so ist auch bei den im Westsudan lebenden Bambara die Drei ein Symbol des männlichen Geschlechts, die Vier Symbol des weiblichen; die Zahl Sieben (bestehend aus 3 und 4) stellt den vollkommenen Menschen dar[226]. Bei dem jüdischen Symbolforscher Friedrich Weinreb finden wir eine ebenfalls geschlechtsbezogene Interpretation. Danach findet die männliche Drei ihre Vollendung in der Neun, die weibliche Vier führt in der letzten Konsequenz der Entwicklung zur Sechzehn; wenn Mann und Frau sich in ihrem Höchsten und Äußersten, in ihrer Potenzierung, begegnen und vereinen, dann ist das symbolisch in der Zahl 25 (9 + 16), die wiederum nichts anderes ist als die gesteigerte, vollendete Fünf.

Die den Zahlen über ihren praktischen Wert hinaus zugelegte Bedeutung ist meistens nicht nur monokausal zu erklären, wie bei der Sieben leicht zu ersehen ist. Oft kann man noch nicht einmal entscheiden, ob am Beginn der Symbolbildung die empirische Beobachtung stand oder spekulativ-intuitives Erfassen. Die überragende Bedeutung der Sieben wird gewöhnlich auf die Planeten zurückgeführt. Dies mag für die alten Hochkulturen mit ihren astronomischen Kenntnissen und astrologischen Vorstellungen zutreffen, doch sind auch andere »Auslöser« zu berücksichtigen. Bei dem oben angeführten Beispiel der Bambara ist die Sieben »geschlechtsarithmetisch« als Produkt der männlichen Drei und der weiblichen Vier aufzufassen; die Vereinigung der beiden Weltkomponenten, die ja auch für Geist und Materie, Tag und Nacht, Himmel und Erde stehen, ergibt eine in sich geschlossene Ganzheit, die durch die Zahl der Unversehrtheit, Heiligkeit ausgedrückt wird. Das Kreisen der sieben Planeten, aber auch die jeweils sieben Tage dauernde Mondphase ist Ausdruck kosmischer Ordnung, die sich in den sieben Tönen, den sieben Farben und in den mit Planetennamen versehenen Wochentagen widerspiegelt. Für Augustinus war die Sieben einfach die Zahl für *universitas* (Gesamtheit, Weltall) und *perfectio* (Vollkommenheit). Doppelwertig, ambivalent wie jedes echte Symbol weist sie aber nicht nur auf die Erlösung durch die sieben Sakramente, sondern auch auf die sieben Todsünden.

Im Hinblick auf vorgeschichtliche Petroglyphen, bei denen deutlich drei und vier Punkte, Striche oder Kreise zusammengestellt sind, kommt Margarete Riemschneider zu der Annahme, daß diese als die drei Phasen des Mondes und die vier Himmelsrichtungen zu deuten sind; als Siebenergruppe ergeben sie die Gesamtheit des Weltbildes. Übrigens wird so auch die geometrische Figur der sogenannten »Mühle« interpretiert, die sich von österreichischen und oberitalienischen Felsbildern bis (ver-

einzelt) in die christlich-mittelalterliche Kunst nachweisen läßt; die vier mal drei Punkte ergeben sich aus den drei konzentrisch angelegten Vierecken[227]. Dem abendländischen Denken naheliegend ist die Einteilung der Sieben in die geistige, himmlische Drei und die materielle, irdische Vier – der göttlichen Trinität steht die tetragonisch (nach den vier Ecken) ausgerichtete Welt gegenüber, beide zusammen sind Inbegriff des Seins. Die gleiche Bedeutung fällt der Sieben zu, wenn man sie als Zusammenfassung der in Vergangenheit, Gegenwart und Zukunft gegliederten Zeit und des durch das Koordinatenkreuz viergeteilten Raumes auffaßt.

Wie die Zahlen zur Struktur des Mythos gehören können, der ja seinerseits eine bestimmte Sicht der Wirklichkeit vermittelt, soll an einem Beispiel der Karo-Batak auf Sumatra (Indonesien) kurz aufgezeigt werden. Danach wird die Welt von einem der drei Söhne des Himmelsgottes und der Unterweltsgöttin aus sieben Handvoll Erde erschaffen. Der Himmelsgott befestigt dann die Erde an sieben seidenen Seilen am Firmament. Dadurch wird die

Unterwelt verfinstert, so daß deren erzürnter Herrscher, ein Bruder des Weltschöpfers, die Erde siebenmal zerstört. Schließlich setzt der göttliche Vater die Erde auf einen eisernen Pfeiler mit vier Kreuzbalken, d.i. nichts anderes als die Weltachse (*axis mundi*) mit den vier Himmelsrichtungen[228]. Als verdoppelte Vier ist die Acht die Zahl des Kosmos. Das mit den vier Himmelsrichtungen übereinstimmende Koordinatenkreuz wird erweitert zu den acht Richtungen der Windrose; der Turm der Winde in Athen ist achtseitig. Nach babylonischer Vorstellung gelangt die Seele durch die sieben Planetensphären hindurch in den achten und höchsten Himmel. Bei den alten Ägyptern verkörpern acht Urgötter, die Achtheit genannt, die Kräfte, die schon vor der Weltentstehung vorhanden waren. Das buddhistische »Rad der Lehre« (*dharmacacra*) hat acht Speichen, die an den achtfachen Weg der Erlösung erinnern; nur wer diesen Weg geht, wird aus dem Kreislauf der Wiedergeburten befreit werden. Die acht Pfeiler des Himmels in der altchinesischen Kosmologie erinnern an die unterteilten Weltgegenden, so wie in den meisten indischen Tempeln die acht göttlichen Welthüter (Lokapalas) in Form von Skulpturen oder Reliefs dargestellt werden.

Der hohe Rang der Acht im Christentum reicht in die biblisch- altorientalische Zeit zurück. Acht Menschen werden in der Arche gerettet (1. Moses 6,18); am achten Tag nach der Geburt fand die Beschneidung statt. Jesus verheißt seinen Jüngern acht Seligkeiten (Matthäus 5,3-10). Am bedeutsamsten aber ist, daß Christus nach der jüdischen Wochenrechnung am achten Tage auferstanden ist; nach Ablauf der sieben Tage ist es der erste Tag einer neuen Woche, einer neuen Zeit ohne Tod und Vergänglichkeit. Die mit der Auferstehung des Herrn (*resurrectio Domini*) verbundene Achtzahl wird zum Symbol der Taufe. Wer die sieben Tage, d.h. Abschnitte, seines Lebens hinter sich gebracht hat, geht endlich in den achten, ewig dauernden Tag ein und wird – nach Klemens von Alexandrien (»Stromateis«) – auf dem heiligen Berg Gottes ausruhen. Schon der griechische Weise Solon wußte, daß auf die sieben menschlichen Lebensalter ein achtes als das vollkommene und unvergängliche folgt[229]. Die Auferstehungssymbolik der Acht fand Eingang in die Gestaltung der mittelalterlichen Taufkapellen (Baptisterien) und zahlreicher oktogonaler Taufbecken. Der Kunsthistoriker Günter Bandmann weist darauf hin, daß »überall, wo Vollkommenheit angestrebt und universaler Anspruch erhoben wird«, die Achtzahl nahe liegt, angefangen bei antiken achtnischigen Herrschermausoleen, die den Toten in ein Abbild des Kosmos versetzen, über achteckige Türme, achtteilige Kuppeln und Kronen mit acht Seiten bis hin zum »Achtort«, dem regelmäßigen Achteck als wichtigster geometrischer Figur für die Grundrißbildung gotischer Pfeiler, Türme, Taufsteine usw.[230].

Eigenartigerweise kommt in den an Zahlensymbolik so reichen biblischen Texten die Neun an keiner qualitativ bedeutsamen Stelle vor, genau so wie man sie in altmesopotamischen Überlieferungen vermißt. Eine Erklärung könnte man darin sehen, daß in bestimmten Kulturen bestimmte Wertvorstellungen von den Zahlen herrschen, wobei man sich allerdings vor pauschalen Zuweisungen hüten muß, zumal die alten Primärkulturen in geschichtlicher Zeit vielfältigen Beeinflussungen und Überschichtungen ausgesetzt waren. Daß die Vier und ihre Vielfachen (Acht und Sechzehn) bei mutterrechtlichen Kulturen bedeutsam sind, bei Hirtennomaden die Neun und in Hochkulturen die Zwölf[231], läßt sich bei verschiedenen Völkern nachweisen, aber eben doch nicht bei allen. Im Glauben der Tibeter, Mongolen und Chinesen ist Neun eine herausragende Zahl: der Schamanen- bzw. der Weltbaum hat neun Stufen, der Himmel besteht aus neun Schichten, dementsprechend hat die chinesische Pagode neun Stockwerke. Der germanische Mythos weiß von neun Welten, der Weg vom Land der Götter zum Totenreich der Hel dauert neun Nächte, Odin hing neun Nächte am Weltbaum, das riesige Meerweib Ran hat neun Töchter, die zusammen den Gott Heimdall geboren haben.

Die den Menschen beim Zählen, Aneinanderreihen und Einteilen dienenden Zahlen haben profane Bedeutung, während die von Gott als ordnende Kräfte eingesetzten Zahlen sakralen Charakter haben. Für den im 6. vorchristlichen Jahrhundert lebenden Pythagoras waren Zahlen »die Prinzipien der Dinge«, die Grundlage einer jeden Ordnung; er entdeckte auch, daß die Intervalle der Tonleiter den Verhältnissen der Längen schwingender Saiten entsprechen und drückte sie durch Zahlenverhältnisse aus. Von größter Bedeutung war für ihn die Tetraktys, d.h. die Vierheit als Inbegriff der vier ersten Zahlen (1, 2, 3, 4), deren Summe die heilige Zehn (*dekas*) ergibt. Nach pythagoräischer Lehre ist in der Tetraktys »die Wurzel und Quelle der ewigen Natur« beschlossen[232]. Obwohl die Zehn zusammengesetzt ist aus dem Urgrund des Seins (in der Zahl Eins), der Polarität der Erscheinungen (Zwei), der dreifachen Wirkung des Geistes und der Vierzahl der Materie (den vier Elementen) bildet sie doch eine Einheit.

Die Heiligkeit des Wortes drückt sich in seiner Zehnzahl aus. Nach dem klassischen Buch der Kabbala (Sohar) hat Gott in zehn Worten die Welt erschaffen, denn zehnmal heißt es: »Und Gott sprach«; so entstanden die zehn Sephiroth, die Ausströmungen Gottes in die Welt. Das von Jahwe seinem Volk auf dem Sinai gegebene Gesetz, der Dekalog, enthält zehn Gebote. Hier ist daran zu erinnern, daß auch Buddha zehn Gebote aufgestellt hat, von denen fünf für die Laien und fünf für die Mönche Geltung haben. Die in das zweite vorchristliche Jahrtausend zurückreichende indische Sammlung religiöser Texte namens Rigveda enthält zehn Bücher, die von den Rishis, den »Tischgenossen der Götter«, stammen sollen. Für den frühchristlichen Bischof Eusebius von Caesarea war die Zehn »Regel und Maß aller Zahlen, aller Berechnungen und Harmonien«. Nicht ohne eine gewisse Spekulation erblickte man in der römischen Ziffer X einen Hinweis sowohl auf das Kreuz Christi als auch auf den ersten Buchstaben des griechisch geschriebenen Namens Xristos.

Bei Hebräern und Griechen ein beliebtes Verfahren war die Umsetzung von Buchstaben in ihre Zahlenwerte (*gematria* genannt). Diese Art der Buchstaben- und Zahlenmagie und die daraus geschöpften Prophetien und Traumdeutungen boten jeder Willkür Platz, trotzdem hat sie schon der jüdische Rechtslehrer Elieser (1./2. Jahrhundert) als möglichen Weg zur Interpretation religiöser Texte bezeichnet. Im hebräischen und im griechischen Alphabet hatte jeder Buchstabe eine genau festgelegte Zahlenbedeutung; die ersten zehn Buchstaben dienten als Ziffern für 1 bis 10, die folgenden für 20 bis 100 und die letzten für die nächsten Hunderter. Durch Addition der Werte der einzelnen Buchstaben erhält man den Zahlenwert des ganzen Wortes. Oft wird das Wort in einzelne Teile, in seine Faktoren zerlegt, oder der Anfangsbuchstabe allein genügt schon als bedeutungsvoll. Aus der Tatsache, daß der Name Jesus mit dem zehnten Buchstaben des griechischen Alphabets beginnt (unter Einschluß des später entfallenden Digamma), hat man auf die Vollkommenheit seines Trägers geschlossen, mit dem und in dem Gott in die Welt kam.

Viel Rätselraten verursachte das apokalyptische Tier mit der Zahl 666 und die Aufforderung, sie zu berechnen; »denn es ist eines Menschen Zahl« (Offenbarung 13,18). Seit der Seher von Patmos dies niederschrieb, versuchten schon viele, der Inkarnation des Tieres – oder richtiger »Untieres« – auf die Spur zu kommen. Für eine oft willkürliche Auslegung spricht, daß man in der Reformationszeit in der Zahl von protestantischer Seite aus den Papst Leo X. als Antichrist zu erkennen glaubte, während ein katholischer Autor darin den »Ketzer« Martin Luther erblickte. Viel Wahrscheinlichkeit hat die erneut im 20. Jahrhundert vorgebrachte gematrische Auslegung, wonach der Zahlenwert der hebräischen Buchstaben »Neron Qesar« ergibt – ein Hinweis auf den durch seine Schreckensherrschaft bekannten römischen Kaiser Nero[233]. Der in der griechisch-orientalischen Gnosis für Gott gebräuchliche Geheimname Abraxas ergab den Zahlenwert 365, worin man den Herrn aller Zeit (entsprechend der 365 Tage des Jahres) erkannte; die Siebenzahl der Buchstaben seines Namens wurde in Beziehung zu den Planeten gesetzt. Aus den hebräischen Wörtern für »Eins« (*echad*) und »Liebe« (*ahava*) wurde der gleiche Zahlenwert herausgelesen, nämlich 13; nun ist die Eins nichts anderes als eine Umschreibung Gottes, dessen kennzeichnende Eigenschaft die Liebe ist; beide Wörter zusammen ergeben den Zahlenwert 26, der genau dem Namen Jahwe entspricht: $J = 10, H = 5, V = 6, H = 5$[234].

Es ist leicht einzusehen, daß die Gematrie eigentlich nur am Rande der Symbolik steht, daß oft erst im nachhinein das Ergebnis des Buchstaben-Zahlen-Austausches als bedeutsam erkannt oder ausgegeben wird. Nun fand diese Art geistreicher Zahlenakrobatik, gestützt auf echte Symbolüberlieferungen aus Antike und Christentum, ein Nachleben in der Barockmusik, wie sie besonders bei Johann Sebastian Bach und seinem Umkreis ausgeprägt war. Wer die Musik nur hört, kann zwar das komplizierte »Symbolgewebe« wahrnehmen, aber nicht durchschauen; für ihn kann das Werk Bachs zum Gleichnis für die biblische Botschaft werden, aber die dahinter liegenden Zahlen und die mit ihnen verbundenen Einsichten und Gesetzmäßigkeiten bleiben ihm verborgen. Selbst bei eingehenden Studien ist eine gesicherte Entschlüsselung oft nicht möglich. Bachs Vokal- und Instrumentalmusik ist von einer Zahlenkabbalistik durchzogen, durch welche biblischer Text und Musik aneinandergebunden werden sollen, z.B. dient für Christus die Zahl 112, für das Credo die Zahl 43. Neben diesen Buchstabenzahlen, deren bestes Beispiel die von Bach für seinen eigenen Namen eingesetzte Zahl 14 ist (b = 2, a = 1, c = 3, h = 8), gibt es in der *ars musica* auch eigentliche Symbolzahlen. Schon in der Renaissance wurde der Dreiklang oder der dreistimmige Chor bewußt auf die Trinität bezogen. Bei Bachs siebenmal siebenfachem Credo in der h-Moll-Messe dürfte ebenfalls bewußte Symbolgebung vorliegen. Doch ist bei der Deutung der zwischen Rationalität und Spekulation angesiedelten Zahlensymbolik größte Vorsicht geboten. Hermann Jung bemerkt »daß Dichter und vor allem Komponisten Zahlen in abbildhafter und symbolischer Weise einsetzen, ist nie ernstlich in Abrede gestellt worden«[235], stellt aber gleich die für nachträgliche Interpreten wichtigen, oft unlösbaren Fragen, ob der Künstler mit den Zahlen ein System entwickelt hat, ob es unterschiedliche Intensitätsgrade bei der Verschlüsselung gibt, ob vom Komponisten die Entschlüsselung durch den Hörer überhaupt vorgesehen oder mitbedacht war und schließlich: Welche Rolle spielte der Zufall?

Die Vorstellung der Welt als einem von Gott mit Hilfe von Zahlen geordnetem Ganzen (*ordo numerorum*) war den mittelalterlichen Autoren wohl vertraut. Augustinus hat sein Werk »Gottesstaat« in 22 Sektionen eingeteilt entsprechend den 22 Buchstaben des hebräischen Alphabetes, die als Spiegelbild des Kosmos galten. Immer wieder finden sich bei den Dichtern der romanischen und gotischen Zeit Zahlen in qualitativer Bedeutung: bei Otfried von Weißenburg spiegeln die sechs Versfüße die sechs Lebensalter des Menschen. Wolfram von Eschenbach hat seine ganze Märtyrerlegende »Willehalm« zahlensymbolisch strukturiert. Dantes »Divina Commedia« basiert auf einem Zahlensystem mit vorherrschender Drei, nämlich den drei in Terzinen geschriebenen Teilen des Inferno, des Purgatorio und des Paradiso; der Zahl der Dreifaltigkeit ist der dreigesichtige Luzifer im Schlund des neunten Höllenkreises entgegengesetzt. Allgemein waren die von tiefem Glauben erfüllten Dichter bestrebt, ihre eigenen Werke »zum Abbild des vom göttlichen Schöpfer nach strengem Maß gefügten und wohl geordneten Kosmos zu machen«[236]. Die Siebzehn ist von Bedeutung als Summe der zehn Gebote mit den sieben Gaben des Heiligen Geistes. 33 Jahre hat David regiert und Jesus – nach der Überlieferung – gelebt. 100 ist eine Vollzahl, die in Jesu Gleichnissen durch die Wiederkehr des verlorenen Schafes und die Buße des Sünders erreicht wird (Matthäus 18,13; Lukas 15,7), die aber auch auf Maria bezogen werden kann, da die Jungfrau vollkommen, d.h. ohne Sünde war. 153 ist die Zahl der von den Jüngern gefangenen Fische (Johannes 21,11), in denen Augustinus die von den »Menschenfischern« in aller Welt gewonnenen Gläubigen erkennt.

Unter Bezugnahme auf die Bibel erhalten die Zahlen auch in der christlichen Kunst Symbolfunktion[237]. Die Zwei spielt eine Rolle bei der Darstellung von Gegensatzpaaren wie Altes und Neues Testament, Ekklesia und Synagoge, die zur Hölle Fahrenden und die in den Himmel Aufgenommenen auf Bildern des Jüngsten Gerichtes. Die Drei ist Symbol der Vollkommenheit (alle Völker stammen von den drei Söhnen Noahs ab) und der Dreifaltigkeit, deren ältestes Sinnbild ist das gleichseitige Dreieck; im Kirchenbau wurden die drei Schiffe, Portale und Apsiden oft trinitarisch verstanden. Die hochmittelalterliche enzyklopädische Literatur entwickelte ein ganzes System einander zugeordneter Vierergruppen: Elemente, Winde, Jahreszeiten, Paradiesströme, große Propheten des Alten Testamentes, Evangelisten, Kardinaltugenden, Temperamente und die Vier Letzten Dinge (Tod, Gericht, Himmel und Hölle); eine bekannte Darstellung der letzteren stammt von Hieronymus Bosch auf seiner Todsündentafel (Madrid, Prado). Die Zusammenstellung von Drei und Vier bedeutet Gott und die Welt und wird in der Sieben zur

kosmischen Zahl: Planeten, Himmelssphären, Regenbogenfarben. Im Mausoleum der Galla Placidia ist ein Mosaik zu sehen mit sechs Lämmern; Christus, der gute Hirte, ist als Lamm Gottes (*Agnus Dei*) das siebte, wenn auch in Menschengestalt. Als Beispiel für eine bewußt konstruierte, symbolgeladene Sieben diene das Motiv der sieben Schmerzen der Maria, entweder in sieben eigenen Bildszenen dargestellt oder in der Form der Schmerzensmutter (*mater dolorosa*), deren Herz von sieben Schwertern durchbohrt ist wie auf einem Altarbild von Albrecht Dürer (Dresden, Gemäldegalerie). Zwölf ist wieder eine Zahl der Vollkommenheit, besonders der Vollendung des Reiches Gottes, man vergleiche die Angaben zur himmlischen Stadt in der Offenbarung des Johannes (21,12 ff.). Vielfältig ist die um die zwölf Apostel aufgebaute Symbolik: zwölf Lämmer (nach Lukas 10,3), zwölf Tauben, zwölf Löwen am Thron Salomons, zwölf Säulen in der Kirche, Monatsbilder und Tierkreiszeichen.

Die Dreizehn gehört zu den Zahlen, die ein in sich geschlossenes System überschreiten, weshalb sie als Zeichen des Übermutes und des Unheils gilt; der Volksglauben führt die schlechte Bedeutung auf das letzte Abendmahl Christi zurück, der als dreizehnte Person bald danach aus dem Kreis seiner Jünger schied; teilweise wird die Zahl aber auch auf den Verräter Judas bezogen. Die bildliche Wiedergabe von dreizehn Personen kann eine symbolische Aussage dafür sein, daß eine Person durch göttliches Eingreifen aus dem Kreis des Irdischen herausgelöst wird, so beim »Tod Mariae« des Hugo van der Goes (Brügge, Nationalmuseum) oder auch bei Tilman Riemenschneiders »Himmelfahrt Mariae« vom Creglinger Altar. In der christlich-orthodoxen Kunst ist die Dreizehn keine Unglückszahl, sie bedeutet einfach die zwölf Apostel mit dem sie überhöhenden Christus.

Die Bedeutung der Vierzehn wird verschiedentlich in Verbindung mit dem Mond gebracht, da dieser in vierzehn Tagen heranwächst und in dem gleichen Zeitraum wieder abnimmt. Inwieweit christliche Überlieferungen hier anzuschließen sind, können wir nicht sicher beantworten. Anknüpfend an den Kreuzigungstag Jesu am 14. Nisan (einem jüdischen Monat) deutet Augustinus die Vierzehn als die durch den Mond sinnbildlich dargestellte Abwendung vom Äußeren und die Hinwendung zum Inneren; mit dem 14. Nisan ist »das früher in prophetisches Dunkel gehüllte Geheimnis geoffenbart«. Wenn man beim Stammbaum Jesu (ikonographisch das Motiv der Wurzel Jesse) mit den 14 Gliedern von Abraham bis David, 14 Gliedern von David bis zur babylonischen Gefangenschaft und 14 weiteren bis auf Jesus die Zäsur bei David dem Vollmond gleichsetzt, dann fällt das Exil in Babylon auf den Neumond und die Zeit Christi wiederum auf den Vollmond[238]. Mit den bei verschiedenen Nöten und Krankheiten angerufenen vierzehn Nothelfern und den vierzehn Kreuzwegstationen wurde in der christlichen Kirche eine Zahl zur Grundlage der Volksfrömmigkeit gemacht, die bereits in der antiken Welt in den zweimal sieben Priesterinnen des Dionysos und in den vierzehn griechischen Heroen religiös verwendet wurde.

Die Fünfzehn hat eschatologische Bedeutung; nach dem gelehrten Kleriker Honorius Augustodunensis (um 1150 gestorben) hat die Himmelsleiter fünfzehn Stufen. Zusammengesetzt aus 3 mal 5 kann die Zahl bedeuten, daß »wir durch den Glauben an die Dreifaltigkeit Werke der Liebe mit unseren fünf Sinnen vollbringen sollen«. Bei zahlreichen romanischen Portalen – wie z.B. beim linken Seitenportal der Kathedrale Sainte Madelaine zu Vézelay – weisen fünfzehn Sterne am Portalbogen auf diese Zahl, durch deren Hilfe man den Himmel erlangt. Fünfzehn Vorzeichen des Gerichts (*signa judici*) sollen nach mittelalterlicher Vorstellung den Menschen auf das Ende der irdischen Zeit hinweisen und ihn zur Wachsamkeit ermahnen; das Schottenportal der St. Jakobskirche zu Regensburg ist das erste Großportal der Romanik, an dem die fünfzehn Vorzeichen zur Darstellung kommen, angefangen vom Meeresrauschen bis zu dem auf dem Regenbogen thronenden Christus[239].

Insgesamt zeigt sich im Christentum wie auch in den anderen Religionen und Kulturen, daß die Zahlen über ihren praktischen, alltäglichen Wert hinaus noch eine andere Bedeutung haben; sie machen die Vielfalt der Dinge in ihren gesetzmäßigen Zusammenhängen durchschaubar und vermitteln dem Menschen ein Ahnen, Fühlen und Erkennen einer anderen größeren Welt, die sich seinem Messen und Berechnen entzieht.

Am farbigen Abglanz haben wir das Leben

Als einem elementaren Sinneserlebnis sind mit der Wahrnehmung der Farben bedeutende psychologische und ästhetische Momente verbunden. Farben können erregen oder auch beruhigen; physiologisch wurde festgestellt, daß die rote Farbe den Puls zu beschleunigen und den Blutdruck zu erhöhen vermag, während Blau manchmal das Gegenteil bewirkt. In der Medizin gibt es Versuche, Krankheiten durch Farbenbestrahlungen oder Farbenbäder zu heilen, man bezeichnet dies als Chromotherapeutik. Blaue Blitze und blaues Licht werden in psychiatrischen Anstalten verwendet, um Kranke zu beruhigen. Man denke auch daran, daß bestimmte Farben als warm und trocken empfunden werden (Rot und Gelb), andere wiederum als kalt und naß (Blau und Grün). Ein kräftiges, gesättigtes Rot mittlerer Helligkeit kann als erregend, aufreizend, mächtig erlebt werden, ein dunkles Blau dagegen als ruhig und ausgleichend. Schon jetzt zeigt sich, daß es bei aller Individualität des Empfindens – jeder hat seine Lieblingsfarbe – doch auch bei den Farben eine Gesetzmäßigkeit gibt, die außerhalb der menschlichen Zuordnung liegt.

Die Farben sind Bedeutungsträger, verleihen den Gegenständen einen Sinn. Für die alten Ägypter waren sie nichts Zufälliges, sondern etwas Arteigenes; das Wort »Farbe« bedeutete bei ihnen gleichzeitig »Wesen«; wenn es von den Göttern heißt, daß man ihre Farbe nicht kennt, dann besagt das die Unergründlichkeit ihres Wesens. Wenn wir heute von einem Menschen sagen, daß er »farblos« ist, dann meinen wir damit, daß er in seinem Wesen keine Konturen zeigt. »Farbe bekennen« bedeutet klare Stellung beziehen, seine Meinung offen bekennen. Die äußerlich sichtbare Farbe bildet in symbolischer Schau das innere Wesen der Dinge; das Sein an sich ist farblos, durch die Farben erst erhält es Leben oder wie es in Goethes »Faust« heißt: »Am farbigen Abglanz haben wir das Leben«. Wie alle Physik letztlich in eine Metaphysik einmündet, so weisen auch alle optischen Erscheinungen über sich hinaus; dabei ist »die Farbe flüchtiger Abglanz, ist nur das Fühlhorn einer unsichtbaren Welt« oder – um noch ein Wort Ernst Jüngers zu gebrauchen – »so glänzt uns Sterblichen erst in der Mannigfaltigkeit der Farben das eine und unsichtbare Licht«[240].

Daß die Farben nicht für sich allein stehen, sondern in Korrespondenz mit anderen Phänomenen, zeigt sich auch darin, daß unter bestimmten Umständen ein akustisches Sinneserlebnis zu einer optischen Wahrnehmung führen kann, man bezeichnet diese Art von Synästhesie als »Farbenhören« (*audition colorée*). Die Dichter wußten schon immer um dieses Zusammenspiel, ist ihnen doch die ganze Welt eine harmonische Einheit. Für Angelus Silesius waren Farben und Töne im Geiste eins. Baudelaire bekam durch die Musik malerische Töne vermittelt, und Gerüche erschienen ihm als Farben; in dem Gedicht »Correspondances« schreibt er, daß im Tempel der Natur Düfte, Farben und Klänge miteinander reden. Der Romantiker Brentano singt von »goldenen Tönen« und vom »Gesang der Farbe«, und selbst im 20. Jahrhundert vergleicht Georg Trakl den Trompetenschall mit Fahnen von Scharlach. In diesen Zusammenhang gehört auch die anhand zahlreicher Musikstücke gesicherte Feststellung, daß die mit Kraft, Leben und Bewegung verbundene Terz an die Stelle des Wortes »rot« tritt wie z.B. bei dem bekannten Lied »Morgenrot« oder bei Schuberts »Heidenröslein«. Der Maler Kandinsky wird durch den Klang einer Trompete an den »inneren Klang« des Rot erinnert. Feuer und Liebe werden durch Rot symbolisiert und in Bachs von drei Trompeten beherrschter Pfingstkantate »O ewiges Feuer, o Ursprung der Liebe« durch Terzen angedeutet[241]. Wieder einmal zeigt sich, daß Farben, Töne und Worte mehr sind als nur isoliert zu betrachtende Einzelteile, die allein aus ihrer Daseinsart her zu verstehen sind; vielmehr gilt es, die dahinter liegenden geistigen Bezüge aufzuspüren und sie in ein ganzheitliches Weltbild einzuordnen. Im Glauben aller Zeiten wurden die verschiedensten Symbolkreise den Farben zugeordnet, angefangen bei den politischen Parteien, Länderfahnen, sozialen Schichten, menschlichen Eigenschaften über die Blumen und Edelsteine bis zu den Himmelsrichtungen und Planeten. Die sieben Stockwerke der altmesopotamischen Stufentürme waren jeweils durch eine besondere Farbe den einzelnen Planeten zugeordnet: Schwarz dem Saturn, Dunkelrot dem Jupiter, Hellrot dem Mars, Gold der Sonne, Weißgelb der Venus, Blau dem Merkur und Silber dem Mond. In kabbalistischen Kreisen sollen die Siegel (*sigilla*) der Planeten in seidenen Tüchern aufbewahrt worden sein, die der Sonne in gelben, des Mondes in weißen, des Jupiter in blauen, des Mars in roten, des Saturn in schwarzen, der Venus in grünen und des Merkur in purpurfarbenen[242]. Falsch wäre die Erwartung gleicher Farbzuordnung bei allen Völkern, wenn auch öfters verblüffende Übereinstimmungen zu beobachten sind. So ist Saturn auch im indischen Raum schwarz, und als alter, häßlicher Planetengott reitet er auf einem schwarzen Geier oder einem Raben. Ebenso ist der Mars rot, als Planetengott trägt er rote Gewänder und fährt auf einem von acht rubinroten Rossen gezogenen Wagen. Der Mond ist weiß, der durch weiße Körperfarbe gekennzeichnete Mondgott reitet oft auf einer weißen Antilope. Von der altmesopotamischen und kabbalistischen Farbordnung abweichend sind die weiße Farbe für die Sonne (für den Gott Surya jedoch Gold) und für die Venus, die gelbe Farbe für Jupiter und eine »dunkle« Farbe für Merkur[243].

In China kannte man fünf Planeten (Sonne und Mond wurden nicht dazu gerechnet), denen bestimmte Farben und Himmelsrichtungen zugeordnet wurden. Übereinstimmend mit den vorigen Angaben ist der Mars rot, er kündet Kriegsunheil an und gehört zum Süden; Venus hat die Farbe des Todes (Weiß) und ist als Abendstern dem Westen zugewandt; der mit dem Norden verknüpfte Merkur ist schwarz, Jupiter im Osten ist blau, und der in der Mitte stehende Saturn ist gelb. Da der Mensch als eine Welt im kleinen, als ein Mikrokosmos, aufgefaßt wird, entsprechen auch seine Körperorgane den Farben: Scharlachrot dem Herzen, Blaugrün der Leber, Gelb der Milz, Weiß der Lunge und Schwarz der Niere; mit ihnen korrespondieren die fünf Elemente (wu-hsing) in der Reihenfolge Feuer, Holz, Erde, Metall und Wasser[244].

Nach buddhistischer Lehre sind alle Gebiete geistiger und sinnenhafter Wahrnehmungen und Vorstellungen von einem Netz der Beziehungen überspannt, das zum großen Teil nach Pentaden (Fünfergruppen) geordnet ist. Den fünf Daseinsfaktoren (skandha) entsprechen die fünf Tathagatas, auch die fünf transzendenten Buddhas oder – nicht ganz korrekt – Dhyani-Buddhas (»meditierende Buddhas«) genannt, die durch bestimmte Himmelsrichtungen, Elemente und Farben charakterisiert werden: Vairocana steht in der Mitte, ihm sind der Äther und die weiße Farbe zugeordnet; zu Akshobhya gehören der Osten, das Wasser und die blau-schwarze Farbe, zu Ratnasambhava der Süden, die Erde und die gelbe Farbe; zu Amitabha der Westen, das Feuer und die rote Farbe; zu Amoghasiddhi schließlich der Norden, die Luft und die grüne Farbe[245]. Für den Buddhisten sind diese Buddhas keine göttlichen Gestalten, die in fernen Himmeln wohnen, vielmehr weiß er sie in sich selbst, bilden sie doch die fünf Bestandteile der menschlichen Persönlichkeit wie auch des ganzen Kosmos. In der Meditationsfigur des Mandala mit seinen nach den Himmelsrichtungen orientierten Seiten und den verschiedenen Farben schaut er die Identität von Kosmos, Buddhas und seinem eigenen Selbst.

Bei verschiedenen Völkern Asiens und des alten Nordamerika symbolisieren vier Farben die vier Himmelsrichtungen. Dazu gehört auch eine Stelle aus der orientalischen Geschichtensammlung »Tausendundeine Nacht«, wonach in einem See zwischen den vier Bergen vier Arten von Fischen gefangen werden: die weißen sind die Moslems, die roten die zoroastrischen Magier, die blauen die Christen und die gelben die Juden. In Indien werden die Farben oft durch Metalle und Edelsteine ausgedrückt, dabei entspricht das Gold dem Norden, das Silber dem Osten, der blaue Lapislazuli dem Süden und der rote Rubin dem Westen; dementsprechend soll – auch in buddhistischen Texten – der Weltberg Meru in seinem nördlichen Teil aus Gold bestehen, in seinem östlichen aus Silber, in seinem südlichen aus Saphir und in seinem westlichen aus Korallen[246]. In China wurden die Himmelsrichtungen mit farbigen Tieren in Verbindung gebracht: Ein blauer Drache bezeichnete den Osten, ein roter Vogel den Süden, ein weißer Tiger den Westen und eine schwarze Schildkröte den Norden. In dieses Farbenschema paßt auch der Name des Schwarzen Meeres, der als Abgrenzung der Macht des alten Perserreiches nach Norden gedient haben dürfte, genau so wie das Rote Meer (ursprünglich der Persische Golf und der Indische Ozean) den Süden bezeichnete[247].

Der Gleichsetzung der nördlichen Himmelsrichtung mit der schwarzen Farbe dürfte wohl die Vorstellung des Dunklen, Gefahrvollen, Unzugänglichen zugrunde liegen. Das Schwarze Meer hieß bei den Arabern Bahr-i-Sija, »das unfreundliche Meer«, das dem Seefahrer durch seine dichten Nebel gefährlich wurde. Im Parsismus wird der Norden als Wohnort der bösen Dämonen bezeichnet; in der germanischen Mythologie ist es die Weltgegend, wo die gefürchteten Riesen in Kälte und Finsternis hausen. Ähnlich werden auch verschiedene nordamerikanische Indianerstämme empfunden haben, bei denen der Norden mit der schwarzen Farbe gleichgesetzt wird, so etwa bei den Navahos. Eine Identifizierung des Nordens mit dem Dunklen, Schwarzen findet sich bereits in der Bibel: »Die roten Rosse stehen gen Osten, die schwarzen ziehen hinaus in das Nordland, die weißen schweifen nach Westen, und die gescheckten ziehen in das Südland« (Sacharja 6,1-8). Wahrscheinlich stehen auch die Farben der apokalyptischen Reiter, beziehungsweise ihrer Pferde, in einem Zusammenhang mit dieser Vierfarbensymbolik (Offenbarung 6,2-8).

Wie bei dem Propheten Sacharja wird bei der Mehrzahl der mongolischen und bei den uralaltaischen Völkern die weiße Farbe mit der westlichen Himmelsrichtung zusammengestellt, was dem chinesischen Farbenschema entspricht. Als die Hiung-nö (bei uns als Hunnen bekannt) im Jahre 201 n.Chr. dem chinesischen Kaiser Kao im Kampf gegenüberstanden, hatten sie angeblich ihre Reiterei so verteilt, daß auf der Westseite alle weißen Pferde eingesetzt waren, auf der Ostseite alle ihre blauen (d.h. grauen) Pferde, auf der Nordseite alle ihre schwarzen und im Süden alle roten (braunen) Pferde[248]. Aus diesem »Blickwinkel« ist es verständlich, wenn die Türken vom Mittelmeer als dem »Weißen Meer«, d.h. dem im Westen gelegenen Meer, sprachen. Dagegen bedeutet bei den Azteken Weiß die Farbe der morgendlichen »Dämmerung«, des Sonnenaufgangs und damit des Ostens; auch bei den Navahos findet eine Gleichsetzung mit dieser Himmelsrichtung statt. In Indien wird die weiße Farbe durch Silber ersetzt und symbolisiert ebenfalls die östliche Richtung, und im tibetischen Buddhismus werden die vier »Welthüter« (Lokapalas) mit folgender Hautfarbe dargestellt: der Wächter des Ostens erhält Weiß, der des Südens Blau, der des Westens Rot und der des Nordens Goldgelb.

Völlig abweichend von den bisherigen Farbschemata sind die Zuordnungen bei den mittelamerikanischen Maya. In einem ihrer Zauberbücher sollten die einzelnen Sprüche zur Heilung der Krankheiten dienen, die von den Winden aus den vier Weltecken in die Körper der Menschen hineingeblasen wurden. Repräsentanten der vier Weltgegenden waren die vier Bacabs, die Himmelsträger; der rote Bacab wurde dem Osten zugeordnet, der weiße dem Norden, der schwarze dem Westen und der gelbe dem Süden. Eine der wichtigsten Maya-Gottheiten war Itzamna, er galt als Schöpfer, Gott des Kultes und der Heilpflanzen; seine Universalität wurde durch vier mit den einzelnen Farben bezeichnete Manifestationen ausgedrückt[249]. Trotz der aufgezeigten Unterschiede in der Farbenzuordnung zeigen doch alle Beispiele eine Verankerung in mythisch-kosmologischen Vorstellungen, die – manchmal in abgewandelter Form – auch auf die religiöse, soziale und sogar politisch-administrative Begriffsbildung eingewirkt haben. Der Übersichtlichkeit halber seien die Farbschemata der Inder, der Chinesen und der Maya graphisch dargestellt.

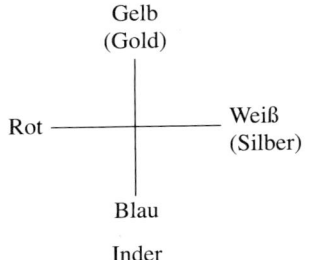

Inder

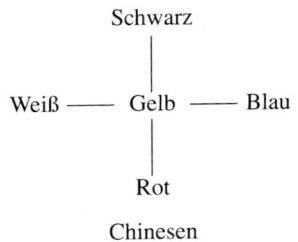

Chinesen

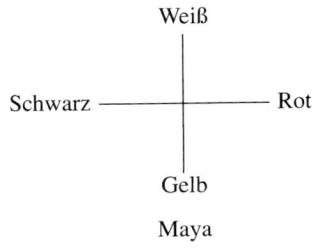

Maya

Das ganze Weltall mit seinen Himmelsrichtungen, Planeten, Elementen, Metallen und Edelsteinen spiegelt sich für den tiefer schauenden Menschen in den Farben wider, ja noch mehr – durch die Farben hindurch sieht er sich selbst in seinen Krankheiten, seinen Körperorganen, seinen Temperamenten und seinen Leidenschaften. Im indisch-buddhistischen Kundalini-Yoga hat der Mensch sieben Zentren »feinstofflicher Energie« (*cakras*), die jeweils verschiedenen Körperebenen, Farben, Elementen (ja sogar Gottheiten) entsprechen; dabei steigen die Farben auf einer Skala aufwärts vom Gelb der Erde (äußere Fortpflanzungsorgane) über das Weiß des Wassers (innere Fortpflanzungs- und Ausscheidungsorgane), das Rot des Feuers (Magen, Galle, Nieren) zum Grau-Blau der Luft (Herz, Blut) und zum Weiß des Äthers (Kehle, Sprachorgan). Das sechste Cakra hat seine physische Entsprechung zwischen den Augenbrauen, es steht bereits über den Elementen, ist von milchig-weißer Farbe und gilt als Sitz des Bewußtseins. Über dem Scheitelpunkt des Kopfes wird in strahlendstem Licht das siebte Cakra gedacht, das dem kosmischen Bewußtsein entspricht[250]. Die durch Yoga-Übungen erweckte Energie (Schlangenkraft, Kundalini) steigt durch alle Cakras, aktiviert sie und führt schließlich zur Erleuchtung und zur höchsten Vereinigung mit dem göttlichen Prinzip.

Bis in die Antike zurück reichen Überlieferungen, nach denen der Mensch in sich alle Weltgegenden trägt, und der Rabbi Elieser weiß von einer Anthropogonie aus dem Staub von den vier Weltgegenden in vier Farben. Eine mystische Interpretation des Namens Adam erblickt in den Initialen die griechischen Wörter für die vier Himmelsgegenden: *anatole* = Osten, *dysis* = Westen, *arktos* = Norden, *mesembria* = Süden; dadurch erscheint der Urmensch – vor seinem Sündenfall – als Symbol kosmischer Ganzheit. Ähnlich berichtet ein Mythos der in Nordasien lebenden Tungusen, daß der Schöpfergott Mann und Weib aus dem Eisen des Ostens, dem Feuer des Südens, dem Wasser aus dem Westen und der Erde aus dem Norden erschuf; wenn hier auch keine Farben genannt sind, so lassen sich diese doch ohne weiteres für die Elemente einsetzen (Weiß, Rot, Blau, Gelb). Der Zusammenfall der Himmelsrichtungen im Menschen in Verbindung mit den Farben findet sich in der Viersäftelehre der spätantiken Medizin; danach ist das rote Blut (*sanguis*) dem Süden zugeordnet, der weiße Schleim (*phlegma*) dem Westen, die sogenannte »schwarze« Galle (*mela cholos*) dem Norden und die »gelbe« Galle (einfach *cholos*) dem Osten[251]. Je nach der für den einzelnen Menschen typischen Mischung seiner Körpersäfte sollen dann die einzelnen Temperamente abgeleitet werden können. Nach altindischer Lehre wird die Welt, aber auch der Mensch von dem roten Sonnenstrom und dem weißen Mondstrom durchflutet. In der abendländischen Hermetik werden Sonne und Mond entweder durch Gold und Silber oder durch das Farbpaar Rot und Weiß gekennzeichnet; diese werden von der Geschlechtersymbolik übernommen – es sind die Symbolfarben von Blut und Milch. Texte mittelalterlicher Philosophen unterscheiden den roten Mann (*vir rubeus*) von der weißen Frau (*femina alba*). In der chinesischen Hochzeitsmystik wird Rot dem Manne, Weiß der Frau zugeordnet[252]. Hier sind auch die Farbe der Revolution und des Krieges und die der Bewahrung und des Friedens anzuführen. Auf Weltgerichtsbildern gehen vom Haupte Christi nach einer Seite ein rotes Schwert, nach der anderen Seite eine weiße Lilie oder Rose aus. Christus, der über den Geschlechtern steht, umfaßt in sich beide Seinspole; aus seiner Seitenwunde kommen auf einzelnen Gemälden ein roter und ein weißer Strahl – das Blut deutet auf das Spirituell-Masculine, das Wasser auf das Materiell-Feminine. Das Enthaltensein beider Geschlechter zeigt sich bereits im Hohenlied (5,10), wenn es von dem Geliebten heißt, daß er weißlich und rötlich (*can-*

didus et rubicundus) strahlt und unter Tausenden zu erkennen ist. Das gleiche gilt für die Leiber der dem Irdischen enthobenen Seligen, die laut der Petrus-Apokalypse »weißer als Schnee und roter als Rosen« sind.

Doch verlassen wir die uns manchmal fast schon fremd anmutende Welt christlich-mittelalterlicher Vorstellungen und treten hinaus auf eine der belebten Straßen, wo wir einem Kinderwagen begegnen. Wir werfen einen Blick hinein und erkennen im Nu, ob die Säuglingsausstattung einen blauen Ausputz hat und es sich damit um einen Jungen handelt oder ob es ein Mädchen mit blauem Mützchen und in blauen Strickpantöffelchen ist. Eine ähnliche Unterscheidung findet sich bereits im 18. und 19. Jahrhundert bei den Strümpfen der Erwachsenen; blaue Männerstrümpfe sind aus ganz Süd- und Mitteldeutschland bezeugt, während die »Bauernweiber« rote oder weiße Strümpfe getragen haben. Der bekannte österreichische Volkskundeforscher Leopold Schmidt erblickt in solchem Brauchtum nicht nur eine äußere Kennzeichnung, sondern ein echtes Phänomen der Geschlechtersymbolik[253]. So tragen bei dem Volk der Lappen die Männer meistens eine blaue Kopfbedeckung, die Frauen eine rote. Im westchinesischen Kukunorgebiet bestehen die einem Neugeborenen gebrachten Geschenke aus Stoffen für Kleidchen, bei Knaben sind sie blau, bei Mädchen rot. Diese doch wohl mehr der Semantik als der Symbolik angehörenden Beispiele lassen aber eine tiefer liegende Bedeutungsebene vermuten.

Blau ist die Farbe des Himmels und des Geistigen und damit auch des Männlichen, während Rot dem Irdischen, Gefühlsmäßigen und damit dem Weiblichen näher steht. Ganz abgesehen davon, daß Farben wie auch andere Symbole ambivalent sind, darf man die alten Symboltraditionen nicht aus dem Blickwinkel moderner Frauenemanzipation betrachten. In einem bipolaren Weltbild kann die Zusammenstellung des Männlichen oder des Weiblichen mit irgendwelchen Phänomenen gar keine Abwertung bedeuten, da jeder Pol gleichwertig ist und zu seiner Seinsbestimmung des anderen bedarf. Im alten Ägypten war Blau die Farbe der Götter (besonders Amuns), genau so wie der blaue Lapislazuli als Bild des sternenübersäten Firmaments galt. In verschiedenen Religionen wurde der väterliche Gott im blauen Himmelsmantel gedacht; so kennt man das Sternengewand des babylonischen Marduk oder den in der Form des Himmelsgewölbes geblähten Mantel des Mithras. Der germanische Gott Wotan (Odin) erscheint in Sage und Volksbrauch als Wanderer mit Schlapphut und blauem Mantel. Auf irdischer Ebene übernahmen die Herrscher diese Farbe; nicht umsonst spricht man von »Königsblau«. Der in Bamberg aufbewahrte Kaisermantel Heinrichs II. zeigt den tiefblauen (unermeßlichen) Grund des Himmels, während die Goldstickereien die Sternbilder darstellen sollen. Ob in diesen Vorstellungskomplex auch der in der Barockzeit von Spanien aus bis nach Süddeutschland verbreitete Typus des »Blauen Herrgotts« gehört, können wir nicht entscheiden. Auffallend ist jedenfalls, daß das Untergewand Christi sehr oft blau, das darübergelegte Obergewand (Toga oder Mantel) dagegen meistens rot bzw. purpurfarben ist; als frühes Beispiel sei auf das karolingische Godescalc-Evangelistar (Paris, Bibliothèque Nationale) hingewiesen. Die Farbzusammenstellung Rot über Blau findet sich auch bei der Gewandung des präexistenten Christus (als Schöpfer) im Grabower Altar des gotischen Meisters Bertram. Bei Maria ist die Tendenz der Farbgebung umgekehrt, ohne daß sich aber eine feste Regel aufstellen läßt. Wenn Maler des 15. Jahrhunderts die Madonna in einem rein blauen Gewand erscheinen lassen, wie Rogier van der Weyden oder Stephan Lochner, dann wird darin das dem Himmel Zugekehrte, Vergeistigte angedeutet, was sich ja auch in dem verinnerlichten Gesichtsausdruck widerspiegelt.

Als äußerste, »stoffliche« Hülle kann die Kleidung

etwas von seinem Träger erkennen lassen, man denke etwa an typische Berufskleidungen, an die Kutten der Bettelmönche oder aber auch an die individuell verschiedene und in einem weiteren Sinne mit dem Charakter des einzelnen zusammenhängende Vorliebe für bestimmte Stoffe, Farben und Modetrends. Allerdings sind dabei in zahlreichen Fällen die Farben weniger als Symbol, sondern lediglich als Zeichen zu verstehen. Schon in alter Zeit wurden in Persien die drei Stände unterschieden, für Priester war Weiß kennzeichnend, für die Krieger Rot (oder Bunt) und für die Ackerbauer und Viehzüchter ein dunkles Blau[254]. In altnordischer Zeit galt Rot als besonders schöne Farbe, die den Mächtigen und Wohlhabenden vorbehalten war. Im späten Mittelalter läßt sich geradezu eine Gewandfarbensprache feststellen. Grau und Braun galten als »geringe Farben« und waren für die kleinen Leute, für die unteren Stände der Bauern und Handwerker bestimmt; an Sonn- und Feiertagen durften sie die blaue Farbe tragen. Ob hier – wie öfters zu lesen ist – auch die Redewendung vom »blauen Montag« anzuschließen ist, an dem die Handwerker angeblich in ihrem Sonntagsgewand weiterfeierten, läßt sich nicht mit Sicherheit nachweisen[255]. Im 15. und 16. Jahrhundert war der »graue Kittel« die selbstverständliche Kleidung der Bauern; hellere Farben wurden bei den Untertanen als Hoffart oder als aufrührerischer Geist ausgelegt. Durch die Hofjagden wurde Grün, die Tarnfarbe der Jäger, salonfähig und unter dem volkstümlichen Erzherzog Johann in der Steiermark zur Tracht.

Bei der regional gebundenen traditionellen Kleidung, der Volkstracht, gibt es Unterscheidungen in Farbe und Auszier für Ledige, Verheiratete und Verwitwete. Im Gutachtal (Schwarzwald) tragen die unverheirateten Mädchen rote »Bollen« auf den Hüten, nach der Eheschließung tragen sie schwarze. In der Schwälmer Tracht (Hessen) gilt das rote »Schappel« als Zeichen der Jungfrauschaft; ähnlich trugen im Egerland die Jungfrauen ein rotes »Nest«, und der strenge Brauch wollte es, daß nach Verlust der Unschuld »weder sie noch der Verführer künftig ein rotes Zeichen an Kleidung oder Hut tragen« durften[256].

Im mediterran-abendländischen Kulturraum gilt Schwarz als Trauerfarbe wie auch als sichtbares Zeichen des Todes und der Unterwelt. Die Karthager behingen die Mauern ihrer Stadt mit schwarzem Zeug, wenn der Staat von einem Unglück ereilt wurde. Zur Zeit der römischen Republik trug man schwarze Trauerkleider. Die germanischen Vertreter der Schicksalsmächte, die Disir, trugen schwarze Gewänder, wenn sie den Tod, weiße, wenn sie Glück verkündeten. Der Rabe (*nigerrima avis*) war als Hexentier, Teufelsbegleiter und Unglücksvogel verschrien. Aus einer falschen Etymologisierung heraus wurde das aus dem Griechischen stammende Wort Nekromantie für Totenbeschwörung zu Nigromantie, zum schwarzen Zauber. Nach griechischer Sage hat Theseus vor seiner Fahrt nach Kreta mit seinem Vater vereinbart, daß er das aufgezogene schwarze Segel bei glücklichem Ausgang seines Unternehmens durch ein weißes ersetzen wolle. Der tödlich verwundete Tristan sendet nach der heilkundigen Isolde übers Meer: Ein weißes Segel soll ihm ihr Kommen, ein schwarzes ihr Ausbleiben ankündigen. Bei Walther von der Vogelweide heißt es:

Diu werlt ist uzen schoene,
wiz, grün und rot
und innen swarzer varwe,
finster sam der tot.

Schwarz ist auch bei den von Papst Innozenz III. festgelegten liturgischen Farben ein Zeichen der Trauer, vor allem am Karfreitag und bei Totenfeiern. Eine psychologische Erklärung erblickt in der Trauerfarbe den äußerlich zur Darstellung kommenden Seelenzustand des Trauernden; alles in ihm ist leer und in Nacht gehüllt. In der karolingischen Zeit galt Blau als Farbe der Klage um einen Verstorbenen[257]. Sonst findet sich wohl nirgendwo in Deutschland Blau als Trauerfarbe, wohl aber teilweise als Farbe für die Toten; besonders Ledige, Wöchnerinnen und Kinder erhielten früher oft blaue Leichentücher und Särge. Die blaue Farbe kommt auch außerhalb Europas vereinzelt als Todes- und Trauerfarbe vor, so bei den Frauen der Sarten in Iran, die bei Halbtrauer blaue Gewänder tragen. In verschiedenen Gegenden Liberias besteht das Zeichen der Trauer um einen Toten in einer Blau- oder Grünfärbung des Körpers. Daß Blau und Schwarz zum Zeichen der Trauer wurden, kann durch ihre apotropäische Funktion begründet sein, d.h. man denkt sie sich als Schutz- und Abschreckungsmittel gegen den bösen Geist des Toten und gegen die Dämonen des Todes. Wie so oft beruht auch hier die Abwehr auf dem Grundsatz der Analogie: Die lebenbedrohenden Mächte der Finsternis (der Teufel selbst ist der Schwarze) sollen durch das Entgegensetzen ihrer eigenen Farbe abgeschreckt werden.

Blau als magische Schutzfarbe findet sich bei zahlreichen Völkern. Der blaue Saphir soll vor verborgenen Gefahren und Vergiftungen warnen und gilt als Glücksbringer. In Vorderasien dient Indigo zur Abwehr des »bösen Blickes«; im ganzen Mittelmeerraum werden blaue Perlen als Amulett mitgetragen. Die in ihrer Grundfarbe blaue Augenperle heißt in der Türkei noch heute *nazar boncugu*, die »Perle gegen den bösen Blick«[258]. Hier erinnert man sich des blauen Schutzmantels der Madonna; daß dieses im 15. und 16. Jahrhundert besonders beliebte Motiv der christlichen Kunst nicht die Bedeutung des Himmelsmantels haben kann, ergibt sich aus seiner Ableitung aus dem juristisch-weltlichen Bereich; Kinder wurden legitimiert oder adoptiert, indem sie unter den Mantel genommen wurden; hochgestellte Personen, besonders Frauen, konnten Verfolgten auf diese Art Schutz gewähren.

Vor einigen Jahrzehnten glaubte man, daß bei den slawischen Völkern die weiße Farbe als Trauerfarbe zu gelten habe. Man wies auf die wendischen Trachten in der Lausitz und bei den Kaschuben hin. Allerdings finden sich auch in ausgesprochen deutschen Gebieten, die niemals von wendischen Kultureinflüssen berührt wurden, weiße Trauerlaken (Schweiz) oder weiße Umschlagtücher (Pinzgau). Otto Lauffer erblickt darin keine eigentliche Trauerfarbe; er meint: »Überall wo Weiß in der Trauerfarbe erscheint, haftet es nicht am Kleide selber, sondern nur an den Zutaten«[259]. Die wirkliche Trauerfarbe ist Schwarz. Dabei darf man jedoch nicht übersehen, daß auf einer späteren Entwicklungsstufe in verschiedenen Gegenden auch die weiße Farbe mit der Trauer in Beziehung gesetzt wurde. Die Todesgöttin der Wenden, Smjertnica, wird als blasse Frau in weißer Kleidung gedacht. Die weiße Farbe in Verbindung mit der Trauer und als Ausdruck der Trostlosigkeit findet sich auch in der Malerei des 16. Jahrhunderts. Auf dem Kreuzigungsbild des Isenheimer Altars ist Maria bis zu den Knöcheln von einem großen weißen Schleier bedeckt; bei der »Kreuztragung Christi« von Hans Holbein dem Älteren ist die trauernde Mutter in ein weißes Tuch eingehüllt (München, Alte Pinakothek).

Bei näherer Untersuchung der Farbensymbolik fallen die verschiedenen, einander oft widersprechenden Bedeutungen auf, ja manchmal sogar innerhalb einer Kultur oder eines Volkes. Bei den alten Ägyptern war Schwarz die Farbe der Unterwelt; Osiris, der Herrscher der Toten, wurde häufig »der Schwarze« genannt; in dieser Farbe wurde der Totengott Anubis wiedergegeben (s. Abb. S. 149). Wenn jedoch die Mumien mit schwarzem Harz bestrichen wurden, dann war dies ein symbolischer Hinweis auf ihre Wiedergeburt und damit auf ein Weiterleben[260]. Die Bedeutung einer Farbe hängt von ihrer Intensität ab und in welcher Nachbarschaft zu anderen Farben sie steht. So gibt es zwei

ganz verschiedene Arten von Grün; die eine weist eine Tönung zum Gelben hin auf, ist Farbe der Vegetation, des Lebens, der Hoffnung; das andere Grün neigt zum Blau, wirkt kalt, unheimlich, gespenstisch, ist die Farbe des Giftes, ja des »Bösen«, der sich als Jäger verkleidet. In Grimmelshausens »Simplizissimus« heißt es, daß sich der Teufel gern in grünen Kleidern sehen lasse; und der Salzburger Dichter Georg Trakl schreibt von den »grünen Flecken voll Verwesung«.

Besonders viele Bedeutungen kann die rote Farbe annehmen. Bei den alten Ägyptern symbolisierte sie das Dämonische: Am Morgen und am Abend ist die Sonne »in ihrer Röte«, weil sie gegen dämonische Mächte kämpft und das Blut den Himmel überschwemmt; »Rotmachen« bedeutete soviel wie »töten«; Rot galt als Farbe des heimtückischen Gottes Seth. Schon im Tierreich hat Rot die Signalbedeutung »Gefahr«; beim Menschen ist es ein Symbol für Blut, Kampf und Tod – im Alten Testament, wo die Kämpfer »in Rot getaucht« sind (Nahum 2,4) genau so wie im Nibelungenlied, wo der den Kampf voraussehende Volker ein rotes Zeichen an seinen Schaft heftet. Rot ist die Farbe der Lebensbedrohung, aber auch der Lebensaktivierung. Wer als Märtyrer sein Blut vergoß, wird in ein neues, ewiges Leben eingehen. Die geröteten Kleider des kelternden Messias (Jesaias 63,1-3) galten später als Hinweis auf die Passion, auf den Opfertod Christi und die dadurch ermöglichte Erlösung der Menschen. Es ist ein und dieselbe Farbe, die von den Sünden des Hasses, der Gier und der Leidenschaft zur Sühne führt. Die ins himmlische Land wandernden Menschen tauchen mit ihren strahlenden Leibern in ein Meer voll roten Weins,

sie tauchen hinein in den Schaum und den Glanz,
der klare Purpur verschüttet sie ganz,
und steigen sie jauchzend hervor aus der Flut,
so sind sie gewaschen durch Jesu Blut

Gerhart Hauptmann, »Hanneles Himmelfahrt«

In der Antike galt Rot als Farbe der Unschuld; mit einem feuerroten Schleier (*flammeum*) erschien die römische Braut zur Hochzeit. Andererseits bedeutet das lateinische Wort *rubor* neben Rot auch Schimpf und Schande. Die Schamröte kann Zeichen der Unschuld wie auch der Schuld sein. Die apokalyptische »Mutter der Buhlerinnen und der Greuel der Erde« war in Purpur und Scharlach gekleidet (Offenbarung 17,4). Satans Symboltiere wurden gerne der rotfarbigen Fauna wie Eichhörnchen oder Fuchs entnommen. Die erotische Bedeutung – man denke an die roten Rosen – kann sublimiert erscheinen im Hinblick auf den Heiligen Geist, der in den Gläubigen das Feuer der Liebe entzündet und in Gestalt von Feuerzungen auf die Apostel herabkam; deshalb ist Rot die liturgische Farbe am Pfingstfest.

Die bei einzelnen Völkern verschiedene Bewertung der Farben kann verschiedene Ursachen psychologischer, geographischer oder religiös-weltanschaulicher Art haben. Verständlicherweise wird bei den Negern die schwarze Farbe weniger negativ eingestuft als bei den »Weißen«. Auch in anderen Teilen der Erde ist die Zuordnung des Guten und des Bösen zu Weiß und Schwarz nicht der abendländischen entsprechend. In Ostindonesien auf der Insel Ambon wird die schwarze Farbe dem Himmel und dem Überragenden zugeordnet, die weiße Farbe dagegen der Erde und dem Minderwertigen[261]. Da die Türken sich ursprünglich nach Norden orientierten und diese Himmelsrichtung mit Schwarz (*qara*) gleichsetzen, so wurde ihnen diese Farbe zur Bezeichnung für »groß, erhaben«; Qara Chan wurde zum Ehrentitel, und verschiedene Residenzorte türkisch-mongolischer Nomadenstämme hießen Qara qum oder Karakorum wie die Hauptstadt Dschingis Chans[262].

Die gelbe Farbe ist in China Ausdruck für die »Harmonie der Mitte« (*chung-ho*) und für Glückseligkeit; bis Anfang des 20. Jahrhunderts war es die Farbe des Kaisers und der Mönche. Demgegenüber ist das Gelb, soweit es sich nicht um das Goldgelb handelt, im abendländischen Kulturraum minder geachtet, ja, es ist verschiedentlich die Farbe der Verfemten, der Verworfenen, der Ausgestoßenen. Bei den Griechen und bei den Römern trugen die Freudenmädchen gelbgefärbte Haare oder gelbe Perücken. In Freiburg im Breisgau mußten im Mittelalter die Mütter unehelicher Kinder gelbe Hauben tragen. Nach dem Meraner Stadtrecht mußten die »gemeinen frouwen uf irn schuohen tragen ein gelwes vänle, da mit man sie erkenne«. Gelb galt auch als die Farbe der Henkersfrauen, der Ketzer und der Juden. Den Ketzern wurde bei der Hinrichtung »dat gele cruce« an den Hals gehängt[263]. Martin Luther spricht davon, »wie man die bettler und juden an den gelen rinken kennet«. Die Türen von Verrätern wurden gelb angestrichen.

Infolge rein malerischer Erwägungen ist die Anwendung einer Farbensymbolik in der christlich-abendländischen Malerei begrenzt geblieben und nur bei bestimmten Personen mit einer gewissen Regelmäßigkeit festzustellen. Bei Christus und Maria dominieren Rot und Blau, die in ein Purpur überwechseln können, in dem beide Grundfarben mehr oder weniger harmonisch vereint sind. Im Buch Ester (8,15) ist die Verleihung des Purpurs gleichbedeutend mit der Übertragung der königlichen Gewalt; im späteren Rom war Purpur den Cäsaren vorbehalten. Der Jesus zum Spott umgehängte »purpurrote Mantel« (Mt 27,28) dürfte ein gewöhnlicher roter Soldatenmantel gewesen sein, der aber symbolisch zum Herrschergewand für den »König der Juden« umgedeutet wurde. Weiße Gewänder können auf Unschuld und gottgefälliges Leben deuten, so bei den Heiligen in der frühchristlichen Kunst. Blau als Symbol der Himmelszugewandtheit und der Treue findet sich z.B. in der romanischen Buchmalerei (Bamberger Apokalypse, um 1000) im Heiligenschein des Evangelisten Johannes, während der ihm gegenübertretende Engel einen grünen Nimbus hat als Hinweis auf die Verheißung des himmlischen Jerusalems. Grün ist nicht nur die Farbe der Hoffnung, sondern auch der Auserwählten, die »grünen wie ein Ölbaum«. In der Cranach-Bibel trägt Jakob nach seiner Erwählung ein grünes Gewand, ebenso Maria bei der »Verkündigung« des Konrad Witz (Nürnberg, Nationalmuseum). Auf Dürers »Allerheiligenbild« (Wien, Kunsthistorisches Museum) dominiert die grüne Farbe; der geöffnete, die Innenseite zeigende Mantel Gottvaters ist grün, und die meisten in den Himmel aufgenommenen Heiligen haben grüne Gewandteile oder grüne Palmzweige – sie wurden in ihrer Hoffnung auf Auferstehung nicht enttäuscht.

Wie schon für Jakob Böhme die Farben eine für den Menschen erfaßbare Erscheinungsweise des unergründlichen, göttlichen Lichtes waren, so erblickte auch Philipp Otto Runge in ihnen das tiefste Geheimnis. Für ihn ist die Farbe »die letzte

Kunst«, und »in tausend Farben« erkennt er das große Licht der Welt; »das simple Symbol der Dreieinigkeit Gottes ist das Sinnbild des höchsten Lichtes wie das simple Symbol der drei Farben das des Sonnenlichts«. Die drei Grundfarben bedeuteten für Runge die Sehnsucht (Gelb), die Liebe (Rot) und den Glauben (Blau)[264]; auf dem Gemälde »Der kleine Morgen« (Hamburg, Kunsthalle) durchstrahlen sie das ganze Universum vom Gelb der Erde und dem das Licht der Welt erblickenden Kind über die rötlichen Farbtöne der Blumen und die Morgenröte am Horizont bis zum satten Himmelsblau, in dem der Morgenstern aufleuchtet. Hier »am farbigen Abglanz« zeigt sich wahrhaftig das Leben, läßt aber auch die Ahnung in uns aufsteigen von dem äußersten und zugleich innersten, ungebrochenen Licht, das unseren Augen verborgen bleibt.

Von der Universalität des Baumsymbols

Der alle anderen Lebewesen überragende Baum scheint Himmel und Erde miteinander zu verbinden; er gehört zu den Grundbestandteilen von Gottes Schöpfung und begleitet den Menschen seit den Tagen des Paradieses. Die Universalität spiegelt sich in zahlreichen Mythen und religiösen Überlieferungen, im Brauchtum der Völker und in Dichtung wie auch Malerei wider. Ein Blick in die Bibel zeigt uns die schicksalhafte Verbundenheit von Baum und Mensch im irdisch-kosmischen Ordnungsgefüge – vom Baum des Sündenfalls über das Kreuzesholz Christi bis zum apokalyptischen Baum des Lebens. Leider haben die letzten Generationen an dem alten Weisheitsgut vorbeigelebt, bis schließlich mit dem Glauben an Gott auch die Achtung vor seiner Schöpfung verloren ging. Erst heute, nachdem die verschmutzte Luft, die verseuchten Gewässer, die sterbenden Wälder unser eigenes Leben bedrohen, erst jetzt entsinnen wir uns wieder der Sympathie aller Dinge, der Wechselwirkungen von Pflanze, Tier und Mensch und damit unserer Verantwortung für Natur und Umwelt[265].

In der Erde wurzelnd, saugt der Baum das Wasser der Tiefe; seine Zweige in die Lüfte vorstoßend, empfängt er Sonnenwärme und Licht, die Kraft des himmlischen Feuers. Durch seine Teilhabe an allen Elementen, durch sein Blühen und Früchtetragen, sein alljährliches Sterben im Blätterabfall und Wiederauferstehen wiederholt er kosmisches Geschehen und wird damit als Weltenbaum selbst zu einem Bild des Kosmos. In einer umfangreichen Arbeit bemüht sich Julius Schwabe um den Nachweis, daß der Weltenbaum der alten Völker mitten im Tierkreis zu suchen sei; sein Stamm sei nichts anderes als die Sonnwendachse, und seine Äste der das ganze All umspannenden Krone endeten in den zwölf Teilungspunkten des Jahreskreises[266]. Literarisch finden wir den Baum in der Apokalypse (22,2) belegt, wo er zwölfmal Früchte trägt, jeden Monat seine Frucht abgebend. Der Baum steht »am Strom mit dem Wasser des Lebens, glänzend wie Kristall«. Die Früchte sind die Sterne, vor allem Sonne und Mond.

Wenn ein babylonisches Epos von Gilgamesch erzählt, daß er in einen Wundergarten kam, in dem Edelsteine auf Bäumen wachsen, dann könnten auch hier die glitzernden Himmelsleuchten gemeint sein, zumal es ja ausdrücklich heißt, daß der Heros die Hüter des Sonnenaus- und Sonneneinganges passieren mußte, bevor er den Weg der Sonne selbst einschlagen konnte; zwölf Meilen mußte er gehen, d.h. er mußte in zwölf Monden das All, den Tierkreis, umwandern, bis er den wunderbaren Hain der Götter gewahrte. Schon in einem sumerischen Beschwörungsritual wird ein Baum (namens Kiskanu) genannt, dessen »Aussehen dem reinen Lasurstein gleicht, der sich über den Ozean erstreckt«, also ebenfalls ein Weltbaum, dessen Arme das Firmament (Himmelsozean) umspannen. Die Edelsteine sind nichts anderes als Symbole der kosmischen Lichtnatur. Auch der bis nach China verbreitete Manichäismus kennt den Edelsteinbaum, der zur Kennzeichnung des Lichtreiches dient; darüber hinaus ist er ein Symbol für den Heilbringer Jesus, dieser ist »der ewig blühende Baum ..., der mit seinem Stamm allerhaltend die Welt erfüllt«, der zahlreiche unvergleichlich wunderbare Edelsteine hat und aus dessen Früchten alle Weisheit entsteht[267].

Die Verbindung mit dem Ozean oder einem See deutet auf den kosmischen Baum, der im Himmelsozean steht. Im ägyptischen Totenbuch (Kapitel 189) ist es des Verstorbenen Wunsch, als Falke zu fliegen und sich »auf der schönen Sykomore, die inmitten des Sees gelegen ist«, niederzulassen. Das Awesta, das heilige Buch des Parsismus, kennt den von Ahura Mazda geschaffenen Baum, der in einem weiten See oder in einem Meer steht, in seinen Zweigen haust ein göttlicher Vogel; wenn es weiter von ihm heißt, daß auf ihm die Samen aller Pflanzen niedergelegt sind, so hat er gleichzeitig noch die Funktion des Lebensbaumes, worauf auch sein Beiname »Allheiler« hinweist. Ähnlich heißt es von dem Baum in der Offenbarung des Johannes, daß seine Blätter »zur Heilung der Völker dienen«. Im Glauben der lamaistischen Kalmücken steht der Zambu genannte Lebensbaum in einem hochgelegenen Bergsee; Berg und Baum bilden zusammen die Weltachse, deren Mittelteil der (himmlische) See ist, das sichtbare Firmament scheidet das Unten vom Oben, die dem Tod ausgelieferte irdische Welt vom Reich des unvergänglichen Lebens.

Eine Symbolbedeutung dürfte der bei altmesopotamischen Darstellungen auffallend oft vorkommenden Siebengliederung der Bäume beizumessen sein; die Vermutung, daß es sich hier um einen Planeten-

baum handeln könnte, scheint nicht abwegig. Die Beziehung zwischen Baum und Leuchter ist aus dem alttestamentlichen Bereich bekannt. In einer Vision des Propheten Sacharja (4,2-3) erscheint der siebenarmige Leuchter (*menora*) mit zwei Ölbäumen verbunden. Baumartige Leuchter sind aus der altjüdischen Kunst bekannt, so auf einem Fresko der Synagoge zu Dura Europos. Die Lampen des Leuchters sind »die Augen des Herrn; sie durchschweifen die ganze Erde«. Im altorientalischen Symboldenken sind Auge und Stern austauschbare Synonyma, beide sind Organe des Lichtes; erinnert sei hier an die in Ägypten verbreitete Vorstellung, daß Sonne und Mond die Augen des Himmelsgottes Horus seien. Als lampengeschmückter Baum ist die Menora der Himmelsbaum, der die Sterne trägt. Der jüdische Philosoph Philo von Alexandrian erblickte in den gebogenen Armen des Leuchters die Bahnen der Planeten um die Sonne, die (als mittlere Lampe) dem Licht Gottes entspricht, von dem die anderen Himmelskörper (sechs Lampen) ihren Abglanz haben[268]. Lichtträger in Baumform hatten die Etrusker, wie zu Orvieto und Tarquinia gefundene Kandelaber erkennen lassen; wahrscheinlich hatten die als Grabbeigaben zu Vetulonia gefundenen eisernen und bronzenen Baumständer die gleiche Funktion[269]; vielleicht sollten die letzteren dem Verstorbenen den Weg in die andere Welt weisen. Gleich Früchten im Baum trifft man die Sterne wieder in

den spätmittelalterlichen Planetenbäumen der Alchemisten. Lichter tragende Bäume kennt auch die Mythologie der nordamerikanischen Indianer; in einer Überlieferung der Mohawk heißt es, daß von den großen Blüten des in der oberen Welt (Himmel) wachsenden Baumes das Licht herabstrahlt[270].

In altindischen Schriften wird ein umgekehrter Baum (*arbor inversa*) erwähnt: »Nach unten richten sich seine Zweige, oben befindet sich seine Wurzel. In uns mögen die Strahlen befestigt sein« (Rigveda). Auch hier kommt – in den Strahlen – eine Lichtnatur zum Ausdruck, die dem Menschen zum Heile gereichen kann. In den Upanishaden ist es ein Feigenbaum (Acvatha), der seine Zweige gleich den Strahlen der Sonne nach unten breitet:

Wurzel aufwärts, zweige abwärts,
So steht der ewige Feigenbaum.
Das ist das Reine, das ist Brahman,
Dies ist, was man den Nicht-Tod nennt.
Die Welten alle ruhen in ihm.

Im arabischen Mittelalter wurde Platon der Gedanke zugelegt, daß der Mensch einem umgekehrten Baume gleiche, dessen Wurzel zum Himmel, die Äste zur Erde gewendet seien. Der Islam selbst kennt einen »Baum des Glücks«, seine Wurzeln ragen in den obersten Himmel hinein, während die Zweige auf die Erde herabreichen. Hier kann auch Dantes »Göttliche Komödie« angeführt werden, in der die himmlischen Sphären mit der Krone eines Baumes verglichen werden, dessen Wurzeln nach oben gerichtet sind und der immer Früchte und nie verwelkende Blätter trägt. Was aber bedeutet dieses dem natürlichen Erscheinungsbild widersprechende Baumsymbol? Was ist seine Botschaft an uns? Soll damit die in menschlichen Augen oft verkehrte Welt wieder auf die Füße gestellt werden? Vielleicht soll auch nur zum Ausdruck kommen, wie der Himmel und Erde verbindende Baum mit seinen Wurzeln göttliche Lebenskraft aufsaugt und in seinen Blättern und Früchten den Sterblichen weiterreicht[271].

Der Zusammenhang von Gott, Welt, Baum und Mensch tritt deutlich in der islamischen Mystik zutage. Einer ihrer bekanntesten Vertreter war Ibn al-Arabi (13. Jahrhundert), der in einer Vision das gesamte Universum als sich entfaltenden Baum erblickte, dessen Wurzel aus göttlichem Samen entstand, nämlich aus Allahs Schöpferwort »Sei« (arabisch *kun*). Die Äste repräsentieren Form und Idee, die äußere Rinde wird zum Symbol für das Körperliche, die geographisch bekannten Räume erscheinen als Laub und die Sterne als Blüten; der durch die Baumadern strömende Saft aber enthält das Wesen des Göttlichen, das Geheimnis des Wortes *kun*. Die um den Baum herum errichtete kreisförmige Mauer symbolisiert den Koranspruch: »Gott umfaßt alles«. Paradies und Hölle erscheinen als Speicher für die guten und schlechten Früchte, das sind die Bestrebungen und die Taten der Menschen. Dieser Baum des Seins ist auch ein Symbol des vollkommenen Menschen, der als Welt im kleinen dem Makrokosmos entspricht[272].

Der in der Mitte des Seins verankerte Weltenbaum verbindet alle Seinsstufen, er selbst ist die *axis mundi*, die Weltachse zwischen Himmel, Erde und Unterwelt. Die chinesische Mythologie kennt den im Zentrum des Alls stehenden Wunderbaum, der die »neun Quellen« mit den »neun Himmeln« verbindet und der als »Aufgerichtetes Holz« bezeichnet wird; es ist der kosmische Pfahl, der die Welt trägt. Einen heiligen Pfahl, der den Himmel stützen sollte, hatten die alten Sachsen, es war die von Karl d.Gr. gestürzte Irminsul, von der es bei Abt Rudolf von Fulda heißt, daß sie eine allgemeine Säule war, die das Weltall trägt (*columna universalis quasi sustinens omnia*). Sonst findet sich bei den alten Germanen die Weltesche Yggdrasil, die immergrün über dem Urdbrunnen steht und in deren Wipfel der Adler als Göttervogel haust. Sehr oft nimmt der kosmische Baum die Funktion eines Lebensbaumes an, so andeutungsweise bei der Yggdrasil, von deren Zweigen Honigtau trieft. In der Volksdichtung der Jakuten wird der heilige Baum besungen, der »am gelben Nabel der achteckigen Erde steht« und der den Hungernden Speise des Lebens gibt; aus seinem Wipfel fließt schäumend der göttliche gelbe Saft, der die Müden erfrischt und die Hungernden sättigt.

Das auf der Malakka-Halbinsel lebende Zwergvolk der Kenta weiß von einem Baum, der früher von einem im Mittelpunkt der Erde gelegenen Berg zum Himmel emporwuchs, auf seine Spitze wurde von dem Gott Kaei eine Art Drehscheibe gesetzt, von der in verschiedenen Richtungen sechs Lianen herunterhängen; jedesmal wenn eine Liane über dem Lande der Urwaldzwerge hängt, reifen die Früchte. Die drehbare Scheibe hat eine verblüffende Ähnlichkeit mit dem rotierenden Tierkreis. Ob hier auch noch ein Relikt aus der Stierzeit ist? Also aus jener Zeit, in der man in der Sonnwendachse den Weltenbaum erblickte, »an seinen Zweigen hängend die goldenen Früchte der Sterne, vor allem die leuchtenden Scheiben von Sonne und Mond. Seine Ästepaare sind die Geschosse der Tierkreisbilder, welche die Planetenhäuser abgrenzen«[273]. In der Geheimen Offenbarung des Johannes lebt jedenfalls das Wissen um dieses uralte Bild des Weltenbaumes und die zwölf Monden in der Sonnenbahn fort. Sicher kann man den Mythos eines noch heute lebenden Naturvolkes in seiner Aussage nicht als gleichwertig neben die Schrift des Apokalyptikers stellen, aber bei beiden dient ein Stück lebendiger Realität zur Enthüllung einer anderen, übergeordneten Wirklichkeit, und bei beiden wurde die bildhafte Ausprägung und Deutung des Baumes nicht von der (sichtbaren) Außenwelt übernommen, sondern von innen her induziert. Der Baum erweist sich als echtes Urbild, als Archetyp. In der Natur des Baumes offenbart sich die Macht des Lebens. Unter den knorrigen Stämmen, die bereits Generationen überlebt haben, wurden sich die Menschen ihrer eigenen Kurzlebigkeit bewußt. In den Früchten nahmen sie von des Baumes Lebenskraft, in Blättern und Blüten suchten sie Heilung von den verschiedensten Krankheiten, und das überdachende Geäst diente ihnen als Vorbild von Zelt und Haus. In dem Blühen und Früchtetragen, in dem alljährlichen »Stirb und Werde« erahnte man eine höhere Macht, die dem Menschen zur Hoffnung auf Überwindung des Todes wurde. Besonders die immergrünen Bäume – wie Palme, Olive, Zeder und Zypresse – wurden zu einem symbolischen Hinweis auf ein immerwährendes Leben. Der Baum gehört zum Wohnort der Götter, in seinem Schatten lustwandelt der babylonische Gott Ea. In Pyramidentexten ist die Rede »von jener hohen Sykomore, auf der die Götter sitzen«,

und nach dem jüdischen Propheten Ezechiel (31,8) stehen im Gottesgarten Zypressen, Zedern und Platanen. Altmexikanische Schriften nennen das Paradies Tamohuanchan; es galt als Wohnsitz der himmlischen Götter, als der Ort »Wo die Blumen stehen« und von wo die Kinderseelen auf die Erde herabkommen. Nach dem Glauben der Tlaxcalteken kamen die in der Wiege gestorbenen Kinder sofort wieder in das Paradies, wo ein Baum stand, an dessen Früchten sie wie an der Mutterbrust saugten. Mexikanische Bilderhandschriften zeigen Tamohuanchan als geborstenen Baum, als solcher erschien den Azteken und Tlaxcalteken die Milchstraße mit ihrem dunklen Spalt zwischen den Sternbildern des Skorpions und des Schwans. Auch andere Kulturen erblickten in der Milchstraße den kosmischen Baum, dessen kostbarste Früchte Sonne und Mond sind[274].

Für die alten Völker waren Bäume ein Geschenk Gottes, das dem Menschen der Urzeit gegeben wurde und das sie nach dem Tode wieder erwartet. Der Baum mit den goldenen Äpfeln im Garten der Hesperiden war ein Hochzeitsgeschenk der Mutter Erde für Hera und Zeus; zur heiligen Hochzeit, das heißt doch, um neues Leben, ja Unsterblichkeit zu spenden. In der germanischen Mythologie werden nur die Früchte, nicht der Baum, erwähnt; sie sind im Besitz der Idun und sollen von den Göttern gegessen werden, um so immer jung zu bleiben. Auffallend ist, daß der Baum des Lebens so oft mit weiblichen Gottheiten verbunden ist. Ein femininer Aspekt zeigt sich bereits bei dem altmexikanischen Paradiesesbaum, an dessen Früchten die frühverstorbenen Kinder sich wie an einer Mutterbrust laben. Vor allem ist an altägyptische Darstellungen zu denken. In der Grabkammer von Thutmosis III. ist ein stilisierter Baum zu sehen, der dem König die Brust reicht, und die Beischrift erklärt: »Er saugt an seiner Mutter Isis«. Sonst wird die Himmelsgöttin Nut oder Hathor gezeigt, die aus einem Baum heraus oder direkt in Baumgestalt dem Toten

oder dessen vogelgestaltiger Seele Wasser spendet und Früchte reicht[275]. Im Nilland verbreiteter Glaube war es, daß jeder, der von dem Lebenswasser trinkt und von den Himmelsfrüchten ißt, auch nach dem Tode weiterleben wird.

Zu den ältesten Bildmotiven der Menschheit gehört der von zwei Tieren flankierte Baum. Bei altmesopotamischen Darstellungen handelt es sich gewöhnlich um Ziegen, Schafe, Stiere, also um Haustiere, die dem Menschen Wohlstand brachten und die dank ihrer Zeugungskraft zu einem Symbol der Fruchtbarkeit wurden. Die Tiere aber verdanken ihr Leben und ihre Fruchtbarkeit einer außermenschlichen Macht, die ihren mythischen Ausdruck im göttlichen Hirten fand. Ein sumerisches Siegelbild zeigt diesen, wie er zwei antithetisch angeordneten Ziegen Astwerk mit rosettenartigem Laub hinhält. Es ist der Vegetations- und Herdengott Dumuzi (bekanntere Namensform Tammuz), der später auch in Gestalt einer Dattelpalme dargestellt wurde. Auf irdischer Ebene tritt an die Stelle der Gottheit der König. Er erscheint seinem Volk als zum Himmel aufragender Baum, dessen Macht bis zum äußersten Rand der Erde reicht, dessen Laub schön und dessen Früchte reich sind und der allen Nahrung bietet. Genau so deutete Daniel (4,17-19) den Traum des babylonischen Herrschers Nebukadnezar: »Der Baum aber ..., das bist du, o König«. Nicht verschweigen wollen wir hier die selbst innerhalb der Assyriologie kontrovers geäußerten Auffassungen zum altmesopotamischen Lebensbaum; der Nachweis in den keilschriftlichen Überlieferungen ist jedenfalls nicht gesichert, stattdessen »sollte man sich mit dem Begriff Sakralbaum begnügen«[276].

In der biblischen Schöpfungsgeschichte ist des Menschen Schicksal engstens mit dem Baum verknüpft. Eigentlich werden zwei Bäume genannt, der Baum des Lebens und der Baum der Erkenntnis des Guten und des Bösen. Der erstere ist genau lokalisiert: »Mitten im Garten« (1. Moses 2,6); der Standort des letzteren wird zunächst nicht angegeben, doch dann heißt es, daß Adam und Eva von den Früchten aller Bäume essen durften, nur die vom Baume »in der Mitte des Gartens« blieben ihnen bei Todesstrafe verboten (1. Moses 3,3). Genau genommen kann in der Mitte nur ein Baum stehen, so daß die beiden Bäume eigentlich nur in ihrem (äußeren) Erscheinungsbild getrennt sind, ihrem (inneren) Wesensbild nach aber eine Einheit bilden; schließlich gibt es kein (geistiges) Leben ohne Erkennen und keine Erkenntnis ohne Leben. Nach der Übertretung des göttlichen Gebotes verhinderte der Herr, daß der sündenbeladene Mensch auch noch von den Früchten des Lebensbaumes esse. Wer aus freier Willensentscheidung nach der Frucht des Todes greift, hat sein Anrecht auf das Leben, auf das Paradies, auf die Mitte des Seins verloren.

Schon öfter wurde die Frage nach dem Zusammenhang zwischen Baumfrucht und geschlechtlichem Erkennen gestellt. Nun wurde in semitischen Sprachen die Funktion des sexuellen und des intellektuellen Triebes mit dem gleichen Verbum »erkennen« (*jada'*) bezeichnet. Die Erkenntnis dessen, was »gut« und »böse« ist – oder nach anderer Übersetzung »lustvoll« und »leidvoll« –, primär auf das Erwachen der Sexualität zu beziehen, dürfte eine zu begrenzte Deutung sein. Es geht hier nicht nur um das Wissen vom Geschlechtsunterschied, sondern in allumfassendem Sinn um die Erkenntnis von der Zweiteilung derer, die sich von der göttlichen Einheit absondern. Es ist ganz einfach das Erkennen der Polarität des vom Absoluten entfernten, relativen Seins. Erst mit der gewonnenen Erkenntnis taucht für den Menschen die Polarität auf: Gut und Böse, Mann und Frau, Leben und Tod[277]. Aus dem Baum der Einheit wird ein Baum der Zweiheit, dessen zwei Seiten phänotypisch als zwei Bäume auftreten. Aus christlicher Schau heraus kommt Photina Rech zu einem sinngleichen Ergebnis; nach ihr ist »der Baum der Paradiesesmitte«

157

das durchscheinende Bild göttlicher Einwohnung, Symbol Gottes und seines sich gnadenvoll verschenkenden Lebens. Nachdem Adam den Erkenntnisbaum als Pforte des Unzulänglichen mißbraucht hatte, war ihm der Zutritt zum Lebensbaum verwehrt. Hätte Adam die Gabe Gottes richtig zu würdigen gewußt, so hätte es »nur noch einen einzigen Baum im Paradies des göttlichen Reiches gegeben, den Baum der wesenhaften Einheit von Leben und Erkennen«[278].

Mittelalterliche Legenden wissen zu erzählen, wie der seine Schuld bereuende Adam in der Sterbestunde seinen Sohn Seth zur Paradiesespforte schickte, um Öl der Barmherzigkeit vom Baum des Lebens zu erbitten. Gott aber verweigerte es und ließ Seth durch einen Engel einen Zweig vom verdorrten, blätter- und rindenlosen Baum der Erkenntnis geben mit der Verkündigung, daß, wenn dieser Zweig Früchte bringe, Adam gesunden werde. Inzwischen ist Adam gestorben, und Seth pflanzt den Zweig auf sein Grab, aus dem ein großer Baum hervorwächst. Aus seinem Holz soll das Kreuz von Golgatha gezimmert worden sein.

Im Ursprung war es immer ein Baum, der das Oben mit dem Unten verband und in dem die beiden Grundmächte des geschöpflichen Seins, die aufbauende und die abbauende, eine sich gegenseitig ergänzende Einheit bildeten. Nach einem angeblichen Schreiben Alexanders d.Gr. an seinen Lehrer Aristoteles wurde der Makedonenherrscher während seines Zuges nach Indien von einem dortigen Bewohner in einen durch Baumpflanzungen umgrenzten Park geführt, in dessen Mitte ein Heiligtum der Sonne und des Mondes war; dort standen zwei zypressenähnliche Bäume, die fast bis zum Himmel ragten. Der Name des männlichen Baumes war »Sonne«, der des weiblichen »Mond«. Auch hier dürfte es sich ursprünglich um einen Baum gehandelt haben, der, in der sakralen Mitte bis zum Himmel aufragend, der Weltbaum ist und auf dessen einer Seite die Sonne, auf der anderen Seite der Mond als »Früchte« hängen. Die beiden Gestirne sind aber die archetypischen Bilder für Tag und Nacht, Mann und Frau, Leben und Tod. Daß der Lebensbaum (*arbor vitae*) und der Todesbaum (*arbor mortis*) in Wirklichkeit eine Einheit bilden, war noch den spätmittelalterlichen Künstlern bewußt, wofür die Darstellungen von Bäumen zeugen, deren Früchte auf der einen Seite aus Hostien, auf der anderen aus Totenköpfen bestehen. Bei Bertold Furtmayrs Gemälde (1481) stehen auf der Todesseite Eva und der Tod, auf der Lebensseite mit dem Kruzifix stehen Maria und ein Engel (s. Abb. S. 159).

Wer zum Himmelsherrn Anu wollte, der mußte – nach altmesopotamischem Mythos – zuerst ein Tor passieren, an dem zwei Götter standen, der eine hat den Namen Ningishzida, d.h. »Herr des rechten Baumes«, der andere war Tammuz, der ja auch als Baum gedacht wurde. Die beiden Bäume an Anus Himmelstor wurden beim Tem-

pel des sumerischen Königs Gudea in Lagasch nachgebildet; der Tempel selbst symbolisierte das Weltall. Das von zwei Bäumen oder (Baum-)Säulen gebildete Himmelstor kennzeichnet den Übergang von der unteren in die obere Welt; es ist der Ort, den die Sonne passieren muß. Das ägyptische Totenbuch (Kapitel 109) spricht von den »zwei Sykomoren aus Türkis« am östlichen Himmelstor, aus dem Re alltäglich am Morgen hervorkommt. Vielleicht steht der eine Baum für »Eingang« und »Aufstieg«, der andere für »Ausgang« und »Abstieg«, so daß es in Wirklichkeit nur ein Baum ist. Damit wären die beiden Bäume nur die zwei Gesichter, die einander komplementierenden Hälften. Semitische Doppelsäulen vor Sakralanlagen – so vor dem Heiligtum der syrischen Göttin von Bambyke – dürften durch ähnliche Grundvorstellungen motiviert gewesen sein. Inwieweit hier auch die beiden Säulen des salomonischen Tempels, Boas und Jachin (1. König 7,15-22), anzuschließen sind, wollen wir offen lassen. Die hermetische Tradition hat sie jedenfalls als Symbol polarer Gegensätze gedeutet; im Talmud werden sie auf Sonne und Mond bezogen. Als transparentes Bild der Lebenskraft wird der Baum zu einem Offenbarungsträger des Göttlichen. Im Baum verfängt sich der Wind und gewinnt Stimme: der Baum ächzt und stöhnt, in seinen Wipfeln flüstert und raunt es. Die Griechen glaubten im Rauschen der Eiche von Dodona die Stimme des Zeus zu hören. Der Patron der ägyptischen Schreiber und Ärzte, der weise und zaubermächtige Thot, wohnte in einer Dumpalme oder einer Sykomore; noch in römischer Zeit kamen die Bewohner der nubischen Wüste und befragten des Gottes Orakel. Als der indische Fürstensohn Siddharta unter einem Feigenbaum in Kontemplation saß, enthüllte sich ihm »das Wesen aller Dinge«, er wurde zum Buddha, dem »Erwachten«. Von dem mit der Gottheit verbundenen Baum erhoffte man sich Erkenntnis, Weisheit und Erleuchtung.

Wenn bei zahlreichen Völkern bestimmte Bäume als Wohnstätte der Götter galten oder als bevorzugter Ort von Theophanien, so kann man doch nicht von einem eigentlichen Baumkult sprechen[279]. Die Bäume wurden ja nicht um ihrer selbst willen verehrt, sondern in der Regel nur im Hinblick auf die durch sie repräsentierte Gottheit. Wegen ihrer Eigenschaft Blitze anzuziehen, stand die Eiche dem Wettergott besonders nahe. Bei den Griechen war sie dem Zeus in seiner Funktion als Blitzeschleuderer heilig, der slawische Donnergott Perkunas wurde in Eichenwäldern verehrt, und bei den Germanen war dieser mächtige Baum dem Donar zugeordnet. Die Linde dagegen gehörte der Fruchtbarkeits- und Liebesgöttin Freya; im mitteleuropäischen Volksbrauch ist die Linde der Lieblingsbaum der Liebenden, unter dem Feste und Trauungen vollzogen werden. In Griechenland wurden bestimmte Bäume geradezu zu einem Attribut der Gottheiten. Apollon erhielt den wegen seiner heilenden und angeblich entsühnenden Kraft geschätzten Lorbeerbaum. Der Liebesgöttin Aphrodite war die Myrte zugehörig, als Zeichen der Liebe und des Brautstandes trugen die Griechinnen einen Myrtenkranz. Wie die weiß blühende Myrte zum Symbol von Friedfertigkeit, Sittsamkeit und jungfräulicher Anmut wurde, so glaubte man in der Frucht des Granatapfelbaumes einen Hinweis auf die eheliche Liebe (im roten Fruchtfleisch) und auf Fruchtbarkeit (in den vielen Samenkörnern) zu erkennen; der Baum war der Beschützerin der Ehe, Hera, heilig[280]. Der Granatapfel hatte auch in anderen Kulturen eine ähnliche Bedeutung, so als Attribut der karthagischen Hauptgöttin Tinnit und der buddhistischen Hariti, die noch heute als Spenderin des Kindersegens beim Volk sehr beliebt ist.

Die dem Dionysos geweihten Pflanzen waren Efeu, Weinstock und Pinie; deshalb erhält der Gott bei bildlichen Darstellungen den von einem Pinienzapfen bekrönten und mit Efeublättern und Weinlaub umwundenen Thyrsosstab als Attribut. Der oft mit dem Phallos assoziierte Pinienzapfen findet sich als Symbol der Lebenserneuerung schon in der assyrischen Kunst und in etruskischen Gräbern. Ein Mythos erzählt von dem phrygischen Vegetationsgott Attis, der durch seine leidenschaftliche Liebe zu Kybele rasend wurde und sich unter einer Pinie entmannte; aus dem Blut des Sterbenden wuchsen Frühlingsblumen und Bäume hervor; bei einem im März gefeierten Fest wurde der sterbende und wiederauferstehende Gott durch eine Pinie dargestellt. Der Kirchenlehrer Ambrosius erblickte in der Fruchtbarkeit der Pinie ein Sinnbild des sich immer wieder erneuernden Lebens der Natur, das wiederum auf das ewige Leben hinweist. Der in Stein oder Bronze nachgebildete, übergroße Zapfen des Nadelbaumes diente in der Antike als Wasserspender; im »Pinienhof« des Vatikans zu Rom steht noch heute so ein alter Pinienbrunnen (La Pigna), der früher im Vorhof der alten Peterskirche aufgestellt war. Die altorientalisch-antike Vorstellung vom lebenswasserspendenden Pinienzapfen fand schließlich auch in zahlreichen west- und mitteleuropäischen Brunnenanlagen eine künstlerische Gestaltung; das Wahrzeichen von Augsburg, der Pyr auf dem Giebel des Rathauses, stand früher als Krönung auf einer dem Benediktinerstift St. Ulrich und Afra gehörenden Brunnensäule[281].

Sicher ist es mehr als nur Zufall, daß Pinie und Pinienzapfen mit männlichen Gottheiten verbunden werden (neben Dionysos und Attis wäre auch der römische Feld- und Waldgott Silvanus zu nennen), während der Granatapfel und der ihm entsprechende Baum immer weiblichen Gottheiten zugeordnet ist, neben Hera, Tinnit und Hariti ist hier vor allem an die phrygische Muttergöttin Kybele zu denken. Es gibt Baumarten, die männlich aufgefaßt wurden und solche, die als weiblich galten. Man denke an die Eiche des Donar und die Linde der Freya. Noch im 16. Jahrhundert berichteten Jesuiten aus Litauen, daß die Männer besonders Eichen und die Frauen Linden verehrten[282]. Hier sei auch

der antike Mythos von Philemon und Baukis angeführt; dieses bis ins hohe Alter sich treu liebende Ehepaar wurde am Lebensende in eine Eiche und eine Linde verwandelt.

Doch gerade bei der so wichtigen Funktion als Lebensbaum überwiegt der feminine Aspekt. Bäume erscheinen als mythischer Geburtsort. Der schon erwähnte phrygische Gott Attis soll auf wunderbare Weise aus einem Mandelbaum geboren worden sein, und der ägyptische Horus kam aus einer Akazie hervor. Wenn auch beim indischen Feuergott Agni ein Baum als Geburtsort genannt wird, dann wahrscheinlich in Anlehnung an das weiblich gedachte Reibholz beim Feuermachen. Der Baum ist Symbol für die Materie, das Mütterliche, aus dem alles Leben hervorkommt. Ein anthropogonischer Mythos der Germanen erzählt, wie die drei göttlichen Brüder Odin, Wili und We am Meerstrand zwei Baumstämme fanden und aus ihnen das erste Menschenpaar schufen; den Mann nannten sie Ask und die Frau Embla, d.h. Esche und Ulme; die beiden wurden die Stammeltern des Menschengeschlechtes. Der Baum ist hier zwar nicht Geburtsort, dient aber doch als mütterlicher Grundstoff. Ähnlich wurde bei den Ainu der erste Mensch aus Holz geschnitzt und deshalb als Baum betrachtet. Nach Überlieferung der ostafrikanischen Sandawe stieg der Ahnherr Matunda aus dem Brotfruchtbaum und ließ aus diesem die ersten Menschen und Tiere hervorkommen.

Eine urtümliche Schicht mythischer Weltbetrachtung zeigt sich in den Vorstellungen von dem Ort der Kinderherkunft. Neben dem Brunnen und Teich werden Stein und Baum genannt. Kinderbäume sind überliefert vor allem aus Holland, dem Rheinland, dem alemannischen Raum und aus Tirol. Im Schwarzwald holt die Hebamme das kleine Kind aus der »Tititanne«; in Vorarlberg entnimmt der Nikolaus das Kindlein einem Baum und bringt es dann den Eltern. Im Niederösterreichischen weiß man von einem im Meer stehenden Baum zu erzählen, an dem die noch nicht geborenen Kinder in Schachteln hängen.

Die Ethnologie und die Volkskunde wissen von der Sitte der Entbindung am Fuße eines Baumes, so etwa bei nordamerikanischen Indianerstämmen und in Hinterindien. Bei den Perak-Semang auf Malakka besucht die schwangere Frau schon vor der Entbindung ihren »Geburtsbaum«. Aus Skandinavien ist bekannt, daß die werdende Mutter den *vardträd*, den Schutzbaum, umfaßte, um eine leichte Entbindung zu haben. In Dänemark glaubte man, daß der Holunder ein den Kreißenden hilfreicher Baum sei. Die Berührung des mütterlichen Baumes schenkte der Gebärenden ein Gefühl des Geborgenseins; »denn diese Berührung brachte sie mit den naturmütterlichen Kräften in Verbindung, die ihr als Quelle des Lebens, aller Gesundheit und alles Schutzes erschienen«[283].

Wie die Pflanze aus dem Schoß der mütterlichen Erde ihr Leben bezieht, so auch der Mensch; beide entstammen der gleichen Materie, dem gleichen Mutterboden. Das Zusammengehörigkeitsgefühl von Mensch und Baum zeigt sich in dem bereits aus der Antike überlieferten Brauch, dem Kind in seiner Geburtsstunde ein Bäumchen zu pflanzen. Aus dem mitteleuropäischen Raum berichtet Geiler von Kaysersberg Ende des 15. Jahrhunderts von dieser Sitte. Bekannt ist, daß Goethes Großvater seinem Enkel einen Birnbaum zur Geburt pflanzte. In der Schweiz wurden für die Knaben Apfelbäume, für Mädchen Birn- oder Nußbäume gesetzt. Als Zeit des Pflanzens wird meistens die Geburtsstunde genommen, manchmal auch der Tauftag oder der erste Neumondtag, bei letzterem steckt die Hoffnung dahinter, das Gedeihen des Bäumchens – und damit das des Kindes – in sympathetische Verbindung zu bringen mit dem Wachsen des Gestirns[284].

Die Wiege für den Neugeborenen, das Bett für die in einem letzten Sinne immer heilige Hochzeit und der Sarg für den Verstorbenen – sie sind alle drei aus dem Holz des mütterlichen Baumes geschnitzt und gehören zur Symbolik der Großen Mutter. Über dem Osirisgrab zu Philae stehen die Worte: »Seine Mutter Nut ist die Sykomore, die ihn schirmen und seine Seele in ihren Zweigen verjüngen soll«. Der Leib der Himmelsgöttin Nut wird geradezu als Sarg oder Sargkammer aufgefaßt, aus dem der Tote neuem Leben entgegengeht. Als der indische Seher Saptavadhri von Widersachern in einen Holzkasten oder Baumstamm eingeschlossen wurde, soll er zu den Geburtsgöttern gebetet haben mit dem Ausruf: »Tu dich auf, Baumstamm, wie der Mutterschoß einer Gebärenden«. Aus der europäischen Frühzeit ist der Gebrauch von Baumsärgen bekannt; in der älteren Bronzezeit war es die übliche Bestattungsform in Skandinavien. Auf ein ähnliches Brauchtum in Mitteleuropa könnte der heute noch in Uri (Schweiz) verwendete Ausdruck »Baum« für Sarg hindeuten, ebenso wenn im Montafoner Idion »iboma« (einbaumen) für einsargen steht[285]. Die in alter Zeit am Schwarzen Meer lebenden Kolcher sollen ihre Toten mit Seilen in die Baumwipfel gehängt haben. Bei nordamerikanischen Stämmen gab es die Sitte, den auf einer Bahre oder in einem Sarg liegenden Toten in die Astgabeln eines Baumes zu legen.

Unwillkürlich drängt sich die Frage auf nach dem Sinn dieser und weiterer hier nicht aufgeführter Überlieferungen und Bräuche. Man wollte die Beziehung zwischen Baum und Toten auf ein primitives Wohnverhältnis zurückführen, was sicher nicht ganz auszuschließen, aber als Erklärung allein zu einseitig ist. Was Baum und Mensch verbindet, liegt tiefer. Wenn nach ägyptischer Überlieferung die Götter bei der heiligen Akazie geboren worden sind, so ist es äußerst sinnvoll, daß nach dem Totenbuch (Kapitel 125) die Verstorbenen von Kindern zur Akazie geführt werden, die so als ein Symbol des mütterlichen Urschoßes erscheint. Das Eingehen in den Baum erscheint als eine Vorbedingung zur Wiedergeburt aus der Urmutter.

Nach dem Glauben der in Südkamerun lebenden Jambasse kam der Stammvater aus einem Baumwollbaum hervor; er ordnete an, daß die Toten in der Brettwurzelnische, die als des Baumes weiblicher Schoß gilt, bestattet werden sollen; dann werden sie als Kinder wiedergeboren.

Die wiedergebärende Kraft des Baumes findet sich wiederholt in Märchen. In großrussischen und polnischen Fassungen der »Drei Vögelkens« werden die vergrabenen Kinder zu Apfelbäumen, in serbokroatischen zu Pappeln oder Fichten. Auch bei baltischen Völkern läßt sich die mythische Überlieferung nachweisen, daß Tote in einem Baum reinkarniert werden. In einer bestimmten Version des Märchens von »Schneewittchen« legen die Zwerge den Sarg in einen Baum vor ihrer Höhle; sie hoffen dabei auf dessen lebenerneuernde Kraft. In dem niederdeutschen Märchen »Von dem Machandelboom« läßt sich die bei der Geburt eines Knaben sterbende Mutter unter dem Baum begraben, von wo aus die Wiedergeburt des von der Stiefmutter ermordeten Sohnes eingeleitet wird. Das Urbild der Mutter erscheint in dem wunderbaren Apfelbaum, der aus einzelnen in der Erde begrabenen Teilen des »Erdkühleleins« hervorwächst. Der von »Aschenputtel« auf das Grab der Mutter gepflanzte Haselzweig wird zum Glück bringenden Bäumchen, durch welches die Verstorbene weiterhin ihre mütterlich schützenden Arme über das Waisenkind ausbreitet.

Antiker Volksglaube war es, daß die Seele eines Begrabenen in eine Blume, einen Strauch oder einen Baum übergehe; die auf die Gräber gepflanzten Blumen und Bäume wurden oft in diesem Zusammenhang gesehen. Wilhelm Wundt meint sicher nicht zu Unrecht: »Daß in den Baum oder vielleicht sogar in eine andere auf dem Grabe wachsende Pflanze die Seele des Verstorbenen übergehe, ist eine so naheliegende Assoziation, daß man sich wundern müßte, wenn sie nicht entstanden wäre«[286]. Sicher spielen ähnliche Vorstellungen von der Lebenskraft und

Verwandlungsfähigkeit der Bäume auch noch in jüngerer Zeit eine Rolle. Hier wäre z.B. der Sinngehalt sepulkraler Baumdarstellungen näher zu untersuchen. Nach Lutz Röhrich sind Bäume nicht nur Zeichen des Überlebens und Weiterlebens, sondern – am Grabe – »eine Art pflanzlicher Nachtodgestalt des Verstorbenen, sozusagen seine Körperseele«, wie es in ergreifender Weise in einem neugriechischen Volkslied zum Ausdruck kommt: Aus den Gräbern zweier unglücklicher Liebender sprießt je ein Bäumchen hervor.

Aus ihr wuchs ein Zitronenbaum,
aus ihm wuchs die Zypresse,
es neigte die Zypresse sich,
küßt' das Zitronenbäumchen[287].

Tief eingewurzelt ist der Glaube an eine Wesensverwandtschaft von Baum und Mensch. Beide stehen aufrecht auf der Erde, wachsen, tragen Früchte und sind sterblich. Schon lange vor den modernen pflanzenpsychologischen Erkenntnissen wurde den Bäumen eine Seele zugesprochen. In der Oberpfalz baten die Holzhauer einen Baum, den sie fällen mußten, vorher um Verzeihung. Der das Schiff beschützende Klabautermann lebte einst als Seele in dem Baum, aus dessen Holz das Schiff angefertigt wurde. In Zaubersprüchen und Heilsegen werden Bäume als »Frau Hasel«, »Frau Fichte« usw. angesprochen. Zahlreiche Beispiele von Baumgleichnissen finden sich in der Bibel. Der Gerechte ist »wie ein Baum, an Wasserbächen gepflanzt, der seine Frucht trägt zur rechten Zeit« (Psalm 1,3). Im Hohenlied (2,3) wird der göttliche Bräutigam selbst mit einem Apfelbaum verglichen, und im Neuen Testament schließlich sind fruchtbare oder unfruchtbare Bäume eine gleichnishafte Anspielung auf gute oder böse Menschen (z.B. Matthäus 3,10).

Noch heute gebrauchen wir Redewendungen wie »Einen alten Baum verpflanzt man nicht« oder »Es wachsen keinem die Bäume in den Himmel«. Für die blutsmäßige Herkunft des Menschen wird gerne der sprachliche Vergleich mit dem Baum herangezogen. So spricht man von Abstammung und Stammbaum und gebraucht die Redensart: »Der Apfel fällt nicht weit vom Stamm«. Recht anschaulich sind die sprachlichen Bilder eines »stämmigen« Mannes und eines »entwurzelten« Menschen. In franziskanischer Naturnähe meint Erich Kästner in seinem Gedicht »Die Wälder schweigen«, daß man mit Bäumen wie mit Brüdern reden kann. Die Vorstellung der Verwandtschaft zwischen Baum und Mensch ist in einer geradezu vegetativen Symbolik des Weiblich-Mütterlichen verankert, worauf Jost Trier von etymologischer Seite hinwies. Der indogermanische Vaterbegriff ist überwiegend rechtlich und sozial gefärbt; der Vater (lateinisch *pater*) ist Herr, Herrscher, Oberhaupt, als Erzeuger heißt er *parens* oder *genitor*. Das Wort Mutter dagegen weist auf den biologischen Bereich; lateinisch *mater* kann sowohl »Mutter« als auch »Baumstumpf«, »Wurzelstock« bedeuten. Bezeichnenderweise gibt es für *matrix* (Stamm, der Loden treibt; Gebärmutter; Mutterleib) auf der Seite von *pater* kein Gegenstück[288]. Sprachgeschichtlich zusammenhängend sind im Lateinischen auch *virgo* für »Mädchen« und *virga* für »Zweig«, »Rute«, »Reis«.

Unwillkürlich erinnern wir uns des Weihnachtsliedes »Es ist ein Reis entsprossen aus einer Wurzel zart«. Gemeint ist das zarte Reis, das Jesaias (11,1 f.) erschaut hat, der Zweig, der aus der Wurzel hervorbricht, »auf ihm läßt sich nieder der Geist des Herrn«. Maria selbst, die Jungfrau (*virgo*), ist das Reis (*virga*), das im göttlichen Heilsplan zum guten Baum (*arbor bona*) heranwächst. Nach der symbolischen Schau des frommen Mittelalters ist Christus die schönste »Frucht«, die der himmlische Vater aus der irdischen Maria hervorkommen ließ. Der Name zahlreicher Wallfahrtsorte zeigt, wie im Glauben des Volkes die Gottesmutter mit einzelnen Bäumen verknüpft wurde: Mariabuchen, Marialinden, Maria Tann.

In einer Zeit, in der viele Menschen den Kontakt zur Mutter Erde verloren haben und in einer geistigen »Entwurzelung« sich nur dem Rausch eines trügerischen Fortschritts hingeben, können Bäume zum Hoffnungsträger werden. Immer schon waren mit dem Baum die Bilder vom Paradies verbunden, von einer besseren Welt, in der die Ideale Freiheit, Friede und Leben verwirklicht sind. Der Freiheitsbaum der Revolutionäre, der Friedensbaum der Indianer, der Maibaum und der Weihnachtsbaum unseres Brauchtums – sie alle legen Zeugnis dafür ab, daß wir der Bäume bedürfen[289]. Nicht nur aus materiellen Erwägungen und aus einem Nützlichkeitsdenken heraus! Vielmehr kann die blühende und fruchttragende Natur für den mit dem Strom des Lebendigen sich verbunden fühlenden Menschen zu einer Kontaktstelle mit dem Übernatürlichen werden. Und wenn uns ganz gewiß auch keine Bäume in den Himmel wachsen, so können wir in einem gewissen Sinne doch mit den Bäumen über uns selbst hinauswachsen.

Ähnlich mag Rainer Maria Rilke in seinem Gedicht »Nachthimmel und Sternenfall« empfunden haben:

So laß uns herrlich einen Baum vermuten,
der sich aus Riesenwurzeln aufwärtsstammt,
durch den unendlich Wind und Vögel fluten
und unter dem, im reinen Hirtenamt,
die Hirten sannen und die Herden ruhten.
Und daß durch ihn die starken Sterne blitzen,
macht ihn zur Maske einer ganzen Nacht.
Wer reicht aus ihm bis zu den Göttersitzen,
da uns sein Wesen schon nachdenklich macht?

Die Sprache der Blumen

In Goethes »Maximen und Reflexionen« ist das Wort überliefert: »Aus der Natur, nach welcher Seite hin man schaue, entspringt Unendliches«. Mit ganz einfachen Worten ausgedrückt: Im Kleinen kann man das Große erkennen. Wir müssen nur durch die Oberfläche der Erscheinungen hindurchstoßen, hinter die Dinge sehen – und es kann sich uns im Grunde eines Blütenkelches das ganze Himmelsrund offenbaren. Aber nur wer das Staunen nicht verlernt hat, wer noch bereit ist, sich dem Wunderbaren zu öffnen, der »wird so etwas wie eine Sympathie für die Dinge und Wesen in sich aufkeimen fühlen, eine verschwiegene und unaufdringliche Liebe, der die Welt zulächelt, so wie sie für die Welt ein Lächeln hat« (Gerd-Klaus Kaltenbrunner)[290]. Und was wäre wohl liebenswerter in Gottes großer Schöpfung als all die vielen Blumen in ihrer Zartheit, Reinheit und Schönheit? In ihren mannigfaltigen Formen, ihrer Farbenpracht und in ihrem Duft erwecken sie unser an den Augenblick gebundenes Entzücken, rufen gleichzeitig aber auch eine Sehnsucht in uns hervor nach einem Sein, das kein Altern und Welken kennt.

Wenn im folgenden Blume und Blüte unter dem gleichen Gesichtspunkten betrachtet werden, dann in Übereinstimmung mit dem antiken Sprachgebrauch; beide werden im Griechischen als *anthos* bezeichnet, und bei den Römern findet sich dafür das Wort *flos*. In allem Keimenden, Blühenden, Wachsenden können wir das Wunder des Lebens gewahren. Wer darin nur die in der Natur herrschende Gesetzmäßigkeit erkennt, der wird allerdings nicht zum innersten Wesen der Pflanzen vordringen und kann nicht verstehen, daß in den Blumen, obwohl sie »flüchtig bunte Zeichen« sind, »das Unveränderliche ruht wie in geheimer Bilderschrift« (Ernst Jünger). Aus dunkler Erde emporwachsend und sich ganz dem Licht des Himmels öffnend, ragt die Blume ins Kosmische hinein, wird selbst zu einem Bild des Alls.

Die altägyptische Kosmogonie spricht von einer »Blüte, die im Anfang stand«, es ist der Lotos, der einerseits »aus dem Felde hervorwuchs«, andererseits »aus dem Licht hervorging«. Ganz eindeutig liegt hier in der Pflanze der Ursprung der Welt (*principio mundi*). Doch schon bald wurde diese Vorstellung abgewandelt, erweitert. Nicht die vegetativen Trieb- und Formungskräfte allein brachten die Welt zur Entfaltung, vielmehr wirkt in der nunmehr aus dem Urwasser auftauchenden Blume eine göttliche Kraft. Der Gott auf der Blume wurde zu einem – nicht nur in Ägypten – verbreiteten Bildtyp. Im einzelnen kann diese göttliche Gestalt verschiedene Namen annehmen (u.a. Harpokrates, Re, Horus), fast immer ist eine solare Potenz in ihrem frühen Stadium gemeint. Es ist »das herrliche Kind, das aus dem Lotos aufging«, der »Sonnenjüngling«, der seine Augen öffnet und die Welt erleuchtet. Aus späterer Zeit stammende Ritualtexte lassen erkennen, daß künstliche, aus Metall und Edelsteinen angefertigte Lotosblumen als Opfergabe dienten[291]. Die Lotosblume wurde dem dargebracht, »der in der Lotosblume erglänzte, damit sein Leib neue Kraft gewinne in ihrem Schoß«, damit er an jedem neuen Morgen die Welt aufs neue aus der Dunkelheit ins Licht emporführt.

Bei den zur Familie der Seerosengewächse gehörenden Lotosblumen unterscheidet man verschiedene Arten (die rote, die weiße, die gelbe, die blaue), die in Indien alle unter dem Wort *padma* zusammengefaßt werden. Der Lotos ist für die indischen Religionen – also auch für den Buddhismus – eines der universalsten Symbole überhaupt. Seine Blütenblätter werden mit den acht Himmelsrichtungen gleichgesetzt; der Fruchtboden wird im Mond erblickt, während die Sonne der »Lotos-Herr« ist und als »lotosarmig« beschrieben wird. Nach den religiösen Texten der Brahmanas ist die Pflanze aus dem »Licht der Konstellationen« (des Tages und der Nacht) geboren und ist zugleich selbst ein unsterbliches Licht. Und die Samenkapsel schließlich, das »Herz des Lotos«, gilt als Typus des Weltberges Meru[292]. Es heißt, daß schon die alten Arier in den aus dem Wolkenmeer hervorragenden Gipfeln des Himalaya Lotosblumen erblickten, die auf einem Teiche schwimmen.

Indische Epen (wie das Mahabharata) erzählen, wie das Höchste Wesen (Vishnu) im kosmischen Ozean auf der Weltschlange Ananta liegt und in ihrem Schutze in kontemplativem Schlaf versunken ist. Aus seinem Nabel läßt er den Urlotos mit tausend Blättern hervorkommen, aus reinem Gold und strahlend wie die Sonne. In der Blüte erschafft er den Schöpfergott Brahma, der mit seinen vier Ge-

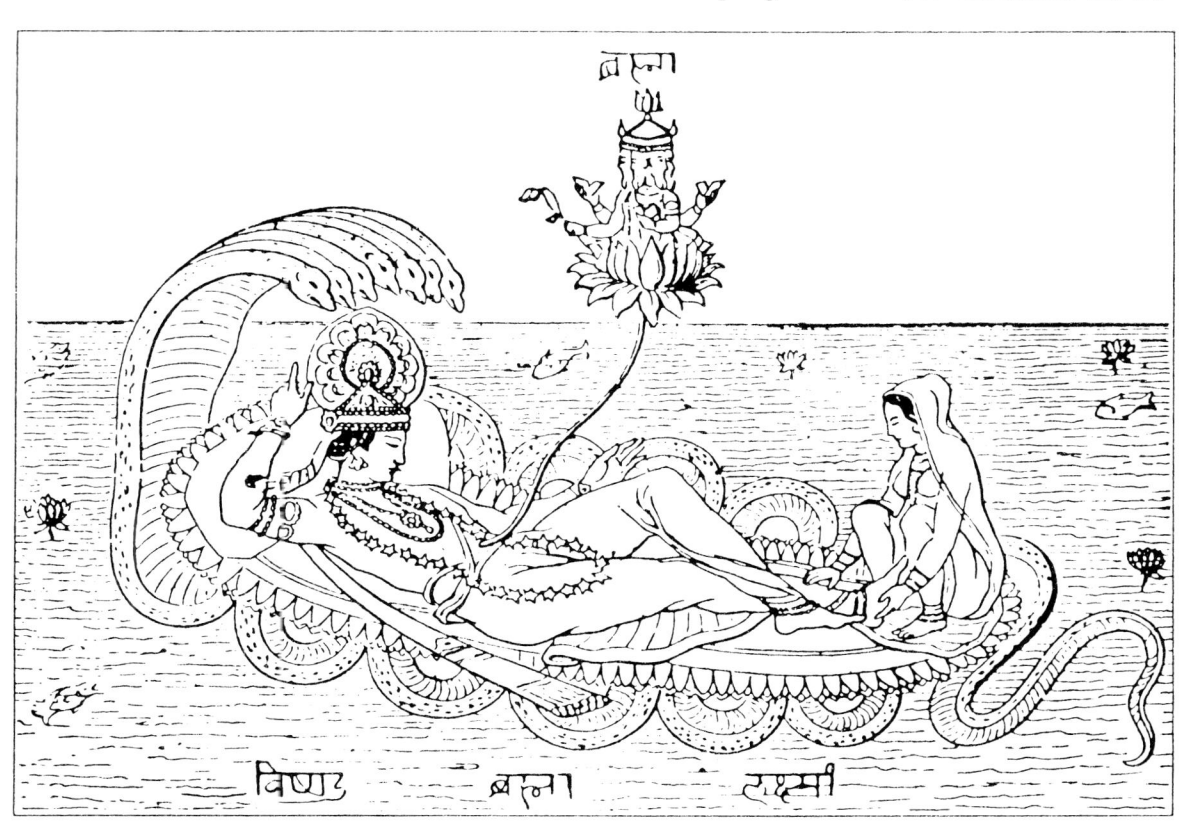

sichtern allsehend ist und alles regiert. Als Demiurg und Ahnherr aller Wesen hat der »aus dem Lotos Geborene« auch andere göttliche Gestalten in sich aufgenommen, hat aber im späteren Hinduismus an Bedeutung verloren. Eine andere aus dem Lotos hervorgegangene Gottheit ist Lakshmi, die Göttin der Erde, der Schönheit und des Glücks, die »Mutter der geschaffenen Wesen«; gewöhnlich steht oder sitzt sie auf dem Lotos und ist mit dieser Blume überhaupt eng verbunden: sie ist »lotosfarbig«, »lotosäugig«, »überfließend von Lotossen«, ja kann sogar regelrecht unter dem Namen Padma (Lotos) auftreten[293]. Nach dem Mahabharata soll Lakshmi einem Lotos entwachsen sein, der aus der Stirn Vishnus entsprungen ist.

Die Legendensammlung Lalitavistara erzählt von dem Fürstensohn Siddharta, der später zum »Erwachten«, zu Buddha, wurde, daß bei seiner Geburt die Erde sich auftat und ein großer Lotos hervorwuchs; in ihm stehend blickt der Neugeborene nach allen Himmelsrichtungen, und überall, wo der in die Welt Hinausschreitende seinen Fuß hinsetzt, wächst ein Lotos aus dem Boden[294]. Der Lotossokkel, auf dem der Buddha thront, ist ein Symbol der Reinheit; denn obgleich die Blume aus schlammigem Wasser herauswächst, ist sie – aufgrund der fettigen Oberfläche ihrer Blätter – stets sauber. Das Reine, das vollkommen Schöne fällt mit dem Absoluten zusammen. Auch von dieser Bedeutung her wird es verständlich, wenn die Lotosblüte zum Thronsitz aller Erleuchteten, aller Buddhas und Bodhisattvas, wird, soweit sie nicht in ihrer irdischen Inkarnation dargestellt werden. Einer der wichtigsten Begründer des tibetischen Buddhismus (auch Lamaismus genannt) war im 8. Jahrhundert Padmasambhava, der Name bedeutet wörtlich »Der aus dem Lotos Geborene«.

Die Vorstellung eines menschlichen Wesens in der Blüte oder im Baumwipfel (auf der Spitze eines metallenen Baumständers) war auch den Etruskern nicht fremd; die dabei zu beobachtende Viergliedrigkeit steht zweifelsohne in einer Beziehung zu den Himmelsrichtungen. Der Etruskologe O.W. von Vacano scheut nicht den Vergleich mit der chinesischen Überlieferung vom »Geheimnis der goldenen Blüte«, mit dem aus östlichen Religionen vertrauten Bild »der Geburt des Vollkommenen aus der sich öffnenden Blütenknospe« und mit der Goldblume der europäischen Alchemie[295]. Letztere war ja die »Blüte des Werkes und der Stein der Weisen« (*flos operis et lapis*), die in alten Schriften als rot-weiße Rose dargestellt wurde und als Geburtsstätte des Sohnes der Philosophen galt; dieser *filius philosophorum* ist Bild des Unverweslichen, Wesentlichen im Menschen und damit des vollkommenen Menschen, der in sich die Gegensätze der Welt harmonisch vereint, das Rot des Goldes (Sonne) und das Weiß des Silbers (Mond). Ganz bewußt findet sich eine Ausdeutung auf Christus hin. Das von einem Minoritenbruder verfaßte »Buch von der Dreifaltigkeit« (um 1415) zeigt, wie aus der auf der Mondsichel stehenden und von Sonnenstrahlen umgebenen Muttergottes das Kreuz in Gestalt einer fünfteiligen blauen Lilie mit dem Gekreuzigten hervorkommt[296] (s. Abb. S. 169). Nur wer in sich die solaren und die lunaren Kräfte geeint und damit alle Gegensätze dieser Welt überwunden hat, kann im Tod (am Kreuz) zum Leben (in der Blume) wiedergeboren werden. Die blaue Farbe deutet auf die Überwindung und den Ausgleich von Rot und Weiß, von Sonne und Mond, wie ja im Blau selbst der Himmel oben und das Wasser unten zusammenfallen. In der Alchemie kann die blaue Blume als Symbol des Hermaphroditen (hier des vollkommenen Menschen) auftreten, in der Dichtung der Romantik schließlich wird sie zu einem in der Seele verankerten Bild der Sehnsucht. In dem Roman »Heinrich von Ofterdingen« von Novalis träumt der jugendliche Held von der blauen Blume, aus deren Kelch ihm das himmlische Gesicht eines Mädchens entgegenblickt, das er nicht kennt, von dem er aber weiß, daß es »seine

innerste Seele« ist. Mit zwanzig Jahren verläßt Heinrich sein Elternhaus und immer wieder läßt »die Blume seines Herzens« sich »wie ein Wetterleuchten in ihm sehen«, bis er in dem Mädchen Mathilde das im Traum gewahrte Urbild findet und mit ihm das »unendliche Einverständnis« einer ungeteilten Liebe: im Bild eines neuerlichen Traumes sind beide im blauen Strom dahingesunken.

Aus der Tiefenpsychologie wissen wir, daß in Traumberichten und psychodiagnostischen Malereien oft zwangsläufig das Bild des Menschen auf der Blume bzw. in der Blüte zutage tritt[297], es wird als der Versuch der Zentrierung und als ein Symbol des Selbst interpretiert. Schon in den indischen Veden findet sich der Vergleich des Lotos mit dem Herzen, mit dem inneren Menschen, und in den Brahmanas wird die Lotosblume zu einem Bild für den Mutterleib, aus dem das Kind hervorkommt. Die aus der Dunkelheit des schlammigen Wassers hervorwachsende Seerose ist im Buddhismus ein Sinnbild der geistigen Entfaltung, bei der die trüben Fluten der Leidenschaften und des Nichtwissens in das Erleuchtungsbewußtsein verwandelt werden. Jenseits von Zeit und Raum erblüht der Lotos im Mittelpunkt des Herzens und wird zum sichtbaren Ausdruck für den unsichtbaren, mit der Buddhanatur identischen Wesenskern, der von dem Kreislauf der Geburten (*samsara*) unbefleckt bleibt. Die berühmte Formel »Om mani padme hum« soll den Erleuchtungsgeist, das Juwel (*mani*), im menschlichen Bewußtsein, dem Lotos (*padma*), erzeugen und so den Eingang in das Nirvana ermöglichen[298]. Die Wesensverwandtschaft des Herzens mit dem Lotos hat im Abendland gewisse Parallelen. Da ist zunächst an die Wortverwandtschaft von Blut und Blüte zu denken. Die mittelalterliche Mystikerin und Naturwissenschaftlerin Hildegard von Bingen bezeichnete die monatliche Blutung der Frau als einen Vorgang des Blühens (*floriditas*), in der Reifezeit entfaltet sich nach ihr im Blut des Mädchens die »Blühkraft«. Erst mit der De-floration, mit der Beendigung des reinen Blütenstandes, kann die Frau Früchte tragen, d.h. Kinder gebären. Das Herz ist die eigentliche Wurzel der fortwirkenden Lebenskraft, nur sein Blut ermöglicht die Blüte, aus der die Frucht kommt. Dieser Gedanke fand – wenn auch abgewandelt – wiederholt in der religiösen wie auch in der volkstümlichen Kunst einen Niederschlag. Ein spätgotisches Alabasterrelief (München, Nationalmuseum) zeigt einen Rosenstrauch mit fünf Blüten, auf vieren sitzen oder stehen Putten mit den Marterwerkzeugen der Passion (*arma Christi*), auf der fünften Blüte oben in der Mitte ist ein Herz, durch dessen Spalt das Christuskind zu sehen ist. Eine ähnliche Darstellung zeigt ein Kupferstich des Meisters E.S. (Berlin, Kupferstichkabinett). Im 18./19. Jahrhundert findet sich in der bäuerlichen Kunst das manchmal girlandenbekränzte Herz, aus dem eine Blume oder ein ganzer Rosenstrauch hervorkommt[299]. Wenn dieses Motiv auf Brautstühlen, Liebesbriefen oder Wochenbettstickereien vorkommt, dann mag der Gedanke dahinterstehen, daß dank der Liebe aus dem Herzblut die Blüte hervorwächst.

Um den geheimnisvollen Zusammenhang von Blut und Blüte, beide heißen althochdeutsch *bluot*, haben bereits die alten Griechen gewußt. Ein Mythos erzählt von dem schönen Knaben Hyakinthos; Apollon liebte ihn sehr und warf öfters mit ihm Diskos. Doch eines Mittags traf die von dem Gott geschleuderte Wurfscheibe den Knaben und tötete ihn; aus seinem Blut entsprang die wild wachsende Pflanze mit blauer Blüte namens Hyazinthe. In einer anderen Geschichte wird Adonis, ursprünglich ein semitischer Gott, auf der Jagd von einem Eber getötet, aber die ihn liebende Göttin Aphrodite ließ aus seinem Blut die Adonisröschen (nach anderer Version die Anemonen) aufsprießen. Schließlich sei noch (der aus Phrygien) übernommene Attis erwähnt, der sich in seiner rasenden Liebe selbst entmannte und aus dessen Blutstropfen die Veilchen entstanden. Nach altchristlichem Glauben sind die Märtyrer in der Hingabe ihres Blutes voll erblüht. Mehrere Legenden berichten von diesbezüglichen Blumenwundern. Als man das Grab des Lucius von Cyrene öffnete, sollen aus seiner Brust (dem Herzen) drei Rosen entsprossen sein, und aus dem Grab des Bischofs Vitalis in St. Peter zu Salzburg (7. Jahrhundert) blühten Lilien[300].

Die Gerechtfertigten, die Geläuterten, die Erleuchteten und die zum wahren Sein Erwachten, sie alle kommen in ein Blumenparadies. Die für das »gesegnete Land« Sukhavati Auserwählten, deren Glaube an den Buddha Amitabha unerschütterlich war, werden auf Lotosblumen wiedergeboren; das von unermeßlichem Lichtglanz erfüllte Land wird von erlesensten Wohlgerüchen durchzogen, und auf seinem Boden wachsen wunderbare Blumen und Edelsteinbäume. Während Sukhavati im Volksglauben als lokalisierbarer Ort der Seligkeit erscheint, ist es für den Wissenden nur eine Umschreibung für das erleuchtete, sich von der Welt lossagende Bewußtsein. Die hl. Perpetua hat kurz vor ihrem Martyrium in einer Vision das himmlische Paradies als blühenden Garten erschaut. Bei Dante wandelt sich »der Blumen Lächeln« zu höherem Freudenfeste, und im dreifachen Lichtglanz erstrahlt die weiße Himmelsrose:

So zeigte denn in einer weißen Rose
Gestalt sich mir die heilge Streiterschar,
die Christus durch sein Blut zur Braut sich
machte.

Divina Commedia XXXI, 1-6.

Blumen sind die Sterne der Himmelswiese; beide können bereits in der altorientalischen und in der antiken Ornamentik in der Rosette zusammenfallen, wobei vegetabile und astrale Elemente säuberlich zu trennen kaum möglich ist, da sich beide im Laufe der Zeit gegenseitig beeinflußt und durchdrungen haben. Sicher waren die stilisierten Blütensterne in den alten Kulturen mehr als nur ein raumfüllendes Dekor; vielmehr sind sie Ausdruck eines Weltbildes, das um die Zusammenhänge der vom Jahreszyklus abhängigen Vegetation und den astralen Bewegungen wußte[301]. Die Austauschbarkeit von Blüte und Stern findet im 15./16. Jahrhundert im Kirchenbau einen Niederschlag, so wenn sich in den obersächsisch-böhmischen Kirchen (wie St. Anna in Annaberg) das Sterngewölbe als Himmelsbaum erweist, der die Blüten als Gestirne trägt[302]. Wie die Blumen irdische Sterne sind, man denke z.B. an die Bezeichnung der Aster (von griechisch *aster*, »Stern«), so sind die Gestirne – nach Paracelsus – »Kräuter des Himmels«. Der den nahen Lebensabend fühlende Hölderlin sucht Trost bei der am Herbsttag lieblich aufblühenden »Zeitlose« und wenn in der Mitternacht »die immerfrohen Blumen, die blühenden Sterne glänzen« (Gedicht »An die Hoffnung«).

In der Malerei der Spätgotik und der frühen Renaissance war das Paradies als blühender Garten ein beliebtes Motiv. In Frankfurt a.M. befindet sich im Staedelschen Museum das »Paradiesgärtlein« eines unbekannten oberrheinischen Meisters aus dem Beginn des 15. Jahrhunderts. Die von ihrem Hofstaat umgebene Maria in ihrem leuchtend blauen Gewand und mit einer Krone auf dem Haupt sitzt inmitten der verschiedensten Kräuter und Blumen. Alles scheint in einem übernatürlichen Rahmen zu stehen und noch vom Hauch der Schöpfungstage erfüllt zu sein. Können da die Pflanzen, die sich nach Gattung und Art eindeutig bestimmen lassen, wirklich nur als Ausschmückung verstanden werden, oder sollen sie etwas über die Begriffe Freude, Erquickung und Schönheit Hinausreichendes zum Ausdruck bringen? Vor der Mauer im Hintergrund stehen von links nach rechts Samtnelken, Levkojen, Schwertlilien und Malven; zu Füßen Marias finden sich Veilchen, Schlüsselblumen, Schneeglöckchen und Erdbeeren; im Vordergrund blühen Maiglöckchen, Pfingstrosen, nochmals Veilchen und die Akelei, und neben dem Kirschbaum an der Mauer steht ein Rosenstrauch[303].

Die meisten dieser Blumen weisen auf Maria und über sie hinaus auf Christus. In lateinischen Hymnen wird die Mutter Gottes als *rosa speciosa* (»prächtige Rose«) gepriesen und in der Lauretanischen Litanei als *rosa mystica* (»mystische Rose«). Die Pfingstrose ist besonders geeignet, um die Jungfrau als »Rose ohne Dorn«, d.h. ohne Sünde, erscheinen zu lassen. In der Blumensprache des Hohenliedes (2,2) bezeichnet der Bräutigam die von ihm Erwählte als »Lilie unter den Dornen«; als Mariensymbol versinnbildlicht die durch ihren hohen Wuchs und ihre weiße Farbe auffallende Blume die jungfräuliche Mutterschaft und findet sich deshalb oft in der Hand des Verkündigungsengels Gabriel (s. Abb. S. 172). Nach Gregor d.Gr. ist jede Seele der Lilie gleich, wenn sie »zur himmlischen Schönheit emporsprießt, an Leib und Seele das leuchtende Weiß der Reinheit bewahrt und den Nächsten stärkt durch den Wohlduft guten Beispiels«. Das Veilchen (*viola*) gilt wegen seiner dunkelvioletten Farbe und seines verborgenen Duftes als Bild der Demut, gepaart mit höchstem Wert; als *flos humilitas*, als Blume der Demut ist sie die schönste Zierde in der Hand der Veilchenmadonna von Stephan Lochner (Köln, Diözesan-Museum). Bischof Eucherius von Lyon (im 5. Jahrhundert) bezeichnete die Bekenner des christlichen Glaubens als Veilchen im Gottesgarten.

Der geistesgeschichtliche Hintergrund für die Hereinnahme der Blumen und Kräuter in die Kunst des hohen und ausgehenden Mittelalters ist in dem symbolischen Weltbild dieser Zeit zu suchen, in dem alle irdischen Dinge und Geschehnisse als Vorgestaltung (*präfiguratio*) und Gleichnis (*similitudo*) des Göttlichen gedeutet wurden. Von dem Dichter Konrad von Würzburg haben wir aus dem 13. Jahrhundert ein Preislied zu Ehren der Jungfrau Maria, das unter dem Titel »Goldene Schmiede« alles zusammenträgt, was an allegorischen Vergleichen und symbolischen Bildern bekannt war[304]. Maria ist der »Myrrhenbaum aus dem Paradies, mit Früchten wohlgeziert«, sie ist der »blühende Lilienstengel« und der »Veilchenbusch im März«, und wenn sie als »Apotheke wonniglich« erscheint, dann ist hier an die Heilpflanzen zu denken wie

etwa das Maiglöckchen, das das »Heil der Welt« (*salus mundi*) symbolisiert, nämlich den Erlöser, den göttlichen Arzt, der von der Jungfrau geboren wurde. Die Blätter der Malve galten schon in der Antike als heilkräftig; in der christlichen Ikonographie ist die Pflanze symbolischer Hinweis auf Vergebung und deren durch Maria erreichte Gewährung. Auf Albrecht Dürers Handzeichnung »Maria mit den vielen Tieren« (Wien, Albertina) ist die Mutter mit dem Kind von Malve, Pfingstrose und Iris (Schwertlilie) umgeben. Iris ist das griechische Wort für den Regenbogen, der im Alten Testament den Bund Gottes mit den Menschen andeutet; auf Madonnenbildern ist die Schwertlilie Symbol der Aussöhnung, in diesem Sinne hat sie z.B. Hugo van der Goes am unteren Bildrand bei der »Geburt Christi« gemalt (Portinari-Altar, Florenz, Uffizien).

Bei näherem Betrachten und Vergleichen verschiedener Kunstwerke und zeitgenössischer Texte von Theologen, Volkspredigern und Dichtern stellt sich heraus, daß die Symbole nicht immer eindeutig sind und daß manchmal mehrere symbolische Bedeutungen gleichzeitig auftreten können. Dies sei am Beispiel der Akelei aufgezeigt[305]. Die dreigeteilten Blätter des in verschiedenen Arten vorkommenden Hahnenfußgewächses können – für sich allein dargestellt – als Dreifaltigkeitssymbol interpretiert werden; schon im Tympanonfeld des spätromanischen Südportals beim Straßburger Münster setzt Christus seiner Mutter eine Akeleiblattkrone aufs Haupt wie er selbst sie trägt. Ein trinitarischer Bezug mag auch gegeben sein, wenn die Pflanze drei Blüten trägt. Nicht selten findet sich eine Siebenzahl der Akeleiblüten, worin man einen Hinweis auf die sieben Gaben des Hl. Geistes erblickt hat, die nach Jesaias (11,2) dem Messias verliehen sind: Weisheit, Verstand, Rat, Stärke, Erkenntnis, Frömmigkeit und Furcht des Herrn. Die Blüte der Akelei hat fünf Hüllblätter und fünf Honigblätter, die mit ihrem langen, oft gebogenen Sporn wie Täubchen aussehen, auch dies mag über das Taubensymbol an den Hl. Geist erinnern: im Englischen heißt die Akelei *columbine* (von lateinisch *columba*, »Taube«). Die früher der Pflanze zugeschriebene Heil- und Schutzkraft ließ sie zu einem Apotropaion (Abwehrmittel) werden; im »Paradiesgärtlein« des Oberrheinischen Meisters steht sie in der rechten unteren Ecke direkt neben dem ohnmächtig auf dem Rücken liegenden Drachen. In einem niederländischen Gedicht des 14. Jahrhunderts wird Marias »Blumengarten« besungen, darunter auch die Akelei:

»Gott grüße dich, stolze Akelei,
Maria, Jungfrau wohlgetan«.

Die sprachliche Herkunft des Namens der Blume ist nicht gesichert (vielleicht vom griechischen *agleia*, »Glanz, Schönheit«, als Agleia die Göttin der Anmut), aber ihre Einordnung in Gottes Heilsplan ist unverkennbar. Durch die Gleichsetzung der Akelei mit der Kabbala-Formel AGLA wird die Blume zum Lobpreis Gottes in Anknüpfung an den Psalm 89,53: »Gepriesen sei der Herr in Ewigkeit! Amen, Amen!« Der Genter Altar (Gent, St. Bavo) der Brüder van Eyck zeigt auf dem Fußboden der singenden und musizierenden Engel die stilisierte Akelei zusammen mit der AGLA-Formel und dem »Lamm Gottes«.

Das Paradiesgärtlein geht auf den *hortus conclusus* des Hohen Liedes (4,12) zurück, den verschlossenen Garten, in den nur Gott Eingang fand. Als Ort der Abgeschiedenheit, Geborgenheit und Unberührtheit wurde er zum eigentlichen Symbol für die Jungfrau Maria und deren unbefleckte Empfängnis (*immaculata conceptio*). Maria selbst wird ein Paradiesgärtlein genannt. Etwa um 1400 entsteht im Rheinland das Motiv des Rosenhages; Maria sitzt nun nicht mehr in einem ummauerten Garten, sondern vor einer Rosenhecke oder in einer Rosenlaube[306]. Öfters reicht sie dem Jesuskind eine Blume (Rose oder Nelke) oder eine auf die Erlösung hinweisende Frucht wie Apfel, Granatapfel oder Traube. Eines der schönsten Bilder dieser Art stammt von Stephan Lochner und kann im Wallraf-Richartz-Museum zu Köln besichtigt werden. Die von einer Engelschar umgebene, in ein blaues Gewand gekleidete Himmelskönigin lagert in sprießendem Grün. Während die weißen Rosen und Lilien auf ihre Keuschheit und Unschuld deuten und die Veilchen auf ihre Demut, sind die roten Rosen ein Hinweis auf die Passion Christi, dessen Blut vergossen wurde, um die Menschheit zu erlösen. Das Jesuskind hält in seiner Linken einen Apfel: Die von Eva verbotenerweise gepflückte Frucht führte zum Sündenfall (lateinisch *malum* heißt sowohl »Apfel« als auch »Übel«), aus den Händen des göttlichen Kindes aber gereicht sie den Menschen zum Heil.

Die alte messianische Prophezeiung von dem aus der Wurzel Jesse entsprossenen Reis (Schößling) wurde textlich bald umgeformt und nunmehr gesungen: »Es ist ein Ros' entsprungen«. In heiliger Nacht ist die himmlische Blüte auf Erden erschienen: der inkarnierte Logos. Aber alles irdisch Blühende ist dem Wandel unterworfen. Im Frühling, wenn Griechen und Römer ihre Blumenfeste feierten, die Anthesterien und die Floralia, wurden auch die Mysterien des Attis begangen, des sterbenden Gottes, aus dessen Blut das Veilchen als Frühlingsblume hervorkommt und damit zum Symbol des auferstehenden Gottes wird. Der hl. Bernhard erblickte in der fünfteiligen Rosenblüte die fünf Wunden Christi. Die gleiche Bedeutung haben die rosenähnlichen Blüten bei Kreuzmeditationsbildern, jeweils eine am Ende der Kreuzbalken und die fünfte an der Herzstelle des Gekreuzigten; diese Bildgestaltung läßt bereits ein byzantinisches Elfenbeintäfelchen aus dem 10. Jahrhundert erkennen. Von dem Moosröschen heißt es, daß es aus einem vom Kreuz ins Moos gefallenen Blutstrop-

fen entstand. Im Frühling verkündete der Erzengel Gabriel der Jungfrau Maria die frohe Botschaft, und das Wort Gottvaters senkte sich in ihren Schoß und wurde Fleisch. Und wieder im Frühling, zu Ostern, ist der Gekreuzigte aus dem Grabe auferstanden, aus seinem verströmenden Blute kam die vollendete Blüte hervor. Der spätantike Prediger Maximus von Turin schildert, wie »das Fleisch des Herrn« im österlichen Wiederaufleben »einer strahlenden Blüte gleich aus dem Grabe sproßte«[307]. Über eineinhalb Jahrtausende später spricht Rainer Maria Rilke vom »Frühling Gottes«, wo sich alle Kraft dem strahlenden Knaben zuwendete:

Alle kamen mit Gaben
zu ihm;
alle sangen wie Cherubim
seinen Preis.
Und er duftete leis
als Rose der Rosen.

»Stundenbuch«

Die vitale, sinnliche Grundhaltung des Barock und Rokoko läßt auch die Pflanzenwelt in einem neuen Licht erscheinen. Zwar lebte die christliche Symbolwelt – besonders in katholischen Ländern – ungebrochen weiter, man wußte noch um die Hintergründigkeit des Seins, aber die Abbilder der sichtbaren Welt waren dem Menschen doch näher und ließen ein tieferes Symbolverständnis nicht aufkommen. Die Blumen haben nicht mehr eine Botschaft zu verkünden, wie dies in der Gotik und teilweise noch in der Renaissance der Fall war, sondern dienen vor allem als Schmuck und Zierde und erhöhen den Lebensgenuß.

Erst in der Romantik erlangte die Pflanzenwelt wieder eine zentrale Bedeutung. Einer ihrer bedeutendsten Vertreter war der Maler Philipp Otto Runge. Für ihn war die Natur der Leib, dem der Künstler seine eigene Seele einhaucht. Und wenn er sich dabei der Farben bedient, dann weiß er um ihre geheimnisvolle Bedeutung, »die wir auf eine wunderlich ahnende Weise wieder nur in Blumen verstehen«. In einem Brief an seine Mutter schreibt Runge: »In den Blumen fühlt unser Gemüt doch noch die Liebe und Einigkeit selbst alles Widerspruchs in der Welt; eine Blume recht zu betrachten, bis auf den Grund in sie hineinzugehen, da kommen wir nie mit zu Ende. ... Alles Lebendige hat in unserer Seele seinen Spiegel und unser Gemüt nimmt alles recht auf, wenn wir es mit Liebe ansehen. Dann erweitert sich der Raum in unserm Innern und wir werden zuletzt selbst zu einer großen Blume, wo sich alle Gestalten und Gedanken wie Blätter um einen großen Stern um das Tiefste unserer Seele, um den Kelch, wie um einen tiefen Brunnen drängen«[308]. In der Bilderfolge der »Tageszeiten« versuchte der Maler das Verwobensein von Mensch und Natur darzustellen. Die jeweils auf den Blüten sitzenden reizenden Kindergestalten verkörpern den Sinn der Blumen, es sind gleichsam »Blumengeister«. Auf allen vier Zeichnungen versinnbildlicht die weiße Lilie das Licht (s. Abb. S. 177). Beim »Morgen« und beim »Abend« deuten die (roten) Rosen auf das Rot der Sonne. Der Kornblumenkranz beim »Tag« kennzeichnet die heitere Himmelsbläue, und die Feuerlilie der »Nacht« bedeutet das irdische Feuer[309]. Wie das Licht ist auch Gott für den Menschen nicht direkt sichtbar, offenbart sich aber in seiner Schöpfung, in der Natur.

In der Zeit nach der Romantik ist nicht mehr viel von Symbolik in den Pflanzendarstellungen der Maler zu sehen. Die Blumen erscheinen meist nur noch dekorativ oder ihrer selbst willen. In der höfischen und bürgerlichen Kultur ist allerdings eine Art Blumensprache lebendig geblieben. Schon im Mittelhochdeutschen gab es den Ausdruck *mit gebluemten worten*, was soviel bedeutete wie »durch die Blumen sprechen«, also etwas verhüllt, nur andeutungsweise ausdrücken. Bei zahlreichen Völkern dienen die Blumen als Boten der Gefühle zwischen Liebenden und Freunden. Im Orient heißt der Gedankenaustausch durch Blumen *Selam* (arabisch »Gruß«), dabei hat jede Blume ihren eigenen Ausdruckswert. Die Tulpe kommt einer Liebeserklärung gleich, die Nelke bedeutet heimliche Liebe, und die Pflaumenblüte mahnt: »Halte dein Versprechen!« In China kann man sich statt lebender Blumen Bilder schenken. Wenn darauf eine Chrysantheme zusammen mit einem Kiefernbaum dargestellt ist, so bedeutet dies für den Beschenkten langes Leben. Zeigt ein Bild die Blumen der vier Jahreszeiten (Pflaumenblüte = Winter, Päonie = Frühling, Lotos = Sommer, Chrysantheme = Herbst), dann wünscht man Frieden in allen Zeiten; »Vase« und »Friede« sind im Chinesischen gleichlautend: *ping*. Wenn eine Katze auf eine Päonie blickt, entspricht dies dem Wunsch: »Mögest du reich werden!«[310]

Während im 19. Jahrhundert in Europa die volkstümliche Blumensprache weiteren Kreisen noch bekannt war, ist heute diese Art von Freundschafts- und Liebesbekundungen großenteils ins Kommerzielle abgesunken. Und doch wäre es schade, wenn die verschiedenen Blumen in ihrer Eigenart uns nichts mehr sagen könnten. Lassen wir die schöne Sitte nicht ganz untergehen, daß – wie in Hugo von Hofmannsthals »Rosenkavalier« zum Zeichen der Liebe die rote Rose überreicht wird. In Dichtung und Volkslied ist die Rose ein Bild für die Geliebte; »Rosen brechen« ist wie auch ganz allgemein »Blumen pflücken« eine verhüllende Umschreibung für die Defloration[311]; die Jungfrau wird aus ihrem Blütenstand herausgenommen und ist nunmehr dazu bestimmt, Frucht zu tragen. Weiße Rosen symbolisieren die Unschuld, die Unberührtheit, und sind deshalb bis heute dem Brautstrauß vorbehalten. Noch immer sind weiße Blumen ein Symbol der Reinheit: Konfirmanden werden Maiglöckchen in die Kirche mitgegeben und dem jung verstorbenen Mädchen Lilien ins Grab gelegt. Die der Nelke zugelegte Bedeutung als Verlobungssymbol reicht bis ins 15. Jahrhundert zurück; in ihrem Vergleich mit der Gewürznelke wurden der Blume Heil- und Abwehrkräfte zugeschrieben, wie sie das junge Brautpaar besonders notwendig hat; in diesem Sinnbezug ist die Nelke auf Bildern von Hans Holbein dem Älteren und Albrecht Dürer zu finden. Heutzutage ist die Nelke zur »Allerweltsblume« geworden, die bei jeder Gelegenheit überreicht werden kann. Vergessen ist die in der Barockzeit der Tulpe beigelegte Bedeutung als Symbol der Unbeugsamkeit und Unnahbarkeit. Dagegen ist das im Volkslied besungene Vergißmeinnicht schon seines Namens wegen noch immer ein Zeichen von Abschied und Treue; daß es diese Bedeutung bekam, hat es seiner blauen Farbe zu verdanken, in der man einen Hinweis auf Beständigkeit und Treue erblickt.

Manchmal sprechen die Blumen allein schon durch ihre Namen, die ihnen zwar durch den Menschen von außen auferlegt wurden, die dieser aber wiederum aus ihrem inneren Wesen herausgelesen hat. Wie sagte doch der Maler Runge? Wir müssen die Blumen nur recht betrachten, sie »mit Liebe ansehen«, und wir werden sie – wie alles Lebendige – in unserer Seele wie einen Spiegel sehen. Bei der Nelke denkt man zunächst nicht daran, daß der Name die Verkleinerungsform zu Nagel ist; frommer Glaube erkannte in der Form von Blatt und Frucht die Form der Nägel, mit denen Jesus ans Kreuz geschlagen wurde; die Nelke kann daher auch die Bedeutung eines Symbols für den Kreuzestod annehmen. Die kleine Schlüsselblume, mit der man in alter Zeit hoffte, Schätze heben zu können, wird zum »Himmelsschlüssel« wie bei Gerhart Hauptmann in »Hanneles Himmelfahrt«. Die Sonnenblume war im alten Inka-Reich dem Sonnengott heilig und gelangte erst im 16. Jahrhundert nach Europa; in die christliche Symbolik fand sie kaum Eingang, erhielt aber in der neueren Malerei, bei Vincent van Gogh und Emil Nolde, einen autonomen, das Reale übersteigenden Ausdrucks-

wert. In der einige Zeit nach dem 2. Weltkrieg erwachten ökologischen Bewegung wird die Sonnenblume »zum Idealbild der Blume schlechthin, übernimmt wesentliche Elemente der Sonnensymbolik, die teilweise mit der Blumensymbolik identisch ist, und wird somit zum (zumeist säkularen) Sinnbild des Lebens, der Auferstehung und des Heils«[312].

Auch heute kann noch etwas in den lieblichen Töchtern Floras aufleuchten, das uns an den Garten Eden erinnert. Jede Blume ist in sich ein Universum an Farbe und Form, an Duft und Schönheit. Ob sie in prachtvollen Gärten wächst oder am Wiesenrand, immer geht von ihr ein Hauch des Friedens aus, der unserem von Unruhe, Angst und Leid erfüllten Herzen eine tröstliche Antwort geben kann. Wir müssen nur hineinsehen, hindurchschauen und aus unserem Wissen heraus glauben – und wir können erleben, daß eine kleine Blume die große Welt bewegt, so wie Gottfried Benn das am Beispiel der »Anemone« aufzeigt:

Erschütterer –: Anemone,
die Erde ist kalt, ist Nichts,
da murmelt deine Krone
ein Wort des Glaubens, des Lichts.

Der Erde ohne Güte,
der nur die Macht gerät,
ward deine leise Blüte
so schweigend hingesät.

Erschütterer –: Anemone,
du trägst den Glauben, das Licht,
den einst der Sommer als Krone
aus großen Blüten flicht.

Adler und Schlange als Pole des Seins

Immer schon versuchte der zwischen dem »Oben und Unten« eingespannte Mensch den Sinn seines Daseins und Soseins zu erfassen. Bei der Festlegung seines eigenen Standortes mußte er von einem festen Bezugspunkt ausgehen, dem Absoluten, dem Schöpfer, um den alle Schöpfung kreist. Sonne und Mond, Mann und Frau, Adler und Schlange sind die Gestalten auf der Weltbühne; in ihrem Wechselspiel liegt das Geheimnis von Licht und Finsternis, von Leben und Sterben, von Gut und Böse. Alles, was aus dem Ursprung heraustritt, verläßt die Einheit. Alles Dasein ist eingeordnet in das Koordinatenkreuz von Raum und Zeit; alles Sosein ist Anderssein und damit ein Getrenntsein von der primordialen Einheit. So kann das Tier zum Offenbarungsträger des Oben und des Unten werden; göttliche oder dämonische Mächte können über das Tier Einfluß auf den Menschen gewinnen[313].

Nach dem biblischen Schöpfungsbericht (1. Moses 1,2) schwebte Gottes Geist über den Wassern. Das hebräische Wort für »schweben« (in konsonantischer Schreibweise *rhp*) wird besonders im Zusammenhang mit Vögeln gebraucht, manchmal in Anlehnung an ugaritisch-syrische Texte mit »brüten« übersetzt, verschiedentlich auch mit »wehen«, da der Geist Gottes (*ruah elohim*) als Wind bzw. schöpferischer Atem aufgefaßt werden konnte. Der Geist Gottes ist oben, die chaotische Tiefe wird im Bild des Wassers geschaut. Das hebräische Wort für Urflut (*tehom*) erinnert an das altmesopotamische Urzeitwesen Tiamat, das von dem Gott Marduk besiegt wurde, indem er die Winde (d.i. die Kraft seines Geistes) in ihr Inneres eindringen läßt und sie zerreißt; aus dem Körper des drachenartigen Ungeheuers bildet er Himmel und Erde. Schlange und Drache sinnbilden in den philosophischen Spekulationen des Orients das noch nicht Manifestierte, die noch ungeteilte Einheit vor der Schöpfung. Tiamat ist – wie auch tehom – die gestaltlose, in Dunkelheit liegende, mütterliche Urmaterie, die alles Kommende, Zukünftige in sich enthält. Tiamat und tehom sind die Namen des Urweiblichen, das sich dem gestaltenden und ordnenden Geist, dem zeugenden Vater, dem erschaffenden Gott entgegenstellen möchte. Im babylonischen Schöpfungsepos Enuma elisch wird Tiamat als »Abgrund-Mutter« bezeichnet, die im Kampf gegen die Götter entsetzliche Schlangen gebiert, »mit spitzem Zahn, erbarmungslosen Kiefern; mit Gift anstatt mit Blut füllte sie ihren Leib. Wütende Drachen bekleidete sie mit Furchtbarkeit«. Auch im Alten Testament begegnet man schlangen- und drachenartigen Chaosungeheuern, die von Jahwe bekämpft werden, manchmal in deutlicher Anlehnung an die Erschaffung der Welt. Beim Propheten Jesaias (51,9-10) heißt es: »Auf, auf, bekleide dich mit Macht, Arm des Herrn, rege dich wie in den

Tagen der Vorzeit, der uralten Geschlechter! Warst nicht du es, der Rahab zerhieb, den Drachen durchbohrte? Wie schwierig auch im einzelnen die motivgeschichtliche Herkunft und Einordnung der alttestamentlichen Chaosgestalten sein mag, so ist ihre Zugehörigkeit zum Wasser, ihre an Reptilien erinnernde Gestalt und ihre Gegnerschaft zu Gott unübersehbar.

Wenn eine der ersten Tätigkeiten Jahwes mit »Schweben« oder gar mit »Brüten« charakterisiert wird, dann drängt sich die Assoziation »Vogel« auf. Wer um die Weisheit mythischer Bilder weiß, wird keinen Anstoß daran nehmen, sie auch in der Bibel zu finden. Die Vorstellung von der vogelgestaltigen Urgottheit ist im Glauben zahlreicher Völker verbreitet, und im Alten Testament wird wiederholt das Bild von Gottes Flügeln oder Schwingen gebraucht (z.B. 2. Moses 19,4; Psalm 57,2). In einer Auslegung des Talmuds, dem nachbiblischen Hauptwerk des Judentums, heißt es: »Der Geist Gottes schwebte über den Wassern wie eine Taube, wenn sie über ihren Jungen schwebt«. So ist es konsequent gedacht, wenn ein anerkannter – und gläubiger – Naturwissenschaftler wie Bernhard Bavink vom »Schweben« Jahwes auf die in vielen kosmogonischen Mythen anzutreffende Vorstellung vom Weltenei hinweist[314]. Zwar wird nicht in allen Überlieferungen die Herkunft des Eies auf natürliche Art erklärt, aber es gibt doch zahlreiche Belege, nach denen das Höchste Wesen in Vogelgestalt ein Ei in das Urwasser legt, aus dem dann die Welt entsteht – so in sibirischen und indonesischen Mythen. Nach dem Glauben der sudanesischen Haussa bebrütete der Sonnenvogel das Weltei. Ähnliche Gedanken finden sich in der ägyptischen Mythologie; danach kommt der erste Gott aus einem im Sumpfdickicht liegenden Ei hervor, das nach dem Totenbuch dem »großen Schnatterer« zugeschrieben wird.

Unter Beiseitelassung oft nicht immer ganz durchschaubarer archaischer Denkstrukturen, die z.T. in matriarchalen und patriarchalen Kategorien verankert sind, soll ein von Ranke-Graves rekonstruierter Urzeitmythos aus Griechenland skizziert werden[315]. Danach war am Anfang aller Dinge die Große Mutter, die auf dem Urwasser einen einsamen Tanz aufführte, bis sie ein erster Windhauch erfaßte. Er umwehte die Urmutter, streichelte ihre Glieder und drang in ihren Leib ein. Als sie ihn mit ihren Händen zu fassen bekam, verwandelte sich der (Nord-)Wind in Ophion, die große Schlange. Der Göttin Tanz wurde erregter, bis der von Begehren erfaßte Ophion sich um ihren Leib schlang und sich mit ihr vereinigte. Die schwanger Gewordene verwandelte sich in eine Taube und legte auf den Wellen des Urmeers ein Ei, aus dem der Kosmos hervorkam.

Der männlichen Schlange steht der weibliche Vogel gegenüber, doch stehen beide nicht im Widerstreit, sondern tragen gemeinsam zur Weltentstehung bei. Hier zeigt sich auch sehr schön das Überwechseln von einem Symbol in das andere und von einer Bedeutung in die andere. Der von der Höhe herabsausende Wind wird zur Schlange, und die mit dem Urwasser verbundene Große Mutter erhebt sich als Taube. Nicht ohne Interesse ist, daß auch der über den Wassern schwebende Geist der biblischen Schöpfungsgeschichte, *ruah*, ursprünglich feminin zu verstehen ist. Ewald Roellenbleck meint: »Der ursprüngliche Sinn dieser kosmogonischen Vorstellung geht demnach dahin, daß eine weibliche Wesenheit in der Art einer Vogelmutter über einem Auszubrütenden schützend, dabei mit den Flügeln flatternd, schwebt ... Eine Urschicht Jahwes wird also von einer muttergottheitlichen Gestalt gebildet«[316]. Dieser Gedankengang ist gar nicht so abwegig, wie man zunächst glauben möchte. Der in Gott ruhende, aus ihm hervorkommende und aus ihm herauswirkende Geist ist die weibliche Komponente seines allumfassenden, über den Geschlechtern stehenden Wesens.

In den Sprüchen Salomons (9,1-5) und bei Jesus

Sirach (24,1 ff.) findet sich das Geistprinzip in der »Weisheit« hypostasiert, ja, die himmlische Sophia kann, wie Ernst Benz, ein Kenner der christlichen Geistesgeschichte, treffend nachweist, »mitten im Bereich des streng patriarchalischen jüdischen Monotheismus« als »weibliche Gestalt neben Gott« auftreten und sich am Schöpfungswerk Gottes beteiligen[317]. In der christlichen Ikonographie wird die göttliche Weisheit meist als reichgekleidete, gekrönte, nimbierte Frau personifiziert; die oft mit ihr dargestellten sieben Säulen können – nach dem mittelalterlichen Kirchenschriftsteller Honorius Augustodunensis – auf die sieben Gaben des Heiligen Geistes hinweisen. Schon die Künstler des Mittelalters wußten um die Beziehung zwischen dem Taubensymbol des Heiligen Geistes (bei Jesus Taufe im Jordan, Matthäus 3,16) und dem über dem Urwasser wehenden oder schwebenden Geist Gottes, und in unserem Jahrhundert hat der Maler Richard Seewald dieses Motiv in seinem Büchlein »Symbole. Zeichen des Glaubens«[318] wieder aufgegriffen: Die von einem Lichtkranz umgebene, übergroße Taube schwebt mit ausgebreiteten Flügeln über den Urwassern.

Wenn Gott nach biblischem Bericht dem Menschen die Tiere vorführte und ihm erlaubte, sie zu benennen (1. Moses 2,19-20), so soll hiermit angedeutet werden, daß der Mensch mit seinen Mitgeschöpfen durch einen geheimnisvollen Zusammenhang, durch eine *unio mystica*, verbunden war. Wo eine Benennung erfolgt, wird das Gegenüber auf das eigene Sein bezogen. Dem ersten Menschen fiel die Namengebung nicht schwer, weil ihm das Wesen der Tiere nicht fremd war; beide haben ja den gleichen Bildestoff, nämlich die Erde, gemeinsam. Namen waren in früherer Zeit mehr als Schall und Rauch; sie galten als »akustische Bilder«, in denen die Wesenheit des Benannten sich widerspiegelte; dies läßt sich noch bis heute bei einzelnen Tiernamen feststellen.

Das deutsche Wort für Aar (für Adler) findet sich im Gotischen als *ara* und im Keltischen als *er/eryr* und dürfte etymologisch zusammenhängen mit lateinisch *orior* und griechisch *órnymai* in der Bedeutung von »sich erheben, aufsteigen«; der Aar wurde zum Prototyp des die Lüfte beherrschenden Vogels (griechisch *ornis*). Das griechische Wort für Adler, *aetós*, gehört zum Verbum *aem*, d.i. »wehen, rauschen«; der Adler ist damit als der Vogel gekennzeichnet, der mit rauschenden Flügeln sich durch die Lüfte bewegt, der mit dem wehenden Wind über die Erde fliegt. Demgegenüber steht die Natter in einem sprachlichen Zusammenhang mit dem englischen *adder* wie auch mit dem deutschen Otter und ist urverwandt mit griechisch *hydros*, *hydra*, »Wasserschlange« (von *hydor*, »Wasser«). Das Wort Schlange kommt vom althochdeutschen *slango*, »die sich Schlingende«, ähnlich das lateinische *serpens*, »die sich Ringelnde«. So zeigt sich schon in ihren Namen der Wesensunterschied zwischen dem die Lüfte durchschwebenden Vogel und dem Wasser und Erde zugehörigen Reptil.

Die Schöpfung ist wie alles Gewordene in Raum und Zeit eingespannt; wie allem Erschaffenen ist auch ihr Anfang und Ende gesetzt. Im germanischen Mythos ist Yggdrasil der Weltenbaum, Sinnbild des Kosmos, der Götter, Menschen und Riesen umspannt. In seinem Schatten leben Gut und Böse, sie liegen in ständigem Kampf wie Adler und Drache. Das Prinzip des Bösen findet sich meist in kriechendem Getier verkörpert; Schlangen, Würmer und Drachen sind die Symboltiere. In der christlichen Kunst versinnbilcht die um einen Baum gewundene (Paradies-)Schlange die vom Bösen umstrickte Menschheit. Die ungegliederte und schlüpfrige Schlange verbirgt sich gern am Boden; sie ist doppelzüngig, und während sie Leben verspricht, lauert sie auf den Tod. In diesem Tier »schlängelte« sich der Teufel in das Paradies. Mit dem Sieg des Bösen kam der Tod in die Welt. So sind Schlangen und Würmer auch Sinnbilder des Todes, und wir verstehen nur zu gut, warum ihr Gesell, der Drache Nidhöggr, inmitten von Nebelheim die Körper der Verstorbenen aussaugt. Bei Jesaja (66,24) heißt es, daß die Leichen, gemeint sind die Seelen, der von Gott Abtrünnigen auf ewig von nagenden Würmern gepeinigt werden: »Ihr Wurm stirbt nicht, und ihr Feuer erlischt nicht.«

Die dem Dunkel der Erde verhaftete Schlange ist dem unmittelbaren Empfinden des Menschen das Ur-Fremde, dem man nicht genug mißtrauen kann. Das plötzliche Erscheinen in Höhlen und im Dikkicht und die Art ihrer Bewegungen lassen sie als unheimliches, gefährliches, lebenbedrohendes Tier erscheinen, das einerseits aus einer anderen, jenseitigen Welt zu kommen scheint, andererseits aber den Bewohnern der diesseitigen Welt zur tödlichen Gefahr werden kann[319]. Wie gefährlich die Bewegungen und Windungen der Schlange sein können, erfährt man aus der griechischen Sage von dem Priester Laokoon. Von seinen Landsleuten, den Bewohnern von Troja, wird er durch das Los bestimmt, gemeinsam mit seinen Söhnen dem Meeresgott Poseidon am Strande ein Opfer darzubringen. Da tauchen plötzlich aus dem Meer zwei große Schlangen auf, töten den Priester und seine Söhne am Altar und kriechen in den Tempel der Pallas Athene. Die Troer erblicken darin ein göttliches Zeichen, schlagen des Laokoon vorherige Warnung in den Wind, ziehen das große hölzerne Pferd in ihre Stadt und bereiten sich damit selber ihren Untergang.

Das Andersartige, Unheimliche, Bedrohende erscheint im Bild des geschuppten Kriechtieres. Griechische Unterweltsdämonen haben Schlangen im Haar, ebenso die drei Gorgonen, deren Anblick jeden zu Stein erstarren läßt; Perseus gelingt es, der einen von ihnen, Medusa (die als einzige sterblich ist), das Haupt abzuschlagen. Das Medusenhaupt diente – auf Trinkgefäßen und Gräbern abgebildet – als Apotropaion; mit dem Bild des Todesdämons sollte der Tod abgewehrt werden. Die etruskische Ikonographie kennt verschiedene Unterweltsdämonen, die fast alle Schlangen als Begleittiere haben. Charun wird mit geierschnabelartiger Nase,

spitzen Tierohren und manchmal hauerartigen Eckzähnen dargestellt; als auf den Tod hinweisendes Symbol hat er einen Hammer; er ist Todesbote, Seelengeleiter und Wächter am Grabe. Im Aussehen fast gleich ist Tuchulcha, aus dessen wildem Haar sich zwei Schlangen erheben, eine andere Schlange hält er gleich einem Zepter in seiner Hand. Christliche Höllenvorstellungen wurden nicht nur mit denen der etruskischen, sondern auch der ägyptischen Unterwelt verglichen. Selbstverständlich darf dabei nicht immer an direkte Überlieferungen und exakt nachweisbare Traditionsstränge gedacht werden, wenn andererseits aber auch ein latentes Weiterwirken nicht auszuschließen ist. Emma Brunner-Traut verdanken wir eine vergleichende Gegenüberstellung zwischen der ägyptischen Unterwelt und der christlich-mittelalterlichen Hölle. In beiden ist totale Finsternis, herrschen Feuer- und Schlangenpein. Und wie Apophis in Gestalt einer Riesenschlange das Bild der fortwährenden Bedrohung der von Göttern geordneten Welt ist, so trachtet der Teufel in Gestalt einer Schlange oder eines Drachens danach, Gottes Schöpfung wieder zu zerstören. Der die Verdammten verschlingende Satan ist geradezu »im Feindvertilger Apophis präfiguriert«, wie andererseits die feuerspeienden Schlangen ägyptischer Unterweltsbücher im Schlangental von Dantes Inferno weiterleben[320].

Im letzten Buch der Bibel taucht die alte Paradiesschlange noch einmal auf, in apokalyptischer Übersteigerung als großer, roter Drache; es ist »die alte Schlange, die den Namen Teufel und Satan trägt« und die den ganzen Erdkreis verführt (Offenbarung 12,9; 20,2). Und wie in der Urzeit die Schlange der Eva nachstellte und ihr und Adam den Tod brachte, so verfolgt der Drache das apokalyptische Weib, das als großes Zeichen am Himmel erschien, angetan mit der Sonne und dem Mond zu Füßen und auf ihrem Haupt einen Kranz von zwölf Sternen. Und der Drache wartete auf den Augenblick, in dem das Weib gebären würde, um das Kind zu verschlingen. Doch wurde das Kind, ein Sohn, der einst alle Völker mit eisernem Stabe lenken wird, zu Gott und seinem Thron entrückt. In dem folgenden Kampf der himmlischen Heerscharen unter Führung Michaels wurden der Drache und seine Mitstreiter auf die Erde hinabgeworfen. Nun verfolgte der Drache das Weib, das den Knaben geboren hatte, doch wurden ihr »die zwei Flügel des großen Adlers gegeben, so daß sie in die Wüste fliegen konnte« (Offenbarung 12,14).

Die Symboltiere des Guten und Göttlichen sind häufig Tiere der Luft, Vögel, die frei und ungebunden über der Menschen Häupter hinwegschweben. Besonders sind es die großen Raubvögel, so der majestätische Adler bei den alten Indogermanen, der Falke bei den Ägyptern und der Rabe bei verschiedenen nordwestamerikanischen Indianerstämmen. In der griechischen Mythologie ist der Adler dem Himmelsvater Zeus zugeordnet. Interessant ist nun, daß die Gattin des Zeus, die Göttin Hera, nicht nur einen olympischen Aspekt hat und in diesem den Pfau als Attribut, sondern daß sie auch Vertreterin der Erdgebundenheit ist und als solche von Schlangen umgeben. Der irdischen

Schlange steht der himmlische Adler gegenüber. Die Vereinigung von Zeus und Hera, die übrigens dieselben Eltern hatten, das heißt denselben Ursprung, bedeutet den Ausgleich von Himmel und Erde. Es ist die Aussöhnung zwischen Adler und Schlange, die Rückkehr in den Urzustand. In geschichtlicher Zeit wurde die Verbindung zwischen den beiden Gottheiten zu Athen und auf der Insel Samos als heilige Hochzeit (*hieros gamos*) gefeiert.

In der Antike galt der Adler als Seelengeleiter, als Psychopompos. In dem vom Adler entführten Ganymed erblickte man ein Sinnbild des erhofften Aufstiegs der Seele zu den Sternen. Vor allem die verstorbenen Herrscher wurden vom Sonnenvogel in die Welt des Lichtes emporgetragen. Die Apotheose der römischen Kaiser stellte man durch einen Adler dar, der zur gleichen Zeit, in der die Leiche des Herrschers auf dem Marsfelde verbrannt wurde, gen Himmel flog; das einfache Volk glaubte dann, der Vogel käme aus den Flammen und trüge die Seele des verstorbenen Kaisers zu den Göttern. Plinius erzählt in seiner Naturgeschichte (*Naturalis historia* X,10) die Geschichte, wie der Adler seine Jungen zur Sonne emporschickt oder sie den Glanz des Gestirns blicken läßt; er verstößt die Jungen, die das Sonnenlicht nicht vertragen können. Der Physiologus und die Kirchenväter übernahmen die Geschichte und bauten sie in die Heilslehre ein. Unter dem Physiologus (griechisch, »Naturkundler«) versteht man eine Schrift aus dem 2./3. Jahrhundert, in der antike naturwissenschaftliche Kenntnisse mit christlicher Exegese verbunden werden. Das Kapitel des Adlers knüpft zunächst an das Psalmwort 103,5 an: »Dem Adler gleich erneut sich deine Jugend«, dann bringt er die Beobachtung des wassertrinkenden und zur Höhe fliegenden Vogels und zieht daraus die Lehre für den Christen, daß auch er durch die Taufe und das Ausziehen des alten Gewandes auferstehen kann. Als König der Vögel steigt der Adler ganz hoch hinauf zum Strahlenkranz der Sonne, verbrennt seine alten Fittiche, taucht in eine Quelle reinen Wassers und wird wieder jung. Der Adler wird zum Bild des Heils, in dem die ganze Weite des Christusgeschehens sichtbar wird: Leiden, Tod und Wiederauferstehung.

Adler und Schlange finden sich immer wieder als Doppelsymbole; sie sind die Repräsentanten zweier verschiedener Reiche, die einander polar gegenüberstehen. Darstellungen der beiden Tiere aus dem alten, vorislamischen Südarabien können als »Illustration einer Mythe vom Kampf zwischen Sonne und Mond« interpretiert werden[321]. Nach christlicher Vorstellung steht der satanischen Schlange der Adler als Symbol Christi gegenüber. Der Kampf zwischen dem Untier und dem göttlichen Vogel, zwischen dem Guten und dem Bösen, gehört zu dem uralten Sagengut der Menschheit. Homer schildert in seiner Ilias, wie eines Tages während der Belagerung Trojas ein Adler langsam durch die Lüfte schwebte, eine blutende Schlange in seinen »Händen« haltend. Der weissagende Priester deutete diese Erscheinung als Omen für den Sieg der Griechen über die Trojaner.

In der indischen Mythologie spielt der Vogel Garuda eine große Rolle; er wird mit mächtigen Schwingen, menschlichen Armen, Geierbeinen und einer schnabelähnlichen Nase dargestellt. Er ist »Schlangentöter« (*nagantaka*), der gegen das Gift der abgründigen Mächte gefeit ist. Erbarmungslos verfolgt er die Schlange. Auf seinen Schultern trägt der Vogel den Gott Vishnu, der in seiner erhobenen Hand die Sonnenscheibe hält, das feurige Rad, das der Gott gegen seine Widersacher schleudert. Nach einer melanesischen Sage krochen zu gleicher Zeit aus je einem Ei eine Schlange und ein Seeadler hervor. Die Schlange aß ihre Beute immer allein, worauf sie von dem Adler in viele Stücke zerhackt wurde. Bei den in Bolivien lebenden Yurakare ist es ein Storch, der auf Befehl Tiris, des Herrn der Natur, eine Schlange ergreift und tötet, nachdem diese alle aus der Erdhöhle hervorkommenden Menschen aufgefressen hat[322].

An Stelle der himmlischen Vögel tritt in vielen Mythen der Sonnengott, der gegen das Prinzip des Bösen und dessen irdische Verkörperungen kämpft, so in Babylonien Marduk oder im Christentum der Heiland, *Sol invictus* genannt, die unbesiegbare Sonne. Nach anderen Überlieferungen wird Gott durch einen Engel oder Heros vertreten. Der große Drachentöter ist Michael, als Engel mit Flügeln dargestellt wie z.B. auf einem Kupferstich von Martin Schongauer, Hl. Michael (s. Abb. S. 186). Beim Michaelsbrunnen zu Wien (in der Nähe der Hofburg) ist der Streiter Gottes zwar ohne Flügel, aber ein Adler ist sein treuer Begleiter; zornig wendet sich der Vogel den Verdammten zu, die vor Michaels erhobener Rechten in den Abgrund stürzen; eine von unten sich am Felsen aufreckende Schlange kann den Vollstreckern des göttlichen Willens keinen Schaden zufügen. Auf einem romanischen Bildteppich (Dom zu Halberstadt) steht der Drache zum Zeichen seiner Ohnmacht auf dem Kopf.

Daß Drachen und Schlangen Sinnbilder des Bösen sind, ist ja auch unserem Jahrhundert noch bewußt. Die Schlange liebt das Gestrüpp und undurchdringliches Dickicht oder das Geröll einer unfruchtbaren Steinhalde; nach griechischer Überlieferung hat sie so viele Ringe wie der Mond Tage hat. Wie der Mond auf seinem Weg Stück um Stück verliert und sich wieder erneuert (in den Mondphasen), so häutet sich die Schlange. Der Mond ist das weibliche Gestirn, was in vielen Sprachen zum Ausdruck kommt. Dem griechischen Sonnengott Helios steht die weibliche Mondgöttin Selene gegenüber, entsprechend bei den Römern Sol und Luna. Der Engländer spricht vom Mond »she«, von der Sonne »he«. In China entspricht die Sonne dem männlichen Prinzip Yang, der Mond dem weiblichen Prinzip Yin. In Polynesien ist Maui der Sonnengott, seine Gattin ist die Mondfrau Hina. Unter diesem Gesichtspunkt ist die Schlange als Mondtier der weiblichen Seinshälfte zugeordnet.

Bei vielen weiblichen Gottheiten findet sich die Schlange als Attribut, so bei Hera und bei der in Syrien verehrten Atargatis. Die Paradiesesschlange wandte sich zuerst an Eva; ja, verschiedene Künstler des fünfzehnten und sechzehnten Jahrhunderts gaben der verführerischen Schlange einen weiblichen Kopf – ein sehr schönes Beispiel bietet Raffaels »Sündenfall«, eine Deckenmalerei der Stanza della Segnatura im Vatikan. In einigen mitteleuropäischen Gegenden war früher der Aberglaube verbreitet, daß die ausgerissenen Haare einer Frau, die unter dem Einfluß des Mondes steht, in Schlangen verwandelt werden, wenn man sie vergräbt. Der fürchterlichen Gorgo und den Erinyen – das sind in der Unterwelt hausende Dämoninnen – schrieb man Schlangenhaare zu. Recht aufschlußreich ist die tiefenpsychologische Betrachtungsweise von Erich Neumann, der in der Angst vor dem Drachen die elementare Angst des Männlichen vor dem Weiblichen erblickt. Der Held ist Vertreter der Sonne, des Lichtes; er muß in eine Höhle, in eine Bergschlucht oder in das Waldesdunkel, um das Ungeheuer zu bekämpfen. »Das Verschlucktwerden des Helden vom Nacht-Meer-Unterwelt-Drachen entspricht dem Nachtweg der Sonne, den sie siegreich und nachtüberwindend besteht«[323].

Den Tieren der Nacht stehen die des Lichtes gegenüber: der Adler, der Falke, der Phönix. Es sind Sonnentiere, Vertreter der männlichen Seinskräfte. Wie Tag und Nacht einander ablösen, wie Licht und Finsternis einander bekämpfen, so weisen Adler und Schlange auf die beiden Seinspole. Mit dem Verstehen dieser Symbolik eröffnet sich uns eine großartige Weltschau. Adler und Schlange sind letztlich Sinnbilder der polaren Weltordnung: Himmel und Erde, das Oben und das Unten, Sonne und Mond, Tag und Nacht, Mann und Frau, Verstand und Gefühl, Geist und Seele. Daß diese Gegenüberstellung in keinem Falle ein Werturteil ist, braucht

wohl nicht besonders betont zu werden. Letztlich ist keiner dieser Pole ohne den anderen denkbar. Selbst im Sieg des einen über den anderen zeigt sich noch ihre gegenseitige Abhängigkeit. Als Beispiel diene die Gründungssage der Stadt Tyrus, an deren Stelle einst ein schwimmendes Eiland gewesen sein soll. Dort wuchs ein der Athene geweihter Ölbaum, auf dessen Wipfel ein Adler saß. Funken sprühten vom Baum, nach anderer Übersetzung war er in Flammen gehüllt, doch ohne zu verbrennen. Um den Stamm war eine Schlange geringelt, Auge und Ohr unverwandt auf den Adler gerichtet. Als Menschen mit Schilfbooten auf der Insel landeten und sich niederlassen wollten, bot sich der Adler freiwillig als Opfer an; sobald sein Blut den Boden tränkte, ließ der Meeresgott Poseidon die hin- und hertreibende Insel stillstehen[324]. Der von der Schlange umwundene Baum ist ein Bild der Weltachse, die sich drehende Insel weist auf das rotierende Weltall, das erst durch das Opfer der durch die Sonne (im Bild des Adlers) verkörperten Kräfte den Menschen zur Heimat werden kann.

Da jeder Pol den anderen im Keim mitenthält, ist jedes seiner Symbole ambivalent. So verstehen wir, daß der im Alten Testament unter den unreinen Tieren aufgezählte Adler bei den Kirchenvätern zum Sinnbild Christi werden konnte und daß es neben der Todesschlange (z.B. im Garten Eden) auch die Lebensschlange gibt. Für den ganzen mediterran-orientalischen Raum läßt sich eine phallische Bedeutung nachweisen, so etwa in der Hand der kanaanäischen Liebesgöttin Kadesch. Im indischen Staat Mysore soll durch steinerne Schlangen die weibliche Fruchtbarkeit angeregt werden; in anderen Gegenden beten Frauen, die sich ein Kind wünschen, zu einer Kobra. Alter europäischer Volksglaube ist es, daß den Frauen eine Schlange in den Mund kriecht, bevor sie schwanger werden. Eine besondere Rolle spielte die Schlange im Kult des aus dem thrakisch-phrygischen Raum stammenden Gottes Sabazios, der in hellenistischer Zeit mit verschiedenen anderen Gottheiten verschmolz und auf Grund seiner Namensähnlichkeit auch mit dem jüdischen Zebaoth (Jahwe Zebaoth = Gott der Heerscharen) vermengt wurde. Die Schlange galt als Verkörperung des Sabazios. In des Gottes Mysterien wurde eine Schlange in den Busen des Eingeweihten eingelassen und durch den Schoß wieder herausgezogen. »Offensichtlich soll die Vereinigung des Gottes mit dem Mysten in dieser als Geschlechtsakt angedeuteten Handlung dargestellt werden«[325].

Aus dem Alten Testament wissen wir, daß noch zur Zeit des Königs Hiskia (Ezekia) eine eherne Schlange angebetet wurde (2. König 18,4); angeblich war es die gleiche, die Moses in der Wüste angefertigt hatte. Doch gerade hier ist auf die Doppelwertigkeit der Schlange hinzuweisen. Weil die Israeliten unbotmäßig waren, mit Gott haderten, schickte dieser zur Strafe Feuerschlangen (hebräisch *saraph*, »brennen«), »sie bissen das Volk, und viele aus Israel starben«. Auf Fürbitte des Moses befahl nun Gott, eine eherne (erzene) Schlange anzufertigen und sie auf einer hohen Stange zu errichten[326]. »Jeder, der gebissen ist, soll dann zu ihr aufblicken; er wird am Leben bleiben« (4. Moses 21,6-8). Die Schlange kann also Leben und Tod bringen, und so ist es nur zu verständlich, daß zur Zeit König Hiskias die eherne Schlange unter dem Namen Nehuschtan (die Erzene) zum Götzenbild wurde, vor dem man Räuchergaben darbrachte.

Wenn auch nicht der bloße Aufblick zur Schlange, sondern der damit verbundene Glaube an Gott zum Heile führt, so taucht doch das Bild noch einmal im Neuen Testament an wichtiger Stelle auf: »Wie Moses in der Wüste die Schlange erhöht hat, so muß auch der Menschensohn erhöht werden, damit jeder, der an ihn glaubt, in ihm das ewige Leben habe« (Johannes 3,14.15). Damit ist die eherne Schlange am aufgerichteten Stab ein Typus für den Kreuzestod des Heilandes und die damit verbundene Erlösung. Beim Kirchenvater

Seit dem 5. vorchristlichen Jahrhundert setzte sich von Thessalien ausgehend in allen griechischen Kulturgebieten die Verehrung des Asklepios durch. Vielleicht lebte in ihm ein alter Heilgott weiter, der ursprünglich als Schlange gedacht wurde. Berühmt war das Asklepieion zu Epidauros als sein Heiligtum, wo der Gott zwar in menschlicher Gestalt dargestellt wurde, die Verehrung sich aber doch auf die ihm heiligen Schlangen erstreckte. Bei der Gründung neuer Asklepios-Heiligtümer wurde die Schlange als Inkarnation des Gottes in feierlichem Zuge mitgeführt. Zur Einweihung des römischen Aesculapius-Tempels auf einer Tiberinsel im Jahre 291 v.Chr. brachte eine eigens dafür aufgebotene Gesandtschaft die heilige Schlange von Epidauros nach Rom. Früheste Darstellungen des Asklepios stammen aus dem vierten vorchristlichen Jahrhundert und zeigen ihn als älteren, bärtigen Mann, der sich auf einen von einer Schlange umwundenen Stab stützt. Es ist nicht allzu schwer, hinter dem Motiv des Stabes (Zweiges) mit der Schlange den Lebensbaum in einem umfassenden Sinne zu erkennen. Der Äskulapstab (nach der lateinischen Namensform) ist noch heute das Symbol des Arztberufes. Wenn der Heilgott in römischer Zeit oft in jugendlicher Gestalt erscheint, dann mag das der Ausdruck dafür sein, daß er die Krankheiten heilt und das Alter hinausschiebt (s. Abb. S. 189). Nach indischer Glaubensvorstellung sind Schlange und Vogel nur solange Widersacher, als beide außerhalb Gottes stehen. In Wirklichkeit sind sie zwei Grundmanifestationen der einen göttlichen Substanz, die zwar polar einander gegenüberstehen, aber in der allumfassenden Einheit Gottes versöhnt sind. Vishnu sitzt nicht nur auf Garuda, genau so oft sieht man ihn auf den Windungen der Riesenschlange Ananta (das heißt »die Endlose«) thronen. Die Eingeborenen des Aitape-Distrikts auf Neuguinea verehren den Sonnengott Wunekau als Schöpfer aller Dinge; dieses himmlische Wesen kann den Menschen als Vogel (besonders Adler,

Ambrosius findet sich regelrecht die Gleichsetzung der ehernen Schlange mit Christus. Diese Gleichsetzung wurde noch dadurch gestützt, daß das hebräische Wort für Schlange (*nachasch*) den gleichen Zahlenwert besitzt wie das Wort für Messias (*Maschiach*). Der spätantiken religiösen Bewegung der Gnosis, in der jüdisch-christliche, hellenistische und iranische Lehren ihren Niederschlag fanden, gehörten verschiedene Sekten an, die unter dem Namen Ophiten zusammengefaßt wurden und die die Gottheit im Bilde der Schlange (griechisch *ophis*) erblickten. Die Naasener verehrten nichts anderes als Naas (*nachasch*), die Schlange des Sündenfalls, weil sie den Menschen die Erkenntnis (*gnosis*) brachte, die ihnen der Schöpfer vorenthalten wollte[327].

Kasuar oder roter Papagei) oder als Riesenschlange erscheinen. In Nietzsches »Also sprach Zarathustra« sind das stolzeste und das schlaueste unter den Tieren, nämlich Adler und Schlange, die Begleiter des weisen Einsiedlers, sie verkörpern die Tugenden von Nietzsches erstem Übermenschen. Mit dem Wiederzusammenfallen der beiden Pole eröffnet sich ein neues Zeitalter.

Der griechische Feldherr Themistokles, der durch seinen Sieg über die persische Flotte zum Retter Athens wurde, träumte, daß eine Schlange sich um seinen Leib wände, dann nach dem Halse hinaufkröche und, wie sie das Gesicht berührte, sich in einen Adler verwandelte, der ihn mit den Fittichen umfaßte, ihn emporhob, eine weite Strecke forttrug und endlich auf einen plötzlich erscheinenden Heroldstab so sicher hinstellte, daß er auf einmal von einer großen Furcht und Angst befreit wurde. Die Verwandlung der den menschlichen Leib umwindenden und bis zum Hals hinaufkriechenden Schlange in einen Adler ist die im Traum vollzogene Sublimierung, ist Sinnbild für das Aufsteigen in eine höhere Seinsebene. Schlange und Adler sind die Urbilder für Erde und Himmel oder unter einem anderen Blickwinkel für das an die Materie gebundene Leben (*bios*) und das der Sphäre des Geistigen verhaftete Wort (*logos*). Beide sind einander entgegengesetzt, und oft scheint es, als sollten sie für alle Zeit auseinandergerissen bleiben. Ja, nur zu oft schon wurde die Singularität des Seins künstlich gespalten, indem man die beiden Pole verabsolutierte. Tag und Nacht, Leben und Tod, das Gute und das Böse wurden als eigene Seinsprinzipien einander konfrontiert.

Aber in Gott heben sich beide Pole auf, in ihm sind Adler und Schlange wieder ausgesöhnt. Wie heißt es doch bei Jesaias (11,6)? Im Reich Gottes »wird der Wolf bei dem Lamm zu Gast sein und der Parder bei dem Böcklein lagern«. Die Feindschaft zwischen dem Raubtier und Weidetier, zwischen Vogel und Reptil, kann nur auf irdischer Ebene, in Raum und Zeit, ausgetragen werden. Das Reich Gottes wird alle Wesen umfassen, die nach dem Willen des Schöpfers ins Leben gerufen wurden. Im Hinduismus gilt Vishnu als das Absolute, das sich in polare Manifestationen differenziert, wodurch der Rhythmus des Kosmos ermöglicht wird. Die göttliche Wesenheit Vishnus ist allenthaltend, sein Reich dehnt sich von den irdischen Steinen bis zu den himmlischen Sternen aus, und während er auf der Schlange Ananta ruht und durch sie mit dem Reich des Wassers und der Tiefe verbunden ist, läßt er sich zugleich von dem Wundervogel Garuda in die Höhe emportragen. Der mexikanische Gott Quetzalcoatl vereinigt schon in seinem Namen den heiligen Vogel (*quetzal*) mit der Schlange (*coatl*). Der Name der aztekischen Hauptstadt Tenochtitlan soll nach einer Legende die Bedeutung haben »Ort, wo der Nopalkaktus (*nochtli*) auf dem Stein (*tetl*) wächst«. So sind hier die organische und die anorganische Seinsform miteinander verknüpft. Über die Gründung der Stadt berichtet nun die Legende, daß zwei aztekische Priester auf diesen Stein mit dem Nopalkaktus stießen, auf dem ein Adler saß, der eine Schlange fraß. Dies wurde als Zeichen des Stammesgottes Huitzilopochtli aufgefaßt, hier eine Kultstätte als Mittelpunkt der zukünftigen Stadt zu errichten. Das Zeichen Adler-Schlange-Stein-Kaktus wurde zum Wappen der Stadt und des Landes Mexiko[328].

Über der Zeit und dem Raume steht das Göttliche, das an keine Gestalten gebunden ist beziehungsweise alle Gestalten anzunehmen vermag. So kann der ägyptische Urgott Amun als Wildgans (»der große Schnatterer«) wie auch als Schlange erscheinen. Odins Beinamen Arnhofdi und Svafnir weisen auf Adler und Schlange. Die Edda erzählt, wie Odin sich den wunderbaren Trank erlistete, der dichterische und seherische Eingebung vermittelt: In Gestalt einer Schlange (oder eines Wurmes) kroch er in den Berg, trank dort den dem Riesen Suttung gehörenden Met und flog als Adler davon. Die

Ngadju Dajak auf Borneo erblickten in Himmel und Erde das Götterpaar Mahatara und Putir; in den Mythen treten die beiden als Nashornvogel (Himmelsmann) und Wasserschlange (Erdfrau) auf. Obwohl sie öfters streiten, bilden sie eine Einheit. Diese männlich-weibliche Gottheit ist zugleich der Weltenbaum. Die Dajak bestatten ihre toten Männer im Nashornvogelsarg, die verstorbenen Frauen im Wasserschlangensarg; »beide kehren zurück in den Weltbaum, von dem die Kinder fallen«[329]. So zeigt die Mythe der Dajak eine echte *coincidentia oppositorum*, ein Zusammenfallen der Gegensätze; die polar gekennzeichneten Särge entstammen ein und demselben Baum, der göttlichen Achse, um die sich alles dreht, aus der alles kommt und in die alles wieder einmündet.

Über der ins Dasein und Sosein entlassenen Welt steht ihr Schöpfer, in dem alle Gegensätze koinzidieren. Gott ist unsterblich und stirbt in Christus, um die Menschheit dem Rachen des Todes zu entreißen. Im Wesen Christi durchdringen sich die Mächte des Oben und des Unten. In der Nacht geboren, bringt er das Licht des Tages; in der irdischen Hülle west der göttliche Kern; er ist Opferer und Geopferter in einem; vor seiner Himmelfahrt ist der Gottessohn »abgestiegen in die Hölle«. Von ihm heißt es: »Wie Moses die Schlange erhöhte in der Wüste, so muß der Menschensohn erhöht werden, damit jeder, der an ihn glaubt, in ihm das ewige Leben habe«. Aber der Gottessohn ist mehr als nur die Schlange, er hat – wie der heilige Ambrosius so schön schreibt – dem Adler gleich »vom hohen Kreuzesstamme aus mit erschütterndem Ruf in gewaltigem Flug die Hölle erstürmt und ist mit den Heiligen als Beute zum Himmel zurückgekehrt«. Das Reich Christi umspannt die ganze Welt. Er selbst ist das Alpha und das Omega und die zeitlose Mitte, in der das Wesen von Schlange und Adler und ihre außerhalb Gottes wirkende Zwietracht aufgehoben sind.

Der Mensch auf der Weltbühne

Die Erkenntnis der Einheit alles Seienden, die ihren letzten Grund in der Einzigartigkeit des absoluten Seins hat, darf nicht zu einer Leugnung substantieller Unterschiede führen. Geist und Körper haben ihre Daseinsberechtigung; Tag und Nacht ergänzen sich wie Mann und Frau. Die ganze Welt ist eine Setzung des göttlichen Willens. Als Geschöpf Gottes ist der Mensch in das Spannungsfeld der Schöpfung eingebaut; er lebt zwischen Himmel und Erde, zwischen Tag und Nacht; ja in gewisser Hinsicht gleicht er der Schlange, die im Staube kriecht, und dem Adler, der in die Höhe fliegt. Hin- und hergezerrt wird der Mensch zwischen den Polen des Seins, deren mythische Wächter Michael und Luzifer sind; beide aber wurzeln in Gott, der raum- und zeitlosen Mitte.

Die Auflösung der Gemeinschaft mit Gott, den Verlust des Paradieses hat sich der Mensch durch seinen Sündenfall selbst zugezogen. Jetzt erst taucht für ihn die Polarität auf; er weiß um gut und böse. Jetzt erst erkennen sich Adam und Eva in ihrem Geschlecht, als Mann und Frau; und als Folge ihres Fehltritts kommt jetzt erst der Tod in die Welt. Sünde bedeutet ja nichts anderes als sich von Gott entfernen; wer sich aber von der göttlichen Einheit entfernt, geht im Widerstreit der Gegensätze zugrunde. Das Ergreifen und Essen der verbotenen Frucht vom Baum der Erkenntnis steht bildlich für eine Handlung des Menschen über die ihm gesetzte Grenze hinaus. Der Mensch will mehr sein als was er ist, und so fällt er auf die Schlange herein, wenn sie ihm verspricht: »... und ihr werdet sein wie Gott, wissend Gutes und Böses« (1. Moses 3,5). Von tiefenpsychologischer Seite weist Christa Meves zu Recht darauf hin, daß letztlich in jedem Menschen etwas vom Mehr-sein-Wollen steckt, die Versuchung zu Renegatentum und Machtergreifung, wie es nicht nur im Leben der Völker, sondern auch im kindlichen Werdeprozeß immer wieder zu beobachten ist[330]. Bevor Adam und Eva von den verbotenen Früchten aßen, wußten sie noch nichts von der Zerrissenheit irdischen Seins, sie wurden noch nicht »wie Wasser von Klippe zu Klippe geworfen«. Die Erkenntnis dessen, was gut und böse ist, hat die Menschen nicht glücklicher gemacht.

Sicher ist der Sündenfall der ersten Menschen nicht allein mit dem Erwachen der Sexualität verbunden, spielt doch das Übertreten des göttlichen Gebots die primäre Rolle. Aber leugnen kann man den sexuellen Hintergrund nicht. Das Essen der Frucht als Symbol der Liebe, der Zeugung und des daraus entstehenden Lebens ist aus vielen Überlieferungen bekannt; diese Bedeutung wird noch durch den phallischen Aspekt der Schlange verstärkt, die sich ja bezeichnenderweise zuerst der Eva zugewandt hat. In einem der biblischen Geschichte verblüffend ähnlichen Mythos der Pangwe, einem Volksstamm der Bantu, überredet die Schlange den Mann, die von Gott verbotene Frucht zu essen; auffallend ist, daß das Wort für die Frucht identisch ist mit der Bezeichnung für das weibliche Genitale. Erst durch den Sündenfall sind die Geschlechtsorgane »tabu« geworden, heilig und unrein zugleich[331]. Aus der neu gewonnenen Erkenntnis heraus hefteten sich die Menschen, nachdem ihnen »die Augen aufgegangen waren«, Feigenlaub zusammen und bedeckten ihre Blöße. Das Ahnen, Fühlen und Wissen um die metaphysische Wurzel des Sexus hebt den Menschen über das Tier hinaus. Und mag der einzelne beim heutigentags ja nur zu oft legalisierten Mißbrauch der naturgegebenen Sexualität auch seine Würde verlieren, seine eigene Intimsphäre wird doch immer ein Mysterienort des Kosmos sein.

Mit dem Sündenfall beginnt die eigentliche Geschichte des Menschen; mit der Vertreibung aus dem Paradies wird er in Zeit und Raum hineingestellt, betritt er die Bühne der Welt. Das große Drama beginnt! Unabhängig von den wissenschaftlichen Erkenntnissen über die Evolution erscheinen Adam und Eva als Prototypen, als Symbolfiguren, in denen eines jeden Menschen Schicksal vorgezeichnet ist: Verführung und Sündenfall, das Erkennen von Gut und Böse, Schuld und Sühne. Das Leben der Urmenschen ist die symbolische Vorwegnahme des »großen Welttheaters«, wie es der spanische Dichter Calderon de la Barca konzipiert hat: Auf den Brettern der Welt spielen die Kreaturen unter den Augen des Schöpfers ihre Rolle; erst am Ende des Spiels offenbart sich Gott als Richter, der den Menschen die Wege ins Überleben weist.

Die Einheit menschlichen Seins entfaltet sich in der Zweiheit der Geschlechter. Seit je wurde die männlich-weibliche Beziehung durch Antithesen gekennzeichnet. Soweit in sachlicher Form der These (Mann) eben die Antithese (Frau) gegenübergesetzt wurde, ist nichts dagegen einzuwenden. Vollkommen verfehlt sind jedoch die dabei häufig geäußerten Werturteile, die niemals eine wahre Synthese zustande kommen lassen und ganze Völker in Sackgassen führen, gleich ob es sich – um nur zwei Extreme herauszugreifen – um kleinasiatische Amazonen oder um arabische Sklavenhalter handelt. Bezeichnenderweise führen Verabsolutierungen des eigenen Geschlechts zur Verminderung von dessen Merkmalen. Die Amazonen verlieren das echt Frauliche in Lebensweise und Gemüt, und die orientalischen Sklavenhalter werden zu verweichlichten Haremsbesitzern, von Eunuchen umgeben. Wichtig ist die aus der Geistes- und Kulturgeschichte gewonnene Erkenntnis, daß die Auffassung und Wertung des anderen Geschlechtes großenteils dem Gesetz des Perspektivismus unterliegt. So hat in patriarchalen Kulturen der Mann in der Gleichsetzung von männlichem und menschlichem Sein (das lateinische *homo* und das englische *man* bedeuten sowohl »Mann« als auch »Mensch«) die Frau als etwas Andersartiges und oft auch als etwas Minderes erlebt.

Sicher läßt sich in vielen Mythen und auch in der biblischen Schöpfungsgeschichte ein solcher Perspektivismus nachweisen. Wer aber glaubt, alle Unterschiede aufheben zu können und wer in der zweifellos vorgegebenen geschlechtsspezifischen »Rolle« nur ein durch die Gesellschaft aufgedrängtes Klischee erblickt, der verschließt vor den elementarsten Gegebenheiten unseres Seins die Augen. Der bis in die Urzeit zurückreichenden Schicksalsverbundenheit zwischen Frau und Pflanze entspricht die zwischen Mann und Tier. Der Mann widmet sich der Jagd (Jäger und Fischer) und auf einer höheren Kulturstufe der Viehzucht (nomadisierendes Hirtentum), die Frau sammelt Wildpflanzen (Kulturstufe der Sammler) und widmet sich später dem Bodenbau (Seßhaftigkeit). Auf der männlichen Seite besteht zwischen Töten und Zeugen ein so enger Zusammenhang, daß der Zeugungsvorgang selbst verschiedentlich als Tötung erscheint; dagegen ist das Erleiden als Getöteter oder Geraubtwerden weibliches Schicksal[332]. Und auch unser Zeitalter der Emanzipation kann nichts daran ändern, daß das Wesen des Mannes mehr zentrifugal, das der Frau mehr zentripetal ist. Dementsprechend sind die Symbole des Mannes durch all die Jahrtausende Werkzeuge und Waffen, mit denen er die Welt gestaltet (leider nicht immer zum Guten); die Sinnbilder der Frau deuten auf eine bewahrende, behütende Aufgabe. Die männlichen Symbole – wie Pflug, Hammer, Beil, Schwert und in moderner Zeit das Motorrad – deuten das Bewegliche, Eindringende an; die weiblichen Symbole das Bergende und Empfangende – so Gürtel, Gefäß, Schiff und Haus.

Gefäß, Haus und Grab gehören zur mütterlichen Symbolik der Hohlräume[333]. In Altägypten war »Haus« zugleich ein Bild für den Mutterschoß; der Name der Göttin Hathor bedeutet »Haus des Horus«; und die Himmelsgöttin Nut galt als in Dunkel gehüllter Sarg, aus dem der Tote – gleich dem Sonnengott Re – zu neuem Leben erwacht. Als Kennzeichen trägt Nut ein kleines kugeliges Gefäß auf dem Haupt. Hesiod erzählt in seiner Theogonie, wie aus der Büchse der Pandora Übel und Leiden auf die Erde kamen. Der zauberhafte Kessel, aus dem Medea einen in Stücke geschnittenen Widder verjüngt hervorgehen ließ, steht in einem Bedeutungszusammenhang mit dem Taufbecken, das mit dem Wasser des Lebens gefüllt als »Schoß der Kirche« (*venter Ecclesiae*) den Gläubigen in ein neues Leben eingehen läßt. Im Hohenlied (7,2) heißt es von der himmlischen Braut: »Dein Schoß ist ein wohlgerundeter Becher«, und Hildegard von Bingen nennt das Weib schlicht *vas viri*, Gefäß des Mannes. Die Jungfrau Maria ist das ehrenvolle Gefäß (*vas honorabile*), in dem die göttliche Frucht heranreift.

In polytheistischen Religionen sind selbst die Gottheiten in der Regel in das Polaritätsschema eingespannt und haben dementsprechend geschlechtsspezifische Attribute. Spindel und Webstuhl finden sich nur bei Göttinnen, während der Blitz als typisch männliches Symbol nur den Göttern zusteht. In der Antike galt der Blitz als himmlisches Feuer, als zeugendes und zerstörendes Urprinzip. Die Entstehung der kostbaren Perle dachte man sich durch das Eindringen des Blitzes in die Meermuschel. Klemens von Alexandrien vergleicht Christus mit einer wunderbaren Perle, die »die Jungfrau aus dem göttlichen Blitz geboren hat«[334]. In dem nach oben züngelnden Feuer und in der feinstofflichen, unsichtbaren Luft erblickte man männliche Elemente, in Erde und Wasser die weiblichen. Alle Phänomene, Formen und Veränderungen im Weltall wurden unter dem Gesichtspunkt des Polaren betrachtet und damit dem Männlichen oder dem Weiblichen zugeordnet, wie bereits das grammatische Geschlecht erkennen läßt, wenn dieses in den einzelnen Sprachen auch nicht immer mit dem biologischen übereinstimmt. Dabei ist zu bedenken, daß man jede Erscheinung wiederum von zwei Seiten aus betrachten kann, genau so wie jedes Symbol doppelwertig ist. So kann die männliche Flamme unter dem Aspekt des Wärmens und des Nährens auch weiblich interpretiert werden. Dementsprechend gibt es bei Griechen und Römern zwei Arten von Gottheiten: den Gott des Waffen und Werkzeuge herstellenden Schmiedefeuers (Hephaistos, Vulcanus) und die Göttin des das Leben sichernden Herdfeuers (Hestia, Vesta).

Daß es Männliches und Weibliches gibt, liegt nicht in Mann und Frau, sondern ist in der Schöpfung begründet. Nichts Seiendes, Relatives wurzelt in sich selbst, sondern weist auf das absolute Sein. Bevor die beiden Geschlechter physisch existierten, muß es sie als transzendente Prinzipien schon gegeben haben. Bevor Gott die Urmenschen erschuf, trug er ihr Bild in sich. Man kann daher – wie Julius Evola es tat – von einer Metaphysik des Sexus sprechen. Schon die griechische Philosophie hat in Mann und Frau die Widerspiegelung zweier kosmischer Grundprinzipien gesehen. Für Aristoteles war das Männliche das Aktive, Formgebende, die zur Entwicklung bestimmte Kraft; das Weibliche war für ihn das Passive, die stoffliche instrumentale Kraft, die der Form bedarf. Die weibliche Urkraft ist zwar »Mutterboden«, aber noch nicht Materie in unserem heutigen (materiellen) Sinne. Die zwei Grundrichtungen im All lassen sich symbolisch durch die Horizontale und die Vertikale ausdrücken; sie entsprechen den aristotelischen Kategorien des Liegens und des Stehens, die wiederum durch Wasser und Feuer, durch die empfangende Erde und den segnenden Himmel, durch das hingebungsbereite Weib und den zeugenden Mann repräsentiert werden[335]. In der chinesischen Philosophie werden die beiden Seinsprinzipien mit *yin* und *yang* bezeichnet; durch ihr Wechselspiel und ihre Interaktion entsteht das ganze Universum. Dem dunklen, kalten, weichen, passiven, empfangenden *yin* steht das lichte, warme, harte, aktive, schöpferische *yang* gegenüber.

Im Mittelpunkt indischer Lehren (so auch des Tantrismus) steht die Anschauung, daß die Wirklichkeit ein unteilbares Ganzes ist. Zweck des tantrischen Rituals ist, die Wirklichkeit unmittelbar zu erkennen; dazu gehört auch, daß das Individuum

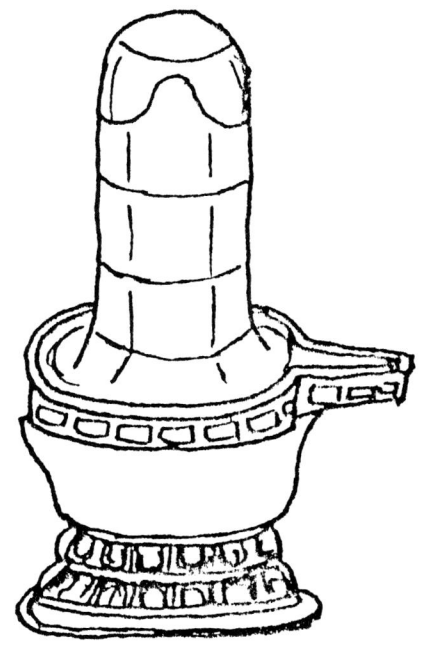

seiner Integration in den Kosmos gewahr wird. Die zwei Aspekte des Einen können als Shiva und Shakti erscheinen; beide bilden die erste Selbstenthüllung der Wirklichkeit. Shiva ist das transzendente Absolute, das Ewige; seine Gemahlin (Sanskrit *shakti* bedeutet »Kraft, Energie«) entspricht der Dynamik der Zeit. Beide zusammen verkörpern die Totalität von Sein und Werden; aus ihrer Vereinigung entspringt die Welt. Die zwei Seinspole werden bildlich als Linga und Yoni wiedergegeben. Der Linga kann mit dem Licht- und Blitzstrahl gleichgesetzt werden, der die mütterliche Erde befruchtet. Das Symbol der männlichen Schöpferkraft, auch als Weltachse gedacht, wird als phallische Säule im Inneren der Shiva-Tempel aufgestellt; mit dem weiblichen »Schoß« (*yoni*) in Gestalt einer Schale oder Lotosblüte vereinigt, stellen beide die zwei polaren Weltaspekte dar. Indische Tempelplastiken dürfen nicht darüber hinwegtäuschen, daß der zur Darstellung gekommene erotische Symbolismus auf ein Letztes, Höchstes hindeutet, nämlich auf die Erkenntnis und damit auf die Überwindung des göttlichen Spiels (*lila*) in der Erscheinungswelt. Diesem Zweck dient auch die im Tantrismus vollzogene körperliche Zusammenführung und Vereinigung von Mann und Frau, »die sich durch rituelle Reinigung und Meditation als göttliche Formen von Shiva und Shakti verstehen«[336].

Das Urbild einer jeden Ehe ist die Vereinigung von Himmel und Erde, und in jedem Du begegnet das Ich dem Göttlichen. Immer wenn zwei in reiner Liebe sich still ineinander versenken,

dann müssen beide Welten sich verschränken,
dann wird die Tiefe der Natur entsiegelt,
und aus dem Schöpfungsborn, im Ich entriegelt,
springt eine Welle, die die Sterne lenken.

»Das Heiligste«, Friedrich Hebbel

Jede wahre Liebe reicht in die Tiefe der Natur und bis zu den Sternen hinauf. In diesem Allumfassenden, Sich-selbst-Übersteigenden liegt das Rätselhafte, das Mysterium, das Sakrament. Für alles Geschlechtliche gilt das Wort von Novalis: »Das Äußere ist ein in Geheimniszustand erhobenes Innere«. Sperma und Menstrualblut sind mit Mana geladen; sie sind nicht um ihrer selbst willen da, sondern sind als heilige Dinge (*res sacrae*) in die beiden Seinsprinzipien eingebunden; durch sie wird der Pulsschlag des menschlichen und in einem weiteren Sinne auch des kosmischen Lebens ermöglicht. In verschiedenen Initiationen erscheinen Weiß und Rot als Symbolfarben für das Männliche (*semen*, Samen) und das Weibliche (*menstruum*, Monatsblutung); auch hier erkennt man wieder eine sich aus der Ambivalenz ergebende Umkehrung der Symbole, da sonst das Rot in Anknüpfung an die Sonne meist masculin, das Weiß als lunare Farbe feminin interpretiert wird. Bemerkenswert ist, daß in der Antike (u.a. bei Demokrit und in der Stoa) das Sperma mit dem lebenerweckenden Geisthauch (*pneuma*) assoziiert wurde; nach Aristoteles ist die Zeugungskraft des Samens ein Pneuma, dessen Natur dem gleichen Element entspricht, aus dem die Gestirne bestehen.

Daß die Botschaft der Symbole auch mißverstanden werden kann, zeigt sich in gewissen gnostischen Spekulationen (bei den Phibioniten); in ihren kultischen Orgien wurde das Sperma gleichsam als eucharistisches Brot und das Menstrualblut als eucharistischer Wein in einem gemeinsamen Liebesmahl eingenommen. So verabscheuungswürdig uns dieser kultische Brauch vorkommen mag, so dürfen wir doch nicht außer acht lassen, daß auch hierbei eine menschliche Sehnsucht nach Überwindung irdischer Unvollkommenheit zugrundelag. Gerade im Hinblick auf ähnliche symbolhaltige Vorstellungen und Praktiken bei Naturvölkern (z.B. auf Neuguinea) können wir uns Karl Frick anschließen, wenn er von »in die archaischen Tiefen der Menschwerdung zurückreichende(n) Verhaltensweisen des *homo sapiens* spricht[337]. Die Bedeutung des Samens zeigt sich in einer altiranischen Überlieferung. Danach wurde der Urmensch Gayomard getötet (geopfert); sein Samen fällt auf die (mütterliche) Erde, die dadurch befruchtet wird und (zunächst in Gestalt einer Pflanze) den ersten Mann und die erste Frau hervorbringt. Andererseits gibt es auch Überlieferungen, die dem weiblichen Blut anthropogonische Bedeutung zuerkennen, so wenn bei südamerikanischen Indianern die Menschheit aus dem »Mondblut« erschaffen wurde. Von der indischen Muttergöttin Kali, deren Fest während der letzten Nacht des abnehmenden Mondes begangen wurde, heißt es, daß die Götter in der blutigen Flut ihres Uterus wie in einem Brunnen des Lebens badeten und davon tranken[338]. Selbst der von einem Schauder erfaßte Abendländer moderner Zeit kann hier etwas von dem Innersten, Heiligsten erahnen, das uns alle durchdringt und dem wir unser Dasein verdanken.

Die für den Bestand der Welt so wichtige heilige Hochzeit (*hieros gamos*) zwischen den Gottheiten ist nichts anderes als der rhythmische Zusammenklang der polaren Weltkräfte, wie er auf irdischer Ebene zum gleichen Zweck von den Menschen nachvollzogen wird. In der Nachahmung göttlichen Tuns vereinigten sich in altorientalischer Zeit König und Priesterin. In Athen gehörte es zu den Pflichten der Frau eines der höchsten Beamten (*archon basileus*), mit Dionysos bzw. seinem irdischen Repräsentanten »die unaussprechliche heilige Zeremonie« zu feiern. Eine Art heiliger Hochzeit gab es auch im alten Ägypten, wo der Pharao nicht als Mensch, sondern als Inkarnation von Horus sich mit der Königin vereinigte.

Im Christentum wurde der *hieros gamos* durch die sublimere mystische Brautschaft abgelöst. Die Kirche (als Personifikation Ekklesia) ist die Braut Gottes. In der christlichen Mystik nimmt in Anknüpfung an das alttestamentliche Hohe Lied das Brautmotiv eine zentrale Rolle ein[339]. Dabei dienen die dem Bereich des Eros entnommenen Metaphern im weitesten Sinne der Ineinssetzung von Sinnlichstem und Geistigstem durch Bezogenheit auf das Unendliche. Die Hochzeit wird als *unio mystica*, als geheimnisvolle Vereinigung mit Gott erlebt. Jede nach Gott dürstende Seele wird zur Braut Christi. Die von Minne ergriffene Seele geht – im Werk der Mechthild von Magdeburg – in die verborgene Kammer der Gottheit, wo das Brautlager (*brutbette*) steht, und bei *der endelosen hohgezit* macht Gott Kränze von der *ewigen wonne bluomen*[340]. Nach der Legende erhielt die Dominikanerin Hippolyta von Barcelona als »geliebte Braut« von Jesus selbst den Vermählungsring. Eines der schönsten Bilder Hans Memlings zeigt »Die mystische Vermählung der heiligen Katharina« (Brügge, Johannes-Spital): Zur Linken der unter einem Baldachin thronenden Maria steht Johannes der Täufer, der der Ringszene zwischen der heiligen Katharina und dem Jesuskind zusieht.

In der Alchemie war das letzte Ziel des Adepten die Erlangung der *perfectio*, der Vollkommenheit, die ihm Gesundheit, Reichtum und Erleuchtung bringt.

Das »Große Werk« gipfelte in der »Chymischen Hochzeit«, das bedeutet die Vereinigung der einander widerstrebenden Elemente Sulfur (Schwefel) und Mercurius (Quecksilber), Sonne und Mond, Geist und Materie, Mann und Frau. Zahlreiche Handschriften zeigen diese Vereinigung in der Gestalt eines Königs, dessen rechte Seite männlich und dessen linke Hälfte weiblich ist. Es ist eine sogenannte Rebis-Figur (von *res bina*, »zweigliedrige Sache«) mit einem Flügelpaar und über einem Drachen stehend, so z.B. bei einer Handschrift von Michael Cochem, um 1530 (St. Gallen, Vadianische Bibliothek). Unter dem ausgestreckten Arm des Mannes steht der Sonnenbaum, unter dem der Frau der Mondbaum, beide zusammen bilden – in symbolischer Schau – den Weltenbaum, an dessen Wurzel der Drache liegt, in dessen Höhe der Adler, symbolisiert durch das Flügelpaar, wohnt. Die ganze Weite des Kosmos in all seiner Polarität ist hier in seiner Einheit gesehen (s. Abb. S. 198). Carl Gustav Jung hat darauf hingewiesen, daß diese hochzeitliche Vereinigung der Gegensätze, diese *coniunctio oppositorum*, von dem Adepten nicht nur auf der physischen Ebene in seinem Laboratorium angestrebt wird, sondern auch parallel auf der psychischen Ebene seines eigenen Inneren[341].

Die aus dem polaren Weltverständnis hervorgehende Symbolik erfaßt alle Seinskategorien. Alles läßt sich auf das Zusammenwirken von Urmaterie (*hyle*) und bildender Form (*eidos*) zurückführen, alles ist *yin* oder *yang*, ist Shakti oder Shiva zugehörig, steht innerhalb des Kosmos auf der Mond- oder der Sonnenseite. Greifen wir noch einmal das Bild von der Weltbühne auf, so erfährt der Schauspieler (der Mensch) nicht nur das Oben und das Unten, sondern auch die zwei Seiten des Rechts und des Links. Beide Seiten haben eine kosmische Dimension. Die alten Ägypter setzten das rechte Auge des Himmelsgottes Horus der Sonne und dem Tag gleich, das linke dem Mond und der Nacht; genau das gleiche wird von dem polynesischen Kulturhe-

ros Maui berichtet. Bei den antiken Mithras-Darstellungen sind die beiden Gestirne in derselben Verteilung nach dem Rechts-Links-Schema geordnet; sie erscheinen als Attribute des den Stier tötenden und die Welt erschaffenden Gottes. Auf römischen Kaiserbildern symbolisieren die beiden Gestirne die kosmische Weltherrschaft und finden in dieser Bedeutung auch Eingang in die christliche Kunst. Auf dem Passionssarkophag (Rom, Museo Cristiano Lateran) aus dem 4. Jahrhundert erhält der in seinem Monogramm versinnbildlichte Christus die Köpfe von Sol und Luna als Zeichen für seine Herrschaft über den Kosmos[342]. Der mit den Vorstellungen Oben, Himmel, Tag verknüpften Sonne wird bei den meisten Völkern die rechte Seite zugeordnet, während der mit den Begriffen Unten, Erde, Nacht verbundene Mond die linke Seite einnimmt.

Rechts und Links haben kosmische Dimension, und als Spiegelbild des Universums hat auch der Mensch eine Sonnen- und eine Mondseite. Möglicherweise reicht die Verknüpfung von Mann und Frau mit je einer der beiden Seiten bis in die Steinzeit zurück, so wenigstens glaubte man schon, die in einzelnen Gebieten unterschiedliche Lage in meso- und neolithischen Hockergräbern erklären zu können: die Männer sind auf der rechten, die Frauen auf der linken liegend bestattet. Sicher spielt bei der Symbolgenese das Faktum der überwiegenden Rechtshändigkeit eine wesentliche Rolle (rechts = richtig, gut; links = linkisch, schlecht), kann aber, wenn aus dem Polaritätenschema herausgelöst, zu einer Abwertung der einen Seite führen, was im Widerspruch zu den alten Überlieferungen steht. Beide Seiten sind als in den sichtbaren Kosmos entlassene Grundprinzipien gleichberechtigt. Viele Ursprungsmythen kennzeichnen den Urmenschen als androgyn, seine rechte Körperhälfte als männlich und der Sonne zugewandt, seine linke als weiblich und mond- oder erdbezogen[343]. In Platons »Symposion« berichtet Aristophanes den Mythos ursprünglicher Doppelwesen, die zugleich Mann und Weib waren, aber dann als Strafe für ihren Hochmut gegen die Götter in je zwei Hälften geteilt wurden. Der biblische Adam hat ursprünglich mehr die Bedeutung des geschlechtlich undifferenzierten Menschen gehabt als die des Mannes; die aus seiner Rippe (hebräisch *zela* wird sonst auch mit »Seite« übersetzt) erschaffene Eva ist nichts anderes als die verselbständigte weibliche Komponente des Urmenschen. Jakob Böhme meinte, daß Adam ursprünglich weder Mann noch Weib war, »sondern beydes mit beyden Tincturen in der Temperatur«. Rechts ist die väterliche, aktive Seite; die rechte Hand Gottvaters (*dextera Dei*) dient als Bild der Kraft und der Herrschaft, mit ihr hat er die Welt erschaffen. Der Gegenüberstellung von Sonne und Mond entspricht die von Geist (*spiritus*) und Seele (*anima*), Verstand und Gefühl. Mit der linken Seite ist mehr das Emotionale, das Irrationale, das Unbewußte und das Geheimnisvolle verbunden, dem die Frau ja irgendwie näher steht. In der Raumsymbolik der Graphologie gilt die rechte Seite als Ausdruck des Bewußtseins und der Extraversion, die linke Seite wird mit dem Unbewußten und der Introversion zusammengestellt; in die Bipolarität werden bei Max Pulver auch Vater (rechts) und Mutter (links) eingeordnet, die Schriftbewegung von links nach rechts wird als Streben von der physischen Gebundenheit zur geistigen Freiheit und Macht gedeutet. Auch in der Tiefenpsychologie gehören die linke Seite und das Unbewußte zusammen. Nach Carl Gustav Jung herrscht rechts die bewußte Vernunft, »links dagegen ist die Herzseite, das Emotionale, wo man vom Unbewußten affiziert wird«[344].

Zur rechten und linken Seite als Ausdruck eines bipolaren Weltverständnisses gehört schließlich auch das antithetische Paar Leben – Tod. Allgemein bekannt ist das Rechts-Links-Schema bei dem kunstgeschichtlichen Thema des Jüngsten Gerichts. Als Beispiel sei auf das Triptychon von Hans

Memling (ehemals Danzig, Marienkirche) hingewiesen: Aus dem Mund des auf dem Regenbogen thronenden Weltenrichters kommt zu seiner rechten Seite die gnadegewährende Lilie hervor, links das richtende Schwert; in Anlehnung an die eschatologisch bedeutsame Stelle von der Scheidung der Schafe von den Böcken (Matthäus 25,33-41) sind zur Rechten die Guten, zur Linken die Verworfenen; auf dem zur Rechten der Mitteltafel angebrachten Flügel wird das Paradies dargestellt, auf dem linken der Sturz in die Hölle. Hier kann auch auf Dantes Auffassung der beiden Wege in das Jenseits hingewiesen werden. Während der Aufstieg zum Himmel auf einem spiralförmigen Weg rechts nach oben erfolgt, führt die Spirale links nach unten in die Hölle. Die rechts-links-orientierte Struktur des Weltgerichtsbildes findet ihre Erweiterung in einem seitensymbolischen Bildprogramm, zu dem nicht nur Selige und Verdammte gehören, sondern auch die Tugenden und die Laster, die Klugen und die Törichten Jungfrauen, die Ekklesia und die Synagoge, der gute und der böse Schächer wie auch Sonne und Mond zu seiten des Kreuzes[345] – alles vom Betrachter aus seitenverkehrt, da die Seitenzuteilung in der Regel vom Bildzentrum aus erfolgt. Als Bildbeispiel diene das Tympanonrelief der romanischen Dorfkirche Untersontheim bei Schwäbisch Hall.

Im Gegensatz zu den in traditionellen Wert- und Symbolsystemen lebenden Menschen wird in unserer »modernen« Zeit oft vergessen, daß alles Leben zwischen zwei Pole eingespannt ist, daß beide ihre Daseinsberechtigung haben – nicht zuletzt auch im gesellschaftlich-politischen Leben. Das von uns untersuchte Begriffspaar Rechts-Links wird von Franz Vonessen auf die uralte Spannung von *physis* und *thesis*, Natur und Satzung zurückgeführt[346]. Politisch prallen diese Begriffe als Herrschaft und

Freiheit oder als Obrigkeit und Untertan aufeinander. Die Linke wurde die Seite der Revolution, eben weil sie die Seite der Schwächeren, der Unterdrückten war. Da die rechte Seite als die bevorzugte galt, nahmen in England nach 1730 hier die Regierungsparteien Platz, auf der linken Seite saß die Opposition. In der französischen Nationalversammlung von 1789 befanden sich links vom Parlamentspräsidenten die progressiven, revolutionären Parteien, rechts die konservativen und reaktionären. Die Polarisierung der Parteien und Parteirichtungen kann bis ins Extrem führen: Der Linksradikalismus wird zum Sammelbecken aller Ideen und Ideologien, die eine grundlegende Umgestaltung nahezu aller menschlichen Ordnungen (in Staat, Gesellschaft, Wirtschaft) zugunsten eines neuen, noch nicht verwirklichten Herrschaftssystems oder einer Anarchie anstreben. Rechtsradikale Bewegungen wollen eine vergangene, geschichtlich überholte Ordnung wieder herstellen.

Auch die politischen Begriffe der Linken und der Rechten sind aus dem bipolaren Weltverständnis heraus zu erklären. Den geistesgeschichtlichen Hintergrund hat Ernst Bloch bis zu Aristoteles zurückverfolgt. Danach gibt es eine Entwicklungslinie, die durch ihr überwiegendes Interesse am Diesseitigen gekennzeichnet ist und zu »Giordano Bruno und der blühenden Allmaterie führt«. Bloch spricht von der »Aristotelischen Linken« im Gegensatz zur »Aristotelischen Rechten«, die zu Thomas von Aquin und zum Geist des Jenseits führt[347]. Bei der linksorientierten Weltanschauung tritt an die Stelle Gottes, der die Welt erschaffen hat, die schöpferische Gewalt der *natura naturans*, d.h. die Formen gehen einzig aus dem Stoff selbst hervor unter Hintenanstellung oder gar Leugnung des Geistes.

Das ganze gesellschaftliche und staatliche Leben ist ein großes Kommunikationsfeld, in dem jeder einzelne einen bestimmten Bezugspunkt zwischen rechts und links, zwischen oben und unten einnimmt. Die symbolischen Bilder des Oben und des Unten sind in den elementaren menschlichen Erfahrungen des aufrechten Ganges und der Schwerkraft verankert. Jeder Fall, jede Niederlage, jeder Untergang führt zum Staub der Erde, zur Ebene der Unterlegenen, der Heruntergekommen, der Erniedrigten. Dagegen ist jedes Sich-Erheben, jeder Aufstieg, jedes Emporklettern ein Weg nach oben zur Ebene der Überlegenen, der Erhabenen, der Erhöhten. Im alten Orient wurde die ursprünglich den Göttern zugedachte Proskynese, die fußfällige Verehrung, bald auch von den Monarchen für sich beansprucht. Doch jede egozentrische Ordnung kann nur durch Einsetzung aller Machtmittel aufrecht erhalten werden – und dies nicht auf Dauer. Die Gedemütigten schauen voll Neid und Haß auf »die da oben«. Nur zu gut sind uns aus der Geschichte die Beispiele bekannt, bei denen die Unterdrückten in einem Aufstand, einer Erhebung, einer Revolution versuchten, die Oberhand zu gewinnen. Und wenn es ihnen gelang, wurde die bestehende Ordnung meistens »auf den Kopf gestellt« und das Unterste zu oberst gekehrt. Mit den Trägern der Macht wurden auch deren Symbole gestürzt. Könige und Kronen wurden mit Füßen getreten!

Doch auch die aus der Revolution hervorgehenden neuen Gemeinschaften kommen ohne eine gewisse Ordnung nicht aus. Wieder wird eine politische Symbolik entstehen, die brachiale Energieverhältnisse in eine Heilsordnung (*ordo salutis*) umwandeln möchte. Dabei kann sich die neue »Idee der Ordnung« nicht über die aus der Primärerfahrung gewonnenen Bilder des Heilen und Dunklen, des Innen und Außen, des Oben und Unten hinwegsetzen[348]. Allerdings hat gerade die neuere Geschichte wiederholt gezeigt, wie gefährlich die Macht mythischer Bilder in politisch verantwortungslosen Händen werden kann. Die Französische Revolution, die alle traditionellen Werte aus dem Herzen des Volkes zu reißen versuchte,

201

ersetzte den christlichen Mythos von der jungfräulichen Gottesmutter durch die Göttin der Vernunft; die christlichen Kirchen wurden in Tempel der Vernunft umgewandelt und dem neugeschaffenen Kult der Revolution geweiht; und die Strahlen der morgendlichen Sonne erhielten politisch-symbolische Bedeutung.

Die neugeschaffenen Mythen stehen nicht abstrakt im Raum, sondern werden durch Verwendung von Symbolen wirkungsträchtig, wie sich bei den Ideologien des 20. Jahrhunderts zeigt. Der amerikanische Historiker George Mosse hat sicher recht, wenn er schreibt, daß das faschistische und nationalsozialistische Denken wenig gemein hatte mit rationalen, logisch konstruierten Systemen, sondern daß es einmündete in einen politischen Kult, in dem mythische und symbolische Gehalte den von Angst und Hoffnung erfüllten Menschen eine heile Welt vorspiegeln sollte[349]. Die religiös fundierte Idee vom Heilbringer ist älter als die vom »Führer«, und das Hakenkreuz als – wenn im einzelnen auch nicht immer genau bestimmbares – Heilszeichen wurzelt in vor- und außergermanischen Kulturen. Übrigens kann selbst der Kommunismus nicht auf mythische Bilder verzichten; seine Doktrin gilt als »helles Licht«, während seine Gegner als »Kräfte der Finsternis« abgestempelt werden; der angestrebte Zustand der klassenlosen Gesellschaft soll »das goldene Zeitalter« verwirklichen. Die rote Fahne, hinter der sich die Revolutionäre sammeln, spricht zu den Unterdrückten und Geknechteten nicht über die Brücke des Intellekts, sondern ergreift sie unmittelbar in tieferen Schichten ihres Bewußtseins. Zwar leugnet der atheistisch eingestellte Marxist jede Trenszendenz (J.R. Becher meint dazu: »Unendlichkeit – gottleerer Raum, den wir im Flug ersteigen«), aber eine Verklärung des profanen Daseins wird trotzdem (oder gerade deshalb) angestrebt; feierliche Eide und hymnische Musik umrahmen pseudosakrale Staatsakte.

Solche politischen Mythen und Symbole sind nicht zweck-los, sondern dienen einem totalitären System, sind gezielte Propaganda; sie demaskieren sich selbst, da sie nicht um die andere Wirklichkeit wissen, in der das uns zugängliche Sein eingebettet ist. Das scheinbar mythische Schlagwort vom »neuen Menschen« vergißt, daß jeder Schritt vorwärts dazu zwingt, noch tiefer in die Vergangenheit zurückzusteigen und daß letztlich nur eine metahistorische Vergangenheit das Verständnis der historischen ermöglicht. Doch daß Mythen und Symbole mißbraucht werden können, spricht nicht gegen sie, sondern beweist vielmehr, daß der Mensch ihrer nicht entbehren kann. Der polnische Philosoph Leszek Kolakowski macht deutlich, daß trotz aller Entmythologisierungsversuche das menschliche Bewußtsein und Denken auch in Zukunft nicht der mythischen und symbolischen Elemente wird entraten können, wenn unser Dasein und Sosein im eigentlichen Sinne human bleiben soll[350].

Vom Sinn der Maske

Von den Höhlenmalereien der Steinzeit bis zum Karnevalstreiben unserer Tage läßt sich die Beziehung des Menschen zur Maske nachweisen. Ja, das Maskenwesen ist etwas spezifisch Menschliches. Von dem Dasein des Tieres unterscheidet sich der Mensch durch die nur ihm gewordene Möglichkeit der Gegenüberstellung, d.h. des Ineinandergreifens der beiden Bereiche, die wir mit subjektiv und objektiv bezeichnen. Auf der Inbeziehungsetzung dieser beiden Welten beruht das Denken. Das Aufkommen der Maske ist zunächst die Gegenüberstellung des Menschen als Objekt dem Menschen als Subjekt. Des weiteren muß das Maskenwesen als Versuch betrachtet werden, aus der Welt des Subjektiven in die Welt des Objektiven zu transzendieren oder sich ihrer Kräfte bedienen zu können. So finden die Masken Eingang in den religiösen Glauben und in das kultische Brauchtum, aber auch in den Aberglauben.

Eine besondere Wirkung kann die Verkleidung auf junge Menschen ausüben. Rainer Maria Rilke erzählt in den »Aufzeichnungen des Malte Laurids Brigge« von jenem Raum, »der eine so starke Verlockung für mich hatte. ... Niemand wird es verwunderlich finden, daß ich ein Kostüm, welches etwa passen konnte, hastig anzog und darin, neugierig und aufgeregt, in das nächste Fremdenzimmer lief, vor den schmalen Pfeilerspiegel. Ach, wie man zitterte, drin zu sein, und wie hinreißend war es, wenn man es war. ... Ich lernte damals den Einfluß kennen, der unmittelbar von einer bestimmten Tracht ausgehen kann. Kaum hatte ich einen dieser Anzüge angelegt, mußte ich mir eingestehen, daß er mich in seine Macht bekam... Zu meinem Verhängnis fehlte nur noch, daß der letzte Schrank, den ich bisher meinte, nicht öffnen zu können, eines Tages nachgab, um mir allerhand vages Maskenzeug auszuliefern. ... Ich hatte nie Masken gesehen vorher, aber ich sah sofort ein, daß es Masken geben müsse«[351].

Auch dies ist ein Charakteristikum des Menschen, daß er die Grenzen seines Soseins zu erweitern oder gar zu sprengen versucht. Will Erich Peuckert spricht davon, »wie die Menschen über die Masken in das Drüben greifen«[352]. In der Verwandlung glauben sie, über sich selbst hinauswachsen zu können. Gesichtsbemalungen und Verkleidungen aller Art sind die äußeren Mittel, zu denen oft noch eine durch Ekstase oder Trance erreichte innere Wandlung hinzukommt. Die Maske als das eigentlich Statische und der Tanz als das rhythmisch Bewegte werden durch das mimische Spiel beseelt. Die Grundlagen des antiken Theaters und die Mysterienspiele des christlichen Mittelalters sind hier nicht weniger anzuknüpfen als der Jagdzauber primitiver Stämme in Afrika. Maske, Tanz und mimisches Spiel ermöglichen es dem Menschen, wenigstens äußerlich alle Seinsformen anzunehmen; sie sind Projektionen des menschlichen Seelenlebens, dessen Variationsbreite zwischen dem Tierhaften und dem Göttlichen liegt.

Die in Alaska lebenden Eskimo beginnen ihre Märchen oft mit den Worten: »Es geschah zu einer Zeit, als man bald Mensch, bald Tier war.« Der Gedanke einer nahen Verwandtschaft liegt den Erscheinungen des Totemismus zugrunde. Die meisten Jägervölker glauben an eine zauberische Wirkung des mimischen Tanzes, wenn sie mit ihrer Verkleidung und mit ihren Gebärden die Jagdtiere nachahmen. Dessen ungeachtet kann die oft verblüffende Realistik der Jagdmasken auch ganz einfach nur der Tarnung beim Anschleichen an das Wild dienen. Auf jeden Fall gehören Horn und Geweih, Schwanz und Fell zu den ältesten Maskenrequisiten[353].

Um Macht über das Tier zu gewinnen oder sich dessen Macht anzueignen, legte schon der paläolithische Mensch ein Tiergewand an. In zahlreichen französischen und spanischen Höhlen finden sich Zeichnungen und Malereien, wie der Mensch das Tier in Gewand und Bewegung nachahmt. Der sogenannte »Große Zauberer« in der Höhle Trois Frères trägt eine vielgestaltige Maskierung: der Kopf eines Hirsches verbindet sich mit dem Gesicht einer Eule, die halberhobenen Arme enden in Bärentatzen, und der Schweif ähnelt einem Pferdeschwanz. Es ist durchaus möglich, daß der Maskenträger als Ausdruck des Wunsches zu verstehen ist, »ein über die natürliche Ordnung hinausreichendes Wesen darzustellen«. Man hat auch schon die Vermutung geäußert, daß es sich in der Altsteinzeit überhaupt noch nicht um Masken handle, sondern um hybride Geschöpfe, halb Mensch, halb Tier[354]. Doch auch in diesem Fall steckt ein menschliches Wesen in einem Tier und soll durch das Tier in eine andere Seinsebene vorstoßen. Für den primitiven (d.h. ursprünglichen) Menschen war und ist die Verwandlung durch die Maske keine scheinbare, sondern eine wesenhafte; Mensch und Maske sind eins.

Nach altem Volksglauben kann das »Tier im Menschen« regelrecht Gestalt annehmen. Durch Anlegen eines Wolfsfelles soll der Mensch sich in einen Wolf verwandeln können, mit dessen Stärke aber auch die Mordlust übernehmen. Griechische Ärzte sprachen von der Krankheit Lykantropie (»Wolfsmenschheit«), die den davon Befallenen wie einen Wolf des Nachts umherstreifen und heulen läßt. Der Werwolfglaube war besonders bei den alten Germanen und Slawen verbreitet. Durch Anruf mit dem wahren Namen kann man den Werwolf (althochdeutsch *wer* bedeutet »Mann«) in einen Menschen zurückverwandeln. Anzuknüpfen wären hier auch die altnordischen Vorstellungen von

Berserkern (altnordisch beri, »Bär« und serkr, »Gewand«). Die Tiermaske kann zum Sinnbild des dem Gesetz nicht unterworfenen Dämonischen werden. Hinter der Maske steht öfters der Ausbruch des Tieres aus dem an Recht und Moral gebundenen Menschen. So ist es zu verstehen, daß mehrere kirchliche Verordnungen vom 7. bis 11. Jahrhundert die Maskenumzüge in Tierfellen verboten.

Das Maskenwesen ist zu einem großen Teil dadurch motiviert, durch Entsetzen erregende Masken sich vor Dämonen zu schützen oder durch die Darstellung bestimmter Wesen sich deren Kräfte anzueignen. Aus der Antike ist das als Abwehrmittel dienende Haupt der Gorgo (das gorgoneion) bekannt; die Göttin Athene trug das erschreckende und versteinernde Antlitz als Maske auf ihrem Schild oder Brustpanzer, aber auch an Firstbalken und Gebrauchsgegenständen wurde die häßliche Fratze angebracht. Bei verschiedenen Negerstämmen wurden blutige Opfer gebracht, um der Kraft des Maskengeistes teilhaftig zu werden. Bei den Minungo im Kongobecken nehmen Zauberer eine Schreckgestalt an, um als Scheinteufel die in den Wäldern hausenden Geister zu vertreiben. In anderen Gegenden Afrikas verbindet sich mit dem Auftreten der Masken Trommelklang und Geschrei zur Abwehr dämonischer, unglückbringender Mächte[355].

Nicht immer kann festgestellt werden, ob die Masken dämonenähnliche Gestalten oder Totenwesen repräsentieren. Das angelsächsische Wort für Maske war grima, was im Westgotischen »Grausen« und im Althochdeutschen »Schauspieler« bedeutete und sich im Neuhochdeutschen als »Grimasse« wiederfindet. Das Wort masca bezeichnete im Langobardischen einen bösen Geist; bei dem Versuch der etymologischen Ableitung von »Maske« dachte man an die Grundbedeutung »Netz« (»Masche«, althochdeutsch masca), in das die Toten vor ihrer Bestattung eingehüllt wurden und das sie an ihrem Wiederkommen hindern sollte[356]. Auf etwas Geisterhaftes weist auch das süddeutsche Wort Schembart für bärtige Schemen; berühmt war das Nürnberger Schembartlaufen, von dem köstliche Bildwerke des 16. Jahrhunderts in den sogenannten Schembartbüchern Kunde geben. Wenn am Stephanstag in Skandinavien maskierte Burschen in einem wilden Ritt durch die Gegend jagen, in weiße Hemden gekleidet oder ganz in Stroh gehüllt, und allerlei Schabernack vollführen, so stehen sie sicher in einem Zusammenhang mit dem altnordischen Glauben an Geisterritt in der Julzeit. »Die Burschen stellen dämonische Mächte dar, oder eigentlich sie sind durch ihre Verkleidung und ihre Masken in diese Mächte verwandelt«[357].

Im bayerisch-österreichischen Gebiet kennt der Volksglaube den weiblichen Geist Bercht oder Berta, die besonders vor Dreikönig umzieht, die Spinnerinnen prüft, Mägde und Kinder schreckt, aber auch als Gabenbringerin gleich dem Christkind auftreten kann. Nach der Anführerin des Geisterzuges, Bercht, sind die Perchten benannt. In Oberkärnten werden die Perchten als pelzgekleidete Ungeheuer mit fürchterlicher Larve und einer Kuhglocke auf dem Rücken dargestellt. Noch im letzten Jahrhundert zogen im Pongau an den drei Donnerstagen des Advents zwölf in schwarze Schaffelle gekleidete Burschen unter entsetzlichem Lärm durchs Tal, vor dem Gesicht trugen sie holzgeschnitzte Masken mit langen Zähnen und Hörnern. In anderen Gegenden Süddeutschlands, Österreichs und der Schweiz hat sich das Brauchtum der »Klöpfelnächte« bis heute erhalten; der in unserer Zeit vom Volk kaum noch verstandene Sinn ist in der Vertreibung der winterlichen Unholde zu erblicken. In der Schweiz ziehen am Dreikönigstag maskierte Burschen mit großem Lärm durch den Ort, um so das »Sträddeli« zu schrecken, einen weiblichen Geist, der im Sommer den Obstertrag beeinträchtigt.

Die Masken können auch als Numina der Wachstumskraft auftreten, also Fruchtbarkeitsgeister dar-

stellen. Das Kultbild des griechischen Wein- und Vegetationsgottes Dionysos war eine auf einen Pflock gestülpte Maske; auf Naxos wurden die Masken aus Regen- und Feigenholz geschnitzt, sonst waren sie aus Stein oder Ton. Des Dionysos weibliche Anhänger, Bakchai (Bacchantinnen) genannt, folgten ihm in begeistertem Rausche in Rehfellen und mit aufgelöstem Haar. Karl Kerényi weist auf attische Darstellungen mit einer Doppelmaske und erblickt darin »mit der Anwendung der Maskensymbolik« des »Gottes Herrschaft als unterirdischer und oberirdischer Herr über das Jahr«[358]. Masken mit doppeltem Gesicht sind auch bei den Stämmen der Guineaküste und des Kongo bekannt. Die Mitglieder des Ekpo-Geheimbundes in Kamerun tragen solche janusköpfigen Masken, auf der einen Seite männlich, schwarz und mit geschlossenen Augen, auf der anderen weiblich, hell getönt und mit offenen Augen; der durch die Maske Dargestellte blickt in die Vergangenheit und in die Zukunft und ist damit allwissend (s. Abb. S. 206).

Durch die frühmittelalterlich-christliche Weiterbildung des Irdisch-Unterirdischen zum Sündhaft-Satanischen wurde die Maske zu einem Bild verführender Dämonie. »Hinter der Larve beginnt die Unterwelt, und die leere Maske ist der Teufel selber«[359]. Einzelne Masken an der Westwand romanischer Kirchen können als ein Hinweis auf den Abyssus (griechisch *abyssos*, »Abgrund«), auf das Reich des Infernalischen, verstanden werden; wahrscheinlich trifft dies auch zu für die romanischen Kapitellmasken wie etwa bei Notre Dame zu Châlons-sur-Marne (Turm des Nebenchores) oder beim Chorumgang des Basler Münsters. Wenn die Masken in Verbindung mit Tierköpfen an Rundbogen- und Konsolenfriesen romanischer Kirchen

auftreten (so z.B. beim Ostchor des Wormser Domes), dann dürfte ihnen apotropäische Bedeutung beigemessen worden sein.

Neben dem Dämonenglauben bildet der Ahnenglaube eine weitere wichtige Quelle des Maskenwesens. In den Masken kehren die Ahnen wieder; zahlreiche Masken stellen Tote dar. Im alten Rom traten bei der Aufbahrung angesehener Toter einige Männer (Schauspieler) mit den sonst in den Häusern aufbewahrten wächsernen Totenmasken und Insignien der früher verstorbenen Familienangehörigen auf; die so Maskierten galten für die Zeit der Zeremonien als diejenigen, deren Gesichter sie vorgebunden hatten. Dieser Bestattungsritus sollte die Aufnahme des Verstorbenen in den Kreis der Familienschutzgeister darstellen. Die römischen Masken gehen zurück auf den etruskischen Unterweltsdämon Phersu, dargestellt mit langem, schwarzem Bart, spitzer, roter Mütze und dunkler Maske. Das Wort für den Dämon bezeichnet auch seine Maske, die ja wiederum sein »Gesicht« ist. Das lateinische Wort für Maske – bald auch für das hinter ihm stehende Ich – (nämlich *persona*) steht in engster sprachlicher Verwandtschaft mit Phersu[360].

Die Goldmasken der Gräber von Mykenai und Kertsch (letzteres auf der Halbinsel Krim) sollten die Toten vor den unterweltlichen Dämonen schützen. Die vielleicht berühmteste Totenmaske ist die des ägyptischen Königs Tut-ench-amun. Aus reinem Gold hat sie eine ähnliche Aufgabe wie die steinerne Sphinx des Pharao Chephren: Sollte trotz aller Vorsorge die Mumie des Königs verwesen oder geschändet werden, so konnte die Seele (*ka*) in einem Bild von sprechender Ähnlichkeit eine Zuflucht finden und so der endgültige Tod auf unabsehbare Zeit verschoben werden. Bezeichnenderweise hieß der Bildhauer in der ägyptischen Sprache »der am Leben erhält«. Auch von den in Peru gefundenen Totenmasken aus Gold, Holz oder Ton hat man schon angenommen, daß sie ein

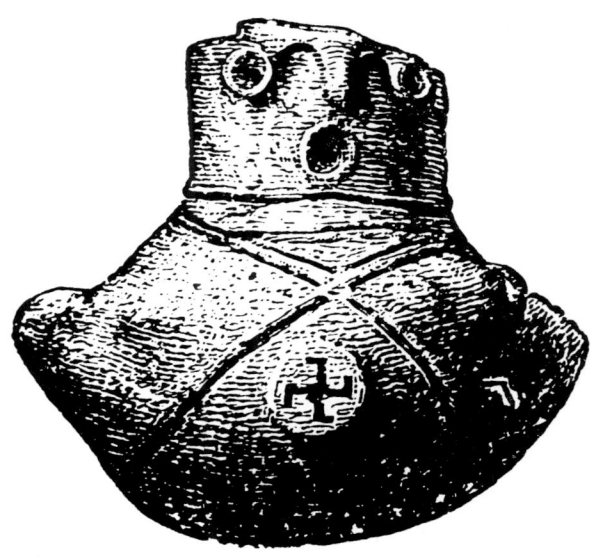

Weiterleben der Toten gewährleisten sollen; eigenartig ist ein für den Totenkult bestimmtes Gefäß mit einer darauf gesetzten zweiteiligen Maske, die rechte Seite hat mehr menschliche Gesichtszüge, die linke ist betont raubtierhaft; vielleicht sollte damit Leben und Tod in einem Antlitz verkörpert werden[361]. Weiter gehören in diesen Vorstellungskomplex die Gesichtsurnen, wie sie in der Eisenzeit in Mittelitalien und im Oder-Weichsel-Gebiet zur Beisetzung von Leichenasche dienten; auch in etruskischen Gräbern entdeckte man zahlreiche Gesichtsurnen und Urnenmasken. Letztlich können wir in Totenmasken und Gesichtsurnen den gestaltgewordenen Glauben erblicken, daß der Tod *non est exitus, sed transitus*, d.h. daß er kein Ende bedeutet, sondern nur ein Übergang ist.

Der Schweizer Maskenforscher Karl Meuli stellt an Hand zahlreicher ethnographischer Parallelen fest, daß die Mehrzahl der primitiven Masken Geisterwesen, besonders Totengeister versinnbildlichen; so deutet er auch die germanischen Masken als Totengeister. »Das Fetzenkleid ist wie das des Blätzliböög und seiner Verwandten ursprünglich das Kleid der armen Seelen aus dem wilden Heer«[362]. Die Bewegungen der Masken(träger) erinnern manchmal geradezu an Geister; oft sind sie feierlich langsam, dann wieder zauberhaft schnell, manchmal fast fliegend wie beim Federhannes der schwäbischen Fastnachtsstadt Rottweil. Das langobardische Wort *walapauz* für »sich maskieren« kommt von *wala* (»Erschlagener«) und *pauz* (davon vielleicht der Butz als Hausgeist und Schreckgestalt) und bedeutet vermummter Toter. Viele Masken sprechen nur mit verstellter Stimme oder sind ganz stumm, schweigende Schatten. Was vom europäischen Brauchtum erst durch die Forschung[363] ins Bewußtsein gebracht wurde, ist bei vielen Naturvölkern bis in unser Jahrhundert hinein sinnbewußte Tradition geblieben.

Bei den Yoruba in Westafrika gibt es ein Maskenkleid namens Egunun, was soviel bedeutet wie Schädel oder auch Skelett; beim Auftauchen dieser Maske glauben die Eingeborenen, es sei ein Toter, der sehen wolle, was bei den Lebenden geschieht. Die in Liberia in den Belli-Geheimbund eingeweihten Alten erscheinen in langen Blättermänteln und über den Kopf gestülpten hölzernen Masken vor den uneingeweihten Dorfbewohnern als Waldgeister, die mit den Verstorbenen in Verbindung treten. In den Jugendweihen der Melanesier, die häufig einen Tod- und Wiedergeburtsritus umfassen, erscheinen die Masken der Ahnen neben denen der Dämonen, um die Novizen in die Gemeinschaft des Stammes aufzunehmen. Auf der Südseeinsel Neu-Britannien holt man oft nach Monaten den Schädel eines Verstorbenen aus dem Grabe und modelliert auf den Gesichtsteil ein möglichst lebensähnliches Porträt des Toten; dann werden die im Grab nicht verfaulten Haare auf den Schädel geklebt; durch einen mit dieser Schädelmaske versehenen Tänzer läßt man den Toten an den Festen teilnehmen. Die Masken sind hier weniger darstellende als verkörpernde Kunst, »ein Mittel, um die heiligen, schöpferischen und ordnenden Mächte zu vergegenwärtigen, damit man Anteil daran haben kann«[364]. Die Masken dienen dazu, über die Ahnen

die Schöpfungskraft der Urzeit vermittelt zu bekommen.

Prophetische Tänze sind nicht nur von afrikanischen Medizinmännern bekannt, sondern auch von sibirischen Schamanen. Nach dem Glauben zahlreicher Naturvölker spricht aus dem Maskentänzer nicht nur die Stimme eines Geistes, das *daimonion* ergreift während des ekstatischen Tanzes regelrecht Besitz von der Maske. Bei dem kolumbischen Indianerstamm der Kagaba sollen die Dämonen in der Urzeit ihre Maskengesichter abgenommen und den Menschen zur kultischen Verwendung übergeben haben, damit die Ordnung im Weltall aufrecht erhalten werden kann. Der Ethnologe Gerdt Kutscher meint: »Zusammen mit Tanz und Gesang bildet die Maske die große Dreiheit künstlerischer Ausdrucksmittel, derer sich diese symbolverbundenen Kulturen vor allem bedienen, um das Verhältnis zu den übermenschlichen Mächten im Ritus anschaulich zu machen«[365].

Schon für sich allein ist der Tanz eines der wesentlichsten Phänomene des »Menschen in der Verwandlung« und kann so zu einer religiösen Ausdrucksform werden. In der alten tibetischen Bon-Religion spielen von Maskierten vorgeführte rituelle Tänze eine große Rolle; die Neujahrstänze galten als Symbol des siegreichen Kampfes der guten Mächte im Kampf gegen die dem Menschen feindlich gesinnten Dämonen, im besonderen aber waren sie die Veranschaulichung des Sonnenlicht und Wärme spendenden Frühlings in seinem Sieg über die finsteren und kalten Mächte des Winters. Allgemein gilt in Tibet die Maske als Träger, »dessen sich eine Gottheit, eine sonstige Wesenheit oder transzendente Realität zur leibhaftigen Vergegenwärtigung bedient. Sie ist magisches Medium«[366].

Bei den Völkern Europas wird der Streit zwischen Winter und Sommer in Tanz- und Maskenspielen dramatisiert. Dabei wird die kalte, dunkle Jahreshälfte in der Symbolgestalt eines Bären oder wilden Mannes gejagt oder als Strohpuppe, Hexe oder Judas verbrannt. Der siegreiche Einzug des Frühlings wird in dem Anhalter Ländchen während der Pfingstzeit durch einen frohen Reigen junger Mädchen dargestellt; mit hölzernen Säbeln oder Stecken durchstechen sie eine den Winter repräsentierende Strohpuppe. Die Darstellung des Kampfes zwischen finsteren, todbringenden Mächten und denen des Lichtes und der Fruchtbarkeit spielt im Maskenbrauchtum der Fastnacht eine große Rolle. Allerdings darf man nicht in den Fehler verfallen, alle fastnachtlichen Masken ihrer Bedeutung nach auf einen Nenner zu bringen; es wechseln solche von Totengeistern mit denen von Dämonen (etwa der Fruchtbarkeit) oder reinen Scherzmasken. Auch das Schwärzen des Gesichtes mit Ruß oder das Bestäuben mit Mehl ist eine Art Maske und dient – wie das Verschweigen des Namens – der Unkenntlichmachung. Psychologisch betrachtet verläßt der Maskenträger sein Ich, er taucht hinter der Anonymität der Maske unter, was sich bei schwachen Charakteren negativ auswirken kann; die Maske kann dabei zur Verhüllung der Wahrheit dienen und Zügellosigkeiten Vorschub leisten.

Das Wort Fastnacht ist seiner sprachlichen Herkunft nach nicht einwandfrei erklärt. Die eine Deutung betrachtet Fastnacht als die Zeit (ursprünglich Nacht!) vor der in katholischen Gegenden vierzigtägigen Fastenzeit. Dafür spricht auch das romanische Karneval (zu Rom im 13. Jahrhundert *carnelevarium*), welches auf die Enthaltung von Fleischspeisen hinweist, allerdings nicht unter Ableitung von *carne vale!* (»Fleisch, lebe wohl!«), sondern im Sinn von *carnem levare* (»das Fleisch wegtragen, abräumen«). Der Folklorist Eugen Fehrle bezeichnet die verschiedentlich vertretene Ableitung von *carrus navalis* als falsch, bejaht aber andererseits das Vorkommen von »Schiffswagen« bei Umzügen der alten Griechen (in Athen zu Ehren des Masken- und Fruchtbarkeitsgottes Dionysos) und auf nordischen Felszeichnungen[367]. Ein anderer Erklärungsversuch geht von dem Wort »Fasnacht« (mittelhochdeutsch *vasnaht*) aus und verbindet es mit »faseln« in der Bedeutung von »gedeihen«; verwandt damit ist mittelhochdeutsch *vasel*, »Zuchttier«. Noch bei Johann Peter Hebel findet sich im »Rheinischen Hausfreund« das Sprichwort »Unrecht Gut faselt nicht«.

Der unheimliche Sinn der Maske blieb in einigen Gegenden den Maskenträgern bewußt. So sollen beim Hudlerlaufen (in Tirol) die »Schleicher« und der »Teufel« etwas Geweihtes im Schuh tragen, damit ihnen der dargestellte Dämon nichts anhaben kann. Die durch die Masken repräsentierten Geister können eine schöne, meist aber eine häßliche Gestalt annehmen und Macht über Gedeih und Verderb von Pflanze, Tier und Mensch haben. In der Fastnachtszeit finden sich verschiedene Bräuche und Symbole alter Frühlingsfeste vereint. Aber selbst aus der Adventszeit und vom Erntefest wurde das eine oder andere übernommen; so ist der Butz oder der Erbsenbär in seiner Strohumhüllung der Korngeist des Ernteumzuges. Die Salzburger Aperschnalzer wecken mit dem Knallen ihrer Peitschen die Vegetation auf[368]. Viele Fastnachtsbräuche waren ursprünglich ein Fruchtbarkeitszauber, hier ist auch an den »schmutzigen Donnerstag« im Alemannischen zu denken oder an den *mardi gras* in Frankreich; das Wort schmutzig bedeutet fett/fettig, wobei man zu bedenken hat, daß Fett in verschiedenen Kulturen ein Symbol des Wohlstandes ist.

Der eigentliche Sinn des Fastnachtstreibens ist in der Abschreckung der bösen Geister und in der Dienstbarmachung der guten zu erblicken. Der freundliche Namen des im südlichen Schwarzwald auftretenden »Hansele« ist darauf zurückzuführen, daß man es bei guter Laune halten will. »Der Fuchsschwanz, den der Hansele an sich trägt, kann Zeichen dafür sein, daß der Fuchs getötet, d.h. in der symbolhaften Sprache solcher Bräuche, daß der Winter überwunden ist und mit dem froh lachenden Hansele der Frühling einzieht«. Die Fastnachtsmasken können sowohl Dämonen darstellen als auch zu ihrer Vertreibung bestimmt sein. Durch schreckhaftes Aussehen und übergroßen Lärm sucht man sich der bösen Geister zu erwehren. Der Hemdklonkererumzug im Bodenseegebiet ist ein Nachklang des wilden Heeres; Pfannendeckel, Schellen und Trommeln bilden – wie andernorts die »Katzenmusik« – die »akustische Maske« (s. Abb. S. 212). Ähnlich zu deuten sind die Roitschäggeten (»die Rauchgescheckten«) des Walliser Lötschentales, die mit ihren teuflisch grinsenden Holzmasken die Nachfahren des Totenzuges sind, »der wie ein Sturmwind plötzlich aus dem Rauch oder aus dem Kamin dahergebraust kommt, wo nach altem Glauben die Seelen der Ahnen ihren Wohnsitz hatten«[369].

Die Verwandlung des Menschen in der Fastnachtszeit zeigt sich u.a. im Kleidertausch. Sebastian Frank bezeugt bereits für das Jahr 1534, daß Männer sich als Frauen und letztere als Männer verkleideten. Die Offenburger Hexen sind maskierte Männer! Des weiteren kann in der Faschingszeit jeder beliebige zum Karnevalsprinzen »erhoben« werden. Der Gedanke, daß der einfachste Mensch die höchste Stellung während einer bestimmten Zeit im Jahr einnehmen kann, läßt sich bis in das alte Babylonien zurückverfolgen, wo einmal im Jahre der niederste Mensch, einige Male sogar ein Verbrecher, in die Rechte des Königs eingesetzt und mit dessen Gewand bekleidet wurde[370]. Für die Dauer der römischen Saturnalien erhielten die Sklaven Narrenfreiheit und wurden sogar von ihren Herren bewirtet.

Die bei den alten Mittelmeerkulturen, aber auch bei den Germanen so bedeutsame Initiation läßt sich in gewissen Spuren bis in die Neuzeit nachweisen. So gab es vom 16. bis 18. Jahrhundert für die Immatrikulation an Universitäten einen vorgeschriebenen Einführungsbrauch, wobei dem maskierten Neuling Hut und Hörner unsanft abgenommen wurden (*depositio cornum*); möglicherweise kommt daher die heutige Redensart »sich die Hörner abstoßen«. Als ausgesprochener Initiationsbrauch für junge Hirten, Lehrlinge und Studenten ist das »Hänseln« zu betrachten; neben Spießrutenlaufen und Wassertaufe ist das »Rasieren« die häufigste Form, dabei ist der Gehänselte oft der Willkür der Maskenträger ausgeliefert. Das heute meist als Ulk aufgefaßte Treiben sollte einst die Verwandlung des ganzen Menschen andeuten, eine Wiedergeburt unter oft neuem Namen, eine Aufnahme in eine neue Gemeinschaft.

Das Urdrama des Menschen ist der Kampf mit dem Tier, das häufig als Personifikation oder als Symbolfigur des Bösen gilt. Das mimische Spiel stand und steht auch im Dienst der Magie, so wenn Jagdspiele dem Jäger Glück bringen sollen. Die Schamanen der Eskimos locken durch Geisterspiele die göttliche Herrin der Tiere an oder vertreiben böse Dämonen[371]. Auf dem Wege der Nachahmung (*mimesis*) und mittels Mienen- und Gebärdenspiel und schließlich der Verkleidung will der Spieler nicht sich selbst, sondern ein anderes Ich darstellen. In Hellas waren die Theateraufführungen Bestandtei-

le des Dionysoskultes; das Wort »Tragödie« bedeutet eigentlich »Bocksgesang« (von *tragos*, »Bock« und *ode*, »Lied«) und weist auf das ursprüngliche Opfer des dem Dionysos geweihten Bockes zurück, dessen Fell sich der Spieler überzog und dessen Fleisch der beste Sänger als Preis erhielt[372].

Die eigentliche Theatermaske kam um 500 v.Chr. in Athen auf, nachdem bereits einige Jahrzehnte vorher Thespis, der Begründer der Tragödienaufführungen, das Gesicht der Spieler mit Bleiweiß gefärbt hatte. Durch den genialen Dichter Aischylos wurde dann die Handlung zwischen Chor und Gegenspieler zum sinnträchtigen Gesamtkunstwerk von Sprache, Musik, Tanz, Kostüm und Maske. Die Theateraufführungen waren vom Stadtstaat organisierte kultische Handlungen (Drama von griechisch *draein*, »tun, handeln«), deren Inhalt aus der Problematik tragischen Menschentums und Schicksals bestand, wobei die Maske die enge Verbindung mit dem Erlösergott Dionysos zum Ausdruck brachte[373]. Selbst im später ganz verweltlichten Theater schwingt oft noch etwas mit, das über den Alltag hinausführen, das zur inneren Reinigung (*katharsis*) und seelischen Befreiung führen kann. Die Römer übernahmen die Theatermasken von den Griechen, ohne viel daran zu ändern. Das lateinische Wort *persona* für Maske hat als zugehöriges Verb *personare* in der Bedeutung von »ertönen, spielen, laut rufen«. Insofern die Maske eine höhere Wirklichkeit repräsentiert – wie beim Schauspieler in einer entsprechenden Rolle –, tritt sie als bloße Maske in den Hintergrund und gibt Raum dem durch sie hindurch »Tönenden«[374]. Seit dem 15. Jahrhundert wird der Maskenbrauch von der italienischen Commedia dell 'arte für die komischen Typen wie Harlekin und Kolombine wieder aufgegriffen. Dabei ist der Harlekin mehr als nur ein lächerlicher Narr oder ein lustiger Hanswurst; sein Auftreten ist mit einem geheimen Schauder verbunden, sein Name bezeichnete ursprünglich einen Totengeist[375]. Das Wort Maske kommt vom arabischen *mashara* und bedeutet »Possenreißer«. Wer eine Maske aufhat, will sein wahres Gesicht nicht zeigen. Dabei offenbart sich nur zu oft die Tragik des Maskenträgers, mehr sein zu müssen als er ist oder das sein zu müssen, was er nicht ist. Lache Bajazzo! Das Leben wird zum Spiel und fordert dann um so bedrängender sein Recht, ernst genommen zu werden. Die Maske erweist sich in diesem Falle nur als äußeres Requisit der Verwandlung, unfähig, eine echte innere Wandlung herbeizuführen.

Dient die Maske einer Verschleierung des menschlichen Wesens oder kommt sie einer Enthüllung gleich? Vergessen wir nicht, daß die Maske etwas spezifisch Menschliches ist! Und doch führt sie vom Menschsein weg. Francisco Goya, ein Vorläufer der modernen Malerei, betont in der fastnachtsartigen Entstellung seiner menschlichen Ungeheuer das Maskenhafte, wobei das Gesicht nicht verborgen, sondern das wahre Wesen des Menschen hervorgehoben werden soll. Was die Kunst des 20. Jahrhunderts betrifft, so ist es erschütternd, feststellen zu müssen, daß viele Maler kaum noch fähig oder willens sind, ein edles Menschenbild zu zeichnen; ja, das Antlitz des Menschen wird geradezu verdunkelt, verzerrt, entmenschlicht, dämonisiert. Der spanische Kulturphilosoph José Ortega y Gasset spricht von der »Enthumanisierung der Kunst«. Mit dem Verlust des Menschenbildes hat sich die Kunst dem Zerrbild und Scheinbild, in einer neuen Weise aber auch wieder dem Sinnbild zugewandt.

Für viele ernstzunehmende Maler wird der Mensch selbst zur Maske, hinter der sich die existentielle Erfahrung der Wirklichkeit verbirgt. Der Belgier James Ensor (1860-1942) malte mit Vorliebe Karnevalsszenen. Mit seinen dick aufgetragenen Cremefarben, die ein bleiches Mondlicht ausstrahlen, charakterisiert er treffend die irdische Ausgelassenheit vor dem gespenstischen Hintergrund des

Daseins. Auch einzelne Charakterzüge werden in Masken wiedergegeben, so z.B. die »Intrige« (Antwerpen, Musée des Beaux-Arts). Mit dem Maskenhaften geißelt Ensor das stumpfe Bürgertum; das menschliche Antlitz selbst »wird als böse Maske verstanden, die heruntergerissen werden kann und hinter der sich die Scheußlichkeiten dieser Welt verbergen«[376]. Indem Künstler wie Marc Chagall (z.B. in dem Werk »Ich und das Dorf«. New York, Museum of Modern Art), Gino Severini (»Ruhelose Tänzerin«. Essen, Folkwang-Museum) oder Karl Hofer (»Lunares«. Karlsruhe, Staatliche Kunsthalle) die Maskenhaftigkeit unseres Daseins und Soseins bloßlegen, versuchen sie gleichzeitig, aus der Welt des Subjektiven in die Welt des Objektiven zu transzendieren. Die späten Werke von Paul Klee – von dem das kennzeichnende Wort stammt: »Kunst gibt nicht das Sichtbare wieder, sondern macht es sichtbar« – sind Spiegelbilder des modernen Menschen in seiner existentiellen Ungewißheit, sind Durchbruch des Irrationalen und Dämonischen; wir denken hier etwa an Bilder wie »Doppelgesicht« oder »Zerbrochene Maske« (beide Bern, Sammlung Felix Klee).

Der Mensch versucht mit der Maske die Angst zu überwinden. Er verbirgt hinter ihr seine Ohnmacht und hofft zugleich, mit ihr über sich selbst hinauszuwachsen. Der Maskenträger gerät »außer sich«, er befreit sich von sich selbst und gerät dadurch in den Bann des Unberechenbaren und Untergründigen. Im Innersten hofft er – oft unbewußt – durch seine Auslieferung an die Maske und die durch sie symbolisierten Mächte, sich vor dem Sturz in den Abgrund des Nichts zu retten. Die durch die Maskierung erreichte äußere Verwandlung zielt letztlich auf eine innere Wandlung. Die Verleugnung der eigenen Person soll den Zugang zum Transpersonalen und Numinosen eröffnen. Schließlich gilt für alle Masken, daß sie, während sie das Subjektive und Individuelle im allgemeinen verhüllen und über das Alltägliche und Sichtbare hinausweisen, sie zu dem unsichtbaren Archetypischen zurückführen, in dem unser geistiges Menschsein wurzelt.

Das Leben als Pilgerfahrt

Wie alles Geschöpfliche befindet sich der Mensch in ständiger Bewegung, und jede in Raum und Zeit sich abspielende Bewegung beschreibt einen Weg. Jedes Handeln des Menschen gehört zu seinem Lebensweg, wobei es auch Umwege, Abwege und Irrwege gibt. Jeder muß sein eigenes Leben leben und seinen eigenen Weg gehen. So betrachtet ist Leben Einsamsein, »keiner kann dem andern Wegbruder sein« (Christian Morgenstern). Das Zurücklegen des »Weges« ist ein »Wagnis«; beide Wörter haben die gleiche sprachliche Wurzel. Wenn der Mensch aber um das eine Ziel weiß, das alle haben, dann kann ihm jeder neue Tag neue Freunde, neue Brüder weisen, bis er »leidlos alle Kräfte preisen, aller Sterne Gast und Freund sein mag« (Hermann Hesse, »Reiselied«). Das Ziel macht den Sinn unseres Weges aus. Nach chinesischem Denken entspricht der zum Ziel führende Weg der Weltordnung, dem ewigen Gesetz, dem Sinn des Seins. Dementsprechend gibt es für das Wort *tao* verschiedene Übersetzungsmöglichkeiten: Bahn, Weg, Pfad, Lauf der Dinge, Ordnung, Gesetz, Sinn. Im alltäglichen Sprachgebrauch heißt »Weg« auf chinesisch *lu* und wird durch die Zeichenkombination »Fuß« und »jeder« geschrieben, während für das über der Menschenwelt befindliche *tao* die Zeichen »Kopf« und »gehen« gesetzt werden. Bei Konfuzius ist das *tao* das Gesetz, durch welches der Himmel die Natur und das Menschenleben in Ordnung hält; wenn die Lebensführung des Menschen dem *tao* entspricht, steht er in Harmonie mit dem ewigen Weltgesetz. Laotse gebraucht das *tao* als Ausdruck für den Urgrund des Seins, für die letzte, geheimnisvolle Wirklichkeit, Ausgangspunkt und Endziel aller Wege. Das Bild vom Weg dürfte der Erfahrung einer frühen Kulturepoche entstammen, in der durch Naturkatastrophen und soziale Unruhen die Zufahrtswege zu Dörfern und Städten abgeschnitten wurden. Wenn die Wege frei waren, herrschte Ordnung im Lande; so wurde der Weg zu einem Symbol der Weltordnung überhaupt[377].

Im frühen griechischen Denken taucht das Bild von den zwei Wegen auf, zuerst bei dem Dichter Hesiod im Hinblick auf das Gegensatzpaar gut und böse:

Laster kannst du dir ohne Bemüh'n in Menge erwerben.
Kurz ist der Weg dahin und nahe dir wohnen sie immer.
Doch vor die Tüchtigkeit setzten den Schweiß die unsterblichen Götter.
Weit und steil ist der Pfad, der zu ihr führt den Wanderer.

Es war das Anliegen des Philosophen Pythagoras, der im unteritalischen Kroton einen Bund für sittlich-religiöse Lebensreform gründete, die Menschen von der breiten Straße, auf der die Menge wandelt, zu dem schmalen und steilen Pfad seiner für gut gehaltenen Lebensart zu rufen. Seinen Anhängern, den Pythagoräern, wurde der Buchstabe Y zu einem Sinnbild für den zuerst gemeinsam verlaufenden Weg, der sich dann trennt in den Weg des Lasters (*kakia*) und in den der Tugend (*arete*)[378]. Der Mythos von Herakles am Scheideweg geht auf Prodikos, einen Sophisten, zurück. Danach suchten zwei Frauen den jungen Helden für sich zu gewinnen, die eine war von schlichter, echter Schönheit und versprach ihm den beschwerlichen Weg zur Tüchtigkeit, die andere versuchte ihr wahres Gesicht durch Toilettenkünste zu verdecken und versprach ein Leben in Üppigkeit und Wollust. Die beiden Frauen repräsentierten Tugend und Laster; der junge Herakles wußte, welchen Weg er einzuschlagen hatte. Von Heraklit stammt der bekannte Ausspruch: »Alles fließt« (*panta rhei*), alles ist in Bewegung, es gibt kein bleibendes Sein. Alle Dinge gehen aus dem göttlichen Urfeuer durch Zwiespalt und Kampf hervor, das ist der »Weg hinab«. Eintracht und Friede führen schließlich zum Erstarren, Ersterben und damit den »Weg hinauf« wieder zur Einheit des Urfeuers zurück.

In den verschiedenen Religionen taucht wiederholt das Bild des Weges auf, erkennt doch in ihm der Mensch sein eigenes, an Raum und Zeit gebundenes Leben, das einem für ihn unsichtbaren, geheimnisvollen Ziel zustrebt. Augustinus charakterisierte den Menschen als *homo viator*, als Wanderer, als Pilger in die andere Welt. Jeder Weg hat ein Ende und führt damit in die Raum- und Zeitlosigkeit zurück. Für die indischen Religionen ist der Heilsweg (*marga*) immer ein spiritueller Weg zur Vereinigung des individuellen Ich (*jiva*) mit dem universellen göttlichen Selbst (*atman*), das wiederum mit dem ewigen Absoluten (*brahman*) identisch ist. Buddha spricht von dem »achtgliedrigen heiligen Pfad«, der als rechter Weg zwischen der Hingabe an die Begierden und dem Sichverlieren an die Selbstquälerei zur Ruhe, Erleuchtung und zum Nirvana führt; die acht Glieder dieses Weges sind rechtes Hoffen (Glauben), rechtes Wollen, rechtes Reden, rechtes Tun, rechtes Leben, rechtes Streben, rechtes Gedenken und rechtes Sichversenken. Der erste Schritt auf dem Weg zur Erlösung ist das Aufgeben des häuslichen Wohllebens; denn das Haus ist nur ein scheinbarer Ort der Geborgenheit. Die alten Ägypter erblickten im Lauf der Sonne den sichtbaren Hinweis auf ihren eigenen Lebensweg und schöpften daraus Hoffnung auf ein Weiterleben nach dem Tode. Im Diesseits beginnt schon der Weg, der ins Jenseits führt; der Tod ist nicht schreckliches Ende, sondern eine in die Zeit hineinreichende und die Zeit überdauernde Funktion des Schöpfergottes, durch welche das Dasein erneuert wird, wie auch der zum Greis gewordene Sonnengott sich in jeder Nacht verjüngt, um am Morgen als Kind den neuen Tageslauf zu beginnen. Die Vorstellung des Weges war auch beim Tempelbau ausschlaggebend – von außen nach innen, von der Welt der Erscheinungen zur Welt der Wesen[379]. Während das Volk nur bis zum äußeren Tempeltor vordringen konnte und dort seine Gebete verrichten durfte, beschritten die Priester den Weg zur Gottheit: vorbei an den Tortürmen (Pylonen) durch den vom gleißenden Sonnenlicht überfluteten Vorhof zur noch hellen Vorhalle in den dämmerigen Säulensaal, bis sie schließlich an der Pforte des in Dunkelheit gehüllten Allerheiligsten standen; dort drinnen erhob sich, nur den Eingeweihten zugänglich, in schwarzem Granit das Bild der Gottheit. Gleich einem Crescendo steigert sich die Dämmerung zur völligen Dunkelheit, genau so wie sich die Stimmung des lichtbegnadeten Menschen verdüstert, um in Abkehr von der Welt sich dem göttlichen Urgrund zu öffnen.

In zahlreichen Riten des alten Orients und der Antike wurden die Lebensstationen der verehrten Gottheit gleich einer *imitatio dei* nachvollzogen. Beim babylonischen Neujahrsfest wurde der Lebensweg des Gottes Bel, sein Abstieg in die Unterwelt und seine Rückkehr, dramatisch dargestellt. In Ägypten glaubte man im Mysteriendrama von Osiris, in dessen Tod und Wiederauferstehung, seinen eigenen Lebensweg zu schauen. Dem griechischen Mythos nach reiste der Gott Dionysos durch die ganze bewohnte Welt, um den Menschen das höchste Glück (den Weinstock) zu bringen; so wurde er im Kult als Gott der Ankunft (*epiphaneia*, »Erscheinung«) gefeiert. In Anspielung darauf, daß Dionysos über das Meer kam, wurde in Athen sein Bild in einem Schiffskarren zum Heiligtum gefahren. Der Mythos berichtet weiter, wie der Gott auf seinen Wegen Ariadne begegnete, die früher durch ihren Wollknäuel (Ariadnefaden) dem Theseus zum Wegbereiter aus dem Labyrinth wurde. In der an Bildern und Symbolen so reichen Sprache der Mysterien galt Ariadne als menschliche Seele, die in der Vereinigung mit Gott, im *hieros gamos*, erlöst wird[380]. Der Gott auf dem Wege ist der Erlöser!

Im Alten Testament findet sich der Weg in der Bedeutung von Gottes Weltplan, der aber nicht als unpersönliches Gesetz (wie in China) aufgefaßt wurde, sondern als persönlicher unergründlicher Willensentschluß. So kann der Herr sprechen: »Meine Gedanken sind nicht eure Gedanken, und eure Wege sind nicht meine Wege« (Jesaja 55,8). Aber trotzdem, ja gerade deshalb müssen die Menschen den von Gott vorgeschriebenen Weg einhalten. Der leidgeprüfte Hiob weiß es, daß Gott alle Wege sieht und alle Schritte in seiner Hand hat (Ijob 31,4). Jeder Mensch kann selbst darüber entscheiden, welche Richtung er seinem Leben gibt, ob er den Weg zum Leben oder den zum Tode wählt (Jeremia 21,8). Der »Weg« (*derekh*) wurde der späteren jüdischen Gesetzesfrömmigkeit zu einem Lieblingswort.

Das Bild von den zwei Wegen kehrt im Neuen Testament in der Bergpredigt (Matthäus 7,13 f.) wieder: »Weit ist das Tor, und breit ist der Weg, der ins Verderben führt, und viele sind es, die hineingehen auf ihm. Wie eng aber ist das Tor und wie schmal der Weg, der zum Leben führt; und wenige sind es, die ihn finden«. In Jesus Christus ist Gott selbst zu uns gekommen, um uns den Weg des Heils zu zeigen. Höhepunkt biblischer Wegsymbolik ist die Selbstbezeugung Jesu: »Ich bin der Weg, die Wahrheit und das Leben. Niemand kommt zum Vater außer durch mich« (Johannes 14,6). Hier wird ganz deutlich, wie sehr Weg, Ziel und Sinn zusammenfallen. Dabei wird das Kreuz zum Wegweiser; es ist keinesfalls »die Durchkreuzung des Lebensweges, sondern ganz und gar der Weg Jesu selbst«[381]. Wer diesen Weg beschreitet, wer Christus nachfolgt, der wird den durch den Sündenfall verschlossenen Weg zum Paradies wieder offen finden, der kann einziehen in die »Straßen« der himmlischen Stadt, in deren Mitte der Baum des Lebens steht. In der Emblematik des 16./17. Jahrhunderts wird das Zwei-Wege-Motiv im Y-Zeichen wiedergegeben; der gute schmale Weg führt zur belohnenden Krone, der schlechte breite Weg endet im strafenden Feuer (so bei Zacharias Heyn, 1625).

Auch die islamische Mystik, der Sufismus, kennt einen Heilsweg (*tarika*), der mit seinen einzelnen Stadien und Stationen ein Symbol für die geistige Läuterung des Sufi ist. Voraussetzung für die Reise zu Gott ist die Erkenntnis, daß die Welt der Erscheinungen nichts anderes ist als ein Schleier, der das Göttliche verhüllt. Gott ist innen wie außen, immanent und transzendent; er ist nicht nur über alle Dinge erhaben, sondern ist uns »näher als die Halsschlagader« (Sure 50/16). Der Sufi weiß um die Entfaltung der Welt in einem »Bogen des Abstiegs« von der göttlichen Essenz über die Welt der Ideen bis zur Welt der Natur und des Menschen; aus diesem Wissen heraus begibt er sich auf die spirituelle Reise, um im »Bogen des Aufstiegs« sich wieder mit Gott zu vereinen. Der ganze zurückzulegende Weg »ist eine Reise in Symbolen, auf der man sich ständig der höheren Wirklichkeit in den Dingen bewußt ist. ... Symbole sind Mittel der Übertragung göttlicher Wirklichkeiten, die uns umwandeln, indem sie uns in die höheren Seinszustände versetzen«[382]. Tor und Brücke, Berg und Baum, Gebet und der dazu gehörige Teppich mit passendem Motiv (wie z.B. hier mit Weltbaum) sind solche Symbole. Als äußeres Zeichen dafür, daß der Sufi die Nähe Gottes erreicht hat, gilt die Ekstase, die ihrerseits durch den Rausch symbolisiert wird; der vom göttlichen Mundschenk kredenzte Wein bedeutet die mystische Erkenntnis. Im Liebesrausch, in der Gottestrunkenheit erfolgt die Auflösung des Ich-Du-Verhältnisses und die Einigung mit Gott. Wer Gott sucht und dabei – in Gebet, Meditation, Ekstase – die Welt verläßt, wird in sich selbst das Ziel (Gott) finden.

> *Wir sind die Sucher und wir sind das Ziel,*
> *Sind Reisende, sind Weg und Herberg auch.*
> *Wir sind der Pilger, sind der Sultan auch,*
> *Wir ruhen, und wir fliegen an das Ziel.*
>
> Dschelaleddin Rumi

Jeder Mensch ist ein Suchender, und wenn auch das Ziel seines Weges verborgen ist, so steht es doch unverrückbar fest. Alles kehrt in den heilen und heiligen Ursprung zurück, woher es seinen Anfang nahm. So sind wir alle Pilger (von lateinisch *peregrinus*, eigentlich »Fremder«), die auf dem Weg in ihre wahre Heimat sind. Schon im Hier und Jetzt beginnt die Reise, und für alle Pilger gilt das Wort des spanischen Dichters Cervantes: »Der Weg ist immer besser als die Herberge«. Auch wenn der Mensch eine Familie gründet, im Beruf Karriere macht, in der Gesellschaft Anerkennung findet, so bleibt er in Wahrheit doch immer ein Treibender, ein Getriebener, ein Suchender; er ist sein ganzes Leben lang auf dem Wege zwischen Ungewißheit und Wagnis. Wer in der Dunkelheit tappt, kann das Ziel nicht finden; der Pilger braucht ein Licht, das ihm – in religiöser Lehre und Praxis – den Weg erhellt. Der als Aufstieg empfundene Weg wird immer von dunkler Tiefe zur lichten Höhe führen. Im Reiche des himmlischen Lichtes ist die Pilgerfahrt zu Ende und der auf Erden Fremde hat seine Heimat gefunden.

Zur Symbolgestalt für den Lebensweg eines vom Christentum geprägten Menschen wurde Parzival in der epischen Dichtung des Wolfram von Eschenbach. Danach bringt Herzeloyde nach dem Tod des im ritterlichen Kampfe gefallenen Gatten ihren Sohn Parzival in die Waldeseinsamkeit, um ihn vor den Gefahren dieser Welt zu bewahren. Des Jungen erste Frage: »Was ist Gott?« beantwortet die Mutter: »Er ist glänzender als der Tag.« Nachdem Parzival am Waldrand Ritter in ihrer glänzenden Rüstung erblickt hat, zieht es ihn hinaus in die Welt. Gefahren und Abenteuer, Niederlagen und Siege (auch im geistig-moralischen Sinne) reihen sich aneinander. Bei all den Zweifeln an der Gerechtigkeit Gottes wird sein adliges (edles) Herz doch von einem einzigen Verlangen erfüllt: Gott wiederzufinden. Bei dem Einsiedler Trevrizent beugt er sich im Gefühl seiner Schuld vor dem Höchsten und findet schließlich den Weg zur Gralsburg (einem irdischen Abbild der Himmelsstadt), wo er König wird und Kondwiramur zur Gemahlin nimmt (Motiv der heiligen Hochzeit). So führt Parzivals Lebensweg von der *tumpheit* (Einfalt) über den *zwîfel* (Zweifel und Zwietracht) zur *saelde* (Seligkeit).

Der Mensch als Suchender, als Wanderer, als Pilger ist geradezu ein Leitmotiv der abendländischen Dichtung – vom Odysseus der Antike über den mittelalterlichen Parzival, dem »Ritter von der traurigen Gestalt« Don Quijote des Spaniers Miguel de Cervantes bis zum Peer Gynt des norwegischen Dramatikers Henrik Ibsen oder zur tragischen Gestalt des Ulysses in dem Roman des Iren James Joyce[383]. Auch wenn der Handlungsablauf sich auf der (vordergründigen) Realitätsebene abspielt, so weisen doch einzelne Elemente der Texte – oft nur in verschlüsselter Form – über das Abbildliche hinaus auf eine (hintergründige) Sinngebungsebene. In den Irrfahrten und Abenteuern des Odysseus kann man unschwer mythische Grundmuster erkennen, wobei es jedoch verschiedene Interpretationsmöglichkeiten gibt; für die Kirchenväter war der an den Mastbaum gebundene Held ein Symbol Christi am Kreuz, der den sündhaften Verlockungen der Welt (im Gesang der Sirenen) widersteht (s. Abb. S. 220). In die Reihe der Wanderer in der Weltliteratur gehört auch Grimmelshausens »Simplicius Simplicissimus«; erst in letzter Zeit beginnt man zu erkennen, daß sein richtiges Verständnis einer Entschlüsselung bedarf; der Germanist Günther Weydt bemüht sich z.B. um den Nachweis einer astrologischen Bedeutungsebene (*sensus astrologicus*), wie sie im Barock ja auch in anderen Werken nachweisbar ist; danach wird der Weg des Helden von den Planeten geleitet und führt von der Anschauung der Beständigkeit der Welt (unter Saturn) schließlich zur Einsicht in die Unbeständigkeit (unter Merkur und Mond)[384]. Bei den Romantikern erscheint der Wanderer als Symbol des menschlichen Daseins, getrieben von einer unstillbaren Sehnsucht. Beispielhaft ist Eichendorffs »Aus dem Leben eines Taugenichts«; hier bewahrheitet sich das Wort: »Wem Gott will rechte Gunst erweisen, den schickt er in die weite Welt«. Ein Übergang ist dem Pilger die ganze Welt »mit ihrem Gram und Glücke«, die er aus seinem tiefen Glauben heraus betreten will »wie eine Brücke zu dir, Herr, übern Strom der Zeit« (Eichendorff in dem Gedicht »Morgengebet«).

Das Bild von der die Erde mit dem Himmel verbindenden Brücke ist eine weit zurückreichende Vorstellung. Im alten Rom wurde beim Bau einer Brücke dem an dem Ort wohnenden Schutzgeist (*genius loci*) ein Opfer dargebracht, der damit betraute Priester wurde *pontifex maximus* (»größter Brückenbauer«) genannt, eine Bezeichnung, die später von den Caesaren und ab dem 5. Jahrhundert von den Päpsten in ihrer Eigenschaft als Mittler zwischen dem Diesseits und dem Jenseits übernommen wurde. Nach altgermanischer Überlieferung wird die Welt der Götter (Asgard) mit der der Menschen (Midgard) durch die Brücke Bifröst verbunden, diese wird von der Erde aus als Regenbogen wahrgenommen. Eschatologische Bedeutung hat die Brücke in der islamischen Theologie, sie führt über die Mitte der Hölle und ist »dünn wie ein Haar und scharf wie ein Schermesser«; die Guten gelangen über sie mit Leichtigkeit in die »Gärten der Wonne«, während die Bösen in den Abgrund stürzen[385]. Die Brücke ist ganz allgemein Symbol der Verbindung von Entgegengesetztem, von Hüben und Drüben, von Vergangenem und Zukünftigem. Nach einem apokryphen Jesuswort ist die ganze Welt eine Brücke; alles Geschöpfliche ist Übergang zum Schöpfer. Im Strom der Vergänglichkeit kann die Brücke dem Wanderer zum rettenden Bindeglied werden, wie dies Gottfried Benn in der dissonanzenreich-melodiösen Schwermut eines seiner Gedichte (»Epilog«, 1949) zum Ausdruck bringt.

Die Fluten, die Flammen, die Fragen –
und dann auf Asche sehn:
»Leben ist Brückenschlagen
über Ströme, die vergehn«.

Nur zu oft verliert der Mensch sein Ziel aus dem Auge, der Wanderer kommt vom richtigen, geraden Wege ab, und die Welt wird zum Labyrinth, aus dessen Irrgängen man nur mit Gottes Hilfe wieder herausfindet. Christus selbst ist – in patristischer Ausdeutung des antiken Mythos – als Theseus in dieses Labyrinth hinabgestiegen, um den hier hausenden Teufel (Minotauros) zu überwinden, wie eine Darstellung in der einstigen Krönungskirche der langobardischen Könige S. Michele magiore in Pavia erkennen läßt; wenn der Priester seinen Weg zum Altar nahm, mußte er das Labyrinth durchschreiten, d.h. in die Dunkelheit eintauchen, bevor er zum göttlichen Licht anstieg[386]. In der Abtei von Toussaint zu Châlons sur Marne gibt es ein Labyrinth von 25 Zentimeter Durchmesser; es wurde von den Gläubigen mit dem Finger nachgefahren als symbolischer Weg durch »diese Welt«, der unweigerlich zum Tode und zur Unterwelt führt, aus der man nur durch Christus zum Heil geleitet werden kann. In der Emblemliteratur des 16. und 17. Jahrhunderts erscheint die christliche Seele in Pilgerkleidung mitten im Labyrinth; durch Gottes Wort wird sie sicher in das Paradies geführt. In seinem Buch »Labyrinth der Welt« empfahl Johan Amos Comenius die Hinwendung zu Gott, Einfachheit und Bedürfnislosigkeit als Ariadnefaden.

Die ihrer Gestalt und Bedeutung nach dem Labyrinth verwandte Spirale ist ganz allgemein ein Bild für den Weg – abgeschaut dem Lauf der Gestirne und übertragen auf den Lebensweg des Menschen. Die im Uhrzeigersinn nach rechts drehende Spirale kommt einem Aufrollen gleich und bedeutet Entfaltung, Evolution, Zukunft, Tageslauf der Sonne und zunehmender Mond. Die nach links gedrehte Spirale entspricht der Rückkehr zum Ursprung und bedeutet Verfall, Vergänglichkeit, Nachtfahrt der Sonne und abnehmender Mond. »In der Spirale spiegelt sich der polare Verlauf des Lebens: in seinen Richtungen der Extraversion und der Introversion, in der Entwicklung allen Lebens vom Keim bis zum Höhepunkt und seiner darauffolgenden Wiedereinrollung bis zum Altern und zum Tode« (Ingrid Riedel)[387]. Den Anfangspunkt der sich im Kosmos verlierenden Spirale hat man treffend als *uterus mundi* bezeichnet, als Mutterleib der Welt. Hier im Schoß des Seins ist der Ausgangspunkt aller geheimnisvollen, verborgenen Kräfte, und hierin führt der spiralförmige Weg den Menschen wieder zurück, sei es nun – je nach verschiedenem Blickwinkel – in den Schoß der Erde oder in den »Schoß Abrahams« als einem mittelalterlichen Bild für das Paradies.

Der heraklitische Weg nach unten, der »Bogen abwärts« des Sufismus und die rechtsläufige Spirale bedeuten Evolution, Kosmogonie, Abstieg des Geistes in die Materie; der Weg nach oben, der »Bogen aufwärts« und die linksläufige Spirale stehen symbolisch für Involution, Weltuntergang, Überwindung der irdischen Schwerkraft und Lösung des Geistes (bzw. der Seele) aus der Verstrickung in der Materie. Die Spirale kann zu einem

Symbol der Seelenreise werden »durch den sphärischen Wirbel« von einer Ewigkeit zur anderen[388]. Wenn auf einem Relief der Kathedrale zu Vézelay (in Burgund) auf dem Gewand Christi zwei Spiralen (je eine an der rechten Hüfte und am linken Knie) angebracht sind, dann bedeutet dies, daß der Heiland Herr über Leben und Tod ist, aber auch den Weg zeigt, der vom Irdischen zum Überirdischen, vom Vergänglichen zum Ewigen führt. Zu den wenigen durch eine religiöse Stimmung ausgelösten Bildern Vincent van Goghs gehört »Die Sternennacht« (New York, Museum of Modern Art), etwa ein Jahr vor seinem Tod gemalt. Zwei Drittel des Bildes werden vom Himmel eingenommen, der von einem fast apokalyptisch anmutenden Spiralnebel durchzogen und von elf übergroßen Sternen erleuchtet wird, während die polaren Kräfte Sonne und Mond als zwölfter Astralkörper in eins zusammenfallen. Der Kunsthistoriker Meyer Schapiro meint, daß das Bild Ausdruck von des Malers ganzer »Sehnsucht nach mystischer Vereinigung mit dem All und nach Erlösung ist«[389].

Ein weiteres Symbol für den Lebensweg ist der Faden. Nach altindischer Überlieferung wird der Atem ein Faden genannt, an dem die Wesen angewebt sind, und der Wind ist der Faden, der die Welt zusammenhält. Der Lebensfaden wird von den Schicksalsgöttinnen selbst gesponnen; bei den Griechen sind es die Moiren: Klotho ist die Spinnerin, Lachesis erhält den Faden durch alle Zufälligkeiten, und Atropos (»die Unabwendbare«) durchschneidet ihn und führt damit den Tod herbei. Bei den Römern sind es die Parzen, die das Schicksal (*fatum*) des Menschen bestimmen, in der Hand haben. Spinnrad und Webstuhl galten wegen ihrer gleichmäßig drehenden Bewegung als Symbol unabänderlicher Gesetzmäßigkeit; aus ihnen geht der Faden des Lebens, des Schicksals hervor.

Alles, was sich dreht, ist in Bewegung, ist ein Bild für den Weg – gleich ob Spinnrad, Wagenrad oder Glücksrad. Die vom Rad vollführte Bewegung läßt ein ständiges Auf und Ab erkennen, genau so wie es in jedes Menschen Leben Höhen und Tiefen gibt. Das ganze Leben ist ein rollendes Rad, welches in das Totenreich hinab oder in die Welt des unvergänglichen Seins hinauf führt. Der Buddhismus spricht vom Bhavacakra, dem »Rad der Existenz«, das ein beredtes Bild des Geburtenkreislaufes (*samsara*) ist. Das tibetische Lebensrad besteht aus drei konzentrischen Ringen; der innerste zeigt Schwein, Hahn und Schlange – ursprünglich die Vertreter von Erde, Luft und Wasser, dann Symbole der drei Todsünden (Unwissenheit, Wollust, Haß), die den Kreislauf der Wiedergeburten stets aufs neue in Bewegung setzen. Zwischen den sechs Radspeichen sind die verschiedenen Weltregionen: die der Götter, der Gegengötter (Titanen), der Menschen, der Tiere, der Gespenster und der Höllenwesen. All diesen Bereichen gemeinsam ist die Erfah-

rung von Leiden und Tod. Das ganze Rad wird von dem Dämon der Vergänglichkeit und des Todes (Yama) zwischen seinen Zähnen und Krallen gehalten[390].

Das Rad war in der Antike ein Symbol der griechischen Glücksgöttin Tyche wie später auch der römischen Fortuna (s. Abb. S. 223); in seiner drehenden Bewegung veranschaulicht es, wie der Sterblichen Geschlecht dem Pflanzenreich vergleichbar stets im Kreise geht: »Der eine blüht zum Leben auf, indes der andere stirbt und abgemäht wird« (Plutarch). In der Kunst des Mittelalters ist das Glücksrad ein seit dem 12. Jahrhundert nachweisbares Sinnbild von der Wandelbarkeit des Lebens. Bis in das 16. Jahrhundert wird gewöhnlich der Aufstieg und Absturz eines Königs als Exempel für die Launenhaftigkeit des Glückes dargestellt. Eine der bekanntesten Darstellungen ist die im »Hortus deliciarum«, einer Textsammlung der Äbtissin Herrad von Landsberg, bei welcher das Rad (die *rota*) von Fortuna bewegt wird. Manchmal hat die Glücksgöttin die Augen verbunden, um anzudeuten, mit welcher Willkür sie die Lose verteilt. In Sebastian Brants »Narrenschiff« wird vor törichtem Ehrgeiz gewarnt: Nur ein Narr »sucht stets einen höhern Grad und denkt nicht an des Glückes Rad. Was hoch hinauf steigt in dieser Welt, gar plötzlich oft zu Boden fällt«. Trotz seiner vorchristlichen Herkunft erscheint das Glücksrad verschiedentlich als Fensterrose an Kirchen, so bei St. Etienne zu Beauvais und über der Galluspforte des Basler Münsters.

Wie sehr der Mensch von den Mächten des Schicksals und von der Göttin des Glücks abhängig ist, hat in früheren Zeiten jeder Seemann erfahren. Das den Menschen bedrohende und verschlingende Meer wird zu einem Bild der Welt mit all ihren Gefahren; hier herrscht nach christlich-mittelalterlicher Auffassung der Teufel (das Wasserungeheuer Leviathan), der das Schiff des gläubigen Seefahrers zum Kentern bringen will. Das ganze Leben wird zu einer gefährlichen Schiffahrt (*navigatio vitae*), wofür der homerische Odysseus und der alttestamentliche Jonas treffliche Paradigmen sind. Von Augustinus kommt die Mahnung: »Niemand kann das Meer dieser Welt überschreiten, wenn nicht Christi Kreuz ihn trägt. ... Laß dich tragen vom Schiff, laß dich tragen vom Holz; glaube an den Gekreuzigten und du wirst zum Ziele gelangen können«. Schiff und Holz sind Symbole des Heils. In einer weiteren Ausdeutung kann der Mastbaum zum Kreuz werden und die vom Wind getriebenen Segel zum Heiligen Geist. In immer wiederkehrenden Bildern beschreiben die Kirchenväter das Schiff der Kirche (Ecclesia), auf welchem der Gläubige mit Hilfe des erfahrenen Steuermannes Christus das Meer der Welt sicher durchfährt, bis der Port (*portus*, »Hafen, Zufluchtsstätte«) der Seligkeit erreicht ist[391].

In hellenistischer Zeit wird der Schiffbruch des Lebens zu einem moralisierenden Topos. Philon von Alexandrien spricht von den Wogen der Lüste und des Reichtums, durch die das Seelenschiff seinen Weg finden muß. Giottos Bild der »Navicella« in der Vorhalle von St. Peter zu Rom stellt das Schiff der Ecclesia dar, das trotz aller Gefahren und menschlicher Ängste auf Christus als den einzig sicheren Hafen zusteuert. Weh dem, der nicht das Kreuz als Mastbaum hat! So zeigt das »Narrenschiff« des Hieronymus Bosch (Paris, Louvre) eine Art Maibaum mit Spanferkel (Völlerei und Wollust), einen Wimpel mit Halbmond (Unglauben) und zuoberst den Totenkopf. In der Klassik und Romantik setzt sich neben dem ekklesiologisch oder moralisierend ausgelegten Thema des Schiffbruchs immer mehr die tragische Dimension durch; das Leben des Menschen ist hilflos den Naturgewalten ausgesetzt – keine himmlische Macht greift ein, kein Heiliger steht bei. Der durch seine schwermütigen Landschaftsbilder bekannte Caspar David Friedrich »deutete Schiffe immer wieder als faßbare Gleichnisse der Lebensfahrt des Menschen im Meer des Unendlichen«[392]. Erschütternd ist das Gemälde »Gescheiterte Hoffnung« (Hamburg,

Kunsthalle) mit dem von Eisbergen begrabenen Schiff. Ein anderes Bild zeigt »Die Lebensstufen« (Leipzig, Museum der bildenden Kunst) vom spielenden Kleinkind bis zum Greis am Stock zusammen mit fünf Segelschiffen. In der Dichtung des 19. und 20. Jahrhunderts nimmt die an sich ambivalente Wassersymbolik immer mehr die Bedeutung des Todes an; bei Arthur Rimbaud wird die Lebensfahrt zur ausweglosen Reise über das Meer; das Gedicht heißt vielsagend »Trunkenes Schiff«: Wie »ein Kork tanzt' ich hin auf der Flut der ewigen Todeswiegen«, die Sonne schaut »voll mystisch grauser Flecken« auf das Meer herab, bis schließlich der vom Schicksal hin- und hergeworfene Mensch und das trunkene Schiff (*bateau ivre*) eins werden »im Haargeflecht der Riffe. Vom Sturm geschleudert hoch in vogelleere Luft«.

Zum Bild der Schiffahrt gehört auch der Leuchtturm, der den Seefahrer auf gefährliche Klippen aufmerksam macht und ihm den sicheren Hafen anzeigt. Auf altchristlichen Grabsteinen ist der Leuchtturm ein Sinnbild für das Eingehen in das himmlische, ewige Licht (*lux perpetua*); das Ziel der Lebensfahrt ist erreicht. Ein Bild aus frühchristlicher Zeit zeigt einen Vogel als Seelensymbol auf dem Schiff, das Christus – angedeutet in seinem Monogramm – entgegensteuert. Je mehr der Mensch im Irdischen verstrickt ist, desto mehr richtet sich sein Blick nach oben. Schon in den alttestamentlichen Klageliedern (3,41) ertönt der Ruf: »Laßt unser Herz erheben in den Himmel zu Gott!« In dem katholischen Gottesdienst geht dem eucharistischen Hochgebet eine Einleitung voraus mit der Aufforderung: »Sursum corda!« (»Empor die Herzen!«), ähnlich heißt es in der Agende (Gottesdienstordnung) der evangelisch-lutherischen Kirche von 1955: »Die Herzen in die Höhe!«.

Wie der menschliche Körper auf eine Leiter oder Treppe angewiesen ist, um nach oben zu steigen, so bedarf auch die Seele einer Hilfe zum Aufstieg in die himmlischen Regionen. Den alten Ägyptern

war die zum Himmel führende Leiter eine vertraute Vorstellung; nach einem Pyramidentext sollten die Toten auf den Sonnenstrahlen in das Jenseits gelangen; den Verstorbenen wurde mitunter die Nachbildung einer Leiter oder einer Treppe ins Grab mitgegeben, und im Totenbuch (Ende des Kapitels 153) heißt es: »Nun beginn ich die Stufen zu erklimmen der himmlischen Treppe, welche Re, mein göttlicher Vater, für mich seit langem vorbereitet«[393]. In Mithras-Tempeln erinnerte eine Art Leiter, aus acht übereinandergestellten Toren zusammengesetzt, an den Weg, den die Seele zurücklegen muß, bis sie von allen Mängeln und aller Sinnlichkeit befreit in den obersten Himmel gelangt; die sieben ersten Tore bestanden aus sieben Metallen, die wiederum den sieben Planeten entsprachen. Wer das achte Tor durchschreitet und damit die achte Stufe dieser Zeremonialleiter (*climax*) erreicht hat, befindet sich – symbolisch – im Empyreum, in der höchsten Sphäre ewiger Seligkeit. Die Römer erblickten in dem Wort *climacter* nicht nur eine Stufenleiter, sondern auch die mit ihr

225

verbundene Gefahr des Absturzes, so bezeichnet das Wort eine gefahrvolle Epoche im menschlichen Leben und fand als Klimakterium (für die Wechseljahre) Eingang in die medizinische Fachsprache. Ein Symbol für die nicht abgebrochene Beziehung zwischen Mensch und Gott ist die in Jakobs Traum erschaute Himmelsleiter, auf der die Engel auf- und niedersteigen (1. Moses 28,11 ff.). Hier nimmt einer der ältesten Wünsche des Menschen Gestalt an: Erhebung des Gemütes, Aufstieg des Geistes und Himmelfahrt. Ohne direkt als solches genannt zu werden, taucht das Bild von Leiter oder Treppe auch im Neuen Testament auf: Jesus selbst prophezeit: »Ihr werdet den Himmel offen sehen und die Engel Gottes auf- und niedersteigen über dem Menschensohn« (Johannes 1,51). Der heilige Benedikt schreibt im 7. Kapitel seiner Ordensregel: »Brüder, wollen wir daher den Gipfel der vollkommenen Demut erreichen und rasch zur Erhöhung im Himmel gelangen…, so müssen wir durch unsern aufwärtsstrebenden Wandel jene Leiter aufrichten, die Jakob im Traume erschienen ist«[394]. Bei verschiedenen Kirchenvätern wird die Jakobsleiter auf das Kreuz Christi bezogen, durch welches den Menschen der Aufstieg in den Himmel ermöglicht wird. Von großer Bedeutung für das orthodoxe Mönchtum wurde Johannes, ein Abt des Sinaiklosters (7. Jahrhundert), der den Zunamen Klimakos (»Leiter«) erhielt, weil er ein Werk über die dreißig Stufen zum Paradies (*klimax tou paradeisou*) geschrieben hat; darin wird die Anweisung zu einem gottesfürchtigen, mystischen Leben gegeben, das von der Weltabkehr über Gebet und Schweigen zur Ruhe führt, in welcher der Mensch den Abgrund der Geheimnisse erschaut und den »Himmel auf Erden« erlangt[395].

In Mythen und Riten gibt es verschiedene Möglichkeiten, den Weg nach oben anzudeuten: die Sonnenstrahlen der Pyramidentexte, die Jakobsleiter der Bibel, der Regenbogen (Bifröst) in der Edda, der Baum für die Himmelsreise des Schamanen, die zum Altar emporführenden Stufen und nicht zuletzt Turm und Berg. Die ältesten geschichtlich überlieferten Abbilder des als Weltachse gedachten Weltenberges sind die sumerischen Stufentürme, von den Babyloniern *zikkurat* genannt; wer die sieben Stockwerke nach oben hinaufgestiegen ist, hat – symbolisch – alle Planetensphären durchquert und mit der Turmspitze den Himmel erreicht. Hier befand sich aber auch der Tempelraum mit dem Brautgemach der herabsteigenden Gottheit als Gewähr dafür, daß diese weiterhin das bedrohliche Chaos bannen und den Lebensraum des Menschen schützen werde[396]. Aus einer anderen Einstellung zu Gott heraus ist der biblisch überlieferte Turmbau zu Babel, dessen Spitze in den Himmel reichen sollte (1. Moses 11,4), der verzweifelte Versuch, die durch den Sündenfall zerbrochene Achse zwischen oben und unten wieder herzustellen, notfalls gegen den Willen Gottes. Der Mensch kam nicht als demütiger Pilger, sondern als trotziger Himmelsstürmer. Der Turm zu Babel wurde so zu einem Symbol des Hochmuts und der Maßlosigkeit. Ein Symbol, das auch unserer fortschrittsgläubigen modernen Zeit zu denken geben müßte. Sicher, wir können »Wolkenkratzer« bauen. Aber warum? Um Gott näher zu sein? Zwar träumen viele von uns, den Himmel zu stürmen (auf dem Wege der Astronautik) – aber warum? Zugegeben: Vor ein paar Jahrhunderten entdeckten wir Amerika, heute können wir zum Mond fliegen und morgen…? Doch irgendwo und irgendwann wird die Grenze erreicht sein, die kein Mensch dieser Welt lebend überschreiten kann. Das ist die uns warnende Botschaft vom Turmbau zu Babel!

Der aus dem Wissen um die eigene Unzulänglichkeit und aus dem Glauben an Gott heraus errichtete Turm wird zum weithin sichtbaren Bindeglied zwischen Erde und Himmel. Wie die babylonischen Stufentürme sind auch die indischen Gopurams und die buddhistischen Pagoden Sinnbilder des durch alle Seinsebenen führenden Weltberges. Die einzelnen Stockwerke der Pagode repräsentieren die verschiedenen Welten wie auch den vom einzelnen Menschen anzustrebenden Erleuchtungsweg. Im Koran (Sure 24.35) heißt es: »Gott leitet zu seinem Licht, wen er will; und Gott macht Gleichnisse für die Menschen«. So ein Gleichnis, das Allah dem Menschen ins Herz gelegt und dieser als Gestalt verwirklicht hat, ist das Minarett; das Wort kommt vom arabischen *manara* und bedeutet eigentlich »Lichtort« oder »Leuchtturm«[397]. Im Anblick der Moschee und des sie überragenden Minaretts kann der gläubige Muslim, der mit des Lebens Karawane unterwegs ist, die Feststellung treffen:

Der Weg zu dir ist nun ganz klar geworden,
Und wer dich sucht, der fragt nicht nach dem Pfad;
Wenn Winter dräut, so ist in dir doch Sommer,
Und du bist Schatten, wenn der Sommer naht!

Ibrahim al-Chawass

In frühchristlicher Zeit waren Kirchtürme unbekannt. Auch später gab es gewichtige Stimmen, die – vielleicht in Erinnerung an die Geschichte vom Turmbau zu Babel – den Turm am Gotteshaus für nicht notwendig erachteten oder sogar ablehnten (Zisterzienser und Bettelorden). Andererseits gebrauchte schon Hermas im 2. Jahrhundert einen großen aus prächtigen Quadern erbauten Turm als Sinnbild der Kirche. Eine gewisse Notwendigkeit des Kirchturms kam erst mit der Einführung der Glocken in der Karolingerzeit auf. Bei Honorius Augustodunensis ist der Glockenturm ein Symbol der vom Himmlischen kündenden Predigt. Das Angelusläuten katholischer Kirchen (seit dem 14. Jahrhundert) soll an den Lebens- und Leidensweg Jesu erinnern: abends Menschwerdung, mittags Tod und morgens Auferstehung. Überhaupt ist die Glocke ein Wegbegleiter im menschlichen Leben, was Friedrich Schiller zu seinem »Lied von der Glocke« angeregt hat: sie ruft die Lebenden (*vivos voco*), sie beweint die Toten (*mortuos plango*), und sie bricht Blitze (*fulgura frango*), d.h. sie wehrt die bösen, schädlichen Mächte ab. Das architektonische Thema der zwei Türme an der Eingangsfront der Kirche hat Vorläufer bei Palästen hethitischer und byzantinischer Herrscher, wo sie als Zeichen der Macht und Würde zu interpretieren sind. Auch das römische Stadttor mit seinen zwei Türmen war motivanregend und wurde dann in christlichem Sinne mit dem Gedanken des Eingangs in die Himmelsstadt verbunden[398].

Als Langhausbau – in der romanischen Basilika wie auch später in der Hallenkirche – ist das christliche Gotteshaus eng mit dem Weggedanken verbunden. Der Gläubige kommt vom Westen, d.h. der Himmelsrichtung, die symbolisch für Diesseits, Finsternis und Tod steht. Das Portal ist die Grenze zwischen dem profanen Bereich und der Gottesstadt (*civitas Dei*). Beim Eintritt in die (katholische) Kirche begegnet man als erstes dem Weihwasserbecken zur geistigen Reinigung. Nahe der Eingangstür befindet sich in der Regel auch der Taufstein; mit der Taufe beginnt der eigentliche Lebensweg des Christen, der ihn vom irdischen Dunkel zum himmlischen Licht führt. Jeder Kirchenbesuch ist ein Weg zu Gott, ein heiliger Weg (*via sacra*) vorbei an den Propheten oder Apostel tragenden (oder auch nur versinnbildlichenden) Säulen bis zum Altar mit der symbolischen Bedeutung des Abendmahltisches wie auch des heiligen Kreuzes, an dem das Erlösungsopfer vollbracht wurde. Der Gläubige erlebt den ganzen Abstand zwischen sich und Gott, aber er weiß den Weg auch als Brücke zu der Opferstunde, von der Papst Gregor der Große schreibt, daß auf die Stimme des Priesters hin die Himmel sich auftun und bei diesem Mysterium die Chöre der Engel zugegen sind; »oben und unten verbinden sich, Himmel und Erde, Sichtbares und Unsichtbares werden eins«[399]. Soweit es möglich war, achtete man auf die bereits von Tertullian bezeugte Ausrichtung des Kirchenschif-

227

fes nach Osten, der Seite des Sonnenaufganges. In frühchristlicher Zeit war der feierliche Zug der Getauften in ihren weißen Gewändern vom Taufbecken zum Altar ein symbolischer Weg zum Untergang zur Auferstehung.

Ein heiliger Weg ganz besonderer Art ist der Kreuzweg Christi. Die ursprünglich sieben Stellen, an denen die Pilger Halt (*statio*) machten, wurden ab dem 17. Jahrhundert auf vierzehn erhöht; der Kalvarienberg bildet den Abschluß dieses Leidensweges (*via dolorosa*). Wer in der »Nachfolge Christi« das Kreuz auf sich nimmt, wer – wie der Mystiker Thomas von Kempen schreibt – in sich eins ist, d.h. Gott, Welt und sich selbst nicht mehr als Widerspruch empfindet, der wird durch das irdische »Tal der Tränen... wandern von einer Kraft zur andern und erscheinen bei Gott in Zion« (Psalm 84,7-8).

Schon die Völker des alten Orients kannten den religiösen Brauch der Wallfahrt, der aus dem Glauben an die Heiligkeit bestimmter Orte heraus zu erklären ist. In der Antike pilgerte man zu Gnadenorten des göttlichen Arztes Asklepios (vor allem nach Epidauros), wo man sich körperliche und seelische Heilung erhoffte. Bei der Wallfahrt freiwillig auf sich genommene Mühen wie Kettentragen, Barfußgehen oder Fasten lassen die Distanz bewußt werden, die zu überwinden ist. Indische Wallfahrer messen den Weg mit ihrer eigenen Körperlänge, indem sie sich oft Tausende Male bis zur Erreichung des heiligen Berges oder des Tempels auf den Erdboden legen. Das Heil kann nur derjenige erlangen, der das Wagnis des Weges eingeht und um das Ziel weiß. Ein Heiliger ist, wer der Welt entsagt und nur noch Gott sucht; die Hinduisten nennen einen solchen Menschen Sadhu (Sanskrit *sadh* bedeutet »zum Ziel führen«). Religiöse Pflicht eines jeden Mohammedaners ist es, wenigstens einmal in seinem Leben nach Mekka zu pilgern. Bei der sogenannten »großen Pilgerfahrt« (*haddsch*) muß der Pilger dreimal schnell und viermal langsam um die Kaaba (s. Abb. S. 228) herumlaufen und dabei den schwarzen Meteorstein küssen oder wenigstens berühren; beim Berg der Gnade muß er von Mittag bis zum Sonnenuntergang »vor dem Antlitz Gottes stehen«; später werden jeweils sieben Steinchen auf drei Steinhaufen geworfen, was einer symbolischen Steinigung des Teufels gleichkommt[400]. Christlichem Glauben entspricht es, daß das ganze Leben ein Weg zu Gott ist, und der Pilger ist die Symbolgestalt für die irdische Wallfahrt zur himmlischen Heimat.

Der von den Unzulänglichkeiten des Daseins geplagte Mensch sehnt sich nach einer besseren Welt. »Wie der Hirsch schreit nach dem frischen Wasser, so schreit meine Seele, Gott, nach dir. Wann werde ich dahin kommen, daß ich Gottes Antlitz schaue« (Psalm 42,2-3). Der Weg zu Gott ist ein Weg zur Quelle (Ursprung) und zum Licht (Himmel). Gleich ob dabei Leiter, Treppe, Turm oder Berg die sichtbaren Symbole sind, der Weg zu Gott ist ein Aufstieg (*ascensus*), der aber genau betrachtet nur möglich ist im Durchblick auf die Stationen des Passionsweges, des Weges abwärts in die Tiefe des Leidens am Kreuz (*descensus*). Der menschliche Aufstieg ist im Grunde nichts anderes »als die Umkehr des göttlichen Abstiegs. Die Menschwerdung Gottes in Christus ist Vorbild und Ermöglichungsgrund des Götter-werden-Könnens der Menschen«[401]. Nur wer sich zum Staub der Erde herabließ, kann wieder zu den Sternen des Himmels aufsteigen. In diesem Sinne heißt es im Hinblick auf Christus im Epheserbrief (4,9): »Das Aufgefahren aber, was bedeutet es anderes, als daß er auch zuerst herabgestiegen ist in die Niederungen der Erde?« Hier ist – bei aller Verschiedenheit des weltanschaulich-religiösen Rahmentextes – der gleiche Grundgedanke wie bei Heraklit, für den der Weg nach unten und der nach oben ein und derselbe sind, oder wie im Sufismus, wo der Bogen abwärts dem Bogen aufwärts entspricht.

Die Begegnung mit dem Tod

Zu den schlimmsten Erfahrungen des Menschen gehört die Ohnmacht vor dem Tode, vor dessen eisernem Gesetz sich auch die Größten beugen müssen. Die letztlich aus unserem Blickwinkel unbeantwortbaren Fragen, die mit dem Schicksal und dem Tod verbunden sind, haben wesentlich zur Entstehung von Mythos, Religion und Philosophie beigetragen. Dabei ist der Chor der Stimmen unüberhörbar, die – bei aller eigenen Angst vor dem Unentrinnbaren – im Tod kein endgültiges Ende erblicken. Das Ende hängt mit dem Anfang zusammen; das »Wohin wir gehen« mündet wieder in das »Woher wir kommen«. Dem zentrifugalen Abstieg in die Materie, in das Raum-Zeit-Kontinuum, folgt der zentripetale Aufstieg in die absolute Seinsmitte. Alles Geschöpfliche kehrt zu seinem Schöpfer zurück. Aus diesem Glauben heraus konnte Theodor Körner schreiben: »Aus Todesnacht bricht ewiges Morgenrot«. Dagegen stellt ein anderer, fast zur gleichen Zeit lebender und ebenfalls frühverstorbener Dichter, Wilhelm Hauff, in des »Reiters Morgengesang« die Frage: »Morgenrot, leuchtest mir zum frühen Tod?« Was dem einen Ende, ist dem anderen Neuanfang – es kommt nur auf die Perspektive des Betrachters an. Doch ganz gleich, wie wir es auch im einzelnen auslegen, für alle gelten die von Ludwig Uhland »Auf den Tod eines Kindes« geschriebenen Zeilen:

Du kamst, du gingst mit leiser Spur,
ein flüchtger Gast im Erdenland.
Woher? Wohin? Wir wissen nur:
Aus Gottes Hand in Gottes Hand.

Die Geschichte der Begegnung des Menschen mit dem Tode[402] beginnt eigentlich mit der Angst vor dem Tode, vor dem Unheimlichen; denn mit dem Tode treten wir aus dem vertrauten irdischen Heim hinaus ins Ungewisse, Unbekannte, Namenlose; nicht wenige glauben: ins Nichts. Genau betrachtet kann es aber nicht die Angst vor dem Nichts sein; das Nichts kann auch nichts Schreckliches haben. Vielmehr ist es die Angst vor einem unbekannten Etwas, vor dem noch unentdeckten Land, »von dess' Bezirk kein Wanderer wiederkehrt« (Shakespeare, »Hamlet«). Die Menschen fürchten den Tod, so wie die Kinder sich davor fürchten, ins Dunkle zu gehen. Demgegenüber berichtet der Arzt und Psychologe Eckhart Wiesenhütter von Ertrunkenen, Abgestürzten und Schwerstverwundeten, die das Sterben erfahren haben, ja tatsächlich schon auf der »Schwelle« standen, aber noch einmal ins Leben zurückkehrten; für sie war der Blick über den Zaun kein »Sog ins Nichts«, sondern deutete »umgekehrt auf Ausweitung, Erlösung, Erhöhung hin«, auf das Eingehen in ein »geheimnisvoll Umfassendes«, das auf eine unerklärbare Weise mehr ist als das Eingeschlossensein im Ich[403].

Von tiefenpsychologischer Seite wurde festgestellt, daß die Träume Sterbender nicht auf ein totales Ende hinweisen, sondern auf eine tiefgehende Verwandlung, sie sind – wie Marie-Louise von Franz schreibt – eine »symbolische Aussage über eine andere Wirklichkeit, von der uns eine unheimliche und gefährliche Schranke trennt«[404]. Der dunkle Durchgang wird mit dem »Geburtsweg« verglichen, eine Vorstellung, für die es im Totenbrauchtum nun tatsächlich zahlreiche Beweise gibt. Erinnert sei hier etwa an die Bestattung in Embryonalstellung, wie sie aus dem alten Mittelmeerraum (z.B. in Byblos) bekannt ist, aber auch heute noch bei afrikanischen Völkern vorkommt. Bei den Zulu legt die Witwe den verstorbenen Mann zuerst auf ihren Schoß, dann bringt sie ihn in Hockerstellung in die Grabnische, die »Nabel« genannt wird, und gibt ihm einige Körner als Symbol neu keimenden Lebens in die Hand[405]. Bekannt sind die durch medizinische Hilfe nach einem Herzversagen wieder ins Leben zurückgerufenen Patienten, die angaben, in einem sehr glücklichen Zustand gewesen zu sein; einige mußten aber zuerst durch ein schwarzes Tor, ein dunkles Tal, einen engen Tunnel oder einen langen Schacht.

Der Tod kann als Tor, als Durchgang oder Übergang in die andere Welt empfunden werden oder auch als eine Art Niemandsland zwischen hüben und drüben. Bei Hieronymus Bosch wird der Aufstieg ins Empyreum als ein tunnelartiger Durchgang gemalt, durch den die Auferstandenen von Engeln aus der Dämmerung zum Licht geführt werden (Venedig, Dogenpalast, s. Abb. S. 232). In Mythen, Sagen und Märchen kann dieses Zwischenreich, dieses Niemandsland als Wald, Bergland, Fluß oder Meer erscheinen. In dunkler Waldestiefe hausen die menschenfressenden Riesen, die zaubermächtigen Hexen und die Totengeister. Das schöne Schneewittchen sollte auf Veranlassung seiner neidischen Stiefmutter im Walde von einem Jäger getötet werden, doch wurde es zu den sieben Zwergen hinter den sieben Bergen entrückt. Grenze und Niemandsland sind vor allem die Flüsse. In der griechischen Mythologie brachte der Fährmann Charon die Toten in seinem Boot über den Grenzfluß (Acheron oder Styx); eine dem Verstorbenen in den Mund gelegte Münze (*obolos*) galt als Fährlohn. Daß Flüsse mit Schicksal und Tod verbunden sind, war ein tiefeingewurzelter Glaube, der selbst den nüchtern denkenden Römern eigen war[406]. Geschichtliche Beispiele sind Cäsars Ausspruch: »Die Würfel sind gefallen« (*alea iacta est*) bei der Überschreitung des Rubico und die Umkehr des Drusus an der Elbe, nachdem ihm eine germanische Seherin das Ende seines Lebens vorausgesagt hatte.

Altmesopotamische Überlieferungen (darunter das bekannte Epos) erzählen von dem Helden Gilgamesch, der von dem Gedanken an den Tod gequält wurde und deshalb das Land suchte, »das den Menschen leben läßt«. Dabei gelangte er mehrmals in Grenz- und Niemandsland. Nach der Überquerung von sieben Gebirgen kam er mit Hilfe des Sonnengottes in den Zedernwald, dessen schrecklichen Wächter Chuwawa er erschlug. Nachdem sein Freund Enkidu vom Tod ereilt wurde, machte sich Gilgamesch auf den Weg zu Utnapischti, dem einzigen Menschen, der je das ewige Leben erlangte. Der Held erreichte den abendlichen Eingangs- und morgendlichen Ausgangsort der Sonne und setzte seinen Weg fort durch die Finsternis und den hellen Edelsteingarten, bis er an den Todesfluß kam, wo er sich vom Fährmann Urschunabi übersetzen ließ. Jetzt erst war er in der Unterwelt und konnte Utnapischti nach dem Geheimnis des wieder jung machenden Lebenskrautes fragen; doch die vom Meeresgrund heraufgeholte Wunderpflanze wurde ihm von einer Schlange gestohlen. Damit mußte auch Gilgamesch das Los aller Sterblichen teilen.

Die Mythen verschiedenster Völker wissen von Helden zu berichten, die den Kampf mit dem Tod aufnahmen. Zu den bekanntesten gehört der griechische Herakles, Sohn des Zeus und der sterbli-

chen Alkmene. Die wegen des Göttervaters außerehelicher Beziehungen erzürnte Hera schickte zwei Schlangen, die den acht Monate alten Herakles töten sollten, doch dieser packte die Untiere und erwürgte sie. Später vollbrachte er im Dienste des Königs Eurystheus zwölf Arbeiten (*dodekathlos*), bei denen er immer wieder in größter Todesnot war, so bei der Besiegung des Löwen von Nemea, bei dem Kampf mit der neunköpfigen Wasserschlange namens Hydra und als letztes bei der Überwindung des die Unterwelt bewachenden Hundes Kerberos. Nachdem er durch das von seiner Gattin als Liebeszauber geschickte, aber ohne ihr Wissen vergiftete Hemd unsägliche Qualen erlitt, stürzte er sich in die Flammen, von wo aus ihn die Götter in den Olymp entrückten und damit unter die Unsterblichen aufnahmen.

Das Motiv der Verbrennung als Voraussetzung zu einem Weiterleben ist vor allem mit dem Phönix verbunden. Der Name kommt vom ägyptischen Benu und ist eine Ableitung des Wortes *uben*, d.h. »leuchten, aufgehen«; der Vogel war mit dem Kult des Sonnengottes verbunden; im Totenbuch wünscht sich der Verstorbene: »Wie ein Phönix durchlaufe ich die Gebiete des Jenseits«. Nach griechischer Überlieferung baut sich der als einziges Exemplar lebende Wundervogel auf der höchsten Palme ein Nest aus Dufthölzern und läßt es von der glühenden Sonne entzünden und sich dann verbrennen; aus der Asche entsteht ein junger Phönix. Schon in der altchristlichen Literatur wird der Phönix zu einem Symbol der Auferstehung und in Beziehung zu Christus als dem wahren Sonnengott gesetzt, der Leiden und Tod siegreich überwunden hat[407]. Der Physiologus läßt den Phönix jeweils nach fünfhundert Jahren zu den Zedern des Libanon fliegen, wo er seine Flügel mit Wohlgerüchen füllt, von da zur Sonnenstadt fliegt und sich auf dem Altar verbrennen läßt. Wie der Wundervogel die Macht hat, sich freiwillig dem Tod auszuliefern und wieder aufzuerstehen, so bringt Jesus Christus sein Leben als Opfer dar und führt damit die Menschen dem ewigen Leben entgegen. Ein Holzschnitt um 1485 zeigt Christus als das »Holz des Lebens« (*lignum vitae*); die Dornenkrone geht in Flammen über, aus denen sich der Phönix erhebt.

Weitaus häufiger als das Motiv der Verbrennung ist das des Verschlungenwerdens durch ein Ungeheuer, das in Mythen, Sagen und Märchen meistens als Drache, Raubtier (wie Wolf, Tiger) oder als schlangen-, krokodil- oder fischähnliches Tier erscheint. In ihm offenbart sich das Unbekannte, Unverstandene, Ungeheuerliche in dieser Welt, die Un-Macht, die den Menschen bedroht und die letztlich doch zur Ohnmacht verurteilt ist. Der Drache ist die Ausgeburt der Finsternis, die das Licht verschluckt und doch wieder freigeben muß. In dem griechischen Mythos wird das Gute in Gestalt der reinen Königstochter von dem bösen Ungeheuer verschlungen. So geschah es Hesione von Troja, die von Herakles gerettet wurde, indem er sich in den riesigen Schlund des Untiers hineinstürzte, das Tier von innen tötete und sich einen Weg aus dem Bauch ins Freie schnitt. Das Verschlungenwerden bzw. das Eingehen in die dunkle Leibeshöhle ist der symbolische Abstieg in das Reich des Todes, in die Unterwelt (*descensus ad inferos*), wie es in ähnlicher Weise die antike Sage von Andromeda berichtet. Sie sollte einem von Poseidon geschickten Seeungeheuer zum Fraß vorgeworfen werden; da nahte der Held Perseus, läßt sich verschlingen und tötet das Untier von innen heraus.

Der amerikanische Orientalist Joseph Campbell hat aufgezeigt, wie die Abenteuerfahrten der Helden bei den meisten Völkern nach einem gewissen Schema verlaufen: von der Trennung von dieser Welt (Sterben) über Prüfungen und Siege (Initiation) zur Rückkehr ins Leben. Der Kampf mit dem Drachen, der Aufenthalt im Innern eines Ungeheuers und die Rückkehr über die Schwelle von einem Jenseits ins Diesseits sind dabei wesentliche Stationen[408]. Der Theologe Uwe Steffen hat schließlich den ganzen Komplex der Verschlingungsmythen und -riten unter dem Aspekt des Mysteriums von Tod und Auferstehung untersucht. Bedeutsam scheint die Feststellung, daß der Held in diesen Mythen oft als Sonnengott oder doch als solare Gestalt zu erkennen ist; dafür sprechen bestimmte Attribute wie der Bogen des Herakles (mit dem er die Sonnenpfeile abschießt) oder das Goldene Vlies Jasons. In einzelnen Mythen heißt es, daß der Held seine Haare im Bauch des Ungeheuers verloren habe; »das Erlöschen der Sonnenstrahlen beim Eintauchen der Sonne im Meer findet seinen mythischen Ausdruck im Haarverlust«[409]. Verschiedentlich sind Sonne und Mond selbst von der Verschlingung bedroht. Bei ihrem Lauf über den Himmel werden – nach Überlieferung der Edda – Sol und Mani von je einem Wolf verfolgt und zur Zeit des Weltunterganges (Ragnarök) verschlungen.

In den großen Komplex der Verschlingungsmythen gehört auch ein von der Bibel her bekannter Name; es handelt sich um den Propheten Jonas, der sich dem Auftrag Gottes entziehen wollte. »Doch der Herr warf einen gewaltsamen Sturm los, und das Schiff drohte zu zerschellen«. Jonas wußte, daß der Sturm wegen seines Widerstrebens das Schiff bedrohte, und so riet er der Besatzung, ihn in das Meer zu werfen. Der Herr aber bestimmte einen großen Fisch, daß er den Jonas verschlinge. Jonas blieb im Fischbauche drei Tage und drei Nächte. Da betete Jonas zum Herrn, seinem Gott, vom Bauch des Fisches aus. »Aus der Unterwelt Schoß schrie ich auf, du hörtest mein Rufen! Du warfst

mich zur Tiefe ins Herz des Meeres ... Wasser gingen mir an den Schlund, die Urflut umgab mich ... Zu den Gründen der Berge stieg ich hinab, zu den Tiefen der Erde; ihre Riegel schlossen auf ewig mich ein. Du aber entzogst mein Leben dem Abgrund, Gebieter und Gott«. Da gab der Herr dem Fische Befehl, und dieser spie den Jonas ans Land (Jonas 1 und 2).

Unschwer ist zu erkennen, daß das Verschlungenwerden ein Bild für das Überschreiten der Schwelle zum Jenseits ist, für den Abstieg in die Unterwelt. Nach Matthäus (12,39 f.) sind die Ereignisse der Jonasgeschichte eine Präfiguration für Christi Tod und Auferstehung; »denn wie Jonas drei Tage und drei Nächte im Bauche des Fisches war, so wird der Menschensohn drei Tage und drei Nächte im Schoße der Erde sein«. Auffallend ist, daß auch in einschlägigen Mythen der Held drei Tage im Bauche des Ungeheuers verbringt; es ist die Anzahl der Tage, während welcher der Mond unsichtbar ist (Neumond). Der Held, der die Jungfrau errettet oder der die Toten dem Leben zurückgibt, ist religionsgeschichtlich die Gestalt des Heilbringers, der unverkennbar lunare Züge aufweist, wenn in späteren Zeiten auch die solaren oft überwiegen.

Der ganze Schrecken des Todes und der Unterwelt, aber auch ihre Überwindung zeigt sich in einem Mythos der in Südostafrika lebenden Sotho. Danach lebte am Anfang ein Tier namens Kholomodumo, das alle Rinder und Menschen auffraß mit Ausnahme einer Greisin. Der schwoll ein Geschwür auf in ihrem Schoß, und sie gebar zwei Knaben (Motiv der Jungfrauengeburt). Einer der beiden deckte gegen Sonnenuntergang (Totenreich) Töpfe auf, aus denen das schreckliche Tier hervorkam. Die beiden Brüder, inzwischen mannbare Jäger, versuchten es mit ihren Waffen zu töten, aber es verschlang Pfeile und Speere; dann schickten sie ihre Hunde, aber das Untier blies von hinten (Todeshauch), und alle Hunde starben. Nur ein kleiner räudiger Hund blieb übrig, der tötete Kholomodumo durch seinen Biß. Als die beiden Brüder den Bauch des Tieres öffneten (d.h. die Unterwelt), kamen Menschen und Rinder wieder lebend heraus[410]. Der kleine Hund, den niemand beachtet hatte, ja, der wegen seiner Räude verstoßen war, überwand den Tod und wurde so zum Heilbringer. Das verschlingende Tier ist selbst der Tod. Die Eingeborenen der melanesischen Insel Malekula haben ein eigenes Totenritual, um den Todesdämon Le-hev-hev zu überlisten. Dieser bewacht den Eingang zur anderen Welt, in der die Verstorbenen neu geboren werden. Der bei Sonnenuntergang in Hokkerstellung wie ein Embryo im Mutterleib beigesetzte Tote wird nun von dem durch einen Stein repräsentierten und als Haifisch gedachten Le-hev-hev bedroht, doch frißt dieser ein dem Toten mitgegebenes Opferschwein und gibt damit den Weg zur Wiedergeburt frei. In dem Totenritual spielt eine in den Sand gezeichnete Figur eine Rolle, die wenn auch nicht – wie früher fälschlicherweise behauptet – ein Labyrinth ist, so doch den Weg in das Jenseits darstellt[411].

Die vielleicht älteste und primitivste Bestattungsform ist die Leichenaussetzung, wie sie noch heute bei verschiedenen Naturvölkern anzutreffen ist, zum Beispiel bei den Wedda auf Ceylon oder bei einigen Eskimostämmen. Der russische Asienforscher Nikolai Prschewalskij erlebte, wie die Mongolen von Urga die frischen Leichen ihrer Angehörigen den Hunden und Raubvögeln zum Verzehren hinwarfen; nach zwei oder drei Stunden waren nur noch die Knochen übrig. Sven Hedin berichtet von tibetischen Klöstern, wo heilige Hunde mit dem Fleisch verstorbener Mönche gefüttert wurden. Das Aussetzen und Fressenlassen durch Hunde und Vögel ist besonders aus dem Iran bekannt. Die im achten Jahrhundert aus Persien ausgewanderten und heute bei Bombay lebenden Parsen lassen auf den Plattformen der »Türme des Schweigens« (*dakhmas*) die Leichen von Geiern auffressen und setzen erst dann die nunmehr entfleischten Knochen bei, um die Erde nicht durch die Berührung mit dem verwesenden Fleisch zu verunreinigen. Hunde und Vögel sollen die Seelen der Abgeschiedenen aus ihrer Hülle befreien und ins Jenseits bringen. In der Sprache der nordischen Skalden wird das die Leichen verzehrende Feuer oft mit »Hund« oder »Wolf« umschrieben. Odin füttert seine Hunde Geri und Freki, der »Gierige« und der »Gefräßige«, mit den Leichnamen gefallener Helden. Bei den Wogulen und Ostjaken (Nordasien) ist der Todesdämon ein Hund, und auf der Halbinsel Kamtschatka heißt es: »Am sichersten kommt man in das Paradies, wenn man von schönen Hunden gefressen wird«. Das Verschlungenwerden ist einfach ein Bild des Sterbens. Nach einer altindischen Überlieferung hat der Schöpfergott Prajapati den Tod als den »Fresser« erschaffen. Die Griechen gaben ihrem Unterweltsgott Hades auch den Beinamen *sarkophagos*, das heißt »Fleischfresser«. Nicht überall erscheinen die leichenfressenden Hunde in so freundlicher Perspektive wie auf Kamtschatka. Für die alten Ägypter war es ein schrecklicher Gedanke, im Jenseits von einem hundeköpfigen Dämon angefallen zu werden; deshalb wurde der Götterfürst Atum gebeten:

Erlöse mich von dem Dämon, o Herrscher,
Dessen Fratze dem Hunde,
Dessen Augenbrauen dem Menschen gleich.
Er bewacht die Kanäle des feurigen Sees,
Verzehret die Leichen der Toten,
Schlitzt ihre Herzen, bewirft sie mit Unrat;
Und bleibt doch verborgen dem Blick.

Totenbuch, Kapitel 17

In verschiedenen Teilen Afrikas fällt der Hyäne die Rolle des Leichenfressers zu. Eine Mythe der Gogo (im nördlichen Ostafrika) drückt es ganz klar aus: Als ein Vorfahre den Wunsch nach ewigem Leben äußerte, war die Hyäne dagegen, weil sie die Leichen fressen wollte; seither sterben alle Menschen.

Bei den Dinka und Nuer schnitt die Hyäne das Seil durch, das früher Himmel und Erde verband und an dem die alten Menschen hinaufkletterten und verjüngt wieder zurückkamen. Bei nordamerikanischen Indianern kann der Präriewolf (Coyote) die lebenbedrohende Macht repräsentieren. Nach der Überlieferung der südkalifornischen Luiseno schickten die Leute der Urzeit beim Tod des bis dahin auf Erden lebenden Mondes den Coyoten fort, um Feuer zu holen. Während seiner Abwesenheit entzündete die Blaufliege mit dem Feuerbohrer eine Flamme, in die Ouiot, der Mond, geworfen wurde. Plötzlich tauchte Coyote auf, sprang über die Köpfe der Leute, riß Ouiots Herz heraus und verzehrte es; darauf erschien Ouiot als Mond am Himmel. In dieser indianischen Überlieferung ist Coyote mehr als nur der große Widersacher, der Leben und Licht bedroht; zwar verschlingt er das Herz des Mondes, verhilft ihm aber damit zu seinem Aufstieg an den Himmel[412].

Das verschlingende Ungeheuer ist Wächter an der Pforte zum Jenseits. Auch die germanische Unterwelt wird von einem Hund bewacht, der selbst den nach Nifelheim reitenden Odin zornig anbellt. Die indonesische Literatur weiß von dem rotbraunen Höllenhund Asu Gamplong zu berichten; im javanischen Schattentheater ist dieses Ungeheuer bis in unser Jahrhundert hinein eine beliebte Schreckfigur der Hölle. Nach alter Überlieferung der Rama in Nicaragua müssen die Seelen auf ihrer Jenseitsreise viele Gefahren überwinden; zuletzt müssen sie an dem schrecklichen Tausun Tara, dem großen Unterweltshunde, vorbei; die guten Seelen läßt er ungehindert passieren, die schlechten aber frißt er auf. In der Mythologie der Zigeuner sind weiße Hunde die Bewacher des Totenlandes, das auf heiligen Bergen liegt und damit dem irdisch-profanen Raum entrückt ist.

Das Allerletzte in diesem irdischen Leben ist der Tod. »Den Letzten beißen die Hunde« bedeutet soviel wie, daß ihn das Schicksal ereilt, im Extremfall: Er wird nicht mit dem Leben davonkommen. Von dem griechischen Dichter Aesop ist eine Fabel überliefert, nach der der Mensch sein Leben als Pferd beginnt, als Rind weiterführt und schließlich als Hund beendet. Wenn einer »auf den Hund kommt«, hat er die niederste und in gewissem Sinne die letzte Stufe erreicht. Bezeichnenderweise hieß beim ursprünglich kultischen Würfelspiel der schlechteste Wurf »Hund« (griechisch kyno, lateinisch canis oder canicula), was soviel bedeutet wie »Tod«; der glückliche Spieler aber hieß »Hundetöter«, d.h. er war der, der den Tod besiegt hat«[413]. Nicht zu Unrecht hat man das letzte und auch gefährlichste Abenteuer des Herakles, als er den Höllenhund Kerberos aus der Unterwelt heraufgeholt hat, als Überwindung des Todes ausgelegt. Der germanische Gott Odin dagegen verliert den am Weltende stattfindenden Zweikampf und wird vom Fenriswolf verschlungen.

Hunde, Wölfe und Schakale können auch positive Bedeutung annehmen, wenn sie als wegekundige Führer die Toten bzw. die Seelen vom Diesseits in das Jenseits führen. Charon, der griechische Fährmann in die Unterwelt, wurde verschiedentlich als Hund dargestellt, und Hermes erhielt in hellenistischer Zeit in seiner Eigenschaft als Seelengeleiter (psychopompos) einen Hund als Attribut. Bei den Azteken galt der hundsköpfige Xolotl als Begleiter der Sonne und sollte auch die Verstorbenen über den »neunfachen Strom« in die Unterwelt führen. Im alten Ägypten war der schakalköpfige Anubis dem Zwischenreich zugehörig; in der Nacht bewacht er die Mumie vor bösen Mächten. Er ist »Herr der Reinigungsstätte«, d.h. des Balsamierungshauses, und macht durch seine Tätigkeit den Geruch des Toten angenehm; schließlich hilft er bei der rituellen Mundöffnung (magischer Akt zum Wiedergebrauch der Organe) und übt die Funktion als Totenrichter aus, was ihn als unerläßlichen Wegbereiter für das Jenseits erscheinen läßt. Diese Rolle fällt in hellenistischer Zeit dem Hund der Isis

zu; in den Mysterien der Göttin »steht er am Eingang zu der hellen Welt« und »führt die Isisprozession an bei ihrem Eintritt in das Licht«[414]. Wie vertraut der Antike die Gedankenverbindung Hund – Wiedergeburt war, dafür zeugt eine Stelle in dem Roman »Satyricon« des römischen Schriftstellers Petronius, nach der ein Mann darum bittet, einen Hund auf die Füße seiner Statue zu malen, damit er nach dem Tode weiterlebe; der Grundgedanke war sicher der, daß der Hund den Weg in die andere Welt weisen soll.

Wenn Drache und Fisch, Wolf und Hund Ausdruck der Todesmacht sein können, wer steht dann hinter ihnen, wen repräsentieren oder versinnbildlichen sie wirklich? Und wieder kann die Antwort nur in Bild, Vergleich, Metapher gegeben werden; denn zum Wesen des Todes gehört, daß er nicht wahrnehmbar, unfaßbar ist. Der Name des griechischen

Totengottes Hades kommt von *aides* und bedeutet »der Unsichtbare«, auch die Tarnkappe in seinem Besitz deutet darauf. Auf altirisch heißt der »Tod« *cel*, das kommt von einer indogermanischen Sprachwurzel *kel* in der Bedeutung von »verhehlen, verbergen«, wie es im altnordischen *hel* einen Niederschlag fand[415]. Hel ist das Reich der Toten, in das die an Krankheit und Altersschwäche Gestorbenen kommen; in der Dichtung ist es auch die Herrscherin über dieses Reich, »die finstere Herrin des Grabes und des Totenhauses«, die »Verhehlende« und in der Erdtiefe »Verhüllende«. Verständlicherweise empfindet der Mensch den ihn bedrohenden und hinwegraffenden Tod als die Personifikation des Ur-Bösen, in christlicher Sicht des Teufels, der in der Hölle das Regiment führt. Nur nebenbei bemerkt sei, daß das Wort Hölle wiederum von Hel kommt. Während die Seligen in den Himmel aufsteigen, müssen die Verdammten unter die Erde in die Hölle. Die Erde selbst ist die große Verschlingerin, und nicht wenige Mythen wissen von Erdspalten und Höhlen als Eingangsort in die Unterwelt zu berichten. In einem kretisch-griechischen Mythos wurde diese Unterwelt im Bild eines finsteren Labyrinths mit dem Stiermenschen Minotauros in seiner Mitte dargestellt. Dieses Labyrinth zu Kreta konnten die Menschen betreten, aber nicht mehr verlassen. Sie mußten dem Ungeheuer Minotauros alljährlich Jünglinge und Mädchen zum Fressen opfern – erst der griechische Held Theseus konnte dieses Ungeheuer besiegen. Diesen Mythos in unsere Zeit übertragend hat Picasso in seiner Radierung »Minotauromachie« dargestellt (s. Abb. S. 238/239). Bezeichnenderweise hatte die sumerische Unterweltsgöttin Ereschkigal den Beinamen »große Erde«. Bei den alten Letten war die »Erdmutter« Zemes mate nicht nur die Spenderin der Fruchtbarkeit, sondern hatte auch die Funktion einer Totenherrscherin. Von der hethitischen Totengottheit Lelwani heißt es ausdrücklich, daß sie »in der dunklen Erde« wohnt; bemerkenswert ist, daß sie ursprünglich männlich war und erst später unter altmesopotamischem Einfluß weiblich aufgefaßt wurde.

Unabhängig von dem Herrscher über die Toten ist die eigentliche Personifikation des Todes, die Symbolgestalt für die Macht, die den Menschen »abruft«, »heimholt«, sein Lebenslicht auslöscht. Bei den alten Griechen galt Thanatos als Zwillingsbruder des Schlafes (Hypnos) und wurde in späterer Zeit als schöner Jüngling dargestellt, der in der Hand eine gesenkte Fackel hält. Daneben gab es noch eine weiblich gedachte Todesgestalt, die Ker, die aber mehr dämonischen oder auch schicksalhaften Charakter hatte, also dem entsprach, was die Römer *fatum mortale* (Todesschicksal) nannten. Grundsätzlich kann die Personifikation des Todes männlich oder weiblich sein, doch wären hier weitere Untersuchungen gerade auch für die Symbolik interessant, warum einzelne Völker sich für das Masculinum, andere für das Femininum entschieden[416]. Während in der griechischen Dichtung und Vasenmalerei Thanatos die dominierende Gestalt war, kannten die Römer eine weibliche Todesgottheit, die Mors, entsprechend dem Wort für Tod (*mors*). Im Bereich der romanischen Sprachen blieb die Gestalt des Todes immer weiblich und wurde auch in der mittelalterlichen Kunst so dargestellt; im »Triumph des Todes« auf dem Campo Santo zu Pisa ist sie eine hexenähnliche dunkle Frauenfigur mit Sense; in der Dichtung kann der Tod wie eine Geliebte die Adjektive »süß« (*dolce*) und »lieblich« (*soave*) erhalten. Die alten Germanen hatten neben der Unterweltsgöttin Hel den Totengott Odin (südgermanisch Wodan); er war der Walvater (altnordisch *valr*, »die im Kampf Gefallenen«) und Führer der wilden Jagd, d.i. des Totenheeres. Dementsprechend wird bei den germanischen Völkern der Tod als Mann wiedergegeben.

Die Darstellung des Todes als Skelett läßt sich bereits in der Spätantike nachweisen; ein Mosaik aus Pompeji zeigt ihn als Mundschenk mit zwei Krügen. Um das oft unerwartet schnelle Auftauchen des Todes zu veranschaulichen, wird er in Anlehnung an die Apokalypse (6,8) als Reiter mit einem Schwert dargestellt. Auch das Bild des Schnitters mit der Sichel oder ab dem 14. Jahrhundert mit der Sense läßt sich auf die Bibel zurückführen, nachdem bei Hiob (Ijob 5,26) der zum Grabe gelangende Mensch mit Garben verglichen und in der Offenbarung (14,14) die »scharfe Sichel« beim kommenden Gericht genannt wird. Auf französischem Gebiet erscheint der Tod oft als

Totengräber, in Italien mit der Krone als siegreicher Herrscher und in Deutschland als Spielmann, der mit seiner Pfeife oder Trommel zum letzten Tanz in das Grab zwingt. In der Renaissance erhält der Tod als eine Art Chronos (griechischer Gott der Zeit) oft ein Stundenglas als Attribut, so auch bei Albrecht Dürers bekanntem Kupferstich »Ritter, Tod und Teufel«; der Tod hat eine schlangenumwundene Krone auf dem mumienähnlichen Haupt und hält eine Sanduhr in die Höhe als Symbol der verrinnenden Zeit, der jeder unterworfen ist (s. Abb. S. 241). Eines der erschütterndsten Bilder der abendländischen Malerei ist der »Triumph des Todes« von Pieter Brueghel dem Älteren (Madrid, Prado); es ist »eine Synthese von Apokalypse und Totentanz«; in vervielfachter Gestalt erscheint der knöcherne Tod mit Sense, Schwert oder Stundenglas, die Totenglocke läutend oder auf die Pauke schlagend. Das Bild ist eine unübersehbare Mahnung an den Tod, ein *memento mori*. »Die brennende Landschaft mit den Galgen am Horizont gleicht einem Vernichtungslager. Es ist die grauenvollste Vorwegnahme des Massenmordes, die in der Kunst aufgezeichnet wurde«[417].

Wie Gott für Schöpfung und Leben steht, so der Teufel für Zerstörung und Tod. Im Hebräerbrief (2,14) heißt es von dem göttlichen Widersacher ausdrücklich, daß er »des Todes Gewalt innehat«. Der Teufel ist der personifizierte Höllenrachen, der endzeitliche Verschlinger; diese Vorstellung hat Hieronymus Bosch in seinem Triptychon »Der Garten der Lüste« (Madrid, Prado) aufgegriffen, indem er den thronenden Satan als Menschenfresser darstellt. Tod und Teufel sind nach mittelalterlicher Vorstellung engstens miteinander verbunden; denn »der Tod ist der Sünde Sold« (Römer 6,23). Daß Christus durch seinen freiwillig auf sich genommenen Opfertod die Macht eines ewigen Todes gebrochen hat, findet in zahlreichen Kreuzigungsdarstellungen seinen sinnfälligen Ausdruck. Als Holz des Lebens (*lignum vitae*) steht das Kreuz zum Zeichen des Sieges über Sünde und Tod auf einer Schlange oder einem Drachen, oder es befindet sich unter dem Kreuz der Totenkopf des Urmenschen Adam, der als Vertreter der ganzen Menschheit von Christus erlöst wird, so z.B. bei der »Kreuzabnahme« des spätgotischen Malers Michael Wolgemut (München, Pinakothek). Der Ort der Kreuzigung, Golgotha, ist zugleich die paradiesische Schöpfungsmitte und die Todesstätte Adams. Hier gehen Leben, Tod und Auferstehung ineinander über.

Nach der Offenbarung des Johannes (19,7.9) ist das große Ziel des irdischen Menschenlebens die Wiedervereinigung mit Gott im Bilde der Hochzeit: »Selig, die zum Hochzeitsmahle des Lammes gerufen sind«. Die Voraussetzung aber zu dieser Hochzeit ist der leibliche Tod. Ja, der Augenblick des Todes und der der Hochzeit können in eins verschmelzen, dabei wird die Totenbahre oder der Sarg zum Brautbett. Das bedeutet nichts anderes, als daß aus dem Tod wieder neues Leben hervorkommt. Bei den alten Ägyptern hatte der Sarg die Bezeichnung »Herr des Lebens«; der in den Sarg gelegte Tote ruht in den Armen der Himmelsgöttin Nut; sie schützt seinen Leib, beschirmt seine Mumie und belebt seine Seele. Im alten Griechenland hieß die Sargkammer *thalamos*, d.h. »Brautgemach«, und bei den Germanen war die Unterweltsgöttin Hel die Braut der auserwählten Toten; so sieht Balder in einem Traum, wie Hel bei seinem Lager steht und ihm verkündet, daß sie am folgenden Tag seiner Umarmung genießen werde. In der antiken Traumdeutung des Artemidoros heißt es, daß, wenn ein Kranker von der Hochzeit mit einer Gottheit träumt, dies seinen Tod bedeute[418]. Und wieder sind es die Dichter, die um das große Geheimnis um Leben und Tod wissen. Bei Heinrich Heine erhebt sich in der kühlen Todesnacht über dem Bett ein Baum, in dem die schöne Nachtigall von lauter Liebe singt. Eindringlicher mahnt der späte Novalis: »Zur Hochzeit ruft der Tod«. Mit unnachahmlicher Sprachgewalt erzählt Gottfried August Bürger in einer Ballade, wie »Lenore« im Fiebertraum von ihrem toten Geliebten in nächtlichem Gespensterritt mitgenommen wird:

»Sieh hin, sieh her, der Mond scheint hell;
wir und die Toten reiten schnell,
ich bringe dich, zur Wette,
noch heut ins Hochzeitsbette«.

Das Anliegen einer jeden Religion ist es, den Menschen in existentiellen Nöten und Krisensituationen beizustehen, »nicht nur mittels Lehren, Riten und stereotypen seelischen Haltungen, sondern auch mit Hilfe von geeigneten Symbolen aller Art«. Gerade bei den letzten Dingen, bei den mit der *ratio* allein nicht beantwortbaren Fragen können nur die Symbole die für den Alltag widersprüchliche Komplementarität von Leben und Tod zum Ausdruck bringen und so »den Kontakt mit den Mächten ermöglichen, die diese Komplementarität verursachen und sich in ihr manifestieren«[419].

Zu den Grundanschauungen der ägyptischen Religion gehörte es, daß das Leben nach dem Sterben weitergeht, wenn auch in einer anderen Existenzform. Um die gefährliche Reise in das Jenseits, in Parallele zur Nachtfahrt der Sonne gesetzt, gut zu überstehen, wurde zunächst der Körper durch Mumifizierung (Einbalsamierung) dem natürlichen Zerfall entzogen; der Leib mußte als Wohnort der Seele (*ba*) erhalten bleiben. Durch den Ritus der Mundöffnung sollte dem Verstorbenen der Gebrauch seiner Organe wieder ermöglicht werden. Zu den in die Mumienbinden eingewickelten oder in das Grab mitgegebenen Amuletten gehörten u.a. der Sonnenkäfer Skarabäus, das die Finsternis erhellende und die dämonischen Mächte abwehrende Uzatauge und die Lebensschleife, das Symbol des unvergänglichen Lebens (*anch*). Der Sarkophag mit der Mumie wurde in einem Boot in das im Westen (Sonnenuntergangsseite) des Nils gelegene (Toten-)Land gebracht. Brot und Milch waren unerläßliche Grabbeigaben für den Weg ins Jenseits. Auch das Totenbuch gehörte dazu, darunter versteht man eine Sammlung von Sprüchen (Kapitel), die vor Gefahren schützen und dem Toten die Existenzform eines seligen »gerechtfertigten Verklärten« ermöglichen sollten; da gibt es Sprüche, damit des Verstorbenen Herz nicht geraubt werde (27), um durch das Atmen zu leben (38), um die Pforte des Jenseits aufzuschließen (67), um in einen Gott verwandelt zu werden (80).

Im Glauben fast aller Völker wird der Tod als Übergang empfunden, als Reise in die andere Welt, und die Bestattung des Toten wird somit zu einem Übergangsritus (*rite de passage*). In sumerischen Gräbern fand man Schiffsmodelle, die wohl in magisch- symbolischer Weise der Überquerung des Totenflusses dienen sollten. Die Vorstellung einer Überfahrt des Toten mit Schiff oder Boot ist ja auch von den alten Griechen, von den Wikingern und von polynesischen Völkern bekannt. Bei Reitervölkern wurde das Pferd mitgegeben, damit es seinen Herrn in das Jenseits trage. Im altägyptischen Totenkult spielten weiße Sandalen als Symbol der Reinheit eine Rolle; mit ihnen geht der Tote – von irdischem Staub und Schmutz befreit – Osiris entgegen; in ptolemäischer Zeit ziert oft die Abbildung zweier Sandalen das Fußende der Särge. Nach altem mitteleuropäischen Volksglauben soll man dem Toten für seinen Weg die Schuhe anlassen. Weit verbreitet sind Speise und Trank als Grabbeigaben. In der katholischen Kirche reicht der Priester den Sterbenden die heilige Eucharistie als Wegzehrung (*viaticum*), um sie für den Hinübergang zu stärken. Wenn Kreuz, Rosenkranz oder andere geweihte Gegenstände in das Grab mitgegeben werden, dann kann dies ganz einfach auf ein christliches Leben hindeuten, doch ist eine ursprünglich apotropäische Bedeutung nicht auszuschließen.

Schon in vorchristlicher Zeit konnte mit den Grabmälern eine symbolische Bedeutung verbunden werden. Die altägyptischen Grabhügel (Mastaba) und vor allem die Pyramiden als monumentale Grabbauten der Könige waren Symbol für den aus dem Urwasser auftauchenden Urhügel und wurden so mit dem Gedanken der Schöpfung und eines Neubeginns verbunden. Die ersten Grabskulpturen auf abendländischem Boden finden sich in Griechenland; die Statuen und Reliefs der Verstorbenen können von Löwe und Sphinx bewacht werden. Wenn altgriechische Grabsteine eine Schlange zeigen, die zur Milchschale kriecht oder aus einem Kantharos trinkt, dann steht dahinter der Gedanke eines Totenopfers; die Schlange selbst ist Totentier bzw. Seelensymbol, so z.B auf einem Grabrelief aus Sparta. Die durch ihren Gesang aus dem Mythos bekannten Sirenen wurden als Musen des Jenseits oder als Symbol der Totenklage dargestellt. Insgesamt waren die mit dem griechischen Grabmal verbundenen Vorstellungen mehr retrospektiv ausgerichtet, sie dienten vor allem dem Gedächtnis des Toten und lassen weniger eine Vorsorge für das Jenseits erkennen (s. Abb. S. 245).

Ein Hauptmotiv der späteren römischen Sepulkralkunst (*sepulcrum*, »Grabmal«) ist die Angleichung der Verstorbenen an Götter und Heroen. »Indem sich die Sarkophaginhaber als mythische Figuren darstellen lassen, wird der Mythos zum Träger persönlicher Jenseitshoffnung«[420], besonders deutlich wird dies bei dem Thema der Entrückung des Ganymed in den Olymp oder der Liebe einer Göttin zu einem Sterblichen wie bei Endymion. Beliebt war auch die von himmlischen Wesen (Eroten oder Viktorien) umrahmte Porträtbüste. Außer den mythologischen Bezügen finden sich auch ganz bestimmte Symbole, so etwa, wenn der auf dem Sarkophagdeckel dargestellte Verstorbene in der einen Hand den Becher der ewigen Jugend hält, mit der anderen die Krone der Unsterblichkeit ergreift, oder wenn auf dem Sarkophag eines Kindes ein Büschel Mohnkapseln als Symbol des Schlafes oder ein Ei als Hinweis auf das verborgene Leben zu finden ist. Erwin Panofsky meint, daß gerade der vielgepriesene Tatsachensinn der Römer »jene Fusion oder Konfusion von Realität und Symbol« hervorbrachte, die für ihre Grabkunst charakteristisch ist; weiter warnt er davor, aus jedem Detail eine tiefere Bedeutung herauszulesen, anerkennt aber, daß die meisten Motive ursprünglich »rituellen Ursprungs« waren, und bezieht hier ausdrücklich »ein so fröhliches Ornament wie die Girlande« mit ein[421]. Die auf Sarkophagen oft dargestellten Girlanden bestehen zum Teil aus der Demeter heiligen Kornähren, teils aus Weinlaub und Trauben, die dem Dionysos zugeordnet waren; dahinter steht der Mysteriengedanke vom heiligen, lebenspendenden Mahl.

Der Kern des christlichen Totenkultes ist der Glaube an ein Weiterleben entsprechend dem von Johannes (11,25) überlieferten Wort Jesu: »Ich bin die Auferstehung und das Leben. Wer an mich glaubt, wird leben, auch wenn er gestorben ist«. Aus diesem Glauben heraus wuchs die Kirche über sich hinaus, sie verbindet die Lebenden mit den Toten, wird zu einer »Gemeinschaft der Heiligen« (*communio sanctorum*). Schon in den unterirdischen Katakomben der frühchristlichen Zeit aus dem 2. und 3. Jahrhundert finden sich die verschiedensten Sinnbilder, die alle auf das durch Christus gewirkte Heil, die *soteria*, hinweisen: der Fisch als geheimes Erkennungszeichen der Anhänger Christi, das Christusmonogramm, der Anker als Zeichen des Glaubens, der Vogel als Symbol der Seele. Das Segelschiff oder Boot steht für die Überfahrt ins Jenseits und der Krug für die ewige Erquickung (*refrigerium*). Ein Palmzweig deutet auf die Auferstehung nach dem Tode und ist auch noch in späterer Zeit ein Symbol für die Blutzeugen, die als höchsten Siegespreis die »Palme des Martyriums« errungen haben.

Im Mittelalter waren vorherrschende Grabsymbole – oft in phantasievollen Kombinationen – das Kreuz, der Lebensbaum (mit Ranken und Knospen) und verschiedene Kreiszeichen, letztere können sowohl als Zeichen der Weltherrschaft Christi wie auch als »Sonne des Heils« interpretiert werden. Ab dem 11./12. Jahrhundert wird der Verstorbene oft auf der Grabplatte liegend dargestellt; die Auferstehungshoffnung ist durch die offenen Augen angedeutet, oft auch durch einen Löwen zu seinen Füßen. Bei einem Gang über einen heutigen Friedhof zeigt sich vor allem bei den aufrechtstehenden Grabsteinen die ganze Vielfalt christlicher Symboltradition[422]. An erster Stelle sind die direkt auf Christus, den Heiland, hinweisenden Symbole zu nennen wie das Kreuz in seinen verschiedenen Formen, Lamm und Fisch oder die aus dem Griechischen stammenden Schriftzeichen Alpha und Omega in Anlehnung an die Offenbarung (22,13): »Ich bin das A und O, der Erste und der Letzte, der Anfang und das Ende«. Die Sonne deutet auf den Auferstehungsmorgen. Das alles sehende Auge Gottes ist Hinweis auf seine Allwissenheit und auf seine treue Fürsorge. Die erhobene rechte Hand, bei der die ersten drei Finger gestreckt, die zwei letzten eingebogen sind, kennzeichnet Christus als Weltenherrscher und Weltenrichter. Die von oben herabkommende Taube ist Symbol des Heiligen Geistes (nach Matthäus 3,16); die horizontal fliegende Taube weist auf die Versöhnung mit Gott, an die Noahgeschichte anknüpfend, hat sie oft einen Ölzweig im Schnabel (1. Moses 8.10.11). Weintraube und Rebstock können auf das gelobte Land, das Reich Gottes, hindeuten; in Verbindung mit Ähren erinnern sie an das Abendmahl und die Speise des Lebens.

Noch manches bedeutungsträchtige Zeichen wäre zu nennen – die Waage des Gerichts, der Schlüssel zum Himmelreich, die reinigende und lichtbringende Flamme –, sie alle können Wegmarkierungen sein im Hinblick auf unsere letzte Reise. Wer allerdings annimmt, mit dem Schlüssel auf dem Grabstein sich schon das Himmelreich erobert zu haben, wird sich enttäuscht sehen. Hier gilt, was der protestantische Theologe Paul Tillich unmißverständlich schreibt: »Ein Glaube, der seine Symbole wörtlich versteht, wird zum Götzenglauben. Der Glaube aber, der um den symbolischen Charakter seiner Symbole weiß, gibt Gott die Ehre, die ihm gebührt«[423].

Der Tanz in den Himmel hinein

Der Tanz gehört neben dem Opfer zu den ältesten kultischen Handlungen. Die tanzende Bewegung wird zu einem Sinnbild des Lebens vom Freudentanz der Naturvölker bei der Geburt eines Kindes bis zum letzten irdischen Tanz in den Armen des Todes, wie er in den spätmittelalterlichen Totentänzen seine Darstellung fand. Der Tänzer glaubt, die Schwerkraft überwinden und mit den »oberen« Mächten Kontakt aufnehmen zu können. Die eigenartige Gelöstheit des Tanzenden befreit den Körper scheinbar von seiner irdischen Last und beschwingt ihn zu einem himmlischen Reigen. Lukian von Samosata (um 150. n.Chr.) nannte den Tanz eine Kunst, das Geistige zu verleiblichen und das Unsichtbare wahrnehmbar zu machen; damit aber wird der Tanz zu einem echten symbolischen Ausdruck.

Vorbilder des Tanzes hat der Mensch im Lauf der Gestirne gesehen, aber auch im Tierreich, bei den Kranichen und Birkhühnern, bei bestimmten Bewegungsabläufen der Bären und Elefanten und schließlich bei den tanzähnlichen Flügen bestimmter Insekten. Der Tanz ist rhythmische Bewegung, Bewegung ist Leben, und das offenbare Geheimnis des Lebens besteht aus Entfaltung und Rückspulung, Einatmen und Ausatmen, Diastole und Systole, Geburt und Tod. Auch für den Kosmos gelten die Gesetze des Lebens, der Bewegung und – in einem metaphorischen Sinne – des Tanzes. Der bereits erwähnte Grieche Lukian schrieb, daß der Tanz im Anfang aller Dinge entstanden ist und zusammen mit Eros (dem kosmogonischen Prinzip) das Licht der Welt erblickt hat; »denn wir sehen diesen uralten Tanz deutlich hervortreten im Reigentanz der Sternbilder und in den Planeten und Sternen, die sich aufeinander zu und voneinander fort bewegen und ihren Ort wechseln in geordneter Harmonie«[424].

Daß die Gestirne aus den Wirbeln kosmischer Materie entstanden sind, das ahnte der Mensch bereits vor Jahrtausenden. Er wußte bereits vom »Tanz des Alls« in – vom irdischen Gesichtspunkt aus – ewig kreisenden Bahnen. Frederik Adama van Scheltema glaubt in verschiedenen Tänzen wie dem Dornröschentanz oder dem schwäbischen Hochzeitstanz eine Nachahmung des scheinbaren Weges der männlichen Sonne um die weibliche Erde; auch verweist er in diesem Zusammenhang auf germanische Brautwerbungsmythen: Freyr wirbt durch seinen Diener Skirnir um Gerd, die »Umhegte«; Brünhild lebt in einer von lodernden Flammen umgebenen Burg, bis sie von Sigurd erlöst wird; im Märchen vom schlafenden Dornröschen muß der Prinz eine Dornenhecke durchdringen[425]. Schon in der Romantik erblickte man in diesen Sagen und Märchen eine Wiedererweckung der im Winterschlaf erstarrten Erde durch die Sonne.

Der tanzende Mensch ordnet sich in die Harmonie

des Kosmos ein. Bei den alten Ägyptern war die Himmelsgöttin Hathor die »Herrin von Spiel und Tanz«; in einem Hymnus heißt es: »Der König besänftigt dich, siehe er tanzt mit dir.« Ein Text aus der Zeit des assyrischen Königs Assurbanipal weiß zu berichten, daß die Teilnehmer einer kultischen Feier sich unter Musikbegleitung um das Götterbild gedreht haben. Der oft kreisrunde Tanzplatz war sakraler Ort und galt als irdische Wiederspiegelung des Tierkreises, in dem die astralen Götter (Sonne, Mond und Planeten) ihre Reigen vollführten; hier ist vor allem an den runden, später halbrunden Tanzplatz (*orchestra*) des frühen griechischen Theaters zu denken, in dessen Mitte der Altar stand; die Tanzgruppe (*choros*) der attischen Tragödie bestand bis zur Zeit des Sophokles aus zwölf Tänzern[426]. Auf jeden Fall war der Chor mit seinem Schreiten in langsamen, feierlichen Rhythmen ursprünglich immer ein Gottesdienst. Die Vorstellung vom kosmischen Tanz findet sich selbst noch im christlichen Abendland, so wenn der niederländische Renaissancedichter Joost van den Vondel schreibt:

Laßt uns tanzen gleich den Sternen
In des Herren Hand.
Folget aller Himmelslichter
Bahn und Glanz,
Das ist hier den Himmel stiften!
Jeder Stern hat seine Pflichten
In des Herren Tanz.

Verschiedene Überlieferungen berichten von kreisenden, spiralförmigen oder auch tanzenden Bewegungen in der Urzeit, aus denen die Welt oder die Menschen hervorgegangen sind. Nach einer phönikischen Kosmogonie war am Anfang nichts als ein dunkles Chaos, von blinden Winden durchweht, die um sich kreisten und eine Art Liebesknoten bildeten, dessen Wesen Verlangen war, gleichsam Urtrieb zur Gestaltung, als erstes einen wäßrigen, eiförmigen Schleim hervorbringend. Die Jicarilla-Apachen (Nordamerika) erzählen vom Gott des Anfangs, wie er einen Vogel aus Erde in zyklischer Bewegung herumwirbelte und damit eine Emanation »traumähnlicher Formen« auslöste; der vom Schwindel ergriffene Vogel sah rings um sich Bilder entstehen: die Dinge der Welt[427].

Als älteste aller Künste reicht der Tanz in die Urzeit zurück. Bei dem Indianervolk der Kagaba in Kolumbien ist die Urmutter, von der alle Arten von Menschen, Tieren und Pflanzen abstammen, zugleich auch die Mutter der Gesänge und der Tänze, die sie zu ihrem Andenken hinterlassen hat. Ein eigenartiger ritueller Tanz ist aus dem Inkareich zur Zeit der Conquistadoren überliefert. Es handelt sich um den sogenannten Ursprungstanz zu Ehren des Stammvaters Tutaiquira; bei diesem Tanz wurde die einer Schnecke nachgeahmte Figur »zerschnitten«, dann wurden einem Tänzer Schnittwunden im Gesicht beigebracht, worauf dieser sagen mußte: »Brüder, ihr habt mich schon umgebracht!« Auf einer Bahre wurde das Opfer durch die Felder getragen, wobei wiederum getanzt wurde[428]. Hier mögen Ursprungstanz, Ahnenkult und Fruchtbarkeitssymbolik zusammenfallen; der Tanz könnte die sakrale Wiederholung des Urzeitgeschehens sein, bei dem der Urahn (im Totemtier der Schnecke) geopfert wurde, wodurch die Menschen Zugang zu den nahrungspendenden Pflanzen erhielten.

Das Heraustreten der Kreatur aus dem Kreis göttlicher Schöpferkraft zeigt sich sehr deutlich in einem Mythos der australischen Kulin: Bundjil, das Höchste Wesen, bildete aus Lehm die ersten Menschen. Er freute sich über sein Werk, schaute es lange an und tanzte rundum. Dann nahm er faserige Rinde und machte Haare daraus. Wieder betrachtete er sein Werk mit Wohlgefallen und umtanzte es das zweite Mal. Schließlich legte er sich auf die Lehmkörper, blies seinen Atem in ihren Mund, in

ihre Nase und in ihren Nabel, bis sie sich regten. Dann tanzte er zum dritten Mal um sie herum und hieß sie aufstehen.

Aus dem Flammenkreis seiner Göttlichkeit heraus wirkt der vierarmige Shiva, der »König des Tanzes« (Nataraja). In der äußersten Rechten hält er eine Trommel, deren Pulsschlag die Schöpfung symbolisiert, in der äußersten Linken trägt er den die Welt zerstörenden Feuerbrand. Ein Männerohrring im rechten und ein Frauenohrring im linken Ohr deuten des Gottes Doppelnatur an. Der Tanz – auf dem Leib eines zwergenhaften Dämons als Sinnbild für die Unwissenheit und »Blindheit« des Menschen – weist auf die fünf kosmischen Akte der Schöpfung, Erhaltung, Vernichtung, Verhüllung und Erlösung. Die zweite rechte Hand macht die Gebärde des Friedens; mit der nach unten zu dem aufgehobenen Fuß gerichteten Hand verheißt der Gott Zuflucht und Befreiung vom Irdischen[429]. Der Flammenkreis ist die in der Zeit sich drehende Weltbühne; in den indischen Religionen ist Shiva selbst die Zeit (*kala*), aber auch »die Große Zeit« (*maha kala*), der Abendländer würde sagen die Ewigkeit.

Die Leben und Fruchtbarkeit erweckende Kraft des Tanzes tritt in einer japanischen Überlieferung deutlich hervor. Danach wurde die Sonnengöttin Amaterasu eines Tages von ihrem Bruder, dem Windgott Susanowo, so gekränkt, daß sie sich in die »Himmlische Felsenhöhle« zurückzog. Nachdem Himmel und Erde in Dunkelheit gehüllt waren, versuchten die Götter, sie aus ihrem Versteck hervorzulocken. Dies gelang endlich Uzume, die durch ihren wilden, erotischen Tanz die zuschauenden Götter zu lautem Lachen und Klatschen brachte, woraufhin die neugierig gewordene Amaterasu aus einem Spalt herauslugte und schließlich ganz aus ihrer Höhle hervorkam. Von da ab erhellt die Sonne wieder die Welt und schenkt Fruchtbarkeit und Leben. Uzume gilt als Herrin der Tanzkunst. Noch heute werden an ganz bestimmten shintoistischen Festen Ritualtänze (*kagura*, »Göttervergnügen«) von Jungfrauen aufgeführt; dazu gehört der in Spiel und Tanz wiedergegebene Mythos von der »Himmlischen Felsenhöhle«[430].

Tanz und Fruchtbarkeit fallen auch bei Artemis zusammen, die den alten Griechen mehr war als nur eine jungfräuliche Jagdgöttin und Herrin der Tiere. Zum Kult der in Sparta verehrten Artemis Orthia gehörte nicht nur das alljährliche Auspeitschen der Knaben an ihrem Altar (Schläge mit der Lebensrute), sondern auch ein Tanz orgiastischen Charakters, bei dem Mädchen als Männer auftraten und Masken trugen. In den dorischen Kolonien Süditaliens gab es sogar phallische Kulttänze zu Ehren dieser Göttin. Wenn hier der Aspekt der Fruchtbarkeit eindeutig im Vordergrund steht, so ist es bei den neun Musen der des (ursprünglich kultischen) Spieles. Zwar wird besonders Terpsichore als Muse des Tanzes genannt, aber der Mythos berichtet, daß sie alle nur an Singen und Tanzen dachten; »die Erde hallte von ihren Hymnen wider, und lieblich war das Gestampf ihrer Füße«. Der Anführer der Musen war Apollon, der Gott des Lichtes und der Musik; in dem Drama »Troerinnen« des Euripides wird der Tanz als »frommer Dienst« bezeichnet und dann Apollon aufgefordert: »Tanz uns voran!«

Im Tanz entfaltet sich die Schöpferkraft und Herrlichkeit Gottes, und im Tanz versucht der Mensch sich seinerseits Gott zu nähern. In Phönikien wurde in der Gegend von Beirut Baal Marqod verehrt, sein Name bedeutet »Herr des Tanzes; und in den Tempeln des Landes wurden zum Klang der Zimbeln und Klappern heilige Reigen aufgeführt. Im Tanz wird »das Mysterium der Verwandlung des Göttlichen in Materie und des Menschen in den Gott« sowohl verhüllt als auch geoffenbart. »Wird der Ritus aber zum bloßen Schaustück, das den Menschen beeinflussen will, so ist seine Kraft gebrochen, und er verfällt«[431]. Der vom Menschen vollzogene Ritus muß immer auf Gott, auf die heilige Mitte ausgerichtet sein, um von da aus das Heil zu empfangen. Im Kult der Dea Dia, einer römischen Erd- und Saatgöttin vollführten ihre Priester im Mai einen Flurumgang (*ambarvalia*) unter rhythmischen Tanzbewegungen und dem Singen eines Liedes (*carmen*); dadurch sollten die Saaten entsühnt und ihr gutes Gedeihen von der Göttin erfleht werden.

Wenn im Gesetzeswerk des Moses keine Vorschriften über religiöse Tänze zu finden sind, so waren diese doch nicht ungebräuchlich. Die Bedeutung des Tanzes für die Israeliten zeigt sich darin, daß das gewöhnliche hebräische Wort für »Fest«

(*hag*) ursprünglich »Umgang, Reigen« bedeutete. Ein typisches Beispiel des Prozessionstanzes bietet kein Geringerer als David, der »sich im Tanz mit aller Kraft vor dem Herrn« drehte und unter Jubel und Posaunenklang die Bundeslade (Symbol der Gottheit) nach Jerusalem brachte (2. Samuel 6,15). Auch das kultische Umschreiten des Altars (Psalm 26,6) darf als Tanz gelten, zumal dabei besondere Schritte ausgeführt wurden[432]. Die Reigentänze um das Goldene Kalb sind als kultischer Tanz um einen heiligen Gegenstand zu werten (2. Moses 32,19); die in die Irre gegangene Menge hoffte durch ihr Umkreisen an der scheinbar mit Macht geladenen Mitte partizipieren zu können.

Es ist verständlich, daß der von Gott losgelöste Tanz von der Kirche mit Argwohn beobachtet wurde, besonders wenn er Ausdruck gesteigerten Lustgefühls und unkontrollierter Leidenschaften war. Von dem ostkirchlichen Prediger Chrysostomus stammt der Ausspruch: »Wo man tanzt, da ist der Teufel«. Geradezu zu einer Symbolfigur des sündhaften Tanzes wurde Salome, die Tochter der skrupellosen Herodias. Diese haßt Johannes den Täufer, weil er ihr Vorhaltungen wegen ihrer ehebrecherischen Beziehungen zu dem Landesfürsten Herodes Antipas gemacht hat. Von ihrer Mutter angestiftet, tanzt Salome vor dem Fürsten und verlangt zur Belohnung das Haupt des Täufers auf einer Schüssel (Matthäus 14,6-11). Schon die Kirchenväter betonten den sündigen Charakter des Tanzes, der dem Herodes alle Sinne verwirrte, so daß er der grausigen Bitte entsprach. Wenn Salome auf mittelalterlichen Bildern (wie im Hortus deliciarum der Herrad von Landsberg) auf den Händen tanzt, dann kann man darin ihre akrobatische Kunst erkennen, andererseits aber ist es auch symbolischer Ausdruck dafür, daß der Tanz die Dinge auf den Kopf stellt, daß er einer verkehrten Welt angehört. In der Malerei des 19. Jahrhunderts tritt Salome als schamlose Tänzerin halb oder auch ganz entkleidet auf; in ihren Händen schwingt sie einen Schleier als erotisches Symbol.

Oscar Wilde läßt im »Tanz der sieben Schleier« alle Hüllen fallen.

Besonders ablehnend mußte sich die Kirche gegenüber den Tänzen verhalten, die mit »heidnischen« Gottheiten verbunden waren. Die vorchristlichen Kulte wurden als Götzen- und Satansreligion abgestempelt. Die altitalische Waldgöttin Diana, deren Name (von *diviana*, »die Leuchtende«) auch einen lunaren Aspekt andeutet, wurde zur Herrin der Hexen. Diese sollen Wind, Donner, Blitz und Hagel erzeugen können und des Nachts auf einem Berg (z.B. dem Brocken im Harz) ihren orgiastischen Hexensabbat vollführen. »Sie tanzen, springen, schreien, rasen unterm Galgen auf dem Schinderwasen«. Ihre Reigentänze gelten vor allem dem in Bocksgestalt gedachten Teufel. Das ganze in Nacht eingebettete Hexenszenarium – mit fliegendem Besenstiel, Zauberkessel und der Eule als Gespenstervogel – gehört dem Reich des Magisch-Dämonischen an[433] (s. Abb. S. 252). Aus den verschiedensten Gründen, die im einzelnen in Religions- und Kulturgeschichte zu suchen sind, ist die Hexe vom Urbild der mit der Natur verbundenen weisen Frau abgespalten und erscheint nunmehr als Stiefmutter, Galsterweib, Dirne (*meretrix*) und Tanzbuhlin des Teufels.

Wer den Verlockungen des Irdischen nachgibt, ist dieser Welt verfallen; der Tanz mit dem Teufel führt – über das Sterben hinaus – in den Tod. Eine qualvolle Vorstellung war es, daß die Gestorbenen des Nachts über den Gräbern nach der Pfeife des Todes tanzen müssen, um ihre Sünden abzubüßen. Zu dem künstlerischen Motiv des Totentanzes (in Frankreich *danse macabre* genannt), bei dem der Tod als Knochenmann erscheint und voll schelmischer Freude ins Grab führt, hat wahrscheinlich auch eine Legende beigetragen, in der die drei Toten den drei Lebenden zurufen: »Was ihr seid, das waren wir; was wir sind, das werdet ihr«. Die ältesten bekannten Darstellungen stammen aus der ersten Hälfte des 15. Jahrhunderts. Aufgrund der im Spätmittelalter verbreiteten Furcht vor Pestepi-

demien erblickt Hellmut Rosenfeld in den Totentänzen an Friedhofsmauern (z.B. in Basel) und in Kirchen (Lübeck, Marienkirche) eine Art »Abwehrmagie gegen den Massentod« und »Symbole für Hinfälligkeit aller menschlichen Würde und alles Stolzes vor Tod und Ewigkeit«[434].

Zu einer anderen Art von Totentanz gehören in frühchristlicher Zeit die Tänze an den Gräbern der Märtyrer und das ganze Mittelalter hindurch anläßlich von Bestattungen auf dem Friedhof. Schon im altägyptischen Totenkult wurde der Tanz zu einem Symbol der Auferstehungshoffnung: An der Tür des Grabes eilen die mit einer Schilfkrone geschmückten Muu-Tänzer dem Osiris gleichgesetzten Toten entgegen und begrüßen ihn mit Jauchzen. Bei den Arabern gibt es bis in heutige Zeit den Brauch, auf dem Weg zur Grabstätte zu tanzen. Auch bei Naturvölkern finden sich Begräbnistänze.

Bei den Mimika auf Südwest-Neuguinea werden die Toten durch Maskierte in wilden Tanzbewegungen repräsentiert; ihnen tanzt der Häuptling des Dorfes entgegen; ebenso tanzen die Frauen, vor allem die weiblichen Angehörigen des Verstorbenen, während die Trommeln ertönen[435]. Auf diese Art und Weise erhält der Tote das letzte Geleit.

Auf den Tod und die Unterwelt beziehen sich auch die Labyrinthtänze. Der antiken Überlieferung nach soll der dem Tode entronnene Theseus auf der heiligen Insel Delos mit seinen Gefährten zum ersten Mal jenen Reigen getanzt haben, dessen Wendungen angeblich den verschlungenen Irrwegen des kretischen Labyrinthes nachgebildet waren. Der in tiefer Nacht ausgeführte Geranos, das bedeutet Kranichtanz, fand in Gegenrichtung zum Sonnenlauf statt, also in der Richtung des Todes. Das Ende des Tanzes, der Ausgang des Labyrinths, entspricht dann der Wiedergeburt. Daß der Tanz nach den Kranichen benannt wurde, hat natürlich auch seine Bedeutung, handelt es sich doch um Vögel, deren Spring- und Hüpftanz im anbrechenden Frühjahr während der Nacht durchgeführt wird und mit dem Sonnenaufgang endet; das Erscheinen der Sonne begrüßen sie mit trompetenartigem Geschrei. Der von Menschen den Kranichen nachgeahmte Tanz – auf Delos und Kreta, aber auch im alten Indien und China[436] – war ein Initiationsritual und hatte demnach die beiden komplementären Aspekte von Tod und Leben.

Nach einer Überlieferung von der indonesischen Insel Ceram tanzten in der Urzeit neun Familien auf dem Tanzplatz *tamene siwa* (»den neun Tanzplätzen«) neun Nächte lang. Im Mittelpunkt des Tanzes stand das (göttliche) Mädchen Hainuwele und verteilte zuerst die üblichen Erfrischungen, aber dann immer größere Kostbarkeiten wie Korallen und goldene Ohrringe, so daß es den Menschen unheimlich wurde und sie beschlossen, Hainuwele zu töten. Vor der neunten Nacht gruben die Männer mitten im Tanzplatz ein tiefes Loch (Abstieg ins Erdinnere, in die Unterwelt, in das Labyrinth) und drängten im später folgenden spiralförmigen Tanz das Mädchen in die Grube. Die auf sie geworfene Erde wurde von den Tänzern festgestampft. Am folgenden Morgen gräbt der Vater seine Tochter aus, zerstückelt ihren Leichnam und vergräbt die einzelnen Teile auf dem Tanzplatz[437]. Aus den Leichenteilen entstanden die ersten Feldfrüchte, die den Menschen zur Nahrung dienen. Hier haben wir wieder den Zusammenhang zwischen Tod, vergossenem Blut und neuem Wachstum!

Der Tanz ist ein Medium der Verwandlung. Leo Frobenius berichtet von dem Kumang-Bund bei den am nördlichen Niger wohnenden Bosso. Bei einem alle sieben Jahre stattfindenden Fest tanzte der Kumang in Maske und Federkleid um einen von den Eingeweihten gebildeten Kreis; den Bundesmitgliedern war es bei Todesstrafe verboten, sich nach der Maske umzusehen. Während des Tanzes wechselte der Kumang die Form seines Federkleides und schien bald klein wie ein Kind, bald wieder so groß wie ein Palmbaum. In dem symbolischen Spiel verkörperte er eine Schicksalsmacht, die dann anschließend den im Kreise Sitzenden über alles Auskunft gab, was in den nächsten sieben Jahren sich ereignen würde[438]. Prophetische Tänze finden bereits im Alten Testament Erwähnung. Im Gegensatz zu den prophetischen Individualgestalten durchzogen die Nebi'im (oder Nabis) das palästinensische Land, durch Musik und Tanz ihre religiöse Begeisterung aufpeitschend; so schloß sich auch Saul einer Schar tanzender Propheten an und machte die Erfahrung, wie er in Verzückung geriet und in einen anderen Menschen verwandelt wurde (1. Samuel 10, 5 f.).

Ekstase und Rausch spielten eine wichtige Rolle bei den dionysischen (bakchantischen) Tänzen. Dabei diente die Trunkenheit dazu, in völliger Hingabe von Gott erfüllt (*entheos*) zu werden; ja der Mensch hoffte, unter Ausschaltung seiner eigenen Persönlichkeit wenigstens zeitweise die Erscheinungsform des Göttlichen annehmen zu können. Die göttliche Raserei (*mania*) findet sich im Dienst des Dionysos in den wilden Reigen der Maenaden und Bakchanten, die unter dem verzaubernden Klang der Flöten durch die Wälder ziehen, wie es Euripides in seinem Drama »Die Bakchanten« eindrucksvoll beschreibt:

Und mit dem Lichte
Brennender Fichte
Zuckenden Stabes flammender Glut
Winket er springend,
Tanzend und schwingend
Weichlicher Locken wallende Flut,
Winket den schwärmenden, schweifenden
Chören,
Seinen göttlichen Ruf zu hören,
Zu Sängen und Tänzen in bakchischer Wut.

Dem ekstatischen Tanz entgegengesetzt ist der des Mystikers. Dieser geht nicht aus sich hinaus, sondern in sich hinein. Nicht durch Berauschtsein, lautes Schreien und wildes Gebaren hofft er sich mit der Gottheit zu vereinen, sondern durch Stille und Verinnerlichung. Im Islam gehen beide Arten des Tanzes ineinander über. Bei den mit waagrecht ausgebreiteten Armen und oft unter instrumentalmusikalischer Begleitung ausgeführten Wirbeltänzen der Derwische kann man an einen astralkultischen Ursprung denken. Der persische Dichter und Mystiker Dschelaleddin Rumi, der den Orden der Mevlevi-Derwische gegründet hat, spricht von der »feurigen Seele«, der Sonne, die Gott erschaffen hat und die von wirbelnden Planeten umringt wird. Ein anderer Gedanke von ihm ist, daß aller Reigen auf Erden nur »ein Zweig vom Himmelstanze ist«. Wo immer der Tanzende mit dem Fuß aufstampft, da entspringt aus dem Staub ein Quell des Lebens. Der schwarze Mantel, den die Mevlevi-Derwische tragen, ist ein Hinweis auf das dunkle Erdenleben; wenn sie ihn abwerfen, tanzen sie in einem Gewand in Weiß, der Farbe des Auferstehungsleibes. Nach Annemarie Schimmel ist der tiefste Sinn des Reigens die Symbolisierung des ständigen Wechselspiels von Leben und Tod, von Stirb und Werde[439]. Im religiösen Tanz verbindet sich die Kontemplation mit dem heiligen Tun. Für den im 4. Jahrhundert lebenden Bischof Basilus von Caesarea gab es nichts Segensreicheres, »als auf Erden den Tanzreigen der Engel nachzuahmen und mit dem Aufgang der Sonne unsere Stimmen im Gebet und Gesang zu erheben, um so den Schöpfer zu lobpreisen«. Der gottbeseelte Tanz – wie ihn die antiken Mysterien als *choreia pneumatike* kannten – ist bei der Mystikerin Mechthild von Magdeburg ein immer wiederkehrendes Bild; sie spricht vom »tanz der sele« und von Christus als dem achtzehnjährigen Jüngling, der als Tänzer oder Spielmann auftritt. Und Heinrich Seuse weiß um das Minnespiel, das die Seligen erwartet, von dem Freudentanz in himmlischer Wonne[440]. Aber nicht nur in sprachlichen Bildern kennt das Christentum den religiösen Tanz, sondern auch im rituellen Spiel. Zwar spre-

chen nicht wenige Kirchenlehrer und Prediger von der »Unsitte des Tanzes« (so auch Caesarius von Arles), aber der uralte Drang des Menschen, sich tanzend der Gottheit zu nähern, konnte nicht endgültig abgebremst, wohl aber im christlichen Sinne umgedeutet werden. In der Kathedrale zu Auxerre tanzten im Spätmittelalter die Priester zur Musik der Osterhymne um das Labyrinth herum; und noch heute vollführen in der Kathedrale zu Sevilla am Fronleichnamsfest Knaben in Sechsergruppen vor dem Altar ihre Reigen. Hier ist auch an die Echternacher Springprozession zu denken, bei der die Teilnehmer unter Begleitung der Geistlichen nach drei Schritten vorwärts jedesmal zwei Schritte zurückhüpfen (oder fünf vor und drei zurück). Diese alte Tanzform mit ihrem Bußcharakter wird heute als Wallfahrt verstanden.

Eine Präfiguration des göttlichen Vortänzers, des himmlischen Bräutigams, bietet das Hohe Lied (2,8): »Horch! Mein Geliebter! Siehe, da kommt er, springend über die Berge, hüpfend über die Hügel!« Der Jude Philon von Alexandria (20. v.Chr. bis 50 n.Chr.) gebraucht das Bild vom göttlichen Logos, der einen Reigentanz im Kreise aufführt. Der wegen seiner strengen Bußzucht bekannte altkirchliche Theologe Hippolyt von Rom bezeichnet den Logos als »Vortänzer im mystischen Reigen, wenn der tanzende Chor der Erde zu Gott heimkehrt«. In gnostischen Kreisen war die Vorstellung vom tanzenden Christus lebendig. In den neutestamentlichen Apokryphen (Johannes-Akten, 94-96) wird die Bewegung der Liebe Gottes in Christus als Tanz aufgefaßt, den Christus mit seinen zwölf Jüngern ausführt; bis zum 4. Jahrhundert wurde die Nachahmung dieses Reigens als Initiationsritual vollzogen. Der Tanz dient der mystischen Vereinigung (*unio mystica*) mit Gott[441].

Der Tanz kann zum Bild werden für die Rückkehr ins Paradies. Im Gleichnis vom verlorenen Sohn wird dessen Heimkehr ins Vaterhaus mit einem Freudenfest gefeiert, zu dem Musik und Tanz gehören (Lukas 15,25). »Alles, was der tanzende Fromme mit Geste und Musik andeutet, ist nur eine heimliche Einübung auf das, was er ersehnt, auf den Reigentanz des ewigen Lebens« (Hugo Rahner)[442]. Der in seinen göttlichen Ursprung zurückgekehrte Mensch wird teilhaben am *chorus angelorum*, an dem Reigen der Engel. In einem reizenden Tanzlegendchen erzählt Gottfried Keller von dem frommen Mädchen Musa. Sie betet und tanzt, auch wenn sie zum Altar geht. Eines Tages, sie ist allein in der Kirche, kommt ihr David entgegen und bietet ihr an, die ewige Seligkeit im Tanze zu verbringen, vorausgesetzt, daß sie auf Erden auf jegliches Tanzen verzichtet. Musa willigt ein und stirbt nach drei Jahren wie eine Heilige. Da öffnet sich der Himmel, und Musa springt hinein und verliert sich tanzend in dem unabsehbaren Reigen der Seligen.

Wasser und Taufe

Das Wasser ist Symbol des Ungeformten, Präkosmischen; es ist der Urstoff, ohne den es kein Leben gibt. Eine Grundanschauung vieler Kosmogonien ist, daß die Welt aus der Urnacht und dem Urwasser hervorkam. Der griechische Philosoph Thales von Milet hat das feuchte Element für den Anfang und das Ende aller Dinge gehalten. Bei den alten Ägyptern galt das Urwasser als zeugend und gebärend und wurde mythologisch durch das Paar Nun und Naunet wiedergegeben, die zusammen eine androgyne Einheit bildeten. Aus den beiden Urgottheiten kam der Schöpfergott Atum hervor, oft als Urhügel gedacht, später auch als Sonne. Jeden Tag wiederholt sich diese Schöpfung, wenn das Licht der jugendlichen Sonne aus dem die Erde umschließenden Wasser aufsteigt, um am Abend als Greis wieder in das regenerierende Urelement zurückzukehren. Hier bereits zeigt sich die Ambivalenz des Wassers. Auf der einen Seite ist es dem Chaos zugehörig, mit der Dunkelheit verbunden, den Tod bringend; andererseits ist es kosmische Urpotenz, sich dem Sonnenlicht öffnend, Leben spendend. Mit dem Wasser sind Anfang und Ende verbunden, Urflut und Sintflut.

Wie alles Leben Wasser braucht und in einem gewissen Sinne aus dem Wasser kommt (man denke an das embryonale Fruchtwasser), so gilt dies in vielen Weltschöpfungslehren als Urelement, als Urgrund, als *arché*, wie die Griechen sagten. Anzuführen sind hier sibirische und indonesische Mythen, in denen das Höchste Wesen in Gestalt eines Vogels ein Ei in die Urgewässer legt, aus dem dann die Welt hervorkommt. Verbreitet ist auch das Tauchmotiv, bei dem eine Ente, Schildkröte oder ein anderes Tier ins Meer hinabtaucht und Schlamm oder Erdboden heraufholt, aus dem die Welt bzw. die Erde entsteht. Nach einer indischen Überlieferung war die Erdgöttin Prithivi von einem Dämon im Ozean festgehalten, bis der Gott Vishnu in Gestalt eines Ebers (*varaha*) in die Tiefe tauchte, den Dämon tötete und die Erde, ohne die es kein Leben gegeben hätte, aus den Fluten emporhob. Nach dem Schöpfungsbericht des Popol Vuh, des heiligen Buches der mittelamerikanischen Quiché, schwebte im Urbeginn alles in Schweigen; in Ruhe lag das Meer da, ganz im Himmel eingeschlossen; nur die Götter der Schöpfung, »die Mütter, die Väter, sind im Wasser als leuchtende Körper«[443]. Das Wasser kann weiblich wie auch männlich gedacht werden; ersteres in seiner Stofflichkeit als Materie (Mutter-Stoff) und undurchschaubaren Tiefe, letzteres in seiner tosenden Gewalt und in seiner Dynamik. Für die Babylonier und Ägypter war die Urflut doppelgeschlechtlich. Das weite Meer mit all seinen Gefahren wird großenteils unter männlichem Aspekt erlebt und dementsprechend von Göttern regiert: Nun (Ägypter), Poseidon (Griechen), Neptun (Römer). Manannan (Kelten, Altirland), Tangaroa (Polynesien), Olokun (Yoruba, Westafrika). Die Wasser von Brunnen, Quellen und Teichen dagegen stehen fast durchwegs mit dem Mütterlichen in Verbindung; hier sind die Nymphen, Nixen und Wasserfrauen zu Hause. Das elementare Aufbrechen des lebendigen Wassers aus dem Erdinneren, wie es bei der Quelle zutage tritt, kann den naturverbundenen Menschen an einen Geburtsvorgang erinnern. Das griechische Wort *nymphe* bedeutet sowohl »Quelle« als auch das »reife Mädchen«, ja ursprünglich »die Schwellende, Schwangere«[444]. Deshalb galten die Nymphen auch als Hochzeitsgöttinnen, und in manchen Quellen erhofften sich unfruchtbare Frauen Kindersegen. Wie der sprachliche Ausdruck oft tiefere Sinnzusammenhänge erkennen läßt, zeigt das chinesische Wort für Quelle (*ch'üan*), es setzt sich aus den zwei Komponenten »rein« und »Wasser« zusammen und ist mit dem Begriff »Ursprung« verwandt. Ebenso kann das lateinische *fons* neben »Quelle« auch »Ursprung, Ursache« bedeuten.

Der nie versiegende Born des Lebens ruht in der Tiefe des Alls. Die Babylonier glaubten, daß der Quell des Lebenswassers von den Unterweltsgöttern gehütet werde, und die Göttin Ischtar muß bei ihrer Suche danach in die Totenwelt hinabsteigen. Das Wasser des Heils ist nur unter Einsatz des Lebens, ja durch den Tod hindurch zu gewinnen. Dort wo der Ursprung liegt, ist auch das Ende. In verschiedenen Märchen steht das Wasser des Lebens zugleich mit dem Wasser des Todes in Verbindung; in dem russischen Märchen »Die Jungfrau Zar« findet Ivan links neben dem Apfelbaum den Quell des Todes, rechts davon den Quell des Lebens. In Grimms Märchen »Die beiden Wanderer« erfährt der von seinem Kamerad schmählich betrogene Schneider erst in seiner Todesnot unter einem Galgen von der Heilkraft der vom Himmel gefallenen Tautropfen, durch die er sein Augenlicht wieder erhält. Wir wollen zwar nicht soweit gehen wie Max Raphael, der meint, daß hinter solchen Märchen die paläolitische Wirklichkeit stehe[445], aber möglich ist es durchaus, daß in vorgeschichtlicher Zeit Tote im Wasser bestattet wurden in der Hoffnung auf eine Wiedergeburt. Inwieweit dieses Brauchtum sich in Mythen und Märchen niedergeschlagen hat, läßt sich im einzelnen allerdings nicht nachweisen. Was uns die Weisheit alter Überlieferungen erkennen läßt, ist jedoch unübersehbar: Der Weg zu den Gefilden der Seligen führt nur über den Tod.

Als Zeichen für »Wasser« lassen sich bis in die prähistorische Zeit Wellen- und Zickzacklinie zurückverfolgen. Besonders oft findet sich das Symbol in der Keramik der europäischen Frühzeit; wahrscheinlich hatten diese Gefäße eine sakrale Bedeutung: aus ihnen wurde bei kultischen Handlungen Wasser der Gottheit geopfert. Zu den ältesten Schriftzeichen gehört das für »Wasser«: bei den Ägyptern eine dreifache Zickzacklinie, bei den Sumerern zwei waagerechte Wellenlinien und in Altchina eine einfache Wellenlinie. In semitischen Sprachen heißt Wasser *mem*; der Anfangsbuchstabe wurde in der phönikischen Buchstabenschrift durch eine zusammengepreßte Zickzacklinie wiedergegeben und so über das griechische und lateinische Alphabet zu unserem Buchstaben m (M)[446]. Die Bedeutung des Wassers können auch Spiralbänder haben, besonders unter dem Aspekt der Tod- und Wiedergeburtssymbolik – so etwa bei den altägyptischen Felsengräbern im Tal der Könige. Das Wellenband als Hinweis auf das dem Göttlichen zugehörige Wasser des Lebens findet sich wiederholt in der romanischen Skulptur, wofür in der St. Peter- und Paulskirche zu Rosheim (Elsaß) das Kapitell mit den unter dem Wellenband befindlichen kleinen Menschenköpfen ein schönes Beispiel ist (s. Abb. S. 260). Beim Taufstein zu Freudenstadt (Schwarzwald) wird der obere waagrechte Rand des Beckens von einem wellenartigen Flechtband als Symbol des reinigenden und Leben schenkenden Taufwassers geziert.

Dem dunklen Wasser der weiblichen Tiefe steht das helle Wasser der männlichen Höhe gegenüber, das die Erde befruchtet. Die von oben kommenden Tropfen können geradezu als *semen virile*, als männlicher Samen, aufgefaßt werden. Der indische Wettergott Indra ist »Herr des Ackers« und »Stier der Erde«. Die Pima-Indianer in Neumexiko haben einen Mythos, nach dem die Mutter Erde in Gestalt einer schönen Frau von einem aus einer Wolke herabfallenden Wassertropfen befruchtet wurde. Das Wasser des Himmels ist ein Bild des göttlichen Segens. Der babylonische Wettergott Adad hatte die Beinamen »Deichgraf des Himmels« und »Herr des Überflusses«; wenn er den Regen zurückhält, dann treten Dürre und Hungersnot ein. In den Psalmen (147,8) wird Gott ein Danklied angestimmt; denn »er hüllt den Himmel in Wolken ein, er bestimmt für die Erde den Regen, auf den Bergen läßt er hervorsprießen das Gras«. Im Jakobusbrief (5,7.18) ist es ein sichtbares Zeichen der Gnade Gottes, wenn der Himmel den Regen spendet, so daß die Erde ihre Frucht hervorbringt. In Auslegung auf Christus hin wird eine Stelle bei Jesaja (45,8) in das deutsche Adventslied aufgenommen: »Tauet Himmel, den Gerechten, Wolken regnet ihn herab«.

Die Jenseits- und Paradieshoffnungen der Völker wissen um den himmlischen Ursprung des Lebenswassers, wie ja überhaupt alle Heil und Unsterblichkeit bringenden Getränke aus der Welt der Götter kommen: der Somatrank der Inder, der Nektar der Griechen, der vom Weltenbaum tropfende Honigtau in der Edda, der Wein des Abendmahls. Das himmlische Wasser kommt aus den Höhen des Lichtreiches, geht ein in die Tiefe der Finsternis und kehrt wieder in das Lichtreich über den Sternen zurück. Ja, es gibt Überlieferungen, die geradezu vom »Lichtwasser« sprechen. Die Inder erblicken im Vollmond den vollen Somabecher; allmonatlich trinken ihn die Götter leer und füllen ihn dann wieder auf. In dem heiligen Buch der Mandäer heißt es, daß der Mond reines Wasser sei, und nach ihrer von der Gnosis beeinflußten Lehre offenbart sich die höchste Gottheit in der geheimnisvollen Einheit von Licht und Wasser. Nach mandäischem Glauben ist der Himmel von flüssigem Licht erfüllt, von dem alles irdische Wasser nur ein dunkles Abbild ist[447]. Die altiranische Wassergöttin und Fruchtbarkeitsspenderin Anahita wurde mit dem Mond oder auch mit dem Planeten Venus in Verbindung gebracht. Wenn hier das himmlische Wasser nicht von einer männlichen Gottheit gespendet wird, sondern vom weiblich gedachten Mond, dann zeigt das in aller Deutlichkeit, daß man Symbole nie einseitig festlegen kann und daß sie von einer Bedeutung in die andere überwechseln können. Das Wasser kann männlich und weiblich sein, aus der Höhe herabregnen und aus der Tiefe hervorquellen, es kann Leben und Tod bringen.

Die Überlieferungen von der Sintflut sind eng mit dem Todesaspekt des Wassers verbunden. Aus heutiger Sicht heraus kann man in den Flutsagen »den Ausdruck einer Urangst vor der Vernichtung« erkennen »und eine ursprüngliche Hoffnung auf die Möglichkeit einer Lebenserneuerung«[448]. Sintflut heißt eigentlich »große Flut« und wurde in christlicher Volksetymologie zu »Sündflut«. Nach dem Gilgameschepos wurde Utnapischtim von dem Gott Ea vor der zur Strafe über die Menschheit geschickten Flut gewarnt und zum Bau einer Arche aufgefordert, in die er den Samen alles Lebenden mitnehmen sollte. Ähnliches erzählt die griechische Sage von Deukalion und Pyrrha, die als einzige der Flut entkamen, da ihnen Prometheus geraten hatte, einen verschließbaren Kasten zu bauen, mit dem sie nach neun Tagen am Parnaß landeten. Vom indischen Manu, der als Stammvater der Menschheit galt, wird berichtet, daß er durch den in Fischgestalt erscheinenden Gott Vishnu vor der großen Flut auf die Berge des Himalaya gerettet wurde. Nach biblischem Bericht beschloß Gott, alle Lebewesen zu vertilgen, da die Erde voll Gewalt und Sünde war; nur Noah und seine Familie sollten in der Arche gerettet werden und von allen Tieren je ein Männchen und ein Weibchen (1. Moses 4-6). Was den sündhaften Menschen den Untergang brachte, wurde für Noah und die Seinen zum Übergang in eine neue Welt. Als die aus Todesnot Geretteten nach vierzigtägiger Sintflut die Arche verließen und dem Herrn ein Opfer dargebracht hatten, erblickten sie in den Wolken einen Regenbogen als Zeichen von Gottes Huld und Gnade. Die atmosphärisch-optische Erscheinung des Regenbogens entsteht, wenn die im Rücken des Beobachters stehende Sonne eine vor ihm befindliche Regenwand bescheint. Der Regenbogen entsteht also durch das Zusammenspiel von Wasser und Sonnenlicht und versinnbildlicht Ausgleich, Harmonie und Versöhnung. Der mittelalterliche Geschichtsschreiber Gottfried von Viterbo erblickte in den drei Hauptfarben des Regenbogens die Bilder von Sintflut (Blau), Weltenbrand (Rot) und neuer Erde (Grün).

Die Macht und Herrlichkeit Gottes kann in allen Phänomenen offenbar werden. Das Wasser galt in früheren Zeiten als machthaltige Substanz. Bei den alten Ägyptern war Osiris der große Wasserspender; als »Ausfluß, der aus Osiris hervorging«, befreit das Wasser aus der Todesstarre. Der hinduistische Schöpfergott Brahma hält ein Wassergefäß (*kumbha*) in der einen Hand zum Zeichen dafür, daß er Fruchtbarkeit und Leben spendet. Bei den alttestamentlichen Propheten ist Jahwe »die Quelle des lebendigen Wassers (Jeremia 17,13). Die im alten Orient vertraute Vorstellung des göttlichen Wasserspenders verdichtet sich im Messias und wird in Christus Wirklichkeit. Er war es, der sagen konnte: »Wenn jemand dürstet, komme er zu mir und trinke. Wer an mich glaubt, aus dessen Leib werden Ströme lebendigen Wassers fließen« (Johannes 7,37 ff.). In der mittelalterlichen Mystik, vor allem bei Mechthild von Magdeburg finden sich wiederholt die Bilder vom »Brunnen der ewigen Gottheit« und von der »himmlischen Flut«. Der romantische Dichter Novalis hat in seinem »Gesang der Toten« mit magischer Ausdruckskraft Gott den »Ozean des Lebens« genannt.

Haben wir in unserer heutigen Zeit, in der wir einfach nur den Wasserhahn aufdrehen müssen, um das kostbare Naß zu erhalten, überhaupt noch einen Zugang zum Verständnis solcher Bilder und Symbole? Was Gott uns in der Schöpfung geschenkt hat, betrachten wir als selbstverständlich. Die Elemente werden aus ihrer heiligen Bindung aus dem Weltganzen gelöst; man erkennt in ihnen nicht mehr die Bausteine eines gottdurchwalteten Kosmos, sondern betrachtet sie nur aus unserem egoistischen Blickwinkel heraus. Und so werden Wasser, Erde und Luft nicht nur zu unserem Nutzen gebraucht, sie werden auch verbraucht und mißbraucht. Und dabei vergessen wir, daß wir selbst aus diesen Elementen bestehen.

Alles Kreatürliche kommt vom Creator, und wenn dieser im Bild des Meeres geschaut werden kann, dann der Mensch im Bild des Wassers; denn schließlich ist der Mensch Ebenbild und Gleichnis Gottes (*imago et similitudo dei*). Nur wer Gott erkennt, kann ihn auch bekennen; nur wer seine Botschaft wahrnimmt, kann sie weiter verkünden:

Mit diesem Hinfluten, mit diesem Münden
in breiten Armen ins offene Meer,
mit dieser wachsenden Wiederkehr
will ich dich bekennen, will dich verkünden
wie keiner vorher.

Rainer Maria Rilke (»Stundenbuch«)

Im Wasserspiegel erkennt der Mensch sein eigenes Bild; das erklärt die seltsame Faszination, die es auf Narziß ausübte. Zwar wurde dieser wie in einen Zauberbann geschlagen; aber der Spiegel des dunklen Wassers war aus dem lebendigen Fluß herausgelöst, war Oberfläche und zeigte ihm nur die äußere, vergängliche Schönheit. Narziß hätte durch sich selbst hindurchschauen müssen, um in die Tiefe zu dringen. Des Menschen Innenschau gleicht einem Untertauchen in den Wassern des Unbewußten. Erst wenn wir zu uns selbst finden, werden wir uns wohl fühlen »wie ein Fisch im Wasser«. Tiefenpsychologisch kann der Fisch als ein Symbol des Selbst auftreten und das Wasser auf die Dynamik der Psyche hindeuten[449]. Im »Gesang der Geister über den Wassern« schreibt Goethe:

Des Menschen Seele gleicht dem Wasser:
Vom Himmel kommt es, zum Himmel steigt es,
und wieder nieder zur Erde muß es,
ewig wechselnd.

Die alten Völker glaubten mit dem Wasser die Kraft prophetischer Rede und göttlicher Inspiration verbunden. Der altmesopotamische Wassergott (sumerisch Enki, akkadisch Ea) war zugleich der Gott der Weisheit, den die anderen Gottheiten in schwierigen Situationen um Rat fragen. Die griechischen Meergötter – wie Nereus und Proteus – besaßen nicht nur die Möglichkeit, ihre Gestalt zu verwandeln, sondern auch die Gabe der Weissagung. Den bei Quellen hausenden Nymphen wurde die Kunst des Orakelns und der Prophetie zugeschrieben. Vor allem war Apollon der Gott, dessen durch eine Quelle vermitteltes Wasser mantisches

Wissen verlieh; bekannt war Delphi, wo Pythia, nachdem sie aus einer Quelle von dem gotterfüllten Wasser (*entheon hydor*) getrunken hatte, »rasenden Mundes« ihre vieldeutigen Orakel verkündete. Als Caesar an den Rhein kam, fand er Frauen, die aus den Wirbeln des Flusses und dem Getöse der Strömung weissagten[450]. Hier ist auch an den germanischen Odin zu denken, der sich zu dem Riesen Mimir begibt; um aus dessen Brunnen der Weisheit trinken zu dürfen, gibt der Göttervater sein Auge als Pfand.

Das Wasser ist das sakrale Mittel, die Kräfte des Unheils und des Bösen zu bannen und die des Heils und des Guten zu mehren. Der Sinn der kultischen Waschung besteht über die Reinigung von körperlichem Schmutz hinaus in dem Freiwerden von seelischer Befleckung. Die Babylonier umschrieben das Wasser einfach als »das Reinigende«. Die alten Ägypter personifizierten den reinigenden Wasserüberguß als Göttin Kebechet, die in den Pyramidentexten als Helferin beim Himmelsaufstieg des Königs erscheint; die Reinigung durch Wasser kann demnach zur Auferstehung, zum Weiterleben nach dem Tode verhelfen. Durch die im Ritus vollzogene Waschung wird einerseits das Unreine, die Sünde, weggenommen, andererseits Heil zugeführt und neues Leben ermöglicht, also Lustration und Konsekration in einer Handlung. Die symbolische Übermittlung von Lebenskraft wird auf bildlichen Darstellungen durch das Anch-Zeichen (*anch*, »Leben«) angedeutet. Im Zusammenhang mit dem Bad des Pharaos wird vom »Wasser allen Lebens und Heils« gesprochen; der königliche Baderaum hatte den vielsagenden Namen »Morgenhaus« und befand sich immer vor dem eigentlichen Tempel. Selbst der Sonnengott Re reinigt sich vor jeder Tagesfahrt im Himmelsozean. Die Pyramidentexte erwähnen häufig ein reinigendes Bad für Verstorbene, wodurch nicht nur Reinheit, sondern auch ein neues Leben gewährleistet werden soll[451].

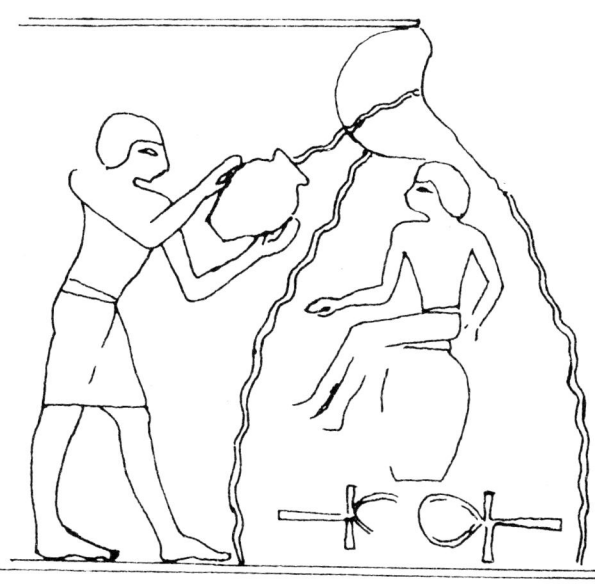

Reinigung als kultischer Akt verwandelt das Leben, sie ermöglicht einen Neubeginn, ist in gewisser Hinsicht eine Nachahmung der urzeitlichen Schöpfung. Das wußte der ägyptische König, wenn er in das »Morgenhaus« ging, aber auch der Kultteilnehmer an den Mysterien zu Eleusis, wenn er im Meer ein Bad nahm. In den gleichen Bedeutungszusammenhang dürfte die altchinesische Sitte gehören, bei der die Braut und der Bräutigam vor der Eheschließung badeten. Hinduistische Pilger wallfahren zum heiligen Fluß Ganges, um ihre Sünden abzuwaschen; die dafür besonders günstigen Tage werden von Astrologen bestimmt. Uns »westlichen« Menschen mag das als barer Unsinn erscheinen, der gläubige Hindu aber weiß sich eingeordnet in die den Kosmos umschließenden Mächte. Ja, es ist das Ziel eines jeden Hindus, so weit möglich am Ende seines Lebens nach Benares zu reisen, um dort im Ganges das letzte reinigende Bad zu nehmen und die *moksha* zu erlangen, d.h. durch den Tod die Befreiung aus der langen Kette der Inkarnationen. Seine Leiche wird dann auf dem Scheiterhaufen verbrannt und die Asche zusammen mit Blütenblättern dem Strom übergeben – zur letzten Fahrt, zum Eintauchen in eine Welt der Leid- und Todlosigkeit. Im Islam gehört zu jeder Moschee ein Brunnen zur vorgeschriebenen Reinigung vor dem Gebet. Was sich der fromme Moslem darüber hinaus von dem Wasser erhofft, kann man an einem Brauch der Pilger erkennen, die nach der rituellen Umschreitung der Kaaba ihr mitgebrachtes Leichenhemd in den heiligen Semsem-Brunnen tauchen.

Das Wasser als das Amorphe, Gestaltlose ist ein Medium der Verwandlung, des Durchgangs von einer Seinssphäre in die andere. Das Untertauchen in das Wasser ist gleichsam ein Abstieg in das Chaos, bedeutet Auflösung und Tod; das Auftauchen entspricht der Rückkehr ins Leben, der Wiederherstellung der ursprünglichen Unversehrtheit oder auch einem völligen Neubeginn. In verschiedenen Kulturen war oder ist es üblich, neugeborene Kinder durch Besprengen mit Wasser oder durch Eintauchen kultisch zu reinigen. Bei den Azteken wendete sich der Priester an die Göttin der fließenden Gewässer namens Chalchihuitlicue mit der Bitte, den Neugeborenen von seiner Unreinheit zu befreien; »denn deiner Macht ist er unterworfen ...; laß das Wasser Schmutz und Befleckung hinwegnehmen ..., auf daß er in dieser Welt in Frieden und Weisheit lebe ..., deshalb ist dieses Kindchen in deine Hände gelegt ..., die du allein würdig bist, es zu besitzen und es zu geben und von ihm zu waschen das Böse, das es mit sich trägt seit vor Anbeginn der Welt«[452].

Eine bedeutsame Rolle spielt das Wasser im Alten Testament. Der Herr verlangte von Aaron und seinen Söhnen, daß sie sich vor liturgischen Handlungen Hände und Füße waschen sollen, »sonst müssen sie sterben« (2. Moses 30,18-21). Das Quellwunder des Moses ist ein Vorbild der sakramentalen Heilsquelle, die durch Christus den Gläubigen erschlossen wurde. Wenn »der Tag des Herrn« kommt, werden »entspringen fließende Wasser von Jerusalem aus« (Sacharja 14,8); es ist das Lebenswasser, das die Kirche spendet. Besonders deutlich wird das bei Ezechiel (47,1-12); der in östlicher Richtung, d.h. dem Licht, der Sonne Christi, entgegenfließende Strom entquillt dem Tempel; »jegliches Lebewesen, das dort wimmelt, soll wiederaufleben, wohin immer der Fluß sich ergießt«. Für die Kirchenväter waren das Schweben des Gottesgeistes über dem Urwasser, die Sintflut und der Durchzug durch das Rote Meer Vorausdarstellungen der Taufe und als Zeugen (*testimonia*) dazu bestimmt, »die Taufe als ein durch eine lange Heilsgeschichte angekündigtes Heilsereignis zu dokumentieren« (Jean Daniélou)[453].

Während bei den Juden, den Qumran-Essenern, aber auch in den antiken Mysterien die rituellen Waschungen und Tauchbäder von den zu Reinigenden selbst vorgenommen wurden, war die Johannestaufe keine Selbsttaufe, sondern wurde von dem in der Wüste lebenden Johannes dem Täufer an anderen als ein Initiationsritus der endzeitlichen Heilsgemeinde vollzogen. Johannes wußte, daß nach ihm ein anderer kommt, einer, der stärker ist und nicht nur mit Wasser tauft, sondern mit Heiligem Geist (Markus 1,7 f.). Johannes der Täufer war damit Vorläufer und Wegbereiter Christi. Die Wassertaufe des Johannes ist untrennbar mit dem Sündenbekenntnis des Täuflings verbunden und hat die Vergebung der Sünden zum Ziel. Indem Jesus sich im Jordan von Johannes taufen ließ, stellte er sich als Lamm Gottes unter das Gesetz des göttlichen Gerichtes über alles Irdische. Schon am Anfang seines öffentlichen Wirkens hat Jesus den Sinn seiner – von den Jüngern vollzogenen – Taufe erklärt: »Wenn jemand nicht wiedergeboren wird aus dem Wasser und dem (Heiligen) Geiste, so kann er nicht in das Reich Gottes eingehen« (Johannes 3,1-13).

Es wurde schon angedeutet, daß bei der Begründung des christlichen Taufsakraments nicht nur an die Stellen des Neuen Testaments zu denken ist.

Das Taufwasser ist Urwasser, und so ist es zu verstehen, daß nicht nur die Kirchenväter auf alttestamentliche Stellen hingewiesen haben, sondern daß neben der katholischen und der orthodoxen Kirche auch der Protestantismus heilsgeschichtliche Rückgriffe kennt. Nach der Taufordnung für evangelisch-lutherische Kirchen und Gemeinden spricht der Pastor beim Eingießen des Wassers in die Taufschale: »Das Wasser, mit dem wir taufen, ist zugleich Zeichen des Todes und des Lebens … Als Gottes Geist bei der Schöpfung über den Wassern schwebte, nahm alles, was ist, seinen Anfang. In der Sintflut jedoch fand alles Leben sein Ende … So soll im Wasser der Taufe alles, was uns von Gott trennt, untergehen. Aus dem Wasser der Taufe soll der neue Mensch auferstehen, der mit Christus lebt«[454].

Der Kirchenlehrer Cyrill von Jerusalem (um 360) bezeichnet den Abstieg zum Taufwasserbecken als ein Herabsteigen in die Gewässer des Todes, wo der Meerdrachen haust. Als Christus in den Jordan stieg, hat er den Drachen vernichtet. Dieses Ungeheuer aber ist ein mythisches Symbol des Bösen, des Todes, das bis in die Urzeit zurückreicht, als Gott dem Leviathan das Haupt zerschmetterte (Psalm 74,14). Das geschichtliche Ereignis der Taufe Christi wird mit dem mythischen Ereignis der Urzeit verknüpft; nicht zufällig wird Christus von Paulus als der letzte Adam bezeichnet (1. Korinther 15, 45-47); durch den ersten Adam kamen Sünde und Tod, durch den letzten Gnade und Leben. In der ostkirchlichen Kunst wird die Taufe Christi als Abstieg in die von Drachen erfüllte Unterwelt (*descensus ad inferos*) dargestellt; ebenso zeigt die romanische Holztür von St. Maria im Kapitol zu Köln, wie der von Johannes getaufte Christus auf einem Tier steht, das sich wütend aufbäumt.

Das Wort Taufe kommt etymologisch von »tauchen« und bezieht sich auf den alten Ritus der Immersion, bei welcher der Täufer den Täufling mit der Hand ganz in das Wasser eintaucht: Symbol für den Abstieg in die Wasser des Todes, aus denen dann der neue Mensch hervorkommt. Bei Cyrill wird das dreimalige Eintauchen mit der dreitägigen Grabesruhe Christi verglichen; »jenes heilsame Wasser wurde euch Grab und Mutterschoß zugleich«[455]. Das deutsche Wort Taufe hängt auch mit dem Wort für »tief« zusammen; wer getauft wird, der wird in die Tiefe hinabgestoßen, in einen Abgrund, aus dem er eben durch die Taufe wieder gerettet wird. Von hier aus sind die patristischen Texte zu verstehen, in denen die Errettung des Täuflings aus Hölle und Tod verglichen wird mit der Errettung des Jona aus der Tiefe des Meeres, einem Bild für die Unterwelt. In dem Taufgeschehen des »Untertauchens« und Auftauchens« des »Hinabsteigens« und »Wiederaufsteigens« zeigen sich die kultischen Urgebärden, durch die der Täufling den Durchgang (*transitus*) aus seinem unerlösten Sein zur Teilhabe am Reiche Gottes erhoffen kann.

Das in alter Zeit mit der Taufe verbundene rituelle Entkleiden hatte symbolische Bedeutung: der Täufling legte die alten Kleider der Sünde ab, um nach der Taufe ein weißes Gewand als Zeichen der Reinheit und Unschuld anzuziehen. Mit der Taufe wird der Mensch dem sündigen Geschlecht Adams entrissen; denn jetzt hat er – wie Paulus sagt – Christus angezogen (Galater 3,27). Die weißen Gewänder deuten darauf hin, daß die Getauften der Finsternis abgeschworen haben und nunmehr »Kinder des Lichtes« sind; die Taufe hieß in der Frühzeit der Kirche und heute noch in der orthodoxen Kirche *photismos* (»Erleuchtung«); das Licht aber kommt von Christus, der »Sonne der Gerechtigkeit«. Der Bischof Melito von Sardes (2. Jahrhundert) verglich den Abstieg Christi in das Taufwasser mit dem Eintauchen der abendlichen Sonne in das westliche Meer. Unwillkürlich erinnert man sich altägyptischer Vorstellungen vom abendlichen Abstieg des Sonnengottes Re im Westen und seiner Fahrt durch die Unterwelt, um am nächsten Morgen wieder verjüngt im Osten aufzustrahlen. Die Taufe ist das Grundmysterium des Christentums, bei welchem sich das spezifisch Christliche zeigt, das was es von ähnlichen Riten anderer Religionen grundlegend unterscheidet. Das Naturelement Wasser erhält seine übernatürliche Kraft erst durch den Kreuzestod Christi. Wie Noah durch die hölzerne Arche aus der Flut gerettet wurde, so der Täufling durch das Kreuzesholz im Taufwasser. Die Taufe ist ein »Gleichnis« (homoíoma) des Todes Christi, ein symbolisches Sterben und Auferstehen mit Christus (Römer 6)[456]. Augustinus sagt, daß mit dem Zeichen des Kreuzes das Wasser des Taufquells konsekriert wird. Wenn im römischen Taufritual des Karsamstags der Bischof oder Priester das Taufwasser segnet, dann nimmt sein Gebet Bezug auf die Erschaffung der Welt, bei welcher Gottes Geist über den Wassern schwebte; diesem urzeitlichen, mythischen Geschehen entsprechend haucht der Priester dreimal über das Taufwasser. Von einer zutiefst berührenden Symbolkraft zeugt die Bitte des Priesters um Heiligung und Befruchtung des Wassers, das bereitet ist für die Wiedergeburt des Menschen. Der Taufbrunnen ist der makellose Mutterschoß (immaculatus uterus), in dem das weiblich-mütterliche Element des Wassers durch den Heiligen Geist Gottes die Wiedergeburt ermöglicht[457].

Wenn mittelalterliche Taufsteine von Löwen getragen werden oder solche (wie bei der dänischen Kirche zu Noerre Snede) auf der Außenseite im

Relief zu sehen sind, dann kann dies eine doppelte Bedeutung haben: einerseits als Symbol des den Menschen verschlingenden Abgrundes – man denke an den Ruf des Psalmisten »Aus dem Rachen des Löwen reiß mich heraus« (Psalm 21,22) –, andererseits als Hüter des lebenspendenden Wassers. Beide Bedeutungen zusammen erweisen den Löwen als Tier der Schwelle, sei es zum Abstieg oder zur Auferstehung. Schon Johann Jakob Bachofen erkannte – für den Raum der Antike –, daß der Löwe in sich die Doppelpotenz des Feuers und des Wassers vereinigt. Der Überlieferungsstrang als Hüter und Spender des Wassers reicht vom alten Ägypten, wo plastische Löwenkörper die Wasserspeier umkleideten, über die von Augustus nach Rom gebrachten vier herrlich stilisierten wasserspeienden Löwen auf der Piazza del Popolo bis zu den in Mittelalter und Renaissance beliebten Löwenbrunnen.

Es ließen sich noch andere Beispiele anführen, aus denen hervorgeht, daß zahlreiche christliche Überlieferungen, Symbole und Riten in vorchristliche Zeit zurückreichen bzw. daß es bei anderen Völkern und Religionen Parallelen gibt. Wir dürfen das – aus falschem Stolz – nicht so ohne weiteres verneinen. Die Kirchenväter wußten von den *logoi spermatikoi*, den »Samenkörnern des Wortes«, die auch in heidnischen Völkern ihren Niederschlag fanden, und waren deshalb den andersgläubigen Traditionen gegenüber einfühlsamer und toleranter als spätere Jahrhunderte; ja, Augustinus warnte regelrecht: »Man rotte die Heiden nicht aus, man bekehre sie; man fälle die heiligen Bäume nicht, man weihe sie Christus«. So wurden auch die Elemente wie Wasser und Feuer (Licht) dem Evangelium dienstbar gemacht; in die gottesdienstliche Handlung einbezogen, sind sie nicht mehr nur von Natur aus bedeutungsträchtig, sondern darüber hinaus heilswirksam. Der Liturgiewissenschaftler Hans Bernhard Meyer weist darauf hin, daß das Wort im Gottesdienst »der Ergänzung, der Ausweitung und Vertiefung durch ausdrucksstarke Symbole bedarf, die das Unsagbare vermitteln können. Man darf die heiligen Geheimnisse nicht zerren, sondern muß sie erfahrbar machen durch alles, was auf sie hinweist«[458]. Die Kirche ist ein Stück Menschheit und hat teil am Bilderschatz der Menschheit. Wer die in der menschlichen Seele angelegten Urbilder herausreißen will, nur weil sie auch in anderen Kulturen und Religionen Bedeutung haben, der trägt zur Verarmung des kirchlichen Lebens bei.

Das heilige Mahl

Die Aufnahme von Speise und Trank gehört zu den elementarsten Bedürfnissen des Menschen. Aber darüber hinaus macht es das Wesen des Menschen aus, daß er sein Tun und Handeln einem zwischenmenschlichen Rahmen einordnet und dementsprechend kultiviert. Soziologisch betrachtet, stillen Nahrungsmittel nicht nur den Hunger, sondern können auch Armut und Reichtum, Alltag und Festlichkeit andeuten. Neben der Nahrungsaufnahme auf der physischen Ebene (wie beim Tier) gibt es also die nach den Normen der Kultur. Doch das muß nicht unbedingt mit silbernem Eßbesteck und edlem Porzellan vor sich gehen; auch der »Wilde« hat seine fest umrissene Eßkultur, so etwa wenn gewisse afrikanische Stämme die Speisen nur mit der rechten Hand zum Mund führen dürfen, während die linke Hand für die Ausscheidungen zuständig ist. Schließlich ist noch eine dritte Ebene zu erwähnen: die religiöse oder kultische. Der Mensch nimmt Nahrung auf im Bewußtsein, daß er diese einer höheren Macht verdankt und daß er von dieser abhängig ist. Gerade bei Naturvölkern, wo es noch keine bewußte Trennung von sakral und profan gibt, gehen die soziokulturelle und die kultische Ebene oft unmerkbar ineinander über; so wenn bei den afrikanischen Stämmen die rechte Hand auch für die sakralen Handlungen benützt wird. Der primitive, d.h. ursprüngliche Mensch, der seine Nahrung oft nur unter großen Mühen, manchmal unter Lebensgefahr, sich beschaffen muß, hat zu Speise und Trank ein anderes Verhältnis als der Besucher eines Restaurants, der à la carte speist.

Das Essen und Trinken auf der religiösen Ebene wird aus dem Wissen um die natürliche Gabe und den übernatürlichen Geber heraus zu einer rituellen Handlung. Grundsätzlich kann alles Eßbare und Trinkbare zum Bestandteil eines heiligen Mahles werden, hinter dem immer die Absicht steht, sich numinose Kraft zuzuführen, sei es in der Stärkung, Verlängerung oder Weiterführung des eigenen Lebens oder in der Vereinigung mit der Gottheit. Alles, was den Menschen nährt und am Leben erhält, kann durch bewußtes Aufnehmen zum Symbol werden für die Kräfte und Mächte, die »dahinter« stehen. Der religiöse Mensch weiß, daß alles höheren Ursprungs ist; und wohl bei allen Völkern betet der Mensch um die tägliche Nahrung, so wie es im »Vaterunser« des Christen heißt: »Unser tägliches Brot gib uns heute«. Hierin liegt die Bedeutung der altorientalischen Vegetationsgötter, der antiken Herrin der Tiere (*potnia theron*), des germanischen Fruchtbarkeits- und Erntegottes Freyr oder des shintoistischen Reisgottes Inari in Japan. Bei den Azteken genoß die Maisgöttin Chicome coatl große Verehrung; in einem Text heißt es von ihr: »Sie ist der Inbegriff der menschlichen Nahrung, das heißt gleichsam unser Fleisch, unser Unterhalt, wovon wir leben, womit wir großgezogen werden. Wenn sie nicht wäre, würden wir Hungers sterben«[459].

Bei den Eskimos ist die Meergöttin Sedna als Herrin der Seetiere die große Nahrungsspenderin; die Polareskimos sprechen von ihr als Nerrivik, was soviel bedeutet wie »der Eßplatz« – in unsere Ausdrucksweise übersetzt: Der Mensch ernährt sich von den göttlichen Gaben und ist damit Gast an Gottes Tisch. Der Mythos berichtet, wie Sedna einst als Mädchen mit ihrem Vater in einem Boot übers Meer fuhr; als sie von einem großen Vogel verfolgt wurden, warf der Vater in seiner Angst Sedna ins Wasser, und als diese sich am Boot festklammerte, hieb er ihr die Finger ab, die – als sie ins Wasser fielen – zu Seehunden und Walrossen wurden. Sedna selbst haust seitdem auf dem Meeresgrund, wo sie über die Toten herrscht[460]. Bemerkenswert ist an dieser Überlieferung, daß die Eskimos ihre Hauptnahrung der Opferung (mit teilweiser Zerstückelung) eines göttlichen Wesens verdanken.

In Sednas Opferung und deren Folge für die Menschen ist eine der religiösen Leitideen zu erkennen. Man denke etwa an das göttliche Mädchen Hainuwele, aus deren zerstückeltem Körper die Knollenfrüchte hervorkamen, oder an die Opferung des (göttlichen) Urstiers durch Mithras, wodurch die Vegetation, besonders Weizenähren und Rebstock, entstanden. Hinter dem mythischen wie auch dem rituellen Opfer steht das Wissen um den Zusammenhang von Mahl und Tod. Was der Mensch verzehrt, um zu leben, wird vorher aus dem Kreislauf des Lebens herausgenommen, getötet. Im Totemismus wird das den Mitgliedern des Clans sonst als unverletzlich geltende Opfertier getötet und in einer sakralen Mahlzeit verzehrt. Die Ainu in Nordjapan glauben, daß der Bär ihr Stammvater sei. Für ein eigenes Bärenfest wird ein junger Bär gefangen und wie ein Menschenkind aufgezogen, bis er nach bestimmten Regeln getötet wird; er wird als »göttliches Wesen« angeredet und gebeten, von den Opfergaben zu essen und auch den Bärenvätern und -brüdern ins Götterland mitzunehmen, damit diese neue Bären auf die Erde schicken; dann wird das heilige Fleisch des Bären gekocht und von allen Anwesenden gegessen[461].

In der Opferspeise wird die Gottheit selbst verzehrt. Im Dionysoskult wurde der Bock als sakramentales Opfertier von den in Ekstase geratenen Bacchantinnen zuerst umtanzt und dann zerrissen und roh verschlungen, um so die Kraft des Gottes in sich aufzunehmen. Der Ziegenbock ist das Symboltier des Dionysos, der den Beinamen Melanaigis hat, d.h. »im schwarzen Ziegenfell«. Zum aztekischen Menschenopfer gehörte der Genuß des menschlichen Fleisches und Blutes; der als Gott gekleidete und geschmückte Opfergefangene galt als Inkarnation des Gottes, dessen spezielle Tracht er trug. Nachdem er die Stufen der Tempelpyramide erstiegen hatte, öffnete ihm ein Priester mit einem Steinmesser die Brust und riß das Herz heraus. Das Fleisch und Blut wurde, teils dem Opfergebäck beigemischt, unter die Anwesenden verteilt und verzehrt und dies in der Hoffnung, der Kraft des Gottes teilhaftig zu werden; der Ritus hatte regelrecht den Namen *teoqualo*, d.h. »Gottesessen«[462]. Wenn uns diese religiösen Praktiken befremdlich und abstoßend erscheinen, dann nur deshalb, weil wir keinen inneren Zugang zu ihnen haben. Dabei vergessen oder verdrängen wir, daß gerade im Christentum das Opfer der Gottheit und das – symbolische – Essen seines Fleisches und Blutes zu den zentralen Vorstellungen gehören. Aus dem Bereich der Religion in das Volksbrauchtum abgesunken ist das aus Biskuit gebackene Osterlamm, Symbol des Agnus Dei, des »Lammes Gottes«, das »hinwegnimmt die Sünden der Welt«, oft mit der Auferstehungsfahne geschmückt – und schließlich von den Kindern mit Genuß verzehrt. Gerade wer um die tieferen Zusammenhänge weiß (Gleichsetzung des alttestamentlichen Passahlammes mit Christus als Oster-

lamm, 1. Korinther 5,7), kann eine gewisse Parallelität mit den Vorstellungen und Riten anderer Religionen nicht leugnen. Im sakralen Mahl wird das sonst übliche Speise-Tabu gebrochen. Was sonst Furcht, Entsetzen, Ekel hervorruft, führt den Menschen in der heiligen Handlung über sich hinaus. Das Göttlich-Irrationale hat zwei Seiten: etwas Schauervolles (*tremendum*) und etwas Anziehendes (*fascinosum*) zugleich. Diese Ambivalenz zeigt sich auch in dem lateinischen Wort *sacer*, das nicht nur »heilig«, sondern auch »verflucht« bedeutet. Was im menschlichen Alltag abstoßend, ja todeswürdig ist, kann im religiösen Akt mit der Gottheit vereinen und Leben (über den Tod hinaus) bedeuten.

Alle Völker können in den Dingen und Vorgängen ihrer Umwelt die Erfahrung des Numinosen machen. Dabei erscheinen Lamm und Mais (oder Weizen), Fleisch und Blut, Brot und Wein als Symbole, als Offenbarungsträger des Göttlichen. Doch darf nicht vergessen werden, »daß das, was der Mensch in der Begegnung mit elementaren Gestalten, mit organischen Prozessen erfahren kann, immer auch durch seine kulturelle Situation, durch sein geschichtliches Bewußtsein mitbedingt ist«[463]. Mit dem heiligen Mahl können verschiedene Intentionen wie auch Formen verbunden sein. Wenn ein führendes Mitglied der Native American Church, der heute unter den nordamerikanischen Indianern am weitest verbreiteten Religion, das Peyote als Sakrament bezeichnet, »um die Kraft Gottes in sich aufzunehmen, wie die weißen Christen Brot und Wein als Sakrament nehmen«, so ist dies eine einseitige Feststellung. Zwar wurde Peyote, ein stacheloser Kaktus, von Gott aus Erbarmen für die Indianer erschaffen und wird sakramental verzehrt[464], aber es fehlt der mit dem christlichen Abendmahl unabdingbare Opfergedanke. Bei genauerem Zusehen erweisen sich auch andere Parallelen nicht in einem Gleichsein, sondern lediglich in einem Ähnlichsein.

Grundsätzlich ist das in der Gemeinschaft eingenommene Mahl von dem Essen des einzelnen zu unterscheiden. Im Kult der alten Ägypter spielte das heilige Mahl nur eine untergeordnete Rolle. Zwar wurden die Opferspeisen auf den Altar gelegt, und nachdem die Gottheit sie in »geistiger« Weise genossen hat, dienten sie den Priestern zur Nahrung; aber das war ein auf den Tempel und die Priesterschaft beschränktes Geschehen, an dem das Volk nicht beteiligt war. Dagegen nahm das Brot als Speise der Toten eine wichtige Rolle ein. Im Totenbuch (Kapitel 108) heißt es: »Ich sehe die Götter mir entgegenschreiten, sieben Brote tragend, die mir bestimmt sind, die mir das Leben verleihen«. Den Toten hungert nach dem Brot des Lebens, wenn er Re anfleht: »Ich komme zu dir, sei gnädig, Antlitz des Re … Gib mir Brot, denn ich hungre«. Ganz allgemein war das Korn – aus dem nicht nur Brot, sondern auch das Bier bereitet wurde – ein Symbol für die lebenerhaltenden Kräfte, ja für das Leben selbst. Das ist auch der Grund, warum in den Gräbern die Darstellungen vom Getreideanbau an Zahl alle anderen Szenen übertreffen.

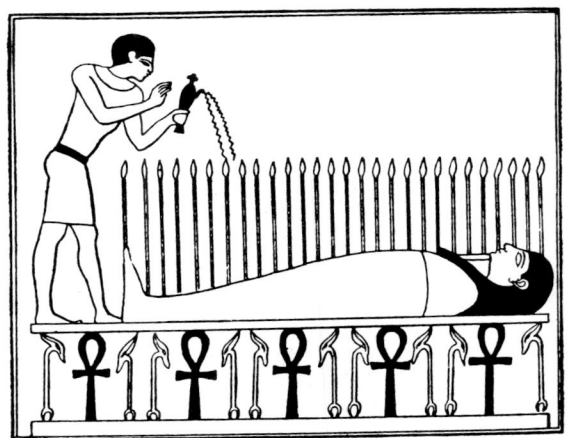

Der eigentliche Spender von Speise und Trank ist der Vegetationsgott Osiris. Er offenbart sich im Getreide (besonders in der Gerste) und ist »Herr des Weines im Überfluß« (Pyramidentext 1524). Die lebenspendende Kraft des Gottes zeigt sich in der sprießenden Saat. Das Eintreten der Saatkörner durch Ziegen oder Schweine galt als Sieg des bösen Seth über seinen Bruder (der im Mythos zerstückelt wurde); das aufwachsende Korn war Sinnbild des auferstehenden Osiris. Es gibt Darstellungen, bei denen aus dem Körper des toten Osiris die junge Saat hervorkommt; die Unterlage, auf welcher der Gott ruht, ist durch fünf Anch-Zeichen und zehn Uaszepter gestützt; d.h. der tote Gott wird aus seiner Verwurzelung in Leben und Heil heraus wieder auferstehen und in Gestalt der sprießenden Saat Leben und Heil den Menschen, vor allem den Toten, weitergeben. In einem Spruch der Sargtexte sagt der Tote:

Ich lebe, ich sterbe: Ich bin Osiris.
Ich bin eingetreten in dich und bin herausgekommen aus dir.
Ich bin fett geworden in dir, ich bin gewachsen in dir.
…
Ich lebe, ich sterbe, ich bin die Gerste, nicht vergehe ich![465]

Schon die bisherigen Beispiele ließen erkennen, daß es verschiedene Möglichkeiten gibt, mit der Schöpfung und über diese mit dem Schöpfer in Verbindung zu treten; es gibt verschiedene Arten der Kommunikation und auch der Kommunion, die letztlich alle einer Rückkehr in den göttlichen Ursprung dienen sollen. Das war auch die tiefere Bedeutung des Mahls in den antiken Mysterienreligionen. Im Kult der ursprünglich in Syrien, später im ganzen Römerreich verehrten Atargatis wurde von den Eingeweihten der sonst als Nahrung verbotene Fisch verzehrt – in dem Glauben, daß sie das Fleisch der Göttin selbst zu sich nähmen. Wir wollen nicht so weit gehen wie Franz Cumont und behaupten, daß dieser Kult und seine Bräuche in christlicher Zeit die Fisch-(*ichthys*-)Symbolik erzeugt haben[466], aber eine Beeinflussung ist durchaus wahrscheinlich. Es wurde an anderer Stelle schon darauf hingewiesen, warum der Fisch zum Symbol Christi werden konnte; von da aus war es nur ein kleiner Schritt, im Fisch eine Opferspeise zu erkennen. Die Grabschrift des Bischofs Aberkios von Hierapolis in Phrygien (2. Jahrhundert) spricht vom »heiligen Opfermahl als Fisch«, und in der Katakombenmalerei erscheint der Fisch neben Brot und Wein als eucharistisches Symbol.

Zu den eleusinischen Mysterien, in denen der Mythos von der Erd- und Vegetationsgöttin Demeter und ihrer Tochter, dem Kornmädchen Kore, eine wichtige Rolle spielen, gehörten auch das sakramentale Trinken des *kykeon*, eines Gerstengebräues, und das Vorzeigen einer Ähre, wobei die ursprünglich agrarischen Riten in ein Jenseitsmysterium umgedeutet wurden. In den Mithrasmysterien wird die agrarische Vorstufe zum heiligen Mahl im Opfer des Stieres angedeutet, aus dessen Rückenmark das Getreide sprießt und aus dessen Blut der Weinstock hervorwächst; das heilige Mahl selbst bestand aus geweihtem Brot und Wasser, gemischt mit Honig und Wein, und war einerseits eine Gedächtnisfeier im Hinblick auf das letzte Mahl, das Mithras mit Helios vor seiner Himmelfahrt gehalten hat; andererseits erblickte man in ihm Speise und Trank zur Stärkung des ethischen Wollens wie auch zur Erlangung der Unsterblichkeit. Die Mahlgemeinschaft ist es, die die *unio mystica* vollzieht, die Vereinigung mit Gott. Die Neuschöpfung und das Heilsgeschehen für die Welt werden dadurch angedeutet, daß das Mahl im kosmosgewölbten Kultraum stattfindet; bei einem zu Heddernheim gefundenen Relief (jetzt Wiesbaden, Städtisches Museum) dient der getötete Stier als Tisch[467].

Die der Natur entstammenden Phänomene von Ähre und Traube, Mehl und Traubensaft, Brot und Wein zeigen durch die mit ihnen verbundenen Prozesse des Mahlens und Kelterns, des Backens und Gärens, des Essens und Trinkens das unaufhörliche Ineinandergreifen sich wandelnder Erscheinungen. Die Prozesse sind immer gleich einer Opferung, die erst die Wandlung ermöglicht. Wenn die Samenkörner nicht zuerst in die Erde kommen (symbolisches Sterben), können keine Ähren wachsen; wenn diese nicht gedroschen und die Körner gemahlen werden, gibt es kein Mehl usw. Und nur wenn wir das Brot brechen, zerkauen und verdauen, kann es uns Lebenskraft zuführen. Während nun der moderne abendländische Mensch diese Prozesse und ihre Produkte als ganz selbstverständlich betrachtet – was sie aus naturwissenschaftlicher Sicht ja auch sind –, während er in ihnen nur Nahrungsmittel sieht, die er chemisch analysieren und nach Joule oder Kalorie berechnen kann, werden dem naturverbundenen und dem gottgläubigen Menschen die Produkte zu Kommunikationsmitteln. Wer in Brot und Wein die kosmischen Bezüge erkennt, das Zusammenspiel von Himmel und Erde, der wird über die Stufe des reinen Konsumierens hinausgehoben. Hier ist das Wort angebracht, daß der Mensch eben nicht vom Brot allein lebt. Erst wenn wir das Brot als Symbol erfahren, können wir es als Teil der universalen Ganzheit verstehen, in die wir selbst integriert sind. Manchmal gibt uns auch die Sprache einen Einblick in die geheimnisvollen Zusammenhänge, so etwa, wenn der »Laib« Brot mit dem »Leib« des Menschen und schließlich mit dem »Leben« etymologisch zusammenhängt.

Je umfassender das Bezugssystem ist, in dem wir uns eingeordnet wissen, desto leichter fällt uns die Erkenntnis (oder sollte man sagen: der Glaube), daß auch unser eigenes Leben keine Endstufe ist, sondern durch den Tod hindurch neuem Leben in anderer Seinsform entgegengeht. In diesem Sinne schrieb Paulus im 1. Korintherbrief (15,36): »Was du säst, das wird nicht lebendig, wenn es nicht zuvor starb«. Und noch in Friedrich Schillers »Lied von der Glocke« zeigt sich diese uralte Hoffnung des Menschen:

Dem dunklen Schoß der heilgen Erde
vertrauen wir der Hände Tat,
vertraut der Sämann seine Saat
und hofft, daß sie entkeimen werde
zum Segen nach des Himmels Rat.
Noch köstlicheren Samen bergen
wir trauernd in der Erde Schoß
und hoffen, daß er aus den Särgen
erblühen soll zu schönerm Los.

Aus dem dunklen Schoß der Erde und durch des Himmels Rat ist die Ähre wie auch der Mensch entstanden. Same, Ähre, Brot und Mensch – sie alle sind Zusammenwurf zweier Wirklichkeiten, sind Symbol, werden zur Botschaft im Hinblick auf Christus, der sich in der Inkarnation als Korn in die Menschenerde einsät, am Kreuze stirbt, gewandelt wieder aufersteht und in der Eucharistie zum Brot des Lebens wird[468].

Das christliche Abendmahl hat in den antiken Mysterienmahlzeiten und in altjüdischen Vorstellungen vom Mahl einen religionsgeschichtlichen Hintergrund. Es läßt sich nicht leugnen, daß auch in vorchristlicher Zeit und bei nichtchristlichen Völkern das menschliche Tun auf eine über den Alltag hinausreichende Wirklichkeit ausgerichtet war und daß organisch-naturhafte Gegebenheiten religiös interpretiert wurden. Als echte Symbole gehören Brot und Wein zwei Wirklichkeitsebenen an, der der Erfahrung und der der Offenbarung. Einerseits sind sie Gaben der Natur, andererseits aber weisen sie auf ihren göttlichen, transmundanen Geber zurück.

Das letzte Abendmahl Christi schloß sich dem jüdischen Passahmahle an, hat aber bereits in des Melchisedech Opfer von Brot und Wein (1. Moses 14,18) ein Vorbild (*typos*). Von Bedeutung war auch der bei den Juden bis heute am Vorabend des Sabbat und des Passah zu Beginn des Mahles gesprochene Segen (*kiddusch*): »Gelobet seist du, Ewiger, unser Gott, König der Welt, der geschaffen hat die Frucht des Weinstocks, … der hervorbringt das Brot der Erde«[469]. Das besonders von dem Propheten Jesaja (25,6) verkündete endzeitliche Festmahl, zu dem »alle Völker« geladen sind, erhält mit Christus messianische Bedeutung; und die von Christus gegründete Kirche wird zum »Haus der Weisheit«, in dem Brot und Wein gereicht werden (in Anknüpfung an das Buch der Sprüche 9,1- 5).

Im altorientalischen, antiken und christlichen Kulturraum stehen Brot und Wein beispielhaft für alle anderen festen und flüssigen Lebens-Mittel, die alle aus dem Zusammenwirken von fruchtbarer Erde und befruchtenden Himmelskräften (Sonne, Niederschläge) entstanden sind. Schon von da aus kann das Brot mehr sein als nur irdische Nahrung für unseren Körper; es kann – für den Gläubigen – zur Speise des Himmels werden, für unsere Seele bestimmt. Wenn es im Johannesevangelium (6,33) heißt, daß das Brot Gottes jenes ist, »das vom Himmel herabkommt und der Welt Leben gibt«, dann ist darunter zunächst die Erlösungsgabe im allgemeinen Sinn zu verstehen; die sich anschließende Aussage Jesu aber deutet unmittelbar auf das eucharistische Geheimnis und die damit verbundene Teilnahme am göttlichen Leben: »Ich bin das Brot des Lebens; wer zu mir kommt, wird nicht mehr hungern«; und etwas später heißt es unmißverständlich: »Ich bin das lebendige Brot, das vom Himmel herabkam…; das Brot aber, das ich geben werde, ist mein Fleisch für das Leben der Welt« (Johannes 6, 51).

Als erstes Wunder hat Jesus bei der Hochzeit zu Kana Wasser in Wein verwandelt (Johannes 2,3-10) – ein Hinweis auf die anbrechende Freude und Segensfülle des Gottesreiches. Wenn schon im Alten Testament der sorgsam gepflegte Weinberg ein Sinnbild des auserwählten Volkes war, so kann Jesus sich selbst als den »wahren Weinstock« bezeichnen und den Vater im Himmel als »Weingärtner« (Johannes 15,1). Die im Alten Testament von den nach Kanaan ausgesandten Kundschaftern mitgebrachte große Traube (4. Moses 13,23) ist nicht nur ein Bild für die Fülle des Gelobten Landes und für den Reichtum göttlicher Verheißung, sondern wird auch zum Symbol des Erlösers am Kreuz; wie die Traube der Kelter entgegenreift, so hat der Heiland sein Blut für die Menschheit hingegeben. Dem mittelalterlichen Menschen waren solche Symbolvorstellungen durchaus vertraut; aus ihrem Verständnis heraus war sein Glauben gefestigt. Hier ist auch an das ikonographische Motiv »Christus in der Kelter« zu denken; Christus kann als Sieger über den Tod selbst die Kelter treten oder aber als Leidender, Gekreuzigter in der Kelter gepreßt werden; dabei bekommt das Kelterbild eucharistischen Charakter, das aus der Kelter ausströmende Blut wird von einem Kelch aufgefangen. Im »Hortus deliciarum« (12. Jahrhundert) trägt der Kelterbalken die Aufschrift: *»Torcular est sancta crux«*, d.h. »die Kelter ist das heilige Kreuz«.

Brot und Wein vermitteln die *communio mit Christus*[470]. Beim letzten Abendmahl nahm Jesus das Brot, sprach den Segen, brach es und gab es den Jüngern mit den Worten: »Nehmet hin und esset, das ist mein Leib«; und er nahm einen Kelch, sagte Dank, gab ihn den Jüngern und sprach: »Trinket alle daraus; denn dies ist mein Blut des Bundes, das für viele vergossen wird zur Vergebung der Sünden« (Matthäus 26,26-28). In Verbindung mit dem Kreuzestod haben wir hier eines der tiefsten Symbole: Der Heiland gibt, indem er sich hingibt; und für den Christen bedeutet die Teilnahme am eucharistischen Mahl die symbolische Gemeinschaft an seinem Tod und Leben. Da das Abendmahl seit urchristlicher Zeit als Opfer aufgefaßt wird, gilt der Abendmahlstisch als Opfertisch, als Altar. Der Altar ist der Ort, wo die Erde sich dem Himmel entgegenhebt (in der Darbringung der eucharistischen Gaben Brot und Wein) und wo – nach der Wandlung – der Himmel zur Erde herabsteigt (im Leib und Blut Christi).

Die Urkirche verstand das Geheimnis der Eucharistie (griechisch *eucharistein*, »danksagen«) als eine Wirklichkeit der Gegenwart des Herrn und der Lebensverbindung mit ihm. Bischof Ignatius von Antiochien (um 110 gestorben) bezeichnet die eucharistischen Gaben als »Heilmittel zur Unsterblichkeit« (*phármakon athanasías*), und Gregor von Nyssa sagt, daß in der Eucharistie sich der Herr mit den Leibern der Gläubigen verbinde, »damit durch die Vereinigung mit dem Unsterblichen auch der Mensch der Unsterblichkeit teilhaftig werde«.

Bei der theologischen Bewertung der Eucharistie zeigt sich die ganze Tiefendimension des Symbols. Wir haben bereits darauf hingewiesen, daß dieses immer mehr repräsentiert als es darstellt, daß in ihm die Natur, die Welt der Phänomene, transparent wird auf ihren Existenzgrund hin. Unter diesem Symbolbegriff betrachteten die frühen Kirchenlehrer Origenes und Tertullian das Wie der Gegenwart Christi in den Elementen; Brot und Wein sind Figuren (*figurae*) und Bilder (*imagines*), und nur als solche sind sie als sein Leib und sein Blut zu verstehen. Doch schon bei Cyrill von Jerusalem

erscheinen Brot und Wein als Realsymbole, d.h. daß in ihnen nicht nur das wahre Sein (Leib und Blut Christi) transparent wird, durchscheint, sondern daß sie es selbst sind. Nach der klassischen Definition der katholischen Kirche ist die Eucharistie ein Sakrament, ein Realsymbol, das »wirklich und wahrhaftig Leib und Blut, Seele und Gottheit Jesu Christi enthält«. Das symbolhafte Sein von Brot und Wein schließt die Wirklichkeit (*veritas*) des Leibes und Blutes nicht aus, sondern gerade ein[471]. Der zentrale, mit den Sinnen jedoch nicht erfaßbare Vorgang innerhalb der Eucharistie ist die mit den Wandlungsworten (Markus 14,22-25) vollzogene Transsubstantiation, der Übergang von einer Substanz in die andere.

Die evangelische Theologie vertritt nach Martin Luther die Realpräsenz, d.h. die wirkliche Gegenwart Christi beim Abendmahl; danach bedürfen Brot und Wein keiner Verwandlung, sie werden nicht transsubstantiiert; Christi wahrer Leib und wahres Blut sind »in, unter und mit Brot und Wein« (*in, sub et cum pane et vino*) gegenwärtig. Der wirkliche Augenblick der kultischen Vergegenwärtigung Christi ist nach lutherischer Lehre mit der Aufnahme durch den Mund (*manducatio oralis*) gegeben. Bei Zwingli und der reformierten Kirche hat das Brot die »Bedeutung« des Leibes Christi, der für uns gestorben ist; die vom Evangelium verkündete Lehre vom Fleischessen und Bluttrinken gilt nur als ein gleichnishaftes Ausgehen von den leiblichen Dingen, auf denen das Geistige und Himmlische aufbaut[472].

Ganz gleich, wie das Abendmahl dogmatisch fixiert wird, seine Symbolik ist unbestreitbar. Brot und Wein sind mehr als das, was wir im Geschäft kaufen, auf den Tisch stellen und dann in uns aufnehmen. Schon der biologische Kreislauf, in den sie eingeordnet sind, stellt sie in einen größeren Bedeutungszusammenhang; sie sind mehr als nur Nahrungsmittel für den Augenblick, sie sind Lebens-Mittel in einem umfassenden Sinn. Daß sie verschiedenen Bedeutungsebenen angehören, kann man schon daran erkennen, daß ein Stück Brot und ein Schluck Wasser für einen in der Wüste Umherirrenden mehr wert sind als ein Barren Gold. Brot und Wein müssen in ihrem kosmischen Zusammenhang und in ihrem Entstehungsprozeß gesehen werden, um sie als Gabe, als Opfer und als Medium der Verwandlung zu erfahren.

Mysterium des Kreuzes

Das Kreuz mit den Grundelementen der Vertikalen und der Horizontalen gehört zu den ältesten Zeichen der Menschheit. Es hat, wenn man von der rein signifikanten Bedeutung wie etwa als Verkehrszeichen absieht, mehrere symbolbezogene Aspekte, es erscheint als Mittel- und Endpunkt der Welt, ist Einspannung ins Irdische und Ausspannung ins Unendliche. Gerade darin liegt das Geheimnis des Kreuzes, daß in ihm alle Gegensätze überwunden werden; in ihm werden Welt, Mensch und Gottheit vereint.

Das Koordinatenkreuz ist eine Grundfigur für die räumliche Aufgliederung, wobei eine Gleichsetzung der Kreuzesarme mit den vier Himmelsrichtungen naheliegt. Kreis und Kreuz ergeben zusammen das ideale Weltbild. Die Stätte des paradiesischen Ursprungs lag in der Mitte des Seins; von hier aus flossen die vier Paradiesströme (1. Moses 2,10-14) in die vier Himmelsrichtungen. Auch der in seinem Glauben fest verwurzelte Abraham stand in dem heiligen Zentrum, als der Herr zu ihm sprach: »Erhebe deine Augen und schaue von dem Orte her, auf dem du stehst, gegen Mitternacht (Norden), gegen Mittag (Süden), gegen den Morgen (Osten) und gegen den Abend (Westen); denn das ganze Land, das du siehst, will ich für alle Zeit dir und deinen Nachkommen schenken.« An dieser Stätte der Verheißung schlug Abraham sein Zelt auf, wohnte bei der Eiche von Mamre und baute daselbst einen Altar für den Herrn (1. Moses 13,14-18). Die Eiche als Weltbaum und der Altar als Weltberg (oder Urhügel) sind typische Symbole für das Zentrum, von wo die vier Himmelsrichtungen kreuzförmig ausgehen.

Das viergliedrige Schema als Ausrichtung nach den vier Weltgegenden findet sich zahlreich und in verschiedenen Variationen in den frühen Kulturen – bei der altorientalischen Keramik oder vorgeschichtlichen Idolfiguren des Balkans nicht weniger als auf nordamerikanischen Felsbildern. Die als Scheibe gedachte Erde wird durch das Kreuz in vier Quadranten geteilt; ein Musterbeispiel ist die römische Kosmologie mit ihrer auf der viergeteilten *terra* beruhenden Vorstellung, wie sie dann auch das mittelalterliche Weltbild bestimmte[473]. Die zur *imago mundi*, zum Bild der Welt gehörende Komposition von Kreis und Kreuz findet sich in Fußbodenmosaiken frühmittelalterlicher Kirchen, in Reliefs romanischer Altar- und Wandverkleidungen und in gotischen Fensterrosen. Als näher anzuführendes Beispiel sei auf einen koptischen Hostienteller (Patene) verwiesen, dessen Ornament sicher mehr als nur reiner Dekor ist. In der Mitte treffen zwei diagonal verlaufende Kreuzbalken zusammen, die bei genauem Betrachten aus fünf Wellenlinien bestehen; die so entstandene *crux quadrata*, das sogenannte griechische Kreuz mit gleichlangen Kreuzbalken, erscheint hier zugleich als Symbol

für das Lebenswasser der vier Paradiesströme. Die vier dazwischenliegenden Felder können als Ausdruck der Totalität des Geschöpflichen gedeutet werden, es sind gleichsam die Elemente, die durch das ihnen innewohnende kleine Kreuz geortet und geordnet sind. Die kreisrunden Wellenlinien begrenzen den irdisch-kosmischen Raum gegen das Reich Gottes, das durch dreißig Rauten angedeutet ist.

Das Kreuz auf dem Hostienteller oder auf der Hostie ist Hinweis auf die Erlösung der Welt durch Christus, der selbst die *recapitulatio mundi* ist, d.h., daß in ihm alles zusammenfällt, »was im Himmel ist und auf Erden« (Epheser 1,10). Nach Gregor von Nyssa wurde das Kreuz Christi von Anfang an durch Gott in die Gestalt des Kosmos eingezeichnet. So findet sich das Kreuz als wahrhaft archetypisches Zeichen wiederholt auf Brotstempeln, in Kleinasien (Troja) genau so wie bei den Pfahlbaubewohnern des Bodensees. Die Beziehung zwischen Brot und Weltall war dem Menschen früher Kulturen nicht so »konstruiert«, wie es uns scheinen mag, war er sich doch viel mehr dessen bewußt, daß das Brot letztlich eine Frucht aus dem Zusammenspiel von Erde und Sonne ist. Der runde Laib hatte selbst die Gestalt des Kosmos, dessen »Bild« man noch zusätzlich aufdrückte und damit das Brot den Mächten weihte, die es den Menschen schenkten. Ähnliche Bedeutung hatte in christlicher Zeit – auch wenn man sich dessen nicht immer bewußt war – das in Brot geprägte Christogramm oder einfach ein Kreuzzeichen, das ja bereits seit der Patristik nicht nur soteriologisch (als Heilszeichen) gesehen wurde, sondern auch in kosmologischer Bedeutung. Noch heute macht in verschiedenen Gegenden Europas die Bauersfrau auf dem letzten Brot, das in den Ofen kommt, ein Kreuzzeichen[474]. Durch Worte und Zeichen macht sich der Mensch die Welt verständlich und legt seine Erfahrungen nieder. Das den Raum gliedernde, die Richtungen bestimmende und Ordnung festlegende Kreuz wurde zu einer Art Weltformel. Der antike Philosoph Platon verglich die geheimnisvolle Weltseele, die formgebende Mitte des runden Universums, mit dem griechischen Buchstaben *Chi* (X) und meinte, daß Gott die Weltseele in zwei Teile gespalten habe und diese Teile als Äquator und Ekliptik übereinanderlegte. Von den Kirchenvätern, besonders dem im 2. Jahrhundert lebenden Justin, wurde dies als Vordeutung des Kreuzes aufgefaßt[475]; das Kreuz erscheint als Grundstruktur des Kosmos, es ist das Signum des Logos-Christos als der wahren Seele der Welt.

In vorgeschichtlicher Zeit tritt eine größere Zahl von Kreuzen erstmals im Jungpaläolithikum auf. Überwiegend handelt es sich um Schrägkreuze (der römischen Zahl X ähnlich), die in Knochen eingeschnitten oder eingekerbt sind oder an den Wänden der Kulthöhlen angebracht wurden. Jede Aussage über ihren einstigen Zweck und ihre Bedeutung ist hypothetisch. Auch im Neolithikum und in der Bronzezeit finden sich immer wieder Schrägkreuze, für die es verschiedene Interpretationen gibt. So sollen am Halse bronzezeitlicher Gefäße angebrachte Schrägkreuze dem Schutze der in ihnen aufbewahrten Speisen dienen – ein plausibler Deutungsversuch, besonders wenn es sich um Behälter für die Speisegaben in Gräbern oder um Urnen handelt. Dem Schräggekreuzten und dem Verschränken ist überhaupt ein Schutz- und Abwehrcharakter eigen, besonders deutlich wird dies bei den schräggekreuzten Zeigefingern[476].

Bis in die jungsteinzeitlichen Bauernkulturen zurück läßt sich das Hakenkreuz nachweisen. Es entstand aus dem Radkreuz durch Unterbrechung der Kreislinie und Umformung in ein Quadrat; die nach einer Richtung umgebogenen (umgehakten) Enden des Kreuzes deuten eine Bewegungsrichtung im Sinne eines Kreisens an. Von da aus wird oft eine solare Grundbedeutung angenommen, wie sie für die Swastika in Indien tatsächlich vorliegt; darüber hinaus ist die Swastika Sinnbild des ewigen Kreislaufes (*samsara*) und zugleich Symbol Buddhas, der den Kreislauf der Geburten überwunden hat. Wenn die Haken nach links gedreht sind, nennt man das Zeichen Sauwastika und verbindet mit ihm die Vorstellung von Unglück und Tod. Oft ist nicht mit Sicherheit zu entscheiden, ob ein Hakenkreuz rechts- oder linksläufig aufzufassen ist und damit als Zeichen des Heils oder des Unheils. Selbst in der wissenschaftlichen Literatur finden sich kontroverse Auffassungen. So schreibt Dietrich Sekkel, ein Kenner der ostasiatischen Kunst, daß Buddha »das (linksläufige) Svastika- Zeichen auf der Brust« habe, während der Sinologe Wolfram Eberhard vom rechtsgedrehten Hakenkreuz als dem »Siegel von Buddhas Herz« spricht, »das oft auf den Buddhastatuen auf seiner Brust sichtbar ist«[477]. Entscheidend ist der Blickwinkel, ob dieser mit dem Zeichen selbst übereinstimmt oder mit dem des gegenüberstehenden Betrachters. Normalerweise hat das vom Betrachter aus nach rechts (in Richtung des Sonnenlaufes) abgewinkelte Hakenkreuz die positive Bedeutung. So auch in China, wo fünf Hakenkreuze, fünf Fledermäuse und das Zeichen für Langlebigkeit Ausdruck des höchsten Glücks sind. In der christlichen Kunst ist das Hakenkreuz, nunmehr auch *crux gammata* genannt, nur vereinzelt und ohne ersichtliche Symbolbedeutung aufgetreten; eigenartigerweise ist es zum großen Teil linksläufig dargestellt (auf koptischen und byzantinischen Mäanderornamenten genau so wie beim Glockenschrein des Hl. Patrick von Irland), so als ob es von dem »heidnischen« Zeichen unterschieden werden sollte.

Das Hakenkreuz dürfte zu den am meisten gedeuteten und mißdeuteten Zeichen gehören. Ganz abgesehen von seiner eindeutig weltanschaulich-propagandistischen Verwendung und Deutung in den nationalistisch-faschistischen Bewegungen in der ersten Hälfte des 20. Jahrhunderts mit betont antisemitischer, z.T. auch antiklerikaler Stoßrichtung, gibt es verschiedene wissenschaftlich untermauerte Interpretationen. Selbstverständlich gilt für das Hakenkreuz wie für andere Symbole, daß es mit dem Wechsel des ethnischen oder religiösen Substrats einen veränderten Sinngehalt haben oder annehmen kann, auch daß es vom bedeutungsträchtigen Symbol zu einem nur noch raumfüllenden Ornament absinkt. Bei den Sumerern hatte das Hakenkreuz wahrscheinlich keine solare Bedeutung, sondern war Symbol des aus vier Winden

gebildeten Wirbelsturms, der als Helfer des (sakralen) Königs dessen Feinde vernichtet[478]. Bei anderen Hakenkreuzvorkommen im alten Orient (z.B. in Susa) wird auf ihre Beziehung zu Grab und Fruchtbarkeit hingewiesen. Johannes Maringer erblickt in zahlreichen Kreuzformen (neben dem Hakenkreuz auch das Radkreuz, das griechische und das lateinische Kreuz) des europäischen Neolithikums »Ahnenschemen oder Ahnensymbole«. An den Stätten, wo sie angebracht wurden, »waren offenbar die Seelen der Ahnen und Verstorbenen fixiert, hier glaubte man sie gegenwärtig; man ging oder pilgerte dorthin – die Felsbilder befinden sich immer in abgelegenen Gegenden, fern von den Wohnstätten der Lebenden –, um sie mit Speise und Trank zu versorgen, vor allem, um von ihnen Schutz und Segen zu erflehen«[479].

Das Radkreuz war besonders in der Bronzezeit beliebt; im mitteleuropäischen Raum wurde es wohl in der Bedeutung eines Schutz verleihenden Heilszeichens als Anhänger getragen; dahinter dürfte die Bedeutung als Sonnensymbol stehen, wie das auch bei den südskandinavischen Felsbildern anzunehmen ist. Zahlreich sind die Darstellungen des Sonnenrades (mit eingeritztem Kreuz für die Eckpunkte der Sonnenbahn) auf einem Wagen, einem Schiff oder einer Stange dargestellt; es war Symbol für die von der Sonne gespendete Fruchtbarkeit und Lebenskraft und wurde bei Prozessionen herumgetragen oder -gefahren.

Das Kreuz im Kreis wurde schon früh vom Christentum aufgegriffen; ein geradezu nahtloser Übergang läßt sich für Irland nachweisen. Dabei kann angenommen werden, daß die alte solare Bedeutung von der jungen Kirche übernommen und nunmehr auf Christus übertragen wurde, so wie es in der »Confessio« des Hl. Patrick, des Apostels von Irland, heißt: »Wir aber glauben und verehren die wahre Sonne, Christus, die niemals untergehen wird«. Die ältesten christlichen Steinkreuze Irlands stammen aus dem 6./7. Jahrhundert; schon im 8. Jahrhundert kommt die charakteristische Form auf, bei der die Arme des freiplastischen Kreuzes durch einen Ring verbunden sind, so daß man geradezu vom Ringkreuz sprechen kann. Ab dem 9. Jahrhundert mehren sich dann die Beispiele, bei denen im Kreuzmittelpunkt der Gekreuzigte dargestellt wird[480]. In der katholischen und in der orthodoxen Kirche hat das Radkreuz die Bedeutung von Christi Herrschaft im Erdkreis bzw. seines Sieges über den Kosmos; in frühchristlicher Zeit kann das Kreuz von einem Lorbeerkranz eingeschlossen werden. Als Weihekreuz, oft ohne daß die Kreuzbalken den Kreisring berühren, dient es zur Signatur geweihter Räume und Geräte.

Eine kreuzförmig gebundene Schleife auf altägyptischen Darstellungen gleicht der Hieroglyphe für Leben (*anch*). Über die ursprüngliche Bedeutung wurde schon viel gerätselt und manch unhaltbare Hypothese aufgestellt. So wollte man darin die Vereinigung des Männlichen (Vertikale) mit dem Weiblichen (Kreis) erkennen oder ein Bild der Seele (Kreis), die den Zustand des Todes (Kreuz) überwindet. Wahrscheinlich handelte es sich zunächst um einen magischen Knoten. Die Ägypter betrachteten das Anch-Zeichen als Eigentum der Götter, als Symbol göttlichen, ewigen Lebens, das unter bestimmten Umständen auch den Menschen, besonders dem (göttlichen) König übertragen werden kann. Luft und Wasser sind die Lebenselemente, weshalb sie durch das Anch-Zeichen umschrieben werden können; so wenn es von einem Gott dem König gleichsam als Lebensodem vor die Nase gehalten wird oder bei der kultischen Reinigung sich als Wasserstrahl über den König ergießt.

Das Anch-Zeichen wurde von den Kopten, den christlichen Nachkommen der alten Ägypter, übernommen; man bezeichnet es jetzt als Henkelkreuz (*crux ansata*). Verschiedene Autoren halten es für möglich, daß man – vielleicht schon im Pharaonenreich – in der Schleife die aufgehende Sonne, im Querbalken den Horizont und in der Vertikalen den

Sonnenstrahl erblickt hat und dies nunmehr im Hinblick auf Christus als »Sonne des Heils«. Dieses Zeichen des Lebens wird – wissenschaftlich nicht geklärt – zum »Nilschlüssel«, dem Schlüssel, der die Schleusen mit dem lebenspendenden Nilwasser öffnet und schließt, ähnlich wie es von Christus heißt, daß er den Schlüssel (*clavis*) zum Haus Davids hat, d.h. daß er mit dem Kreuz den Himmel als Ort ewigen Lebens öffnet[481].

Als die christlichen Eroberer und Missionare nach der Neuen Welt kamen, glaubten nicht wenige, in den bei den Indianern so häufig anzutreffenden Kreuzfiguren die Spuren eines erloschenen Christentums zu finden. Doch dürfte das Kreuz entweder von Sibirien her nach Amerika gelangt sein oder sich hier eigenständig entwickelt haben. Die Vorkommen lassen unschwer eine kosmische Grundbedeutung erkennen. Bestes Beispiel dafür ist die bei den nordamerikanischen Algonkin für den Medizinmann errichtete Hütte (*midewiwin*) mit kreuzartigem Gerüst und vier den Himmelsrichtungen entsprechenden Türen. Die Gerüstenden und die Türen sind mit den Farben der Weltgegenden bemalt: Weiß im Osten, Grün im Süden, Rot im Westen und Schwarz im Norden. In der viergegliederten Hütte mit dem Kreuz steht der Mensch in Kontakt mit der Welt wie auch mit der Gottheit (Manitu). Überhaupt war die Kultfeier der Algonkin »stets mit der Idee eines Kreuzes verbunden«[482]. In den altmexikanischen Kulturen ist das gleicharmige Kreuz öfters anzutreffen, so etwa auf dem Schild des Gottes Quetzalcoatl oder in Bilderhandschriften, wo es Symbol der (die Mitte umfassenden) fünf Weltgegenden ist; daneben kann das Kreuz auch durch zwei gekreuzte Knochen wiedergegeben werden in der Bedeutung eines Totensymbols.

Die bisherigen Ausführungen lassen erkennen, wie das Kreuz bereits in vorchristlicher Zeit und in außerchristlichen Kulturen vorgebildet und vorgedeutet wurde. Was das christliche Kreuz von allen anderen unterscheidet, ist seine Sinngebung durch den Gekreuzigten. Erst durch ihn wird das Kreuz zum eigentlichen Mysterium (griechisch *mysterion*, »Geheimnis«). Das Kreuz selbst ist damit nur eine Abbreviatur, ein Kürzel, für den Crucifixus, für den an das Kreuz Gehefteten, »der, zwischen Höhe und Tiefe ausgespannt, die Welt umarmend, Himmel und Erde versöhnend, als leibgewordenes Zeichen der Scheidung und Einung inmitten des Universums steht«[483]. Das Geschehen am Kreuz versinnbildlicht schmachvolle Erniedrigung und glorreiche Erhöhung, Menschenleid bis in den Tod hinein und (daraus folgernde) Himmelfahrt des Gottessohnes. Christus, der in die Niederungen der Erde »herabstieg, ist derselbe, der auch hinauffuhr über alle Himmel, damit er alles erfülle« (Epheser 4,9 f.). Abstieg und Auffahrt können in dem Doppelsymbol von Krippe und Kreuz geschaut werden. Wenn diese von einem Dichter wie Rudolf Alexander Schröder entgegen ihrer zeitlichen Lebensstationen vertauscht werden, dann soll darin wohl zum Ausdruck kommen, wie aus dem Tod neues Leben hervorkommt, wie der als Mensch Gerichtete zum Gott wird, der selbst am Jüngsten Tage Recht spricht:

Kreuz und Krippe. – Sprich's nicht aus,
Bete, dank und weine!
Wo hast du dein irdisch Haus
Und wo Gott das seine?

Kreuz und Krippe. – Fühl allein,
Denn du deutest's keinem,
Was es heißt: Gerichtet sein
Und gerecht in Einem.

»Hundert Geistliche Gedichte«

Die Kreuzigung als Todesstrafe kannten die Römer erst seit den Punischen Kriegen. Solange diese für Verbrecher und Sklaven übliche Art der Bestrafung vorkam, wurde die Wiedergabe der Kreuzigung Christi wie auch des Kreuzes vermieden. Wahrscheinlich schon im 2. Jahrhundert kam als verhüllende Darstellung das Ankerkreuz (*crux dissimulata*) auf; die Beziehung zwischen Anker und Kreuz geht auf den Brief an die Hebräer (6,19) zurück, in dem es von der Hoffnung heißt: »Wir halten sie fest als zuverlässigen und sicheren Anker unserer Seele«. Der Anker wird häufig mit dem Bild von Fischen dargestellt: Symbol für die Seelen, die sich dem Schutz des Kreuzes anvertrauen. Wenn ein einzelner Fisch, ein Delphin, um den Anker gewunden ist, oft noch mit der Beischrift *Ichthys*, dann ist für den Eingeweihten die Bedeutung als Kryptogramm, als Geheimzeichen, für den Gekreuzigten offensichtlich.

Als geheimnisvolles Kreuzzeichen wurde die Form des großen griechischen Buchstabens *Tau* gedeutet. Als letzter Buchstabe des hebräischen Alphabetes galt das *Taw* analog dem griechischen *Omega* als symbolischer Hinweis auf die Vollendung; im Kreuz vollendet sich das irdische Leben und beginnt das himmlische. Der Prophet Ezechiel (9,4 ff.) vernahm in einer Vision den göttlichen Auftrag, allen gerechten Männern den Buchstaben *Taw* auf die Stirn zu ritzen; denn alle anderen, ohne dieses Erkennungszeichen, sollten ausgerottet werden. Wer das Siegel des lebendigen Gottes trägt, der wird den Tod überwinden (Offenbarung 7,3). Zu dieser biblischen Symbolik gesellt sich nun noch die von pythagoräischer Zahlenspekulation beeinflußte Buchstabenmagie, nach der das griechische *Tau* der Zahl 300 entspricht; es ist die Zahl beim Ellenmaß der Arche, die ihrerseits wiederum als Werkzeug der Rettung zum Heil ein Vorbild des Kreuzes ist[484]. Von den Kirchenvätern wurde das *Tau* auch mit dem Mastbaum (eines Schiffes) und seiner quer liegenden Antenne verglichen und daran das Wort der Bergpredigt angeschlossen, daß »nicht ein einziges *Jota* oder ein einziges Häkchen vom Gesetz« vergehen wird, bis alles erfüllt ist (Matthäus 5,18); das Jota ist die Vertikale des Kreuzes, das Häkchen der Querbalken.

In einer hochtechnisierten Zeit, in der elektrische Schreibmaschine und Computer der Übermittlung und Verarbeitung von Informationen dienen, können wir die inneren, so natürlichen Zusammenhänge zwischen den Dingen wie auch ihre oft spekulative Zusammenstellung kaum noch verstehen. In unserer kausal-analytischen Denkweise haben wir die Synthesis, die Zusammenschau, verlernt. Daß Arche, Krippe, Baum und Kreuz nicht nur vom Material her, sondern auch bedeutungsmäßig in einem Zusammenhang stehen, muß uns erst wieder erschlossen werden. Dies ist möglich, indem wir die Dinge als Symbol verstehen und sie uns zur Botschaft werden. Wie sagte doch Ernst Jünger? »Zum Symbol wird uns das Vergängliche, wenn das Sein durchleuchtet«. Jetzt erst kann uns das Kreuz mehr bedeuten als nur ein geometrisches Zeichen oder ein Stück Holz. Jetzt erst verstehen wir, was es heißt: Mysterium des Kreuzes!

Man mag es als Zufall bezeichnen, wenn im hebräischen Alphabet der letzte Buchstabe *Taw* als X oder + geschrieben wird. Die Kirchenväter sahen es anders; sie erblickten darin den griechischen Buchstaben *Chi* und das Kreuz[485]. Das *Chi* aber ist sowohl die Andeutung der Weltseele (bei Platon) als auch die Initiale Christi, und beide fallen im Kreuz zusammen, sind »Siegel Gottes«. Bei dem römischen Taufritus wird die Stirn des Täuflings mit dem Kreuz bezeichnet; die Taufe selbst wird zum Siegel (*sphragis*), die der Seele die ursprüngliche Gottebenbildlichkeit wieder einprägt. Als symbolisches Mitgekreuzigtwerden (im Todes- und Auferstehungsaspekt) ist die Taufe engstens mit der Kreuzsymbolik verbunden. Das Kreuz ist das wahre »Zeichen des Menschensohnes«, das am Himmel erscheinen wird, wenn die Engel mit lautem Posaunenschall »die Auserwählten von den vier Winden« zusammenführen (Matthäus 24,30 f.). Schon in der frühen Kirche war es Brauch, daß die Gläubigen mit der Hand das Kreuzzeichen (*signum crucis*) über sich selbst, über andere oder über bestimmte Sachen, die sie dem Schutz Gottes anheimstellten, machten; älteste Bezeugungen dafür reichen bis in das 3. Jahrhundert zurück.

Der Legende nach erschien dem römischen Kaiser Konstantin während des Krieges mit seinem Gegenkaiser Maxentius eines Nachts ein Engel und sprach: »Siehe am Himmel dort das Kreuz, das nimm zu deinem Banner, und in diesem Zeichen wirst du siegen«. Konstantin ließ daraufhin diese aus den Anfangsbuchstaben des Namens Christus (*Chi* und *Rho*) bestehende Zeichen auf seine Fahne (*labarum*) setzen; bald wurde es als das Kreuz andeutende Monogramm (*crux monogrammatica*) auf Münzen geprägt und auf Grabinschriften und Sarkophagen angebracht. Kaiser Konstantin war es auch, der den schändlichen Tod durch Kreuzigung abschaffte und dafür die Erdrosselung einführte. Damit war der Weg frei, das Kreuz Christi offen darzustellen[486].

Als eschatologisches (endzeitliches) Herrschaftszeichen wird ab dem 5./6. Jahrhundert das Kreuz unter Verwendung edler Metalle und Steine kostbar verziert, drückt es doch hoffnungsvolle Erwartung und Huldigung des kommenden Herrn aus. Da besonders antike Gemmen, das sind geschnittene Edel- und Halbedelsteine, zur Ausschmückung dienen, spricht man vom Gemmenkreuz (*crux gemmata*). Es wird als Siegeszeichen zum Altarkreuz, dient als sinnvolles Schmuckmotiv auf dem Einband liturgischer Bücher und nimmt an den Wänden heiliger Stätten eine zentrale Stellung ein. Als Apsismosaik findet es sich erstmals in der Kirche S. Pudentiana zu Rom (5. Jahrhundert), wo sich auf dem als Zionsberg zu interpretierenden Golgothafelsen ein leuchtendes Gemmenkreuz als Zeichen des wiederkommenden, siegreichen Kyrios erhebt. Hier dienen die Edelsteine nicht nur als Schmuck, sondern sollen das Kreuz zum Leuchten bringen. Das Kreuz der Parusie, d.h. der Ankunft Christi zum Endgericht, wird ein Lichtkreuz sein, »leuchtender als selbst die Strahlen der Sonne« (Chryso-

stomus)⁴⁸⁷. Das vielleicht großartigste eschatologische Kreuz ist das im Sternenhimmel aufscheinende Gemmenkreuz im Apsismosaik von S. Apollinare in Classe zu Ravenna; es steht auf den Worten *salus mundi* (»Heil der Welt«), während über dem oberen Balkenende das Wort *Ichthys* (»Fisch«) für Christus steht.

Im Gegensatz zur lateinisch-abendländischen Kirche, wo das Kreuz zunächst als Hinweis auf die den Tod einschließende Passion Jesu verstanden wird, erblickt die nestorianisch-ostkirchliche Überlieferung darin vor allem das Symbol des auferstandenen, verklärten Christus. Die christologischen Differenzen, die im 4. bis 7. Jahrhundert um die Einheit der »Person« in zwei »Naturen« (der göttlichen und der menschlichen) zutage traten, führten zu einer Spannung zwischen dem leidenden Jesus und dem verklärten Christus und fanden ihren symbolischen Ausdruck in der unterschiedlichen Betonung des Lichtkreuzes als Ort göttlichen Lebens und dem Holzkreuz als scheinbarer Ort des Todes. Schon in den apokryphen Johannesakten sieht der erlöste Christus des Lichtkreuzes »geradezu amüsiert auf den leidenden irdisch-körperlichen Jesus herab«⁴⁸⁸.

Neben dem griechischen Kreuz mit seinen gleichlangen Armen (*crux quadrata*) kommt immer mehr das lateinische Kreuz mit verlängertem Vertikalbalken auf, man nennt es auch *crux immissa* (von lateinisch *immittere*, »ineinanderfügen«). Durch seine Ähnlichkeit mit der Gestalt des Menschen, wenn er die Arme ausgebreitet hat, erschien es besonders geeignet, zum Passionskreuz Jesu zu werden. Die eigentlichen Kreuzigungsbilder entstanden, von wenigen Vorläufern abgesehen, ab dem 6. Jahrhundert. Das Rabula-Evangeliar zeigt den Gekreuzigten mit der Lanze durchstochen, also tot, aber die geöffneten Augen weisen ihn als Lebenden aus; unter Beiseitelassung anderer Erklärungsmöglichkeiten sei hier an den »Physiologus« erinnert, nach dem der Herr am Kreuz mit dem Löwen verglichen wird, der in seiner Höhle schläft, aber trotzdem mit offenen Augen wacht.

Den Künstlern und Dichtern des Mittelalters ging es nicht um eine historische Darstellung des Geschehens am Kreuze. Die uns eigene, moderne Fragestellung, ob Christus »tatsächlich« so oder anders gekreuzigt wurde, war für den mittelalterlichen Menschen irrelevant; Glaube und Wahrheit waren bei ihm nicht so (weit) auseinander wie bei uns. Wenn wir die Bilder der alten Meister wirklich verstehen wollen, gibt es für uns nur die Frage: Warum hat man sich in jener Zeit die Kreuzigung Christi so vorgestellt, wie sie uns in den Werken der Romanik und Gotik bis hin zu Grünewald und Dürer, ja noch darüber hinaus, überliefert ist? Das aber heißt: Wir müssen wieder etwas von der symbolischen »Sehweise« zurückgewinnen, die wir mit der Aufklärung und dem Positivismus verlernt haben.

Bei dem heilsgeschichtlich so bedeutsamen Ereignis der Kreuzigung Christi ist es nicht anders zu erwarten, als daß auch jede Einzelheit eingebaut ist in Gottes Schöpfungs- und Heilsplan, und das heißt, daß sie einen Sinn hat, daß nichts Zufall ist. So lehrten schon die Kirchenväter, daß der rechte Kreuzesbalken nach Osten weise, da von dort das

Licht kommt. Bereits im syrischen Rabula-Evangeliar (aus dem Jahr 586) wird die Seitenwunde Christi rechts wiedergegeben, obwohl das Herz ja links liegt. Die anfangs ganz natürliche Erklärung, daß der Lanzenstoß rechts quer hinauf zum Herzen den Stich beibringen solle, wurde bald von schon in der Patristik aufgekommenen symbolischen Deutungen abgelöst[489]. Beim Propheten Ezechiel (47,1) steht, daß der Brunnen des Heils aus der rechten Seite des Tempels fließe; Christus selbst verglich seinen Leib mit einem Tempel (Johannes 2,19-21). Augustinus spricht im Hinblick auf die Seitenwunde von der »Pforte des Lebens, aus der die Sakramente der Kirche fließen«.

Die rechte Seite Christi entspricht der *vita aeterna* (dem ewigen Leben) und deutet seine Göttlichkeit an, die linke Seite weist auf sein irdisches Leben, die *vita praesens*. Wenn das Haupt des Gekreuzigten im Tode nach der rechten Seite geneigt ist, obwohl bei Johannes (19,30) keine Seite angegeben ist, dann soll das – wie auch die Lage des rechten Fußes über dem linken – Ausdruck sein für den Sieg des Geistigen über das Körperliche und für den Übergang (*transitus*) in das ewige Leben. Rechts vom Kreuz hüllt sich die Sonne in Trauer, links der Mond; in den Evangelien wird zwar nur die sich verdunkelnde Sonne genannt, aber der Mond gehört als kosmologisches Pendant und in Übereinstimmung mit der symbolischen Bedeutung der beiden Seiten einfach dazu. Der reuige Schächer zur Rechten blickt voller Hoffnung auf den Erlöser, während sich zur Linken der verstockte Schächer abwendet. Durch Christi Opfer werden die Menschen wieder aus ihren Gräbern auferstehen, zuerst Adam und Eva, dann die übrige Menschheit – auf der rechten Seite die Männer, auf der linken die Frauen. Wenn bei der Darstellung von Maria und Johannes letzterem die linke Seite vom Kreuz aus zugewiesen wird und nicht die »männliche« (rechte) Seite, dann aus dem Grund, weil der Mutter Christi die Ehrenseite gebührt.

Wie die sinnbildhafte Darstellung von unserer Seinsebene über sich hinausweist auf das, was sich keinem forschenden Auge und keinem grübelnden Verstande erschließt, sei an einem der großartigsten Werke der abendländischen Malerei aufgezeigt – an dem Isenheimer Altar des Matthias Grünewald (Colmar). Der oberflächliche Betrachter wird nur die »Außenhaut« sehen, die erschütternde Realität des Gekreuzigten. Der Ausdruck der vor Schmerz gekrümmten, nun leichenstarren Finger ist in der Kunst ohne Parallele. Aber ganz abgesehen von der biblischen Botschaft offenbart das Bild eine tiefere und zugleich höhere Wirklichkeit. Sonne, Mond und Sterne haben sich verhüllt, weil Gott(es Sohn) ans Kreuz geschlagen wurde. Auf der linken Seite steht Johannes der Täufer, auf der rechten Johannes der Evangelist – wohlgemerkt: immer vom Kreuz aus! In ihrer typologischen Gegenüberstellung ist der Täufer noch dem Judentum und dem Alten Testament zugehörig, er ist Vorbote des Messias, während der Evangelist das Christentum und das Neue Testament repräsentiert. Während der Täufer das irdische Geschehen ankündet, weist der Evangelist in seiner Apokalypse (ihm schon im 2. Jahrhundert fälschlicherweise zugeschrieben) auf die eschatologische Ankunft am Ende der Zeiten. Doch gibt es noch eine weitere Bedeutungsschicht, die ebenfalls in den beiden Seiten ihren adäquaten Ausdruck findet: die beiden Johannes sind das Alpha und das Omega des göttlichen Wortes; sie bilden die zeitliche Pforte, die beiden Sonnenwenden, durch die die Sonne des Heils, *sol salutis*, in ihre Bahn eintritt[490]. Bezeichnenderweise fallen die Namenstage der beiden Heiligen beinahe mit den Sonnenwenden zusammen (24. Juni der Täufer, 27. Dezember der Evangelist). So wird bei aller Dramatik des Passionsgeschehens, während der Gekreuzigte weit über den niederen Horizont in das Dunkel der Leidensnacht hinausragt, der Glanz des österlichen Auferstehungsmorgens schon angedeutet.

Im Mysterium des Kreuzes werden alle Gegensätze

vereinigt. Die Waagrechte trifft sich mit der Senkrechten, das in der Erde Stehende vereinigt sich mit dem zum Himmel Ragenden. Das dürre Kreuzesholz selbst wird zum Baum des Lebens. Der tiefsten Erniedrigung folgt die Erhöhung zum höchsten Sein.

So weist das Kreuz – wie alle echten Symbole – über Zeit und Raum hinaus, ist Brücke zum ganz Anderen, zum Unerforschlichen und läßt uns bewußt werden, daß alles Vergängliche nur ein Gleichnis des Ewigen ist.

Gott ist groß und unbekannt

Wenn alle Rätsel der Erde gelöst werden könnten und wenn auch die letzten Schleier des Kosmos fielen, Gott selbst würde an Größe nichts verlieren. Sein Wesen läßt sich in Raum und Zeit nicht beschreiben; ER bleibt für uns – wie es schon der biblische Hiob formulierte – »groß und unbekannt« (Ijob 36,26). Und doch findet sich bei vielen Völkern der Glaube, daß ER, dessen Name und Angesicht verborgen sind, sich den Seinen offenbaren kann. Zwar vermögen wir das »Große« mit unseren Sinnen nicht zu messen, und nie werden wir mit unserem Verstande das »Unbekannte« begreifen, aber wir können das Göttliche erahnen und in einem symbolischen Sinne erschauen. Es gibt für den religionsgeschichtlich interessierten Kunstbetrachter wohl nichts Erregenderes, als dem Antlitz Gottes im Glauben der Völker nachzuspüren[491]. Zeigt die Statue Apollons nicht etwas von der Harmonie und Schönheit des Göttlichen? – natürlich unter hellenischem Blickwinkel. Deuten die vielarmigen indischen Götterstatuen nicht auf die ihrem Träger zuerkannte Machtfülle? Lasset uns die Bilder Gottes sehen, und wir wissen, wie die Völker über ihre Götter denken! Auch wenn es manchmal für uns befremdende oder gar abartige Vorstellungen sein mögen, so dürfen wir doch nie vergessen, daß hinter allen religiösen Aussagen der Versuch steht, »das Ich im Absoluten zu verankern«, wie es Dietrich Bonhoeffer einmal ausdrückte.

Das Wesen Gottes kann sowohl in seinem Namen und durch sein Wort wie auch in seinem Bild und durch alles von ihm Gebildete, Erschaffene offenbar werden. Es gibt Religionen, die bedienen sich mehr des Wortes, andere bevorzugen die Bilder, und so kann man die Buchreligion mit der Wortverkündigung von der Kultreligion mit ihrer Bindung an Bild und Handlung unterscheiden. Als Beispiel sei auf zwei gleichzeitig lebende und einander benachbarte Völker hingewiesen: Bei den Israeliten kreist alles um das von Jahwe gegebene Gesetz mit ausgesprochener Bilderablehnung; die Frömmigkeit der alten Ägypter lehnt sich ganz an kultisch-bildhafte Formen an. Es ist naheliegend, daß in den Buchreligionen (wie dem Islam) das Symbol nicht eine so dominierende Rolle spielt wie in den Kultreligionen (z.B. dem Hinduismus)[492]. Bei genauerem Zusehen zeigt sich jedoch, daß auch das heilige Wort und die heiligen Schriften nicht ganz des Symbolhaften entbehren können; immer wenn sie von Gott sprechen, vermögen sie es nur in sprachlichen Bildern, in Metaphern, in Vergleichen. Das völlig Andere, außerhalb unserer Vorstellungskraft Liegende kann nur durch uns Bekanntes versuchsweise umschrieben werden. Selbstverständlich hängen die Symbole von der Art der Gottesvorstellung ab. Jede Religion hat ihre eigenen Konventionen, Begriffssysteme und eben auch Symbole, um die Funktionen und Aspekte der höheren Wesenheit(en) zum Ausdruck zu bringen. Das zeigt sich bereits in dem Begriff »Gott«, der in fast jeder Religion andere inhaltliche Schwerpunkte hat. So kann Gott derjenige sein (und dies entspricht unserem christlichen Verständnis), der über allem steht, auch wenn er sich in allem offenbaren kann; in eine Vielzahl von Gottheiten aufgespalten, können diese aber auch die Gestaltwerdung oder Begreiflichmachung einzelner Mächte oder Kräfte sein wie sie in Sonne und Mond, in Feuer und Wasser, in Baum oder Tier sichtbar werden. Bei manchen altägyptischen Gottheiten fallen der ihnen zugelegte Name und ihre Erscheinungsform zusammen: Chnum bedeutet »Widder«, Nut »Himmel« und Re »Sonne«. Überhaupt entsprechen in den polytheistischen Religionen die einzelnen Gottheiten sehr oft bestimmten Funktionen oder Aspekten und dementsprechend sind dann auch ihre Symbole und Attribute[493]. So hat der Gott der Wege und des Verkehrs, der Schutzherr der Reisenden und der Kaufleute, häufig einen Stab als Attribut; der griechische Hermes genauso wie der aztekische Yacatecutli oder der shintoistische Jizo.

Die ganze Spannweite und Divergenz des Gottesbegriffes kann man bei einer Gegenüberstellung von Christentum und Buddhismus erkennen. Während die Christen – wie auch die Juden und die Mohammedaner – an ein persönliches, die Welt erschaffendes und lenkendes, selbst aber darüber stehendes Wesen glauben, vertritt der Buddhismus die Lehre von einem immanenten Weltgesetz, Dharma, dem auch die Götter unterliegen. Die Götter (*devas*) sind zwar »Himmelswesen«, aber sie sind noch nicht wie die Buddhas und Bodhisattvas aus dem Kreislauf der Geburten ausgeschieden; in der Rangordnung der höheren Wesen nehmen sie etwa die gleiche Stellung ein wie bei uns die Heiligen. Das Dharma ist nur insoweit verehrungswürdig, als es in der von Buddha verkündeten Heilslehre offenbar wird[494]. Ja, der historische Buddha selbst ist nur eine Manifestation des Dharma.

Vergleichen wir die jeweilige Leitgestalt von Christentum und Buddhismus, wie sie in den Werken der Kunst dargestellt werden. Der Friede im Antlitz Buddhas, die Majestät seines Ausdrucks zeugen von der Weltüberlegenheit des Erwachten, des Erleuchteten. Im Yogasitz mit gekreuzten Beinen in sich versunken, genügt er sich selbst. Der Punkt zwischen den Augenbrauen, *urna* genannt, war ursprünglich die lichtausstrahlende, welterhellende Locke und wurde dann in ein »Auge der Weisheit« umgedeutet. Der Auswuchs auf der Höhe des Hauptes (*ushnisha*) ist Zeichen der höchsten Erleuchtung[495]. Eine typische Handstellung ist die sogenannte Meditationsgeste, bei der die im Schoß ruhenden Hände übereinandergelegt sind; oder er hält in der Linken die Almosenschale und berührt zum Zeichen seiner Sendung mit der Rechten die Erde. Wenn aus der Schale Früchte oder Blumen hervorquellen, so sind diese als Symbol für die geistige Fruchtbarkeit der Lehre zu verstehen. Buddha hat die Nichtigkeit der Scheinwelt erkannt

und befindet sich unaufhaltsam auf dem Weg ins Nirvana (wörtlich »Verlöschen«), in das er mit seinem Tode übergeht. Im nachtodlichen Nirvana läßt er sich nicht mehr anrufen oder bitten, er bleibt unerreichbar. Deshalb gilt die Verehrung – im Medium des Bildes – auch weniger dem historischen Buddha als seinem ewigen Prototyp, den man mit dem Absoluten (*dharma*) gleichsetzt.

Auch uns Abendländer kann diese Abgeklärtheit Buddhas faszinieren. Doch hat sein Bild eine Schattenseite, die am besten durch einen Vergleich mit Christus aufgezeigt werden kann. Buddha steht über der Welt, Christus steht in ihr. Buddha sieht allen Schmerz und alle Trübsal, aber sein Antlitz fordert auf zum Wegwenden vom Schmerz, zum Nichtsehenwollen des Elends. Christus dagegen wendet sich nicht ab vom Leid, er geht selbst durch alles Leid dieser Welt hindurch und nimmt die tiefste Erniedrigung auf sich, um die Menschheit zu erlösen. Niemals könnte es einen Buddha mit der Dornenkrone geben und niemals einen, dessen Hände und Füße an das Kreuz geschlagen sind. Buddha löst sich von allem Irdisch-Gestalthaften; der wichtigste Schritt in seinem Leben, vorbildhaft für seine Anhänger, führt ihn ins Nirvana. Christus dagegen steigt durch seine Inkarnation in die Welt des Kreatürlichen hinab, nimmt das Kreuz auf sich und weist damit den Weg – zurück zum göttlichen Ursprung. In Christus werden alle Phänomene durchsichtig auf Gott hin; in ihm leuchtet alles auf, an ihm hat alles teil; er konnte von sich sagen: Ich bin das Licht der Welt, das Brot des Lebens, der wahre Weinstock, die Tür und der Weg, die Wurzel und der Morgenstern. Auch das gehört zum Bild des Gekreuzigten: das Wissen, daß diese sichtbare Welt nicht sinnlos ist. Friedrich Rückert hat dieses Wissen auf seine Art, völlig frei von theologischer Dogmatik, in Poesie geformt:

Wie von der Sonne gehen viele Strahlen erdenwärts,
So geht von Gott ein Strahl in jedes Dinges Herz.
An diesem Strahle hängt das Ding mit Gott zusammen,
Und jedes fühlt sich dadurch von Gott entstammen.
…
An deinem Strahl vielmehr mußt du zu Gott aufsteigen
Und in das Ding hinab an seinem Strahl dich neigen.
Dann siehest du das Ding, wie's ist, nicht wie es scheint,
Wie du es siehest mit dir in Gott vereint.

»Weisheit der Brahmanen«

Da Gott mit allen Dingen verbunden ist, so können auch alle Dinge zu Trägern seiner Offenbarung werden. Hier muß nun auf den Unterschied von Symbol und Attribut aufmerksam gemacht werden. Während die Symbole an Stelle der Gottheit (oder einer anderen Person) treten, sie vergegenwärtigen, versinnbildlichen, werden die Attribute als charakterisierende Zeichen dem Bild der Gottheit beigefügt. Die Vielheit antiker Gottheiten führte dazu, sie durch Attribute zu kennzeichnen, z.B. durch einen Gegenstand wie Dreizack (Poseidon) und Keule (Herakles) oder durch bestimmte Pflanzen oder Tiere. Den Griechen war das Attribut nicht nur äußeres Erkennungsmerkmal, sondern drückte etwas vom Wesen der Gottheit aus, so daß unter gewissen Umständen das Attribut zum Symbol werden konnte. Der Heilgott Asklepios erscheint auf bildlichen Darstellungen meist als bärtiger Mann, ein von der heiligen Schlange umringelter Stab ist sein Attribut; wenn bei der Gründung neuer Asklepios-Heiligtümer eine Schlange als Inkarnation des Gottes mitgeführt wurde, dann ist das Reptil als Symbol zu werten.

Für Christus bemerkenswert ist, daß er verhältnismäßig wenig Attribute hat, vor allem Nimbus,

Kreuz, (das für sich allein zum Symbol wird), Dornenkrone, Evangelienbuch, Weltkugel. Dagegen gibt es in der Bild- und Wortverkündigung der Kirche zahlreiche Symbole: zu den neutestamentlichen Selbstaussagen Christi (»Ich bin ...«) haben die Kirchenväter, Theologen und Künstler noch weitere hinzugefügt wie Fels und Eckstein, Rose und Frucht, Fisch und Lamm, Löwe und Phönix, Hirte und König. Sein liturgisches Hauptsymbol ist der Altar[496]. Die Ehrungen des Altars im Gottesdienst durch den seit dem 4. Jahrhundert nachweisbaren Altarkuß und durch Beweihräucherung beziehen sich auf Christus selbst. Die steinerne Mensa weist auf den Stein, »den die Bauleute verwarfen« und der trotzdem »zum Eckstein geworden« ist (nach Psalm 118,22). Das weiße Altartuch deutet auf das Leichentuch Christi, und die bei der Konsekration in den Altarstein eingemeißelten fünf Kreuze entsprechen den fünf Wunden des Erlösers als den Quellen seines heilbringenden Blutes.

Die göttliche Macht kann ihren Ausdruck im Bild von Waffen finden. Als Beispiel für das attributiv gebrauchte Schwert sei der im Buddhismus als Herr der Weisheit sehr beliebte Bodhisattva Manjushri angeführt; in der rechten Hand hält er das Schwert, das die Unwissenheit zerstört und mit seiner Flammenspitze Licht in die Dunkelheit bringt. Die Doppelaxt war bei den Hurritern Attribut des Wettergottes Teschub; in dem durch Bildlosigkeit ausgezeichneten kretisch-minoischen Kultus wurde sie zu einer Art Kultsymbol, d.h. sie repräsentierte die unsichtbare Gottheit. So ist die Doppelaxt – trotz umstrittener Deutung im einzelnen – auch auf dem Stierkopf zu verstehen; der Stier ist hierbei nur Tragtier der Gottheit[497]. Wenn im alten Rom ein Krieg bevorstand, trat der Feldherr im Marsheiligtum vor die Gotteslanze und sprach: »*Mars, vigila!*« (»Mars, erwache!«). Bei den germanischen Alanen galt das Schwert als Sitz des angerufenen Kriegsgottes. Im Alten Testament wird der Schild zu einem Bild für den von Gott

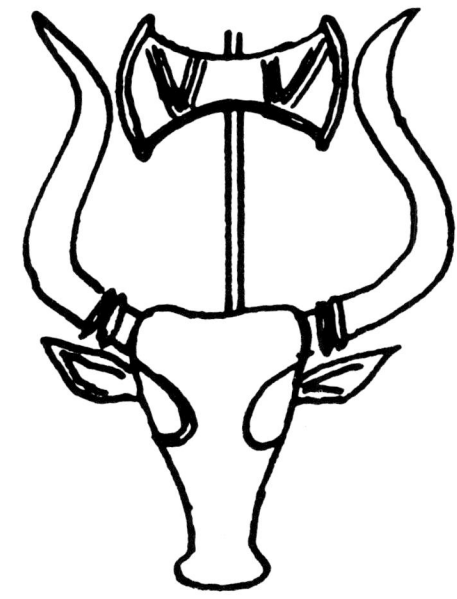

gewährten Schutz; der Herr selbst spricht zu Abraham: »Ich bin dir ein Schild« (1. Moses 15,1).

Ein gegenständliches Symbol, in dem die Gottheit Gestalt angenommen hat, wird in Japan *shintai* genannt, das Wort bedeutet »Gottesleib«. Das *shintai* ist mehr als nur ein hinweisendes Zeichen, es gilt als körperlicher Repräsentant der Gottheit, als Stellvertreter seines Geistes und partizipiert an seiner Kraft, ja im Volksglauben erlangt es das Ansehen der Gottheit selbst. In der heiligen Schrift Kojiki spricht die Sonnengöttin Amaterasu von ihrem »Gottesleib«: »Betrachte hier diesen Spiegel ganz so, als wäre es meine erlauchte Seele, und verehre ihn ehrfürchtig, gleich wie wenn du mich selber verehrtest«[498]. Dieser Metallspiegel im Heiligtum zu Ise ist als Wiedergabe der Sonnenscheibe aufzufassen. Zwar können auch Berge und Bäume als *shintai* verehrt werden, in der Regel aber sind es doch Gegenstände wie Juwelen, Schwerter, Speere, Schellen oder für heilig gehaltene Kleidungsstücke. Sie alle werden sorgsam in Kästen aufbewahrt und dürfen keinen profanen Blicken ausgesetzt werden.

Die alten Völker wußten sehr wohl zwischen dem irdischen Abbild und dem transzendenten Urbild zu unterscheiden; sie verehrten nicht die Sonne, den Stein, die Pflanze oder das Tier an sich, sondern die dahinter stehende, alles überragende Macht. Ein Symbol der phrygischen Muttergöttin Kybele war der schwarze Stein zu Pessinus, der im Jahre 205/204 v.Chr. nach Rom gebracht wurde. Die vorislamische Göttin Allat wurde einerseits mit dem Planeten Venus in Verbindung gebracht, andererseits galt ein weißer Granitblock als ihr Idol – und dies im eigentlichen Sinne als *eidolon*, als »Bild«, das nicht die Göttin selber ist, sondern ihr nur als Wohnstätte dient. Auf einem Stein schlafend, träumte Jakob von der Himmelsleiter und kam zu der Erkenntnis, daß dieser Stein »Gottes Haus« (Bethel) sei (1. Moses 28,11-19). Der Felsen in der Wüste, aus dem Moses auf Gottes Geheiß Wasser geschlagen hat, ist nach Paulus (1. Korinther 10,4) ein Vor-Bild Christi. Dieser selbst ist der Grund-, Eck- und Schlußstein der Kirche, die auf Petrus, dem Felsen, begründet wurde.

Als besonders bevorzugte Wohnstätte der Götter gelten Berge. Zeus und andere griechische Gottheiten sind mit dem Olymp verbunden, Jahwe hat seinen Wohnsitz auf dem Tempelberg Zion. Ja, es gibt Götter, die selbst mit einem Berg assoziiert werden. Der sumerische Enlil wie auch der später in Assyrien als Reichsgott verehrte Assur haben den Beinamen »Großer Berg«; vielleicht kann man darin einen Hinweis auf ihre Verbindung mit dem kosmischen Zentrum erkennen. Im Glauben der altkleinasiatischen Völker galten die Berge als Wesen voll dynamischer Kraft; in den hethitischen Staatsverträgen wurden sie unter die Schwurgötter aufgenommen; die felsigen Berggipfel galten als natürlicher Thron der den Berg beherrschenden Gottheit[499]. Der heilige Berg ragt in die Welt der Götter. Die Germanen benannten Berge nach Wodan (z.B. Wodenesberg, heute Godesberg bei Bonn) oder Donar (Donnersberg in der Pfalz).

Nach chinesischer Überlieferung residiert im Berg Kun-lun der Himmelsgott Tai-yi, der »Allergrößte Eine«; wem es gelingt, alle neun Stufen zum Kun-lun zu ersteigen, der erlangt die Unsterblichkeit. Die christliche Mystikerin Mechthild von Magdeburg vergleicht Gott mit einem »hohen berg der gewaltigen minne«.

Immer wieder machte der religiöse Mensch die Erfahrung, daß er trotz allen Verlangens Gott nicht sehen und be-greifen kann. Gott ist groß und unbekannt; er ist »das ganz Andere«, wie Augustinus in seinen »Bekenntnissen« (VII, 10) sich ausdrückt. Das erklärt auch die Scheu vor einer anthropomorphen Darstellung. Das Andersartige, Unheimliche und Übergewaltige stellten manche Völker lieber im Bilde des Tieres dar. Schon daraus ergibt sich, daß der für die Völker des Altertums und des Orients öfters gebrauchte Ausdruck »Tierkult« nicht ganz korrekt ist, da das Tier – von beim einfachen Volk verbreiteten Glaubensformen abgesehen – in der Regel nicht als Gott selbst, sondern nur als dessen sichtbare Erscheinungsform verehrt wird. Das Tier repräsentiert einen bestimmten Wesenszug der Gottheit und wird zum Symbol für das, was den Menschen übersteigt und überwältigt.

Bei den alten Ägyptern galten die heiligen Tiere als Erscheinungsform der Gottheit, als eine Art »äußere Seele« oder mit einem ägyptischen Wort als *ba*. Der Widder ist die Erscheinungsform des Sonnengottes Amun-Re, und der zu Memphis verehrte Apisstier ist der Ba des Osiris. Für uns heute ist es oft unerklärlich, warum die einzelnen Gottheiten sich gerade in dieser oder jener Tierart manifestieren. Warum erscheint die Himmelsgöttin Hathor als Kuh und der urzeitliche Schöpfergott Amun als Nilgans? Manche Interpretationsversuche mögen uns zufriedenstellen; ob sie altägyptischem Denken gerecht werden, ist nicht verifizierbar. Wenn der Mondgott Thot die Gestalt eines Pavians annimmt, dann könnte man an das im Mond hockende Tier denken analog unserem Mann im Mond; und die

Ibisköpfigkeit des gleichen Gottes führt zu einem Vergleich des Schnabels mit der Mondsichel. Aber ob die Nillandbewohner auch so dachten? Zu Recht warnt der Ägyptologe Erik Hornung vor Vereinfachungen; denn hinter jeder Tiergestalt zeigt sich »eine ganze Seinswelt voll verwirrender Vielfalt, unauslotbar in ihrer komplexen Fülle und doch ein abgerundetes Ganzes«[500].

Da der Gott mit den Sinnesorganen nicht wahrnehmbar ist, so wurde das ihm geweihte Tier zum Sinnbild des Gottes selbst. Für den vorderen Orient aber auch für Alteuropa waren horn- und geweihtragende Tiere von besonderer Bedeutung. Dabei fallen drei Symbolbezüge auf: zur Fruchtbarkeit, zur Stärke und zum Licht[501]. Vor allem der Stier galt als Bild der Fruchtbarkeit und Lebensfülle, also zweier Eigenschaften, wie sie in höchster Potenz Gott zugedacht wurden. Der Stier war das heilige Tier des sumerischen Enlil, der als Weltordner auch für das Gedeihen des Viehs und der Felder zuständig war. Der Baal von Ugarit soll nach mythischem Bericht eine Kuh begattet und ein Stierkalb gezeugt haben. Das Reittier des hinduistischen Gottes Shiva ist der weiße Stier Nandin; es ist die theriomorphe Manifestation seiner Zeugungskraft. In Verbindung mit dem Wettergott ist der Stier nicht nur ein Symbol des für die Fruchtbarkeit des Landes so wichtigen Regens, sondern ist auch Ausdruck der im Gewitter sich entladenden unheimlichen Mächte; in Sturm und Donner glaubte der altorientalische Mensch das Brüllen des himmlischen Stieres zu hören. Die physische Kraft versinnbildlicht die übernatürliche Macht göttlicher Wesen. Das sumerische Wort für »Stier« (*gud*) bedeutete zugleich »mächtig«; das westsemitische, auch im Alten Testament vorkommende Wort *abir* bezeichnete den »Stier«, hatte die adjektivische Bedeutung von »stark« und wurde schließlich auch als Gottestitel verwendet[502].

Die ursprünglich dem ganzen Tier zugedachte Symbolbedeutung wurde auf das ihm zugehörige Horn übertragen. Die Hörnerkrone wurde in Altmesopotamien das Göttersymbol von Anu, Enlil und Ea. Das Gehörntsein des Hauptes gehörte nicht einfach nur zu einem Würdezeichen, sondern war – phänotypisch – ein untrennbarer Bestandteil göttlicher Macht. Philon von Alexandrien berichtet von der Göttin Astarte, daß sie sich als Symbol der Herrschaft einen Stierkopf aufsetzte. Von dem altpersischen Siegesgott Verethragna heißt es im Awesta, daß er die Gestalt habe von einem anmutigen Stier, auf dessen goldgelben Hörnern sich die göttliche Kraft äußere. In Psalm 18,3 wird Jahwe selbst im Danklied nach siegreichen Schlachten als »Horn des Heiles« bezeichnet. Nach einer mythischen Überlieferung der Kabylen (Algerien) hatte die erste Mutter der Welt aus Teig den ersten Widder gebildet, der aber nicht wie andere Tiere starb, sondern eines Tages hoch in das Gebirge lief, so hoch, daß er mit seinem Kopfe gegen die aufsteigende Sonne stieß; die Sonne blieb an ihm haften und wandert seitdem mit ihm um die Welt[503]. Das Motiv des zum Träger der Sonne gewordenen Widders findet sich auch in zahlreichen vorchristlichen Felsbildern Nordafrikas. Nach einer alten ägyptischen Überlieferung erhob sich aus dem Urmeer die Urkuh und bildete mit ihrem Körper den Himmel; sie gebar die Sonne und setzte sie zwischen ihre Hörner.

Der Gott zwischen den Hörnern auf dem Stierhaupt gehört zu dem Vorstellungskreis der auf dem Tier stehenden, reitenden oder thronenden Gottheit. Die in der minoischen Kultur vorkommende Darstellung der Doppelaxt zwischen den Stierhörnern dürfte ein ikonographisches »Kürzel« für den auf dem Stier reitenden Wetter- oder Himmelsgott sein. Schon die Babylonier dachten sich ihren Wettergott Adad auf einem weißen Stier reitend; Himmel und Erde erbeben vor ihm; sein Attribut ist ein Blitzbündel, das bei anderen Völkern als Doppelaxt oder Hammer erscheinen kann. Der hurritische Wettergott Teschub wurde auf zwei Stieren stehend dargestellt; die Tiere hießen Scheri (»Tag«) und Hurri (»Nacht«). Der von altkleinasiatischen Vorstellungen beeinflußte spätrömische Jupiter Dolichenus reitet auf dem Himmelsstier; auf einer zu Heddernheim gefundenen römischen Bronzeplatte hält er in der rechten Hand die Doppelaxt, in der linken ein Blitzbündel.

Hier muß auch auf das »goldene Kalb« (2. Moses 31,1 ff.) hingewiesen werden, das nicht als Bild der Gottheit verstanden werden darf, sondern lediglich als Postament für den unsichtbar darüber thronenden Gott, ähnlich wie sich die Kanaanäer ihren Sturm- und Himmelsgott Baal über einem Stier thronend dachten[504]. Nicht auszuschließen ist, daß

bei dem von Aaron verfertigten Tierbild auch noch die Erinnerung an die in Ägypten erfahrene Verehrung des Apisstieres nachwirkte. Obwohl Moses das goldene Kalb zerstörte, lebte die alte Vorstellung weiter, wobei die breiten Volksmassen wohl nicht mehr den Gott auf dem Stier von dem Gott im Stier zu unterscheiden wußten. Die von König Jerobeam an der Nord- und Südgrenze aufgestellten goldenen Stierkälber (1. König 12,28 f.) sollten sein Reich unter Jahwes Schutz stellen, wurden aber als Abfall von Gottes Gebot aufgefaßt, war doch durch sie der Unterschied zu den stiergestaltigen Göttern der Nachbarvölker verwischt.

Die Vorstellungen, die sich der Mensch von Gott macht, zeugen von der Entwicklungsstufe seiner eigenen Denkstruktur und sind Ausdruck seines Selbstverständnisses; in gewisser Hinsicht enthält jedes Gottesbild Züge einer Selbstprojektion des Menschen. Gott wird im Bild des Menschen geschaut, und dieser wiederum weiß sich als Ebenbild Gottes (*imago dei*). Der altägyptische König galt als des Sonnengottes »lebendes Bild auf Erden«. Nach einer altmesopotamischen Überlieferung wurde der Mensch als »Abbild der Götter« erschaffen. Und in der Genesis, dem biblischen Schöpfungsbericht, spricht Jahwe: »Lasset uns Menschen bilden nach unserem Ebenbilde, uns ähnlich« (1. Moses 1,26). So wird der Mensch selbst zu einem Symbol Gottes. Von hier aus gewinnt der bekannte Ausspruch des griechischen Philosophen Protagoras, daß der Mensch das Maß aller Dinge sei, eine gewisse Berechtigung.

Das wichtigste Gebet des Christen beginnt mit den Worten: »Vater unser, der du bist in dem Himmel« (nach Matthäus 6,9), und das Credo enthält das Bekenntnis an den »allmächtigen Vater, den Schöpfer des Himmels und der Erde«. Der gläubige Christ fühlt sich durch die Taufe als Kind Gottes und kann von da aus in einem höheren Sinne Gott »Vater« nennen (Römer 8,15 f.). Doch findet sich das Bild von Gott als Vater schon im Alten Testament, so wenn es in Davids Gebet heißt: »Gepriesen bist du, Herr, Gott Israels, unser Vater, von Ewigkeit zu Ewigkeit« (1 Chronik 29,10). Dem kritisch denkenden Menschen stellt sich hier die Frage: Warum wird bzw. wurde Gott gerade als Vater und damit als männliches Wesen gedacht, obwohl er dem Empfinden und Erahnen nach doch jenseits der Geschlechter stehen müßte. Die Antwort lautet ganz einfach: Der in der Bibel auf Gott übertragene Vaterbegriff ist durch das bei den Israeliten gültige Patriarchat bestimmt, das dem Vater die Vorrangstellung in der Familie einräumt. Der Vatergott war ein Gott der Väter, der Gott der Patriarchen Abraham, Isaak und Jakob (z.B. 1. Moses 28,13).

Es bedurfte nicht erst der feministischen Theologie[505] unserer Zeit, um zu erkennen, daß die einzelnen Züge des Gottesbildes wesentlich davon bestimmt werden, ob sie in einer vaterrechtlichen oder in einer mutterrechtlichen Kultur entstanden sind. Daß ein männlich geprägtes Gottesbild auf eine männlich geprägte Theologie und diese wiederum auf eine von Männern geprägte Gesellschaft zurückzuführen ist, kann nach dem heutigen Erkenntnisstand der geistigen Strukturen unseres Denkens nicht mehr bezweifelt werden. In Kulturen, die der Frau eine bevorzugte Stellung einräumen, ist in der Regel auch das Gottesbild weiblich determiniert, steht an der Stelle des Vatergottes die »Große Mutter«, aus deren Schoß alle Dinge und Wesen hervorgegangen sind.

Wieder einmal zeigt sich, daß die Interpretation des Gottesbildes nicht problemlos ist, da die Entstehung von Begriff und Bild auf verschiedene Faktoren, nicht zuletzt gesellschaftlicher und kulturgeschichtlicher Art, zurückgeführt werden muß. Dazu kommen vielfältige Überschneidungen, so wenn der Vatergott auch feminine, mütterliche Züge aufweist. Selbst das biblische Gottesbild ist hiervon nicht frei[506]. Das Wesen der Gottheit umfaßt in seiner Fülle Väterliches und Mütterliches, Zeugung und Geburt. Im 5. Buch Moses (32,18) wird vom Fels gesprochen, der uns (»dich«) gezeugt, von Gott, der uns (»dich«) geboren hat. Man könnte dies als bisexuelle Gottesvorstellung auslegen, als Ausdruck eines komplementären Dualismus, in dem Vater und Mutter in einer übergeordneten Elterngottheit und damit in einer personalen Einheit zusammenfallen.

Diese Gottesvorstellung ist bei nicht wenigen Völkern exakt nachzuweisen. Als Beispiel diene der altmexikanische Hochgott, einer seiner Namen lautete Ipalnemoa, das bedeutet »Durch den man lebt«. In einem Hymnus heißt es von ihm: »Im Himmel lebst du, die Erde ruht in deinen Händen«. Bei ihm wird deutlich, daß Gott über den dualen Seinsprinzipien steht. Dieser im obersten Himmel wohnende Hochgott ist der »allgegenwärtige Herr« des Universums. Als Urheber der Zeugung und der Geburt zeigt er sich den Menschen unter doppeltem Aspekt: als »Unser Vater« (Tota) und »Unsere Mutter« (Tonan) oder als Himmelsvater und Erdmutter. Die beiden personifizierten Aspekte der in Wahrheit einzigen Gottheit tragen die treffenden Namen Ometecutli (»Herr der Zweiheit«) und Omecihuatl (»Frau der Zweiheit«)[507].

Bei den alten Ägyptern galt die Urgottheit – wie Amun oder Ptah – als Vater und Mutter. Und in einem der jüngsten religiösen Texte aus dem Nilland wird der Schöpfergott Chnum gepriesen als »Vater der Väter, Mutter der Mütter, der die Wesen von oben machte und die Wesen von unten erschuf«. Die Androgynität ist ein Sinnbild für die Absolutheit des Schöpfers, der zur Erschaffung der Welt und der Lebewesen an kein Geschlecht gebunden ist und keines Partners bedarf. Andererseits gibt es in der ägyptischen Religion aber auch weibliche Ur- und Schöpfergottheiten; Amaunet, das Pendant zu Amun, bezeichnet sich selbst als »Mutter, die Vater war«. In die Rolle der Urgöttin schlüpfte auch die in Theben verehrte Mut; »sie gebar, ohne daß sie geboren wurde«; als maskulines Komplement findet sich manchmal ihrem üblichen Erscheinungsbild als Frau noch ein Phallus beigefügt[508].

Auch in einer von Männern bestimmten Welt war es nicht ohne weiteres denkbar, daß die Gottheit als Urprinzip des Lebens nur ein rein männlicher Gott sei. So wurde im alttestamentlichen Jahwe, dem Herrn, ein weibliches Element angenommen; es ist die Gott innewohnende und aus ihm herauswirkende Weisheit (hebräisch *chokma*, griechisch *Sophia*); sie ist Teil Gottes, kann aber auch als verselbständigtes Wesen, als eine Art Hypostase, auftreten. Ernst Benz beschreibt die Sophia als »die Spiegelung aller Möglichkeiten des Seins vor ihrer begrifflichen Determinierung, vor ihrer praktischen Realisierung«; sie kann als das (weibliche) Spiegelbild des (männlichen) Gottes erscheinen, der mit ihr den Logos zeugt (so bei Bischof Theophilos von Antiochien). Der vom Neuplatonismus zum Christentum überwechselnde und dann zum patristischen Umfeld gehörende Synesios von Kyrene sagt in einer Hymne von Gott: »Du bist Vater, Du bist Mutter, Du bist männlich, aber auch weiblich«[509].

Der ursprünglichste und natürlichste Vorgang des Hervorbringens ist bei der Frau die Geburt. Die Urmutter ist das große Runde, das in seinem Gefäßcharakter alle Dinge aus sich hervorkommen läßt, so wie der männliche Tag von der weiblichen Nacht geboren wird, der Sonnengott Horus von der Himmelsgöttin Hathor und in der griechischen Mythologie der Himmelsvater Uranos von der Erdgöttin Gaia. Wenn der Mann etwas Neues erschaffen will, muß er mit seinen Händen das ausführen, was sein Geist erdacht hat. Etymologisch kommt das Wort »Schöpfung« von »schaffen« (lateinisch *scabo*, »kratze«, »schabe«). Die Schöpfung ist ein durch die Hand entstandenes Werk, der Schöpfer ein Handwerker. So heißt es in den Psalmen (102,26) von Jahwe: »Die Himmel sind deiner Hände Gebilde«. Eine verbreitete Vorstellung ist die des Töpfers, der aus Lehm, Ton oder Staub die Erde oder den Menschen bildet. Zu beachten ist dabei, daß der männliche Gott sich des weiblich gedachten Elementes bedient.

Das Bild von Gott als Töpfer setzt kulturgeschichtlich die Erfindung der Töpferei voraus. Am Anfang wurden die tönernen Gefäße von Frauen in »Hausarbeit« hergestellt. In diese Entwicklungsstufe reichen die verhältnismäßig spärlichen Überlieferungen zurück, in denen Göttinnen als Töpfer auftreten. In den frühen Hochkulturen wurden die töpfernden Frauen von den Männern als berufsmäßigen Spezialisten im Gebrauch der Töpferscheibe abgelöst. Der Übergang läßt sich deutlich in altmesopotamischen Mythen aufzeigen, nach denen die Magna Mater (unter wechselnden Namen wie Mami, Nammu, Ninhursanga) maßgeblich bei der Erschaffung des Menschen aus Lehm, manchmal mit dem Blut eines getöteten Gottes gemischt, beteiligt ist, der Auftrag dazu aber von einem männlichen Gott (Enki, Ea) erteilt wird, der auch die handwerkliche Verfahrensweise bekanntgibt. In seiner Eigenschaft als Schöpfer wird der sumerische Enki als »Töpfer« und als »Herr der Töpfer« angesprochen. An anderer Stelle ist es der sumerische Hauptgott Enlil, der den ersten Menschen in die Ziegelform legte[510].

Der männliche Beruf des Töpfers trug wesentlich zur Vorstellung eines männlichen Schöpfergottes bei, der den Menschen mit eigener Hand oder mit Hilfe der Töpferscheibe aus einem weiblich gedachten Rohstoff erschuf. In China wurde die mechanisch schaffende Tätigkeit des väterlichen Himmels mit der des Töpfers verglichen, ja der (runde) Himmel selbst galt als kosmische Töpfer- oder Drehscheibe. In der altägyptischen Überlieferung erscheint der »von selbst entstandene« Urgott Ptah als »Bildner der Erde«; die Töpferscheibe ist sein Handwerkszeug, mit dessen Hilfe er das Ei formt, aus dem der Sonnengott hervorgeht. Ein anderer ägyptischer Gott, Chnum, formt auf der Töpfer-

scheibe den Leib des Menschen, der anschließend in den Schoß der Mutter eingeht, um dann aus diesem geboren zu werden; bildliche Darstellungen zeigen auf der Töpferscheibe neben dem Kind dessen Ka, d.i. eine Art Lebenskraft. Bekannt ist die Erschaffung Adams nach biblischem Bericht: »Und Gott der Herr machte den Menschen aus einem Erdenkloß und blies ihm den lebendigen Odem in seine Nase« (1. Moses 2,7). Diese Vorstellung findet sich auch im Koran: Allah hat den ersten Menschen aus Lehm gebildet, geformt und ihn in eine Gestalt gefügt, die ihm gefiel (Sure 82,7-9).

Entscheidend ist die Belebung durch den Geist Gottes, durch den Odem oder einfach durch das Wort. Die Schöpferorgane des bereits als Töpfer genannten Ptah sind Herz und Zunge, d.h. er denkt sich zuerst das zu Erschaffende aus und ruft es dann durch die Macht seines Wortes ins Leben. Auch im Glauben anderer Völker bedient sich der Schöpfer des machtgeladenen Wortes, um die Schöpfung hervorzubringen. Erinnert sei an den indischen Prajapati, der durch das weiblich gedachte Wort (Vac) alles Existierende ins Dasein rief. Der Hochgott der Quiché-Indianer, Huracan, erschuf das Land, indem er das Wort »Erde« ausrief. Noch vergeistigter erscheint der Schöpfungsvorgang nach einer Überlieferung der zentralkalifornischen Wiyote; danach hat Gudatrigakwitl alle Dinge gemacht, indem er seine Hände zusammenlegte und sie dann wieder ausbreitete – und dabei wünschte er, was entstehen soll[511].

Bei einem Großteil der Völker, Kulturen und Religionen wird das Männliche, Väterliche mit dem Aktiven und Schöpferischen verbunden, mit der rechten Seite und dem aufwärts Strebenden, mit Feuer, Blitz, Licht, Sonne und Himmel. Dementsprechend kreisen die Vorstellungen von einer übermenschlichen Macht um die Begriffe Vatergott, Schöpfergott, Himmelsgott[512]. Während die Erde plastisch und bildhaft erfahren wird, steht der Mensch mit ihr ja in engem Kontakt, entzieht sich der Himmel einem wirklichen Be-greifen, er bleibt transzendent. Im Gegensatz zur materiellen Erde wird er als etwas Nichtstoffliches, Geistiges erfaßt, das an kein Raum- Zeit-Kontinuum gebunden ist. Wie der Vater für seine Familie denkt und handelt, so erschafft und lenkt der Geist des himmlischen Vaters die Welt. Da die Gottheit alles Irdische übersteigt und damit unsichtbar ist, so kann sie auch nicht dargestellt werden. Die Verehrung lichter und allgegenwärtiger Wesen benötigt keiner Bilder. Wo ein Kult des Vatergottes dominant ist, gibt es in der Frühzeit keine bildhaften Darstellungen von ihm, man denke an das diesbezügliche Bilderverbot in der Bibel. Die alten Indogermanen kannten zunächst keine Götterbilder, wie dies der römische Geschichtsschreiber Tacitus von den Südgermanen bezeugt; als Begründung gibt er an, daß eine Darstellung in menschlicher Form nicht der Größe der Himmlischen entsprechen würde.

Während der Vatergott schon von Natur aus zur Vergeistigung neigt, sind Muttergottheiten entsprechend ihres chthonischen Charakters bereits in prähistorischer Zeit in »irdischen« Bildern vergegenwärtigt worden. Die ersten Darstellungen göttlicher Wesen (soweit man von solchen überhaupt sprechen kann) zeigen betont weibliche Formen; es sind die aus dem Aurignacien (etwa vor 30000 bis 20000 Jahren) stammenden sogenannten »Venusfiguren«; ihre Interpretation reicht von der Personifizierung des Fruchtbarkeitsverlangens über die Darstellung der Magna Mater als einer Erdmutter bis zum Idol eines »Ahnmütterkultes«[513]. Von einem wahrscheinlich oder auch nur möglicherweise zur gleichen Zeit verehrten Hochgott, einem Himmelsvater und Schöpfer aller Dinge kennt man bis heute kaum irgendwelche Bildwerke. Auch in den ins Neolithikum hineinreichenden Kulturen (wie Catal-Hüyük in Anatolien und Tepe Sarab in Iran, beide 7./6. Jahrtausend) sind fast alle kultischen Idole weiblichen Geschlechts; der männliche Partner wird lediglich in seiner zeugenden Funktion im Symbol des Stieres dargestellt.

Wie die Mutter in der Familie den Kindern irgendwie näher steht als der Vater, so auch die Große Mutter in ihren verschiedenen Aspekten. Die Sorgen und Nöte werden zuerst der Mutter anvertraut, bei ihr sucht das Kind wie auch der Gläubige Trost und Fürbitte beim Vater; dies war schon so in Altindien bei Prithivi (Atharvaveda 12,1) wie bei der chinesischen »Göttin der Barmherzigkeit« Kuan yin und in gewisser Hinsicht auch bei Maria, der *Mater misericordiae*, die beim himmlischen Vater für die armen Sünder bitten soll. Je bedeutsamer nun die Rolle weiblicher Gottheiten im Glauben der Völker wurde, desto größer die Tendenz, die an sich unwahrnehmbare übermenschliche Wesenheit im Bilde festzuhalten. Dieser Tendenz unterlagen dann auch die männlichen Gottheiten. So fanden erst durch Verschmelzung mit dem mutterrechtlich beeinflußten vorarischen Volksglauben die Götterbilder Eingang in den bis dahin bilderlosen Kult der vedischen Religion.

Die frühchristliche und frühmittelalterliche Kunst

kannte – unter strikter Beachtung des 2. Gebotes des Dekalogs – keine Darstellung von Gottvater. Bis ins Hochmittelalter hinein wurde in den Schöpfungsbildern der Vater nur durch Symbole (wie die rechte schöpferische Hand) oder durch die Gestalt seines eingeborenen Sohnes ersetzt, so noch bei Meister Bertram um 1380 (Grabower Altar, Hamburg Kunsthalle). Unser Bildbeispiel zeigt die auf der frühromanischen Bronzetür zu St. Michael in Hildesheim dargestellte Opferszene mit Kain und Abel; während der Ackerbauer Kain seine Ährengarbe vergeblich dem Himmelskreis entgegenhält, wendet sich Gott – im Symbol seiner Hand – huldvoll dem Hirten Abel zu. Nur skizzenhaft kann angeführt werden, daß das Aufkommen eigentlicher Gottvater-Bilder mit zwei anderen ikonographischen Wendepunkten zusammenfällt: einerseits einem Wandel der Christuserscheinung vom präexistenten Christus-Logos zum Christus-Anthropos[514], andererseits in einem neuen Verständnis von Maria. Obwohl das Neue Testament nur wenig von ihr berichtet, wurde ihr Bild von Theologie und Volksfrömmigkeit immer mehr ausgeschmückt. Dabei zeigen sich gerade in den ostmediterranen Ländern einzelne Züge, die unverkennbar an altorientalische Muttergöttinnen erinnern[515], was 431 auf dem Konzil zu Ephesos auch dogmatisch seinen Ausdruck fand, als man der Mutter Jesu die Würdebezeichnung Theotokos (»Gottesgebärerin«) zuerkannte.

Die Anerkennung Marias als Gottesmutter beinhaltet natürlich auch das – im wahrsten Sinne des Wortes metaphysische – Zusammenspiel mit Gottvater. Die Korrespondenz von himmlischem und irdischem Geschehen wird durch die vom Vater ausgehenden Lichtstrahlen angedeutet, diese tref-

fen das Haupt Marias oder zielen auf ihr Ohr – entsprechend dem Verkündigungsthema eine *conceptio per aurem*, eine Empfängnis durch das gehörte Wort. Das von Gott ausgehende Wirkprinzip des Heiligen Geistes wird ab dem 13. Jahrhundert meistens durch eine Taube dargestellt[516]. An Stelle der in der Romanik thronenden Maria tritt nun die Himmelskönigin, die *Regina Coeli*. Und schließlich wird Maria mit der Gestalt der göttlichen Weisheit, mit der in Gott ruhenden und aus ihm herauswirkenden Sophia, identifiziert; ikonographischer Niederschlag ist ab dem 13. Jahrhundert Maria als Inhaberin des salomonischen Thrones. Es mag in manchen Ohren erschreckend hart klingen, wenn man in einem Werk des Religionshistorikers Mircea Eliade den Hinweis auf die »fortschreitende Vergöttlichung der Jungfrau« findet; doch darf man nicht übersehen, daß im Überschwang der Volksfrömmigkeit Maria nicht nur wie eine Göttin verehrt, sondern verschiedentlich sogar als solche bezeichnet wurde, so z.B. von der Mystikerin Mechthild von Magdeburg[517]. Und gerade in diese Zeit, in der Maria eine so wichtige Rolle im christlichen Glaubensleben einnimmt, eine Zeit, in der übrigens auch die *frouwe*, die adelige Herrin, größtes Ansehen genoß und von den Minnesängern gepriesen wurde, fallen nun die ersten künstlerischen Darstellungen Gottvaters als Greis mit langem weißem Bart. Maria ist der irdische, »unbefleckte Schoß«, in den der Geist Gottvaters eingeht und aus dem der Logos geboren wird.

Hier treffen wir wieder auf das geheimnisvolle Zusammenwirken von Oben und Unten, von Himmel und Erde, von Geist und Materie, wie es schon in der biblischen Schöpfungsgeschichte zu finden ist, als Gottes Geist über den Wassern schwebte. Die Erde, das Wasser, die Natur, die ganze Schöpfung sind Gott gegenüber weiblich, empfangend. Und wie die biblische Urmutter aus dem ursprünglich androgyn zu denkenden Adam hervorkommt, so ist alles kreatürliche Sein aus der Machtfülle Gottes hervorgegangen. Die Erschaffung der Welt aus dem Nichts, die *creatio ex nihilo*, ist das Hervortreten des Sichtbaren aus dem Unsichtbaren, des Irdischen aus dem Überirdischen. Dabei entzieht sich das Ewige dem Blick der Sterblichen. »Niemand kann Gott sehen und am Leben bleiben« (2. Moses 33,20). Und trotzdem kann der Mensch sein Ich im göttlichen Du aufleuchten sehen, sich als Bild des höchsten Bildners erahnen. Wie sagte doch Rainer Maria Rilke in seinem »Stundenbuch« über die Begegnung mit Gott?

Wer dich zum erstenmal gewahrt,
den stört der Nachbar und die Uhr,
der geht gebeugt zu deiner Spur,
und wie beladen und bejahrt.
Erst später naht er der Natur
und fühlt die Winde und die Fernen,
hört dich, geflüstert von der Flur,
sieht dich,
gesungen von den Sternen,
und kann dich nirgends verlernen,
und alles ist dein Mantel nur.

Gott ist groß und unbekannt! Wir vermögen seine Macht und Herrlichkeit nicht mit unseren Sinnesorganen wahrzunehmen und nicht mit dem Verstand zu begreifen. Aber wenn unsere Sinne offen sind für den »farbigen Abglanz« des Lebens und für die Wunder der Natur, wenn wir einsichtig werden für die Hintergründigkeit unseres Daseins, dann können wir Gottes Gewand, seine ins Irdische hineinwirkende Allgegenwart erkennen. Und indem Stein und Stern, Adler und Schlange, Brot und Wein auf ihren Schöpfer zurückweisen und ihn offenbaren, kann ein jedes von ihnen zum *sym-bolon* werden, zum »Zusammenschlag« von dieser kleinen, begrenzten Welt und jener größeren, allumfassenden Welt, von Zeit und Ewigkeit.

Anmerkungen

1. Zu den folgenden Ausführungen vgl. M. Lurker: Symbole als Brücken zum Unerforschlichen (Welträtsel. Ansichten vom Wunderbaren, hrsg. von G.-Kl. Kaltenbrunner, S. 95-121). Freiburg 1988.
2. Dazu besonders H.P. Duerr (Hrsg.): Der Wissenschaftler und das Irrationale. 2 Bände. Frankfurt a.M. 1981.
3. E. Dacqué: Die Urgestalt. Der Schöpfungsmythus neu erzählt. Leipzig 1943, S. 5.
4. G. Siewerth: Wort und Bild. Eine ontologische Interpretation. Düsseldorf 1952, S. 47.
5. Fr. Moschner: Bild und Ewigkeit. Freiburg 1955, S. 5.
6. H. Rombach: Welt und Gegenwelt. Umdenken über die Wirklichkeit. Die philosophische Hermetik. Basel 1983, S. 172.
7. G. Kranz: Ernst Jüngers symbolische Weltschau. Düsseldorf 1968, S. 27.
8. Zur Transparenz aus christlicher Sicht vgl. Ph. Rech: Inbild des Kosmos. Eine Symbolik der Schöpfung. Salzburg 1966, Bd. 1, S. 65 f.
9. J. Chr. Bürgel: Die Bedeutung der Symbolik im Islam (Beiträge zu Symbol, Symbolbegriff und Symbolforschung, hrsg. von M. Lurker, S. 29 f.). Baden-Baden 1982.
10. J. Huizinga: Herbst des Mittelalters. Studien über Lebens- und Geistesformen des 14. und 15. Jahrhunderts in Frankreich und in den Niederlanden. 8. Aufl. Stuttgart 1961, S. 291; zu den Symbolvorstellungen des Mittelalters vgl. auch A.J. Gurjewitsch: Das Weltbild des mittelalterlichen Menschen. München 1980 (Register: Symbolismus, Symbole).
11. D. und B. Tedlock (Hrsg.): Über den Rand des tiefen Canyon. Lehren indianischer Schamanen. Düsseldorf, Köln 1975, S. 21.
12. H. Rombach: Leben des Geistes. Ein Buch der Bilder zur Fundamentalgeschichte der Menschheit. Freiburg, Basel, Wien 1977, S. 84 ff.
13. W.F. Otto: Die Gestalt und das Sein. Gesammelte Abhandlungen über den Mythos und seine Bedeutung für die Menschheit. Darmstadt 1955, S. 19.
14. Vgl. Chr. Wilhelmi: Handbuch der Symbole in der bildenden Kunst des 20. Jahrhunderts. Berlin 1980, S. 59.
15. A. Halder: Kunst und Religion (Christlicher Glaube in moderner Gesellschaft. Hrsg. von Fr. Böckle u.a., Teilband 2, S. 55). 2. Aufl. Freiburg 1981.
16. Hauptwerk von E. Cassirer: Philosophie der symbolischen Formen. 3 Bände. Berlin 1925.
17. Fr. Vonessen: Der Symbolbegriff im griechischen Denken (Beiträge zu Symbol, Symbolbegriff und Symbolforschung, hrsg. von M. Lurker, S. 5). Baden-Baden 1982.
18. Dazu ausführlich M. Lurker: Zur symbolwissenschaftlichen Terminologie in den anthropologischen Disziplinen (Beiträge zu Symbol, Symbolbegriff und Symbolforschung, hrsg. von M. Lurker, S. 95-108). Baden-Baden 1982; zu Zeichen und Symbol vgl. auch J. Gaus: Wege, Methoden und Probleme der Symbolforschung – ein Diskussionspapier (Symbolon. Jahrbuch für Symbolforschung N.F. 8/1986, S. 9-34).
19. J. Amstutz: Was ist ein Symbol? (Symbolforschung. Akten des 1. Symposiums der Gesellschaft für Symbolforschung, S. 23 f.). Bern 1984.
20. H. Kessler: Das offenbare Geheimnis. Das Symbol als Wegweiser in das Unerforschliche. Freiburg i.Br. 1977, S. 63 ff., 77 ff.
21. M. Vereno: Der ontologische und der gnoseologische Aspekt religiöser Symbole (Akten des XIV. Internationalen Kongresses für Philosophie, S. 354). Wien 1968.
22. G. Mensching: Analyse des Symbolbegriffs (Typos und Topos. Hrsg. von H.-J. Klimkeit, S. 197 f.). Bonn 1971.
23. R. Volp: Das Kunstwerk als Symbol. Ein theologischer Beitrag zur Interpretation der bildenden Kunst. Gütersloh 1966, S. 11.
24. Symbole und Signale. Frühe Dokumente der literarischen Avantgarde. Hrsg. von Wolfgang Kraus. Bremen 1961, S. 67.
25. C. Schneider: Symbole der Mysterien-Religionen als

26 Ausdruck echter Polarität (Ursprung und Gegenwart des integralen Bewußtseins = Abhandlungen der Humboldt-Gesellschaft, 4, S. 37). Mannheim 1976.
26 Fr. Seifert/R. Seifert-Helwig: Bilder und Urbilder. Erscheinungsformen des Archetypus. Basel 1965, S. 29.
27 M. Eliade: Ewige Bilder und Sinnbilder. Olten 1952.
28 D.-I. Lauf: Symbole. Verschiedenheit und Einheit in östlicher und westlicher Kultur. Frankfurt a. M. 1976, S. 35.
29 G.H. Schwabe: Ehrfurcht als Lebensbedingung (Heilkraft des Heiligen, von J. Sudbrack u.a., S. 169). Freiburg i.Br. 1975.
30 Vgl. H. Kirchhoff (Hrsg.): Ursymbole und ihre Bedeutung für die religiöse Erziehung. München 1982.
31 O.Fr. Bollnow: Die Welt der Symbole (Leben und Tod in den Religionen. Symbol und Wirklichkeit. Hrsg. von G. Stephenson, S. 9). Darmstadt 1980.
32 I.A. Caruso: Das Symbol in der Tiefenpsychologie (Studium Generale 6/1953, S. 297).
33 J. Maringer: Vorgeschichtliche Religion. Einsiedeln 1952, S. 63.
34 M.E.P. König: Am Anfang der Kultur. Die Zeichensprache des frühen Menschen. Berlin 1973, S. 32 ff., 38.
35 S. Giedion: Die Entstehung der Kunst. Köln 1964, S. 108 ff.
36 H. Biedermann: Lexikon der Felsbildkunst. Graz 1976, S. 107; J. Maringer: Vorgeschichtliche Religion. Einsiedeln 1952, S. 291 f.
37 M. Eliade: Geschichte der religiösen Ideen. Bd. I. Freiburg, Basel, Wien 1978, S. 22; vgl. auch E.O. James: Religionen der Vorzeit. Köln 1960, S. 27 f.
38 S. Giedion: Die Entstehung der Kunst. Köln 1964, S. 130-140; H. Kühn: Das Symbol in der Vorzeit Europas (Symbolon. Jahrbuch für Symbolforschung 2/1961, S. 167).
39 Vgl. dazu H. Biedermann: Lexikon der Felsbildkunst. Graz 1976, S. 52-57.
40 M. Raphael: Wiedergeburtsmagie in der Altsteinzeit. Zur Geschichte der Religion und religiöser Symbole. Frankfurt a.M. 1978, S. 55 f.; J. Maringer: Vorgeschichtliche Religion. Einsiedeln 1956, S. 128 ff.
41 H. Biedermann: Der Mensch mit dem Vogelkopf – zur Problematik der Interpretation vorgeschichtlicher Kunst (Almogaren. Jahrbuch des Institutum Canarium VIII/1977, S. 117 f.).
42 S. Giedion: Die Entstehung der Kunst. Köln 1964, S. 384 f.
43 A.P. Okladnikow: Der Hirsch mit dem goldenen Geweih. Vorgeschichtliche Felsbilder Sibiriens. Wiesbaden 1972, S. 27.
44 K.J. Narr: Zum Sinngehalt der altsteinzeitlichen Höhlenbilder (Symbolon. Jahrbuch für Symbolforschung N.F. 2/1974, S. 116, 118); man vgl. von K.J. Narr auch die Artikel: Altsteinzeit, Animalismus, Fels- und Höhlenbilder (Wörterbuch der Symbolik, hrsg. von M. Lurker). 4. Aufl. Stuttgart 1988.
45 A. Lommel: Vorgeschichte und Naturvölker (Schätze der Weltkunst 1). Gütersloh 1967, S. 41; J. Maringer: Vorgeschichtliche Religion. Einsiedeln 1952, S. 183, 229.
46 H. Kühn: Das Symbol in der Vorzeit Europas (Symbolon. Jahrbuch für Symbolforschung 2/1961, S. 172, 174; H. Kühn: Die Kunst Alt-Europas. Stuttgart 1954, S. 71.
47 H. Lützeler: Sinn und Formen religiöser Kunst (Saeculum. Jahrbuch für Universalgeschichte 3/1952, S. 312).
48 H. Kühn: Die Kunst Alt-Europas. Stuttgart 1954, S. 77; Vl. Milojcic: Zur Frage des Mäanders und der Spirale bei der Bandkeramik Mitteleuropas (Jahrbuch des Römisch-Germanischen Museums Mainz 11/1964, S. 57 ff.).
49 Dazu ausführlich H. Biedermann: Wellenkreise. Mysterien um Tod und Wiedergeburt in den Ritzbildern des Megalithikums. Hallein 1977.
50 H. Genge: Sinn und Bedeutung der Menhire (IPEK. Jahrbuch für prähistorische und ethnographische Kunst 22/1966-1969, S. 105-113); H. Kirchner: Die Menhire in Mitteleuropa und der Menhirgedanke (Abhandlungen der Akademie der Wissenschaften und Literatur Mainz), Wiesbaden 1955.
51 H. Jankuhn/H. Beck: Axtkult (Reallexikon der Germanischen Altertumskunde. Bd. 1). Neuauflage Berlin 1973; H. Kühn: Die Felsbilder Europas. Stuttgart 1952, S. 169.
52 H. Kern: Labyrinthe. Erscheinungsformen und Deutungen. 5000 Jahre Gegenwart eines Urbildes. München 1982, S. 87; vgl. auch P. Santarcangeli: Labyrinth, Tanz, Spiel (Antaios IX/1968, S. 500-512).
53 J. Maringer: Vorgeschichtliche Religion. Einsiedeln 1952, S. 248.
54 G. Kossack: Studien zum Symbolgut der Urnenfelder- und Hallstattzeit Mitteleuropas. Berlin 1954, S. 12, 26.
55 J.H. Phillips: Psychoanalyse und Symbolik. Bern, Stuttgart 1962, S. 26 ff.
56 Fr. Riklin: Wunscherfüllung und Symbolik im Märchen (Märchenforschung und Tiefenpsychologie, hrsg. von W. Laiblin, S. 39, 40). Darmstadt 1969.
57 E. Fromm: Märchen, Mythen, Träume. Eine Einführung in das Verständnis einer vergessenen Sprache. Stuttgart 1980, S. 16, 18.
58 J. Jacobi: Komplex, Archetypus, Symbol in der Psychologie C.G. Jungs. Mit einem Vorwort von C.G. Jung. Zürich, Stuttgart 1957, S. 87; vgl. auch M.-L. von Franz die Artikel Anima, Archetyp, Jung (Wörterbuch der Symbolik, hrsg. von M. Lurker), 4. Aufl. Stuttgart 1988.
59 E. Neumann: Herrschafts- und Sexualsymbolik. Grundlagen einer alternativen Symbolforschung. Stuttgart 1980, S. 72 f., 78; W. Schmidbauer: Mythos und

Psychologie. Methodische Probleme. München, Basel 1970, S. 74, 92; von theologischer Seite vgl. neuerdings G. Baudler: Zum Ursprung der religiösen Symbolik: »Archetypen der Seele« (C.G. Jung) oder wahrgenommene Wirklichkeit (Mnemosyne. Festschrift für M. Lurker, hrsg. von H. Jung und W. Bies, S. 71-91), Baden-Baden 1988.

60 K.H. Volkmann-Schluck: Ist der Mythos ein Symbol? (Symbolon N.F. 1/1972, S. 101, 104, 110).

61 J.J. Bachofen: Mutterrecht und Urreligion. Eine Auswahl. Hrsg. von R. Marx. Stuttgart 1954, S. 50-53.

62 G. Dietz: Platons Symposion, Symbolbezüge und Symbolverständnis (Symbolon N.F. 4/1978, S. 58 f.); zu Platon vgl. auch J. Pieper: Über die platonischen Mythen. München 1965.

63 Fr. Vonessen: Mythos und Wahrheit. Bultmanns »Entmythologisierung« und die Philosophie der Mythologie. 2. Aufl. Frankfurt a.M. 1972, S. 67, 83.

64 W. Müller: Der Mythos heute und die Wissenschaft von gestern (Mythische Entwürfe, hrsg. von Ph. Wolff-Windegg, S. 66, 68). Stuttgart 1975.

65 Fr. Seifert/R. Seifert-Helwig: Bilder und Urbilder. Erscheinungsformen des Archetypus. München, Basel 1965, S. 49 f.

66 M. Eliade: Ewige Bilder und Sinnbilder. Vom unvergänglichen menschlichen Seelenraum. Olten, Freiburg i.Br. 1958, S. 22 f.; weiter von M. Eliade: Der Mythos der ewigen Wiederkehr. Düsseldorf 1953.

67 H. Ringgren: Die Religionen des Alten Orients. Göttingen 1979, S. 145 ff.; der babylonische Schöpfungsmythos siehe bei P. Garelli/M. Leibovici: Akkadische Schöpfungsmythen (Die Schöpfungsmythen. Quellen des alten Orients, S. 121-130). Einsiedeln 1964.

68 O. Huth: Märchen und Megalithreligion (Paideuma 5/1950-1954, S. 12-22); weiter von O. Huth: Das Sonnen-, Mond- und Sternenkleid (Märchenforschung und Tiefenpsychologie, hrsg. von W. Laiblin, S. 151-160). Darmstadt 1969.

69 J. Obenauer: Das Märchen. Dichtung und Deutung. Frankfurt a.M. 1959, S. 12, 21 f.

70 E. Drewermann: Das Mädchen ohne Hände. Grimms Märchen tiefenpsychologisch gedeutet. Olten, Freiburg i.Br. 1981, S. 5; vgl. auch von E. Drewermann: Tiefenpsychologie und Exegese. Bd. 1: Die Wahrheit der Formen Traum, Mythos, Märchen, Sage und Legende. Olten 1984.

71 H. von Beit: Gegensatz und Erneuerung. 2. Band von Symbolik des Märchens. Bern 1956, S. 542 f.; J. Jacobi: Komplex, Archetypus, Symbol in der Psychologie C.G. Jungs. Zürich, Stuttgart 1957, S. 116.

72 M. Lüthi: Rumpelstilzchen (Antaios XII/1971, S. 419-436); vgl. auch L. Röhrich: Rumpelstilzchen. Vom Methodenpluralismus in der Erzählforschung (Festschrift für R. Wildhaber, S. 567-596), Basel 1973.

73 Fr. Lenz: Bildsprache der Märchen. Stuttgart 1971, S. 48-54; A. Gutter: Märchen und Märe. Psychologische Deutung und pädagogische Wertung. Solothurn 1968, S. 66-70; vgl. auch E. Fromm: Märchen, Mythen, Träume. Eine Einführung in das Verständnis einer vergessenen Sprache. Stuttgart 1980, S. 178-181.

74 R. Beitl: Der Kinderbaum. Brauchtum und Glauben um Mutter und Kind. Berlin 1942, S. 41 f.

75 A. Nitschke: Symbolforschung und Märchenforschung (Beiträge zu Symbol, Symbolbegriff und Symbolforschung, hrsg. von M. Lurker, S. 128, 130).

76 O. Betz (Hrsg.): Tausend Tore in die Welt. Märchen als Weggeleit. Freiburg i.Br. 1985, S. 23.

77 M. Kiessig: Dichter erzählen ihre Träume. Düsseldorf, Köln 1964, S. 277, 280.

78 Fr. Seifert: Tiefenpsychologie. Die Entwicklung der Lehre des Unbewußten. Düsseldorf, Köln 1955, S. 253; zu C.G. Jung vgl. Von Traum und Selbsterkenntnis. Ausgewählt von Fr. Alt. Olten, Freiburg i.Br. 1986.

79 H. Hark: Traumbild Baum. Vom Wurzelgrund der Seele. Olten, Freiburg i.Br. 1986, S. 16 ff.; von H. Hark auch: Der Traum als Gottes vergessene Sprache. Symbolpsychologische Deutung biblischer und heutiger Träume. Olten, Freiburg i.Br. 1982.

80 G. Rieß: Traumbild Feuer. Von der elementaren Wandlungskraft. Olten, Freiburg i.Br. 1986, S. 22.

81 J. Hillman: Am Anfang war das Bild. Unsere Träume – Brücke der Seele zu den Mythen. München 1979, S. 9, 34, 47.

82 Fr. Weinreb: Traumleben. Überlieferte Traumdeutung. Bd. 1. München 1979, S. 25 ff.

83 M. Eliade: Betrachtungen über die religiöse Symbolik (Antaios II/1960, S. 1-12).

84 J. Goetz: Kult (Religionswissenschaftliches Wörterbuch, hrsg. von Fr. König, Sp. 478). Freiburg i.Br. 1956.

85 H. Rahner: Der spielende Mensch. Einsiedeln 1952, S. 73 f.

86 G. Widengren: Die Religionen Irans. Stuttgart 1965, S. 41, 49, 217.

87 E.L. Ehrlich: Kultsymbolik im Alten Testament und im nachbiblischen Judentum. Stuttgart 1959, S. 64 f.

88 J. Daniélou: Liturgie und Bibel. Die Symbolik der Sakramente bei den Kirchenvätern. München 1963, S. 291, 295; J.A. Jungmann/E. Sauser: Symbolik der katholischen Kirche. Stuttgart 1960, S. 12 f.

89 C. Schneider: Symbole der Mysterien-Religionen als Ausdruck echter Polarität (Ursprung und Gegenwart des integralen Bewußtseins, hrsg. von H. Kessler u.a., S. 36), Mannheim 1976.

90 M. Eliade: Geschichte der religiösen Ideen. Bd. 1: Von der Steinzeit bis zu den Mysterien von Eleusis. Freiburg i.Br. 1978, S. 268-278; C. Schneider: Mysterien. Wesen und Wirkung der Einweihung. Hamburg 1979, S. 15-22; K. Prümm: Eleusis (Religionswissenschaftliches Wörterbuch, hrsg. von Fr. König, Sp. 181-183), Freiburg i.Br. 1956.

91 H. Rahner: Griechische Mythen in christlicher Deutung. Darmstadt 1957, S. 66 f.
92 M. Eliade: Das Mysterium der Wiedergeburt. Initiationsriten, ihre kulturelle und religiöse Bedeutung. Zürich, Stuttgart 1961, S. 49 f., 62, 68, 235 f.
93 W.-E. Peuckert: Geheimkulte. Heidelberg 1951, S. 346 f.; M. Eliade: Das Mysterium der Wiedergeburt. Zürich, Stuttgart 1961, S. 68 f.
94 A.E. Jensen: Mythos und Kult bei Naturvölkern. Religionswissenschaftliche Betrachtungen. Wiesbaden 1960, S. 55, 192, 207.
95 F. Herrmann: Symbolik in den Religionen der Naturvölker. Stuttgart 1961, S. 224 – man vgl. das ganze Kapitel zum Kult im Kulturwandel S. 202-226.
96 Zum Opfer ganz allgemein Fr. Heiler: Erscheinungsformen und Wesen der Religion. Stuttgart 1961, S. 204-225.
97 J. de Vries: Altgermanische Religionsgeschichte. Berlin 1956, Bd. 1, S. 499 f.; L. Ejerfeldt: Germanische Religion (Handbuch der Religionsgeschichte, hrsg. von J.P. Asmussen und J. Laessoe, Bd. 1, S. 290 ff.) Göttingen 1971; R. Simek: Lexikon der germanischen Mythologie. Stuttgart 1984, S. 304.
98 Dazu ausführlich mit religionsgeschichtlichen Parallelen R. Kilian: Isaaks Opferung. Zur Überlieferungsgeschichte von Gen 22 (Stuttgarter Bibelstudien 44). Stuttgart 1970.
99 R. Beitl: Wörterbuch der Volkskunde. 3. Aufl. Stuttgart 1974, S. 257 f.
100 H. Bonnet: Reallexikon der ägyptischen Religionsgeschichte. Berlin 1952, S. 624 f.; D. Seckel: Buddhistische Kunst Ostasiens. Stuttgart 1957, S. 198; Chr. Rätsch: Chactun. Die Götter der Maya. Köln 1986, S. 230 f.; W. Müller: Die Religionen der Waldlandindianer Nordamerikas. Berlin 1956, S. 132.
101 Zitiert nach I. Jorissen/H.B. Meyer: Zeichen und Symbole im Gottesdienst. Innsbruck 1977, S. 132.
102 J. Duchesne-Guillemin: Symbolik des Parsismus. Stuttgart 1961, S. 63 f., 65 f.; M. Eliade: Geschichte der religiösen Ideen. Band 1: Von der Steinzeit bis zu den Mysterien von Eleusis. Freiburg i.Br. 1978, S. 291.
103 F. Herrmann Symbolik in den Religionen der Naturvölker. Stuttgart 1961, S. 71.
104 Zitiert nach D. Forstner: Die Welt der christlichen Symbole. 3. Aufl. Innsbruck 1977.
105 O. Keel: Die Welt der altorientalischen Bildsymbolik und das Alte Testament. Am Beispiel der Psalmen. Einsiedeln, Neukirchen 1972, S. 289; umfassend die Arbeit von Th. Ohm: Die Gebetsgebärden der Völker und das Christentum, Leiden 1948.
106 Gedichte des Rig-Veda. Auswahl und Übersetzung von H. Lommel. München-Planegg 1955, S. 16.
107 H. Köster: Symbolik des chinesischen Universismus. Stuttgart 1958, S. 31-35; Yüan Kuang: I Ging. Das Buch der chinesischen Weissagung. Bern, München 1975.
108 D. Seckel: Jenseits des Bildes. Anikonische Symbolik in der buddhistischen Kunst. Heidelberg 1976, S. 13 ff., 25 f.; von D. Seckel auch: Buddha, Buddhismus (Wörterbuch der Symbolik, hrsg. von M. Lurker). 4. Aufl. Stuttgart 1988; man vgl. auch G. Mensching: Buddhistische Symbolik. Gotha 1929.
109 Zitiert nach E.W. Klimowsky: Judentum, jüdische Religion (Wörterbuch der Symbolik, hrsg. von M. Lurker). 4. Aufl. Stuttgart 1988; zur Menorah vgl. E.L. Ehrlich: Kultsymbolik im Alten Testament und im nachbiblischen Judentum. Stuttgart 1959, S. 94-96.
110 H. Halbfas: Bibel und Mythos/Symbol (Handbuch der Bibelarbeit, hrsg. von W. Langer, S. 76). München 1987.
111 Man vgl. im einzelnen M. Lurker: Wörterbuch biblischer Bilder und Symbole. 3. Aufl. München 1987; D. Forstner: Die Welt der christlichen Symbole. 3. Aufl. Innsbruck 1977; J.B. Bauer: Apokalypse, Bibel, Genesis, Gleichnisse Jesu, Hoheslied (Wörterbuch der Symbolik, hrsg. von M. Lurker). 4. Aufl. Stuttgart 1988.
112 J.Chr. Bürgel: Die Bedeutung der Symbolik im Islam (Beiträge zu Symbol, Symbolbegriff und Symbolforschung, hrsg. von M. Lurker, S. 29-39). Baden-Baden 1982; R. Paret: Symbolik des Islam. Stuttgart 1958; J. Chr. Bürgel/Fr. Allemann: Symbolik des Islam. Tafelband. Stuttgart 1975.
113 H. Kessler: Das offenbare Geheimnis. Das Symbol als Wegweiser in das Unerforschliche und als angewandte Urkraft für die Lebensgestaltung. Freiburg i.Br. 1977, S. 135.
114 E. Husserl: Phantasie, Bildbewußtsein, Erinnerung. Hrsg. von E. Marbach (Husserliana. Eduard Husserl. Gesammelte Werke XXIII, S. 144). The Hague 1980.
115 E. Cassirer: Wesen und Wirkung des Symbolbegriffs. Darmstadt 1959, S. 174 f.
116 D. de Chapeauroge: Theomorphe Porträts der Neuzeit (Deutsche Vierteljahresschrift für Literaturwissenschaft und Geistesgeschichte 42/1968, S. 262-302).
117 M. Lurker: Symbol, Mythos und Legende in der Kunst. 2. Aufl. Baden-Baden 1974, S. 10 ff.
118 A. Stange: Die Welt als Gestalt. Köln 1952, S. 198.
119 G. Roth: Landschaft als Sinnbild. Der sinnbildhafte Charakter von Landschaftselementen der oberdeutschen Tafelmalerei des 15. Jahrhunderts. Wien 1979, S. 139, 177.
120 W. Speiser: Die Kunst Ostasiens. Berlin 1946, S. 223.
121 Knaurs Lexikon moderner Kunst. Hrsg. von L.-G. Buchheim. München 1955, S. 320.
122 W. Hofmann: Grundlagen der modernen Kunst. Eine Einführung in ihre symbolischen Formen. Stuttgart 1966, S. 443 f.
123 L. Venturi: Chagall. Genève 1956, S. 104; der Ausspruch Chagalls bei Chr. Wilhelmi: Handbuch der Symbole in der bildenden Kunst des 20. Jahrhunderts. Berlin 1980, S. 49; vgl. weiter H. Demisch: Mythische

124 I. Riedel: Bilder in Therapie, Kunst und Religion. Wege zur Interpretation. Stuttgart 1988, S. 42; J. Jacobi: Vom Bilderreich der Seele. Wege und Umwege zu sich selbst. Olten, Freiburg i.Br. 1969, S. 62.

125 M. Lurker: Die Symbolbedeutung von Rechts und Links in der christlichen Kunst (Symbolon N.F. 5/1980, S. 102).

126 E.Th. Reimbold: Pia Desideria. Gottselige Begierden. Nach Hermann Hugos Werk von 1624. Olten, Freiburg i.Br. 1980. Standardwerk zur Emblematik insgesamt von A. Henkel/A. Schöne (Hrsg.): Emblemata. Handbuch zur Sinnbildkunst des XVI. und XVII. Jahrhunderts. Stuttgart 1967, Supplementum 1975.

127 Vgl. H. Rosenfeld: Namen (Wörterbuch der Symbolik, hrsg. von M. Lurker). 4. Aufl. Stuttgart 1988.

128 M. Hirschle: Sprachphilosophie und Namenmagie im Neuplatonismus (Beiträge zur klassischen Philologie 96). Meisenheim 1979.

129 A. Ignatow: Die Bedeutung des Symbols für die moderne Philosophie (Beiträge zu Symbol, Symbolbegriff und Symbolforschung, hrsg. von M. Lurker, S. 51). Baden-Baden 1982.

130 Fr. Vonessen: Zur Metaphorik des Reims (Sprachen der Lyrik. Festschrift für Hugo Friedrich zum 70. Geburtstag. Hrsg. von E. Köhler, S. 886-910). Frankfurt a.M. 1975.

131 G. Kranz: Ernst Jüngers symbolische Weltschau. Düsseldorf 1968, S. 51 ff.

132 M. Jurgensen: Symbol als Idee. Studien zu Goethes Ästhetik. Bern 1968, S. 110; vgl. auch A. Jaszi: Entzweiung und Vereinigung. Goethes symbolische Weltschau, Heidelberg 1973.

133 K. Raine: Das Symbol in der Dichtung (Antaios V/1964, S. 479).

134 J. Kleinstück: Mythos und Symbol in englischer Dichtung. Stuttgart 1964, S. 14 f.; ähnlich E. Frenzel: Stoff-, Motiv- und Symbolforschung, Stuttgart 1963, S. 35 f.

135 Zitiert nach S.K. Langer: Philosophie auf neuem Wege. Das Symbol im Denken, im Ritus und in der Kunst. Berlin 1965, S. 219.

136 Dazu W. Laade: Musik der Götter, Geister und Menschen. Die Musik in der mythischen, fabulierenden und historischen Überlieferung der Völker Afrikas, Nordasiens, Amerikas und Ozeaniens. Baden-Baden 1975, u.a. S. 48 f.; vgl. auch W. Danckert: Mythen vom Ursprung der Musik (Antaios VII/1966, S. 365-379).

137 M. Schlesinger: Symbolik in der Tonkunst. Nachdruck Hildesheim 1967, S. 32 f.

138 E. Benz: Die himmlische Musik (Antios XI/1970, S. 241); vgl. vor allem R. Hammerstein: Die Musik der Engel. Untersuchungen zur Musikanschauung des Mittelalters. München 1962.

139 W. Roscher: Musica Perennis und ästhetische Säkularisation (Antaios IX/1968, S. 186).

140 H. Jung: Der Symbolbegriff in der Musikwissenschaft (Beiträge zu Symbol, Symbolbegriff und Symbolforschung, hrsg. von M. Lurker, S. 73-82), Baden-Baden 1982; von H. Jung auch die Artikel: Kultmusik, Mittelalterliche Musik, Musik, Musikwissenschaft (Wörterbuch der Symbolik, hrsg. von M. Lurker). 4. Aufl. Stuttgart 1988.

141 Vgl. A. Schering: Das Symbol in der Musik. Mit einem Nachwort von W. Gurlitt. Leipzig 1941, S. 138.

142 H. Jung: Symbol und Symbolverständnis in der Musik des Barock (Symbolon N.F. 7/1985, S. 67-90); weiter von H. Jung die Artikel: Bach, Barockmusik, Schütz (Wörterbuch der Symbolik, hrsg. von M. Lurker). 4. Aufl. Baden-Baden 1988.

143 G. van der Leeuw: Vom Heiligen in der Kunst. Gütersloh 1957, S. 262 f.

144 Zur sachlichen Einführung vgl. C. Dahlhaus: Richard Wagners Musikdramen. 2. Aufl. Zürich 1985; weiter R. Donington: Richard Wagners »Ring der Nibelungen« und seine Symbolik. Stuttgart 1976.

145 E.Th. Reimbold: Die Nacht im Mythos, Kultus und Volksglauben. Köln 1970, S. 17 ff.; von E.Th. Reimbold auch: Die bipolare und ambivalente Symbolik der Nacht und Dunkelheit (Mnemosyne. Festschrift für M. Lurker, hrsg. von W. Bies und H. Jung, S. 35-44). Baden-Baden 1988.

146 S. Morenz: Ägyptische Religion. Stuttgart 1960, S. 185; vgl. auch V. Notter: Biblischer Schöpfungsbericht und ägyptische Schöpfungsmythen. Stuttgart 1974, S. 72 ff.

147 H. Nevermann: Götter der Südsee. Die Religion der Polynesier. Stuttgart 1947, S. 80 ff.

148 W. Staudacher: Die Trennung von Himmel und Erde. Ein vorgriechischer Schöpfungsmythos bei Hesiod und den Orphikern. 2. Aufl. Darmstadt 1968, S. 21; vgl. auch V. Jons: Indische Mythologie. Wiesbaden 1967, S. 29, 32.

149 W. Kretschmer: Psychologische Weisheit der Bibel. Urbilder des Seins und Werdens im biblischen Schöpfungsbericht. München 1955, S. 31 f.

150 Ph. Rech: Inbild des Kosmos. Eine Symbolik der Schöpfung. Salzburg 1966, Bd. II, S. 180 f., 184; M. Eliade: Ewige Bilder und Sinnbilder. Olten, Freiburg i.Br. 1958, S. 166, 187.

151 J.B. Bauer: Die neutestamentlichen Apokryphen. Düsseldorf 1968; man vgl. vor allem E. Benz: Die Höhle in der alten Christenheit und in der östlich-orthodoxen Kirche (Eranos-Jahrbuch 22/1954, S. 365-432).

152 E.Th. Reimbold: Die Nacht im Mythos, Kultus und Volksglauben. Köln 1970, S. 205.

153 J. de Vries: Altgermanische Religionsgeschichte. 2. Aufl. Berlin 1956, Bd. II, S. 311.

154 K.R.H. Frick: Licht und Finsternis. Gnostisch-theoso-

155 phische und freimaurerisch-okkulte Geheimgesellschaften. Graz 1975, S. 177 f.
155 H. Hoffmann: Symbolik der tibetischen Religionen und des Schamanismus. Stuttgart 1967, S. 94 f.
156 Vgl. A. Rosenberg: Engel und Dämonen. Gestaltwandel eines Urbildes. 2. Aufl. München 1986, S. 147 ff.
157 Weitere Beispiele bei A.M. Gierlich: Der Lichtgedanke in den Psalmen, Freiburg i.Br. 1940.
158 Gr. Lüers: Die Sprache der deutschen Mystik des Mittelalters im Werke der Mechthild von Magdeburg. Nachdruck Darmstadt 1966, S. 216.
159 D. Seckel: Buddhistische Kunst Ostasiens. Stuttgart 1957, S. 31, 38 f.; zur Lichtnatur Buddhas vgl. Fr.J. Meier: Licht, Strahl (Die Mythologie des chinesischen Buddhismus, Wörterbuch der Mythologie, Bd. VI). Stuttgart 1988.
160 E. Diez: Iranische Kunst. Wien 1944, S. 128; C. Colpe: Hvarenah, Nimbus, Yima (Altiranische und zoroastrische Mythologie. Wörterbuch der Mythologie, Bd. IV). Stuttgart 1986.
161 Beispiele dazu bei H. Günter: Psychologie der Legende. Studien zu einer wissenschaftlichen Heiligen-Geschichte. Freiburg i.Br. 1949, S. 108 ff.
162 Ph. Rech: Inbild des Kosmos. Eine Symbolik der Schöpfung. Salzburg 1966, Bd. II, S. 74 f.
163 G. Mensching: Buddhistische Symbolik. Gotha 1929, S. 30
164. I. Foerster-Crato: Ausblicke ins Paradies. München-Planegg 1958, S. 30 f.
165 M. Eliade: Geschichte der religiösen Ideen. Quellentexte. Freiburg i.Br. 1981, S. 303 f.
166 W. Eberhard: Lexikon chinesischer Symbole. Köln 1983, S. 29, 114.
167 J. Schwabe: Archetyp und Tierkreis. Grundlinien einer kosmischen Symbolik und Mythologie. Basel 1951, S. 27.
168 W.-E. Peuckert: Astrologie. Geschichte der Geheimwissenschaften. Stuttgart 1960, S. 22.
169 J. Schwabe: Archetyp und Tierkreis. S. 299.
170 C.G. Jung: Aion. Untersuchungen zur Symbolgeschichte. Zürich 1951, S. 113, 136.
171 D. Forstner: Die Welt der christlichen Symbole. 3. Aufl. Innsbruck 1977, S. 311; über den babylonischen Ursprung, wenn auch mit anderer Zuordnung vgl. W. Beltz: Gott und die Götter. Biblische Mythologie. Düsseldorf 1977, S. 233.
172 A. Thomas: Ährenkleidmadonna (Lexikon der christlichen Ikonographie, Bd. 1, Sp. 84). Freiburg i.Br. 1968.
173 Dazu R. Hennig: Wo lag das Paradies? Rätselfragen der Kulturgeschichte und Geographie. Berlin 1950, S. 132; zur neueren kirchlichen Exegese vgl. O. Böcher: Die Johannesapokalypse (Erträge der Forschung, 41). Darmstadt 1975.
174 H. Biedermann: Astrologie (Wörterbuch der Symbolik, hrsg. von M. Lurker) 4. Aufl. Baden-Baden 1988; von H. Biedermann auch zahlreiche einschlägige Artikel in: Handlexikon der magischen Künste. 3. Aufl. in 2 Bänden Graz 1986.
175 R. Sicuteri: Astrologie und Mythos. Mythen und Symbole des Tierkreises im Spiegel der Tiefenpsychologie. Freiburg i.Br. 1983, S. 17.
176 H.A. Strauß: Psychologie und astrologische Symbolik. Zürich 1953, S. 11 f., 14 ff., 126, 135; vgl. weiter E. Barz: Götter und Planeten. Grundlagen archetypischer Astrologie. Stuttgart 1988.
177 Ph. Rech: Inbild des Kosmos. Eine Symbolik der Schöpfung. Salzburg 1966, Bd. II, S. 164.
178 J.Chr. Bürgel: Die Bedeutung der Symbolik im Islam (Beiträge zu Symbol, Symbolbegriff und Symbolforschung, hrsg. von M. Lurker, S. 33 f.); J.Chr. Bürgel/Fr. Alleman; Symbolik des Islam. Tafelband. Stuttgart 1975, S. 16 ff.
179 J. Soetendorp: Symbolik der jüdischen Religion. Gütersloh 1963, S. 127 f.
180 A. Ungnad: Die Religion der Babylonier und Assyrer. Jena 1921, S. 165.
181 E. Harding: Frauenmysterien einst und jetzt. Mit einem Geleitwort von C.G. Jung. Zürich 1949, S. 36 f., 45; M. Eliade: Die Religionen und das Heilige. Elemente der Religionsgeschichte. Salzburg 1954, S. 191.
182 K. Kerényi: Töchter der Sonne. Bemerkungen über griechische Gottheiten. Zürich 1944, S. 81; E. Herzog: Psyche und Tod. Wandlungen des Todesbildes im Mythos und in den Träumen heutiger Menschen. Zürich 1960, S. 142 f.; vgl. weiter E. Gasparini: Die singende Weberin (Antaios VIII/1967, S. 349 f.).
183 H. Rahner: Griechische Mythen in christlicher Deutung. Neuausgabe Darmstadt 1957, S. 201.
184 Ph. Rech: Inbild des Kosmos. Eine Symbolik der Schöpfung. Salzburg 1966, Bd. II, S. 146.
185 E. Harding: Frauenmysterien einst und jetzt. Geleitwort von C.G. Jung. Zürich 1949, S. 85 ff.
186 Vorchristliche Vorbilder für die Marienikonographie untersucht ausführlich A. Weis: Die Madonna Platytera. Entwurf für ein Christentum als Bildoffenbarung. Königstein i.T. 1985; vgl. auch H. und M. Schmidt: Die vergessene Bildersprache christlicher Kunst. München 1981, S. 223 ff.
187 Ph. Rech: a.a.O., Bd. II, S. 137.
188 W. Kemp: Hase (Lexikon der christlichen Ikonographie, Bd. 2, Sp. 222 f.).
189 M. Lurker: Zur Symbolbedeutung von Horn und Geweih unter besonderer Berücksichtigung der altorientalisch-mediterranen Überlieferung (Symbolon N.F. 2/1974, S. 83-104); W. Kirfel: Symbolik des Hinduismus und des Jinismus. Stuttgart 1959, S. 20.
190 R. Müller: Sonne, Mond und Sterne über dem Reich der Inka. Berlin, Heidelberg 1972, S. 8-10.
191 Vgl. zum Thema E. Staehelin: Ägyptens heilige Pillendreher. Von Skarabäen und anderen Siegelamuletten.

192 D. Forstner: Die Welt der christlichen Symbole. 3. Aufl. Innsbruck 1977, S. 395.

193 L. Röhrich: Sonnenfolklore (Die Sonne. Licht und Leben, hrsg. von J. Jobé, S. 96 f.). Freiburg i.Br. 1975.

194 H.-P. Stähli: Solare Elemente im Jahweglauben des Alten Testaments. Freiburg Schweiz, Göttingen 1985, S. 39 ff.

195 W. Kretschmer: Raumerlebnis und Raumgefühl (Antaios XII/1971, S. 542 f.).

196 M. Lurker: Der Kreis als symbolischer Ausdruck der kosmischen Harmonie (Studium Generale XIX/1966, S. 524 f.; von M. Lurker auch: Der Kreis als Symbol im Denken, Glauben und künstlerischen Gestalten der Menschheit. Tübingen 1981.

197 S. Morenz: Ägyptische Religion. Stuttgart 1960, S. 47; vgl. weiter M. Lurker: Lexikon der Götter und Symbole der alten Ägypter. Bern 1987, Artikel Zentrumssymbolik.

198 W. Müller: Die heilige Stadt. Roma quadrata, himmlisches Jerusalem und die Mythe vom Weltnabel. Stuttgart 1961, S. 26 f.

199 A. Parrot: Sumer. Die mesopotamische Kunst von den Anfängen bis zum XII. vorchristlichen Jahrhundert. München 1960, S. 44; L. Frobenius: Kulturgeschichte Afrikas. 2. Aufl. Zürich 1954, S. 167 ff.

200 T. Burckhardt: Vom Wesen heiliger Kunst in den Weltreligionen. Zürich 1955, S. 62 f.

201 H. Brunner: Die poetische Insel. Inseln und Inselvorstellungen in der deutschen Literatur. Stuttgart 1967, S. 30 f.

202 M. Lurker: Der Kreis als imago mundi. Abwandlungen des Kreismotivs in der christlichen Kunst (Das Münster XXV/1972, S. 299); zum kreisrunden Paradies siehe die Abbildungen bei J. Zahlten: Creatio mundi. Darstellungen der sechs Schöpfungstage. Stuttgart 1979, Abb. 56, 171, 193, 254, 333, 386, 390, 395.

203 J. Evola: Das Mysterium des Grals. München-Planegg 1955, S. 48 f.

204 W. Mersmann: Rosenfenster und Himmelskreise. Mittenwald 1982, S. 80 f.; zum Thema auch P. Cowen: Die Rosenfenster der gotischen Kathedralen. Freiburg i.Br. 1979.

205 Kalenderbauten. Frühe astronomische Großgeräte aus Indien, Mexiko und Peru (Ausstellungskatalog, Text von H. Kern). München 1976, S. 12 f.

206 W. Müller: Raum und Zeit in Sprachen und Kalendern Nordamerikas und Alteuropas. Der altmexikanische Kalender (Anthropos 74/1979, S. 443, 447).

207 Zur zyklischen und linearen Zeit vgl. M.-L. von Franz: Strömen und Stille. Frankfurt a.M. 1981, S. 11 ff., 76 ff.

208 H. Köster: Symbolik des chinesischen Universismus. Stuttgart 1958, S. 49.

209 J. Assmann: Zeit und Ewigkeit im alten Ägypten. Heidelberg 1975, S. 33; L. Kákosy: Uroboros (Lexikon der Ägyptologie Bd. VI, S. 886-893). Wiesbaden 1984.

210 D. Seckel: Jenseits des Bildes. Anikonische Symbolik in der buddhistischen Kunst. Heidelberg 1976, S. 48 f.

211 W. Müller: Die Religionen der Waldlandindianer Nordamerikas. Berlin 1956, S. 213, 220 f.

212 Gr. Lüers: Die Sprache der deutschen Mystik des Mittelalters. Nachdruck Darmstadt 1966, S. 158.

213 D. Mahnke: Unendliche Sphäre und Allmittelpunkt. Neudruck Stuttgart 1966, S. 7, 20 f., 244.

214 J. Zahlten: Creatio mundi. Darstellungen der sechs Schöpfungstage. Stuttgart 1979, S. 153-156.

215 D. Mahnke: a.a.O., S. 75 f., 148, 197.

216 G. Scholem: Zur Kabbala und ihrer Symbolik. Zürich 1960, S. 135 f., 138 f.

217 So auch O. Betz: Das Geheimnis der Zahlen. Stuttgart 1989.

218 V. Haas: Magie und Mythen in Babylonien. Gifkendorf 1986, S. 135.

219 G. Ifrah: Universalgeschichte der Zahlen. Frankfurt a.M. 1986, S. 235-240.

220 Dazu L. Paneth: Zahlensymbolik im Unbewußtsein. Zürich 1952; zu Joachim von Floris siehe A. Dempf: Sacrum Imperium. Geschichts- und Staatsphilosophie des Mittelalters und der politischen Renaissance. Darmstadt 1954, S. 269 ff.

221 M. Lurker: Kreis, Quadrat und Vierzahl im Weltbild früher Kulturen (Mannus. Deutsche Zeitschrift für Vor- und Frühgeschichte 44/1978, S. 123).

222 W. Eberhard: Lexikon chinesischer Symbole. Köln 1983, S. 88, 97 f.

223 C. Endres/A. Schimmel: Das Mysterium der Zahl. Zahlensymbolik im Kulturvergleich. Köln 1984, S. 137.

224 G. Widengren: Die Religionen Irans. Stuttgart 1965, S. 79 f.

225 R. Haase: Neue Forschungen über Pythagoras (Antaios VIII/1967, S. 405 f.).

226 H. Baumann: Das doppelte Geschlecht. Ethnologische Studien zur Bisexualität in Ritus und Mythos. Berlin 1955, S. 86, 339.

227 M. Riemschneider: Von 0 bis 1001. Das Geheimnis der numinosen Zahl. München 1966, S. 43 f.

228 J.L. Seifert: Sinndeutung des Mythos. Wien 1954, S. 227.

229 D. Forstner: Die Welt der christlichen Symbole. 3. Aufl. Innsbruck 1977, S. 54.

230 G. Bandmann: Acht, Achteck (Lexikon der christlichen Ikonographie, Bd. 1, Sp. 40 f.). Freiburg i.Br. 1968.

231 J.L. Seifert: a.a.O., S. 215.

232 Vgl. zum Thema J. Schwabe: Arithmetische Tetraktys, Lambdoma und Pythagoras (Antaios VIII/1967, S. 421-449).

233 O. Böcher: Die Johannesapokalypse (Erträge der Forschung, Bd. 41). Darmstadt 1975, S. 84-87.

234 G. Ifrah: a.a.O., S. 335 ff.
235 H. Jung: Zahlen und Zahlensymbolik in der Musik. Ein Forschungsbericht (Mnemosyne. Festschrift für M. Lurker, hrsg. von W. Bies und H. Jung, S. 190). Baden-Baden 1988.
236 Fr. Tschirch: Spiegelungen. Untersuchungen vom Grenzrain zwischen Germanistik und Theologie. Berlin 1966, S. 211; zu Dante vgl. M. Hardt: Die Zahl in der Divina Commedia. Frankfurt a.M. 1973.
237 H. Sachs/E. Badstübner/H. Neumann: Christliche Ikonographie in Stichworten. München 1975, S. 358-361.
238 G. Spitzing: Lexikon byzantinisch-christlicher Symbole. München 1989, S. 314 (Wurzel Jesse); O. Betz: Das Geheimnis der Zahlen. Stuttgart 1989, S. 124 f.
239 Fr. Dietheuer: Die Bildersprache des Regensburger Schottenportals. Regensburg 1981, S. 300 ff.; zur Zahl 15 und zu anderen Zahlen vgl. auch J. Sauer: Symbolik des Kirchengebäudes und seiner Ausstattung in der Auffassung des Mittelalters. Nachdruck 1964, S. 61-87.
240 G. Kranz: Ernst Jüngers symbolische Weltschau. Düsseldorf 1968, S. 109.
241 H. Sündermann: Musikalische Graphik. Bezüge zwischen Klang, Farbe und Gebärde (Antaios VIII/1967, S. 478 f., 487).
242 G. Kranz: Farbiger Abglanz. Eine Symbolik. Nürnberg 1957, S. 15; D. Forstner: Die Welt der christlichen Symbole. 3. Aufl. Innsbruck 1977, S. 115.
243 W. Kirfel: Symbolik des Hinduismus und des Jinismus. Stuttgart 1959, S. 59 ff., 64.
244 M. Porkert: Farbemblematik in China (Antaios IV/1963, S. 161); W. Eberhard: Lexikon chinesischer Symbole. Köln 1983, S. 73.
245 G. Grönbold: Tathagatas (Wörterbuch der Mythologie, Bd. V: Götter und Mythen des indischen Subkontinents, S. 472 ff.). Stuttgart 1984; G. Tucci: Geheimnis des Mandala. Theorie und Praxis. Weilheim 1972, S. 55 f.
246 W. Kirfel: Symbolik des Buddhismus. Stuttgart 1959, S. 23; L. Frobenius: Vom Kulturreich des Festlandes. Berlin 1923, S. 92.
247 J. Knobloch: Sprache und Religion. Bd. 1. Heidelberg 1979, S. 10; A. Marcus: Der blaue Drache. Lebenskunst im alten China. Zürich 1949, S. 195.
248 H. Ludat: Farbenbezeichnungen in Völkernamen (Saeculum 4/1953, S. 149, 151).
249 Chr. Rätsch: Chactun. Die Götter der Maya. Köln 1986, S. 144, 145, 257.
250 A. Govinda: Grundlagen tibetischer Mystik. Frankfurt a.M. 1975, S. 159-168; Lexikon der östlichen Weisheitslehren. Bern 1986, S. 63 ff. (hier in der Schreibweise Chakra).
251 J. Knobloch: a.a.O., S. 23.
252 H. Fischer: Rot und Weiß als Fahnenfarben (Antaios IV/1963, S. 144 f.).
253 L. Schmidt: Rot und Blau. Zur Symbolik eines Farbenpaares (Antaios IV/1963, S. 168-177).
254 J. Duchesne-Guillemin: Symbolik des Parsismus. Stuttgart 1961, S. 96.
255 O. Lauffer: Farbensymbolik im deutschen Volksbrauch. Hamburg 1948, S. 21; andere Deutung bei K. Krüger-Lorenzen: Das geht auf keine Kuhhaut. Deutsche Redensarten. 3. Aufl. Düsseldorf 1960, S. 39.
256 R. Gross: Warum die Liebe rot ist. Farbsymbolik im Wandel der Jahrtausende. Düsseldorf 1981, S. 267.
257 Kl. Lipffert: Symbol-Fibel. 4. Aufl. Kassel 1964, S. 86.
258 O. Koenig: Urmotiv Auge. Neuentdeckte Grundzüge menschlichen Verhaltens. München 1975, S. 213 ff.
259 O. Lauffer: a.a.O., S. 70.
260 G. Posener: Knaurs Lexikon der ägyptischen Kultur. München 1960, S. 70.
261 H. Baumann: Das doppelte Geschlecht. Ethnologische Studien zur Bisexualität in Ritus und Mythos. Berlin 1955, S. 139.
262 O. Pritsak: Orientierung und Farbsymbolik. Zu den Farbenbezeichnungen in altaischen Völkernamen (Saeculum 5/1954, S. 377).
263 O. Lauffer: a.a.O., S. 23-25.
264 W. Stubbe: Philipp Otto Runge. Bild und Symbol. München 1977, S. 55; W. Roch: Philipp Otto Runges Kunstanschauung und ihr Verhältnis zur Frühromantik. Straßburg 1909, S. 91, 117.
265 Als Rahmenthema hierzu W. Bies: Symbolforschung und Ökologie (Mnemosyne. Festschrift für M. Lurker, hrsg. von W. Bies und H. Jung, S. 17-33).
266 J. Schwabe: Archetyp und Tierkreis. Grundlagen einer kosmischen Symbolik und Mythologie. Basel 1951, S. 249 ff.
267 V. Arnold-Döben: Die Symbolik des Baumes im Manichäismus (Symbolon N.F. 5/1980, S. 23 f.).
268 S. Selbmann: Der Baum. Symbol und Schicksal des Menschen. Ausstellungskatalog Karlsruhe 1984, S. 10.
269 O.W. von Vacano: Die Etrusker. Werden und geistige Welt. Stuttgart 1955, S. 141 ff.
270 J. Bierhorst: Die Mythologie der Indianer Nordamerikas. München 1988, S. 192.
271 G. Höhler: Die Bäume des Lebens. Baumsymbole in den Kulturen der Menschheit. Stuttgart 1985, S. 24 f.; M. Lurker: Der Baum in Glauben und Kunst. 2. Aufl. Baden-Baden 1976, S. 26 f.
272 E. Jachimowicz: Der Baum des Seins im Islam (KAI. Mitteilungen des Lehrstuhls für Soziologie und Kulturwissenschaft an der Universität Salzburg, Nr. 9/1976, S. 72 ff., 76, 79).
273 Ph. Rech: Inbild des Kosmos. Eine Symbolik der Schöpfung. Salzburg 1966, Bd. I, S. 381.
274 W. Krickeberg: Altmexikanische Kulturen. Berlin 1956, S. 188-190; Ph. Rech: a.a.O., S. 381; E. Zehren: Der gehenkte Gott. Zur Archäologie der Kultur. Berlin-Grunewald 1959, S. 237.

275 E. Hermsen: Lebensbaumsymbolik im alten Ägypten. Köln 1981, S. 115 ff.

276 H. Genge: Zum »Lebensbaum« in den Keilschriftkulturen (Acta Orientalia XXXIII/1971, S. 321 ff., 334); U. Winter: Der »Lebensbaum« in der altorientalischen Bildsymbolik (»... Bäume braucht man doch!«. Das Symbol des Baumes zwischen Hoffnung und Zerstörung, hrsg. von H. Schweizer, S. 63-80). Sigmaringen 1986.

277 M. Lurker: Der Baum im Alten Orient. Ein Beitrag zur Symbolgeschichte (Beiträge zu Geschichte, Kultur und Religion des Alten Orients. In memoriam Eckhard Unger, hrsg. von M. Lurker, S. 167 f.). Baden-Baden 1971; Cl. Schedl: Geschichte des Alten Testaments. 1. Bd. Innsbruck 1964, S. 271, 291 f. (Anm. 3).

278 Ph. Rech: a.a.O., Bd. 1, S. 396 f.

279 M. Eliade: Die Religionen und das Heilige. Elemente der Religionsgeschichte. Salzburg 1954, S. 303 f.

280 Zum Thema ausführlich Fr. Muthmann: Der Granatapfel. Symbol des Lebens in der Alten Welt. Mainz 1982.

281 L. Merz: Pinienzapfen auf Brunnen (Baum-Zeitung 8/1974, S. 58-60); vgl. auch L. Merz: Zapfen als Schmuck und Sinnbild (Baum-Zeitung 4/1970, S. 52-54).

282 J. Balys/H. Biezais: Baltische Mythologie (Wörterbuch der Mythologie, Bd. 1, S. 425). Stuttgart 1973.

283 B. Nyberg: Kind und Erde. Ethnologische Studien zur Urgeschichte der Elternschaft und des Kinderschutzes. Helsingfors 1931, S. 209.

284 M. Lurker: Der feminine Aspekt der Baumsymbolik (KAI. Mitteilungen des Lehrstuhls für Soziologie und Kulturwissenschaft an der Universität Salzburg 9/1976, S. 48).

285 Wörterbuch der deutschen Volkskunde. Bearbeitet von R. Beitl. 3. Aufl. Stuttgart 1974, S. 692.

286 W. Wundt: Völkerpsychologie. IV: Mythos und Religion. Leipzig 1926, S. 167.

287 L. Röhrich: Der Baum in der Volksliteratur, in Märchen, Mythen und Riten (Germanistik aus interkultureller Perspektive, articles réunis et publiés par A. Finck et G. Gréciano, S. 12). Université des Sciences Humaines de Strasbourg 1988.

288 J. Trier: Pflanzliche Deutung des Menschen (Jahrbuch der Akademie der Wissenschaften zu Göttingen 1965, S. 40, 45 f.); ganz allgemein vgl. Al. Bernatzky: Baum und Mensch. Frankfurt a.M. 1973, S. 33 ff.

289 Dazu verschiedene Beiträge bei H. Schweizer (Hrsg.): »... Bäume braucht man doch!« Das Symbol des Baumes zwischen Hoffnung und Zerstörung. Sigmaringen 1986.

290 G.-Kl. Kaltenbrunner (Hrsg.): Welträtsel. Ansichten vom Wunderbaren (Herderbücherei Initiative 74). Freiburg i.Br. 1988, S. 11.

291 S. Morenz/J. Schubert: Der Gott auf der Blume. Eine ägyptische Kosmogonie und ihre weltweite Bildwirkung. Ascona 1954, S. 25; Die Schöpfungsmythen (Quellen des Alten Orients, Vorwort von M. Eliade). Einsiedeln 1964, S. 76.

292 J. Schubert (und S. Morenz): Der Gott auf der Blume. Ascona 1954, S. 104 ff.

293 A. und P. Keilhauer: Die Bildsprache des Hinduismus. Die indische Götterwelt und ihre Symbolik. Köln 1983, S. 108; H. Zimmer: Mythen und Symbole in indischer Kunst und Kultur. Zürich 1951, S. 102 f.

294 J. Schubert (und S. Morenz): a.a.O., S. 133 f.

295 O.W. von Vacano: Die Etrusker. Werden und geistige Welt. Stuttgart 1955, S. 161 ff.

296 G.F. Hartlaub: Der Stein der Weisen. Wesen und Bildwelt der Alchemie. München 1959, Abb. 12 (Text S. 47); zur Goldblume und dem filius philosophorum vgl. C.G. Jung: Psychologie und Alchemie. Zürich 1952, siehe Register.

297 Vgl. C.G. Jung: Von den Wurzeln des Bewußtseins. Zürich 1954, Abb. 27, 31, 32; J. Jacobi: Vom Bilderreich der Seele. Olten 1969, Abb. 69.

298 Lexikon der östlichen Weisheitslehren. Bern 1986, S. 272; Lama A. Govinda: Grundlagen tibetischer Mystik. Frankfurt a.M. 1975, S. 274 ff.

299 A. Walzer: Das Herz im christlichen Glauben (Das Herz, Bd. 2, S. 142 ff.); Fr. Vonessen: Das Herz in der Naturphilosophie (Das Herz, Bd. 3, S. 30). Biberach a.d. Riß 1966, 1969.

300 H. Günter: Psychologie der Legende. Studien zu einer wissenschaftlichen Heiligen-Geschichte. Freiburg i.Br. 1949, S. 268.

301 G.-H. Mohr/V. Sommer: Die Rose. Entfaltung eines Symbols. München 1988.

302 Fr. und H. Möbius/K.G. Beyer: Bauornament im Mittelalter. Symbol und Bedeutung. Wien 1974, S. 207 f.

303 E. Wolffhardt: Beiträge zur Pflanzensymbolik (Zeitschrift für Kunstwissenschaft VIII/1954, S. 178 ff.

304 L. Behling: Die Pflanze in der mittelalterlichen Tafelmalerei. Weimar 1957, S. 22 f.

305 K. Löber: Pflanzensymbolik der mittelalterlichen Tafelmalerei mit besonderer Berücksichtigung der Akelei (Symbolon N.F. 3/1977, S. 75-117).

306 E.M. Vetter: Maria im Rosenhag. Düsseldorf 1957.

307 Ph. Rech: Inbild des Kosmos. Eine Symbolik der Schöpfung. Salzburg 1966, S. 465.

308 C. Runge: Die Bedeutung der Pflanze in der Malerei der Romantik, insbesondere bei Philipp-Otto Runge (Studium Generale 20/1967, S. 352).

309 W. Roch: Philipp-Otto Runges Kunstanschauung und ihr Verhältnis zur Frühromantik. Straßburg 1909, S. 91.

310 W. Eberhard: Lexikon chinesischer Symbole. Köln 1983, S. 53, 146, 152.

311 Zur erotischen Bedeutung vgl. G. Heinz-Mohr/V. Sommer: Die Rose. Entfaltung eines Symbols. München 1988, S. 59-113.

312 W. Bies: Symbolforschung und Ökologie. Thematolo-

gie und Programm (Mnemosyne. Festschrift für M. Lurker, hrsg. von W. Bies und H. Jung, S. 18). Baden-Baden 1988.

313 Die folgenden Ausführungen in Anlehnung an M. Lurker: Adler und Schlange. Tiersymbolik im Glauben und Weltbild der Völker. Tübingen 1983.

314 B. Bavink: Weltschöpfung in Mythos und Religion, Philosophie und Naturwissenschaft. München/Basel 1950, S. 15.

315 Nach H.M. Böttcher: Gott hat viele Namen. Kulturgeschichte des Gottesbildes. München 1964, S. 19.

316 E. Roellenbleck: Magna Mater im Alten Testament. Eine psychoanalytische Untersuchung. 2. Aufl. Darmstadt 1974, S. 38.

317 E. Benz: Ist der Geist männlich? Logos – Sophia – Heiliger Geist (Antaios VII/1966, S. 459 f.).

318 R. Seewald: Symbole. Zeichen des Glaubens. 2. Aufl. Luzern 1954, S. 91.

319 Zur psychologisch erklärbaren Angst vor der Schlange vgl. W.H. Fischle: Das Geheimnis der Schlange. Deutung eines Symbols. Fellbach-Oeffingen 1983, S. 7-32.

320 E. Brunner-Traut: Gelebte Mythen. Beiträge zum altägyptischen Mythos. Darmstadt 1981, S. 86.

321 M. Höfner: Südarabien (Wörterbuch der Mythologie, hrsg. von H.W. Haussig, Bd. 1, S. 491). Stuttgart 1965.

322 H. Ritter: Die Schlange in der Religion der Melanesier. Basel 1945, S. 7; R. Jokel: Götter und Dämonen. Mythen der Völker. Darmstadt 1953, S. 396.

323 E. Neumann: Ursprungsgeschichte des Bewußtseins. Zürich 1949, S. 172.

324 H. Gese/M. Höfner/K. Rudolph: Die Religionen Altsyriens, Altarabiens und der Mandäer. Stuttgart 1970, S. 196 f.

325 G. von Gynz-Rekowski: Symbole des Weiblichen in Gottesbild und Kult des Alten Testamentes. Zürich 1963, S. 47.

326 H. Egli_ Das Schlangensymbol. Geschichte, Märchen, Mythos. Olten 1982, S. 64-67; E. Zehren: Der gehenkte Gott. Zur Archäologie der Kultur. Berlin 1959, S. 146.

327 Über die Ophiten (und Naasener) vgl. H. Leisegang: H. Leisegang: Die Gnosis. 5. Aufl. Stuttgart 1985 (Register).

328 W. Krickeberg: Altmexikanische Kulturen. Berlin 1956, S. 63.

329 H. Baumann: Das doppelte Geschlecht. Ethnologische Studien zur Bisexualität in Ritus und Mythos. Berlin 1955, S. 130 f.

330 Chr. Meves: Die Bibel antwortet uns in Bildern. Tiefenpsychologische Textdeutungen im Hinblick auf Lebensfragen heute. Freiburg i.Br. 1973, S. 16, 18.

331 J. Illies: Die Sache mit dem Apfel. Eine moderne Wissenschaft vom Sündenfall. Freiburg i.Br. 1972, S. 46 ff.

332 F. Herrmann: Zur Beurteilung der Sexualsymbolik bei Naturvölkern (Studium Generale 6/1953).

333 E. Neumann: Die Große Mutter. Der Archetyp des Großen Weiblichen. Darmstadt 1957, S. 69 ff., 123 ff.

334 W. Speyer: Die Zeugungskraft des himmlischen Feuers in Antike und Urchristentum (Antike und Abendland XXIV/1978, S. 61 f.).

335 J. Evola: Metaphysik des Sexus. Stuttgart 1962, S. 199, 201 f.

336 D.-I. Lauf: Das Bild als Symbol im Tantrismus. München 1973, S. 18 f.; H. Zimmer: Mythen und Symbole in indischer Kunst und Kultur. Zürich 1951, S. 142, 152 ff.

337 K.R.H. Frick: Licht und Finsternis. Gnostisch-theosophische und freimaurerisch-okkulte Geheimgesellschaften bis an die Wende zum 20. Jahrhundert. Graz 1975, S. 120, 127; G. Zacharias: Satanskult und schwarze Messe. Ein Beitrag zur Phänomenologie der Religion. Wiesbaden 1964, S. 34 f.

338 J. Voss: Das Schwarzmond-Tabu. Die kulturelle Bedeutung des weiblichen Zyklus. Stuttgart 1988. S. 43.

339 G. Wehr: Heilige Hochzeit. Symbol und Erfahrung menschlicher Reifung. München 1986, S. 83 ff.

340 Gr. Lüers: Die Sprache der deutschen Mystik des Mittelalters. Nachdruck München 1966, S. 18 f., 163 ff.

341 T. Burckhardt: Alchemie. Sinn und Weltbild. Olten/Freiburg i.Br. 1960, 166 f.; C.G. Jung: Psychologie und Alchemie. Zürich 1952, S. 335 ff.

342 M. Lurker: Rechts und Links als Ausdruck eines bipolaren Weltverständnisses (Zeitschrift für Religions- und Geistesgeschichte XXXIII/1981, S. 104 f.).

343 Zur Androgynität vgl. u.a. den Ausstellungskatalog: Androgyn. Sehnsucht nach Vollkommenheit. Hrsg. von U. Prinz. Berlin 1986.

344 C.G. Jung: Aion. Untersuchungen zur Symbolgeschichte. Zürich 1951, S. 369, Anm. 101.

345 Weitere Beispiele zur christlichen Ikonographie bei M. Lurker: Die Symbolbedeutung von Rechts und Links in der christlichen Kunst (Symbolon N.F. 5/1980, S. 95-128).

346 Fr. Vonessen: Revolution und Konformismus bei Herbert Marcuse (Was treibt die Revolutionäre, S. 60). Freiburg i.Br. 1969.

347 E. Bloch: Avicenna und die Aristotelische Linke. Berlin 1963, S. 11 f., 31 f., 57 f.

348 H. Pross: Politische Symbolik. Theorie und Praxis der öffentlichen Kommunikation. Stuttgart 1974, S. 83.

349 G. Mosse: Die Nationalisierung der Massen. Von den Befreiungskriegen bis zum Dritten Reich. Frankfurt a.M. 1976, S. 240 ff.

350 L. Kolakowski: Die Gegenwärtigkeit des Mythos. München 1973.

351 R.M. Rilke: Die Aufzeichnungen des Malte Laurids Brigge. Wiesbaden 1952, S. 124 ff.

352 W.-E. Peuckert: Geheimkulte. Heidelberg 1951, S. 190.

353 Vgl. H. Findeisen: Das Tier als Gott, Dämon und Ahne. Stuttgart 1956, S. 70 ff.; H. Straube: Die Tierverklei-

dungen der afrikanischen Naturvölker. Wiesbaden 1955, S. 176 ff.

354 H. Biedermann: Lexikon der Felsbildkunst. Graz 1976, S. 75; S. Giedion: Die Entstehung der Kunst. Ewige Gegenwart. Ein Beitrag zu Konstanz und Wechsel. Köln 1962, S. 367, 370.

355 Allgemein zu afrikanischen Masken vgl. E. Leuzinger: Afrika. Kunst der Negervölker. Baden-Baden 1959 (Register).

356 G. Mehren: Sinn und Gestalt der Maske (Antaios XI/1970, S. 138).

357 J. de Vries: Altgermanische Religionsgeschichte. Berlin 1956, Bd. 1, S. 496 f.

358 K. Kerényi: Dionysos. Urbild des unzerstörbaren Lebens. München 1976, S. 225; zur afrikanischen Doppelmaske E. Leuzinger: a.a.O. (Register: Janus).

359 H. Schade: Dämonen und Monstren. Gestaltungen des Bösen in der Kunst des frühen Mittelalters. Regensburg 1962, S. 58; W. von Blankenburg: Heilige und dämonische Tiere. Die Symbolsprache der deutschen Ornamentik im frühen Mittelalter. 2. Aufl. Köln 1975, S. 111, 114.

360 O.W. von Vacano: Die Etrusker. Werden und geistige Welt. Stuttgart 1955, S. 196.

361 H.D. Disselhoff: Geschichte der altamerikanischen Kulturen. München 1953, S. 253, 270 f.

362 K. Meuli: Gesammelte Schriften. Hrsg. von Th. Gelzer. Basel/Stuttgart 1975, 1. Bd. u.a. S. 57 ff., zu den Maskennamen ausführlich S. 81 ff.; vgl. auch N. Kuret: Zu Karl Meulis Maskentheorie (Antaios XI/1970, S. 154-163).

363 Vgl. L. Schmidt (Hrsg.): Masken in Mitteleuropa. Volkskundliche Beiträge zur europäischen Maskenforschung. Wien 1955 (mit Beiträgen u.a. von O. Höfler, R. Wildhaber).

364 A. Bühler/T. Barrow/Ch.P. Mountford: Ozeanien und Australien. Die Kunst der Südsee. Baden-Baden 1962, S. 65.

365 G. Kutscher: Exotische Masken. Stuttgart 1953, S. 3.

366 S. Hummel: Die Maske in Tibet (Antaios XI/1970, S. 181); R. von Nebesky-Wojkowitz: Die tibetische Bön-Religion (Archiv für Völkerkunde II/1947, S. 52 f.).

367 E. Fehrle: Feste und Volksbräuche im Jahreslauf europäischer Völker. Kassel 1955, S. 73 f.

368 Weitere Beispiele: E. Burgstaller: Fastnacht (Wörterbuch der Symbolik. Hrsg. von M. Lurker, S. 192 f.). 4. Aufl. Stuttgart 1988.

369 O. Swoboda: Alpenländisches Brauchtum im Jahreslauf. München 1979, S. 67; E. Fehrle: a.a.O., S. 90.

370 J. Schwabe: Archetyp und Tierkreis. Basel 1951, S. 582 f.

371 O. Eberle: Das Theater als Urkunst (Handbuch der Weltgeschichte. Hrsg. von A. Randa, Bd. 1, Sp. 95). Olten/Freiburg i.Br. 1954.

372 R. Merkelbach: Tragödie, Komödie und dionysische Kulte (Antaios V/1964, S. 329).

373 K.G. Kachler: Über Wesen und Wirken der Theatermaske (Antaios XI/1970, S. 196 f.).

374 W. Peukert: Verwandlung und Gegenwart der Maske (Antaios XI/1970, S. 134).

375 K. Meuli: a.a.O., Bd. 1, S. 94-102.

376 U.M. Schneede, zitiert nach Chr. Wilhelmi: Handbuch der Symbole in der bildenden Kunst des 20. Jahrhunderts. Berlin 1980, S. 264.

377 H. Köster: Symbolik des chinesischen Universismus. Stuttgart 1958, S. 16; R. Wilhelm: Lao-tse und der Taoismus. Stuttgart 1948, S. 34.

378 Br. Snell: Das Symbol des Weges (Die Entdeckung des Geistes, S. 320-332). 3. Aufl. Hamburg 1955.

379 Fr. Teichmann: Der Mensch und sein Tempel. Ägypten. Stuttgart 1978, S. 127-134.

380 C. Schneider: Mysterien. Wesen und Wirkung der Einweihung. Hamburg 1979, S. 26.

381 J.H. Schneider: Weg (Ursymbole. Hrsg. von H. Kirchhoff, S. 23 f.). München 1982; vgl. auch F. Nötscher: Gotteswege und Menschenwege in der Bibel und in Qumran. Bonn 1958.

382 L. Bakhtiar: Sufi. Ausdrucksformen mystischer Suche. München 1987, S. 25.

383 G. Stephenson: Der Wanderer als Symbol des menschlichen Daseins (Symbolon N.F. 8/1986, S. 93-107).

384 Ausführlich bei G. Weydt: Nachahmung und Schöpfung im Barock. Studien um Grimmelshausen. Bern 1968; zur Wegewahl bei Grimmelshausen vgl. Kl. Haberkamm: ›Fußpfad‹ oder ›Fahrweg‹? Zur Allegorese der Wegewahl bei Grimmelshausen (Rezeption und Produktion zwischen 1570 und 1730. Festschrift für G. Weydt, S. 285-317). Bern 1972.

385 E.Th. Reimbold: Die Brücke als Symbol (Symbolon N.F. 1/1972, S. 70).

386 A. Rosenberg: Die christliche Bildmeditation. München-Planegg 1955, S. 268.

387 I. Riedel: Formen. Kreis, Kreuz, Dreieck, Quadrat, Spirale. Stuttgart 1985, S. 115, 119.

388 J. Purce: Die Spirale. Symbol der Seelenreise. München 1988, S. 15 f.

389 Meyer Schapiro: Vincent van Gogh. Köln o.J., S. 31, 98.

390 Lexikon der östlichen Weisheitslehren. Bern 1986, S. 37 f.

391 H. Rahner: Symbole der Kirche. Die Ekklesiologie der Väter. Salzburg 1964, S. 243 ff., 339 ff., 375 ff.

392 E. Hüttinger: Der Schiffbruch. Deutungen eines Bildmotivs im 19. Jahrhundert (Beiträge zur Motivkunde des 19. Jahrhunderts, S. 215). München 1970.

393 M. Lurker: Lexikon der Götter und Symbole der alten Ägypter. 4. Aufl. Bern 1987, S. 98, 214.

394 D. Forstner: Die Welt der christlichen Symbole. 3. Aufl. Innsbruck 1977, S. 387.

395 Fr. Heiler: Die Ostkirchen. Neubearbeitung von: Urkirche und Ostkirche. München/Basel 1971, S. 280.

396 A. Rosenberg (Hrsg.): Der babylonische Turm. Aufbruch ins Maßlose. München 1975, S. 11.
397 J.Chr. Bürgel/Fr. Alleman: Symbolik des Islam. Tafelband. Stuttgart 1975, S. 12 f.
398 A. Reinle: Zeichensprache der Architektur. Symbol, Darstellung und Brauch in der Baukunst des Mittelalters und der Neuzeit. 2. Aufl. Zürich 1976, S. 194, 199.
399 A. Stange: Das frühchristliche Kirchengebäude als Bild des Himmels. Köln 1952, S. 54.
400 R. Paret: Symbolik des Islam. Stuttgart 1958, S. 25 f.
401 H. Kuhn: Der Weg der sich zu verlaufen droht (Scheidewege. Vierteljahresschrift für skeptisches Denken 3/1973, S. 21).
402 Vgl. dazu das ausführliche Werk von Ph. Ariès: Geschichte des Todes. München 1982.
403 E. Wiesenhütter: Blick nach drüben. Selbsterfahrung im Sterben. 1974, S. 54.
404 M.-L. von Franz: Traum und Tod. München 1984, S. 204.
405 Th. Sundermeier: Todesriten und Lebenssymbole in den afrikanischen Religionen (Leben und Tod in den Religionen. Symbol und Wirklichkeit, hrsg. von G. Stephenson, S. 253). Darmstadt 1980.
406 L. Schmidt: Niemandsland. Die spielhafte Gestaltung des Weges durch das Unbetretbare (Antaios VIII/1967, S. 80 ff.).
407 D. Forstner: Die Welt der christlichen Symbole. 3. Aufl. Innsbruck 1977, S. 233.
408 J. Campbell: Der Heros in tausend Gestalten. Frankfurt a.M. 1953, S. 87 ff.
409 U. Steffen: Das Mysterium von Tod und Wiedergeburt. Göttingen 1963, S. 31.
410 R. Jokel (Hrsg.): Götter und Dämonen. Mythen der Völker. Darmstadt 1953, S. 490.
411 H. Kern: Labyrinthe. Erscheinungsformen und Deutungen. München 1982, S. 417; U. Steffen: a.a.O., S. 58 f.
412 M. Lurker: Hund und Wolf in ihrer Beziehung zum Tode (Antaios X/1969, S. 211 f.); vgl. auch M. Lurker: Der Hund als Symboltier für den Übergang vom Diesseits in das Jenseits (Zeitschrift für Religions- und Geistesgeschichte XXXV/1983, S. 132-144).
413 B. Schlerath: Der Hund bei den Indogermanen (Paideuma VI/1954-1958, S. 36).
414 C. Schneider: Symbole der Mysterien-Religionen als Ausdruck echter Polarität (Ursprung und Gegenwart des integralen Bewußtseins, hrsg. von H. Kessler u.a., S. 48).
415 E. Herzog: Psyche und Tod. Wandlungen des Todesbildes im Mythos und in den Träumen heutiger Menschen. Zürich 1960, S. 45.
416 Vgl. dazu J. Bialostocki: Das Geschlecht des Todes. Symbolbildung und Sprache (Mnemosyne. Festschrift für M. Lurker, hrsg. von W. Bies und H. Jung, S. 109-121). Baden-Baden 1988.
417 O. Bihalji-Merin: Bild und Imagination. Re-Vision der Kunst. Luzern 1974, S. 208.
418 E. Herzog: a.a.O., S. 121; zur Todeshochzeit auch M.-L. von Franz: Traum und Tod. Was uns die Träume Sterbender sagen. München 1984, S. 67-83.
419 C.-A. Keller: Die Komplementarität von Leben und Tod im hinduistischen und mesopotamischen Mythus (Leben und Tod in den Religionen, hrsg. von G. Stephenson, S. 21). Darmstadt 1980.
420 H. Gabelmann: Tod und Apotheose in der römischen Grabkunst (Tod und Jenseits im Glauben der Völker, hrsg. von H.-J. Klimkeit, S. 125). Wiesbaden 1978.
421 E. Panofsky: Grabplastik von Alt-Ägypten bis Bernini. Köln 1964, S. 35 f.
422 Im einzelnen vgl. W. Graf: Christliche Grabmalsymbole. Basel 1984; zum Thema Friedhof und Grab vgl. das grundlegende Werk von A. Hüppi: Kunst und Kult der Grabstätten. Olten 1968.
423 P. Tillich: Wesen und Wandel des Glaubens. Ulm 1975, S. 65 (zitiert nach W. Graf: a.a.O., S. 5).
424 Th.P. van Baaren: Selbst die Götter tanzen. Sinn und Formen des Tanzes in Kultur und Religion. Gütersloh 1964, S. 11.
425 Fr. Adama van Scheltema: Die geistige Wiederholung. Der Weg des einzelnen und seiner Ahnen. Bern 1954, S. 123-128.
426 J. Schwabe: Archetyp und Tierkreis. Grundlinien einer kosmischen Symbolik und Mythologie. Basel 1951, S. 156 f.
427 M.-G. Wosien: Tanz im Angesicht der Götter. München 1985, S. 8.
428 P. Hübner: Vom ersten Menschen wird erzählt in Mythen, Wissenschaft und Kunst. Düsseldorf 1969, S. 96; zur Mythe der Kagaba W. Laade: Musik der Götter, Geister und Menschen. Baden-Baden 1975, S. 191.
429 H. Zimmer: Mythen und Symbole in indischer Kunst und Kultur. Zürich 1951, S. 168 ff.
430 H. Zachert: Die Mythologie des Shinto (Wörterbuch der Mythologie, hrsg. von H.W. Haussig, Bd. VI, S. 81, 142). 20./21. Lieferung Stuttgart 1987, 1988.
431 M.-G. Wosien: a.a.O., S. 13.
432 E.L. Ehrlich: Kultsymbolik im Alten Testament und im nachbiblischen Judentum. Stuttgart 1959, S. 35.
433 Zum Thema M. Lurker: Die Frauen der Nacht. Von Hexen, ihren Attributen und Symbolen (Silva Symbolum. Festschrift für E.Th. Reimbold, hrsg. von der Gesellschaft für wissenschaftliche Symbolforschung). Saarbrücken 1988; H. Biedermann: Hexen. Auf den Spuren eines Phänomens. Graz 1974.
434 H. Rosenfeld: Totentanz (Wörterbuch der Symbolik, hrsg. von M. Lurker, S. 742). 4. Aufl. Stuttgart 1988; von H. Rosenfeld auch: Der mittelalterliche Totentanz. Entstehung, Entwicklung, Bedeutung. 3. Aufl. Köln 1974.
435 Th.P. van Baaren: a.a.O., S. 74 f.

436 H. Lucas: Der Tanz der Kraniche. Emsdetten 1971, S. 17 f., 48 ff.; zum Labyrinthtanz vgl. P. Santarcangeli: Labyrinth, Tanz, Spiel (Antaios IX/1968, S. 500-512).

437 A.E. Jensen: Hainuwele Volkserzählungen von der Molukkeninsel Ceram. Frankfurt a.M. 1939, S. 62.

438 L. Frobenius: Kulturgeschichte Afrikas. Zürich 1954, S. 251 ff.

439 A. Schimmel: Rumi. Ich bin Wind und du bist Feuer. Düsseldorf 1978, S. 208 ff.

440 Gr. Lüers: Die Sprache der deutschen Mystik des Mittelalters. Nachdruck Darmstadt 1966, S. 267.

441 M.-G. Wosien, a.a.O., S. 28 f.

442 H. Rahner: Der spielende Mensch. Einsiedeln 1954, S. 76; zum Thema Tanz und Religion vgl. auch G. van der Leeuw: Vom Heiligen in der Kunst. Gütersloh 1957, S. 23-84.

443 Popol Vuh. Das heilige Buch der Quiché, hrsg. von G. Kutscher. Berlin 1975, S. 45.

444 Ph. Rech: Inbild des Kosmos. Eine Symbolik der Schöpfung. Salzburg 1966, Bd. II, S. 308.

445 M. Raphael: Wiedergeburtsmagie in der Altsteinzeit. Zur Geschichte der Religion und religiöser Symbole. Frankfurt a.M. 1979, S. 39, 165.

446 H. Kühn: Das Symbol in der Vorzeit Europas (Symbolon 2/1961, S. 179).

447 Ph. Rech: Inbild des Kosmos. Eine Symbolik der Schöpfung. Bd. II, S. 356 f.

448 B. Blum-Heisenberg: Die Symbolik des Wassers. Baustein der Natur – Vielfalt der Bedeutung. München 1988, S. 63.

449 Vgl. M. Pouplier: Traumbild Fisch. Olten 1986; K. Anderten: Traumbild Wasser. Olten 1986.

450 M. Ninck: Die Bedeutung des Wassers im Kult der Alten. Eine symbolgeschichtliche Untersuchung. Nachdruck Darmstadt 1960, S. 46 f., 83 ff., 97.

451 M. Lurker: Lexikon der Götter und Symbole der alten Ägypter. Bern 1987, S. 163 f.

452 M. Eliade: Geschichte der religiösen Ideen. Quellentexte. Freiburg i.Br. 1981, S. 204.

453 J. Daniélou: Liturgie und Bibel. Die Symbolik der Sakramente bei den Kirchenvätern. München 1963, S. 75.

454 U. Steffen: Taufe. Ursprung und Sinn des christlichen Einweihungsritus. Stuttgart 1988, S. 71; zum protestantischen Taufverständnis vgl. R. Fleischer: Verständnisbedingungen religiöser Symbole am Beispiel von Taufritualen – ein semiotischer Versuch. Mainz 1984.

455 Cyrill von Jerusalem: Einweihung in die Mysterien des Christentums. Freiburg i.Br. 1954, S. 33.

456 Dazu ausführlich H. Frankenmölle: Das Taufverständnis des Paulus. Taufe, Tod und Auferstehung nach Röm 6. Stuttgart 1970.

457 H. Rahner: Griechische Mythen in christlicher Deutung. Neuausgabe Darmstadt 1957, S. 112, 116; U. Steffen: Das Mysterium von Tod und Auferstehung. Göttingen 1963, S. 224 f.

458 I. Jorissen/H.B. Meyer: Zeichen und Symbole im Gottesdienst. Innsbruck 1977, S. 35.

459 G. Lanczkowski: Götter und Menschen im alten Mexiko. Olten/Freiburg i.Br. 1984, S. 84.

460 A.E. Jensen: Mythos und Kult bei Naturvölkern. Religionswissenschaftliche Betrachtungen. Wiesbaden 1960, S. 162 f.

461 H.J. Greschat: Essen und Trinken: Religionsphänomenologisch (Das heilige Essen. Kulturwissenschaftliche Beiträge zum Verständnis des Abendmahls, hrsg. von M. Josuttis und G.M. Martin, S. 34). Stuttgart 1980.

462 G. Lanczkowski: a.a.O., S. 100; H.D. Disselhoff: Geschichte der altamerikanischen Kulturen. München 1953, S. 190, 196 f.

463 M. Vereno: Brotgetreide und Weinstock. Symbolbezüge der eucharistischen Gaben (KAI. Mitteilungen des Lehrstuhls für Soziologie und Kulturwissenschaft an der Universität Salzburg, Nr. 9/1976, S. 16 f.).

464 J.S. Slotkin: Der Peyote-Weg (Über den Rand des tiefen Canyon, hrsg. von D. und B. Tedlock, S. 100 ff., 103). Düsseldorf 1978.

465 Nach E. Otto/M. Hirmer: Osiris und Amun. Kult und heilige Stätten. München 1966, S. 23.

466 Fr. Cumont: Die orientalischen Religionen im römischen Heidentum. 4. Aufl. Darmstadt 1959, S. 107.

467 G. Ristow: Mithräische Ikonographie. Bildthemen und Einbindung in die Typologie der Spätantike und des frühen Christentums (Symbolon N.F. 3/1977, S. 148 f., 151, Abb. 13).

468 Ph. Rech: »Brot, das Danksagung heißt« (Eulogia. Miscellanea Liturgica in onore di P. Burkhard Neunheuser. Studia Anselmiana 68, S. 369-391). Roma 1979; von Ph. Rech auch: Brot (Inbild des Kosmos. Eine Symbolik der Schöpfung, Bd. II, S. 467-506). Salzburg 1966.

469 Fr. Heiler: Erscheinungsformen und Wesen der Religion. Stuttgart 1961, S. 252 f.; zur jüdischen Symbolik speziell vgl. Fr. Weinreb: Die Symbolik im jüdischen Alltag (Symbolon 7/1971, S. 133 f.).

470 L. Scheffczyk: Die Heilszeichen von Brot und Wein. Eucharistie als Mitte christlichen Lebens. München 1973; vgl. auch A. Kirchgässner: Der Mensch im Gottesdienst. München 1966, S. 62 ff., 104 f., 110 ff.

471 Th. Schneider: Wesen und Bedeutung des Symbols in der Patristik (Beiträge zu Symbol, Symbolbegriff und Symbolforschung, hrsg. von M. Lurker, S. 158). Baden-Baden 1982; zu den zwei theologischen Grundauffassungen vgl. Fr. Heiler: a.a.O., S. 256 f.

472 K. Goldammer: Kultsymbolik des Protestantismus. Stuttgart 1960, S. 31 ff., 40 f., 42 f.

473 Dazu ausführlich W. Müller: Die heilige Stadt. Roma quadrata, himmlisches Jerusalem und die Mythe vom Weltnabel. Stuttgart 1961.

474 Fr. Nießen: Botschaft des Brotes. Von Brauchtum und Heiligkeit des Brotes. Kevelaer 1985, S. 52, 76 f.; M.

Lurker: Kreis, Quadrat und Vierzahl im Weltbild früher Kulturen (Mannus. Deutsche Zeitschrift für Vor- und Frühgeschichte 44/1978, S. 128).

475 Ph. Rech: Kreuz und Kosmos (Inbild des Kosmos. Eine Symbolik der Schöpfung, Bd. I, S. 477 f.). Salzburg 1966.

476 J. Maringer: Das Kreuz als Zeichen und Symbol in der vorchristlichen Welt. St. Augustin bei Bonn 1980, S. 70; A. Rickert: Über Kreuz und Schrägkreuz als Figuren im Raum (Symbolon 6/1968, S. 70).

477 W. Eberhard: Lexikon chinesischer Symbole. Köln 1983, S. 123; D. Seckel: Buddhistische Kunst Ostasiens. Stuttgart 1957, S. 32, 174.

478 E. Unger: Das sumerische Hakenkreuz als Wirbelsturm (Forschungen und Fortschritte 11/1935, S. 153-155); E. Unger: Das antike Hakenkreuz als Wirbelsturm. Berlin 1937.

479 J. Maringer: a.a.O., S. 47.

480 Von anthroposophischer Seite zwei Bücher mit guten Abbildungen, J. Streit: Sonne und Kreuz. Irland zwischen Megalithkultur und frühem Christentum. Stuttgart 1977; B. Brandt-Förster: Das irische Hochkreuz. Ursprung – Entwicklung – Gestalt. Stuttgart 1978.

481 C. von Korvin-Krasinsky: Vorchristliche matriarchalische Einflüsse in der Gestaltung ältester koptischer und armenischer Kreuze (Symbolon N.F. 3/1977, S. 40, 44, 46).

482 W. Müller: Die blaue Hütte (Studien zur Kulturkunde XII). Wiesbaden 1954, S. 63; W. Müller: Die Religionen der Waldlandindianer Nordamerikas. Berlin 1956, S. 298 ff.

483 Ph. Rech: a.a.O., Bd. I, S. 496.

484 H. Rahner: Symbole der Kirche. Die Ekklesiologie der Väter. Salzburg 1964, S. 408 ff., 411 f.

485 E. Dinkler: Kreuz (Lexikon der christlichen Ikonographie, Bd. 2, Sp. 564). Freiburg i.Br. 1970; weiter von E. Dinkler: Signum Crucis. Aufsätze zum Neuen Testament und zur christlichen Archäologie. Tübingen 1967.

486 E. Sauser: Frühchristliche Kunst. Sinnbild und Glaubensaussage. Innsbruck 1966, S. 225 f.

487 E. Sauser: a.a.O., S. 240 ff.

488 H.-J. Klimkeit: Das Kreuzessymbol in der zentralasiatischen Religionsbegegnung (Leben und Tod in den Religionen. Symbol und Wirklichkeit, hrsg. von G. Stephenson, S. 63). Darmstadt 1980.

489 M. Lurker: Die Symbolbedeutung von Rechts und Links in der christlichen Kunst (Symbolon N.F. 5/1980, S. 109).

490 Bei E.M. Vetter ist es Sol iustitiae. Die Kreuzigungstafel des Isenheimer Altars. Heidelberg 1968.

491 I. Rácz: Der unbekannte Gott. Einsiedeln 1969. F. Sierksma: Götter, Götzen und Dämonen. Wesen und Form kultischer Symbole. Wien 1959.

492 Vgl. H.-J. Klimkeit: Heilige Schrift und Heiliges Bild (Götterbild in Kunst und Schrift, hrsg. von H.-J. Klimkeit, S. 1- 17). Bonn 1984.

493 Im einzelnen nachzuschlagen bei M. Lurker: Lexikon der Götter und Dämonen. Namen, Funktionen, Symbole/Attribute. Stuttgart 1984.

494 H. von Glasenapp: Buddhismus und Gottesidee. Die buddhistischen Lehren von den überweltlichen Wesen und Mächten. Wiesbaden 1954, S. 44 ff., 48 f.

495 D. Seckel: Buddhistische Kunst Ostasiens. Stuttgart 1957, S. 31.

496 J. Sauer: Symbolik des Kirchengebäudes und seiner Ausstattung in der Auffassung des Mittelalters. Nachdruck 1964, S. 159 f.

497 Fr. Matz: Kreta, Mykene, Troja. Die minoische und die homerische Welt. Stuttgart 1957, S. 80, 82 f.; zur Doppelaxt vgl. H. Biedermann: Knaurs Lexikon der Symbole. München 1989, S. 95.

498 H. Zachert: shintai (Die Mythologie des Shinto. Wörterbuch der Mythologie, Bd. VI, 21. Lief., S. 120 f.). Stuttgart 1988; Fr. Kiichi Numazawa: Die Religionen Japans (Christus und die Religionen der Erde, hrsg. von Fr. König, 3. Bd., S. 404). Freiburg i.Br. 1951.

499 V. Haas: Hethitische Berggötter und hurritische Steindämonen. Riten, Kulte und Mythen. Mainz 1982, S. 49 ff., 67.

500 E. Hornung: Die Bedeutung des Tieres im alten Ägypten (Studium Generale 20/1967, S. 76).

501 M. Lurker: Zur Symbolbedeutung von Horn und Geweih unter besonderer Berücksichtigung der altorientalisch-mediterranen Kulturen (Symbolon N.F. 2/1974, S. 83-104).

502 A. Ohler: Mythologische Elemente im Alten Testament. Düsseldorf 1969, S. 143.

503 R. Jokel: Götter und Dämonen. Mythen der Völker. Darmstadt 1953, S. 436.

504 W.F. Albright: Von der Steinzeit zum Christentum. Bern 1949, S. 298 ff.

505 Vgl. S. Heine: Wiederbelebung der Göttinnen? Zur systematischen Kritik einer feministischen Theologie. Göttingen 1987.

506 Zahlreiche Beispiele bei V.R. Mollenkott: Gott eine Frau? Vergessene Gottesbilder der Bibel. München 1985.

507 G. Lanczkowski: Götter und Menschen im alten Mexiko. Olten/Freiburg i.Br. 1984, S. 38 f.; Fr. Hampl: Die Religion der Mexikaner, Maya und Peruaner (Christus und die Religionen der Erde, hrsg. von Fr. König, Bd. 2, S. 756). Freiburg i.Br. 1951.

508 W. Westendorf: Mann-weibliche Konzeptionen im Alten Ägypten (Androgyn. Sehnsucht nach Vollkommenheit, Ausstellungskatalog, hrsg. von U. Prinz, S. 257). Berlin 1986.

509 E. Benz: Ist der Geist männlich? Logos – Sophia – Heiliger Geist (Antaios 7/1966, S. 460 f.); W. Speyer:

510 Das Weiblich-Mütterliche im christlichen Gottesbild (Kairos N.F. 24/1982, S. 154, 157 Anm. 39).

510 J. van Dijk: Sumerische Religion (Handbuch der Religionsgeschichte, hrsg. von J.P. Asmussen/J. Laessoe, Bd. 1, S. 488 f.). Göttingen 1971.

511 F. Herrmann: Symbolik in den Religionen der Naturvölker. Stuttgart 1961, S. 128.

512 M. Lurker: Vatergott – Schöpfergott – Himmelsgott. Manifestationen des Väterlichen in Mythos und religiöser Überlieferung (Symbolon N.F. 9/1989, S. 38-51).

513 S. Giedion: Die Entstehung der Kunst. Köln 1962, S. 340.

514 W. Schöne: Die Bildgeschichte der christlichen Gottesgestalten in der abendländischen Kunst (Das Gottesbild im Abendland, S. 34 f.) Witten u. Berlin, 2. Aufl. 1959.

515 Fr. Heiler: Die Madonna als religiöses Symbol (Eranos-Jahrbuch 3/1934, S. 270 f.); Ad. Weis: Die Madonna Platytera. Entwurf für ein Christentum als Bildoffenbarung. Königstein i.T. 1985 (Rückführung auf altägyptische Bildthemen); H. und M. Schmidt: Die vergessene Bildersprache christlicher Kunst. München 1981, S. 223 ff.

516 J.H. Emminghaus: Verkündigung an Maria (Lexikon der christlichen Ikonographie, Bd. 4, Sp. 430). Freiburg i.Br. 1972.

517 M. Eliade: Geschichte der religiösen Ideen. Freiburg i.Br. 1979, Bd. 2, S. 347, dazu Registerhinweis S. 461; Fr. Heiler: Erscheinungsformen und Wesen der Religion. Stuttgart 1961, S. 466; G. Spitzing: Lexikon byzantinisch-christlicher Symbole. München 1989, S. 226; vgl. auch A.W. Watts: Mythos und Ritus des Christentums. München-Planegg 1956, S. 114 f.

Ausgewählte Literatur

Bei der nahezu unübersehbaren Fülle von Publikationen ist nur eine begrenzte Auswahl möglich. Bücher zu einzelnen Symbolen (wie Farben, Pflanzen, Tiere, Zahlen usw.) wurden nicht aufgenommen. Ebenso bleiben Aufsätze in Zeitschriften und Jahrbüchern unberücksichtigt. Solche Literaturangaben finden sich in:

Bibliographie zur Symbolkunde. Hrsg. von M. Lurker. Baden-Baden 1968
Bibliographie zur Symbolik, Ikonographie und Mythologie. Internationales Referateorgan. Hrsg. von W. Bies und H. Jung. Begründet von M. Lurker. Jg. 1/1968 ff.

I. Allgemeines. Philosophie. Psychologie. Kunst

Achen, Sv.T.: Symbols around us. New York 1978
Aeppli, E.: Der Traum und seine Deutung. Zürich 1943 (wiederholte Neuauflagen)
Bailey, H.: The Lost Language of Symbolism. London 1968
Baudouin, Ch.: Psychanalyse du Symbole Religieux. Paris 1957 (deutsche Ausgabe Würzburg 1962)
Bauer, W./Dümotz, I./Golowin, S./Röttgen, H.: Lexikon der Symbole. Wiesbaden 1980
Betz, O.: Elementare Symbole. Zur tieferen Wahrnehmung des Lebens. Freiburg i.Br. 1987
Biedermann, H.: Materia prima. Eine Bildersammlung zur Ideengeschichte der Alchemie. Graz 1973
Biedermann, H.: Handlexikon der magischen Künste. Graz ^{3}1986
Biedermann, H.: Knaurs Lexikon der Symbole. München 1989
Blachetta, W.: Das Sinnzeichen-Buch. Frankfurt a.M. 1956
Blacker, C./Loewe, M.: Ancient Cosmologies. London 1975 (deutsche Ausgabe: Weltformeln der Frühzeit. Düsseldorf 1977)
Burckhardt, T.: Vom Wesen heiliger Kunst in den Weltreligionen. Zürich 1955
Cassirer, E.: Philosophie der symbolischen Formen. 3 Bände. Leipzig 1923-1929
Cassirer, E.: Wesen und Wirkung des Symbolbegriffs. Darmstadt 1959
Cavendish, R. (Hrsg.): Man, Myth and Magic. An illustrated Encyclopaedia of Supernatural. London 1970-1971
Chevalier, J./Gheerbrant, A.: Dictionnaire des symboles. Paris ^{2}1982
Cirlot, J.E.: Dictionary of Symbols. New York 1962
Cooper, J.C.: An illustrated Encyclopaedia of traditional Symbols. London/New York 1978
Danckert, W.: Symbol, Metapher, Allegorie im Lied der Völker. 4 Bände. Bonn 1976, 1977, 1978
Demisch, H.: Vision und Mythos in der modernen Kunst. Stuttgart 1959
Dietholm, W./Dietholm M.: Signet, Signal, Symbol. 1970
Eliade, M.: Images et symboles. Essais sur le symbolism magico-religieux. Paris 1952 (deutsche Ausgabe Olten/Freiburg i.Br. 1958)
Eliot, A. (Hrsg.): Myths. Maidenhead/England 1976 (deutsche Ausgabe: Mythen der Welt. Luzern 1976)
Eschmann, U. (Hrsg.): Das Symbol im therapeutischen Prozeß bei Kindern und Jugendlichen. Stuttgart 1978
Fingesten, P.: The Eclipse of Symbolism. Columbia, S.C. 1970
Firth, R.: Symbols, public and private. Ithaca 1973
Frenzel, E.: Stoff-, Motiv- und Symbolforschung (Realienbücher für Germanisten). Stuttgart ^{4}1978
Fromm, E.: The Forgotten Language. An Introduction to the Understanding of Dreams, Fairy Tales and Myths. New York 1951 (deutsche Ausgabe Stuttgart 1980)
Genepp, A. van: The Rites of Passage. Chicago ^{6}1972
Gombrich, E.H.: Symbolic Images. Studies in the Art of the Renaissance. London 1972
Goodman, N.: Languages of Art. An Approach to the theory of Symbols. Oxford 1969
Grotjahn, M.: Die Sprache des Symbols. Der Zugang zum Unbewußten. München 1977 (amerikanische Originalausgabe Los Angeles 1971)
Harding, E.: Frauen-Mysterien einst und jetzt. Mit einem Geleitwort von C.G. Jung. Zürich 1949
Helle, H.: Soziologie und Symbol. Berlin ^{2}1980

Henckel, A./Schöne, A.: Emblemata. Handbuch der Sinnbildkunst des XVI. und XVII. Jahrhunderts. Stuttgart 1967

Hillman, J.: The Dream and the Underworld. New York 1979 (deutsche Ausgabe München 1983)

Hirst, D.: Hidden Riches. Traditional Symbolism from the Renaissance to Blake. London/New York 1964

Hofmann, W.: Grundlagen der modernen Kunst. Eine Einführung in ihre symbolischen Formen. Stuttgart ³1987

Jacobi, J.: Komplex, Archetypus, Symbol in der Psychologie C.G. Jungs. Zürich 1957

Jacobi, J.: Vom Bilderreich der Seele. Wege und Umwege zu sich selbst. Olten/Freiburg i.Br. 1969

Jobes, G.: Dictionary of Mythology, Folklore and Symbols. 2 Bände. New York 1961

Jones, E.: Theorie der Symbolik und anderer Aufsätze. Frankfurt a.M. 1978 (englische Ausgabe London 1977)

Jung, C.G.: Aion. Untersuchungen zur Symbolgeschichte. Zürich 1951

Jung, C.G.: Psychologie und Alchemie. Zürich ²1952

Jung, C.G.: Von den Wurzeln des Bewußtseins. Zürich 1954

Jung, C.G.: Mysterium Coniunctionis. Zürich 1955-1956

Jung, C.G. (herausgegeben von M.-L. von Franz und J. Freeman): Man and his Symbols. London 1964 (deutsche Ausgabe Olten/Freiburg i.Br. 1968)

Jurgensen, M.: Symbol als Idee. Studien zu Goethes Ästhetik. Bern/München 1968

Kaulbach, Fr.: Philosophische Grundlegung zu einer wissenschaftlichen Symbolik. Meisenheim 1954

Kessler, H.: Das offenbare Geheimnis. Das Symbol als Wegweiser in das Unerforschliche. Freiburg i. Br. 1977

Kirchgässner, A.: Die mächtigen Zeichen. Ursprünge, Formen und Gesetze des Kultes. Freiburg i.Br. 1959

Kirchgässner, A.: Welt als Symbol. Würzburg 1968

Kirchhoff, H.: Urbilder des Glaubens. Labyrinth, Höhle, Haus, Garten. München 1988

Kleinstück, J.: Mythos und Symbol in englischer Dichtung. Stuttgart 1964

Knuf, A./Knuf, J.: Amulette und Talismane. Symbole des magischen Alltags. Köln 1984

Kreitler, Sh.: Symbolschöpfung und Symbolerfassung. Eine experimentalpsychologische Untersuchung. München 1965

Laiblin, W. (Hrsg): Märchenforschung und Tiefenpsychologie. Darmstadt 1969

Langer, S.K.: Philosophy in a New Key. A study in the symbolism of reason, rite and art. Cambridge/Mass. 1951 (deutsche Ausgabe Berlin 1965, Neuauflage Frankfurt 1984)

Lanoe-Villème, G.: Le livre des symboles. 6 Bände. Paris 1936

Lauf, D.-I.: Symbole. Verschiedenheit und Einheit in östlicher und westlicher Kultur. Frankfurt a.M. 1976

Lehner, E.: Symbols, Signs and Signets. New York 1950

Lehner, E.: The Picture Book of Symbols. New York 1956

van Lennep, J.: Art et alchimie. Étude de l'iconographie hermétique et de ses influences. Bruxelles 1966

Lewis, J.: Symbols and Sentiments. Cross-Cultural Studies in Symbolism. New York 1977

Lorenzer, A.: Kritik des psychoanalytischen Symbolbegriffs. Frankfurt a.M. 1970

Lurker, M.: Symbol, Mythos und Legende in der Kunst. Baden-Baden ²1974

Lurker, M. (Hrsg.): Beiträge zu Symbol, Symbolbegriff und Symbolforschung. Baden-Baden 1982

Lurker, M. (Hrsg.): Wörterbuch der Symbolik. Stuttgart ⁴1988

Maclagan, D.: Creation Myths. Man's Introduction to the World. London 1977 (deutsche Ausgabe München 1985)

Morris, Ch.: Signs, language, and behaviour. New York 1946

Moser, B.: Bilder, Zeichen und Gebärden. Die Welt der Symbole. Stuttgart 1986

Neumann, E(ckhard): Herrschafts- und Sexualsymbolik. Grundlagen einer alternativen Symbolforschung. Stuttgart 1980

Neumann, E(rich): Ursprungsgeschichte des Bewußtseins. Zürich 1949

Obenauer, K.J.: Das Märchen. Dichtung und Deutung. Frankfurt a.M. 1959

Österreicher-Mollwo, M. (Hrsg.): Herder Lexikon Symbole. Freiburg i.Br. 1978

Panofsky, E.: Meaning in the Visual Arts. New York 1955

Piaget, J.: La formation du symbole chez l'enfant. Neuchâtel 1945

Philipps, J.H.: Psychoanalyse und Symbolik. Bern 1962

Pochat, G.: Der Symbolbegriff in der Ästhetik und Kunstwissenschaft. Köln 1983

Praz, M.: Studies in Seventeenth-Century Imagery. Rom 1964

Pross, H.: Politische Symbolik. Theorie und Praxis der öffentlichen Kommunikation. Stuttgart 1974

Rabbow, A.: dtv-Lexikon politischer Symbole. München 1970

Rombach, H.: Leben des Geistes. Ein Buch der Bilder zur Fundamentalgeschichte der Menschheit. Freiburg i.Br. 1977

Rosenberg, A.: Zeichen am Himmel. Das Weltbild der Astrologie. München ²1984

Rosenberg, A.: Einführung in das Symbolverständnis. Ursymbole und ihre Wandlungen. Mit 25 Bildern von M. Eberle. Freiburg i.Br. 1984

Scharfenberg, J./Kämpfer, H.: Mit Symbolen leben. Psychologische und religiöse Konfliktbearbeitung. Olten/Freiburg i.Br. 1980

Schlesinger, M.: Geschichte des Symbols. Berlin 1912. Nachdruck Hildesheim 1967

Schmidbauer, W.: Mythos und Psychologie. Methodische Probleme. München/Basel 1970

Schramm, P.E.: Herrschaftszeichen und Staatssymbolik. Beiträge zu ihrer Geschichte vom 3. bis zum 16. Jahrhundert. 3 Bände. Stuttgart 1954-1956

Schwabe, J.: Archetyp und Tierkreis. Grundlinien einer kosmischen Symbolik und Mythologie. Basel 1951

Schwarz-Winklhofer, I./Biedermann, H.: Das Buch der Zeichen und Symbole. Graz 1980

Seifert, Fr./Seifert-Helwig, R.: Bilder und Urbilder. Erscheinungsformen des Archetypus. München/Basel 1965

Seringe, Ph.: Les symboles. Dans l'art, dans les religions et dans la vie de tous les jours. Paris 1985
Silberer, H.: Probleme der Mystik und ihrer Symbolik. Wien 1914. Nachdruck Darmstadt 1961
Soerensen, B.A.: Symbol und Symbolismus in den ästhetischen Theorien des 18. Jahrhunderts und der deutschen Romantik. Kopenhagen 1963
de Tervarent, G.: Attributs et Symboles dans l'Art profane 1450- 1600. Genève 1958
Urban, W.M.: Language and Reality. The Philosophy of Language and the Principles of Symbolism. London ^{2}1951
Volp, R.: Das Kunstwerk als Symbol. Ein theologischer Beitrag zur Interpretation der bildenden Kunst. Gütersloh 1966
Wilhelmi, Chr.: Handbuch der Symbole in der bildenden Kunst des 20. Jahrhunderts. Berlin 1980
Wisse, St.: Das religiöse Symbol. Versuch einer Wesensdeutung. Essen 1963
Wittkower, R.: Allegorie und Wandel der Symbole in Antike und Renaissance. Köln 1984 (englische Originalausgabe London 1977)
Wittlich, B.: Symbole und Zeichen. Bonn 1965
Wood, R. (Hrsg.): World of Dreams. An Anthropology. New York 1947
Zuckerkandl, V.: Sound and Symbol. Princeton 1969

II. Vor- und außerchristliche Religionen und Kulturen

Alexander, M./Alexander Fr.: A. Handbook of Chinese Art Symbols. Austin 1972
Alvarez, O.: The Celestial Brides. A Study in Mythology and Archaeology. Stockbridge 1978
Anders F./Jansen, M.: Schrift und Buch im alten Mexiko. Graz 1988
Bakthiar, L.: Sufi. Ausdrucksformen mystischer Suche. München 1987 (englische Ausgabe London ^{2}1979)
Bauer, J.: Symbolik des Parsismus. Tafelband. Stuttgart 1973
Baumann, H.: Schöpfung und Urzeit des Menschen im Mythus der afrikanischen Völker. Berlin 1936
Baumann, H.: Das doppelte Geschlecht. Ethnologische Studien zur Bisexualität in Ritus und Mythos. Berlin 1955
Becker, G.: Die Ursymbole in den Religionen. Graz 1987
Biedermann, H.: Altmexikos heilige Bücher. Graz 1971
Biedermann, H.: Bildsymbole der Vorzeit. Graz 1977
Blofeld, J.: Das Geheime und das Erhabene. Mysterien und Magie des Taoismus. München 1985
Brandon, S.G.F.: Man and God in Art and Ritual. A Study of Iconography, Architecture and Ritual Action, Religious Belief and Practice. New York 1975
Bürgel, J.Chr./Allemann, Fr.: Symbolik des Islam. Tafelband. Stuttgart 1975
Clark, R.T.R.: Myth and Symbol in Ancient Egypt. London 1959
Cordan, W.: Götter und Göttertiere der Maya. Bern/München 1963
Duchesne-Guillemin, J.: Symbolik des Parsismus. Stuttgart 1961
Eberhard, W.: Lexikon chinesischer Symbole. Köln 1983
Edsman, C.M. (Hrsg.): Studies in Shamanism. Stockholm 1967
Eliade, M.: Traité d'histoire des religions. Paris 1953 (deutsche Ausgabe Salzburg 1954)
Eliade, M.: Images et symbole. Essais sur le symbolisme magico- religieux. Paris 1952 (deutsche Ausgabe Olten/Freiburg i.Br. 1958)
Eliade, M.: Histoire des croyances et des idées religieuses. Bd. 1 Paris 1976, Bd. 2. Paris 1978 (deutsche Ausgabe Freiburg i.Br. 1978, 1979)
Eliot, A. (Hrsg.): Myths. Maidenhead/England 1976 (deutsche Ausgabe: Mythen der Welt. Luzern 1976)
Frobenius, L.: Kulturgeschichte Afrikas. Zürich 1954
Gimbutas, M.: The Gods and Goddesses of Old Europe. London 1974
Govinda, A.: Foundations of Tibetan Mysticism. London ^{5}1975 (deutsche Taschenbuch-Ausgabe Frankfurt a.M. 1975)
Granet, M.: La pensée chinoise. Paris 1934 (deutsche Ausgabe München 1963)
Hentze, C.: Tod, Auferstehung, Weltordnung. Das mythische Bild im ältesten China, in den großasiatischen und zirkumpazifischen Kulturen. 2 Bände. Zürich 1955
Herrmann, F.: Symbolik in den Religionen der Naturvölker. Stuttgart 1961
Hoffmann, H.: Symbolik der tibetischen Religionen und des Schamanismus. Stuttgart 1967
Hook, R. (Hrsg.): Fantasy and Symbol. Studies in Anthropological Interpretation. London 1979
Hooykaas, C.: Cosmogony and Creation in Balinese Tradition. Den Haag 1974
James, E.O.: The Cult of the Mother Godess. An Archeological and Documentary Study. New York 1959
Keel, O.: Die Welt der altorientalischen Bildsymbolik und das Alte Testament. Zürich/Einsiedeln/Neukirchen 1972
Keilhauer, A./Keilhauer, P.: Die Bildsprache des Hinduismus. Die indische Götterwelt und ihre Symbolik. Köln 1983
Kirfel, W.: Symbolik des Buddhismus. Stuttgart 1959
Kirfel, W.: Symbolik des Hinduismus und des Jinismus. Stuttgart 1959
Krickeberg, W.: Altmexikanische Kulturen. Berlin 1966
Lauf, D.-I.: Das Bild als Symbol im Tantrismus. München 1973
Lewis, B. (Hrsg.): The World of Islam. London 1976
Lexikon der östlichen Weisheitslehren. Hrsg. I. Fischer-Schreiber, Fr.-K. Ehrhard, K. Friedrichs, M.S. Diener. Bern/München 1986
Liebert, G.: Iconographic Dictionary of the Indian Religions. Leiden 1976
Lurker, M.: Lexikon der Götter und Symbole der alten Ägypter. Bern/München ^{4}1987 (englische Ausgabe London 1980)
Lurker, M.: Lexikon der Götter und Dämonen. Namen, Funktionen, Symbole/Attribute. Stuttgart ^{2}1989 (englische Ausgabe London 1987)

de Mallmann, M.-T.: Introduction à l'iconographie du tantrisme bouddhique. Paris 1975
Moeller, V.: Symbolik des Hinduismus und des Jainismus. Tafelband. Stuttgart 1974
Mookerjee, A./Khanna, M.: Die Welt des Tantra in Bild und Deutung. Bern/München 1978 (englische Ausgabe: The Tantric Way – Art, Science, Ritual. London 1977)
Müller, W.: Die Religionen der Waldlandindianer Nordamerikas. Berlin 1956
Nebesky-Wojkowitz, R.: Oracles and Demons of Tibet. Graz 1975
Neumann, E.: Die Große Mutter. Eine Phänomenologie der weiblichen Gestaltungen des Unbewußten. Olten ²1974
Nicholson, R.: Studies in Islamic Mysticism. Cambridge 1967
Paret, R.: Symbolik des Islam. Stuttgart 1958
Parrinder, G.: African traditional religion. London 1962
Piggot, St.: Ancient Europe. Edinburgh 1963
Rees, A./Rees, B.: Celtic Heritage. Ancient Tradition in Ireland and Wales. London 1961
Roeder, G.: Zauberei und Jenseitsglaube im alten Ägypten. Zürich/Stuttgart 1961
Ross, A.: Pagan Celtic Britain. Studies in Iconography and Tradition. London 1967
Rousselle, E.: Vom Sinn der buddhistischen Bildwerke in China. Darmstadt 1958
Schleberger, E.: Die indische Götterwelt. Gestalt, Ausdruck und Sinnbild. Ein Handbuch der hinduistischen Ikonographie. Köln 1986
Schmied-Kowarzik, W.: Frühe Sinnbilder des Kosmos. Düsseldorf 1974
Schumann, H.W.: Buddhistische Bilderwelt. Ein ikonographisches Handbuch des Mahayana- und des Tantrayana-Buddhismus. Köln 1986
Seckel, D.: Jenseits des Bildes. Anikonische Symbolik in der buddhistischen Kunst. Heidelberg 1976
Stemplinger, E.: Antiker Volksglaube. Stuttgart 1948
Stephenson, G. (Hrsg.) Leben und Tod in den Religionen. Symbol und Wirklichkeit. Darmstadt 1980
Stolz, A.: Schamanen. Ekstase und Jenseitssymbolik. Köln 1988
Stutley, M.: Dictionary of Hindu Iconography. London 1985
Turner, V.: The Forest of Symbols. Aspects of Ndembu Ritual. Ithaca, N.Y. 1967
Uhlig, H.: Tantrische Kunst des Buddhismus. Berlin 1981
von Vacano, O.W.: Die Etrusker. Werden und geistige Welt. Stuttgart 1955
Williams, C.A.S.: Chinese Symbolism and Art Motivs. New York 1960
Zimmer, H.: Myths and Symbols in Indian Art and Civilization. New York 1945 (deutsche Ausgabe Zürich 1951)

III. Christentum. Judentum

Baudler, G.: Einführung in symbolisch-erzählende Theologie. Der Messias Jesus als Zentrum der christlichen Glaubenssymbole. Paderborn 1982
Baudler, G.: Erlösung vom Stiergott. Christliche Gotteserfahrung im Dialog mit Mythen und Religionen. München 1989
Beigbeder, O.: Lexique des symboles. Paris 1969
Beitl, K.: Volksglaube. Zeugnisse religiöser Volkskunst. Salzburg 1978, Neuausgabe München 1983
Benz, E.: Die Vision. Erfahrungsformen und Bilderwelt. Stuttgart 1969
de Champeaux, G./Sterckx, D.S.: Le monde des symboles. Paris 1966
Daniélou, J.: Les symboles chrétiens primitifs. Paris 1961
Daniélou, J.: Liturgie und Bibel. Die Symbolik der Sakramente bei den Kirchenvätern. München 1963 (französische Ausgabe Paris ²1958)
Ehrlich, E.L.: Kultsymbolik im Alten Testament und im nachbiblischen Judentum. Stuttgart 1959
Felmy, K.Chr. (u.a.): Symbolik des orthodoxen Christentums und der kleineren christlichen Kirchen in Ost und West. Tafelband. Stuttgart 1968
Ferguson, G.: Signs and Symbols in Christian Art. New York 1961
Forstner, D.: Die Welt der Symbole. Innsbruck ³1977
Goldammer, K.: Kultsymbolik des Protestantismus. Stuttgart 1960
Goldammer, K.: Kultsymbolik des Protestantismus. Tafelband. Stuttgart 1967
Goodenough, E.: Jewish Symbols in the Greco-Roman Period. 8 Bände. New York 1953-1958
Gurjewitsch, A.J.: Das Weltbild des mittelalterlichen Menschen. München 1980 (russische Originalausgabe Moskau 1972)
Hammerschmidt, E./Hauptmann, P./Krüger, P./Ouspensky, L./Schulz, H.-J.: Symbolik des orthodoxen und orientalischen Christentums. Stuttgart 1962
Hammerschmidt, E.: Symbolik des orientalischen Christentums. Tafelband. Stuttgart 1966
Heinen, W.: Bild, Wort, Symbol in der Theologie. Würzburg 1969
Heinz-Mohr, G.: Lexikon der Symbole. Bilder und Zeichen der christlichen Kunst. Düsseldorf ⁶1981
Hertle, V./Saller, M./Sauer, R. (Hrsg.): Spuren entdecken. Zum Umgang mit Symbolen. München 1987
Huizinga, J.: Herbst des Mittelalters. Studien über Lebens- und Geistesformen des 14. und 15. Jahrhunderts. Stuttgart ⁸1961
Jorissen, I./Meyer, H.B.: Zeichen und Symbole im Gottesdienst. Innsbruck 1977
Jungmann, J.A.: Symbolik der katholischen Kirche. Mit einem Anhang von E. Sauser. Stuttgart 1960
Keel, O.: Die Welt der altorientalischen Bildsymbolik und das Alte Testament. Zürich/Einsiedeln/Neukirchen 1972

Kirchhoff, H. (Hrsg.): Ursymbole und ihre Bedeutung für die religiöse Erziehung. München 1982

Kirchhoff, H.: Christliches Brauchtum von Advent bis Ostern. München 1984

Kriss-Rettenbeck, L.: Bilder und Zeichen religiösen Volksglaubens. München 1963

Küppers, W./Hauptmann, P./Baser, Fr.: Symbolik der kleineren Kirchen, Freikirchen und Sekten des Westens. Stuttgart 1964

Levinson, N.P.: Kultsymbolik im Alten Testament und im nachbiblischen Judentum. Tafelband. Stuttgart 1972

Lipffert, Kl.: Symbol-Fibel. Eine Hilfe zum Betrachten und Deuten mittelalterlicher Kunstwerke. Kassel ^{4}1964

Loof, H.: Der Symbolbegriff in der neueren Religionsphilosophie und Theologie. Köln 1955

de Lubac, H.: Exégèse médiévale. Les quatre sens de l'écriture. 2 Teile. Paris 1959

Lüers, Gr.: Die Sprache der deutschen Mystik des Mittelalters. München 1926. Nachdruck Darmstadt 1966

Lurker, M.: Wörterbuch biblischer Bilder und Symbole. München ^{3}1987

Molsdorf, W.: Christliche Symbolik der mittelalterlichen Kunst. Leipzig 1926. Nachdruck Graz 1968

Musurillo, H.: Symbolism and the Christian Imagination. An essay on the imagery of the early church. Baltimore 1962

Ohly, Fr.: Schriften zur mittelalterlichen Bedeutungsforschung. Darmstadt 1977

Philippe, M.D.: La symbolique de la messe. Paris 1961

Rahner, H.: Griechische Mythen in christlicher Deutung. Zürich 1957. Mit einem Geleit- und Schlüsselwort von A. Rosenberg Freiburg ^{4}1984

Rahner, H.: Symbole der Kirche. Die Ekklesiologie der Väter. Salzburg 1964

Rahner, K.: Schriften zur Theologie IV. Einsiedeln/Zürich/Köln 1960 (enthält den Beitrag: Zur Theologie des Symbols, S. 275-311)

Réau, L.: Iconographie de l'art chrétien. 6 Bände. Paris 1955-1959

Rech, Ph.: Inbild des Kosmos. Eine Symbolik der Schöpfung. 2 Bände. Salzburg 1966

Rietschel, Chr.: Sinnzeichen des Glaubens. Kassel 1965

Rosenberg, A.: Die christliche Bildmeditation. München-Planegg 1955. Neufassung: München 1975

Sachs, H./Badstübner, E./Neumann, H.: Christliche Ikonographie in Stichworten. München 1975

Sauser, E.: Frühchristliche Kunst. Sinnbild und Glaubensaussage. Innsbruck 1966

Sauser, E.: Symbolik der katholischen Kirche. Tafelband. Stuttgart 1966

Schiller, G.: Ikonographie der christlichen Kunst. 4 Bände. Gütersloh 1966-1976

Schlosser, J.: Urbilder. Schlüssel zum Kirchenjahr. Regensburg 1980

Schmidt, H./Schmidt, M.: Die vergessene Bildersprache christlicher Kunst. Ein Führer zum Verständnis der Tier-, Engel- und Mariensymbolik. München 1981

Schneider, C.: Geistesgeschichte der christlichen Antike. München 1978

Scholem, G.: Major Trends in Jewish Mysticism. New York 1946

Scholem, G.: Zur Kabbala und ihrer Symbolik. Zürich 1960

Schreyer, L.: Die Botschaft der Buchmalerei. Hamburg 1956

Soetendorp, J.: Symbolik der jüdischen Religion. Gütersloh 1963

Spitzing, G.: Lexikon byzantinisch-christlicher Symbole. Die Bilderwelt Griechenlands und Kleinasiens. München 1989

Stafford, Th.A.: Christian symbolism in the evangelical churches. Nashville 1942

Stählin, W.: Symbolon. Vom gleichnishaften Denken. Gesammelte Aufsätze. Stuttgart 1958

Tillich, P.: Symbol und Wirklichkeit. Göttingen 1962

Tillich, P.: Das religiöse Symbol (Gesammelte Werke, Bd. V). Stuttgart 1964

Timmers, J.J.M.: Symboliek en iconographie der christelijke kunst. Roermond 1947

Urech, E.: Dictionnaire des symboles chrétiens. Neuchâtel 1972 (deutsche Ausgabe Konstanz 1974)

de Vries, S.Ph.: Jüdische Riten und Symbole. Wiesbaden 1986 (niederländische Erstausgabe in zwei Teilen 1927 und 1932 erschienen)

Watts, A.W.: Myth and Ritual in Christianity. London 1954 (deutsche Ausgabe München-Planegg 1956)

Wehrle, P.: Die Bedeutung des Symbols für die religiöse Erziehung (Eichstätter Hochschulreden 22). München 1980

Weinreb, Fr.: Zahl, Zeichen, Wort. Das symbolische Universum der Bibelsprache. Weiler 1986

Whittick, A.: Symbols, Signs and their Meaning. London 1960

Sachregister

A (Buchstabe) 78
Abendmahl 274, 275
Abraham 63, 279
Abraxas 138
Acht → Zahlen
Adad 100, 260, 296
Adam 158, 192 f., 199
– Christus als letzter 266
– und Himmelsrichtungen 145
Adler 179 ff., 183
– Christussymbol 184, 191
– Evangelistensymbol 69 f.
– und Schlange 184, 188 ff.
– Seelengeleiter 184
– Sternbild 103 f.
– des Zeus 183
Adonis 170
Agni 97
Agnus Dei 139, 270
Ahnen, Ahnenverehrung 33, 36, 208, 209, 248, 282
Ähre 58, 104, 273, 274
Ahura Mazda 93, 134
Aion, Äon 123
Akazie 162, 163
Akelei 173
akitu 46
Alchemie 52, 168, 197
Allah 71, 299
– Wunderzeichen 14
Allat 293
Alpha und Omega 67, 246, 287
Alphabet 138
Altar 275, 279, 293
Amaterasu 250, 293
Amaunet 298
Ambivalenz 22
Amun 25, 190
analogia entis 14
Ananta 167, 190

anch, Anch-Zeichen 272, 282
Andreas (Apostel) 97
Androgynität 197, 298
Anemone 170, 178
Angelusläuten 227
Angra Mainyu 93
Anima 42
Animalismus 32
Ankerkreuz 284
Annus 122
Anu 158
Anubis 148 f., 237
Apfel 156, 174
Apfelbaum 163, 164
Aphrodite 107
Apokalypse, Motive
– Baum 152
– Drache 104 f., 183
– Hochzeit 242
– Lebewesen, vier 69, 103
– Lichtglanz 99
– Morgenstern 107
– Mutter der Buhlerinnen 149
– Reiter, vier 144
– Schalen voll Rauchwerk 64
– Sonne 97, 116
– Stadt 98 f., 133
– Sterne, zwölf 104
– »Weib« am Himmel 104, 183
– Zahl 666 137
Apollon 83, 160, 250, 262
Apophis 183
Apostel 121, 139
Apotheose 184
Arche 261, 284
Archetyp 41 f.
Architekt der Welt 125
Ariadne 37, 217
ars videndi 17

323

Artemis 63, 250
Artus (König) 121
Ask und Embla 162
Asklepios 188, 292
Äskulapstab 188
Assur 294
Astrologie 106 f.
Asu Gamplong 236
Atargatis 273
Atea 89
Atem, Odem, Hauch 25, 179, 248, 267, 282, 299
Attis 161, 162, 170, 174
Attribut 292
Atum 114, 258
audition colorée 141
Auferstehung 57, 136, 234, 244, 253, 255
Auge
– geöffnet 207, 246, 286
– Mond 89, 197
– Sonne 89, 114, 197
– Stern 153
– uzat 131
– der Weisheit 96, 291
axis mundi 25, 136, 155
Axt 36 f.
→ Doppelaxt

Ba, ba 243, 294
Baal 295, 296
Baal Marqod 250
Backwerk Gebäck
Bad 109, 263, 264
Ball 56
Ballspiel 56
Bär 270
Barockmusik 85, 138
Bauernvölker 33, 61
Baum 152 ff.
→ Weltbaum
– in Buddhas Leben 68, 93
– der Erkenntnis 157 f.
– als Geburtsort 162
– des Lebens 157 f., 162
– und Mensch 162, 164
– Odin am 62
– als Sarg 163
– Strukturgesetz 15
– im Traum 51 f.
– umgekehrter 154
Baumgöttin 156
Bauwerke, sakrale 119
→ Kirchengebäude, Pagode, Tempel
Bedeutungsfunktion 19
Bercht 205
Berg 294

→ Weltberg
Beschneidung 63
Bestattung 28
– im Baum 163
– Embryonalstellung 28, 231
– Gesichtsurnen 208
– Leichenaussetzung 235
– mit Pferd 243
– im Schiff 38
– Tanz bei 253
Bhavacacra 222
Bibel 69
→ Apokalypse
Bild 10, 14, 83 ff.
– Gottes 290, 297, 300
– Raumsymbolik 76
Bison 31
Blau 146, 147, 148, 168, 261
Blitz, Blitzbündel 94, 194, 195, 295
Blume, blaue 168
Blumen 166 ff., 291
– Mariensymbole 171, 173
– Sprache der 175 f.
– als Sterne 170 f.
Blut
– und Blüte 169 f., 175
– Christi 149, 275
– männliches Symbol 145
– Menstrualblut 196
Boas und Jachin 160
Bock 270
bodhi 96
Bon-Religion 94, 210
Borobudur 120
Brahma 90, 167, 261
Brahman 66, 90
Brand 51
Bräutigam, himmlischer 164, 257
Brautlager 58, 197, 226, 242
Brautschaft, mystische 197
Bronzezeit 36 f.
Brot 272, 273 ff.
– im Abendmahl 274, 275, 277
– und Weltall 280
Brücke 220 f.
Brunnen 49, 161, 264, 287
– der Gottheit 262
Buchstaben 67
Buchstabenmagie 137 f.
Buddha 54, 291
Buddha, Symbolik
– Baum 68, 93, 160
– Licht 96 f.
– Lotos 168
– Rad 68

324

- Stupa 68
- Swastika 281
- urna 290
- ushnisha 290

Buddhas, transzendete 143
Buddhismus, Symbolik 68
Bundjil 248

cakras 145
Cakravartin 68
Candra 109
Chalchihuitlicue 264
Chamäleon 112
Chaosungeheuer 179
Charon 231, 237
Charun 182
Chepre 114
Cherubim → Kerubim
Chi (Buchstabe) 280, 285
Chicome coatl 269
Chiffre 21
Chnum 298, 299
Christentum, Symbolik 69 f.
Christus
- und Adam 266
- als Annus 122
- und Buddha 292
- in der Eucharistie 274 f.
- Geburt 92, 93
- in der Kelter 275
- Kreuzigung 283, 285 f.
- als Odysseus 219
- als Theseus 221

Christussymbole 70, 222, 245, 293
- Adler 184, 191
- Alpha und Omega 246
- Altar 293
- Brot 274 f.
- Feuer 98
- Frucht 164
- Hand 246
- Kreis 128
- Kreuz 283 f.
- Lamm 63, 139
- Licht 95
- Maiglöckchen 173
- Morgenstern 107
- Perle 91, 194
- Phönix 233
- Rose 174
- Schlange 188
- Sonne 116, 122, 266, 282, 287
- Stern 107
- Traube 275
- Walnuß 14

- Wasser 262
- Weg 217
- Wein
- Chrysantheme 176

coincidentia oppositorum 93, 190
Coyote 236
crux
- ansata 282
- dissimulata 284
- gammata 281
- gemmata 285
- immissa 286
- monogrammatica 285
- quadrata 279, 286

Dagda 83
Dämonen und Masken 205, 210, 211
Dea Dia 250
Demeter 58
Demut 171
Derwisch 255
Dharma 291
dharmacacra 68, 136
Diana 251
Dichtung 80 ff.
Dionysos 58, 160, 206, 213, 217, 244, 254, 270
Doppelaxt 36 f., 293, 296
Doppelmaske 206 (Abb.), 207
Drache 104 f., 179, 182, 186, 233 f.
Drei → Zahlen
Dreibein 113
Dreieck 32, 34
Dreifaltigkeit 138, 139, 151, 173
Dreistufigkeit 47
Dualismus 93 f.
Dumuzi 157
Dunkelheit 88 ff.
→ Nacht
dur-an-ki 106, 120

Eber 258
Edelsteine 143, 152 f., 285
Ehe → Hochzeit
Ei 89, 90, 180, 244
Eiche 160, 161 f.
Eid 78
Ekklesia, Ecclesia 111, 194, 224
Ekpo-Geheimbund 206
Elemente
- Altiran 134
- China 83, 133
Eleusis 58, 273
Emblem 77
Embryonalstellung 28, 231, 235
Engel 94, 134, 257

325

Enki 262, 299
Enlil 294, 295, 299
Erde 33, 61, 240, 247, 299
– Quadrat, Vierzahl 123, 133
Erkenntnis, Erkennen 22 f., 96, 157, 218
Erleuchtung 96
Eros 43 f.
Ersatzopfer 63
Erstlinge 61
Eselin 43
Essen → Mahl, heiliges
Eucharistie 243, 274, 275, 277
Eva 157, 158, 186, 192 f., 199
Evangelistensymbole 69 f.
Ewigkeit 123 f., 131

Fackel 93, 240
Faden, Lebensfaden 110, 112, 217, 222
Fährmann 231
Falke 73, 153
Farben 20, 141 ff.
– der Geschlechter 145 f.
– der Himmelsrichtungen 142 ff., 283
– der Planeten 142
– Trauerfarben 147
Fastnacht 210 f.
Fels 92, 294, 298
Fels- und Höhlenbilder 29 ff.
Fensterrose 122
Fett 211
Feuer 52, 97, 194
– himmlisches 97 f., 194
– zerstörendes 124
Figur, figura 21, 275
Fisch 262
– am Anker 284
– Christussymbol 103, 284
– Opferspeise 273
Flechten, Geflecht 17
Fledermaus 133, 281
Flöte 87
Fluß 231
Flutsagen 261
Fortuna 223 (Abb.), 224
Frau Holle 48, 110
Freya 93
Frosch 49
Fruchtbarkeitsgeister 205
Früchte 156, 174, 192, 291
→ Apfel, Granatapfel
Fünf → Zahlen

Ganesha 124
Ganymed 184, 244
Ganzheitssymbolik 43, 51, 126, 145

Garten 120, 156, 174
Garuda 184
Gayomard 196
Gebäck, Backwerk 63, 270
→ Brot
Gebärden 66
Gebet 64, 65 f.
Gebetskranz 66 f.
Gegensätze, Zusammenfall 71, 95, 190, 197, 287 f.
→ coincidentia oppositorum
Gebildbrote 63 f.
Geburt 93
– Buddhas 54, 168
– Christi 92, 92
Geburtsbaum 162
Gefäß 52, 194, 261 f.
→ Gesichtsurne
Geist
– Gottes 179, 181
– Heiliger 173, 181, 224, 302
– als Sperma 196
Gelb 75, 150
Gematrie 137 f.
Gemmenkreuz 285 f.
Gerste 272
Gesichtsurne 208
Getreide 272, 273
→ Ähre, Korn
Gewand Gottes 15, 17, 146
Gewandfarben 146 f.
Gewebe, Geflecht 17
Gibil 97
Gilgamesch 152, 231, 261
Girlande 244
Glasberg 47
Glocke 227
Glücksrad 224
Gnosis 46, 188
Gold 88, 114, 145, 168
Goldblume 54, 168
Golgotha 24, 242, 285
Gorgo, Gorgonen 182, 185, 205
Gott 289 ff.
– als Architekt 125
– als Poet 79
– als Töpfer 297
Gott, Symbole
– Baum 160
– Berg 294
– blaue Farbe 146
– Blume 166 ff.
– Feuer 97 f.
– Kreis 125
– Licht 92, 95
– Sonne 114, 115 f.

326

- Stein 294
- Stern 100
- Stier 292, 294
- Vogel 180, 183
- Waffen 293
- Wasser 262

Grab, Grabmal 36, 243 ff., 266
Grabbeigabe
- Amulette 243
- Axt 37
- Baumständer 154
- Brot und Milch 243
- Kaurischnecke 28
- Leiter, Treppe 225
- Münze 231
- Ocker 28
- Pferd 243
- Rosenkranz 243
- Schiff 114, 243
- Skarabäus 114

Gralslegende 121
Granatapfel 58, 160
Graphologie 76, 199
Grün 149, 150, 261
Gudatrigakwitl 300
Gutes und Böses 93 f.
- Adler und Schlange 182 f.
- Licht und Finsternis 93 f.
- rechts und links 200
- Wege, zwei 215 f., 217
- Weiß und Schwarz 150

Haaropfer 63
Haarverlust 41, 234
Hades 54, 58, 236, 240
Hainuwele 62, 254
Hakenkreuz 115, 281
Halbmond 108 f.
Hand
- Christi 246
- Fatimas 133
- Gottvaters 199, 301
- Höhlenmalerei 29

Handauflegung 59
Hangatyr 62
Hänseln 211
Haoma 65
Harfe 83, 87
Harlekin 213
Harmonie 79, 83 f.
Hase 60, 112 f.
Hathor 83, 194, 248
Haus 194
- brennendes 52
Heiligenschein → Nimbus

Heiliger Geist 173, 181, 224, 300
Hekate 113
Hel 240, 242
Held 185, 231, 234
Helios 114
Henkelkreuz 282
Hera 160, 183, 233
Herakles 216, 231 ff., 234
Hermes 237
Herz 169 f., 298
und Lotos 167, 169
Hesperos 107
Hexen 251
Hexenhaus 60
hieros gamos 58, 184, 196 f.
Himmel
- Baum 171
- blaue Farbe 146
- Kreis 121
- Licht 98 f.
- Rose 170
- Stadt 98
- Töpferscheibe 299
- Zelt 25

Himmel und Erde 17, 19, 89 f., 196, 301
Himmelsfeuer 97 f.
Himmelsleiter 140, 226
Himmelsrichtungen 124, 279
- und Farben 142 ff., 283
- und Urmensch 145
Himmelstor 158, 160
Hirsch 37, 229
Hochmut, Symbol 226
Hochzeit
→ hieros gamos
- in der Alchemie 197
- und Tod 242
- Zahl der 134
Höhle 27, 28, 92, 250
Höhlengleichnis 9
Hohlräume 194
Hölle 183, 240
Horn 113, 295
hortus conclusus 120, 174
Horus 114, 131, 162
Hostie, Hostienteller 279 f.
Hund 235, 236 f.
Huracan 300
Hvarnah, xvarnah 65, 97
Hyakinthos 170
Hyäne 236

Ibis 295
Idol 34
Idun 156

I Ging 67 f., 132
Illuminismus 95
imago mundi 119, 279
immaculata conceptio 111
Immatrikulation 211
Indra 260
Initiation 59 f.
– Taufe als 264
Insel 120
Ipalnemoa 298
Iris → Schwertlilie
Irminsul 155
Isaak 63
Ischtar 107, 110, 134
Isis 110, 156, 237
Islam, Symbolik 70 f.
Itzamna 144

Jägervölker 60, 204
– vorgeschichtlich 29, 32
Jahwe 69, 87, 97, 98, 115 f., 132, 138, 179, 180, 262, 295, 298
– Tetragramm 133
– zahlensymbolisch 138
Jakobsleiter 226
Jerusalem
– himmlisches 98, 133
– Zentrum der Welt 118
Johannes, Evangelist 70, 287
Johannes, Täufer 264, 287
Johannes Klimakos 226
Jonas 234 f.
Judentum, Symbolik 68 f.
Jungfrau (Sternbild) 104
Jüngstes Gericht 199 f.
Juno 93
Jupiter (Planet) 107
Jupiter Dolichenus 296

Kaaba 14, 71, 228 (Abb.), 229
Kabbala 129, 137
Kalb, goldenes 251, 296 f.
Kali 196
Kalligraphie 70
Kalpa 123
Kappe, rote 48
Kartusche 118
Kästchen 80
Katakomben 244
Kaurischnecke 28
Kelter 275
Kerubim 69
Kerze 57, 98
Kholomodumo 235
kiddusch 274
Kieselmalereien 32

Kirche (Ecclesia, Ekklesia) 111, 194, 224
Kirchengebäude 120, 171, 206, 227
Kirchturm 227
Kitanitowit 124
Klabautermann 164
Klangsymbolik Musik
Kleidertausch 211
Kleidung 146 f.
– Entkleidung 266
Koran 70
Korb (zu Eleusis) 58
Kore 58
Korn 57, 272, 274
Körner 34, 231, 273
Kosmogonie 88 ff., 166, 248
→ Schöpfung, Schöpfungsmythos
Kosmos, kosmische Symbole
→ Weltbild
– Acht 136
– Ball, Ballspielplatz 56
– Ei 180
– Fensterrose 122
– Kreis 117 ff.
– Kreuz 280 f.
– Landschaft 75
– Lotos 120
– Weltbaum 152 f., 155
Kranich 253 f.
Kreis, Kreissymbolik 117 ff.
– Ewigkeit 123
– Gott 125
– Himmel 121
– Paradies 120
– Sakralbauten 119 f.
– Welt, Weltbild 117 ff., 278
– Zeit 122 f.
Kreislauf
– in der Natur 117
– der Zeit 123
Kreisstruktur 15
Kreuz 242, 275, 279 ff.
→ crux
Kreuzigungsbilder 286
Kreuzweg 229
Kreuzzeichen 279, 284
Krippe 284
Krishna 86 f.
Krokodil 112
Kugel 27
– Urmensch als 43, 126
Kundalini-Yoga 145
Kunst 83 ff.
Kuppel 119, 120, 121
Kuß 11
Kybele 161, 294

labarum 285
Labyrinth 37, 41, 221
– Tänze 253
Lakshmi 168
Lamm 63, 103, 270
Lampe 98
Landschaftsmalerei 74 f.
Lanze 293
Laokoon 182
Lärm 205, 211
Larve 14
Lascaux, Höhlenbild 31
Lebenslinie
– bei Felsbildern 33
– in der Malerei
Lebensrad 222
Lebenssymbolik
– Ähre 58
– Anch-Zeichen 272, 282
– Baum 157
– Brot 272, 274
– Ei 245
– Hase 112
– Korn, Körner 231
– Kreuz 284 f.
– Licht 93, 98
– Pinienzapfen 160 f.
– rechte Seite 199 f.
– Schlange 187 f.
– Swastika 115
– Wasser 111, 264
Lebensweg 76
Legba 83
Le-hev-hev 235
Leiter 225 f.
Leitmotiv 85
Leuchter 95
– siebenarmiger 69, 153
Leuchtturm 225, 227
Libido 40, 50
Licht 88 ff., 261
– Blumen als 175
– und Erkenntnis 96
– »ewiges« 98
– bei Heiligen 96 f.
– Lotos als 167
– bei der Taufe 266
Lichterbaum 153 f.
Lichtkreuz 285, 286
Lichtmetaphysik 95
»Lichtwasser« 261
Lilie 168, 171, 175, 200
Linde 160, 161 f.
Linga 195
Links → Rechts-Links-Symbolik

Lochstäbe 29
Logos und Mythos 43, 45
Lotos 89, 120, 166 ff., 195
– und Herz 167, 169
Löwe 246
– Evangelistensymbol 69
– im Physiologus 286
– als Wasserspender 267 f.
Luft 25
Lukas, Evangelist 69 f.
Luna 112
Luzifer 94
– Christus als 107

Magdalenien 29
Magna Mater 29, 33, 180, 297, 300
Mahl, heiliges 269 ff.
→ Abendmahl
Maiglöckchen 173, 176
Malve 173
Mandäer 261
Mandala 143
Manichäismus 94
Manjushri 293
Mann und Frau 193 f.
Männlich-Weiblich
– Adler und Schlange 185
– Eiche und Linde 161
– Geist und Seele 199
– Linga und Yoni 195
– rechts und links 199
– Rot und Blau 146
– Rot und Weiß 145, 196
– Sonne und Mond 186
– Tier und Pflanze 194
– ungerade und gerade Zahlen 134
– yang und yin 195
Mantel 148
Manu 261
Märchen 41, 47 f.
– und Traum 48
Märchensymbole
– Baum 163
– Brunnen 49
– Frosch 49
– Glasberg 47
– Hexenhaus 60
– Kappe, rote 48
– Kerze, Licht 93
– Spiegel 22
– Rabe 49
– Wasser 259
– Wolf 48
Marduk 46, 56, 113, 179
Maria 300 f.

- apokalyptisches Weib 104
- Gottesmutter 92, 301 f.

Marici 97

Mariensymbole
- Apotheke 171
- Akelei 173
- Baum 164
- Garten 120
- Gefäß 194
- Grotte, Höhle 92
- Lilie 171
- Malve 173
- Morgenstern 107
- Mond 111, 168
- Muschel 91
- Paradiesgärtlein 174
- Pfingstrose 171
- Rose 171
- Spinnen und Weben 112
- Veilchen 171

Markus, Evangelist 69
Mars (Gott) 293
Mars (Planet) 107, 142
Maske 203 ff.
- Doppelmaske 206 (Abb.), 207
- in der Fastnachtszeit 210 f.
- in moderner Malerei 213
- Theatermaske 213
- Totenmaske 208

Mastbaum 219, 224, 284
matal 70
matrix 52, 164
Matthäus, Evangelist 69
Maya 14
Medusa 182
Meer 224, 258
Megalithkultur 36
Melchisedech 274
Menhir 36
Menora 69, 98, 153
Mensch 192 ff.
→ Männlich-Weiblich
- und Baum 162, 164
- Ebenbild Gottes 297
- Erschaffung 162, 196, 299
- Evangelistensymbol 69
- und Himmelsrichtungen 145
- Körperorgane 143, 145
- vollkommener 155, 168

Menschenopfer 61, 63, 270
Menstrualblut 196
Menstruation 110, 169
Merkur (Planet) 107
Meru 143
Mesolithikum 32

Mexiko, Wappen 190
Michael, Erzengel 95, 185
Milchstraße 156
Minarett 227
ming-t'ang 123
Minotauros 240
Mithra 61
Mithras 61 f., 92, 199, 273
Mitte 118, 121, 124, 126
→ Zentrumssymbolik
Mitteilungsfunktion 19
Mohammeds Berufung 93
Moiren 110, 222
moksha 263
Mond 107, 109 f.
- und Madonna

Mondsymbolik
- Auge 89, 197
- Baum 158, 197
- Halbmond 108 f.
- Hase 60, 112
- Horn 113
- Ibis 294
- Kröte 112
- linke Seite
- Pavian 293
- Schlange 185
- Spinnen und Weben 110
- Stier 113
- Wasser 109, 261
- Weiß 142

Morgen 88
»Morgenhaus« 263
Morgenrot 230
Morgenstern 107
Mousterien 27 f.
Mücke 70
»Mühle« 135
Muschel 90 f.
Musen 250
Musik 82 ff.
Musikinstrumente 85 f.
Mut (Göttin) 298
Mutter 42
→ Magna Mater

Muttersymbolik
- Baum 162, 164
- Brunnen 49
- Gefäß 194
- Haus 194
- Höhle 92
- Muschel 90 f.
- Nacht 90
- Quelle 259
- Wasser 259, 267

Myrte 160
Mysterien 57 f., 273
Mystik 128
- islamische 71, 154, 218, 255
- jüdische 129, 137
Mythos 40 f., 42 ff.
- in moderner Zeit 201 f.
- und Symbol 43
- und Wirklichkeit 44

Nabel 24, 133
- der Erde 118
- Grab als 231
- Vishnus 167
Nacht 88, 92 f.
Name 48, 79
- Tiernamen 181
Nanna 109
Narziß 262
Nashornvogel 190
Nebi'im 254
Nehuschtan 187
Nelke 176
Neoloithikum 33
Neujahr 45, 56 f.
Neun → Zahlen
Neuplatonismus 14, 79
Niederfallen 66
Niemandsland 231
Nimbus 96, 97
Nirvana 124, 292
Noah 261
Norden 143 f.
Nut 108, 131, 163, 194
Nymphen 259, 262
Nyx 88, 90

oben und unten 12, 201, 302
Ocker 28
Odin 62, 162, 190, 263
Ödipus-Komplex 41
Odysseus 219, 220 (Abb.)
Ofen 52
Oknos 43
Öl 158
Olodumare 89
om mani padme hum 65 f., 169
Omphalos 118
Opaion 58
Opfer 61 ff., 270
Opferspeise 270, 272
Opfertier 63, 270
Ophion 180
Ophiten 188
Orakel 160, 262 f.

ordo numerorum 138
Ormazd 93, 97
Ornament 34, 119
Osiris 57, 148, 253, 261, 272
Osten 142 ff., 229, 286
Ostern 57
Osterkerze 57
Osterlamm 63, 270
Ouiot 112, 236
Oval 32

padma, Padma 167
Padmasambhava 168
Pagode 119 f., 226 f.
Paläolithikum 27 ff.
Palmzweig 244
Päonie 176
Paradies
- in der Endzeit 98, 156
- in der Urzeit 120
Paradiesgärtlein 174
Paradoxie 23 f.
Parteien, politische 200 f.
Parzen 222
Parzival 219
Pavian 294
Perchten 205
Perle 91, 194
- Augenperle 148
- Mondperle 110
Persephone 58
Perseus 234
persona 208, 213
Peyote 272
Pfad, achtgliedriger 216
Pfingstrose 171
Pflaumenblüte 176
Phallus 31, 41, 48, 187, 298
→ Linga
Phantasie 72
Phersu 208
Phibioniten 196
Philemon und Baukis 162
Philippsevangelium 15
Phönix 233
Physiologus 184, 233, 286
Pilger 216, 218
- islamisch 229
Pinie, Pinienzapfen 160
Planeten 107
- in Barockdichtung 219
- Farben 142
Planetenbaum 153 f.
Pluton 58
Polarität 88, 118, 157, 197

- Adler und Schlange 185 ff.
- Licht und Dunkel 88 f., 90
- Männlich-Weiblich 193 f., 195
- oben und unten 201
- rechts und links 197 f.
- yin und yang 67 f.

politische Symbolik 200 f.
pontifex maximus 220
Posaune 87, 133
Prajapati 236, 299
Präzession 103
Prithivi 118, 258, 300
Prometheus 45
Propheten, tanzende 209, 254
Prostitution, sakrale 63
Psychoanalyse 40 f.
→ Freud, S. (Personenregister)
Psychopompos Seelengeleiter
Ptah 298
Purpur 150
Purusha 61
Pyr 161
Pythagoräer 83, 216

Quadrat 133
Quelle 259, 262 f.
Quetzalcoatl 190, 283

Rabe 48, 147
Rad 38 f., 222 ff.
→ dharmacakra
Radfenster 122
Radkreuz 38, 282
Rauch 64
Raum und Zeit 122 f.
Raumerlebnis 117
Raumsymbolik 76, 199
Rausch 218, 254
Re 89, 114
Realsymbol 275
Rebis-Figur 197
Rechts-Links-Symbolik 37, 77, 197 ff., 269, 281
- Kreuzigungsbild 286 f.
- politische Parteien 200 f.

Regen 260
Regenbogen 220, 261
Reich 132
- gutes und böses 94
Reifezeremonien 59 f.
Reim 79, 88
Reinheit, Symbole
- Lilie 171
- Lotos 168
- Sandalen 243
- weiße Blumen 176

- weißes Gewand 266

Reinigung 263 f.
Reis (Zweig) 164, 174
Reise zu Gott 218
Religion 55 ff., 74, 290
Revolution 201
Ring 123, 197
Romantik 75, 266
Röntgenstil 33
Rose 170, 174 f.
- Christussymbol 174 f.
- Heideröslein 73
- Himmelsrose 170
- Liebessymbol 176
- Stein der Weisen 168

Rosenhag 174
Rosenkranz 67
- Grabbeigabe 243
Rosette 170
Rot 22, 142, 145, 146, 147, 149, 261
Rotkäppchen 48
ruah 179, 180
Rumpelstilzchen 48
Rundbau 119 f.
Runen 62, 67

Saat 272, 274
Sabazios 187
Salome 251
Sandalen 243
Saphir 148
Sarg 163, 190, 242
Sarkophag
sarkophagos 236
Satan 94 f.
→ Luzifer, Teufel
Saturn (Planet) 107, 142
Säule 160, 181
Sauwastika 115, 281
Schalen, Näpfchen 28
Schiff 37 f., 244
- der Ecclesia 224
- Narrenschiff 224
- Schiffswagen 210
- Sonnenschiff 114

Schiffahrt 224 f.
Schild 293
Schlange 179 ff.
→ Uroboros
- des Asklepios 188, 292
- eherne 187 f.
- Mondtier 185
- phallische Bedeutung 187
- beim Sündenfall 192
- und Tod 182, 187

332

- Totentier 245
Schlüssel 80, 283
Schlüsselblume 176
Scholastik 14
Schöpfung 125, 133, 297, 298, 302
Schöpfungsmythos 46, 89, 179, 258
Schoß, weiblicher 92, 163, 194, 195, 266, 267, 301
→ Yoni
Schrägkreuz 280
Schrift 67
Schutzmantel 148
Schwarz 143, 147, 148, 150, 255
Schwein 60, 235, 272
Schwert 200, 293
Schwertlilie 173
Schwirrholz 59
Sechs → Zahlen
Sechseck 134
Sedna 270
Seele, Symbolik 208
- Ariadne 58, 217
- Baum 163 f.
- Braut Christi 197
- Fisch 283
- Hirsch 229
- Kreis 126
- Lichtfunken 91
- Lilie 171
- Mädchen 77
- Perle 91
- Pilger 221
- Schlange 244, 245 (Abb)
- Vogel 225, 245
- Wasser 262
Seelengeleiter 183, 184, 237
»Seelenloch« 36
Seelenreise 31, 112, 222, 225
Seerose Lotos
Sehen und Schauen 17
Seil 43, 236
Seitenwunde Christi 287
Selam 176
Selbst 169, 262
Selene 111
Sephiroth 129, 137
Sepulkralkunst 244
Seth 57, 131
Seth (Sohn Adams) 158
Sexualsymbolik 40 f., 134
→ Männlich-Weiblich
Shakti 120, 195
shan shui 75
shintai 293
Shiva 124, 195, 249, 295
Sieben Zahlen

Siegel 284, 285
signum 21
Sinnhaftigkeit 10 f.
Sintflut 261
- Vorausdarstellung der Taufe 264, 266
Sirenen 219, 244
Sistrum 83
Skarabäus 114
Sol invictus 93, 116, 185
Soma 67
Sonne 113 ff.
Sonnenblume 75, 82, 178
Sonnengottheiten
→ Amaterasu, Helios, Re
Sonnensymbolik 216, 266, 287
- Adler 186
- Auge 89, 114, 197
- Ball 56
- Baum 158, 197
- Gold 114, 145, 168
- Kind 166
- Phönix 233
- Rad, Radkreuz 38, 114 f., 282
- rechte Seite
- Scheibe 39
- Schiff 114
- Skarabäus 114
- Spiegel 292
- Wagen, Wagenfahrt 38, 114
Sonnenwende 93, 287
Sonntag 116
Sophia 181, 298, 302
soule picarde 56
Sperma 196
Sphärenmusik 84
Sphäroiden 27
Spiegel 22, 124, 292
Spiel 56
Spinne, schwarze 80
Spinnen und Weben 110, 112, 222
Spirale 34 ff., 221 f.
Sprache 78 f.
Srosh, Sraosha 65
Stadt, himmlische 98, 133
Stammbaum Jesu 140
Stein 293, 294
Sternbilder 100 f.
Sterne 100, 108
→ Planeten
- Tanz der 247
Stier
- Evangelistensymbol 69
- und Gottheit 293, 295 ff.
- Mond und Sonne 113
- Sternbild 103

Stierschädel 73
Stiftshütte 25
Stilleben 73
Stonehenge 36, 119
Storch 184
Strahl, Strahlen 97, 114, 292
– Linga als 195
– bei Verkündigung an Maria 301
Strukturgesetze der Welt 15
Stufenturm 142, 226
Stundenglas 241
Stupa 68
Süden 143
Sufismus 71, 218
Sukhavati 98, 170
Sündenfall 157, 186, 192 f.
Swastika 115, 119, 281
Sykomore 155, 160, 163
Symbol 18 ff.
– und Idee 80
– in der Kunst 72 ff.
– und Mythos 43
– Paradoxon 23 f.
– Realsymbol 275, 277
– in der Religion 55 ff.
– Synonyme 21 f.
– und Wirklichkeit 11, 15
Symbolbegriff 19 ff.
symbolon 20, 301

Tabak 64
Ta-yi (T'ai-chi) 68, 129, 294
Tammuz 156
Tamohuanchan 156
Tantrismus 196
Tanz 247 ff.
– im Alten Testament 250 f.
– im Christentum 255 ff.
– kosmischer 247 f.
– Labyrinthtanz 253 f.
– und Maske 209
– Shivas 124, 249 f.
– Totentanz 251, 253
– der Urgöttin 180
Tanzplatz 37, 248
Tao 75, 88, 215
Tau (Buchstabe) 284
Taube 173, 246, 300
Tauchmotiv
Taufbrunnen, -stein 136, 267
Taufe 136, 227, 264 ff., 285
Tawa 113
tehom 179
Teich 82
templum und tempus 122

Tempel
– ägyptisch 216
– altmesopotamisch 158 f.
– Leib Christi 120, 287
Tenochtitlan 190
Teppich 17
Teschub 36, 113, 296
Tetragramm 133
Tetraktys 137
Teufel 48, 130, 182, 206, 224, 242
→ Satan
Tezcatlipoca 83, 101
Thanatos 240
Theater 211 ff.
Theseus 37, 147
Thor 38
Thora (Tora) 68
Thot 131, 160, 294 f.
Tiamat 46, 179
Tiefenpsychologie 40, 106 f.
Tier
– im Menschen 204
– als Opfer 63, 270
– im Paläolithikum 32
– Symbol der Gottheit 294 f.
– Verschlinger 233 f.
Tierkreis 101 f., 248
– umgibt Paradies 120
– und Weltbaum 152, 155
Tierkreisbilder 101 ff., 121
Tod 230 ff.
– Geschlecht 240
– bei Initiation 59 f.
– und Opfer 270
– Personifikation 240 f.
– und Teufel 242
Todessymbolik
– Baum 158
– Drache 266
– Fackel, gesenkte 93, 240
– Hammer 183
– Hund 236 f.
– linke Seite 199 f.
– Sauwastika 115
– Schlange 182, 187
– Tor 231
– Verschlingung 234 f.
– Wasser 259, 266
– Wellenkreise 36
– Zerstückelung 254
Toeris 93
Tonsymbolik Musik
Töpfer 299
Totenbuch, ägyptisches 243
Totengeister 208

334

– Harlekin 213
Totenmaske 208
Totentanz 251 ff.
Tragödie 213
Transsubstantiation 277
Traube 275
Trauerfarben 147
Traum 40, 50 ff., 231
– des Jakob 226
– des Nebukadnezar 51
– des Themistokles 190
Traumdeutung 50 f.
Treppe, Stufen 140, 225 f.
Trinität → Dreifaltigkeit
Triskeles 113
Trois Frères, Höhlenbild 204
Trommel 87, 96
Trompete 85, 142
Tuchulcha 183
Tulpe 176
Turm 226 f.
Tyche 224
Typologie 69
Tyr 67
Tyrus, Gründungssage 187

Uhr 73, 103
Unbewußtes 41, 46, 50 f., 52
unio mystica 126, 197, 257, 273
Unsterblichkeitstrank 65, 109, 261
– beim Abendmahl 275
Unterwelt 49, 58, 240, 253
– Abstieg 58, 221, 234 f., 266
– als Reich der Träume 54
Urbild
Urhügel 120, 244, 258
Urmensch 43, 112, 162, 196, 199
→ Adam, Eva
urna 291
Uroboros 124
Ursymbole 25
ushnisha 291
uterus mundi 221
Uzat-Auge 131
Uzume 250

Vac 298
Valcamonica 37
Vater 164
– Gott als 296, 297, 300 f.
Veilchen 170, 171
Venus (Planet) 107, 110, 142
»Venusfiguren« 29, 300
Verbrennung 52, 233
Vergißmeinnicht 176

Verkleidung Maske
Verlobung 176
Verschlingung 48, 185, 233 ff.
via sacra 120
Vier → Zahlen
Viersäftelehre 145
Vishnu 167, 184, 190, 258, 261
Vogel 179 f.
→ Adler, Phönix, Taube
– zu Lascaux 31
– Seelensymbol 225, 244
– Symboltier des Guten 183
Vulkanausbruch 52
Vulva 32
→ Yoni

Waffen 293
Wagen 38, 114
– Schiffswagen 210
Wahrheit 10, 14, 42, 43
wakanda 98
Wallfahrt 229
Walnuß 14
Wanderer 219
Wasser 258 ff.
→ Bad, Taufe
– in chinesischer Malerei 75
– des Lebens 111, 259 f., 264
– und Licht 261
– und Mond 109, 261
– des Todes 259, 266
– Wellenlinie 119, 259
– Zickzacklinie 259
Weben → Spinnen
Webstuhl 110, 222
Weg 215 ff., 218 f., 229
– im Märchen 47
Weihnacht 93
Weihrauch 64 f.
Wein 273 ff., 275, 277
Weisheit 181, 298, 302
Weissagung → Orakel
Weiß 59, 144, 145, 148, 196, 255
Wellenkreise 36
Wellenlinie 119, 259, 280
Weltachse 118, 136, 155, 195
Weltall → Kosmos
Weltbaum 152 f., 155, 190
Weltberg 118, 143
Pagode als 120
Weltbild 27, 117 f., 280
– im Ornament 34
Welteltern 118
Weltschau, symbolische 11
Westen 142 ff., 266

335

Widder 294
– Sternbild 101
– Träger der Sonne 296
Wiedergeburtssymbolik 28, 60
→ Auferstehung
– Baum 163
– Hund 237
– Mond 112
– Schwarz 148
– Skarabäus 114
– Taufe 267
– Wasser 259
– Wellenkreise 36
Wind 179, 180
Wirken, Werk 15
Wirklichkeit 11, 15, 42, 44
Wohlgeruch 64, 98, 170, 233
Wolf 48, 204, 234
Wort 65
– des Schöpfers 299 f.
Wunder 11
Wunekau 188
Würfel 133
Würfelspiel 237

Xolotl 237

Y (Buchstabe) 216, 217
Yggdrasil 62, 118, 155
Yima 97
yin und yang 67 f., 134
Yoni 195

Zahlen 129 ff.
– 1 129, 138
– 2 129, 131, 139
– 3 112 f., 132, 134, 139, 235, 266
– 4 119, 131, 132, 134, 139
– 5 83, 133, 134, 143, 281
– 6 133 f.
– 7 85, 130, 135, 139, 153, 173, 181
– 8 136, 216
– 9 62, 136 f.
– 10 137
– 12 121, 139, 152
– 13 139 f.
– 14 85, 131, 138, 140
– 15 140
– 17 139
– 22 138
– 25 134
– 26 138
– 64 131
– 72 131
– 100 139
– 112 138
– 153 139
– 300 284
– 360 122
– 365 118, 138
– 666 137
Zahlenmagie 137 f.
Zeichen 19, 21
Zeit 14, 122 f.
– Regeneration 45, 56 f.
Zelt 25
Zentrumssymbolik 118, 279
→ Mitte
Zerstückelung 61, 254, 270
Zeugung und Sterben 60, 194
Zeus 56, 92, 125, 183
Zickzackmuster 32, 259
Ziege 57, 272
zikkurat 226
Zirkel 125
Zwei-Wege-Motiv 215 ff.
Zwölf → Zahlen
Zypresse 158, 164

Personenregister

Aesop 237
Alciati, Andreas 77
Ambrosius 95, 110, 161, 188, 191
Amstutz, Jakob 19
Angelus Silesius 22, 128
Aristoteles 195, 196
Artemidoros 242
Augustinus 83, 95, 135, 138, 216, 224, 268, 287, 294

Baader, Franz von 125
Bach, Johann Sebastian 85, 138
Bachofen, Johann Jakob 43, 134, 268
Baeck, Leo 68
Bandmann, Günter 136
Basilius von Caesarea 255
Baudelaire, Charles 21, 80, 141 f.
Bavink, Bernhard 180
Becher, Johannes Robert 202
Beethoven, Ludwig van 85
Beit, Hedwig von 48
Benedikt von Nursia 226
Benn, Gottfried 178, 221
Benz, Ernst 181, 298
Bergengruen, Werner 17, 26
Bertram (Meister) 146, 301
Betz, Otto 50
Biedermann, Hans 31, 36, 106
Blake, William 23, 125
Bloch, Ernst 201
Böhme, Jakob 199
Bollnow, Otto Friedrich 25
Bonhoeffer, Dietrich 290
Bosch, Hieronymus 224, 231, 242
Brant, Sebastian 224
Brecht, Bert 18
Brentano, Clemens 129, 142
Brueghel, Pieter d.Ä. 242
Brunner-Traut, Emma 183
Bürger, Gottfried August 242

Calderon de la Barca 54, 193
Campbell, Joseph 234
Canova, Antonio 124
Caruso, Igor 26
Cassirer, Ernst 19, 72, 79, 106
Cervantes, Miguel de 218
Chagall, Marc 76
Chrysostomus 251, 285
Claudel, Paul 17
Clemens von Alexandrien Klemens von Alexandrien
Comenius, Johan Amos 221
Cumont, Franz 273
Cyrill von Jerusalem 266, 275

Dacqué, Edgar 10
Daniélou, Jean 264
Dante 99, 138, 154, 170, 183, 200
Descartes, René 14
Diez, Ernst 97
Dionysos Areopagita 23
Drewermann, Eugen 48
Dschelaleddin Rumi 15, 218, 255
Dürer, Albrecht 73, 111 (Abb.), 173, 176, 241 f.
Dvorak, Antonin 84

Eberhard, Wolfram 281
Eckart (Meister) 125, 126
Eichendorff, Joseph 79 f., 219
Eliade, Mircea 24, 46, 302
Elieser (Rabbi) 145
Ensor, James 213
Euripides 250, 254
Eusebius von Caesarea 137
Eyck, Brüder van 173

Fehrle, Eugen 210
Ficino, Marsiglio 126
Fludd, Robert 84
Franz, Marie-Louise von 231

337

Franziskus von Assissi 15
Freud, Sigmund 40 f., 42, 47, 50 f.
Frick, Karl 196
Friedrich, Caspar David 224
Frobenius, Leo 119, 254
Fromm, Erich 41, 42
Furtmayr, Bertold 158

Giedion, S. 28, 31
Giotto 224
Giovanni di Paolo 121
Goethe, Johann Wolfgang von 13, 17, 22, 73, 80, 84, 106, 262
Gogh, Vincent van 75, 222
Gottfried von Viterbo 261
Gotthelf, Jeremias 80
Gregor d.Gr. 171, 227
Gregor von Nyssa 275
Grimm, Wilhelm 47
Grimmelshausen, Christoffel von 149, 219
Grünewald, Matthias 287 f.
Guardini, Romano 65

Halbfas, Hubertus 69
Halder, Alois 18
Hark, Helmut 52
Hauff, Wilhelm 230
Hauptmann, Gerhart 82, 99, 149, 177
Hebbel, Friedrich 50, 196
Heidegger, Martin 79
Heine, Heinrich 242
Heraklit 10, 216
Herrad von Landsberg 224
Hesiod 215
Hesse, Hermann 215
Hildegard von Bingen 169, 194
Hillman, James 52, 54
Hippokrates 50
Hippolyt von Rom 257
Hofmann, Werner 76
Hölderlin, Friedrich 171
Honorius Augustodunensis 140, 181, 227
Horapollon 118
Hornung, Erik 295
Hrabanus Maurus 133
Hugo, Hermann 77
Hugo van der Goes 140, 173
Husserl, Edmund 72
Huth, Otto 47

Ibn al-Arabi 154
Ibrahim al-Chawass 227
Ignatius von Antiochien 275
Innozenz III. 111

Jaspers, Karl 21, 27

Jean Paul 13
Jensen, Adolf E. 60
Joachim von Floris 132
Jung, Carl Gustav 41 f., 47, 51, 197, 199
Jung, Hermann 138
Jünger, Ernst 11, 22, 80, 141, 166
Justin 280

Kaltenbrunner, Gerd-Klaus 166
Kästner, Erich 164
Keel, Othmar 66
Keller, Gottfried 257
Kerényi, Karl 207
Kierkegaard, Sören 23
Kirfel, Willibald 113
Klee, Paul 74, 214
Kleinstück, Johannes 82
Klemens von Alexandrien 116, 136, 194
Kolakowski, Leszek 202
Konfuzius 83, 215
König, Marie E.P. 27
Konrad von Würzburg 171
Körner, Theodor 230
Kühn, Herbert 31, 33
Kutscher, Gerdt 209

Laotse 88
Lauffer, Otto 148
Le Febvre de la Broderie, Guy 125
Lenz Friedel 48
Levy-Bruhl, Lucien 40
Lochner, Stephan 171, 174
Lommel, Hermann 67
Lukian von Samosata 247
Luther, Martin 150, 277
Lüthi, Max 48
Lützeler, Heinrich 34

Manessier, Alfred 74
Maringer, Johannes 38, 282
Mechthild von Magdeburg 95, 197, 255, 294, 302
Meister E.S. 170
Meister, Oberrheinischer 171, 173
Melito von Sardes 266
Memling, Hans 197, 200
Mensching, Gustav 20, 98
Mercier, Sebastian 22
Meuli, Karl 208
Meves, Christa 192
Meyer, Conrad Ferdinand 80
Meyer, Hans Bernhard 268
Meyer Schapiro 222
More, Henry 125
Morgenstern, Christian 215
Mörike, Eduard 11

Mosse, George 202
Müller, Werner 45, 123

Narr, Karl J. 32
Neumann, Erich 185
Nietzsche, Friedrich 11, 190
Nikolaus von Kues 128
Nitschke, August 49
Novalis 21, 132, 168, 196

Obenauer, Justus 47
Oetinger, Friedrich Christoph 55
Okladnikow, Aleksej P. 32
Origenes 66, 133
Otto, Walter 17

Panofsky, Erwin 244
Paracelsus 96, 171
Parrot, André 119
Patrick (Heiliger) 282
Paulinus von Nola 107
Penn, William 124
Petronius 237
Peuckert, Will-Erich 101, 203
Philon von Alexandrien 155, 224, 257, 294
Picasso, Pablo 73, 240
Platon 9, 43, 134, 199, 280
Plinius 184
Plotin 79
Plutarch 112, 224
Proklos 58
Protagoras 297
Pythagoras 137, 215 f.

Rahner, Hugo 59, 257
Ranke-Graves, Robert von 180
Raphael, Max 31, 259
Rech, Photina 98, 111, 157
Reimbold, Ernst Thomas 88
Riedel, Ingrid 76, 221
Riemschneider, Margarete 135
Riklin, Franz 41
Rilke, Rainer Maria 23, 80, 92, 165, 175, 203, 262, 302
Rimbaud, Arthur 78, 225
Rodin, Auguste 13
Roellenbleck, Ewald 130
Röhrich, Lutz 115, 164
Rombach, Heinrich 11

Rosenfeld, Hellmut 253
Rückert, Friedrich 292
Runge, Philipp Otto 151, 175, 177 (Abb.)

Scheltema, Frederik Adama van 247
Schering, Arnold 85
Schiller, Friedrich 107, 227
Schimmel, Annemarie 255
Schlegel, August Wilhelm 82
Schmidt, Leopold 146
Schongauer, Martin 185
Schröder, Rudolf Alexander 283
Schwabe, Julius 102, 152
Seckel, Dietrich 281
Seewald, Richard 181
Seuse, Heinrich 84, 255
Stange, Alfred 74
Steffen, Uwe 234
Synesios von Kyrene 298

Tertullian 103, 227
Theophilos von Antiochien 298
Thomas von Aquin 10
Thomas von Kempen 229
Tillich, Paul 246
Trakl, Georg 142, 149
Trier, Jost 164

Uhland, Ludwig 230

Vacano, O.W. 168
Venturi, Lionello 76
Vereno, Matthias 20
Volkelt, Johannes 72
Volksmann-Schluck, Karl-Heinz 43
Vondel, Joost van den 248
Vonessen, Franz 200

Wagner, Richard 82, 85
Walther von der Vogelweide 147
Weinheber, Josef 82
Weinreb, Friedrich 134
Weiß, Konrad 128
Weydt, Günter 219
Wiesenhütter, Eckhart 230
Wundt, Wilhelm 163

Zwingli, Huldrych 277

339

Bildnachweis

Umschlag: »Das Weltall«; im inneren Kreis die Erdkugel, darüber der Mond, Merkur, Venus, die Sonne (der große achtstrahlige Stern) und ganz oben in der planetarischen Flammenregion Mars, Jupiter und Saturn. Aus: Hildegard von Bingen, Wisse die Wege. Scivias. Otto Müller Verlag, Salzburg 8. Aufl. 1987, T. 4.

S.12: Der Mensch an den Grenzen der Welt. Holzschnitt eines unbekannten Künstlers, ca. 1530. Foto: Deutsches Museum, München. Kösel-Archiv.

S.16: Baumfigur – ein Strukturgesetz des Seins. Foto: Andreas Hoffmann, Braunschweig.

S.24: Friedhofskapelle. Ein sakrales Zentrum zwischen Himmel und Erde. Foto: Andreas Hoffmann, Braunschweig.

S.28: Schalenstein. Aus: Johannes Maringer, Vorgeschichtliche Religion. Benziger Verlag, Einsiedeln 1956, S. 291.

S.30: Venus von Willendorf. Wien, Naturhistorisches Museum. Aus: Katalog: Die Anfänge der Kunst vor 30.000 Jahren.

S.31: Höhlenbild zu Lascaux. Aus: Johannes Maringer, Vorgeschichtliche Religion. Benziger Verlag, Einsiedeln 1956, T. 4.

S.32: Kieselsteine von Mas d'Azil. Aus: Johannes Maringer, Vorgeschichtliche Religion. Benziger Verlag, Einsiedeln 1956, S. 215.

S.33: Tier mit Lebenslinie. Aus: Johannes Maringer, Vorgeschichtliche Religion. Benziger Verlag, Einsiedeln 1956, S. 229.

S.34: Weibliche Plastik mit Dreieck als Schoß. Wien, Naturhistorisches Museum. Aus: Erich Neumann, Die Große Mutter, Walter-Verlag, Olten 1974, T. 6.

S.35: Spiralen von einer Megalithanlage auf Malta. Foto: Professor Evans, Universität London. Aus: Jill Purce, Die Spirale – Symbol der Seelenreise. Kösel-Verlag, München 1988, T. 55.

S.37: Labyrinth aus dem Valcamonica. Aus: Hans Biedermann, Lexikon der Felsbildkunst. Verlag für Sammler, Graz 1976, S. 136.

S.38: Bronzezeitliches Felsbild mit Schiff. Kopenhagen, Nationalmuseum.

S.39: Radförmiges Schmuckstück mit Vögeln (La-Tène-Zeit, Böhmen). Aus: A. van Scheltema, Die deutsche Volkskunst. Leipzig 1938, T. 64, Abb. 1.

S.44: Leierspielender Eros. 3. Jh.v.Chr. Staatliche Vasensammlung, München. Aus: Alfons Rosenberg, Engel und Dämonen. Kösel-Verlag, München 1986, S. 38.

S.46: Marduk und Tiamat. Aus: W.J. Awdijew, Geschichte des Alten Orients. Verlag Volk und Wissen, Berlin 1953, S. 92.

S.51: Daniel deutet Nebukadnezars Traum. Nach einem Kupferstich von Matthäus Merian (1593-1650). Aus: Friedrich Doucet, Das große Buch der Traumdeutung. Verlag Kremayr « Scherian, Wien 1978, S. 25.

S.53: Die aus dem Unbewußten (im Traum) aufsteigende Blume. Seerose. Foto: Andreas Hoffmann, Braunschweig.

S.62: Mithras tötet den Urstier. Aus: Alfred Schütze, Mithras. Urachhaus Verlag, Stuttgart 1972, T. 57. Foto: T. Nau, Kassel.

S.64: Opferung Isaaks. Cod. 363. Evangeliar aus Aversbach, 12. Jh. Lüttich, Universitätsbibliothek. Foto: Bildarchiv Foto Marburg. Kösel-Archiv.

S.66: Om mani padme hum. Aus: L.A. Govinda, Grundlagen tibetischer Mystik. Scherz Verlag, München, 7. Auflage 1988, S. 251.

S.67: Yin-Yang-Zeichen mit den acht Trigrammen. Aus: Meister Yüan-Kuang, I Ging. Otto Wilhelm Barth Verlag, Bern/München 1975, S. 4.

S.68: Rad der Lehre über zwei Gazellen. Aus: H.W. Schumann, Buddhistische Bilderwelt. Diederichs Verlag, Köln 1986, Abb. 23.

S.70: Der thronende Christus, umgeben von den vier Evangelistensymbolen. Tympanon des mittleren Westportals der Kathedrale v. Chartres, um 1140. Foto: Bildarchiv Foto Marburg. Kösel-Archiv.

S.71: Kalligraphie. Aus: Ernst Lehner, The Picture Book of Symbols. Penn Publishing, New York 1954, S. 41.

S.78: Das Mädchen als Bild der menschlichen Seele. Aus: E. Thomas Reimbold, Pia Desideria, Walter Verlag, Olten 1980, S. 51.

S.81: Faust in der Studierstube. Radierung von Rembrandt. Amsterdam, Rijksprentenkabinett. Aus: Heinrich Rombach, Welt und Gegenwelt, Verlag Herder, Basel 1983, S. 65.

S.84: Das nach den Gesetzen der Harmonie aufgebaute Universum. Stich aus einem Werk Jakob Böhmes. Aus: David Maclagan, Schöpfungsmythen. Kösel-Verlag, München 1985, S. 75 l.

S.86: Krishna spielt Flöte. India Office Library, London. Aus: M.-G. Wosien, Tanz im Angesicht der Götter. Kösel-Verlag, München 1985, T. 22.

S.89: Sonnenkind. Aus: Manfred Lurker, Lexikon der Götter und Symbole der alten Ägypter. Scherz Verlag, Bern 1987, S. 102.

S.91: Erschaffung des Lichtes. Stich aus einem Werk von Robert Fludd. Aus: David Maclagan, Schöpfungsmythen. Kösel-Verlag, München 1985, S. 35.

S.96: Auf dem Lotosthron sitzender Buddha. Aus: Erwin Rousselle, Vom Sinn der buddhistischen Bildwerke in China. Darmstadt 1958, S. 43.

S.101: Der babylonische Wettergott Adad im Sternengewand. Aus: Eckhard Unger, Babylon. Verlag Walter de Gruyter, Berlin 1970, Abb. 38.

S.102: Tierkreis mit Sonne und Mond. Buchmalerei des 10. Jh. aus St. Gallen. Aus: Sachs/Badstübner/Neumann, Christliche Ikonographie in Stichworten. Kösel-Verlag, München 1975, S. 324.

S.104: Kreuz mit den Evangelistensymbolen. Evangelienhandschrift des 8. Jh. Essen, Münsterschatz. Foto: Bildarchiv Foto Marburg, Kösel-Archiv.

S.105: Das Sonnenweib und der siebenköpfige Drache. Holzschnitt von Albrecht Dürer aus der »Apokalypse«, 1498. Aus: Manfred Lurker, Symbol, Mythos und Legende in der Kunst. Verlag Valentin Körner, Baden-Baden 1974, S. 177.

S.108: Erschaffung von Sonne, Mond und Sternen. Mosaik. Venedig, San Marco. Aus: Die Bibel in der Kunst. Das Alte Testament. Phaidon-Verlag, Köln 1956, Abb. 3.

S.111: Maria mit Kind. Holzschnitt von Albrecht Dürer. Aus: Richard Beitl, Der Kinderbaum. Grote Verlag, Berlin 1942, S. 39.

S.113: Hasenfenster zu Paderborn. Kunstdienst-Bildkammer, Dresden-Radebeul. Aus: Christian Rietschel, Sinnzeichen des Glaubens. Ev. Verlagsanstalt, Berlin 1965, T. 44.

S.114: Sonnenscheibe mit dem Käfergott Chepre und dem widderköpfigen Atum. Aus: Beitrag von Manfred Lurker in: Fortkommen…, Bottmingen 1987, S. 53.

S.115 oben: Alemannische Zierscheibe mit Hakenkreuz. Aus: A. van Scheltema, Die deutsche Volkskunst. Leipzig 1938, T. 46, Abb. 1.

S.115 unten: Sonne (Tag) und Mond (Nacht). Glasfenster in der Elisabeth-Kirche, Marburg. Thüringischer Meister 13. Jh. Foto: Bildarchiv Foto Marburg. Kösel-Archiv.

S.119: Keramik von Samarra mit hakenkreuzähnlichem Grundmotiv, 5. Jahrtausend. Aus: A. Parrot, Sumer. Verlag C.H. Beck, München 1960, p. 45, A. 60 D.

S.121: Adam und Eva im Paradies. Deckenmalerei St. Michael, Hildesheim, Ende des 12. Jhs. Aus: Alois Schardt, Die Kunst des Mittelalters in Deutschland. Berlin 1941, p. 313.

S.122: Rosenfenster mit zwölf Radspeichen entsprechend

den zwölf Tierkreiszeichen. Kirche von S. Agostino, Palermo. Foto: Alinari, Florenz. Aus: Alfons Rosenberg, Christliche Bildmeditation. Kösel-Verlag, München 1975, S. 145.

S.124: Kitanitowit. Aus: Manfred Lurker, Der Kreis als Symbol. Wunderlich Verlag, Tübingen 1981, S. 37.

S.126: Schöpfergott mit Zirkel. Miniatur aus einer Bible moralisée, 13. Jahrhundert. Wien, Österr. Nationalbibliothek. Kösel-Archiv.

S.127: »Der Alte der Tage« von William Blake, 1794. Whitworth Gallery, University of Manchester. Aus: David Maclagan, Schöpfungsmythen. Kösel-Verlag, München 1985, S. 39.

S.130: Heiliger Baum mit sieben Ästen (altmesopotamisches Rollsiegelbild). Aus: Manfred Lurker, Der Baum in Glauben und Kunst. Baden-Baden 1960, S. 89.

S.131: Uzatauge, in seine Teile zerlegt. Aus: Manfred Lurker, Lexikon der Götter und Symbole der alten Ägypter. Bern 1987, S. 221.

S.132: Von Dreieck und Strahlenkranz umgebenes Tetragramm (Jahwe)

S.134: Aus einem Sechsstern bestehendes Ornament, um 1300. Aus: Christian Rietschel, Sinnzeichen des Glaubens. Ev. Verlagsanstalt, Berlin 1965, T. 39.

S.135: Felsbild mit Mühle (österreichische Alpen). Aus: Margarete Riemschneider, Von O bis 1001. Heimeran Verlag, München 1966, Einband.

S.139: Auge Gottes mit sieben Sternen. Signet der Werke Jakob Böhmes. Aus: Alfons Rosenberg, Christliche Bildmeditation. Kösel- Verlag, München 1975, S. 182.

S.142: Indischer Mondgott auf einer Antilope. Majupuria, Trilok Chandra: Sacred and Symbolic Animals of Nepal. Kirtipur, Kathmandu 1977.

S.149: Der schakalköpfige Anubis. Ägyptisches Totenbuch – Payrus Ani 19. Dynastie (etwa 1300-1200 v.Chr.) Kösel-Archiv.

S.153: Der Baum mit den sieben Planeten, umgeben von den sieben Stufen des alchemistischen Werkes. Mylius: Philosophia Reformata. Francofurti 1622. Aus: C.G. Jung, Psychologie und Alchemie. Rascher Verlag, Zürich 1952, Abb. 188.

S.154: Planetenbaum. Basilius Valentinus: Azoth. Paris 1659. Aus: Kurt Seligmann, Das Weltreich der Magie. Deutsche Verlagsanstalt Stuttgart 1958, S. 127.

S.156 oben: Tamohuanchan. Aus: Walter Krickeberg, Altmexikanische Kulturen. Safari-Verlag, Berlin 1956, S. 190.

S.156 unten: Baumgöttin spendet Speise und Trank: Aus: Manfred Lurker, Lexikon der Götter und Symbole der alten Ägypter. Bern 1987, S. 182.

S.158: Adam und Eva unter dem Baum der Erkenntnis. Albani- Psalter, um 1130. Hildesheim, St. Godehard. Verlag ars liturgica, Maria Laach. Kösel-Archiv.

S.159: Lebens- und Todesbaum. Bertold Furtmayr. Aus: R.L. Füglister, Das lebende Kreuz. Benziger Verlag, Köln/Zürich 1964, Abb. 6.

S.161: Pyr auf dem Rathausgiebel zu Augsburg. Aus: Baum-Zeitung 8/1974.

S.167: Aus dem Nabel des auf der Weltschlange ruhenden Vishnu kommt Brahma hervor. Aus: Barbara Blum-Heisenberg, Die Symbolik des Wassers. Kösel-Verlag, München 1988, S. 96.

S.169: Lilienkreuz. Aus dem »Buch von der Heiligen Dreifaltigkeit«, München, Staatsbibliothek. Aus: G.F. Hartlaub, Der Stein der Weisen. Prestel Verlag, München 1959, Abb. 12.

S.172: Der Verkündigungsengel mit dem Lilienzepter. Detail aus einem Gemälde von Tizian, um 1540. Scuola di San Rocco, Venedig. Aus: Alfons Rosenberg, Engel und Dämonen. Kösel-Verlag, München 1986, Abb. 34.

S.173: AGLA-Formel, Agnus Dei und stilisierte Akelei. Brüder van Eyck, Genter Altar, 1432. Gent, St. Bavo, Fußboden. Aus: Symbolon. Jahrbuch für Symbolforschung. Wienand Verlag Köln 1977, S. 106.

S.174: Kreuz mit fünf Rosenblüten. Byzantinisches Elfenbeintäfelchen, Mittelstück eines Triptychons. 10. Jh., Louvre. Aus: Alfons Rosenberg, Christliche Bildmeditation. Kösel- Verlag, München 1975, S. 55.

S.177: Lichtlilie von Philipp O. Runge, 1809. Köln, Wallraf- Richartz-Museum. Foto: Rheinisches Bildarchiv, Köln.

S.181: Gottes Geist schwebt über dem Urwasser. Zeichnung von Richard Seewald. Aus: Richard Seewald, Symbole. Rex-Verlag, Luzern, 4. Aufl. 1954, SS. 91.

S.182: Etruskischer Unterweltsdämon Tuchulcha. Aus: Alexander Eliot, Mythen der Welt. Verlag Bucher, Luzern 1976, S. 279.

S.183: Zeus mit Adler. Darstellung auf Schale aus dem 6. Jh. v.Chr. Aus: Karl Kerényi, Die Mythologie der Griechen. Darmstadt 1956.

S.185: Heiliger Michael. Kupferstich von Martin Schongauer. Foto: Bildarchiv Foto Marburg. Kösel-Archiv.

S.188: Moses und die eherne Schlange. Buchillustration, 11. Jh.

S.189: Aeskulap mit Schlange. Athen, Nationalmuseum. Foto: Archiv Alinari Florenz. Aus: Hans Egli, Das Schlangensymbol. Walter-Verlag, Olten 1982, S. 43.

S.193: Adam und Eva nach dem Sündenfall. Nestorianische Bibel, um 1307. Aus: Manfred Lurker, Der Baum in Glauben und Kunst, Baden-Baden 1960, S. 90.

S.195: Linga-Yoni-Symbol. Aus: Eckard Schleberger, Die indische Götterwelt. Diederichs Verlag, Köln 1986, S. 271.

S.198: Chymische Hochzeit. Aus: Titus Burckhardt, Alchemie, Walter-Verlag, Olten 1960, S. 167.

S.200: Kreuz zwischen Sonne und Mond. Aus: Emil Bock, Schwäbische Romanik, Verlag Urachhaus, Stuttgart 1973, Abb. 20.

S.204: »Großer Zauberer«. Les Trois Frères, Ariège. Alfred Beron, München. Kösel-Archiv.

S.206: Doppelmaske des Ekpo-Geheimbundes. Foto: Weltbild Verlag, Augsburg.

S.207: Romanische Kapitellmasken. Aus: G. de Champeaux/D.S. Sterckx, Introduction au monde des symboles. Paris 1966, Abb. 134. Foto: J. Dieuzaide-Zodiaque.

S.208: Gesichtsurne mit Nabel. Ton, Troja, V. Schicht. Berlin, Staatliche Museen. Aus: Erich Neumann, Die Große Mutter, Walter-Verlag, Olten 2. Auflage 1956, S. 132.

S.209: Maske aus Melanesien. Aus: Th.P. van Baaren, Selbst die Götter tanzen. Gütersloher Verlagshaus Gerd Mohn, Gütersloh 1964, S. 119.

S.212: Maske von der Basler Fasnacht. Foto: Werner Krohn, Bamberg. Kösel-Archiv.

S.217: Zwei-Wege-Motiv in der Emblematik. Aus: Zacharias Heyns, Emblemata moralia. Rotterdam 1625.

S.218: Islamischer Gebetsteppich mit Weltbaum. Knightsbridge Carpet Galleries. Aus: Laleh Bakhtiar, Sufi. Kösel-Verlag, München 1987, S. 50.

S.220: Odysseus und die Sirenen. Vase aus dem 5. Jh.v.Chr. London, British Museum.

S.222: Gewand Christi. Kathedrale zu Vézelay. Bildausschnitt nach Manfred Lurker, Symbol, Mythos und Legende in der Kunst. Baden-Baden 1974, S. 233.

S.223: Fortuna mit Glücksrad. F.P. Pickering, Literatur und darstellende Kunst. Erich Schmidt Verlag, Berlin 1966, T. II.

S.225: Schiff mit Seelenvogel und Christusmonogramm. Ritzzeichnung in einer römischen Katakombe. Aus: Sachs/Badstübner/Neumann, Christliche Ikonographie in Stichworten. Kösel-Verlag, München 1975, S. 296.

S.228: Kaaba. Aus: Laleh Bakhtiar, Sufi. Kösel-Verlag, München 1987, S. 46.

S.232: Aufstieg in das Empyreum. Aus einem Gemälde von Hieronymus Bosch, um 1500. Dogen-Palast, Venedig. Aus: Alfons Rosenberg, Engel und Dämonen. Kösel-Verlag, München 1986, S. 209.

S.233: Christus als »Holz des Lebens«, 1485. Aus: Sach/Badstübner/Neumann, Christliche Ikonographie in Stichworten. Kösel-Verlag, München 1975, S. 217.

S.234: Jonas wird von dem Fisch verschlungen und wieder ausgespien. Kathedrale zu Ravello, 12. Jh.

S.237: Schakalköpfiger Totengott Anubis mit Anch-Zeichen in der linken Hand. Aus: Manfred Lurker, Lexikon der Götter und Symbole der alten Ägypter. Bern 1987, S. 44.

S.238/39: Pablo Picasso, Minotauromachie, 1935. (c) VG Bild-Kunst, Bonn 1990.

S.241: Ritter und Tod. Ausschnitt aus einem Kupferstich von Albrecht Dürer. Aus: H. Theising, Dürers Ritter, Tod und Teufel. Verlag Gebr. Mann, Berlin 1978, Abb. 1.

S.245: Grabrelief mit Schlange hinter den heroisierten Toten. Sparta, 6. Jh.v.Chr. Berlin, Staatliche Museen. Aus: Germann Hafner, Kreta und Hellas. Holle Verlag, Baden-Baden 1968, S. 99.

S.246: Hand und Kreuz auf einem Grabstein. Aus: Werner Graf, Christliche Grabmalsymbole. Friedrich Reinhardt Verlag, Basel 1984, Abb. 100.

S.249: Shiva Nataraja, der Hindugott als Herr des kosmischen Tanzes. Bronzeplastik, 13. Jh.n.Chr. Ullstein-Bilderdienst, Berlin. Kösel-Archiv.

S.252: Hexensabbat auf dem Brocken. Kupferstich, Deutschland, 17. Jh. Aus: M.-G. Wosien, Tanz im Angesicht der Götter. Kösel- Verlag, München 1985, Abb. 29.

S.253: Aus einem Totentanz. Holzschnitte des Meisters der Lübecker Bibel von 1489. Aus: Sachs/Badstübner/Neumann, Christliche Ikonographie in Stichworten. Kösel-Verlag, München 1975, S. 329.

S.255: Mänaden verehren Dionysos. Stamnos, Terrakotta, bemalt ca. 420 v.Chr., Museo Nazionale, Neapel. Aus: M.-G. Wosien, Tanz im Angesicht der Götter. Kösel-Verlag, München 1985, Abb. 52.

S.256: Engel tanzen mit Seligen auf der Paradieswiese den himmlischen Reigen. ›Jüngstes Gericht‹ von Fra Angelico, um 1450. Berlin-Dahlem, Staatliche Museen. Aus: Alfons Rosenberg, Engel und Dämonen. Kösel-Verlag, München 1986, T. 73.

S.260: Wellenband am Kapitell zu Rosheim. Foto: Zodiaque, Frankreich. Aus: Das romanische Elsaß. Verlag Zodiaque, St. Leger Vauban 1966, Abb. 78.

S.263: Reinigungszeremonie im alten Ägypten. Aus: Manfred Lurker, Lexikon der Götter und Symbole der alten Ägypter. Scherz Verlag, Bern 1987, S. 163.

S.265: Taufe Jesu. Elfenbeinrelief auf dem Einband eines westdeutsch-lothringischen Evangeliars, 10. Jh. München, Staatsbibliothek.

S.267: Taufstein der Kirche zu Noerre Snede, Dänemark. Aus: G. de Champeaux/D.S. Sterckx, Introduction au monde des symboles. Paris 1966, Abb. 72.

S.271: Christus als Osterlamm. Frühromanische Darstellung. Schlußstein eines Gewölbes im Kloster von Cluny.

S.272: Aus dem toten Osiris wächst eine neue Getreidesaat. Kornmumie. Aus: M.-L. v. Franz, Alchemy. Toronto, Inner City Books, 1980, S. 73.

S.276: Ausschnitt aus dem Abendmahl der Ikonostase der russischen Kirche in Leipzig. Kösel-Archiv.

S.277: Eucharistischer Weinstock. Zwei antithetische Pfauen am eucharistischen Weinstock mit dem Kreuz-Monogramm Christi. Marmorrelief, heute in die Chroschranke eingefügt, 6. Jh., Ravenna, S. Apollinare Nuovo. Foto: Hirmer Verlag, München.

S.280: Koptischer Hostienteller aus Ton. Aus: Hammerschmidt, Symbolik des orientalischen Christentums. Hiersemann Verlag, Stuttgart 1966, p. 70.

S.281: Chinesisches Glückssymbol mit Hakenkreuz und Fledermäusen. Aus: Wolfram Eberhard, Lexikon chinesischer Symbole. Köln 1983, S. 123.

S.283 oben: Koptische Grabstele aus Hermonthis mit zwei Henkelkreuzen. Aus: Hammerschmidt, Symbolik des orientalischen Christentums. Stuttgart 1966, p. 57.

S.283 unten: Quetzalcoatl mit kreuzgeschmücktem Schild. Aus: Walter Krickeberg, Altmexikanische Kulturen. Berlin 1956, S. 196

S.286: Kreuz im Sternenhimmel. Apsismosaik, 6. Jh. Ravenna, San Apollinare in Classe. Kunstdienst-Bildkammer, Dresden-Radebeul.

S.288: Matthias Grünewald, Kreuzigung. Isenheimer Altar. Foto: Braun & Cie, Mulhouse, Cedex.

S.291: Buddha mit der Almosenschale. Aus: H.W. Schumann, Buddhistische Bilderwelt. Diederichs Verlag, Köln 1986, S. 66.

S.293: Doppelaxt auf Stierkopf. Aus: Manfred Lurker, Symbol, Mythos und Legende. Verlag Valentin Koerner, Baden-Baden 1974, S. 85.

S.295: Ibisköpfiger Mondgott Thot. Aus: Manfred Lurker, Lexikon der Götter und Symbole der alten Ägypter. Bern 1987, S. 208.

S.296: Jupiter Dolichenus mit Doppelaxt und Blitzbündel. Wiesbaden, Museum.

S.299: Ägyptischer Töpfergott Chnum. Kösel-Archiv.

S.301: Die segnende Hand Gottvaters. Bronzetür zu St. Michael, Hildesheim. Foto: Bildarchiv Foto Marburg. Aus: Lottlisa Behling, Die Pflanzenwelt der mittelalterlichen Kathedralen. Böhlau Verlag, Köln 1964, T. XVII.